성, 전쟁
그리고
핵폭탄

성, 전쟁
그리고 핵폭탄

Castles, Battles and Bombs

유르겐 브라우어, 후버트 판 투일 | 채인택 옮김

황소자리

일러두기

- **용어사용:** 흔히 '전쟁사'로 번역하는 'military history'는 이 책 본문에서 '군사역사'라
  고 썼다. 다소 낯선 용어일 수 있으나 '군사역사'가 보다 정확하게 뜻을 전달하는 단어
  라고 판단했다.
- **원어 표기:** 널리 알려진 인명, 지명, 도서명 등은 독서의 편의를 위해 원어를 생략했다.
  단 필요하다고 판단할 경우 원어를 병기했다.
- **옮긴이 주:** 내용의 부가설명이 필요할 경우 괄호 안에 줄표를 두어 옮긴이 주를 표기했다.

많은 독자는 경제 분석적 측면이 아닌 군사역사에 대한 관심에서 이 책을 집어들었을 것이다. 그럴 경우, 각자 흥미를 느끼는 대목부터 바로 읽고 싶어할 가능성이 크다. 가령 중세 중기의 성곽건축 비용이나 르네상스시대 이탈리아 도시국가의 콘도티에리condottieri 즉 사설용병들의 역할, 계몽시대 장군들의 전투 관련 의사결정, 미국 남북전쟁에서의 "정보전", 제2차 세계대전 중 독일에 대한 전략적 폭격, 혹은 냉전 초기 핵무기를 개발하고자 했던 프랑스의 결정 같은 주제들 말이다. 이런 독자를 위해 우리는 책의 각 장을 가능한 독립적으로 읽힐 수 있도록 서술했다. 하지만 제1장의 경제 분석을 빠뜨리고 넘어가지는 않기를 당부한다. 설령 역사에 대한 관심을 먼저 충족시킨 경우라도, 경제 분석 부분을 꼭 읽기 바란다. 아주 흥미로운 경험이 될 것이다.

이 책에서 우리는 경제학적 시각에서 군사역사military history를 써내려가 보려 한다. 이를 위해 우리는 여섯 가지의 사례를 살펴본다. 시간적 범위는 지난 1,000년, 즉 기원후 두 번째 밀레니엄을 포함한다. 연구사례 중 다섯은 유럽을 배경으로 하고, 나머지 하나는 북미에 관한 것이다. 범위를 좀더 넓혀서 그 이전까지 다뤄보는 건 어떨까 생각하기도 하였지만, 여러 가지 이유에서 그건 너무 힘겨워 보였다. 어쩌면 우리가 선택한 사례들조차 일부 독자들에게는 잘 와닿지 않는 것일지 모르겠다. 가령 냉전시대(1945~1991)라고 하면 보통 구소련과 미국 간의 갈등을 떠올릴 뿐, 프랑스가 어떻게 해서 핵무기를 보유하게 되었는지 따위는 생각하지 않는다. 하지만 프랑스의 핵 보유가 강대국 간의 역학관계를 바꾸어놓았다는 점은 프랑스뿐 아니라 세계사적으로 볼 때도 아주 흥미로운 사실이다. 물론 프랑스 이전에 영국이 먼저 핵을 보유했지만, 지금과 마찬가지로 그때에도 영국은 미국과 너무 가까운 관계여서 국제무대에서 독립적인 존재라고 평가되지 않았다. 이와는 대조적으로 과거의 영광을 재현하려는 강렬한 열망에서 비롯된 프랑스의 핵 보유는, 그렇지 않아도 위험했던 국제관계를 더욱 혼란스러운 상태로 몰고갔다. 한창 긴장이 고조되는 체스시합에 생각지도 않은 제3의 플레이어가 나와 판을 뒤엎는 격이라고나 할까. 서구를 대표하는 미국 입장에서는 매우 짜증나는 상황이었고, 소련 입장에서도 딱히 도움이 되는 건 없는 형국이 되었다. 비록 오늘날에는 여러 나라들이 핵무기를 스스로 제조·보유하려 들지만, 1950~1960년대 프랑스가 핵을 보유하려 한 동기를 분석해보는 것은 여전히 의미 있는 일이다. 그 동기를 분석하기에 앞서, 경제학자들은 (다른 나라도 마찬가지였지만) 프랑스가 비핵의 재래식 군사력을 유지하는 데 적잖은 비용이 들었다는 점에 주목한다. 그러므로 프랑스는 핵을 보유함으로써 재래식 군사력 유지에 소요되던 비용을 절감하고 잔뜩 추락해 있던 국가적 위상까지 회복할 수 있었다는 얘기다. 7장에서는 이 질문을 더 자세히 다룬다.

세계대전의 역사에 관한 저술은 이미 무수히 나왔다. 당시의 참사에 관한 경제사 서적도 여럿 출간됐다.[1] 그중 대부분은 "전쟁의 경제학"에 관한 것으로 전쟁재원 조달, 자원 획득, 배분과 소비, 국내외에서의 경제적 영향과 결과, 민간경제에서 전시경제 체제로의 전환 등 일반적으로 경제학자들에게 정통한 주제들이다. 하지만 경제 분석은 그러한 주제들뿐 아니라 전쟁 수행 측면에도 적용될 수 있다. 이를 보여주기 위해 우리는 6장에서 현대전의 개념 자체를 바꾸어버린 놀라운 사건 하나를 보여준다. 제2차 세계대전 당시 독일에 대한 전략적 폭격이 바로 그것이다. 독일 내 도시들에 대한 수천의 공습 결과 어마어마한 군사력을 과시했다는 점에는 이론의 여지가 없지만, 그러한 공습이 정말로 효과적이었는지 의문이 생긴다. 수확체감의 경제법칙을 숙지한 사령관이라면 어떻게 했을지 주의해서 볼 필요가 있다. 한밤중까지 공부해본 학생이라면 (코앞에 닥친 시험을 통과하는 데는 도움이 될는지 몰라도) 단지 시간만 많이 투입한다고 시험성적이 그만큼 오르는 건 아니라는 사실을 잘 알 것이다. 중요한 건 몇 시간을 투입했느냐가 아니라 매 시간을 어떻게 활용했느냐이다. 이는 폭격에도 그대로 적용된다. 베를린에 수많은 폭탄을 떨어뜨리는 것으로 전쟁에서 이겼는지는 몰라도 동맹군에게 어마어마한 비용을 부담시켰다. 수확체감의 경제법칙을 알았더라면, 동맹군들은 유럽 공군 전투력의 기술혁신에 대해 좀더 많은 노력을 기울였을지도 모른다. 그랬다면 공군이 입은 인명피해보다 훨씬 많은 수의 인명피해가 다른 군에 생기지는 않았을 가능성이 높으며, 폭격으로 인한 화재피해 역시 더 적었을지 모른다.

미국 남북전쟁을 5장의 연구사례로 정한 것은 혁명의 시대(1789~1914) 전체가 인류사의 가장 중요한 혁명 중 하나인 "산업혁명"에 의해 좌우되었다는 사실을 보여주기 위해서이다. 물론 프랑스혁명을 통해 교전형태는 일부 혁신되었다. 그러나 당시는 산업화가 충분히 진행되기 전이었고, 그 양상과 결과 역시 혁명적일 정도는 아니었다. 이와는 대조적으로 미국 남북전쟁은 산업화라는 배경 아래서 치러진 첫 번째 전쟁이었다.

그러므로 이 전쟁은 신기술과 대량생산 체제 등을 전장에 도입하는 결과를 낳았다. 정보전의 측면에서는 이 시기 세 가지 신제품이 특히 중요해 보인다. 전보와 철도, 그리고 신문이 바로 그것들이다. 오늘을 사는 우리에게 전보telegraph로 대표되는 전자통신이 중요하다는 점은 길게 설명할 필요조차 없다. 더불어 사람들이 더 멀리 더 빨리 여행하게 되면서 철도역시 정보전달에 막대한 영향을 미쳤다. 향상된 출판기술과 문맹률 저하에 힘입어 신문은 남·북군 양쪽에게 정보소통의 수단이자 상대편에게 허위정보를 퍼뜨리는 채널이 되기도 했다. 정보경제학적 측면과 함께 정보전의 역할을 분석하는 것은 새로운 시도로, 미국 남북전쟁은 이를 위한 훌륭한 연구사례가 된다.

군사역사에서는 1618~1815년 사이를 전투의 시대라고 부른다. 이중 우리는 전투의 특정한 측면에 주목하면서 연구사례를 선정하였다. 4장에서는 교전을 제안할지 거부할지 선택하는 사령관의 의사결정 측면을 분석했다. 의사결정이야말로 행태에 대한 경제 분석에 있어서 핵심적인 요소이기 때문이다. 이러한 결정은 전체 전투과정에서 가장 중요한 일일 뿐 아니라, 전쟁의 다른 모든 측면에도 영향을 미친다. 교전은 우연히 벌어지는 것이 아니다. 심사숙고한 결정의 산물이며, 거의 모든 "위대한 지휘관"들은 교전 명령을 내리는 데 최대한 주의를 기울인다. 일단 교전이 시작되면, 선택할 수 있는 대안의 수는 급격하게 줄어들고 사령관들이 통제할 수 있는 부분은 아주 작아진다. 적군이 난투전을 벌이자고 달려드는 장기전 상황에서는 더욱 그러하다. 전투를 통해야만 승전이라는 값진 보상을 받을 수 있지만, 병사들의 죽음과 병력 손실 등 치러야 할 비용도 만만찮다. 교전을 시작하기 전에 충분한 사전계획을 해야만 하는 이유다.

아프가니스탄전과 이라크전에서 수많은 민간용병을 고용했다는 사실을 두고 대중들은 "국가의 공식군대를 어떻게 보충해야 하는가?"라는 질문을 하기 시작했다. 이 문제는 전장의 전문가들에게는 해묵은 이슈였다. 1990년대 구유고슬라비아는 이미 수많은 민간용병과 사설 경비업체를 이용해왔으며, 같은 시기 많은 아프리카 내전에서도 여러 나라와 부족들이 똑같은 길을 따랐다. 흔히 "용병"이라고 하면 저 유명한 프랑스의 외국인 부대라는 낭만적인 개념을 떠올린다. 미국인이라면 독립전쟁 당시 영국군이 고용한 "독일 병정"들의 활약상을 떠올릴 수도 있을 것이다. 사실 찬찬히 따지고 들어가보면, 국가가 자국의 젊은 국민 병사들로만 구성한 순수한 군대는 유례를 찾아보기 힘들다. "용병"이니 "돈에 팔려온 군인"이니 하는 말로 폄하되기는 하지만, 군대 노동시장에서 자발적인 수요와 공급이라는 메커니즘은 늘 있어왔다. 그럼에도 불구하고 지금까지 그 노동시장에 대한 경제적 분석이 시도되지 않았다는 사실은 놀랍기까지 하다. 가장 주목할 만한 예를 들어보면, 이탈리아 르네상스 시대(1300~1600년) 마키아벨리Machiavelli에게 그토록 비판받았던 민간용병부대가 쇠퇴하면서 고용주의 정치적 미래까지 바꿔버렸다. 바로 이 사건이 몇몇 군사기술의 발달을 촉진했다고 역사가들은 평가한다. 이러한 변화는 매우 중요하다. 그러므로 용병(콘도티에레)이라는 명칭을 탄생시킨 고용계약, 즉 "콘도타"를 살펴보는 것도 매우 의미 있는 일이다. 오늘날 민간용병업체들이 부활하는 현상에서 보듯이 사실 이것은 연구가 절실한 산업이다. 어쩌면 군사력 시장은 우리의 통상적인 개념 틀과 매우 동떨어진 구조일지도 모른다.[2]

중세 중기시대(1000~1300)의 군대 운영 행태들을 보다 여실하게 보여주는 사례로는 성곽 건축과 이용, 정복군 출정, 무기체계 진화, 전쟁 기획력, 개별 기사들의 훈련, 중세 군대 발전과정과 전투전술 등이 있다. 이중 가장 중요한 것은 성곽이다. 성곽 건설과 방어, 그리고 성곽 포위공격 등이 그 시대 전쟁의 전부라 해도 과언이 아니었다. 중세 군대에 대한 최근 역사학자들의 시각에서도 그 중요성은 늘어나는 추세다. 당시 군대라는 것이 온갖 사람들이 뒤죽박죽 섞인 오합지졸이었던 터라 성벽을 쌓고 방어하는 작전이 당연해 보이기는 한다. 하지만 당시 군대가 생각보다 훨씬 더 조직적이고 명령체계가 잘 잡힌 상황에서도 성곽에 의존했다는 사실은 좀더 생각해볼 여지를 남긴다. 무기체계 변화 중 가장 중요한 것은 성곽에 대한 공격 수단에 대한 것이다. 물론 교전 자체도 중요했지만 군사령관들은 직접 전투를 치르기보다는 성곽에 대한 접근작전이나 성곽 방어작전에 집중하는 편이었다. 제아무리 유럽 최고의 기사였다 해도, 그것도 가장 좋은 말에 올라 가장 좋은 창을 차고 최고로 좋은 갑옷을 입고 있었다 해도, 혼자서는 유럽에서 가장 허술한 성곽조차 공격해낼 수 없는 노릇이었다. 그러므로 2장에서는 다시 주목받는 중세 군대에서 성곽이 갖는 역사적 중요성을 다루게 된다. 앞으로 살펴보겠지만 성곽 건설에는 때때로 어마어마한 재원이 투입되었다(때로 왕들은 일년 조세수입의 전부를 성 하나 짓는 데 다 쏟아붓기도 했다). 그건 훌륭한 투자일 수 있었다. 약간의 경제 분석만으로도 왜 그런 것인지를 설명해낼 수 있다.

이 책을 읽는 모든 독자들이 경제학에 능통하지는 않을 것이다. 그래서 우리는 1장에서 몇몇의 경제원칙들을 먼저 설명해주기로 했다. 경제원칙이란 게 도대체 무엇인지에 대해서는 완전한 합의가 이루어지지 않았지만, 우리가 아래에서 설명하는 여섯 가지가 경제원칙이라는 점에는 아무도 이의를 제기하지 않는다. 첫째, 무언가 한 가지를 행하기 위해서는 다른 무언가를 포기해야만 한다. 둘째, 경제적 유인은 행태에 영향을 미친다. 셋째, 의사결정은 추가로 부담해야하는 비용과 추가로 얻을 수 있는 편익을 비교함으로써 내려진다. 넷째, 불균등한 정보는 한 당사자에게 상대편보다 우월한 권력을 만들어준다. 다섯째, 어느 정도 수준을 넘어가면, 자원의 추가적인 투입은 그에 대한 산출물이 더 적게 늘어나는 결과로 이어진다. 여섯째, 두 물건이 비슷한 것으로 여겨진다면 사람들은 상대적으로 저렴한 것을 선호하게 된다(누군가 그냥 과일 한 조각을 먹고 싶어하는 상황이라면, 사과와 오렌지를 비교하는 것도 가능하다는 것이다). 이러한 원칙들은 거의 자명해보이지만, 미묘한 뜻과 함축된 의미 등은 사뭇 다를 수 있다. 이 책을 통해서 우리는 바로 그 경제원칙들이 군사역사 속에서 어떻게 영향을 끼치는지를 보여주려 한다.

비록 1960년대 이후 역사 편찬이 눈에 띄게 발전했지만, 역사학계에는 여전히 일반적으로 인정되는 이론적 토대가 존재하지 않는다. 역사상에서 사실들을 어떤 기준으로 선택하고, 배열하고, 표현해내야 하는가? 또는 어떤 사건들이 역사이론에 의해 예측될 수 있었으며, 실증조사와 논박의 과정을 거칠 수 있을까? 미국의 역사학자들은 역사이론에 대해서 유난히 회의적이다. 한스-게오르크 가다머Hans-Georg Gadamer와 빌헬름 딜타이Wilhelm Dilthey를 언급하면서, 브루스 마즐리시는 다음과 같이 서술했다. "일반적으로, (…) 역사학자들은 역사이론이라는 것을 도통 믿지를 않아서 뜬구름처럼 알아들을 수 없는 말을 하는 사람들은 깡그리 무시해버린다."[3] 이러한 점에서는 군사역사학자들도 별반 다르지 않다. 그렇더라도, 최근 대단한 인기를 끌었던 제러드 다이아몬드의 저서 두 권처럼 사회학, 심리학, 정치학, 경제학, 지리학, 기후학 등 다른 학문분야로부터 이론적 틀을 가져오는 것도 역사를 비춰보는 새로운 방법이 될 수 있다.[4] 이러한 학문분야들은 역사학보다 훨씬 발달한 이론체계를 갖고 있기 때문이다. 경제학 자체도 오류가 없는 이론들의 집합체는 아니다. 그래서 우리는 독자들에게 마음 편하게 즐기라고 권한다. 경제학에 대한 막연한 두려움이 있을지라도, 경제 분석을 통해 우리가 살펴보는 것들을 감상하

는 데는 별 문제가 없을 것이다.[5]

우리는 일반 독자를 염두에 두고 이 책을 썼다고 분명하게 밝혔지만, 이 책이 가 장들은 학문적 발전에도 직잖은 기여를 하고 있다. 가령 콘도티에리를 다루는 장으로 가보면, 역사학계에서는 그 당시 복잡했던 정치적 역학관계나 군사기술의 발달에 초점을 맞추지만 콘도티에리의 이름이 유래하기도 한 노동계약 자체에 대해서는 간과하고 있다. 우리는 비록 경제학적 관점으로 보지만, 그 노동계약에 주의를 기울임으로써 학문적으로 기여를 했다. 마찬가지로 제2차 세계대전 당시 독일을 다루는 장에서는, 여전히 역사학자들 사이에 논쟁거리가 되고 있는 전략폭격의 유효성에 대한 논의에 기여를 했다. 또한 미국 남북전쟁을 다룬 수천 권의 책 중에 전쟁 중 정보의 역할에 대해 조사한 문헌은 찾아보기 힘들다. 그러므로 우리는 일반 독자들에게는 학자들을 위해 달아놓은 상세한 주석들은 대충 넘어가기를 당부한다. 다만 학자들에게는 일반 독자에게 도움이 되도록 주제나 대상 시기를 상대적으로 좀 넓게 잡은 점을 참아달라고 부탁하고 싶다.

우리가 선정한 여섯 개의 연구사례가 군사역사에 경제 분석을 적용하는 데 어느 정도의 대표성을 지닐 수 있을까? 우리는 그것에 답하지 못한다. 하지만 우리는 여섯 개의 경제원칙을 1,000년의 세월 중 각기 상이한 시대에 적용함으로써 폭넓은 시간대를 아우르려 노력했다. 위의 사례들이 완전한 대표성을 띄지는 못할지라도, 경제학이 군사역사를 분석해내는 데 뭔가 의미 있는 결실을 맺었다는 사실은 매우 고무적일 수 있다.

이 책을 사전에 읽어본 사람들 가운데 적지 않은 숫자가 왜 아프가니스탄전과 이라크전을 이 책에서 다루지 않았는지 물어왔다. 가장 간결한 대답은, 우리가 선택한 여러 사례들과 달리 두 전쟁에 대한 최종자료가 아직 나오지 않았기 때문이라는 것이다. 경제 분석이라는 것이 단지 설명하는 데서 그치지 않고 예측까지 하기 위해서라면, 이 연구 프로젝트의 기본 전제(이론을 역사에 투사시켜보는 것)에 의거해 미래 역사를 예측해볼 수 있어야 하지 않을까? 역사심리학자 아이작 아시모프Isaac Asimov의 SF소설은 이러한 측면에서 모종의 기여를 했지만, 마르크스나 톨스토이가 그러했듯 아직은 시기상조라고 보는 게 맞을 것이다.[6] 경제이론이든 다른 이론이든, 미래를 섣불리 예측하려 들기 이전에 우선 과거를 설명하는 것부터 충실히 하자.

테러리즘의 경제학이나 실패한 국가의 역할, 비정규군 부상, 동맹군 형성, 민간용병업체의 광범위한 활용 등 현재 미국이 수행중인 전쟁들은 경제적 측면에서도 언급할 것이 아주 많기는 하다. 하지만 이 책에 대한 기획은 2001년 세계무역센터의 쌍둥이 빌딩이 무너졌을 무렵 이미 끝났다는 점만 언급해두겠다. 다만 우리는 8장에서 테러리즘의 경제학과 군병력 충원의 경제학, 정부에 의한 민간용병업체와 사설 경비업체의 활용도 증가 등에 대해서 다루었다. 그러므로 이 책에서 행하는 경제 분석은 군사역사 분야뿐만 아니라 현대전의 양상을 설명하는 데도 어느 정도 적용될 것이라고 믿는다.

차례

1장

경제학

독일은 20세기 및 그 이후의 역사를 거창하게 시작할 의도가 없었다. 그러나 1914년, 저 유명한 슐리펜 작전계획 Schlieffen Plan을 통해 동유럽에서 발발하던 작은 분쟁들을 인류 역사상 가장 대대적이고 광범위하며 값비싼 비용을 치른, 그 뒤로 세계대전이라 불리게 되는 전쟁으로 확대했다. 전쟁이 계속되면서 대량학살이 자행되었고 많은 생명이 독가스와 잠수함, 그리고 기관총과 같은 새로운 전쟁도구에 의해 희생되었다. 이 시기를 간단명료하게 제1차 세계대전이라고 일컫는다. 그 시간을 살아왔던 사람들에게 이보다 더한 두려움은 상상조차 되지 않았다. 이것은 그 전까지의 모든 전쟁을 종결짓는 최후의 전쟁이었다. 오늘날에도 유럽의 많은 전쟁터에 당시의 상흔이 여전히 남아 있다. 여전히 해결되지 못한 이스라엘과 팔레스타인 간의 분쟁, 현재의 아프가니스탄전과 이라크전 역시 그 영향 중 하나이다. 대부분의 역사학자들은 제1차 세계대전의 발발과 함께 20세기가 되었다고 본다.

독일은 전쟁계획을 수립했다. 계획이 실행된다는 것은 프랑스와 벨기에를 침공하고, 영국까지 전쟁에 끌어들인다는 걸 의미했다. 계획에 따르면, 독일군의 8분의 7이 일단 서쪽으로 진격하여 벨기에를 재빨리 격파한 뒤 프랑스군대를 포위, 6주 내에 프랑스를 무찌르도록 되어 있었다. 이후 승기를 몰아서 굼뜨게 전열을 정비하는 러시아를 향해 동진하겠다는 것이었다. 숨이 멎을 만큼 대담하고 간단명료했지만, 동시에 매우 위험부담이 큰 계획이었다. 이 계획의 실행과 뒤이은 실패는 세계를 대대적으로 변화시켰다. 그래서 혹자는 이 계획을 현대 군사역사에서 가장 중요한 작전이었다고 평가하기도 한다.

거의 한 세기가 지난 후에도 슐리펜 작전계획은 학문적으로나 그외 측면에서나 여전히 논란거리다. 아직 더 분석해볼 여지가 남아 있지만, 군사역사 측면에서든 역사 전체의 측면에서든 결론을 내리지 못하는 것이다. 가령 침략전쟁이 작전대로 진행되지 않자 지도자였던 헬무트 폰 몰트케Helmuth von Moltke 장군에게 그 모든 것에 대한 비난과 질타가 쏟아졌다. 하지만 전쟁 실패가 몰트케 한 사람만의 책임일까. 여기에 대한 논쟁은 찬반양론이 팽팽하게 맞선 채 여전히 진행 중이다.

이 책에서 우리는 전쟁에서의 의사결정 문제를 밝히기 위해 경제학적 개념을 사용해보려 한다. 몰트케 장군과 그의 동료들도 이러한 시도라면 환영했을 것이다. 독일 작전참모들은 전투를 조직적으로 계획하는 것으로 유명하며, 그 덕분에 독일군은 (비록 승전을 거두지는 못할지라도) 작전을 수행해나가는 데 놀라우리만큼 성공적일 수 있었다.[1] 사회과학적 법칙들을 전쟁 수행에 적용해내는 일에만 전념하는 참모진이 있었더라면, 그들은 독일군의 작전 수행에 관한 백과사전이라도 편찬해낼 수 있었을 것이다.[2] 적어도 그들은 1914년의 침공에 대해 경제원칙을 적용하는 것 정도는 어렵지 않게 해냈을 것이다. 가령 독일군이 한 가지 전쟁계획에만 전넘함으로써 즉 한 방향으로만 자원을 투입시킴으로써 그들이 포기해야 했던 것에 대해 생각해보자. 우선 독일군은 자신의 주요 동맹국인 오스트리아를 지켜낼 수 없었다. 그 계획은 프랑스전에서 재빨리 승리를 거둔 뒤 적의 연합군까지 무찌른다는 것을 전제로 했다. 이러한 결과는 일어나지 않았고, 오스트리아는 개전 몇 달 동안 비통한 패배의 그늘에서 허우적거렸다. 이 전쟁으로 인해 1918년 오스트리아·헝가리 제국은 사라졌다. 마찬가지로 독일은 육군에 이미 막대한 군비를 지출했던 터라, 진정한 적군으로 여겨지던 영국군만큼 해군 전력을 확보할 수가 없었다. 러시아 침공 계획 역시 물거품이 되었다. 물론 위의 모든 결과들을 두고 독일의 의사결정자들이 틀렸다고 말하려는 건 아니다. 이는 다만 한 가지 대안을 선택하게 되면 나머지 다른 대안들은 포기해야만 한다는 것을 증명할 뿐이다. 경제학에서는 이를 기회비용의 원리라고 부른다. 한 가지 행동을 취하려면 행동할 수 있는 다른 기회를 희생시켜야 한다(2장에서, 우리는 이 원리를 중세 중기시대의 성곽 건축에 적용시켜볼 것이다).

슐리펜 작전계획 실행은 엄청난 잠재적 비용을 수반한다. 독일은 주변 강대국 2~3국과 전쟁을 치러야 했다. 여기서 누가 전쟁에 대해 책임을 져야 하는지 아니면 독일군이 고의로 전쟁을 야기했는지에 대해 왈가왈부할 필요는 없다. 분명한 것은 베를린 정부가 전쟁을 막기 위한 어떠한 시도도 하지 않았다는 사실이다. 그렇다고 독일의 의사결정권자들이 무모한 건 아니었다. 그들은 적어도 예상가능한 잠재적 비용을 무시하지 않았다. 자신들의 행동에 따른 잠재적인 비용과 편익을 비교하면서, 그들은 두 가지를 고려하고 있었다. 첫째, 전쟁을 하는 것이 전쟁을 하지 않는 경우보다 더 적은 비용이 든다. 당시 많은 독일 지도자들이 볼 때 전쟁은 어차피 불가피한 일이었다. 전쟁에 따른 비용(패전의 위험, 인명 손실, 물자 조달비와 같은) 역시 마찬가지였다. 전쟁이 어차피 피할 수 없는 문제라면 차라리 빨리 치르는 쪽이 나았다. 당시 러시아는 약한 상태였지만 점차 상황이 나아지고 있었다. 독일 지도자에겐 전쟁을 일찍 할 경우의 혜택이 그에 따를 위험이나 비용보다 클 것이고, 늦어질수록 그 반대가 될 것으로 여겨졌다. 둘째, 프랑스를 전쟁에 포함시켜도 독일에겐 추가적인 비용 부담이 생기지 않았다. 독일 지도부는 프랑스가 그들의 동맹국인 러시아를 돕기 위해 어쩔 수 없이 전쟁에 참여할 것이라 믿었기 때문이다. 이러한 전제하에서 프랑스를 적으로 돌릴지 말지를 고민하는 건 무의미했다. 단지 프랑스를 먼저 공격할지 아닌지만 선택하면 되었다. 그러므로 단기적으로는 관련된 추가비용이라고 해봐야 침공을 시작하는 데 드는 돈 정도였다. 그들의 비용 추산이 정확했는지에 대해 의문을 갖는 사람도 있겠지만, 여하튼 독일군은 자신들의 행위에 대해 비용편익분석의 원칙을 적용했던 것이다(4장에서 우리는 전투의 시대(1618~1815년) 당시 군 지휘관들이 교전을 할지 말지에 대한 결정을 어떻게 내렸는지 알아보기 위해 이 원칙을 사용한다).

프랑스가 러시아에 비해 군사력이 강했다는 점을 고려하면, 프랑스를 먼저 공격하기로 한 결정은 적절했다. 슐리펜 이전, 독일은 정반대로 전쟁을 치를 계획이었다. 프랑스에 대해서는 방어만 하면서, 러시아를 집중 공격할 계획이었다. 이러한 접근법은, 프랑스와는 평화를 유지하겠지만 광대한 러시아에서 재빠르게 완전한 승리를 얻어내기는 불가능하다는 문제를 야기했다. 반면 최초의 공격목표를 러시아에서 프랑스로 바꾼다는 것은 두 가지 중요한 선택을 내포한다. 먼저, 독일군은 해군력이 아닌 지상병력에 지속적으로 의존해야만 한다는 사실. 이것은 독일이 해상에서는 영국군과 효과적으로 싸울 수 없음을 의미했다. 적인 영국과 싸우려면 유럽대륙 내의 영국 연합군을 공략하는 방법 외에 선택의 여지가 없게 되었다. 둘째로, 슐리펜 작전이 효과를 내기 위해서는 아주 신속하게 수행되어야만 했다. 하루만 지체되어도 적들이 대응할 시간을 주는 셈이고, 대규모의 복잡한 병력 및 병참 배치계획을 망가뜨리는 결과를 낳을 수 있기 때문이다. 이처럼 속도전이 요구된 결과, 몰트케 장군은 매 순간 즉각적인 의사결정을 해야만 했다. 독일 정부 역시 다른 대안들을 심사숙고할 겨를이 없었다. 시간을 들여 외교술과 다른 전술을 검토하는 대신 빠르게 몰아붙여 성공적인 침공 가능성을 높인다는 계산이었다. 요점만 말하자면, 독일 지도자들은 연속적으로 대체를 행하였다고 볼 수 있다. 프랑스와 러시아 침공은 영국 공격에 대한 대체재였고 지상 전투력은 해군력에 대한 대체재였으며 속도는 시간에 대한 대체재가 되는 것이다(이 대체의 원칙은 우리가 7장에서 핵무기 개발에 대한 프랑스의 결정을 살펴볼 때 쓰일 것이다).

1914년, 전례 없는 독일군의 대규모 침공은 많은 문제를 야기했다. 더 많은 병력을 갖는 것이 절대적으로 유리한 건 아니었다. 가령, 군사가 많아질수록 더 큰 병참선이 필요하며 그에 따르는 교통체증도 감수해야 한다. 지형 때문에 공격군의 수적 우위가 별것 아닌 것이 되기도 한다. 슐리펜 작전계획에서는 벨기에군을 압도하기 위해 우익군을 대규모로 편성한 반면, 약한 좌익군은 알자스와 로렌 지방만 방어하도록 했다. 그런데 몰트케 장군은 다른 일선 장군들의 청을 받아들여 좌익군을 강화시키고 그들도 공격에 나가도록 하는 등 본래의 계획을 자의적으로 바꿔버렸다. 전쟁은 벌어졌고, 독일군은 프랑스군에게 패퇴했다. 좌익군에 대한 보강은 계속되었지만 그에 따른 군사적 이익은 점점 줄고 있었다. 이러한 현상에 대해 이미 잘 알고 있던 경제학자들은 이를 이해하기 어려운 한계수확체감의 법칙이라고 이름붙여 놓았다(우리는 6장에서 이 한계수확체감의 법칙을 제2차 세계대전에서 독일의 전략적 공습에 적용해보겠다).

오늘날 중동지역에 대한 미국의 군사개입에서도 볼 수 있듯이 그리고 과거 모든 군사역사에도 적용되듯이, 독일이 전쟁을 시작한 이유에 대한 한 가지 대답은 몇몇 사실에 대한 정보가 결핍되거나 부정확했기 때문이다. 한편으로 독일은 자신들이 러시아와 전쟁을 벌이며 프랑스가 당연히 참전할 것이라 추측했지만, 이 역시 틀린 예측이었다는 증거가 오늘날 발견되고 있다. 당시 러시아는 독일의 위협에 대해 동맹국 프랑스와 어떠한 의견조율도 하지 않았다. 러시아 정부가 프랑스의 참전을 기대하지 않았기 때문이다. 또한 영국이 이 전쟁에 참전하지 않을 것이라 믿었던 독일 당국자들은 벨기에에서 영국 원정군과 맞닥뜨렸을 때 매우 놀랐다. 사실 영국은 자신들이 전쟁에 개입할 것임을 분명히 밝혔다. 그러나 독일 정부는 이 사실을 믿지 않았다. 정보는 있으되 정보처리 능력을 보유하지 못한 셈이다. 게다가 항전하지 않을 것으로 예상했던 벨기에 국민들이 저항했다. 독일 정부에겐 정치적으로 당혹스러운 일이었고 군사적으로 여러 문제를 일으키는 것이었다. 이와는 반대로 독일의 모든 서방 적국들은 벨기에가 적극적으로 항전할 것이라고 믿었다. 이것들은 비대칭적 정보, 좀더 정확하게 말해 교전 시작 전에는 드러나지 않는 적군에 대한 숨겨진 속성들에 대한 예이다.

비대칭성의 문제는 특정한 사실이 알려졌는지 아닌지, 그리고 이 같은 정보들이 어떻게 해석되는지에 그치지 않는다. 양쪽 다 자신들이 어떠한 형태의 전쟁과 직면하고 있는지 알지 못한다는 측면도 포함한다. 앞으로 전개될 전쟁의 양상을 미리 알았다면 과연 전쟁에 돌입할 수 있었을까? 비대칭성은 사실 자체보다 예측의 측면에서 더 문제가 된다. 가령 독일군의 공격력이 압도적으로 우세한 상황에서 전쟁이 단기전으로 끝나리라는 예측은 일반적이었다. 그러나 막상 전쟁이 벌어지고 보니 양상은 그와 정반대였고, 모든 부대는 고통스런 결과를 겪어야만 했다. 슐리펜 작전계획은 속전속결을 내야 성공할 수 있었지만 독일군은 끝없이 지루한 교전의 진창에서 헤어나지 못했다. 빌헬름 2세의 말을 빌리자면, "이제 우리는 피 흘리다 죽어갈 것이다."라는 형국이었다(우리는 5장에서 비대칭적 정보원칙 중 숨겨진 속성이라는 측면을 미국 남북전쟁에 대입시켜볼 것이다).

비대칭적 정보에는 다른 측면도 있다. 제1차 세계대전 당시 유럽 각국 정부들은 왜 그리도 성급하고 부주의하게 전장으로 뛰어들었을까. 이러한 안일함은 일반 대중에게서도 나타났다. 즉 이것은 어떻게 많은 나라가 1914년에 그리도 쉽사리 병력을 동원할 수 있었는지를 설명해준다. 당시 그 어떤 군대도 병사들의 불복종이나 나태함 때문에 문제를 겪지 않았다. 대다수의 병사가 소집병이거나 예비역이었고 그들의 지휘관 역시 예비역 장교들이었음에도 불구하고 말이다. 애국심, 그리고 전쟁에 대한 낙관적인 전망 등이 이 같은 분위기를 부채질했을 것이다. 물론 예외는 존재한다. 단 한 번의 불복종 때문에 독일군은 프랑스에서 슐리펜 계획이 거의 막바지에 이르렀던 순간에, 패전의 위험을 겪었다. 알렉산데르 폰 클루크Alexander von Kluck 장군이 이끄는 독일 제1군은 제2군의 뒤에 진을 치도록 명받았다. 하지만 클루크 장군은 본부에 알리지 않은 채 위험하기 짝이 없는 진군을 계속했고, 마침내 마른 전투에서 패배했다. 독일군의 모든 불행은 거기서부터 시작되었다. 이것이 주인과 대리인 문제의 전형적인 예이다. 클루크는 그의 상관들, 즉 "주인들"로부터 명령을 받은 대리인으로 특정한 임무를 수행해야만 했다. 주인들이 알지 못한 사이에 (이것이 바로 정보의 비대칭성이다) 그는 지시를 무시했다. 그는 몰래 행동하기 시작했으며, 행동이 드러난 때는 이미 늦었다. 슐리펜 작전계획은 끝장이 났다(정보 비대칭성이 가진 숨겨진 행동의 측면에 관한 원리는 3장에서 이탈리아 르네상스시대 사설용병업자에 빗대어 알아보자).

슐리펜 작전계획은 여섯 가지 경제원칙을 요약하고 있다. 이 책은 두 번째 밀레니엄 1,000년의 역사 동안 벌어진 다양한 군사적 에피소드들을 빗대어 이 원칙들을 설명해낸다. 어떤 면에서 이 책은 "경제학 제국주의"라고 불리는, 비경제적인 분야에 경제원칙들을 적용시킨 결과물이라 할 수 있다.[3] 경제학이 다른 학문의 영향을 받았던 것과 마찬가지로 경제적 사고는 법, 사회학, 보건, 생물학, 정치학, 인사관리, 그리고 군사전략과 같은 다양한 분야에 적용되어왔다.[4] 역사학에서는 경제적 추론이 (특히 경제사 분야에서) 널리 적용되어왔지만, 군사역사에 적용되는 경우는 매우 드물었다.[5] 이제 우리는 경제학이 군사역사의 사례연구에 유용하다는 점을 입증하고, 엄격한 이론적 잣대가 부족한 학문 분야에 보다 발전된 이론적 틀을 적용해봄으로써 새로운 통찰력을 얻을 수 있음을 보여줄 것이다.

기본적인 주장은 매우 단순하다. 전쟁을 계획하고 수행하는 데는 선택이 요구된다. 그런데 경제학의 근원은(적어도 신고전파 경제학의 시각에서는) 의사결정을 분석하는 것이다. 이런 이유로 역사, 특히 군사역사는 경제 분석에 적합한 대상이다. 우리는 다른 분야의 이론 혹은 경제원칙들이 역사 분석을 보다 풍부하게 해주는 지침이 될 수 있도록 군사역사 분석 방법론을 혁신할 것이다. 그간 역사가들이 다른 분야의 지식과 통찰을 도입해보지 않은 것은 아니지만, 다른 분야의 시각으로 역사를 다시 읽고 쓰는 일은 거의 없었다.[6] 다른 학문 분야를 수단으로 이용하는 것과 아예 그 분야의 시각을 채택하는 건 완전히 다른 일이다. 역사 속 사실들은 똑같겠지만, 그것들을 선택하고 배열하며 해석해나가는 방식은 변화할 것이다.

이 장은 경제학과 경제이론에 대한 입문서이다. 경제학에 친숙한 독자들은 이 장을 건너뛰고 다음 장들을 먼저 볼 것을 권한다. 역사를 다루는 다른 장들을 먼저 읽고 나중에 다시 천천히 읽는 것도 괜찮다. 다음 장들을 읽기 위해 이 장을 반드시 먼저 읽어야 하는 것은 아니다. 하지만 나중에라도 이 장을 읽게 된다면 이후의 장들을 더 깊이 이해하거나 색다른 즐거움을 맛볼 수 있을 것이다.

우리는 경제학의 발전을 개괄하는 것으로 이 글을 시작한다. 이어서 이 책에서 사용하게 될 경제원칙들을 논의할 것이다. 그 다음, 이러한 원칙들이 군사역사 속에서 어떻게 어우러지는지를 보여주며 마무리하겠다.

경제학

경제학은 다양한 방법으로 정의되었다. 어떻게 정의되든 경제학은 (다른 학문 분야와 마찬가지로) 관찰된 수많은 행위나 사건 사이에 존재하는 근본적인 공통점이나 일반성들을 밝혀내는 학문이다. 유전자와 그들이 결합하여 생명체를 만들어내는 방법을 연구하는 생물학자와 유사하게, 경제학자는 경제적인 삶이 말하는 어휘를 배우고 그 문법을 이해하려 한다. 이 과정을 거쳐 원칙이 제시되고 검증이 이루어지고 법칙으로써 공포된 후 이론이 정립된다.

원칙, 법칙, 그리고 이론

사전적 의미로 원칙이란 "사람들이 근거로 삼는 기본적인 진실이고 법이며 학설이자 동기를 부여하는 힘이다." 가설이 되는 기본적인 아이디어는 반드시 검증과정을 거쳐야 한다. 물론 몇몇 가설들은 ("신이 존재한다"와 같이) 실증분석 자체가 불가능하거나 일반적으로 합의된 최소한의 검증과정을 거칠 수 없다. 천문학이나 기상학, 사회학 그리고 경제학 등 태생적으로 비실험적인 특정 분야의 아이디어를 검증해내는 일은 어렵다.[7] 이론상으로 떠올리던 생각을 실증분석이 가능한 명제로 바꾸는 일은 그리 간단하지 않다. 경제이론에서 나온 가설 검증의 문제를 해결하고자 수리통계의 분야로 전문화된 계량경제학이 생겨나기도 했다. 하지만, 통계분석을 행하기 위해 필요한 자료를 모으는 것도 간단치 않은 문제이다.

이러한 어려움 속에서도 연구는 수행됐고 논쟁은 이어졌다. 새로운 학생들은 교육을 받았으며, 검증은 독립적으로 반복되어 기록되었고, 동료들은 설득되어갔으며(회의론자들은 사라졌다), 남아 있는 원칙들은 정확히 어떤 상태에서 적용될 수 있는지 명확해졌다. 별다른 문제가 발생하지 않는다면 이 원칙들은 "같은 조건 아래서 똑같은 결과를 낳게 하는 자연현상이나 인간행동의 순서"라는 법칙이 될 수 있다. 그러한 법칙들이 모여 "연관된 원칙들의 체계적인 진술"이자 "관찰된 현상에 대한 명백한 연관관계 혹은 그 근간의 원칙들을 구성하는" 이론이 되는 것이다.[8] 이상적으로 볼 때 이론들은 과거를 설명하고 미래나 행위 혹은 현상들을 예측할 수 있어야 한다. 우리는 이 불확실한 세상에서 이론이 과거와 현재, 그리고 미래에 대한 믿을 만한 지침이 되어주기를 바란다. 이론들은 사유가 구조화된 결과물로, 그 이론을 사용하는 사람들의 정신 속에 살아 있는 것이다. 이론들이 뇌와 중추신경계에 고유한 행동양식으로 각인된다는 증거가 있다(사자는 얼룩말을 잡아먹는다. 얼룩말은 사자의 냄새를 감지한다. 얼룩말은 달아난다).[9] 감정이라는 것도 성문화된 합리적 행위와 별반 다를 게 없다. 성문화된 합리적 행위라고 반드시 현재에도 합리적인 것은 아니다. 과거에 합리적이었던 행동이 현재에는 비합리적일 수 있지만, 우리는 계속해서 기존의 틀에 맞추어 행동해나간다. 그러므로 또 다른 이론이 나오지 않는 한, 관찰되는 특이한 행동들은 이론의 틀에서 벗어난 걸로 간주할 수도 있는 것이다.[10] 이론이란 언제까지나 변치 않는 것도, 관찰된 행위나 현상을 완전하게 설명할 수 있는 것도 아니다(예를 들면, 입자물리학의 표준모형은 일반 상대성이론과 양자물리학을 결합시키려 애쓰는 실정이다). 따라서 이론들은 끊임없이 도전과 논쟁에 당면하고, 때로는 수정되거나 폐기되기도 한다.[11]

우리는 (신고전학파) 경제이론이라는 하나의 틀로 묶인 경제원칙들을 어떤 일을 예측해볼 때 도움이 될 만한 가이드라인 정도로 봐야 한다. 여기서 신고전파라는 말은, 경제학의 특정한 이론적 분파를 지칭한다. 사실, 경제학 안에는 수많은 연구 분파가 있다.[12] 대다수는 물가상승, 실업, 지속가능한 경제성장, 경기변동성 완화 등에 대해 측정하고 이론과 정책분석 등을 다루는 거시경제학에 속한다. 한편 미시경제학에서는 각 개인의 행위 동기를 분석하고 그러한 개인들을 모여 대규모의 결과로 이어지는 과정에 연구초점을 맞춘다.[13] 가령 자본시장 내에서 개인의 행동들이 하나로 더해져 채권 가격이나 이자율이 결정되고, 나아가 경제 전체에 영향을 미치는 과정 등을 다룬다. 미시경제학은 개인이 가족의 일원으로서, 기업 내 한 조직원으로서, 혹은 의회 내 구성원으로서 어떻게 집합적 결정에 참여하는지를 연구한다.

신고전학파 경제학

고전파 경제학의 기초를 제공한 애덤 스미스Adam Smith로부터 한계주의 혁명을 불러온 앨프레드 마셜Alfred Marshall을 거쳐 현대 경제학의 모습을 꾸려낸 폴 새뮤얼슨에 이르기까지, 신고전학파 경제학은 상대적으로 정돈되지 않아 보이는 "정치경제학"과 구별해 "순수경제학"이라고 불렸다.[14] 순수경제학은 오늘날의 경제학 교과서에서 호모 이코노미쿠스 homo oeconomicus라 불리는 합리적 인간들이 의사결정을 할 때 의례히 따르게 되는 일단의 행위원칙들을 제시한다. 개인의 의사결정은 궁극적으로 집합적인 결과를 야기한다. 이러한 개인적 선택과 집합적 결과간의 관계야말로 신고전학파 경제학의 핵심이라 할 수 있다.

그러나 이 원칙은 심하게 단순화된 형태였다. 초기 신고전학파 경제학은 분석과정 상의 부담을 줄이기 위해 몇 개의 가설을 설정했다. 가령 관찰된 행태를 설명하는 모형들은 일반적으로 몰역사적이다. 분석이 동태적이 아니라 정태적이라는 말이다. 경제적 주체가 시간상의 한 시점에서 다른 시점으로 옮겨가는 것은 관심대상이 되지 않았다. 마치 시간이라는 차원은 존재하지 않는다는 듯이. 마찬가지로 공간이라는 차원도 염두에 두지 않아서, 초기 모형들은 의사결정에 있어서 거리·지형·기후 등이 미치는 영향은 고려하지 않았다. 순수경제학은 시장의 마찰이나 가격할당 등은 존재하지 않는다고 가정한 채 생산과 경쟁을 통한 시장교환만을 강조하면서 분석의 범위를 아주 좁게 만들고 말았다. 게다가 경제적 주체는 구매자와 판매자, 재화의 가격과 품질, 그리고 그에 따른 비용과 편익을 비교하는 데 필요한 완전한 정보들을 가지고 있다고 가정했다. 합리적인 의사결정에 필요한 지적 사고능력이 있든 없든 모든 의사결정이 합리적으로 이루어졌다고 가정한 것이다. 순수경제학의 모형들은 더 나아가 재산권도 잘 정립되어 있고 그를 유지하는 데도 아무런 문제가 없는, 아주 잘 굴러가는 제도가 존재한다고 가정했다. 구매자와 판매자가 거래를 할 때에는 계약 당사자가 아닌 타인은 아무런 영향도 받지 않으며 어떠한 외부효과도 존재하지 않는다고 가정했다. 이러한 가정들은 그 외에도 수없이 많다.

극단적으로 표현하자면, 단순화된 형태의 순수경제학에서는 절대적으로 합리적인 경제적 주체가 어떠한 마찰도, 시간도 공간도 존재하지 않는 상태에서 거래하는 상황을 연구한다고도 말할 수 있다. 정치경제학에서는 이를 두고 전혀 쓸데없는 세상을 전제로 한다고 비판한다. 연구대상이 될 만한 주제들을 전부 다 가정으로 설정해버린다면, 도대체 뭘 연구하겠다는 말인가? 하지만 정치경제학자들조차 시장에 존재하는 기존의 불완전성들을 (그냥 없는 걸로 가정하는 것이 아니라) 적절한 규제나 정부 개입으로 없앨 수만 있다면 순수경제학의 원칙에 따라 경제시스템은 잘 작동될 수 있다고 인정한다. 신고전파 경제학에서는 이를 두고, 필요한 것은 규제나 정부 개입이 아니라 단순화된 시장경제 모형이 갖는 제한적 가정들을 완화시킬 수 있도록 모형을 개선시키는 것이라고 주장한다. 시장이 실패할 수 있듯 정부도 실패할 수 있다는 것이다. 그래서 신고전파 경제학은 자신에게 비판적인 이론들을 하나씩 포섭해간다. 오늘날 새롭게 대두되는 "신제도주의 경제학"은 이 같은 구식 정치경제학에 신고전파 경제학의 엄밀한 분석틀을 적용해보려는 시도라 할 수 있다.[15]

개선

신제도주의 경제학이 단순화된 순수경제학을 개선하고자 한 유일한 시도는 아니다. 노벨경제학상 수상자들의 면모를 살펴보자. 1969년 첫 수상자를 낸 이래 노벨경제학상은 주로 순수경제학의 가정들에 대한 제약조건을 완화시키려는 연구자들에 수여되었다. 2006년 12월 기준으로 모두 58명의 수상자가 나왔는데, 그중 58명은 실증분석 혹은 방법론에 대한 연구로 상을 받았고 9명은 거시경제 연구, 5명은 국제경제와 금융에 대한 연구, 다른 5명은 금융경제학 연구, 그리고 23명은 미시경제학에 대한 연구로 수상했다.[16] 예를 들면 멀리스와 비크리(1996), 애컬로프, 스펜스, 그리고 스티글리츠(2001)에게 수여된 상은 시장 정보의 비대칭성에 관한 연구 덕이었다. 허버트 사이먼Herbert Simon(1978)은 사람들에게 합리적 능력이 제한되어 있다고 전제한 뒤 그로 인해 빚어지는 결과를 탐구한 "제한된 합리성" 연구 업적을 인정받아 노벨상을 수상했다. 사이먼의 수상 소식에 대한 노벨상위원회 보도자료의 일부에는 다음과 같은 내용이

들어있다.

1930년대 경제학은 기업의 구조와 의사결정 과정을 완전히 새롭게 바라보기 시작했다. 사이먼의 연구는 이러한 새로운 시도들 가운데 가장 중요한 업적 중 하나이다. 획기적인 저서인 《관리적 행동》(1947), 그리고 그외 다른 많은 연구들을 통해 그는 기업이란 의사소통의 네트워크, 그리고 협동하여 공동목표를 달성하려는 의지를 통해 하나로 뭉쳐진 물리적·인간적·사회적 구성요소들의 적응체계라고 설명하였다. 사이먼의 연구에서 특히 새로운 점은, 기업에 대한 고전이론에서 전제하는 전지전능하고 합리적이며 이윤극대화만을 추구하는 경영자 상을 받아들이지 않는다는 사실이다. 그는 결정의 결과를 예측하지 못하며 사회적 관계들 속에 얽혀 있는, 따라서 합리적 의사능력이 제한될 수밖에 없는 다수의 의사결정자라는 모습으로 경영자를 그려냈다.[17]

마찬가지로 프린스턴 대학교의 심리학자 대니얼 카너먼Daniel Kahneman (2002)은 소비자들의 구매 행태에 대한 연구로 노벨상을 받았다. 소비자 행태에 대한 그의 견해 역시 (기업의 의사결정과 마찬가지로) 단순화된 경제 모형에서 가정하는 것처럼 합리적이지는 못하다는 내용이다. 1991년 노벨상을 받은 로널드 코스Ronald Coase는 수상강연에서 다음과 같이 말했다.

가격체계를 시장 조정 메커니즘으로 보는 건 올바른 접근이긴 하지만, 내가 보기엔 뭔가 거슬리는 점이 있었다. (…) 경쟁이 (…) 가격체계를 통해 필요한 모든 조정기능을 담당한다는 것인가? 그런데 우리는 분명 조정을 담당하는 "경영"이라는 생산요소를 가지고 있다. 만약, 가격체계가 모든 조정기능을 담당한다면, "경영"은 어디에 써먹기 위해 필요한 것인가?[18]

만약 완전한 정보를 보유한 합리적 경제 주체가 밧줄 만드는 원료인 사이잘삼을 밧줄 짜는 사람에게 보내고, 그것이 목재와 함께 그물침대를 만드는 사람에게 운반되어 마침내 최종 제품이 배송업자를 통해 소비자에게까지 즉각적이고 (시간이 전혀 걸리지 않고) 아무런 비용도 들지 않은 채 (어떤 마찰도 없이) 전달될 수 있다면, 기업은 대체 왜 필요하겠는가? 하지만 현실세계에서는 이러한 거래에 드는 비용("거래비용"이라고 불린다)이 너무 커서 어느 한 개인도 이 모든 과정을 홀로 다 처리해낼 수 없다. 그렇기 때문에 기업과 관리자들이 필요한 것이다. 그들은 거래비용을 최소화해 절약된 비용 중 일부를 자신들의 노력에 대한 보상으로 가져간다.

코스의 또 다른 업적은 순수경제학에서의 수요·공급체계에 "외부효과"라는 개념을 포함시킨 점이다. 기찻길과 기관차 생산업자는 사적계약을 통해 수요자와 공급자가 된다. 그러나 기관차가 운행되기 시작하면, 질소산화물이 배출된다. 그 오염물은 바람에 의해 대기 중으로 퍼져서 결국 산성비가 되어 내리고 나무를 말라죽이고 호수를 산성화시키며 수백 마일 떨어진 (어쩌면 다른 나라의) 관광지에 손해를 입히는 일이 발생한다. 둘 사이의 사적 거래가 제3자에게 영향을 끼치는 것이다. 여기서 제3자는 발생한 손해에 아무런 보상을 받지 못한다. 그 거래에 대한 비용을 제3자가 지불하는 것이다. 분명히 이러한 경제적 결과가 만들어지지만, 단순화된 경제모형에서는 그러한 부작용을 인식하지 못한다. 코스가 이 결점을 해결한 외부효과의 개념은, 거래비용이라는 개념과는 달리 오늘날 경제학 원론서에도 실린다.

지금까지의 논의를 정리해보면 크게 두 가지다. 첫째, 단순화된 경제모형은 그 기본 가정들이 너무도 제한적이어서 우리가 이해하고자 하는 실생활의 행위나 현상들에 그대로 적용하기 어렵다. 그럼에도 불구, 학자들이 점차적으로 가정을 완화시켜나가고 있으므로 언젠가는 이러한 한계도 극복될 수 있을 것이다. 두 번째는, 지금과 같은 단순화된 경제모형 안에도 사실에 부합하는 경제원칙이 내포되어 있다는 점이다. 시간, 공간, 합리성이라는 가정들에 신경쓰지 말자. 보다 근본적인 것은 그 안에 내재된 원칙들이다. 뒤에서 우리는 여섯 가지 원칙들을 살펴볼 것이다. 기회비용, 한계기대비용과 기대편익, 대체의 원칙, 수확체감, 마지막으로 불완전한 혹은 비대칭적 정보의 문제(두 가지 측면에서 살펴볼 수 있다)가 그것이다. 각각의 원칙들은 이 책에서 나중에 다루는 군사역사의 사례들과 짝지어질 것이다. 신고전파 경제학에서 어떤 것들이 원칙으로 수용되는지에 대한 보편적 합의는 존재하지 않는다. 하지만 누구도 우리가 선택한 여섯 가지 원칙이 그들 중 일부라는 사실을 부정하지 않을 것이다.

첫 번째 원칙: 기회비용

진부한 표현이지만 우리는 제한된 자원의 세계에서 무한한 욕구를 품고 살아간다. 많은 이들은 제한된 자원을 보다 오랫동안 사용하기 원한다면 물질주의에 대한 방종적인 추종을 멈춰야 한다고 입을 모은다. 경제학의 관점에서 보면, 이것은 여러 측면에서 잘못 이해하는 것이다. 우선 경제학은 물질적 수요뿐 아니라 비물질적 욕구도 함께 다룬다. 가령 가족이 함께 여가를 즐기려는 욕구, 친구들과 우정을 유지하고픈 욕구, 개인적 존재감 혹은 공동체 의식에의 욕구, 자연이나 문화유산의 가치를 지켜내려는 욕구 등도 경제학의 관심대상이 된다. 이러한 욕구들 역시 자원 제약이라는 문제와 맞닥뜨린다. 특히 시간 자원의 제약을 받는다. 누군가와 함께 있고 싶다는 바람은 혼자만의 시간을 갖고 싶다는 생각과 상충한다. 사람들은 언제나 무엇을 할 것인지 선택해야 한다. 두 명의 배우자를 갖고 싶다는 생각은 사회 내에서 존중받고 싶은 욕구 및 그 관계를 유지하는 데 필요한 능력과 충돌할 수도 있다. 신학을 공부하려는 열망은 세속적 보상 욕구와 어울리지 않을 것이다. 심지어 억만장자들조차 자신이 바라는 일을 모두 할 수는 없다. 빌 게이츠나 폴 앨런조차 하고 싶은 일들 중 뭔가를 선택해야만 한다.

어떤 욕구를 선택하고 좇는 것은 어쩔 수 없이 또 다른 욕구를 포기하는 결과를 낳는다. 그런데 포기한 다른 욕구들 역시 모종의 가치를 지닌 것이어서, 무언가를 선택한다는 것은 다른 기회를 포기한다는 비용을 지불하는 셈이다. 물론 우리가 선택한 대안보다는 적은 가치를 갖겠지만, 포기한 대안들 역시 나름의 가치가 있다.

학생들은 이 경제원칙을 쉽게 이해할 수 있다. 수업에 참석한다는 건 놀러가기를 포기하는 것이다(그것 또한 가치가 있다). 시험에 대비해 공부하거나 리포트 마무리 작업을 하는 일은 또 다른 파티를 포기하는 것을 의미한다(그 파티 또한 학생들에게는 가치 있을 것이다). 도서관이나 실험실에서 시간을 보내는 건 아르바이트로 돈을 벌 시간을 포기하는 셈이 된다. 기회비용이란 쉽게 말하면, 늘 벌어지는 선택의 문제를 뜻한다. 그렇다면 그것이 뭐 그리 중요하단 말인가? 우리는 이 같은 경제학을 통해, 사람들은 선택의 순간에 여러 가치 있는 대안들 중 가장 가치 있는 대안을 선택하려는 경향이 있다는 것을 예측해낸다. 다시 말해 기회비용이 가장 큰 대안을 선택한다는 것이다. 그렇다면, 경제학에서는 학생들의 쾌락주의적 행위만 예측하게 될까? 물론 그렇지 않다. 여기 앨프레드 마셜이 이를 적절하게 설명한 예가 있다. 중력의 법칙은 왜 두 물체가 서로를 끌어당기는지를 설명한다. 하지만 이 법칙은 특정한 조건 아래서만 적용된다(이는 라틴어로 케테리스 파리부스ceteris paribus, 혹은 "다른 모든 것이 동등하다면"이라는 구절로 알려져 있다). 과학자들은 그 조건들을 자세하게 규정하고 있지만, 일상적인 대화에서 세세하게 설명해주기란 어렵다. 분필 조각을 공중으로 던지면 지구를 "끌어당기는 것"이 아니라 바닥으로 떨어져 산산조각난다. 이것은 중력의 법칙이 틀렸음을 증명하는 게 아니다. 중력의 법칙에 대한 구체적 적용조건인 물체 간 상대적 질량의 조건이 맞지 않기 때문이다. 이와 유사하게 헬륨가스가 채워진 풍선은 마셜이 예로 들듯이 바닥으로 전혀 가라앉지 않는다. 중력의 법칙을 따르되 천장을 끌어당기는 것이다! 이처럼, 아무런 제약조건이 없는 세상에서 학생들은 무한정 빈둥거리기만 할지도 모른다. 하지만 현실세계에서라면 그들도 공부를 하는 쪽이 순간적인 즐거움을 추구하는 것보다 더 가치 있다는 사실을 깨닫는다. 잔잔한 바다에서 범선은 그냥 가만히 서 있으려 하겠지만, 바람과 파도를 만나면 그럴 수가 없는 것이다. 범선이 가만히 있으려는 관성의 법칙이 바람과 파도에 의해 부정되는 게 아니다. 다만 바람과 파도에 뒤흔들리는 상황에서 적용될 뿐이다. 우리가 예상한 결과가 나오지 않는다고 해서 이론이 틀린 것은 아니다. 그 대신에 우리는 관찰된 행동이나 현상이 발생되는 조건들을 하나하나 잘 살펴봐야 한다. 어떤 학문에서는 이러한 접근이 상대적으로 더 중요할 수 있다. 이를 두고 마셜은, 물리학은 "단순한" 과학이고 경제학은 "복잡한" 과학일 뿐이라고 하였다.

제한된 자원으로 무한한 욕구를 충족하려면 어쩔 수 없이 의사결정 순간 허용된 조건에서 가치를 극대화시키는, 제한된 최적화를 이룰 수밖에 없다. 한 가지 목적을 위해 자원을 사용하면 다른 목적을 위해서는 사용할 수 없다는 뜻이 되므로 기회비용은 언제나 수반된다. 아이젠하워가 말한 그 유명한 한마디가 이 기회비용을 잘 설명해준다.

제조된 모든 총, 전함, 로켓포 등은 배고파도 못 먹고, 추워도 못 입는 사람들로부터 빼앗아온 것과 마찬가지다. 전쟁무기가 넘쳐나는 이 세상은 돈만 쓰고 있는 게 아니다. 노동자들의 힘줄, 과학자들의 재능, 그리고 아이들의 희망까지 고갈시키는 것이다.

군사력에 예산을 투자하는 것이 잘못이라는 말은 아니다. 하지만 아이젠하워의 지적은 사실이다. 탄도방어미사일망에 수조 달러를 썼다면 그만큼의 돈을 다른 목적에 투자할 기회를 없애버린 것이다.[19] 이 예를 통해 우리는 누구의 기회비용을 고려해야 하는가라는 문제를 생각할 수 있어야 한다. 누가 결정을 내리는가? 누가 선택을 하는가? 정책을 결정하면서 기회비용을 파악하기 위해 전 국민을 대상으로 의견을 물을 수는 없는 노릇이다. 더구나 개인마다 부여하는 가치의 수준은 천차만별이다. 그렇다면 그 가치들을 어떻게 비교하겠는가? 다양한 대안에 부여된 가치들을 단순히 더하기만 하면 될까? 나아가 대안들은 누가 선정할까? 이것은 단순히 어려운 문제가 아니라 논의의 핵심이 되는 중요한 질문들이다. 그리고 이 질문들은 기회비용이란 것이 특정한 의사결정권자들에게 상관되는 문제임을 보여준다. 바로 이 같은 의사결정권을 획득하기 위해 사람들은 치열하게 싸우는 것이다. 그렇다면 의사결정이 내려지는 조건이 바뀐다면 어떻게 될까? 의사결정권자가 누구인지도 그 조건 중 하나가 된다. 의사결정권자가 바뀌면 가치평가 또한 달라진다. 아버지가 내리는 결정은 어머니의 선택과 다를 것이다. 공화당의 결정도 민주당의 것과는 다르다. 어떠한 대안들이 존재하는지에 따라서도 가치평가는 달라진다. 에이브러햄 링컨이 물었다, "내가 적들과 친구가 되면, 그 적들은 더이상 적이 아니지 않은가?"라고.

우리는 기회비용의 원칙이 철학적 문제로까지 연결된다는 걸 알았다. 사람들은 흔히 경제학은 돈만 다룬다고 보는데, 그것은 경제학의 일부분에 불과하다. 우리는 경제학이 어느 누가 대안을 선택할 권리를 갖는가 등 "자유"의 문제와도 깊이 결부되어 있음을 알게 됐다. 또한 경제학자 폴 헤인이 지적한 것처럼 기회비용이란 물질 그 자체가 아닌 행동과 결정, 그리고 선택에 관한 개념임을 배웠다.[20] 야구공 하나에 10달러를 "지불했다"고 하자. 이때 야구공의 진정한 비용은 10달러 자체가 아니라 그 10달러의 돈으로 현재 살 수 있었던 혹은 미래에 살 수 있는 다른 어떤 것들이다. 돈이란 단지 가능한 두 행동 사이의 연결고리일 뿐이다. 더 중요한 점은 아무것도 사지 않거나 자선기부를 통해 그 돈을 받은 누군가에게 선택권을 부여하는 행위 역시 선택지 중 하나가 될 수 있다는 사실이다.

우리는 경제학이 물리적인 과학이 아니라는 사실을 안다. 경제학은 물리학도 공학도 아니다. 경제학은 의사결정에 관한 과학이다. 그것은 주로 구체적이지 않고 뭔가 불분명하며 불확실한 상황 아래서 내리는 선택에 대한 과학이다. 예를 들면 내가 너와 결혼해야 할까? 아니면 다른 사람과 해야 할까? 등등의 결정 말이다. 의사결정과 기회비용에 초점을 맞추다보면 별것 아닌 질문에서도 놀라운 대답을 발견할 수 있다. 헤인의 예를 사용해보자. 다른 도시로 여행을 할 때 우리는 경험상 가난한 사람들은 주로 버스를 이용하고 부유한 사람들은 비행기를 이용하려는 경향이 있다고 생각한다. 왜? "당연한" 대답은 가난한 사람들은 비행기 삯을 지불할 능력이 없고, 버스비가 훨씬 저렴하기 때문이다. 이를 달리 설명해보자. 시간당 400달러를 청구하는 변호사가 뉴욕에서 LA까지 버스를 타고 간다면 도대체 얼마를 더 청구하게 될까? 변호사에겐 버스를 타고 여행하는 데 드는 시간의 기회비용이 어마어마하다. 고객의 입장에서는 변호사가 비행기를 이용하는 편이 훨씬 낫다(훨씬 저렴하다). 반면 가난한 사람들의 시간이란 그리 가치 있다고 여겨지지 않으며, 스스로도 그렇게 생각한다.

기회비용을 떠올리다보면 여러 가지를 다시 생각하게 된다. 다른 예를 들어보자. 현대사회에서 이혼율이 왜 그리 높을까? 높은 이혼율이 과연 현대문명의 타락과 도덕적인 쇠퇴의 징조인가? 정말로 사회구조가 분열 하는 것인가? 아니면 결혼생활 유지에 대한 기회비용(특히 여성들에게)을 염두에 둔 결과인가? 수백 년 전에는(아직까지도 그러한 사회가 있기는 하지 만) 여성들에게 결혼에 대한 대안은 그 수도 적었고, 받아들이기도 쉽지 않았다. 수녀원에 들어가거나 부모님과 평생 함께 노처녀로 살거나 혼외 로 아이를 출산하여 사회적으로 불명예스럽게 사는 것이 고작이었다. 다 시 결혼할 수는 있었지만, 그건 원 배우자와 사별한 뒤 "명예롭게" 두 번 째 결혼을 하게 되는 경우만 가능했다. 여성들은 가정에서 독립하여 생 활할 수 있게 교육받을 기회가 거의 없었다. 이처럼 대안이라는 것들은 절망적이고 가치가 적었으며 결혼을 유지하기 위해 포기하는 것들도 많 지 않았다. 그러나 결혼에 대한 선택조건들이 변화했다. 오늘날 결혼을 하고 결혼생활을 유지하는 일의 기회비용은 여성들에게 훨씬 커졌다. 남 성과 결혼을 하는 것의 가치는 그에 대한 대안의 가치만큼 늘어나지 않았 다. 남성들은 상대적으로 가치가 줄어든 반면, 결혼을 함으로써 희생시 켜야 하는 것들의 가치는 점차 증가하고 있다. 남성들은 쉽게 버려질 수 도, 또 쉽게 여자를 다시 얻을 수도 있게 되었다는 것이다.[21]

경제학이 행위와 현상을 바라보는 새로운 시각을 제시할 수 있음을 기 회비용의 원칙을 통해 확인했다. 우리는 이를 중세 중기시대(AD 1000~ 1300)의 요새, 성곽, 포위공격 등을 다루는 2장에서 다시 살펴볼 것이다. 왜 중세시대 왕들은 비정상적으로 비싼 돈을 들여가며, 심지어는 연간 총수입액과 맞먹을 정도인 성을 지었으며 그것을 유지하기 위해 애썼던 것일까? 한 가지 대답은, 성곽 축조에 막대한 비용이 들기는 했지만 그것 이 당시 가능했던 모든 대안들 중 최선이었다는 점이다. 경제학자들도 그렇게 예측하고 있다.

두 번째 원칙: 한계효용과 한계비용

만약 15마리의 경주용 말을 소유한 축사 주인이 16번째 말을 포기한다면 무엇을 포기하는 셈일까? 이미 그가 가지고 있는 말을 고려하면, 경주마가 한 마리 더 늘어날 때 얻을 수 있는 건 많지 않다. 그가 이미 더 많은 걸 가졌을수록 하나를 포기할 때 생기는 희생은 작아진다. 말이 16번째나 되다보니 좀 시큰둥할 수도, 아니면 처음 15마리의 말들에 이미 만족하기 때문일 수도 있다. 어떤 이가 최근 결혼을 했다면, 배우자와 보내는 1분 1초가 아까울 것이다. 반면 결혼 20년차에게 1분의 시간을 포기하는 것(아니면 한 시간, 일주일, 혹은 배우자 자체마저!)은[22] 그리 큰 비용으로 여겨지지 않을지 모른다.

경제학에서 한계주의 혁명의 핵심은 "어디를 가든지, 거기서 시작하라"는 것이다.[23] 과거의 행동으로 인해 어떠한 일이 벌어졌든 지금 중요한 것은 다음 행동에 따라 예상되는 비용과 편익이 무엇이냐다. 배우자를 20년 넘도록 사랑해온 사람일지언정 한계주의자에 따르면, 당장 중요한 것은 앞으로 세 시간 동안 배우자와 함께 보낼지 아니면 축구를 할 것인지다. 그는 축구보다 배우자를 훨씬 더 사랑할 것이다. 하지만 한계적으로는(즉, 다음 세 시간 동안만 보자면) 아내보다 축구를 더 좋아할 수도 있다. 이때 사랑은 오래되었다는 뜻이지 식었다는 의미는 아니다. 한계이론자들의 관점에서 빌 게이츠가 과거에 수십억 달러를 벌었다는 사실은 문제가 되지 않는다. 중요한 점은 윈도우 소프트웨어 한 장을 만들어 파는 것이 생산 및 판매비용보다 더 큰 수입을 가져올 수 있느냐 하는 사실이다. 수익을 낸다면 소프트웨어를 더 많이 찍어내야 하고, 빌 게이츠의 소득은 더욱 늘어날 것이다. 어떤 사람이 이미 여섯 조각의 피자를 먹었다면, 그 다음 일곱 번째 조각을 먹음으로써 얻게 될 혜택은 별로 없다. 게다가 그 한 조각 피자를 먹자고 5달러를 더 내야 한다면, 5달러어치의 다른 상품이나 서비스(앞으로의 사용을 위한 돈을 절약하는 것을 포함하여)를 사용할 기회를 포기하는 셈이다.[24]

한계이론자의 삶에 대한 관점은 매우 우둔하고 조악해 보일지도 모르지만 어느 정도의 통찰력을 지니고 있다. 우리가 앞서 언급했던 마셜이 이 이론을 꽃피웠다. 그의 《경제원론》이라는 책의 겉표지에는 "나투라 논 파시트 살툼natura non facit saltum"(자연은 급변하지 않는다)이라는 모토가 있었다. (이는 보어나 하이젠베르크보다 앞선 언급으로) 그는 지진, 홍수처럼 큰 재난을 설명하려면 고급연구가 필요하므로 사람들은 순조롭고 단계적으로 서서히 변화하는 자연현상을 먼저 공부한 연후에 접근해야 한다고 주장한다.[25] 경제학도 마찬가지다. 일상적인 경제현상을 먼저 공부한 이후 간헐적으로 나타나는 어려운 현상들을 연구하게 된다.[26] 자연은 급변하지 않는다. 한 발짝 한 발짝 시시히 변해간다. 그래서 어떤 이의 다음 행동에 따라 자신이 얻게 될 혜택과 포기해야 할 것을 심사숙고한다는 것은 바로 미래에 대한 의사결정을 포함한다. 미래는 불확실하므로, 기대되는 한계비용과 한계효용을 비교하여 의사결정을 하는데 결정의 규칙은 의외로 간단하다. 만약 어떤 행동으로 인해 추가되는 혜택이 추가비용보다 크다면 행동을 실행에 옮기고, 그 반대 경우에는 실행하지 않으면 된다. 세 시간 동안 미식축구를 보는 즐거움이 20년을 함께한 배우자와 있는 기쁨보다 크다면, 어서 가서 축구를 봐라.

의사결정이란 불확실성 아래서 선택을 하는 행위이다. 만약 축구경기가 지루했는데, 그 사람이 기대효용을 과대평가했다면 어떨까? 어떤 사람이 배우자를 잘못 판단해 기대비용을 과소평가했다면? 경제학자들의 표현대로 삶이란 경험재의 성격과 같아서, 우리는 살고 나서야 그에 대해 알게 된다. 인생 초기의 선택은 잘못된 판단인 경우가 잦아서 이익을 얻기보다는 손해보기 십상이다. 시간이 흐르면서 사람들은 실수를 줄이는 법을 배우고, 더 나은 선택을 해 손해보다 이익을 얻는 일이 많아질 것이다. 더 많은 주의를 기울이고 좀더 현명해지고 기대하는 비용과 효용에 대해 더 많은 정보를 얻게 된다. 경제학자도 사람들이 실수를 하리라는 사실은 인정한다. 하지만 똑같은 실수를 반복할 것이라는 점은 부인한다. 썩은 사과를 한 번 먹을 수는 있지만, 두 번째에도 썩은 사과를 먹지는 않는다. 만일 어떤 작가의 소설이 재미없었다면 다음에는 그 작가의 다른 작품을 사지 않을 것이고, 아내가 싫어한다면 축구경기 보는 것도 자제할 것이다.

사람들은 애초에 비용과 편익의 기대치를 어떻게 가늠하는 걸까? 정보가 중요한 요소겠지만 이 문제는 다른 장에서 살펴볼 것이다. 우선 기초 경제학 교과서에 나오는 세 가지 요소, 선호와 자원 그리고 가격부터 생각해보자. 상품과 서비스에 대한 가격을 책정하는 것은 얼핏 어렵지 않아 보인다. 풍선껌 하나는 50센트일 것이고 사립대학의 수업료와 기숙사 비용은 연간 4만 달러 정도 들 것이며, 우주선 여행을 하는 데는 2,000만 달러 정도 들 것이다. 그런데 실제로 가격 문제와 맞닥뜨리면, 적어도 두 가지의 어려움에 처한다. 우선 많은 가격들이 흥정 가능하다는 것이고 다음으로는 돈으로 환산될 수 없는 가격들이 많다는 점이다. 물론 동네 마트의 계산대에서는 물건 가격을 흥정할 수 없다. 하지만, 새 차를 살 때는 누구나 가격흥정을 하려 들며 대학에 지원할 때도 다양한 장학금 신청을 통해 사실상 대학교육의 비용을 협상하는 효과를 갖는다.

지불 의사가 있는 재화나 서비스의 최종 가격은 그로부터 기대되는 편익을 얼마로 보는지에 달려 있다. 혜택이 최종 가격보다 크다면, 결과적으로 이익이 되는 거래다. 달리 표현하면, 공급받는 데 드는 비용뿐 아니라 구매과정 전체에 대한 비용으로 따질 때 그 사람의 비용/편익 비율은 1보다 작을 것이다. 이때 비용은 비화폐적일 수도, 간접비용까지 포함한 것일 수도 있다. 가령 마이크로소프트의 오피스 소프트웨어와 워드프로세서 묶음 시장가격이 얼마였든, 전체 구매가격이란 익숙한 프로그램을 버리고 낯선 것을 새로 배울 때 드는 "교체비용"까지 포함한다. 시장가격이 싸다고 무조건 그 상품을 선택하지 않는다는 뜻이다. 이는 생산시장(완성된 상품을 위한 시장)뿐만 아니라 원료시장(상품이나 서비스를 제공하는 생산업체를 위한 시장)에도 적용되어온 일반적인 생각이다. 예를 들어 노동시장에서는 각종 보험료 부담 등 임금 외 비용뿐 아니라 직원을 교육시키는 데 드는 비용 역시 중요하게 여긴다. 비용 산출을 할 때에는 매입의 전 과정에 들어가는 모든 비용들을 신중히 따져봐야 한다. 계약 체결, 이행 및 감시에 드는 비용 즉 생산비용 외에 추가적인 거래비용까지 총비용에 포함시켜야 한다. 계약이 깨지거나 누군가 계약조건을 어길 가능성, 그리고 미래에 이행해야 할 의무를 규정한다는 사실 자체 때문에 계약에는 어느 정도의 위험이 내재되어 있다.[27] 그러나 미래는 불확실하므로, 어떤 계약이 어떻게 해석될 수 있는가에 대해 의견 차이가 나올 수도 있다. 분쟁조정이 필요할 수도 있으며 이 또한 적잖은 비용을 요구한다. 좋은 의사결정을 하려면 예상되는 비용과 편익 간 차이를 파악하고 있어야 한다고 말로 하는 건 오히려 쉽다. 군 사령관은 병사 탈영의 위험을 어떻게 추산할 것인가? 특정 적군을 공격함에 따른 효용은 어떻게 계산해낼까?

비용과 혜택을 계산하는 데 있어 두 번째 요소는 가용한 자원에 관한 것이다. 여기에는 현재의 수입, 과거 수입의 저축량, 신용한도, 보조금을 받은 것 등이 포함된다. 화폐적인지 비화폐적인지 하는 식으로 가격을 나눠봤듯이, 경제학자들은 이러한 자원도 그 성격에 따라 범주화한다. 가령 군대 병력에서 "저축량"은 병사들의 양을 뜻하고, "현재 수입"은 새로운 병력의 정기적인 공급으로, 신용한도는 동원가능한 예비군 등 추가 병력으로, 그리고 보조금은 동맹군 정도로 생각할 수 있을 것이다. 소비되지 않은 과거 수입(저축량)은 "이자수입"격인 군사훈련을 통해 더 나은 전투력을 구비하도록 강화시킬 수 있다. 현재의 수입은 자연감소나 이탈 등을 통해 줄어들 수도 있다. 그러므로 자원이 정확하게 얼마가 될지는 분명하게 말할 수 없다. 동맹군에 의해 증대할 수도 혹은 동맹군의 탈퇴로 감소할 수도 있다. 자본/노동 비율을 높이는 식의 생산성 재고를 통해 전체 자원의 양이 늘어날 수도 있는 반면 군의 투스 투 테일 비율 tooth-to-tail ratio(전투 병력과 보급 및 지원 병력과의 비율.—옮긴이)을 적절하게 관리하지 못함으로써 오히려 줄어들 수도 있다.

비용과 편익의 계산은 걷잡을 수 없이 복잡해 보이기 시작한다. 그렇다면 최선의 계산을 따르는 쪽이 언제나 더 나을까? 꼭 그렇지만은 않다. "긴급하다"는 정크메일을 배송하는 우체부처럼, 많은 의사결정은 시간 제약 아래서 이루어진다. 가끔 (어떤 결과가 발생한다 해도) 직관적으로 결정을 내려야 할 필요도 있다. 준비와 훈련은 사람의 직관을 향상시킨다. 비용과 편익을 분석하는 데 비용이 너무 많이 들 경우, 직관에 대한 훈련을 아예 제도화되기도 한다.[28] 모의실험에서는 통제된 조건 아래서 실제 상황을 염두에 두고 역할극을 펼쳐본다. 그런데 이러한 훈련이 그 훈련을 통해 향상시키고자 했던 자원들을 써버리는 결과를 낳는다. 즉 실제 의사결정은 자원을 소비시키는 모의훈련을 통해서 가장 잘 준비될 수 있는 반면, 불확실한 미래의 일들에 대비하려면 보다 많은 자원을 확보해 놓아야 한다는 순환적인 논리에 빠지게 되는 것이다.

세 번째 요소는 "선호도" 혹은 "기호"라는 광범위한 용어이다. 그것은 사람이 좋아하는 것과 싫어하는 것, 지속적 유행인지 일시적인 것인지, 원하는 것인지 필요로 하는 것인지에 관한 말이다. 선호도는 경제학자의 블랙박스이다. 소비자가 뭘 좋아하는지는 논쟁의 대상이 아니다. 시카고학파 경제학자인 조지 스티글러George Stigler와 개리 베커Gary Becker는 유명한 1977년 논문에서 '데 구스티부스 논 에스트 디푸탄둠de gustibus non est diputandum'('맛에 관한한 논쟁이 있을 수 없다'란 뜻)이라고 설파했다. 그렇다고 소비자의 선호라는 게 변덕스럽고 일시적이고 급변하며 무질서하다는 의미는 아니다(적어도 늘 그렇지는 않을 것이다). 오히려 그들은 선호가 꽤 안정적일 수 있다고 주장한다. 개인의 선호가 변하는 게 아니라 그들이 접하는 가격과 자신들의 취향을 만족시켜줄 수 있는 가용자원이 변한다는 것이다. 그 결과, 근본적인 선호도와 취향은 변하지 않더라도 관찰되는 행동은 변할 수 있다는 얘기다. 그들의 논증은 정밀하게 이루어졌지만, 기반이 되는 통찰은 오히려 간단했다. 가령 누군가 "좋은" 음악을 좋아한다고 가정해보자. 좋은 음악을 통해 누릴 수 있는 즐거움은 더 많은 시간 음악을 들음으로써 양적으로 늘어날 수도 있고, 그 음악에 대해 많은 공부를 함으로써 질적으로 깊어질 수도 있다. 결론적으로 그는 음악 지식을 저축해가는 셈이다. 지식은 자본과 같아서 자본이 축적됨에 따라 좋은 음악을 듣는 시간도 점차 효과적으로(즐기는 쪽으로) 활용된다. 그래서 만약 수입과 다른 상품 및 서비스의 가격이 변하지 않는다면, 음악감상 자본이 축적되고 그로 인해 비용이 감소하기 때문에 개인은 자연스레 좋은 음악을 더 많이 소비하게 될 것이다. 자기강화적 선순환이 일어나는 것이다. 좋은 음악을 더 많이 듣는다는 (또는 경제서적을 더 많이 읽는다거나) 사실을 분석하면서 스티글러와 베커 교수가 강조한 것은 이러한 변화가 음악에 대한 선호도가 바뀌었기 때문이 아니라 그 음악을 얻는 데 드는 상대가격이 변했기 때문에 일어났다는 사실이었다(물론 "나쁜" 음악을 점점 더 많이 듣게 되는 중독이라는 자기강화적 악순환도 일어날 수 있다).

그럼에도 불구하고 이미 고인이 된 하버드대의 존 케네스 갤브레이스 John Kenneth Galbraith 교수는 저명한 저서 《풍요한 사회》(1958)에서 소비자는 완전히 주권적이지는 않다고 주장했다. 주권적이라고 여겨지는 소비자의 선호 문제 역시 공공 및 민간의 강력한 이익집단들에 의해 조작되었다고 그는 보았다.[29] 무엇이, 어떻게, 얼마나 가치가 있느냐라는 선호 형성과 결정은 공공정책, 마케팅, 심리학, 경제학, 사회학 등에서 활발하게 연구하는 주제이다. 사실 이 주제는 (기초교과서의 수준을 벗어나면) 지독하게 어렵다. 가령 우리는 고래상어, 전위예술, 혹은 파푸아 뉴기니의 고지 문화에 얼마만큼의 가치를 둘 것인가? 우리가 이들을 통해 얻는 이익은 무엇인가? 어떻게 각각에 금전적인 가치를 매길까? 우리 욕망의 끝없는 목록들과 고래상어의 가치를 어떻게 비교할 수 있을까? 대중들에게 고래상어의 생존을 위해 얼마를 지불할지 조사한다고 해도 과연 진실한 대답을 얻어낼 수 있을까?

그렇다고 해서 선호를 도출해 경제적 평가를 하는 미스터리한 문헌의 세계로 직접 들어갈 필요는 없다. 우리는 군 사령관들이 수많은 대안들 중 단호하고 합리적인 결정을 내릴 수 있도록 한계비용과 한계효용을 어떻게 가늠해내는지만 살펴볼 수 있으면 충분하다. 그리고 군사적 맥락에서든 비군사적 맥락에서든, 의사결정이 외따로 떨어져서 존재하는 게 아니라는 점만 유의하면 된다. 어떤 통치자가 전쟁을 치르기로 결정했는데 군 사령관이 반대했다고 가정하자. 통치자는 사령관을 교체할 수 있다. 하지만 병사들이 이 결정에 불복종할 수도 있는 것이다. 4장에서 우리는 계몽시대(7~8세기)의 전쟁과 작전수행, 그리고 사령관들을 살펴보면서 한계비용과 한계효용의 원칙이 어떻게 적용되는지를 알아보고, 마지막에 나폴레옹식 전투를 고려해볼 것이다. 참으로 복잡하지만 지휘관들이 어떤 식으로든 한계비용과 한계효용에 대한 계산을 해나갔다는 점에는 의심의 여지가 없다.

세 번째 원칙: 대체의 법칙

여기서 두 가지 다른 길로 나아갈 수 있다. 정보와 계약의 경제학을 살펴보거나 (기회)비용과 편익의 경제적 의미를 보는 쪽으로. 우리는 먼저 후자 쪽에 초점을 맞춰 대체의 법칙과 수확체감의 법칙을 설명할 것이고, 그 다음 정보와 계약의 측면을 살펴보면서 도합 여섯 가지의 경제원칙을 제시할 것이다. 대체의 법칙이란, 비슷한 효용을 갖는 두 가지 상품이 있을 때 소비자는 결국 상대적으로 가격이 낮은 상품 쪽으로 이동할 것이라는 이론이다(물론 이 가격은 완전한 기회비용을 반영한 것을 말한다). 달리 말해 가격이 유사한 상품 혹은 서비스를 사용하는 소비자라면 결국 더 나은 편익을 제공하는 쪽을 사용하리라는 예측이 가능해진다. 더 간단히 요약하면 같은 효용을 줄 경우 보다 싼 물건을, 같은 값이라면 보다 큰 효용을 주는 물건을 선택한다는 말이다.

두 가지 예를 들어보자. 경제학자들은 생산에서의 대체의 법칙과 소비에서의 대체의 법칙을 구별한다. 전자의 예로 제빵사가 빵을 만들 때 흰 달걀을 사용할지 노란 달걀을 사용할지를 두고 고민한다고 하자. 이때 둘 중 어떤 것을 사용하든 차이가 없기 때문에 (제빵사나 최종소비자 모두에게) 제빵사는 껍질의 색과는 관계없이 좀더 저렴한 달걀을 선택할 것이다. 좀더 현실적인 예로 기업이 상품 배송수단을 결정하는 경우를 들 수 있다. 국제배송의 경우 항공운송이나 컨테이너 해운수송 중 하나를 선택하게 될 것이고 국내배송의 경우 항공, 철도, 도로, 내륙 운하, 그리고 이것들을 다양하게 결합시키는 방안을 두고 고민할 것이다. 이때 효용이란 상품의 배송, 좀더 구체적으로는 시간제약 속에서의 상품배송이라 정의될 수 있다. 이를 위해 기업은 직접 선단을 꾸려 자체 배송능력을 갖추거나 외부의 다른 배송업체와 계약을 맺거나 그 둘을 적절히 섞는 방안 중 하나를 선택할 것이다. 배송은 공장, 창고, 소비자의 위치라는 다소 복잡한 제약조건 속에서 정시 배달을 하기 위한 최적화의 문제인 셈이다. 고려된 변수는 다양할 수 있다. 수학적으로 다양한 변수 중 하나만 변해도 최적의 선택지는 변한다. 실제로 배송 결정을 하는 데에는 수학과 컴퓨터 활용능력이 뛰어난 직원들이 투입되는 게 당연하다. 군대의 병참 문제 역시 복잡하다.[30] 그리고 이 문제 역시 대체될 수 있는 가능성과 밀접하게 연관된다.

대체의 가능성에는 정도의 차이가 생길 수 있다. 흰 달걀과 노란 달걀은 완전한 대체이다. 이때 대체지수는 1이다. 하지만 흰 계란이든 노란 계란이든 밀가루를 대체할 수 없고, 수백만 달러의 카펫 베틀도 카펫을 운송하는 트럭을 대체할 수는 없다. 심지어 타이거 우즈나 애니카 소렌스탐이 골프장 캐디로 일할 수 있을지는 몰라도 우즈가 여성 골프복의, 그리고 소렌스탐이 남성 골프복의 모델이 될 수는 없다. 한마디로 대체란 정도의 문제라는 것이다.[31]

대체의 가능성은 극렬한 투쟁이나 눈치, 열정, 음모 등을 야기할 수 있다. 여자들은 많은 남자들 중 하나를 선택하거나 대체할 수 있고, 남자들 역시 많은 여자들 중에서 하나를 고를 수 있다. 결혼은 숭고한 사회적 목적을 위해(아이 양육을 방해하지 않도록) 무한한 대체의 가능성을 제한시키는 사회적 장치이다. 의료분야를 보면, 병원 경영자는 몸값이 비싼 의사를 상대적으로 비용이 낮은 간호사로 대체하려 든다. 간호사의 고용비용이 높아지면 병원 측은 간호사 수요를 줄일 수 있는 치료설비들을 들인다. 반면 종합건강관리 기관은 특정 치료법이 다른 치료법을 대체하도록 만든다. 제약회사들은 약물치료법으로 질병의 증상을 완화시키고 회복을 빠르게 해주는 대체재를 제공한다. 이 과정의 많은 부분이 편향된 인센티브와 비대칭적 정보환경(나중에 뒷장에서 더욱 많이 다루게 되는)에서 발생한다.

대체의 가능성은 경쟁이 갖는 의미의 핵심이다. 생산자가 최대한 경쟁을 제한하고 통제하려 애를 쓴다는 사실은 놀랍지 않다. 경쟁을 배제하는 것은 대체계수를 0으로 하는 것과 같다. 이 방법에는 여러 가지가 있다. 그리고 이들 중 상당수가 비합법적이다(가령 경쟁자들끼리 미리 결탁한 카르텔에 참여하는 것이다). 하지만 의외로 많은 부분들은 합법적인데, 미국 법무부의 독점금지부서(혹은 다른 동등한 분야에 의해서)에 의해 승인된 기업 인수나 합병이 그 예이다. 또 다른 예들은 입법과정에서 다양한 로비의 형태로 나타나는데 경쟁 상품의 해외수입 금지조치 등이 바로 그것이다. 이때 가장 좋은 수단은 살균되지 않은 프랑스산 치즈 같은 수입상품이 자국 소비자의 안전과 건강문제에 위험을 초래한다고 주장하는 것이다. 또한 많은 산업들이 국가안보에 대한 위협을 들먹이며 경쟁품의 수입 금지를 관철시키는 행위가 여기에 해당한다. 악명 높은 사건 중 하나가 미국산 모직과 모헤어(앙골라 염소의 털.—옮긴이) 산업이었다. 이 산업은 1954년~1994년 국가로부터 연간 보조금 받았는데, 이는 모두 국민의 세금으로 걷은 돈이었다. 그 보조금 덕에 경쟁이 제한된 건 아니었지만, 많은 양과 염소 목축 업자를 도와준 것만은 분명하다.[32]

생산에서의 대체는 일상에 만연해 있다. 동전의 양면과 같은 소비에서의 대체도 마찬가지이다. 모헤어 소비자라면 미국산과 호주산 모헤어 중 선택권을 갖는다. 만약 둘 간의 질적인 차이를 느끼지 못한다면(이는 금속이나 농산물 등 원자재 시장에서 흔히 있는 경우다), 그래서 소비자에게 가게 될 혜택이 동일하다면 소비자는 더 저렴한 쪽으로 끌리게 마련이다. 따라서 비용/편익 비율을 조작해 소비자의 선호에 영향을 주기 위한 시도들은 끊이지 않는다. "외제차 주차금지" 같은 캠페인보다 훨씬 더 친근하게 들리는 "국산품 애용" 캠페인은 대표적인 예이다.[33]

다른 형태의 대체도 있다. 멋지게 들리는 '시간상의 대체' 개념이다.

전통적 경제학 교과서에서는 오늘의 소비와 내일의 소비 사이를 예로 든다. 우리는 소득에서 세금을 공제하고 난 돈으로 딱 두 가지 중 하나를 한다. 소비 아니면 저축이다. 저축은 곧 연기된 소비이다. 구두쇠나 절약가는 만일을 대비하거나 좀더 일찍 은퇴하기 위해 악착같이 저축하겠지만, 결국 그 돈도 미래의 소비를 위한 것이다.[34] 반대로 내일이 없는 것처럼 써버리는, 심지어 빚까지 내서 소비하는 사람은 미래의 소비를 앞당겨 하는 꼴이다. 시간 차원에서의 대체란 늘 일어나는 문제. 시간에 대한 대체는 현대사회 이전의 비일상적 일에서도 발견된다. 특정한 고대사회에서 피의 제물을 바치는 것은 자신들이 받을 모종의 혜택을 한 생명으로 대체시키는 행위다. 순교자의 죽음 또한 지상의 생명을 천국의 삶과 바꾸는 것이다.

인센티브는 대체를 일으키는 데 중요한 역할을 한다. 이는 시간상의 대체에도 해당된다. 아기의 출산을 20대에서 30~40대로 미루는 것은 젊은 날에 교육을 더 받고 직장 경력을 더 쌓아갈 것인지와 일찍 자식을 낳고 차후에 일을 할 것인지를 놓고 내리는 대체에 의한 결정이다. 좀더 많이 교육받은 사람들이 출산을 미루는 현상은 우연이 아니다. 젊은 나이의 임신이 갖는 기회비용은 고등교육을 받는 것과 사회에서 경력을 쌓을 수 있는 기회를 (어느 정도) 희생하는 것이다. 소비와 저축의 경우에서, 이자율은 중요한 인센티브가 된다. 이율이 충분히 높다면 매우 가난한 사람들조차 저축을 선택할 것이다. 물론 이때에도 마셜의 "다른 조건이 일정할 때"라는 단서는 달린다. 이율이 제아무리 높은들 그 자체가 사람들의 현재 소비를 억제하지는 못한다. 사실 미래 소비란 미래가 존재한다고 믿는 사람들에게나 의미 있는 것이다. 병에 걸려 잔여수명이 짧은 사람에게 먼 미래에 발생하는 혜택은 가치가 거의 없다. 마찬가지로 미래를 장담할 수 없는 분쟁지역 사람들로서는 미래에 대해 아무런 준비를 안하는 게 합리적일 수도 있다. 경제적으로 훌륭한 의사결정은 글을 읽고 쓸 줄 아는 능력이나 수량적 사고능력과는 거의 관계가 없다. 기존의 인센티브와 선택할 수 있는 대안들에 대한 고려로 세워진 경제학에서는 "생활경제학"이란 것도 무시못할 비중을 차지한다. 가난하고 절박한 농민들도 미국 교외에서 자란 부유하고 똑똑한 아이들 못지않게 인센티브와 선택사항들을 잘 이해한다.

우리는 7장에서 프랑스가 날로 비용이 증가하던 재래식 군사력을 전략적 핵무기 보유로 대체하는 사례에 이 대체의 법칙을 적용해볼 것이다.

네 번째 원칙: 한계수확체감

한계 개념이 "다른 조건이 일정할 때"라는 조건과 만나면 수확체감 개념으로 이어진다. 세상의 다른 모든 조건이 일정할 때, 누군가 뷔페에서 두 번째 접시를 먹고 있다면, 그때의 만족감은 첫 번째 접시에 비해 줄어들 것이다. 물론 어떤 이는 너무 배가 고파서 두 번째 음식에서도 똑같은 만족감을 얻을지 모른다. 한계수확체감의 법칙은 두 번째나 세 번째 혹은 네 번째 접시쯤, 그러니까 좀 물리기 시작하는 시점이 존재한다고 주장한다. "오, 정말 배부르다."라고 표현하는 순간 말이다. 이 법칙 또한 생산과 소비 그리고 비경제적인 분야와도 관련이 있다. 학생이 기말고사를 준비할 경우 다른 조건이 일정하다면, 처음에 대단히 많은 양의 지식을 습득할 테지만, 슬프게도 점차 시간이 지날수록 지식이 축적되는 양은 줄어들 것이다. 체육관에서 운동을 할 때도 마찬가지다. 다른 조건이 일정하다면, 그 사람의 근육량은 처음에 빠르게 증가하겠지만, 결국에는 그 속도가 점차 잦아들 것이다. 다른 변수는 전혀 없는 상태에서 이민자들에게 국경을 개방한 경우만 생각해봐도, 처음에 경제는 성장하겠지만 (노동력이 증가하고 그들이 국내총생산에 기여할 것이기 때문이다), 결국 더 많

| 그림 1-1 | 생산함수

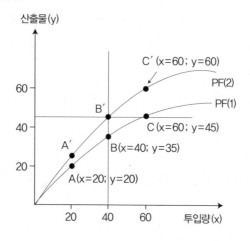

은 사람들이 동일한 자본량을 공유해야 하기 때문에 경제성장 속도는 점차 느려질 것이다.

이러한 예들은 더 많은 것이 반드시 더 좋은 것은 아니라는 사실을 보여준다. 대학에서 학생들을 가르치다 보면 똑똑하지는 않아도 열심히 공부하는 학생들을 종종 접한다. 하지만 중요한 것은 몇 시간을 공부했느냐가 아니라 그 시간 동안 얼마만큼의 노력을 투입했느냐이다. 영리한 학습법이란 어떻게 공부했는가라는 "기술"의 문제이다. 그림 1-1은 그 요점을 보여준다. 이는 2차원 그래프여서 "원인"과 "결과"라는 두 변수의 변화를 도식화해 보일 수 있다. 우선 세상의 모든 것들이 동일하다고 전제한다(마셜의 "다른 모든 조건이 일정할 때"를 말한다). 가로축 혹은 x축에서는 학생들이 투입하는 노력의 양을 분 단위로 측정한다. 세로축 혹은 y축에서는, 학생들의 성공/실패의 결과(산출물)를 획득한 점수로 측정한다. 물론 몇몇 학생들은 적게 공부하고도 좋은 점수를 받는 반면, 많이 공부했음에도 불구하고 좋은 점수를 받지 못하는 학생도 있다. 그러므로 공부한 시간과 획득한 점수 사이에 완벽한 1대1 대응은 없을 것이다. 대신 위의 표는 (가상의) 수천의 자료점수들에서 끌어모은 평균적인 경향을 보여주는데, 이는 PF(1)로 나타난다. 여기서 PF란 생산함수를 말한다. 이 선은 평균 20분을 공부한 학생은 20점의 점수(표에서는 A)를 받고, 평균 40분을 공부한 학생은 35점의 점수(표에서는 B)를 받으며, 평균 60분을 공부한 학생은 45점의 점수(표에서는 C)를 받는다는 것을 보여준다. 물론 (원점으로 보이듯) 공부를 전혀 하지 않으면 점수도 0점이 된다.[35] 결론적으로 처음 20분 동안의 공부는 20점의 결과를 얻고, 그 다음 20분을 더 공부한 학생은 추가적으로 15점(총점 35점), 거기서 20분을 더 공부한 학생은 추가 10점의 점수(총점 45점)를 얻는 것이다. 각각 20분씩 공부시간이 추가되는 것은 전체적으로 총점을 더 높게 받는 결과를 낳지만, 상승폭은 점차 줄어든다. 한계수확체감의 개념을 가시화한 것이다.[36]

더 나은 점수를 받기 위해, 학생들은 더 영리하게 공부한다. 가령 수업노트를 규칙적으로 다시 한 번씩 써보기도 하고 그룹스터디도 해보고 숙제로 내준 연습문제뿐 아니라 다른 문제들까지 푸는 노력을 한다. 또 질문으로 교수들을 성가시게 하며, 공부할 때 주위를 산만하게 하는 방해요소들을 없앤다. 한마디로 말해서 학생들은 공부에서의 "생산기술"을 변화시키는 것이다. 엄밀히 말하면 이것은 마셜의 "다른 모든 조건이 일정할 때"라는 조건에 위배된다. 이전에 동일했던 많은 변수들 중 한 가지가 변해버린 것이다. 위의 도표는 그 효과를 PF(1)에서 PF(2)로 이동하는 것으로 보여준다. 더 나은 생산기술을 가진 학생들(A에 비한 A′ : B에 비한 B′ : 그리고 C에 비한 C′)은 기술력이 떨어지는 학생들 즉 좋지 못한 공부습관을 지닌 학생들보다 평균적으로 더 높은 점수를 획득한다. 확실히 위의 표에서 보면 점수 B′의 학생들(40분을 공부한)은 C 점수를 기록한 학생들(60분을 공부한)과 평균적으로 똑같은 점수를 얻는다. 한편 B에 있는 학생들은 B′에 도달하기 위해 기술력을 더하거나 C에 도달하기 위해 공부시간을 늘리는 것 중 하나를 선택할 수 있다. 다른 방안으로는, 양쪽 모두를 선택하여 C′ 도달할 수도 있다. 유의해야 할 점은 시험점수만으로 학생들이 얼마나 영리하게 공부했는지를 알 수는 없다는 사실이다. 그들이 투입한 시간도 알아야 한다. 학생들이 얼마 동안 어떤 방법으로 공부하는지를 파악하기 위해서는 우선 학생들이 지불해야 하는 "가격"과 그들이 이용 가능한 "자원"에 대해 알아야 한다. 가령 수줍음이 많은 학생이라면, 그룹스터디에 참가하는 대가는 상대적으로 크다고 볼 수 있다.

기업이 자본량과 공장설비, 작업 과정 등은 바꾸지 않은 채 단순히 노동력만 추가할 경우, 더 많은 산출물을 만들 수는 있겠지만 생산성은 떨어질 것이다. 새우잡이 어선에 사람을 한 명에서 두 명, 세 명으로 늘리면 어획량은 증가한다. 하지만 200명, 300명으로 인원을 늘리면 새우를 잡기는커녕 배 자체가 가라앉아버릴 것이다. 문제의 핵심은 생산함수에 따라 요소투입량을 늘리는 것이 아니라, 생산기술을 향상시킴으로써 생산함수 자체를 위로 이동시키는 것이다. 이때 기술혁신도 적절하게 가해져야 한다. 만약 학생이 공부 방법을 한 가지가 아니라 두 가지로, 방해요소 역시 한 가지가 아니라 두 가지를 없애버린다면 어떨까? 기업이 생산기술 혁신을 한꺼번에 두세 가지 시도한다면 어떨까? (그래프 상에서는 생산함수가 더 멀리 이동하는 것으로 나타난다). 여기에서도 자연적인 한계는 존재한다. 열 가지의 기술혁신을 한꺼번에 시도하다보면 그것을 새로 배우고 서로 조율하고 관리하는 비용부담 때문에 학생들은 지쳐나가고, 새우잡이 어선은 침몰해버린다. 규모의 경제에도 한계는 있다. 제너럴 모터스 사는 지나치게 크고 복잡해져서 자이언트 모터스가 되어버렸다.

미식축구를 좋아하는 사람들을 위해, 1920년대 라인맨의 평균 몸무게가 180파운드였는데 2000년대에는 거의 300파운드로 증가했고 힘과 스피드 역시 눈에 띄게 증가했다는 사실을 예로 들어본다. 2008년의 라인맨과 1928년 라인맨은 비교조차 안 될 정도이다. 더 좋은 영양과 체력 및 정신력 훈련(생리학과 경기 영상)이 향상되었기 때문에 스피드, 힘, 체격 모두 점차적으로 향상했다. 하지만 라인맨이 400파운드로 커져버리면 오히려 쓸모가 없어질 수도 있다. 너무 크고 너무 느려지는 건, 말 그대로 규모의 비경제를 불러오는 셈이다. 그러나 앞으로 80년 간 기술향상을 거친다면(이렇게 말하기는 조심스럽지만), 그는 2088년의 라인맨으로는 적합할지도 모른다.

결국 생산성 향상의 요체는 흔히 일정하다고 전제되는 생산기술이 된다. 한계수확체감의 법칙이 작동하는 걸 고려할 때, 경제이론에서 우리가 배워야 할 점은 경쟁이 정도의 차이(같은 종류의 요소 투입을 늘리는 것, 수확체감이 수반됨)에서 수준의 차이(새로운 요소를 투입하여 수확체증을 기대할 수 있도록), 즉 기술적·전략적 혁신으로 가야 한다는 사실이다. 이는 전투에도 그대로 적용된다. 전쟁터로 무작정 더 많은 군인을 보내기만 한다면 승리는 거두지 못한 채, 전사자의 시체만 늘릴 것이다. 피에르 보스케 장군(19세기 프랑스 장군.—옮긴이)은 크림전쟁 당시 경기병대대의 돌격으로 빚어진 대학살 현장에서 말했다. "여러분, 그것은 참으로 숭고한 희생입니다. 그러나 이것은 전쟁이 아닙니다."[37] 6장에서는 제2차 세계대전 당시 독일에 대한 전략폭격을 새로운 관점에서 재조명함으로써 한계수확체감의 법칙을 설명할 것이다. 전략적 폭격이 실제로 한계수확체감을 나타냈으며, 군대 내 의사결정권자들은 그러한 경제적 효과를 제대로 인식하지 못했음을 확인할 것이다.[38]

다섯 번째 원칙: 비대칭적 정보와 숨겨진 특성

정보는 매우 중요해서 몇몇 물리학자와 컴퓨터 과학자들은 정보를 금과옥조로 묘사한다.[39] 정보는 우리 삶에서 중요한 기능을 한다. 우리의 호흡은 생리학적인 정보에 의존한다. 몸속에서 이산화탄소가 위험한 수준까지 증가하면 우리 몸은 나쁜 공기를 배출하고 신선한 공기를 들이마시려는 호흡기관의 작용을 활성화시키는 신호를 만들어낸다. 정보는 삶의 경제적 측면에서도 중요한 역할을 한다. 정보의 문제는 일반적으로 두 가지로 분류된다. 이번에 다루게 될 숨겨진 특성과 관계된 것, 그리고 다음 장에서 다룰 숨겨진 행동에 관한 것이다. 숨겨진 특성의 문제를 이해하기 위해 마이클 카츠Michael Katz와 하비 로젠Harvey Rosen이 쓴 흥미로운 이야기를 고려해보자.[40] 오래 전에, 그들 중 한 명(둘 중 누구인지는 밝히지 않았다)은 유고슬라비아에서 기차를 탔다. 도중에 한 상인이 기차에 타서는 50달러짜리 순금으로 만든 팔찌를 팔려고 했다. 물건을 사려는 사람은 그 팔찌가 순금으로 되었는지를 의심했다.

그러자 상인은 그것이 순금이라는 것을 증명하려고 팔찌를 깨물며 다른 것과 비교해 보였다. 그래봐야 믿을 수 없다고 생각한 저자는 의구심을 표했다. 그러자 상인은 팔찌 두개를 50달러에 팔겠다고 대꾸했다. "너무 비싸요."라고 말하자 상인은 이제 금반지 하나를 더 끼워서 40달러에 팔겠다고 했다. "그것들이 정말로 순금이에요?" "예, 순금이죠." 마침내 상인은 자신의 진심을 증명하려는 듯, 팔찌 두 개와 반지 두개를 합쳐서 단돈 5달러에 팔겠다고 흥정했다. "아니, 됐소." 눈치 빠른 저자가 말했다. "그 가격이라면 그것들은 순금일 리 없겠군."

구매자와 판매자는 정보의 비대칭 문제를 겪게 된다. 특히 판매자는 상품에 대해 구매자가 모르는 무언가를 알고 있었다. 그 팔찌와 반지에는 숨겨진 특성이 있었다. 제품이 순금으로 만들어졌는지 아닌지와 관련한 특성이다. 판매자가 갖고 있는 진짜 정보를 얻어내는 일은 구매자로서 쉬운 문제가 아니다. 위의 사례에서는 잠재적인 구매자가 비용을 전혀 들이지 않고 눈치껏 그 정보들을 끄집어냈다. 반대로 구매자가 감추는 정보를 판매자가 캐내야 하는 상황도 있다. 건강보험을 구매하는 경우가 대표적이다. 보험에 가입하려는 사람은 자신이 아픈지 건강한지에 대해 보험회사보다 더 많이 안다. 이럴 경우 보험회사는 보험을 팔기에 앞서 그 사람의 건강수준에 대한 정보(숨겨진 특성)를 어떻게든 끌어낼 필요가 있다. 그것도 진실한 정보를.

숨겨진 특성이란 어떤 행동이 취해지기 전에(팔찌를 사기 전에, 혹은 보험증서에 서명하기 전에) 발생하는 정보의 문제라는 사실을 강조해 둘 필요가 있다. 다시 말해 취소할 수 없는 상태 이전에 발생한다는 뜻이다.[41] 우월한 정보를 가진 쪽은 잠재적인 시장지배력을 가진다. 그리고 이것은 두 가지 문제를 파생시킨다. 첫 번째, 우월한 정보를 가진 쪽은 그 정보가 없었을 때의 거래조건(팔찌는 50달러에 거래된다)보다 더 나은 조건을 얻어낼 수 있다. 두 번째, 상대방이 시장지배력을 가질 경우 착취당할 수도 있다는 두려움이 시장을 위축시키고 결국 거래량 감소(실제 금일지라도 팔찌가 팔리지 못하는 결과)를 초래할 수 있다. 그러므로 진실을 드러내는 메커니즘을 만들어내는 것은 시장이 제대로 작동하도록 하는 데 매우 중요하다. 아쉬운 것은 금팔찌 사례처럼 아무런 비용 없이 정보가 드러날 수도 있지만, 일반적으로 진짜 정보를 이끌어내는 데 적잖은 비용이 든다는 사실이다.

널리 쓰이는 대안보다 정보를 드러내는 데 비용이 덜 드는 사례도 있다. 바로 경매 입찰자로부터 진실한 정보를 이끌어내는 경우이다. 가격을 올리는 식의 경매에서는 관심 있는 물품에 대한 자신의 가치평가를 드러내지 않는 게 유리하다. 대신, 다른 사람의 응찰가격을 조금만 넘으면 된다. 좋아하는 자선경매에 참여했다고 가정하자. 나는 한 품목에 마음이 끌렸고 그 제품은 250달러의 가치가 있다. 경매는 50달러에서 시작한다. 만약 경매가가 250달러를 넘어섰다면 나는 침묵할 것이고, 그로써 내가 어느 정도의 가치를 두고 있었는지가 드러난다. 반면 경매가가 175달러에서 멈췄다면 나는 가치정보를 드러내지 않은 채 75달러를 절약할 수 있다. 덕분에 자선단체는 75달러만큼 더 가난해졌다. 이를 두고 내가 비난받아야 할까? 아니면 형편없는 경매 방식을 사용한 주최측의 책임일까? 이러한 문제에 대한 한 가지 대안은 봉인입찰식 경매 방법이다. 각각의 입찰자는 입찰액이 적힌 한 장의 봉투를 제출하고 그중 최고의 입찰액에 낙찰되는 것이다. 그러나 여기에서도 완전한 진실을 드러내지 않는 것이 유리하다. 다른 이들이 최고입찰액이 174달러라고 믿는다면, 나는 175달러만 적어낼 것이다. 다시 한 번 말하지만 다른 입찰자보다 아주 조금만 더 적어내는 것이 가장 이익이 된다.[42]

시그널링(신호 보내기)과 스크리닝(추려내기)은 숨겨진 특성을 다루는 다른 방법이다. 신호란 숨겨진 특성에 대한 정보를 드러내기 위한 대용물로 선택된 (식별가능한) 요인이다.[43] 정보가 없는 쪽은 정보가 있는 쪽을 선별하기 위해 신호(대용정보)를 사용한다. 가령 어떤 이가 내일 시카고에서 호놀룰루로 가는 비행기를 타기 위해 오늘 요금견적을 뽑아볼 때, 그는 여행계획의 긴급함에 대한 신호를 날리는 것이다. 긴급함의 강도는 숨겨진 특성이지만 내일 비행에 대해 오늘 전화를 걸었다는 사실은 훌륭한 대용정보가 된다. 항공사의 요금표는 일반적으로 그 자리에서 표를 사는 구매자에게는 비싼 요금을 청구하고 몇 주 전에 예약하거나 그들의 여행이 선택적이라는 신호를 가진 사람들에게는 낮은 요금을 청구한다. 일례로 주말여행객들은 다른 항공사를 이용해 다른 목적지로 갈 수 있는 관광객일 확률이 높다(항공사들은 휴가여행객들로부터 이익을 끌어내기 위해 고객들의 신호를 매우 잘 읽어낸다고 알려져 있다).

　시그널링과 스크리닝은 사람들이 왜 차를 살 때는 옷을 덜 차려입고 면접을 볼 때는 좋은 옷으로 차려입는지를 설명한다! 그러나 자동차 판매점에서 누추한 옷을 입고 면접인터뷰 때 좋은 옷을 입는 것은 모든 이가 쉽게 흉내내는 시그널링 전략이다. 신호가 있으되 여러 잡음들 때문에 제대로 분석하기 곤란하다. 그래서 자동차판매원은 사람을 잘 살펴보고 더 많은 정보를 얻어내도록 훈련받는다. 그 사람이 무슨 일을 하는지, 직업이 뭔지, 그리고 어디에 사는지 등을 알아내도록 말이다. 할부판매가 필요한 사람인가? 판매할 중고차를 가지고 있는가? 그리고 이 자리에서 서류에 사인을 할까? 이러한 방법으로 얻어낸 언어적이고 비언어적인 정보는 신호 대 잡음 비율을 높여서 차를 얼마에 팔아야 할지를 결정하게 해준다. 면접인터뷰의 경우, (거의) 모든 사람들이 잘 차려입고 오지만 모두가 합격하지는 못한다. 그래서 추가적인 신호나 정보가 필요해지는데 고등학교나 대학교 때의 뛰어난 성적, 잘 작성된 이력서, 훌륭하고 믿음이 가는 추천서, 대인관계, 전문성과 진실성 등 모든 요소들이 비슷해 보이는 사람들 속에서 훌륭한 직원을 가려내는 데 도움을 준다.

　비용이 좀 들기는 하지만 시그널링과 스크리닝은 정보의 문제를 해결하는 데 도움을 준다. 물론 그 비용은 만만찮을 수도 있다. 때로는 그 비용이 너무 많이 들어 시장에서 바람직하지 못한 효과가 관찰되기도 한다. 이는 역선택이라고 불린다. 경제학에서 가장 유명한 예로는 1970년 조지 애컬로프George Akelof의 "레몬" 모델을 들 수 있다(이 작업에 대한 공로로 그는 2001년 노벨경제학상을 받았다). 쉽게 말해, 중고차 판매자만이 그 차가 믿을 만한지 아니면 "레몬"('빛 좋은 개살구'라는 의미로, 겉만 멀쩡한 차.—옮긴이)인지 알고 있다(신뢰성이 숨겨진 특성인 경우이다). 신중한 소비자는 자신들이 정보상으로 불리한 위치에 있다는 걸 알고는 낮은 가격만 제시한다. 그러나 낮은 가격은 판매자 입장에서는 품질이 우수한 중고차를 시장에 내놓기 힘들게 만든다. 여기서 역선택이 발생한다. 오로지 낮은 품질의 자동차들(레몬들)만이 시장에 남게 되는 것이다. 애컬로프는 역선택의 개념을 특정한 다른 시장을 설명하는 데 활용했다. 건강보험 시장에서 보험 적용범위를 넓게 잡는 사람은 건강하지 않고 아픈 사람들인데, 보험회사 입장에서는 그들에게 상품을 판매하고 싶지 않을 것이다. 개발도상국의 대출시장에서(애컬로프는 인도를 예로 들었다) 신용리스크 정보 결함은 신용 위험이 높은 사람들이 훨씬 많이 대출을 신청하는 결과를 낳았다. 마이크로뱅킹(소액무담보 대출을 가리킴. 마이크로크레디트라고도 함.—옮긴이)의 성공은 이 같은 특수성과 밀접한 연관이 있다. 지역사회에 기반을 둔 덕에 해당지역 대출 신청자들의 신용도에 대한 정보에 쉽사리 접근할 수 있었기 때문이다(마이크로뱅킹은 이러한 은행을 설립한 모하마드 유누스와 바로 그 은행인 방글라데시 그라민 은행에 2001년 노벨평화상을 공동으로 안겨주었다). 애컬로프의 모델은 또한 고용시장에서 눈에 보이는 차별도 설명한다. 구직자의 업무능력이 선행적으로는 관찰되기 어려울 때, 개인적으로는 좀 억울할 수도 있지만 지원자의 사회적 배경, 출신 학교 수준, 그리고 일반적인 업무능력 등이 대용정보로 사용된다는 것이다.[44]

독자들은 차별이라는 것이 선입견에 의한 의도된 결과라기보다 탐색 비용에 따른 의도하지 않은 결과로 "통계치에 의해" 생긴다는 사실을 믿기 어려울 것이다(학자들이 개인적인 차별 자체를 부정하는 것은 아니다. 다만 통계적인 차별이 생긴다는 점에 대해서도 믿을 만한, 적어도 보충적인 설명은 해줄 수 있다는 말이다). 그러나 통계적인 차별, 즉 개인의 능력이나 행동을 예측하기 위해 그룹의 평균적인 특성에 관한 정보를 사용하는 방법은 우리 사회에서 널리 행해진다. 도나 앤더슨과 마이클 허퍼트는 기발한 교실실험을 통해 성별이나 인종(숨겨진 특성은 아니다) 등 개인적인 특징에 기반해 차별하는 것이 경제적으로 비효율적이라는 사실과 그럼에도 불구하고 탐색비용(숨겨진 특성을 드러내기 위한 비용) 때문에라도 통계적 차별이 계속될 수밖에 없는 현실적 상황을 증명했다.[45] 실험적으로 입증된 논리를 보면, 생산성 낮은 조직에서 생산성 높은 직원을 뽑지 않거나 생산성 높은 조직에서 생산성 낮은 자원을 뽑을 경우의 위험비용이 그들의 숨겨진 특성을 찾아내기 위해 들여야 하는 탐색비용보다는 더 적다는 것이다. 결국 차별을 하려는 의도가 없었다 할지라도 값싼 시그널링과 스크리닝을 찾으려 들다가 역선택(차별적인)을 일으킬 수도 있다는 것이다.

이 문제에 대한 최선의 해결책은 탐색비용을 낮추는 것이다(더 나은 신호, 더 나은 선별). 신용정보회사는 신용정보를 얻기 위해 지원자의 지역적이고 개인적인 정보를 활용한다. 더불어 그들은 신용평가 점수 따위의 전산화되고 계량화된 접근법도 병행한다. 고용주들은 적어도 1단계 선별방법으로, 컴퓨터를 통한 지원절차를 밟도록 한다. 이 문제를 다루는 또다른 방안은 위험을 공유하는 방법이다. 보험회사들은 보험금의 지급대기기간, 본인부담액, 건강한 사람과 아픈 사람들을 함께 보험에 들게 하는 그룹플랜 제공 등을 통해 일정 정도 위험을 공유하게 한다. 비용이 공유되든 아니든 숨겨진 특성에 대한 정보를 얻는 데는 비용이 든다. 당연히 보험 가입이 될 만한 어떤 사람이 필요한 서류를 제공하지 않았다는 이유로 가입을 거절당하는 일은 이러한 이유 때문에 빈번하게 발생한다. 이것은 숨겨진 특성과 정보의 문제에 따른 불행한 결과이다.

또 다른 선택은 위임받은 정보 드러내기이다. 가령 재정, 신용, 건강, 주택, 고용, 농업 부분의 정보는 언론과 정부에 의해 공공연히 드러난다. 요즘에는 다양한 융자와 저축상품에 대한 은행들의 서로 다른 이자율이 언론에 공개되고 주택시장 정보가 시시각각 보도된다. 이러한 종류의 위임은 비용이 들지만 이 분야에 관심이 없던 많은 이들의 시장 참여를 유도한다. 시장 확대의 이점은 매우 강력해서 관련 단체와 조직들은 그동안 감춰왔던 정보를 자발적으로 드러내기도 한다. 군사적이고 정치적인 면에서, 자신감 만들기(당신이 드러낸다면 우리도 밝힌다)는 이 책의 주제와 밀접한 사례이다.

마지막으로 행동에 영향을 주는 정보가 있다. 2002년 12월 10일, 〈월스트리트저널〉은 아프리카의 서부 해안에 있는 코트디부아르에서 시민의 불만이 어떻게 표출되었는가에 대한 간략한 기사를 실었다. "그 나라의 서쪽 저항세력은 블로르캥 마을을 점령했고 코코아 수출의 주요 거점인 산 페드로 항구를 장악할 것이라고 밝혔다."[46] 공급 차질이 현물가격을 오르게 할 것이라는 두려움은 구매자로 하여금 더 많은 미래(오늘의 선물가격으로 계약)를 확보하도록 한다. 이러한 요구는 선물가격을 상승시킨다. 그러므로 피폐해진 사회에서 다소 정확한 정보에 근거한 미래 예측은 현재의 행동을 유발한다. 정보의 또 다른 원천은 비밀리에 혹은 비합법적으로 획득한 정보이다. 이 정보가 불필요한 것일지라도, 사람들은 그것을 바탕으로 행동한다. 내부 영업과 산업 스파이 행위는 그런 맥락에서 탄생했다. 군사역사에서 분리, 굴욕, 패배 그리고 포로에 대한 고문도(야만적인, 비도덕적인, 그리고 대개는 불법적인) 이러한 용도로 태어났다.

이 사례들은 정보의 경제학이 군사역사를 이해하는 데 유효하다는 사실을 말해준다. 그것은 시장에서 개인이 경쟁자의 숨겨진 특성을 추론하고, 구슬려 얻어내고, 나아가 정보를 훔치는 관점으로 해석할 수 있다. 더불어 정보 보호의 관점으로도 해석할 수 있다. 5장에서 우리는 미국 남북전쟁(1861~1865)의 적절한 에피소드를 제시하고 살펴봄으로써 이를 예증할 것이다. 이 사례는 이 책에서 다루는 유일한 비유럽 케이스 스터디이기도 하다.

여섯 번째 원칙: 숨겨진 행동과 인센티브 제휴

숨겨진 특성과는 별개로 나타나는 정보 문제의 두 번째 부류는 숨겨진 행동이다. 행동이 개시되거나 약속된 일이 발생하기 전에 문제가 야기되는 숨겨진 특성과는 대조적으로, 숨겨진 행동은 일이 발생한 이후 문제가 야기된다. 다음의 예들을 살펴보자. 누군가가 고용계약 문제와 관련해 법적 다툼을 벌이는 상황에 처한다. 그는 변호사를 선임하고 법적인 도움을 받기 위한 계약을 한다(행동이 취해졌다). 변호사는 자신이 맡은 사건을 승소로 이끌기 위해 경제 전문가를 고용해야 한다는 의견을 밝힌다. 하지만 이 사건에 정말로 경제 전문가가 필요한 걸까? 다른 예로 누군가 무릎에 불분명한 통증을 느낀다고 생각해보자. 의사는 자신에게 경제적으로 도움이 되는 60달러짜리 엑스레이를 찍으라고 환자에게 조언한다. 그 환자에게는 정말로 엑스레이가 필요할까? 차의 브레이크가 고장났다고 가정해보자. 자동차수리공은 400달러의 견적을 제시한다. 브레이크는 40달러의 대안으로는 고쳐질 수 없을까? 한 주주가 이사회에서 조직관리자로 선출되었다고 가정해보자. 이사회는 주주의 최고 이익을 위해 행동할까? 혹시 그들은 조직의 다른 목적을 위해 그를 그 자리에 선임한 것은 아닐까?

이러한 예들은 모두 주인-대리인 관계로 엮인 집단에서 나타나는 문제들이다. 그 관계 속에서 주인은 주문을 하거나 서비스를 요청하는 집단이고(환자, 고객, 주주) 대리인은 주문을 받거나 서비스를 수행하는 집단이다(의사, 변호사, 자동차수리공, 이사회). 계약의 투명성 여부는 대리인이 특정한 행동에 착수하는지, 그리고 이러한 행동으로 인한 그들의 수입 변동이 관찰될 수 있는지에 달렸다. 문제는 대리인이 무엇을 하고 하지 않는지 관찰하는 게 쉽지 않다는 점이다. 자신이 고용한 변호사가 어떤 일을 하는지 제대로 지켜볼 수 있는 의뢰인이 몇이나 될까? 얼마나 많은 고객들이 자동차수리공의 정직성을 확인할 수 있을까? 오직 대리인만이 이 상황을 활용할 수 있다. 가령 기업 본사는 수백 명의 지역소매점 직원들이 얼마나 많은 작업을 해내는지 감시할 수 없다. 주인(기업 본부)은 직원들의 도덕적 해이를 제한할 수단과 직원들의 업무 태도를 감시할 사람을 그곳에 상주시킬 필요가 있다. 유사하게, 오직 주인만이 누가 도둑과 화재를 예방하는 데 열심인지를 알 수 있다. 예방 수단이 없을 경우, 주인은 스스로 부지런해질 수밖에 없다. 그러나 예방수단이 있을 경우 사람들은 "음, 어떤 일이 발생하더라도 나는 안전해."라는 생각을 하며 조심성을 잃을 수도 있다.

문제 해결은 도덕적 해이를 최소화하고 손실을 만회하거나 계약 불이행 시 벌금을 부과하며, 낮은 가격에 좋은 계약을 체결하고 잠재적으로 부실하거나 망한 집단과의 약속을 무효화시키며, 위험부담을 공유하고 계약 당사자 사이의 이익을 조정하는 데 도움이 될 만한 계약 작성을 대전제로 삼는다. 보험의 '본인부담'은 몇 가지 위험을 구매자 쪽으로 돌려 심각한 질병에서만 의료서비스를 받게 하는 장치이다. 낮은 임금체계하에서의 높은 보너스는 영업성과를 고무시킨다. 학생평가제는 학생들의 집중력을 향상시키고 교수들의 수업에 집중하도록 유도하는 데 도움이 된다.[47]

만약 계약된 행동(근면과 같은)이 순조롭게 이뤄지지 않으면, 바람직한 행동을 유도할 적절한 대리인을 찾아야 한다.[48] 가령 연구논문 수로만 교수의 업적을 평가하는 것은 그 교수의 수업능력에 대한 정보를 드러내지 못한다. 그러므로 만약 논문이 훌륭해서 상까지 탔다면, 사람들은 그 교수가 수업을 하는 대신 책 저술에 더 힘을 쏟기를 기대한다.[49]

우리는 주인-대리인 문제가 숨겨진 행동(혹은 숨겨진 의도)의 문제라는 것을 처음부터 언급했다. 예를 들자면 대리인 구성에 관한 문제나 계약

불이행의 문제, 계약을 유지하는 문제에 관한 다른 어려움이 있다. 기업의 가치를 높이기 위해 프로야구단 구단주는 그 팀이 잘해주기를 원한다. 계약서는 각각의 팀 구성원과 따로 작성했지만 전체로서의 팀만이 이길 수 있다(혹은 질 수 있다). 때문에 구단주는 면밀하게 작성된 통계자료를 확인하고 각각의 포지션에 어울리는 선수는 누구인가를 끊임없이 확인해야 한다.

하지만 팀 구성원에 대한 관찰이 거의 불가능한 경우도 있다. 전쟁터에서 싸우는 일이 그러하다. 전쟁터의 팀 구성원들에게는 주인의 눈에 띄지 않게 태만할 수 있는 기회가 상존한다. 이럴 때 그들이 최선을 다하도록 자극하는 계약방식은 무엇인가? 계약 이행을 자연스레 유도하는 과정에서 문화는 중요한 역할을 한다. 계약 불이행에 대해 법정에서 이의를 제기하는 것은 매우 비싼 비용을 초래한다. 그래서 계약은 반드시 상관관계가 있는 구성요소를 통해 강화되도록 해야 한다. 여기서 문화의 역할은 대리인을 통해 그들 스스로를 각각의 존재가 아닌 한 팀으로 여기도록 하는 데 있다. 문화는 팀 구성원에게 계약을 이행할 경우 신뢰와 이익을 부여하거나, 반대의 경우 불명예와 고립을 감수해야만 하는 강력한 사회구조를 만들어낸다. 공통의 문화는 의사소통을 단순화시킨다(가령 공통의 언어나 공통된 군대의 문자). 그것은 신호와 감시 비용을 낮춘다. 문화는 팀 구성원들이 서로를 감시하고 독려하도록 만든다. 합동훈련, 동일한 지지자의 집단, 합의된 단체 설립, 회사의 임무에 대한 공동성명 혹은 애국가 등은 강력한 심리학적 유대를 만든다. 문화적 계약이 법적인 계약을 보완하는 대표적 방법들이다. 그러므로 문화가 엉망이 되면, 문제가 발생한다. 독일의 나치즘과 1990~2000년대 초반의 미국의 기업 스캔들만이 유일한 사례는 아니다.

계약을 어기는 것은 단순한 짜증에서부터 치명적 파국에 이르기까지 다양한 문제를 야기한다. 앨리스와 밥이 커피를 마시기로 약속했는데, 앨리스가 약속장소에 나타나지 않는다면? 이것은 밥에게 짜증스러운 일일 뿐 치명적으로 해가 되는 (희생이 큰) 일은 아니다. 그러나 앨리스와 밥이 아르헨티나에서 커피를 마시기로 약속을 했는데, 앨리스가 나타나지 않았다면? 이럴 경우 그곳에 갔던 밥은 커다란 비용을 치러야 한다. 공식적이든 비공식적이든 계약은 위험을 내포한다는 사실을 인식할 필요가 있다. 가령 위반에 상응하는 비용이나 위약조항과 같은 것들 말이다. 예를 들어보자. 고용인들이 얼마나 열심히 일하는가를 정확하게 가늠하고 관찰하는 일은 대개 어렵다. 이러한 현실은 작업과정상 지연의 위험을 초래한다. 이때 마감시한을 넘길 경우 하루에 1퍼센트씩 가치가 하락한다는 위약조항은 일반적인 계약자들이 제시간 안에 일을 끝내도록 하는 데 강력한 장려책으로 작용한다. 이런 방식은 주인(건축가)과 대리인(계약자) 사이에 인센티브를 할당하는 데도 도움이 된다. 그러나 궂은 날씨로 인해 작업이 지연되는 상황이 발생한다면? 이 경우 대리인은 책임이 없는 반면, 주인은 모든 위험을 혼자 떠안는다. 대조적으로 행동 중심의 계약은 그 위험성을 완전히 대리인 쪽(대리인의 통제를 벗어난 상황들과 상관없이 프로젝트는 180일 이내에 완료되어야 하고 그렇지 못하면, 벌금이 부과된다)으로 이동시킨다. 이러한 극단성을 해결하려면 방법이 강구되어야 한다. 위험 공동부담이라는 보통의 방법은 기본급에 보너스가 더해지는 형태와 관계가 있다. 일례로 웨이터는 손님이 얼마나 많이 오든, 손님에게 얼마의 팁을 받든 관계없이 업주로부터 기본급을 받는다. 여기서 기본급과 보너스의 비율이 잘 만들어졌다면, 자기 선택이 발생한다. 주의를 기울이지 않는 무례한 웨이터는 적은 팁을 받게 되고 기본급만으로 생활을 유지하기 힘든 그는 머지않아 노동시장에서 도태될 것이다. 반대로 성실하고 상냥한 웨이터들은 기본급을 넘어서는 두둑한 팁을 받으며 그 직업에서 보람을 느낄 것이다.

이 구조의 한 가지 문제는 직무의 발전이 없다는 점이다. 테이블에서 기다리는 일은 장래성이 없는 직업이다. 왜냐하면 조직계층의 한 직무만을 수행하기 때문이다. 기다리거나 그렇지 않거나. 다른 기업이라면 자신의 경력에 도움이 되는 다섯 가지, 여덟 가지 그리고 더 많은 일들을 찾을지도 모른다. 높은 수준의 일은 적은 사람들이 차지하고 있다. 낮은 수준의 일을 하는 직원들은 각자 더 나은 수준의 일을 하기 위해 경쟁한다 (종종 외부인과도 말이다). 그리고 각각의 단계에는 진입 가능한 자리가 적다. 더 높은 수준에서 더 나은 보상을 받으며 일하기 위한 노력은 플레이오프 토너먼트를 방불케 할 만큼 치열하다. 이러한 상황은 직원들의 성취욕을 점차 떨어뜨리고, 주어진 자리에서 같은 수준의 일만 하겠다는 신호를 고용주에게 보내는 결과로 이어진다. 그리고 이 구조는 두 가지 문제에 직면한다. 우선, 변화가 없는 구조는 의사결정을 재빨리 하도록 돕겠지만 잠재적인 발전가능성을 약화시킨다. 당연히 팀 구성원의 직업에 대한 소명의식도 낮다. 두 번째는 눈에 보이지 않는 비용이 걷잡을 수 없이 증가할 수 있다는 점이다. 가령 직원들이 회사 내의 당면 과제는 외면한 채 서로 험담을 하기 시작한다면 어떻겠는가? 이것이야말로 회사의 미래 구조를 붕괴시키는 치명적 결과를 초래할 수도 있는 문제이다.

이러한 문제들을 예방하거나 최소화하기 위한 해결책은 성과급과 연계되어 이루어진다. 의도가 아무리 좋더라도 모든 계약은 시행 과정에서 문제가 발생할 수밖에 없다. 물론 계약에는 법적인 부분이 포함된다. 노동 계약, 부동산 계약 등도 마찬가지다. 그런데 우리가 제대로 인식하지 못할 뿐 습관, 관습, 문화 등도 계약의 한 형태라는 사실을 간과해서는 안 된다. 비록 비공식적인 것일지라도, 그것은 불완전한 공식적 계약들을 보완한다. 동호회든 사업이든 혹은 국가와 관련된 것이든 신뢰와 명예등으로 불리는 평가기준은 모두 원가 절감장치가 된다. 예를 들어, 이 책은 공동 집필되었다. 각각의 저자는 자신의 생각, 연구, 글을 공유하기 위해 다른 저자를 신뢰할 필요가 있다. 물론 두 집필자 사이에 구체적이고 공식적인 계약은 성립되지 않았다. 그럼에도 우리는 서로를 믿으며 일을 분담하고 자료를 조사하고 글을 쓰는 일을 여러 해 동안 지속하고 있다.

만일 완전한 계약이 존재한다면, 숨겨진 특성이나 행동에 대해 골머리를 앓을 필요조차 없었을 것이다. 그러나 현실세계에서 완전한 계약서를 작성하는 일은 거의 불가능하다. 그래서 문화적 연대를 통한 보완이 중요하다. 이 책을 쓰는 우리 두 저자의 경우, 학계의 호의가 매우 강력한 강제조건이 되었다. 호의는 계약하는 당사자들을 서로 인질이 되게 함으로써 도움을 줄 수 있다. 만일 이 책을 집필하는 도중에 한 집필자가 약속을 어겼다면? 이 사실은 금세 소문으로 퍼지고, 그 사람이 가진 신뢰성과 명성에 금이 갈 것이다. 우리에게 이 두 가지는 학문적으로 매우 중요한 자산이다. 사업적인 맥락에서, 환불보장은 소비자로 하여금 금전적인 위험 없이 상품을 이용하도록 만든다. 기업이 고품질의 상품을 광고하면서 좋지 않은 상품을 판다면? 이 소문은 널리 퍼질 것이고 기업의 명성이나 미래 전망에도 치명적인 영향을 준다.

전쟁은 위험한 활동에 대한 집단적인 추구이다. 그러나 집단적인 추구는 개인에서부터 발생한다. 징집되었든 자원했든 왜 개개인은 전쟁에 참가해야 하는가? 전쟁터에서 전투부대를 집단으로 머물게 하거나 심지어 개인의 목숨을 위태롭게 만드는 것은 무엇인가? 개개인의 군사와 지휘관이 바라는 숨겨진 행동은 무엇인가? 비용이 적게 드는 신호와 감시의 장치는 무엇인가? 보상과 처벌의 구조는 어떻게 이루어지는가? 다양한 개인들의 관계를 관리하는 공식적이거나 비공식적인 계약은 무엇인가? 왕이나 영주를 대신해 점령지를 충성스러운 속국으로 만들고 그곳의 소농들에게 안정적인 미래를 약속하는 것 등은 그들의 노력을 유도해내는 일종의 인센티브라 할 수 있다. 반면 적절히 군대를 정비시키는 일에 실패할 경우 병사들의 의욕은 꺾일 것이고, 그들이 탈영하거나 심지어 적군으로 투항하게 할 확률이 높아진다. 미국 군대의 넉넉한 보너스 수당과 대학 장학금은 매력적인 반면, 젊은이들의 생각 속에 더 나은 계약조건과 미래가 가능하다고 생각하게 하기 때문에 그들이 군인서약에 서명하는 걸 꺼리게 만들기도 한다. 한마디로 말해서 인센티브와 계약은 서로 밀접하게 작용한다. 3장에서, 우리는 이탈리아 르네상스시기(AD 1300~1500) 용병의 발생과 몰락을 통해 숨겨진 행동의 원리를 살펴보고, 그 속에 함축된 숨겨진 행동을 예증한다.

결론: 경제학 그리고 군사역사

앞으로 우리는 군사역사가 경제원칙들을 통해 새롭게 씌어질 수 있음을 보여줄 것이다.

이를 위해 우리는 다음의 시대구분을 이용한다. 중세시대(1000~1300), 르네상스시대(1300~1600), 전투의 시대(1618~1815), 혁명의 시대(1789~1914), 세계대전의 시대(1914~1945), 그리고 냉전시대(1945~1991). 각 시대의 군사역사 속에서 하나의 에피소드를 선택한다. 가령 세계대전의 시대 중 제2차 세계대전 당시 독일에 대한 연합군의 전략폭격에 관해 검토하면서 우리의 주제인 한계비용의 원칙을 설명하는 식이다. 우리는 여섯 가지의 에피소드를 통해 각각의 경제원칙과 군사적 요소들이 서로 만나고 헤어지는 지점을 드러낼 것이다.

세계대전의 시대와 관련해 제2차 세계대전의 태평양 전선(버마로드[험난한 산지를 통과해 중국의 쿤밍과 버마를 연결하는 자동차 도로.—옮긴이]의 경제성을 이야기한다)이나 제1차 세계대전 때의 전장(갈리폴리[터키 서부의 반도로 이곳에 상륙한 영연방군이 터키군의 공격으로 참패했다.—옮긴이]에서 플랑드르[벨기에서 프랑스 북부에 이르는 지역으로 1차대전 당시 대규모 참호전이 벌어졌다.—옮긴이]까지), 또는 탄약산업과 관련된 1, 2차 대전 등 여러 변수들을 자세히 검토해본다.

물론 우리가 선택한 에피소드 외에 다른 무수한 군사역사 사건에도 경제법칙은 마찬가지로 적용된다. 가령 중세 중기시대의 경우, 누군가는 중세시대 성 대신 정복 작전나 무기의 발전, 기사 훈련법, 중세 군대의 발전, 또는 전투전술에 대해 검토할 수 있다. 서문에서 밝혔듯이, 우리는 두 가지에 특별히 신경을 썼다. 먼저, 조금은 색다른 소재를 다뤄보자는 것. 초강대국 간의 경쟁 대신 프랑스의 핵전력을 살피고, 르네상스 후반 상비군의 발전을 다루는 대신 변해가는 용병의 시대를 검토하고, 전투의 시대에서 사건을 고르는 대신 실제로는 왜 전투의 수가 적었었는지에 대한 진실을 검토하는 것이다. 또 다른 하나는, 한 시대에만 빠지게 되는 것을 우리가 원하지 않았다는 사실이다. 경제적 접근의 잠재적인 범위를 예증하기 위해, 우리는 하나의 밀레니엄 전체를 설명하는 방식을 택했다.

8장에서 우리는 테러리즘, 군사력, 그리고 현대의 사설군대와 보안업체의 경제적 부분을 연구함으로써 군사역사에서 현대의 군사적 사건까지 경제원칙을 적용시켜본다. 이들 가운데 앞의 두 가지를 뒷받침하는 경제문헌은 상당히 양이 많고 장기간에 걸쳐 축적됐지만, 2001년 9월 11일 미국에서 발생한 테러 공격과 이라크 및 아프가니스탄 정복은 둘 다 학문적으로 새로운 관심을 받았다. 현대의 사설군대와 보안업체라는 세 번째 주제에 있는 경제 문헌의 핵심은 매우 간단하다. 두말할 필요도 없이, 이들 기업을 사용하는 것의 기회와 제한 요소들을 조망한다.

독자들은 적어도 두 가지 관점에서 우리의 프로젝트에 반대할 수도 있다. 첫 번째, 우리가 택한 사건들에서 적절치 않은 역사적 소재나 잘못된 사실에 경제학의 개념을 적용하거나 역사적 사실은 바르지만 경제학적 분석이 잘못 전달되었을 수도 있다는 점을 이해한다. 어떤 경우, 사실 또는 분석적 수치가 다소 다를 수도 있다. 그러나 두 번째, 진심으로 누군가는 우리의 모험에 대한 전제를 강력히 부정하고, 우리의 분석이 우리가 설명한 시간들을 보여주기에는 불충분했다거나, 우리가 고른 사건들이 결점이 있거나, 우리의 주장이 지나치게 경제적인 분석법으로 군사역사에 접근했다고 말할지도 모른다. 또 다른 경우는 경제원칙들이 우리가 접근한 문제와는 전혀 관계가 없다는 사실을 보여줄 수도 있다. 적어도 원칙에서는, 비난이 있을 수 있다. 우리가 선택한 경우들이 얼마나 전형적인 사례가 되는가(또는 아닌가)는 사실 우리도 정확히 알지 못한다. 다만 우리가 알고 있는 것은 역사가들이 중요하게 생각하는 서로 다른 시대적 사건들을 골라 보편적인 군대의 역사를 이해하기 위한 사례로 사용했다는 점이다. 우리는 앞으로도 군의 역사를 설명하는 데 추가적인 사건을 대상으로 한 추가적인 경제학적 연구가 나올 것이라 기대한다. 그에 앞서 우리가 선택한 사건들을 경제학적 시선으로 돌아보는 것도 의미가 있을 것이다.

2장

중세 전성기, 1000~1300

: 중세의 성과 전쟁의 기회비용

역사가들은 기겁할지 모르지만, 중세 전성기에 대한 통속적인 이미지인 "성과 기사"라는 표현은 중요한 진실을 담고 있다. 당시는 전쟁이 끊이지 않는 시기였다. 21세기의 관점에서는 1,000년 전의 전쟁 규모가 작아 보이겠지만, 당시 기준에서 전쟁에 소모된 자원의 비중은 엄청난 것이었다. 여기에는 전쟁 수행에 소요되는 경비뿐 아니라 침략과 후퇴 과정에서 종종 수반되는 경제적 자산의 의도적 파괴도 포함되었다. 권력은 실질적인 재산 소유자에게 돌아갔다.[1] 강력한 중앙정부가 없었기 때문에 지역 통치자들은 얼마든지 전쟁을 일으킬 수 있었고, 실제로 온갖 이유로 전쟁을 벌였다. 물론 그때에도 전통과 기사도, 그리고 (이따금) 법이 가하는 제약 때문에 마구잡이로 전쟁을 벌일 수는 없었지만 영향력 있는 중세 통치자가 전 생애에 걸쳐 싸움을 피하기란 거의 불가능했다.

굳이 피하려는 사람도 없었다. 통치자들은 어릴 때부터 전쟁을 치르는 방법을 익혀왔기 때문에 상대적으로 덜 공격적인 성품이라 해도 단지 싸움을 피하기 위해 영토나 권리를 내주는 일은 거의 없었다. 그렇다고 전쟁 결정이 아무렇게나, 비합리적으로 내려졌다는 의미는 아니다. 경제학을 조금만 공부해도 알 수 있듯이, 자원은 늘 한정되어 있고 이는 오늘날보다 중세의 통치자들에게 훨씬 엄격한 제약으로 작용했다. 현대 국가는 조세체계, 징병제도, 국채 발행 등 전쟁을 수행하기 위한 훌륭한 수단을 보유하고 있다. 이들 중 어느 것도 1,000년 전에는 존재하지 않았다. 세금을 부과하더라도 오늘날만큼 광범위하고 질서정연한 징수는 경제적 현실, 행정력, 전통 때문에 불가능했다. 징병제도는 당시 존재하지 않았다. 물론 백성들에게 참전 명령을 내릴 수는 있었지만 전통에 의해 구체적으로 정해진 기간 동안만 가능했다. 국가 규모의 채권 발행은 13세기 후반에나 등장했으며 그나마 군소 귀족들에게는 그림의 떡과 같았다. 1008년의 군주는 2008년의 대통령보다 무엇인가를 결정할 때 고려해야 할 요소가 더 많았다.

　제약 아래에서의 의사결정은 경제학의 출발점이다. 전쟁과 관련한 중세 통치자들의 의사결정들은 선택행위 연구에서 좋은 사례를 제공한다. 군사역사에 경제학적 분석을 적용할 수 있는지 여부를 살펴볼 훌륭한 사례가 된다. 이 시대에 대한 함축성 있고 통속적인 이미지, 성과 기사는 비록 그 논리와 몇 가지 세부사항이 틀리기는 했지만 실제로 유용하다. 통치자가 지출과 관련해서 할 수 있는 선택은 오직 한 가지뿐이었기 때문이다. 요새화냐 고용이냐, 즉 성을 지을 것이냐 아니면 군대를 모집할 것이냐 하는 문제였다.

　한때 중세 군대에서 기사를 제외한 나머지는 신뢰할 수 없는 오합지졸로 여겨졌으나, 이러한 시각은 최근의 연구를 통해 상당히 변했다. 특히 기사가 과연 전장을 지배했는지가 의문시되고 있다. 앞으로 살펴보겠지만, 갑옷을 입고 말에 올라탄 기사는 성을 공략할 때는 아무런 도움이 되지 못한다.[2] 벌판에서의 전투와 관련한 인식도 이렇게 바뀌었다. "오른팔 아래 창을 꼬고 왼손에 방패와 고삐를 쥔 중세의 기사가 당대의 군사작전과 전술의 핵심이었다는 발상은 서사시에나 나옴직한 것이다."[3] 중세 군대는 장갑 기병으로만 이뤄진 게 아니라 그보다 훨씬 다양하게 구성되고 복잡하게 운영되었다. 기병의 우수성은 과장된 것이다.[4] 이러한 오해는 당대의 사령관들이, 전쟁을 꺼리지 않던 그들의 통치자들과는 대조적으로 전투에 직접 나선 일이 드물었다는 사실 때문에 더욱 커졌다. 중세 군대는 평야에서 접전을 벌이기보다는 계략을 꾸미거나 약탈하거나 공성전을 벌이는 경우가 더 잦았다. 이는 계획적이고 신중한 군사전략에서 나온 결과였지만, 역설적으로 당시 군대 및 지휘관들의 자질에 대한 폄하를 불러왔다. 중세 군대는 오해와 과소평가를 받아왔다.

유럽 전역의 풍경을 수놓았던(그리고 여전히 수놓고 있는) 고비용의 성들은 이런 오해의 대상이 아니었다. 군사역사뿐 아니라 유럽사 전체를 놓고 봤을 때 성의 중요성은 아무리 강조해도 지나침이 없다. 성은 귀족이나 왕족의 거처, 통치기구 소재지, 방어 요새, 공격의 거점, 피난처, 억압 도구로서의 기능을 수행했다. 유럽 사회가 성 건축에 투자한 비용의 총합이 얼마인지, 그러한 계산이 가능한지는 알 길조차 없다. 하지만 통치자들이 축성 공사에 투입하는 바람에 군대를 육성하는 데 사용하지 못한 경비를 가늠해보는 것은 가능하다. 강력한 통치자들은 성도 짓고 군대도 육성할 수 있었지만, 어느 한 쪽에 예산을 배정하면 필연적으로 다른 한 쪽 예산이 줄어들 수밖에 없었다. 이는 중요한 문제였다. 성에 너무 많은 지출을 한 나머지 공격전의 기회를 잃은 채 요새의 방어력에 의존해 적을 지치게 만들어야 하는 경우가 종종 발생했다. 극단적인 경우 성을 짓다가 통치자가 파산하기도 했다. 그럼에도 성은 투자대상으로 나쁘지 않았다. 힘으로 성을 함락시키는 것은 힘들고 위험하며 시간이 걸리는 일이었다. 심지어 새로 도입된 화약조차 성을 쉽사리 무력화하지는 못했다.

물론 중국에는 화약이 극적인 효과를 발휘했다. 높은 수직 벽은 이제 장애물이 아니라 표적이 되어버렸다. 1450년의 전투 이후 영국인들이 프랑스에서 쫓겨날 당시, 중형 대포는 "몇 시간 안에" 성벽을 무너뜨릴 수 있었다. 트라스 이탈리엔trace itallienne(별 모양의 요새)과 같이 대포 공격을 무력화시킬 요량으로 설계된 요새의 건설비용은 "엄청났다. 극소수 부유한 국가와 도시들만이 수많은 대포와 요새 건설에 필요한 노동력을 감당할 수 있었다." 그러나 이 모든 일은 여기서 다루는 시대보다 몇 세기가 지난 뒤에 벌어졌다. 유럽에 대포가 처음 소개된 것은 상당한 시간이 흐른 뒤인 1326년이다. 게다가 대포가 투석기보다 효과 면에서 압도적인 성능을 보이게 된 것은 그로부터 한 세기가 지나고서였다.[5]

그럼에도 화약은 이미 흐름을 타기 시작한 하나의 경향, 즉 전쟁비용 및 전쟁 규모의 증가 그리고 이와 연관된 도시의 집권화를 가속화했다. 도시의 성장과 더불어 군주들은 귀족을 희생양 삼아 권력을 점차 확대해 갔다. 이탈리아의 경우 몇몇 도시국가들이 르네상스 뒤에도 독립을 유지했다. 독일 도시들 역시 나폴레옹이 등장하기 전까지는 더 큰 단위로 통합되지 않았다. 중세 도시의 성장은 군사적으로 복합적인 결과를 불러왔다. 귀족들은 개인적으로 요새 도시를 공성할 능력이 없었으나, 시골 귀족의 경우 통제력이 심각하게 위협받지도 않았다. 결국에는 영토가 더 넓은 국가들이 자본을 축적했고, 전쟁은 규모와 비용 면에서 더욱 커졌다. 강대국들은 전쟁비용을 마련하기 위해 "재정을 쥐어짜야" 했기 때문에 강자가 약자를 흡수하게 되었다.[6]

분석대상인 서기 1000~1300년까지는 군사역사에서 상당하게 명확하게 정의된 시기다. 이때의 전쟁은 그 전이나 후와는 달랐다. 당시를 성의 시대라고 칭한다. 이 시기에 석조 요새가 보편화되었다. 13세기가 끝날 무렵부터 성의 발전은 실질적으로 막다른 골목에 이르렀고, 14세기나 15세기에는 눈에 띄는 설계상의 개선이 이루어지지 않았다.[7] 이것이 전쟁의 성격이 변화했기 때문인지 디자인상의 개선 가능성이 더이상 없었기 때문인지는 여기서 다룰 문제가 아니다. 성을 짓기 위해서는 유일한 군사적 대안인 군대 육성을 포기해야 했지만, 중세의 일반적인 통치자는 대개 성 짓기를 택했다는 사실을 다시금 지적하는 것으로 충분하다. 성을 선택한 경우, 군대를 육성할 기회를 그 대가로 지불했다.

성과 전쟁의 경제학에 대한 연구는 당대에 대해 많은 것을 알려준다. 특정한 시대를 "복잡"하다거나 "논쟁적"이라고 표현하는 것은 진부한 일이지만, 중세보다 이러한 단어가 잘 어울리는 시기를 찾기는 어렵다. 문헌은 단편적이고 통계는 들어맞지 않는다. 엄밀한 의미에서의 중앙정부도 없었다. 당시의 생활을 묘사하는 가장 보편적인 용어인 봉건제도 역시 논쟁의 대상이다. 일부 사학자들은 이 용어 자체를 거부한다. 또 다른 이들은 이 시대 "체제"라는 것의 실체에 대해 의견차를 보인다. 그것이 예컨대 (공법과 반대되는 의미에서) "계약에 의한 통치"였는가, 아니면 단지 영토를 지배하면서 자신들의 권력을 전통이자 원칙으로 모두에게 강요한 폭력단체의 자기 정당화에 지나지 않았는가? 후자의 주장에 따르면, 합리적 이해관계에 의해 통치체제를 조직하려는 이들은 누구보다도 조직적 폭력을 행사할 가능성이 높다. 소규모 집단 사이에서는 모두가 집단안보의 편익을 인식할 수 있기 때문에 합의를 통한 평화에 이르기 쉬운 반면, 보다 큰 단위에서는 개개인이 이러한 편익을 뚜렷이 인식하기보다는 비용만을 보게 되고 성이나 무기 및 잡다한 사항에 기꺼이 비용을 지불하기로 동의할 가능성이 낮기 때문이다.[8] 만약 이 주장이 옳다면 당시 내전이 빈번했던 이유에 대한 한 가지 해석이 가능하다.

중세 통치자들이 전쟁에 지출한 막대한 금액은 (확실히 그 외의 것에 대해서는 예산 지출이 적었다) 전쟁이 모든 측면의 경제 동향에 큰 영향을 미쳤다는 것을 의미하며, 그 반대 역시 마찬가지다. 군비 지출은 세금 징수 방식의 발전(물론 통치자 관점에서 "발전"이다)에 의해 가능해졌고, 전쟁을 하기 위해서는 더 많은 발전이 필요했다. 10세기와 11세기에 특정 지역의 지주는 방어용 둑과 이중원형 벽, 그리고 최후의 퇴각 장소인 중앙 요새탑으로 구성된 간단한 모트 앤드 베일리(작은 산과 외벽을 이용하는 축성술의 하나.—옮긴이) 방식의 성 하나를 지을 수 있을 만큼 수입을 얻었다. 그러나 부동산 수익은 전쟁비용 상승곡선을 따라잡을 수 없었다. 왕실이 소유한 토지 비중이 줄어들면서 통치자들은 창의력을 발휘하기 시작했다. 영국의 왕들은 기존의 토지세를 받았을 뿐 아니라 주교가 공석인 주교구를 운영했다. 나아가 화폐 발행을 통해 이윤을 챙겼고, 상상 가능한 모든 봉건적 세금을 징수했으며, 십자군을 명목으로 평신도에게 세금을 부과하는 등 모든 것에 대한 과세의 초석을 놓았다. 이러한 경향(전쟁으로 인한 조세제도의 근대화)은 프랑스와 에스파냐에서도 나타났다. 프랑스에서 정규 세입은 1180년에서 1290년 사이 8만 6,000리브르 투르누아(프랑스 중세의 화폐)에서 40만 리브르 투르누아로 증가했고 이외에도 전쟁 및 십자군에 충당하기 위해 다양한 특별세를 징수했다. 프랑스와 비슷한 징수제도를 유지한 에스파냐 왕국은 화폐 평가절하를 통해 더욱 많은 금액을 확보하였다. 왕국들은 군사력과 재력을 동시에 키워나갔다. 반면 신성로마제국에서만큼은 이런 경향이 발생하지 않았는데, 그 이유는 "정부"가 세금 지불을 강제할 수단을 갖고 있지 않았기 때문이다.[9]

이제 군주들은 성과 군대에 필요한 자금을 확보하고, 전쟁을 권력자의 전유물로 만들 수 있었다. 일반 귀족들은 흉내조차 낼 수 없었다. 물론 이렇게 되기까지는 시간이 걸렸다. 중세 유럽 군주들에게는 세금을 매길 법적 권한이 별로 없었다. 그들이 보유한 조직 및 기관 역시 자금을 지속적으로 끌어모으기에는 너무 약하거나 비조직적이었다. 노역 대신 금전을 납부하는 일이 일반적이었으나, 이 역시 14세기에는 없어져버렸다. 그렇지만 왕실 재무장관들의 창의력에는 한계가 없었다. 그들은 각종 인허가장을 내줄 때 수수료를 받았으며 교회 재산을 빼앗았고 강제징발령을 내렸을 뿐만 아니라 현금이 아닌 수단을 이용해 물자를 구매했다. 통화를 팽창시켰고, 자금을 차용하고, 공채를 발행했다.[10] 그러나 이것으로도 충분하지 않았다. 전쟁으로 국가 재산이 탕진됐기 때문이다.

이 장은 다음과 같이 진행된다. 먼저 성을 바탕으로 하는 전쟁과 관련하여 기회비용의 개념을 살펴본다. 다음으로는 주로 영국 왕들과 관련된 성의 개수를 헤아려볼 것이다. 그 뒤에는 성 건축비용을 추산한 뒤, 실로 엄청난 비용에도 불구하고 어째서 이득이 비용을 상회했는지를 살펴본다. 군대가 무의미한 수단은 아니었지만 그 엄청난 비용에 비해 이득은 적었다. 마지막으로 성 건축사에서 기회비용의 법칙 외에 다른 경제법칙이 어떻게 적용될 수 있는지 논할 것이다.

기회비용과 전쟁

기회비용은 경제학에서 핵심적인 원리 중 하나다. 이 비용은 구매할 때 지불하는 비용이 아니라, 구매할 수 있었던 대안들 중 가장 가치 있는 것을 말한다. 예컨대 지금 이 글을 읽는 행위는 다른 글 읽기, 요리, 청소, 돈을 벌기 위한 노동, 가족과 함께 시간 보내기, 아니면 그냥 조용히 여유를 만끽하기 등 다른 일을 할 기회의 상실을 포함한다. 우리가 하는 모든 일은 다른 무엇인가를 할 기회에 대한 포기를 의미한다. 이것이 기회비용이다.

기회비용의 법칙은 이해하기 쉬운 반면 적용하기는 어렵다. 개인마다 상황마다 대안적인 행동양식에 부여하는 가치가 다르기 때문이다. 전쟁에서 기회비용은 다양한 층위에 적용될 수 있다. 우선 여기서 고려할 층위는 지출에 관한 의사결정이다. 20세기에 이르러 정부의 전쟁 지원능력은 매우 향상되었다. 그러나 기술의 변화로 인해 선택 과정은 더욱 어려워졌다. 우선, 어떤 무기체계를 구매할지에 대한 의사결정이 이루어져야 한다. 이는 군대 안팎에서 적잖은 갈등을 초래한다. 재정 확보를 위해 군 내부에서 경쟁하는 것은 물론이고, 이 갈등이 외부로 확장되기도 한다. 큰 프로젝트일 경우 외부의 관심을 끌지만 그렇다고 지원이 일관적인 것은 아니다. 예컨대 닉슨-포드 정부가 허가한 미국의 B-1 폭격기를 카터 대통령은 취소했고 레이건 대통령은 재인가했다. 그런데 기술 변화는 잠재비용의 무한한 상승을 유발한다. 물론 대규모 프로젝트는 언제나 많은 돈을 필요로 하지만, 이제는 무기의 성능뿐 아니라 살상력 자체가 달라졌다. 전투기의 기능과 그것을 만드는 데 드는 비용은 너무도 가파르게 상승해서, (어떠한 계산에 의하면) 전체 예산을 통째로 잡아먹을 만큼 값비싼 단 한 대의 비행기로 미 공군이 구성될 것이라는 극단적 예측도 있다. 이러한 길을 택하는 것은 다른 어떠한 종류의 현실적 전쟁을 수행할 수 있을 만한 기회를 비용으로 지불한다.

기회비용 법칙이 적용될 수 있는 전쟁의 또 다른 층위는 작전행동이다. 한 부대를 북쪽으로 보내는 동시에 남쪽으로 이동시킬 수는 없다. 공격을 막기 위해 특정한 지역에 배치된 예비전력은 다른 곳에 가해지는 공격을 막을 수 없다. 군사지도자들은 이러한 난제를 피하거나 최소한 완화시키기 위해 마지막 순간까지 배치 결정을 미루는 등 노력을 기울인다. 물론 결국에는 선택의 순간이 오지만, 대개 전투는 활용할 수 있는 강한 예비전력을 결정적 순간까지 보유하는 쪽이 이기게 마련이다. 또 다른 수단으로는 방어불능 상황으로 상대방을 몰아가는 방법이 있다. 이를테면 어떤 결정이 내려질지 최후의 순간까지 적이 알 수 없게끔 작전을 취하는 것이다. 기동성을 향상시키는 것도 최종 선택의 순간을 늦춰주기 때문에 기회비용의 문제를 완화시키는 한 가지 방법이다. 그러나 언젠가 결정은 내려야만 하고, 차선책은 포기해야 한다. 그러므로 기회비용은 언제나 존재한다. 유일한 문제는 포기한 선택지가 얼마나 가치 있느냐 하는 것이다. 물론 기회비용이 낮을 수도 있다. 기동성이 떨어지는 비정예군을 "써버림으로써" 귀중한 기회를 잃어버리지 않는 것은 가능하다. 적어도 (해당 병사들 말고) 지휘관들의 입장에서는 말이다.

이는 표면적인 분석에 불과하다. 전쟁에 기회비용의 법칙을 적용하는 다른 예를 많이 생각해볼 수 있다. 전쟁을 하기로 결정하는 일 자체가 가장 중요할 것이다.[11] 여타의 비전쟁적 수단을 선택할 기회는 물론이고, 다양한 종류의 전쟁을 수행할 기회 역시 고려해야만 한다. 또한 군사체계 내의 다양한 "의사결정자"들과 관련된 기회비용도 있다. 공격적이든 아니든 모든 군사전략은 통치자와 최고사령관, 하급장교, 일반 병사들에게 각각 다른 기회비용을 유발한다. 이 단순해 보이는 법칙을 잠재적으로 거의 무한히 적용할 수 있는 것이다.

기회비용의 법칙을 중세 전성기의 성 건축이라는 한 가지 측면에만 적용하는 것도 쉬운 일은 아니다. 기록이 부족한 탓도 있지만 중세의 조세제도, 예산 책정 및 지출은 무계획적이었다고밖에 표현할 수 없다.

중세 군주들이 국가 내 요새에 지출한 총액을 알 수 있다면 매우 흥미로울 것이다. 도시의 방벽과 누벽을 짓고 해자를 두르기 위해 막대한 비용을 지출했다는 것은 주지의 사실이다. 불행히도 당시 지불된 비용에 대해서는 정보가 절대적으로 부재하다.[12]

당시 군사역사에 대한 대표적인 저술에서 발췌한 이 인용문은 중세 연구의 어려움을 보여준다. 다행히도 그간의 발전 덕에 (비록 정확한 수치를 놓고 논쟁이 계속되기는 하지만) 중세의 요새 건설에 투여된 노동 및 자본비용에 대한 일련의 추론이 가능해졌다. 총비용에 대해서는 논쟁의 여지가 적다. 중세 통치자들은 전쟁비용을 대는 데 굉장한 어려움을 겪었다. 형편이 좀더 나은 강력한 군주들도 사정은 마찬가지였다. "모두들 수지를 맞추기 위해 수단 방법을 가리지 않고 필사적으로 노력했다." 더 큰 문제는 권력과 영토를 많이 갖고 있을수록 지켜야 할 것도 더 많았다는 사실이다. 성과 군대가 필수조건이 되자 이들은 고안할 수 있는 온갖 방법을 동원해 돈을 얻어냈다. "키케로와 타키투스 시대부터 15세기 혹은 그 뒤까지도 역사가들은 한결같이 지적해왔다. 군대 없이 국가의 안녕을 얻을 수 없고 병사들에게 지급할 급료 없이 군대를 유지할 수 없으며 조세 없이 급료를 지불할 수 없다."[13]

필사적인 자금 확보 노력은 "세금 징수체계보다는 약탈체계에 가까운 풍경"을 낳았고, 이는 비유적 표현이 아니었다. 가령 영국에서는 상인들의 상품을 압수한 뒤 "세금"을 받은 뒤에야 돌려주곤 했다. 그럼에도 돈은 충분하지 않았다. 영국 역사상 가장 왕성한 세금 징수를 자랑한 에드워드 1세Edward I(재위 1272~1307)조차 늘 자신이 거둬들인 액수를 초과해 지출했다. 1294~1297년 사이에 진행된 스코틀랜드, 프랑스, 웨일스와의 전쟁 때문에 막대한 전쟁세를 거둔 나머지 평민과 성직자들이 반란을 일으켜 심각한 통치 위기가 발생했다. 단지 왕실의 탐욕 때문에 이런 결과가 빚어진 것은 아니다. 실패한 정책은 여기서 논할 대상이 아니다. 에드워드 1세 집권 초기에는 군대의 급료를 지불하는 궁내부가 경리관에게 일시불로 5,000파운드를 지불할 능력이 있었지만, 말년에는 1,000파운드를 지급하기에도 벅찼다.[14]

대출도 궁극적 해결책이 되지는 못했다. 12세기 이래 유럽 전반에 걸처 대출제도가 조금씩 확산되고 있었다. 이에 이끌린 에드워드 1세는 두 가지 조치를 취했다. 우선 이탈리아 은행가들로부터 돈을 빌린 뒤 (적어도 전부는) 되갚지 않는 것이었다. 그와 처음 거래한 은행가 리카르디 가문은 1만 8,924파운드를 돌려받지 못했다. 프레스코발디 회사에는 2만 5,000 파운드가 미납되었다. 이는 좋지 않은 결과를 낳았다. 에드워드 1세는 세상을 떠나면서 20만 파운드에 이르는 빚을 남겼는데, 한 해 왕실 수입의 네 배에 달하는 액수였다. 이러한 결과는 끊임없이 전쟁을 일으키고 전쟁을 유발할 것이 분명한 정책을 꾸준히 펼친 왕의 통치 탓으로 보는 것이 타당하다. 당연히 평화시에는 국고 상황이 빠르게 좋아졌다.[15] 그러나 이 모든 문제가 단지 지나치게, 극단적으로 공격적인 왕의 행태 때문에 빚어졌다고 볼 수만은 없다.[16] 여기서 매우 흥미로운 사실은 프랑스, 웨일스, 스코틀랜드로 거듭 출정하면서도 에드워드 1세는 성을 짓는 데 막대한 금액을 투자하기로 결정했다는 점이다.

성의 편재성

세금 징수상의 제약, 군대를 모집하고 출정을 감행하는 데 드는 자금, 그리고 성 건설에 드는 막대한 비용을 고려했을 때 유럽에 있는 성의 개수는 그야말로 놀라운 것이다. 권위 있는 일부 학자들이 가장 활발하게 성이 축조된 시기로 1000년대 초반을 꼽는 반면, 다른 이들은 12세기와 13세기를 강조한다. 이 차이는 부분적으로 고고학적 해석에 기인하는데, 많은 성이 지표상에 남긴 흔적이 흙무더기뿐이기 때문이다. 하지만 성을 연구한 학자들은 한결같이 그 엄청난 숫자에 놀라지 않을 수 없었다. 최근 노르망디 지역 243제곱킬로미터 넓이를 조사한 결과 석조성 네 개와 요새의 흔적인 흙무더기 스물여덟 곳이 나왔다.[17]

중요한 점은 성이 적의 공격에 대비한 영주의 피난처만은 아니었다는 사실이다. 정복자들도 성을 이용했다. 프랑스의 정복자 풀크 네라(972~1040)는 프랑스 역사상 첫 석조성을 랑제에 짓고 자기 영토 전체에 걸쳐 요새를 건설해나갔다. 정복자 윌리엄은 1066년에 조립식 목조성을 들고 잉글랜드에 도착했으며, 색슨 족을 물리친 뒤 자신의 새 영토에 요새를 줄줄이 세웠다. 그가 사망한 1087년까지 500여 개가 지어졌다. 공성군이 만드는 요새인 공성 보루를 통해서도 전쟁에서 성이 중심적 역할을 했다는 사실을 확인할 수 있다. 이 기술은 잉글랜드에서 이탈리아까지 널리 퍼졌는데 정복자 윌리엄이 이를 주로 운용한 대표적 인물이다.[18]

암흑(중세)시대의 성은 일반 목재와 흙으로 만들어졌다. 10세기에는 언덕 위 중앙에 성채를 세우고 그 주위를 하나 또는 여러 겹의 벽이 둘러싼 형태인 모트-베일리 요새가 등장했다. 이 성들은 군사적으로 유용하고 짓기 간편했으나 11세기 석조성이 등장(비록 처음 등장한 것은 이전 세기 프랑스에서였지만)한 이후 그 가치가 바랬다.[19] 이제 건축가와 석공들은 수년, 때로는 수십 년이 걸리는 건축 작업을 지휘하게 되었다.

그 결과 그들은 당대의 모든 무기들을 막아낼 만한 막대한 비용의 요새를 만들어냈다. 통치자와 귀족들은 자신을 보호하고 작전기지로도 활용할 수 있는 거처를 갖게 되었다. 이는 확실히 복합적인 정치적 결과를 낳았다. "좋은 요새는 중세 통치자의 가장 친한 친구이다."라는 말처럼 왕들은 언제나 지방에 대한 통제력을 강화하기 위해 성을 지었으나 이 구조물들을 마구잡이로 던져놓지는 않았다. "그들이 설계한, 혹은 수 세기에 걸쳐 발달한 방어체계는 그들의 군사이론을 가장 선명하게 드러내는 결과물이었다." 부정적인 면은 영토를 뒤덮은 이 성들이 중앙의 통제에 저항할 수 있는 훌륭한 거점이 되기도 했다는 사실이다. 통치자가 성을 관리하기 위해 임명한 성주와 독립적인 귀족들은 성벽 뒤에서 점점 힘을 키워갔다. 시골지역에서 나타난 결과는 쉽게 짐작할 수 있다. 성 건설에 따르는 세금 징수는 가혹했다. 이따금 성 건설을 위해 노동력이 차출되기도 했다. 성의 수비대는 현지 마을을 보호하기도 했지만 위협할 수도 있었다. 말름스베리의 윌리엄은 1140년에 다음과 같이 썼다. "수많은 성이 각자 주변 지역을 지키며 잉글랜드 전역에 분포했지만, 정확히 말하자면 이 성들은 주변 지역을 황폐화시키고 있었다." 그러므로 자연히 "중세 사람들에게 성은 세상에서 신의 분노 다음으로 위협적인 존재였으며 그러한 견해는 타당한 것이었다."[20]

성 건축 비용

성 건축은 적과 아군, 상인과 농민, 귀족과 평민, 그리고 무엇보다 납세자들을 쥐어짬으로써 통치자에게 편익을 제공했다. 이런 성에 얼마 정도의 비용이 들었는지 알기 위해서는 군대를 모집하는 데 드는 비용과 비교해봐야 한다. 대부분의 경우 노동력에 대해 임금을 지불해야 했기 때문에, 주된 비용은 직접 노동비용이었다(반면 원재료비용은 그다지 큰 문제가 되지 않았던 것으로 보인다). 눈에 보이는 지출뿐 아니라 노동의 기회비용도 있었다. 예컨대 성에서 일하는 석공은 다른 곳에서 일할 수 없었다. 잘 만들어진 성을 방어하는 데 필요한 병사의 수는 놀랄 만큼 적었기 때문에, 성 수비대에 드는 비용은 주된 관심사가 아니었다. 수비대와 관련해 가장 큰 비용 문제는 신뢰성이었다. 신뢰할 수 없는 귀족을 성주로 임명하는 것은 상관에게 도전할 강력한 도구를 손에 쥐어주는 꼴과 같았다. 성주들과의 갈등이 잦았던 시기에 이는 결코 사소한 문제가 아니었으며, 통치자들은 이 점을 매우 중요시했다.

견고한 성을 축조하는 데 들어가는 실제 금액은 결국 수많은 귀족의 재정 수준을 넘어섰으며 심지어 철권 왕들의 재정에도 타격을 주었다. "사자왕"이라 불렸던 잉글랜드 국왕 리처드 1세Richard I(재위 1189년~1199

년)는 노르망디를 침략으로부터 지키고 프랑스에서 추가적인 작전을 벌일 때 기지 역할을 할 수 있는 요새를 원했다. 그의 휘하에 있는 노동자들은 불과 2년 만에 12세기의 가장 화려한 성 중 하나인 샤토 가야르Château Galliard를 만들어냈다. 이곳에 투입된 1만 1,500파운드는 그의 다른 성에 투입된 금액 모두를 합친 7,000파운드보다 훨씬 많았으며 도버와 같은 도시 전체를 요새화하는 데 들인 돈보다도 많았다. 이 두 해 동안 그의 세입이 3만 9,500파운드 정도였으므로, 샤토 가야르가 수입의 30퍼센트를 차지한 것이다. 그가 왕좌에 있던 10년 중 두 해 동안은 이 성에 들어간 비용보다 세입이 오히려 적었다.[21]

그나마 가야르는 성 한 채에 불과했다. 보다 규모가 큰 사례는 에드워드 1세가 웨일스를 점령하며 지은 많은 성에서 볼 수 있다. 웨일스, 스코틀랜드, 프랑스를 상대로 성공적인 전쟁을 이끈 이 막강한 군주는 당시의 기준에 비추어보았을 때 엄청난 수준의 세금을 거뒀다. 물론 성 축조에만 국고를 소모한 것은 아니지만, 이 많은 세입조차 그에게는 충분치 않았다. 그는 웨일스에서 에버리스트위스, 카나번, 콘위, 플린트, 러들랜, 빌스, 할레치, 뷰마리스를 아우르는 대규모 축성 프로젝트를 가동했다. 마지막 세 곳을 제외하고는 모두 도시 요새화로 확장된 계획이었다. 어림잡은 수치이지만 이들 성의 총 건설비용에 관해서는 상당한 양의 자료가 남아 있다. 각 성의 예산 담당자들이 건설과 관련한 지출 전부를 부담하지는 않았다. 가령 인부들이 고향에서 공사 장소로 이동할 때 지급받은 상당량의 임금은 그들을 징발한 각각의 주州에서 지급했다.[22] 이 지출이 왕의 주머니에서 나온 것은 아니지만 국가의 재정에서 나온 것은 분명하기 때문에 성 건축비용에 포함되어야 한다.

표 2-1은 에드워드 1세가 웨일스에 지은 성들의 건축비를 담고 있다. 몇몇 해의 경우 수치를 어림하여 추정할 수밖에 없기 때문에 총합에 편차

| 표 2-1 | 성 건축의 비용

성	건설 기간(연)	비용(파운드)
에버리스트위스	12	3,900
뷰마리스	3	9,000
빌스	5	1,700
카나번	12	16~27,000
콘위	13	15~19,000
플린드	9	7,000
할레치	7	9~10,000
러들랜	8	9,500
계		71,100~87,100

* 출처: 에드워즈, 1946, 63쪽, 바움가트너, 1991, 119쪽. 모리스, 2003, 118쪽.

가 있다. 웨일스군의 공격을 받은 뒤에는 성을 보수해야 했을 뿐만 아니라, 시공된 지 몇 해 후에 설계가 변경되는 일도 잦았다. 앞서 말했듯이 이 수치는 줄잡은 것이다. 그러나 권위 있는 연구자 중 누구도 웨일스 성의 총비용을 8만 파운드 이하로 잡지 않으며 일부는 10만 파운드에 육박할 것이라 추정한다. 그리고 이 돈은 "현대의 정부가 핵잠수함 함대 하나를 창설하는 데 들일 만한 지출" 해당한다.[23]

스물다섯 해에 걸쳐 에드워드 1세의 연간 세입은 적게는 2만 5,000파운드 미만에서 많게는 10만 파운드까지 이르렀으며, 이런저런 특별 세금과 의회의 보조금을 포함해 평균 6만 7,500파운드였다. 에드워드 1세와 납세자들 모두에게 불행하게도 왕실 재정은 요새 건설로 인해 바닥났다. 그 결과 가장 화려한 곳이었던 카나번조차 결국 내부는 완성되지 못했다. "웨일스 뷰마리스에 있는 에드워드의 거대한 성은 미완성인 채로 남겨졌으며, 이는 그가 겪은 재정난을 적나라하게 보여준다." 성벽은 본래 의도한 높이의 절반밖에 올라가지 못했다. 재무부는 더이상 뷰마리스에 투입된 인부들의 임금을 지급할 능력이 없었다. 아일랜드의 무거운 세금으로도 이를 메우지 못했다. 엎친 데 덮친 격으로 의회의 대귀족들이 전쟁 준비에 끝없이 재정을 쏟아붓는 것에 회의를 품으면서 헌정상의 위기가 초래됐다. 이후 영국의 어떤 왕도 이 정도 규모로 성을 짓지 않았다. 어쩌면 후대 왕이나 그들의 고문들은 1296~1297년에 발생했던 위기를 강하게 의식했는지도 모른다. 웨일스의 성벽들이 유일한 원인은 아니었겠지만 아마도 가장 큰 요인이었을 것이다.

재정난이 갑자기 생겨난 것은 아니다. 1294년 프랑스, 웨일스, 스코틀랜드를 상대로 거의 동시에 벌였던 전쟁이 재정난을 가속화시켰지만, 그보다는 에드워드 1세의 재위 동안 진행된 고비용 사업들의 누적된 결과라고 보는 것이 맞다. 이 사업들 중 재정을 가장 꾸준히 잠식한 것은 웨일스의 성 건축이었다.[24]

이 같은 대규모 사업이 자신들의 능력 밖이라는 사실을 인식했던 귀족들은 국왕의 공사에 싸늘한 시선을 보냈을 것이다. 영국과 유럽대륙을 통틀어 왕족 외에 대규모 성을 감당할 만한 사람은 손가락으로 꼽을 수 있을 정도였다. 길버트 드 클레어Gilbert de Clare(중세 잉글랜드의 백작.―옮긴이) 정도가 케어필리(웨일스 남부의 농촌지역.―옮긴이)에 거대한 성을 지었다. 프랑스에서는 샹파뉴Champagne 백작 집안이 파산한 귀족들로부터 성을 사들였다. 12세기 잉글랜드의 200개 남작 가문 중 35퍼센트만 성을 소유했고 나머지는 요새화된 저택에서 살았다. 1154~1214년 사이에 왕실 소유의 성이 45채에서 93채로 두 배 이상 증가한 반면, 남작 소유의 성은 225채에서 179채로 줄어들었다. 왕실 세입이 1만 파운드 이하로는 결코 떨어지지 않던 이 시기에 400파운드 이상을 버는 남작은 고작 7

명뿐이었다. 그들의 평균 수입은 200파운드, 20명 이상은 수입이 20파운드 미만이었다. 12세기 말에 소박한 석조성을 짓는 데는 350파운드가 들었으나 최신식 성은 1,000파운드를 필요로 했다.[25]

자금과 법적 권한 측면에서 귀족은 절대적으로 불리한 입장이었다. 국왕은 자금력이 더 강했고 자신의 의지대로 사람들을 강제할 권한에서도 앞섰다. 게다가 국왕은 상당량의 군사지출을 지방의 주州에 부담시킬 수 있었다. 귀족들은 상대적으로 처지가 좋지 않았다. 다른 나라에서처럼 잉글랜드에서도 국왕은 동료 중 제 1인자의 자리에서 출발했으나, 이제 경쟁자들을 훨씬 앞선 위치에 있었다. 물론 에드워드 1세가 1296~1297년의 위기를 겪은 것에서 알 수 있듯이 왕이라고 해서 재정적으로 풍족하기만 한 것은 결코 아니었다. 따라서 국왕은 귀족들의 의사에 어느 정도 영향을 받지 않을 수가 없었다. 새로운 무기는 대개 병사 개인의 능력을 향상시키지만, 개발 및 건설(또는 제작)비용 증가가 이러한 개선을 상쇄하기도 한다. 석조성은 매우 전형적인 사례였다. 성을 방어하는 데 필요한 병사는 적었지만, 그것을 짓는 데 필요한 사람의 수는 매우 많았다. 모트-베일리 성 시절에는 기본적인 요새 하나를 짓는 데 드는 노동력이 작은 수준이었다. 장정 100명이 한 달 동안 일을 하면 성 하나를 지을 수 있었고, 석 달 동안 일을 하면 견고한 흙 둔덕을 쌓아올릴 수 있었다. 석조성의 경우 이야기가 달라졌다. 랑제의 망루를 짓는 데 필요한 "평균 근로 일수"는 8만 3,000일에 이르렀으며 이는 견고한 모트-베일리 성 건설 기간의 10배에 해당했다. 랑제 성은 두 번의 공사 시즌에 걸쳐 지어졌다. 인력을 연간 6개월 동안 투입할 수 있다고 치면, 300여 명의 노동력이 상시적으로 작업을 했다는 뜻이 된다. 건설노동력을 먹여살리기 위해서는 1,000~1,200명의 농민이 추가적으로 필요했을 것이다.[26]

에드워드 1세의 성은 이보다 훨씬 많은 노동력을 필요로 했다(그림 2-1

| 그림 2-1 | 에드워드식 성 설계도

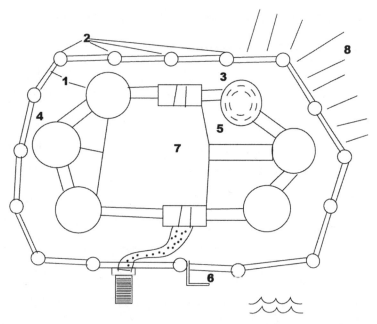

이 그림은 "전형적인" 에드워드식 성과 그 비용을 높인 몇 가지 특징들을 보여준다. 그러한 특징들로는 (1)둘 이상의 벽 (2)다수의 탑 (3)벽과 탑을 강화하기 위해 동심원 식으로 설계된 석조물 (4)사각형보다는 원형으로 만들어진 탑 (5)성의 본래 목적이 왕실 거처였으므로 호화로운 내부구조 (6)수도 설비 (7)여러 개의 문루 (8)언덕 꼭대기와 같은 접근이 힘든 위치 등이 있다. 높은 비용을 유도한 추가적인 건축 요소에는 성의 규모, 벽의 높이, 기초공사의 깊이, 그리고 전반적인 복잡성 등이 있었다.

* 삽화: 데브라 판 투일.

참조). 그의 모든 요새들은 (6~7개월에 달하는) 5회 이상의 공사 시즌이 소요됐으며, 그 중 셋은 훨씬 더 긴 기간을 필요로 했다. 대개는 여러 개의 공사가 동시에 진행되었다. 1277년 이후 빌트, 에버리스트위스, 플린드, 러들랜에서 공사가 한꺼번에 전개되었으며 1283년 이후에는 콘위, 카나번, 할레치에서 동시에 성을 지었다. 인부의 숫자는 성에 따라 편차가 컸다. 빌스에서는 동시에 일하는 사람이 100명 정도였지만 뷰마리스에서는 3,000명이 넘었다. 1283~1284년에는 콘위, 카나번, 할레치에 4,000명의 인력이 동원되었는가 하면, 1295년에는 뷰마리스 성을 짓고 (반란 와중에 손상된) 카나번 성을 수리하는 데에 3,500명이 투입되었다. 에드워드 1세 당시의 인구가 300~400만 명이었다는 사실을 가정하면 4,000이라는 숫자는 무시할 수 없는 수치였다(이 비율에 해당하는 오늘날 미국인의 수는 대략 30만 명이다). 인부들은 멀리 떨어진 지방에서 데려와야 했다. "다시 말해, 에드워드 1세가 웨일스의 성을 짓기 위해 동원했던 인부의 숫자는 당시 잉글랜드가 보유했던 동원 가능 노동자원을 현저히 고갈시키기에 충분했다는 결론이 난다."[27] 물론 이것은 곤란한 상황이었다. 다수의 인구가 자급자족 농업에 종사하는 상황이었기 때문에 공사에 끌어들일 인력의 풀이 마땅치 않았다. 설계가와 석공은 대륙에서 돈을 주고 데려왔다. 이 조치는 잉글랜드 내의 노동력 고갈을 완화했지만(비록 재정적 지출이 필요했지만), 그럼에도 불구하고 성 건축은 전국 노동력의 10분의 1 가량을 잡아먹었다.

그 결과는 군대 징집보다 여파가 컸다. "일반 장정들이야 군대 징집이든 성 건설이든 비슷한 영향을 주었겠지만, 웨일스의 거대한 성들을 짓기 위해 숙련된 노동력을 소집한 것은 심각한 결과로 이어졌다. 건축산업 전반에 적잖은 인력 부족을 초래했기 때문이다." 이러한 결론을 액면 그대로 받아들일 수는 없지만(성 건축 때문에 석공이 과잉공급됐을 수도 있다) 부담이 엄청났던 것만은 사실이다. 덕분에 해당 분야의 진짜 전문가들, 즉 성의 군사적인 장단점을 알고 있던 건축가와 설계사들은 매우 좋은 대접과 후한 사례를 받았다. 비밀을 누설하지 못하도록 처형당한 불운한 이브리(프랑스) 출신의 건축가를 제외하면 말이다.[28]

성을 짓는 일은 출발에 불과했다. 성이 구식이 되면 개조하거나 변형하거나 강화하거나 심지어 대체할 필요가 있었다. 공성 전투가 발달함에 따라 설계상의 변화도 필요해졌다. 정방형의 석조 본성本城이 워낙 비쌌기 때문에 노르망디의 성주들은 비용을 줄이고자 그냥 모트-베일리 성을 강화하는 쪽을 택했다. 11세기 전반 이후 요새에 들어가는 비용이 늘어나면서 군사지출도 증가했다. 십자군이 중동으로부터 신기술을 배워 오면서 이 과정은 가속화했다. 견고한 동심원형의 성벽이 나무로 만든 울짱을 대체하자 모트-베일리 성은 울짱을 두른 값싼 둔덕에서 고비용의 석조 요새로 진화했다. 외측의 "커튼 월(막벽)"은 점점 정교해져서 12~13세기에 이르자 측면 공격을 위한 탑까지 달게 되었다. 13세기 막바지에 성 건축이 정점을 찍을 무렵에는 "살상지대"를 사이에 둔 이중벽 구조가 설계의 표준이었다. 이로 인해 비용은 지속적으로 증가했다. 얼마나 많은 돈을 지출하고, 얼마나 많은 곳을 개량하고, 얼마나 많은 신기술을 도입할 수 있는지에 대한 한계가 점점 사라졌다.[29]

계산하기가 더욱 어려운 또 하나의 비용은 성의 태생적인 약점에서 비롯되었다. 그 어떤 성도 영원히 버틸 수는 없었다. 12세기 성들 중 가장 많은 건설비가 들어간 가야르마저 프랑스에 함락됐다. 어떠한 수비도 난공불락이진 않다. "포위당한 성이 바랄 수 있는 최선책은 공성군이 전의를 꺾어야만 하는 수준까지 승리의 대가를 끌어올리는 것이었다."[30] 방법은 다양했다. 성을 향해 돌격하는 일은 중세의 전사가 택할 수 있는 가장 위험한 행동 중 하나였다. 석조 성벽은 바로 그러한 공격을 격퇴하기 위해 설계됐기 때문이다. 공성을 감행하는 군대는 대개 포위당한 쪽보다 은신처 부족, 전염병 확산, 주기적인 식량 부족, 그리고 후방에서 나타날지 모르는 구원군의 위협 등에 훨씬 더 취약했다. 게다가 봉건 계약에 의해 군역 기간이 끝난 뒤에는 공성군에게 급료를 주어야 했으므로 장기간의 공성은 어려웠다.

급료와 복무 기간이라는 측면에서 성주는 두 가지 이점이 있었다. 먼저 수비대는 규모가 작은 편이었다. 물론 중세 역사가들이 수치를 기술하지 않았기 때문에 다른 군대와 마찬가지로 수비대의 규모를 파악하기는 쉽지 않다. 그렇지만 대규모 수비대가 존재했다고 주장하는 자료가 거의 없으며 게다가 그들은 종종 야전군 보강인력으로 차출되기도 했다. 두 번째 장점은 포위당한 요새 내부의 병사들은 다른 곳으로 떠나는 게 불가능했고 전투를 중지함으로써 이들이 얻게 될 좋은 결과가 없었다는 사실이다(가끔씩 그런 일이 실제로 발생했던 것처럼 수비대 전체가 군역 의무 기간이 끝났다고 결의하지 않는 이상에는 말이다). 그러므로 그들은 끝까지 최선을 다해 싸웠다. 그렇다고 해도 수비대를 유지하는 일은 여러 모로 어려웠다. 성을 수비하는 것은 아마추어가 할 수 있는 일이 아니었다. 그래서 전문가를 고용해야 했다. 이들은 대부분 용병이었으므로 때로 충성심을 의심받았고 반란의 위협마저 도사리고 있었다(3장 참조). 그래서 성주에게 안전한 생활 장소를 제공하고 나아가 성주가 출입을 관리할 수 있도록 성에 문루를 지었다. 그러나 성주의 충성심 또한 통치자에게는 문제가 되었다. 더군다나 급료를 지급받는 유급 군대에게는 자신들이 최종적으로 섬기는 군주가 자신들을 사랑한다는 믿음을 줄 필요가 있었다. 수비대가 포위당했을 때 군주가 구하려 노력하지 않는다면, 그들은 "타고난 군주는 없다"며 항복할 것이기 때문이었다.[31]

수비대 배치 비용을 감당한다 해도, 고유의 약점은 남아 있었다. 성은 적의 공격 결정을 막는 데 아무런 영향을 끼칠 수 없다. "아무리 막강하더라도 외딴 성은 취약했다……. 야전군의 지원을 받는 일련의 성들은 물론 달랐지만, 극소수 국왕만이 이러한 조합(에 드는 비용을)을 감당할 수 있었다." 발전하는 건축기술로 인해 공성은 시간이 보다 오래 걸리고 어려워졌지만, 불가능하지는 않았다. 초기 모트–베일리 성은 각각의 방어 요지를 상호 지원해줄 수 없었기 때문에 매우 취약했다. 보다 근대적인 석조성에서는 이런 문제가 해결되었지만, 난공불락의 요새는 결코 생기지 않았다. 가야르가 그럴 수 있으리라고 사람들은 믿었으나, 이 성은 완공 5년 뒤 함락당했다. 이 사건은 건축가들에게 커다란 난제를 남겼다. 잘 설계된 성은 공격을 어느 정도 막을 수 있지만 그 위치가 (공격자에게) 필수불가결한 지점이라면 결국에는 함락당한다. 공격자가 어떻게든 방법을 찾아낼 것이기 때문이다. 굶주림을 무한정 견뎌낼 수 있는 성은 존재하지 않는다.[32]

　성이 함락될 수 있다는 사실은 군대가 전투에서 패배할 수 있다는 사실만큼이나 어찌 보면 당연하다. 군대보다 성을 선택하는 기회비용을 따질 때 더욱 의미 있는 사실은 성이 작전행동을 취할 수 없다는 점이다. 에드워드 1세를 상대할 때 웨일스군은 성을 그냥 지나치거나 원할 때만 공격했다. 에드워드 1세 역시 웨일스 측의 성을 열흘 이상 공격하지는 않았다. 잉글랜드군은 아일랜드 정벌 도중 성을 지었지만 이것은 아일랜드군의 파괴 대상이 됐을 뿐이다. 때로는 점령에 나선 뒤 해당 지역에 성을 짓다가 성 건설로 얻을 수 있는 억지력보다 더 큰 저항을 불러일으키기도 했다.[33] 아무리 비싼 요새라 할지라도 주어진 전략적 기능을 온전히 수행할 수가 없었던 것이다. 역사가 마이클 프레스트위치Michael Prestwich는 에드워드 1세의 성들이 "중세 유럽을 통틀어 가장 웅장한 요새들"이라고 평가했다.[34] 물론 그 성들을 유지하기 위한 자원획득 과정이 지혜로웠는지에 대해서는 의문을 표시했지만. 건설비용이 엄청났고, 궁극적으로는 취약했으며, (주된 기회비용인) 야전군의 육성을 가로막았다면, 왜 성을 지었을까? 그렇다면 이러한 결점을 상쇄하고도 남을 만한 이점이 분명 존재했을 것이다.

성의 이점
　중세 전쟁에 관한 사료 연구를 진행한 결과 당시의 사령관과 통치자들이 아둔했다는 편견은 사라졌다. 중세의 통치자들은 자신의 선택과 그에 수반하는 비용을 온전히 파악하고 있었다. 막대한 비용을 감수하면서 그들은 계속 성을 지었다. 심지어 돈이 모자라 봉신 및 납세자들과 세금을 둘러싸고 갈등할 것을 예견하면서도 축성을 멈추지 않았다. 당시 지도자들에게는 반영구적인 성벽의 편익이 비용을 보상해주고도 남았기 때문이다.

그들이 성을 통해 충족시킬 수 있는 목표는 매우 다양했다. 성은 단지 피신할 수 있는 원형 돌무더기 따위가 아니었다. 성은 비유적으로, 그리고 문자 그대로 풍경을 지배했다.

성은 또한 군수품 창고이자 전진 배치된 본부이며 분쟁지역의 전방관측소이자 영주의 집이자 적의 공격으로부터 피신할 수 있는 장소였다. 왕실 소유의 성은 비상시에 국왕 군대 야전군의 피난처로 기능하거나 야전군이 패배했을 경우 새 군대를 구성할 장정을 공급할 수 있었다. 침략을 당할 때 성은 침략군의 상당수를 분산시켰다. 보급로 및 통신로를 유지하기 위해서는 후방이나 측면의 성을 함락시키거나 최소한 봉쇄해야 했기 때문이다……. [성은] 피신을 위한 장소가 아니라, 군사력의 중심지였다.[35]

이렇듯 다양한 역할은 성이 "분쟁의 뼈대이자 갈등의 초점"이었던 이유를 설명해준다. 전쟁이 끊이지 않던 시대에 통치와 전쟁의 중심지인 성은 그 자체로서 하나의 상징이었다. 에드워드 1세는 웨일스의 대규모 성들을 이용해 웨일스인을 통제하는 데 그치지 않았다. 성은 왕의 존재를 웨일스인들에게 상기시켜주는 수단이었다. 에드워드 1세가 이를 매우 잘 이해했다는 사실을 보여주는 증거가 있다. 카나번 성에서 드러나듯이 외부 건축양식은 사람들에게 강렬한 인상을 주는 수단으로 사용되었다.

그 위용은 특유의 건축양식을 통해 더욱 증폭되었다. 에드워드 1세는 콘스탄티노플 성처럼 보이는 성벽을 지으려 했다.[36] 도시 전체를 굽어보는 콘위에서처럼, 장소만 좋으면 비용과 관계없이 성이 들어섰다. 외딴 앵글시 섬에 있는 뷰마리스처럼 유독 공격받기 쉬운 곳에서는 성을 강력하게 만들 수 있는 것이라면 어떤 기술이든(이중벽, 해자, 바다 쪽으로 난 통로, 다수의 망루 등) 첨가했다. 에드워드의 성에는 대개 거대한 원형탑이 포함됐는데, 이는 공격하기 어려울 뿐더러 유난히 이목을 끄는 외관을 완성해준다는 점에서 이중의 장점이 있었다. 오늘날 침식과 풍화에 의해 드러났듯이, 건축구조상의 이유 때문에 벽은 여러 재료 층으로 이루어졌는데 이러한 건축 방식은 돈이 많이 들었다. 성의 외관은 단지 미학이나 자존심의 문제가 아니었다. 정교하고 복잡한 내부가 보여주듯이 이들 건축물은 고위 관료의, 그리고 때로 군주 자신의 거주지이기도 했다. 단지 허세에 불과했다면 축성은 낭비였겠지만, 점령 정책의 관점에서 볼 때는 합당한 지출이었다.[37]

성은 팽창 지향적인 세력가가 분쟁 중이거나 위협받거나 반란이 잦은 영토에 영구적으로 권리를 행사할 수 있는 최선의, 어쩌면 유일한 수단이었다. "성의 가장 큰 가치는 그것이 영토를 종속시켰다는 데에 있다. 성을 취하지 않고서는 그 영향력 아래 있는 영토를 안전하게 지배할 수 없었다." 영지를 통제하기 위해서는 경쟁자의 성을 파괴하는 동시에 자신의 성을 그곳에 두어야 했다. 이런 전략은 독일, 프랑스, 영국에서 두루 활용되었다. 독일의 슈바벤 공작은 라인 강을 따라 전진하며 성을 하나씩 짓고는 그 성을 이용해 해당 지역을 예속시킨 뒤 다음 장소로 이동했다. 풀크 네라Fulk Nerra는 프랑스에서 자기 영토에 다수의 성을 배치하되 기병대가 한 지점에서 다른 지점으로 손쉽게 이동할 수 있을 만큼의 간격을 둠으로써 앙주 왕가의 기반을 닦았다. 에드워드 1세는 완전히 적대적인 주민들을 상대해야 했다는 점에서 풀크 네라와는 다소 다른 처지에 있었으나, 그가 운용한 기법은 비슷했다. 웨일스에 건설한 성들은 최대한 하루 동안의 행군이면 다른 성에 닿을 수 있는 범위 안에 있었으며, 물품을 보급받기 쉬운 곳에 자리잡았다. 여기에 쏟아부은 막대한 돈에 대한 비판은 정당하지만, 한편으로는 웨일스의 저항정신 때문에 "적극적인 성 건축 정책이 필수적이었다"는 견해도 있다. 웨일스를 손에 넣은 에드워드 1세가 건설 사업을 많이 벌이지 않은 스코틀랜드를 잃은 것은 우연이 아닌지도 모른다. 후자에서의 전략은 "덜 인상적이었으며, 북쪽으로 대규모 군대를 파병해 스코틀랜드인들에게 싸움을 거는 것이 전부였다."[38]

당시 자신들의 땅 한복판에 들어선 무시무시한 요새로 인해 시달린 것은 웨일스인들만이 아니었다. 성의 장점을 이용해 인근 주민을 착취하기란 뿌리치기 힘든 유혹이었다. 《앵글로색슨 연대기*Anglo-Saxon Chronicle*》에 따르면 중세 초기의 성은 재산을 가진 사람들을 가두고 고문하기 위해 사용되었다. 노르만족이 지중해 지역에서 패권을 차지한 데는 최고 수준의 기마병이 결정적인 역할을 했다는 견해가 오랫동안 정설로 받아들여졌다. 하지만 그보다도 성공적인 전략은 성을 차지한 뒤 주변지역을 공포로 굴복시키는 기지로 활용한 것이었다. 알폰소 6세*Alfonso VI*는 1085년 톨레도를 함락시키자마자 자신이 실질적으로 통치하는 지역보다 한참 남쪽에 있는 알레도에 수비대를 배치했으며, 이것은 1092년까지 "무슬림들의 살에 박힌 가시" 역할을 했다.[39]

노르만인, 앵글로색슨인, 앵글로노르만인, 에스파냐인들은 적대적인 주민들 사이에서 여러 해 동안 성을 차지했다. 야전군이었다면 그렇게 오래 주둔할 수 없었을 것이다. 대규모 부대는 단기적으로는 정복에 더 효과적이었을지 모르지만, 장기 점령은 다른 문제였다. 성은 작은 규모의 군대로도 피신처를 제공할 수 있었다. 전장에 오래 머물 수 없었던 그 시대의 상황은 (군대를 양성하는 것보다) 성을 짓는 쪽에 결정적 이점을 부여했다. 역사문헌에서는 전투를 회피하는 중세 지휘관들의 사례를 풍부하게 찾아볼 수 있다. 심지어 몇몇 지휘관은 단 한 번도 전투를 수행하지 않았다. 성이라는 편리한 퇴각지를 갖고 있었으므로 승리가 확실하지 않은 전투를 벌일 필요가 없었고 상대편 역시 마찬가지였다. "상호 합의하지 않은 이상 전투는 일어날 수 없다"는 클라우제비츠Clausewitz의 격언은 이 시대에 잘 들어맞는다. 대부분의 침략자들은 하나의 경로로 전진했으며 방어군은 쉽사리 전쟁할 수 있었다. 에드워드 3세(재위 1327~1377)가 스코틀랜드를 침공했을 때 스코틀랜드인들은 전투를 피하거나, 적의 공격 의지를 무력화시킬 만큼 견고하게 수비적인 자세를 취했다. 적의 전진경로가 여럿이어서 전투가 불가피할 경우에도 열세인 방어군은 성으로 퇴각한 뒤 전쟁이 가능한 계절이 지날 때까지 기다릴 수 있었다. 풀크 네라는 상황이 허락하는 한 전투를 피했다. 적군이 강하든 아니든, 성벽 뒤에 숨어서 벌이는 전투는 그에게 매력적이었다.[40]

성벽 뒤에서 전투를 치르면 적군이 직접적인 공격을 단념하기 때문에 이것을 두고 "저비용" 전쟁이라고 생각할 수도 있다. 하지만 현실은 그렇지 않았다. 두 가지 측면에서 이런 전쟁은 일반 민중의 고통을 가중시켰다. 당연한 이야기지만 침략이 성공했을 경우 대규모 악행이 뒤따랐다. 전쟁이 길어지는 경우도 힘들기는 마찬가지였다. J. F. 베르브뤼겐J. F. Verbruggen(벨기에 태생의 중세전쟁 전문 학자이자 저술가.—옮긴이)에 따르면, 당대의 법률가이자 정치사상가인 피에르 뒤부아Pierre Dubois는 이렇게 말했다.

국왕 군대가 너무도 강했고 성과 요새 도시 때문에 전쟁을 신속하게 끝내는 것이 불가능해지자 공정왕 필립의 적수들이 더이상 전투를 하려 하지 않는다는 사실을 애통해했다. 이러한 요새를 상대로는 "훌륭한 기사로 구성된 군대일지라도 대부분 기나긴 공성과정을 견뎌내야 했다."[41]

긴 전쟁은 적의 습격이나 민간인 학살로 이어지지 않더라도 높은 세금, 잦은 징병, 약탈과 재산 강탈, 집과 소유물 방화 등의 고난을 유발했다. 직접적인 군사비용은 상대적으로 적지만 대중들에게는 대단히 파괴적인 결과가 빚어졌다. '반목'이라고 불리는 당시 상황은 노략질, 약탈, 파괴를 비롯해 시민을 대상으로 하는 전쟁을 불러왔다. 하지만 부주의하게 성문이 열리지 않는 이상 성은 이러한 종류의 습격으로부터 자유로웠다.[42]

성벽 뒤로의 퇴각은 성에 투자한 비용 때문에 공격적 전술을 포기한 것으로 해석할 수도 있다. 그러나 이 역시 진실과는 거리가 있었다. 물론 성 건설이 필연적으로 야전부대에 투자할 돈을 줄이기는 했다. 그렇더라도 성을 방어하는 것과 방어적 전쟁을 수행하는 것은 차원이 달랐다. 성은 공격과 방어 모두를 목적으로 했다. 방어만을 고려한 성 건설은 매우 드물었다. 만들어진 순간부터 성은 "주변에 위협을 가했고 (…) 곧잘 공격기지의 역할을 수행했다." 성은 "아군을 보호하는 동시에 적을 위협할 수 있었다." 성의 방어는 대개 수동적인 작전이 아니었다. "성을 포함한 전략에서 우선적인 목표는 수동적 방어가 아니라 교전과 파괴였다." 방어벽 뒤로 "퇴각"하는 측은 오히려 전력이 강화되었다. "성 안에 틀어박히는 것은 싸움을 피하려는 의도가 아니라, 적군이 불리한 여건에서 싸우게끔 만드는 책략이었다. (…) 방어하는 측은 아주 유리했다. 침략하는 입장에서는 시간이 절대적으로 중요했다." 적과의 거리에 따라 성 수비대는 세 가지 주요한 방식으로 적을 위협했다. 첫째, 바로 눈 아래 공성군을 상대로 기습공격을 가할 수 있었다. 둘째, 성에서 왕복 하루거리 안쪽 지역을 급습할 수 있었다. 루이 6세가 1111년에 함락시킨 르 퓌제Le Puiset

성이 이러한 사례였는데, 성벽에서 8~10마일 안쪽으로는 누구도 감히 들어오지 못했다. 셋째, 성 안의 부대는 주위의 영주를 상대로 대규모 작전을 벌일 수 있었다. 당대 가장 공격적인 지도자들이 곧잘 석조 성벽 뒤로 후퇴한 것은 우연의 일치가 아니다. 성은 단지 방어만을 위한 게 아니었던 것이다.[43]

(적의) 급습과 대규모 작전은 (적의 성에 대한) 공성전으로 예방할 수 있었다. 단기간의 공성은 성 안의 군대가 다시 공격을 감행할 수 있으므로 무의미했다. 호전적인 군주를 억누르기 위해서는 휘하 수비대가 더이상 공성에 시달리느니 차라리 항복하기를 택하는 시점까지 포위를 계속할 필요가 있었다. 공성전이 중세 전쟁의 핵심 작전이 된 이유는 수비를 압도할 뿐 아니라 요새 내부의 적이 공격을 감행하지 못하도록 예방하기 위해서이기도 했다. 성은 전쟁의 지리적 중심이 되었다. 내전의 경우 영토에 대한 통제권을 획득하고 유지하는 일이 중요했으므로 평상시보다 더욱 성에 집중했다. 잉글랜드가 스코틀랜드를 상대로 벌인 전쟁들도 성 위주로 진행됐다. 유명한 폴커크 전투(1298)보다는 스털링 성 함락(1304)이 저항을 잠재우는 데 효과적이었으며, 배녁번에서 잉글랜드가 참패한 사건(1314)은 스털링 수비대 구조작업 때문에 발생한 직접적인 결과였다. 스코틀랜드의 로버트 브루스는 공성이 성공하는 즉시 함락시킨 성을 파괴함으로서 승리를 보다 견고하게 다졌다. 다른 이들도 비슷한 전략을 운용했으나 이런 극단적인 "성 해체" 작업 역시 여전히 성공적인 공성을 전제조건으로 했다.[44]

공성이 중세 전쟁의 중심이었다면 어째서 그에 대한, 특히 공성전의 방식과 관례에 대한 연구가 1990년대까지도 극히 적었을까? 이에 대한 솔직한 대답은 이전 세대의 학자들이 평야에서의 전투를 선호했기 때문이다. 일반 대중이 그랬듯이 역사가들 역시 말에 올라탄 영웅적인 기사라는 이미지의 영향을 적잖이 받았다. 물론 중세 전성기의 무장 기병대를 등한시하는 것은 불가능하지만, 공성전에서 이들은 아무런 역할도 수행하지 못했다. 기사는 성을 상대로 혹은 성을 지키기 위해 싸웠지만, 말을 타고서는 불가능했다. 사다리를 타고 무기를 발사하고 끓는 기름을 퍼붓거나 그렇게 하도록 명령을 내릴 수는 있었지만, 게다가 이러한 전투는 창과 칼을 들고 돌격하는 것보다 더욱 위험했음에도 불구하고 서사시의 소재로는 매력이 없었다.[45] 공성전을 수행하는 말은 대개 용맹하고 우아한 준마보다는 공성 망치나 여타 중장비를 나르는 억세고 못생긴 복마(짐 싣는 말)였다. 가끔씩은 그보다도 훨씬 덜 우아한 황소가 그 역할을 맡기도 했다.

우아하든 아니든 중세 전쟁에서는 공성이 필요했다. 유일한 대안은 성 내부의 부대가 속수무책일 정도로 과감한 급습을 통해 속전속결로 전쟁을 끝내는 것이었다. 지리적으로 가장 유리한 지점에 성이 위치할 가능성이 높았기 때문에, 이 전략은 현실성이 떨어졌다. 그만큼 어렵고 많은 비용이 들지만 공성은 불가피했다.

성을 공격하는 작업은 고도로 복잡하고 많은 돈이 드는 일이었으며 가볍게 진행되지 않았다. 이러한 공성에는 대개 너무도 많은 인력과 군수품이 필요했고, 투입된 군대는 어떤 다른 작전행동도 취할 수 없었다. 또한 일단 공성에 임하면 (적의) 구원군 공격 가능성, 사람과 짐승을 위한 식량을 충분히 보급하는 일, 좁은 지역에 다수의 장정이 장기간 밀집함으로써 생겨나는 전염병 등의 문제가 불가피했다.[46]

중세 내내 이러한 상황이 반복되었다. 아무리 원시적인 성일지라도 그것을 함락시키는 일은 "규율이 없고 임시로 구성된 서유럽의 군대"에게는 대개 무리였다. 간단한 모트-베일리 성조차 함락당하는 일은 드물었다. 벨기에에 위치한 150여 채의 모트-베일리 성에 대한 문헌학적·고고학적 연구결과에 따르면 공격이 성공했다는 자료나 증거는 거의 없었다. 외벽이 불타는 경우가 종종 생기고, 성문이 잘못 열린 어떤 성이 기사 두 명과 농부 스무 명에게 점령당하기는 했으나 확실히 알려진 함락 사례는 다섯 건에 불과하다.[47]

던전Donjon이라고 불리는 단일 석조망루 역시 큰 골칫거리였다. (1223~1230년에 걸쳐 지어진) 쿠시 성의 던전은 두 세기 동안 쿠시 남작 가문이 왕에게 도전하는 것을 가능케 할 정도로 견고했다! 이들 성이 모트-베일리보다 작다는 사실은 공격자들에게 전혀 이점으로 작용하지 않았다. "장기간의 소극적인 공성은 대개 무위로 돌아갔다. 요새 방어에 필요한 수비대는 규모가 작았고, 물과 자원을 매우 조금씩만 사용했기 때문이다." 커다란 성도 제대로 설계되기만 했다면 소규모 인원으로 방어할 수 있었다. 카나번 성은 수비대가 28명밖에 남지 않은 상황에서도 두 차례의 공성(1403~1404)을 견뎌내면서 300명이 넘는 적을 죽였다. 1216년에는 프랑스의 한 대규모 부대가 13명이 지키는 성을 함락시키는 데에 15일이 걸렸다. 할레치 성은 20명에 지나지 않는 수비대로 1294~1295년의 반란을 버텨냈다. 유명한 십자군 요새인 크락 데 슈발리에는 최소한의 기간병만 있었음에도 열두 번이나 공격을 견뎌내다 1271년에 이르러서야 계략에 의해 함락당했다. 샤토 가야르의 수비대는 규모가 좀더 컸는데(항복 당시 140명이었다) 실질적인 구원군 없이 6개월에 걸친 공성과 5주간의 공격을 받다가, 부주의로 창문(사실은 화장실에서 배설물이 성 밖으로 배출되는 구멍.—옮긴이) 하나를 방어하지 못해 적들이 침입하는 바람에 함락되었다. 시간이 지날수록 공격자의 상황은 불리해졌다. "1300년경, 강력한 군대가 방어태세가 갖춰진 견고한 요새를 성공적으로 함락시킬 가능성은 300년 전보다 훨씬 희박했다." 물론 화약의 등장이 많은 변화를 불러왔지만 17세기의 대포 7문조차 12세기에 만든 로체스터의 요새를 무너뜨리지는 못했다.[48]

공격자는 많은 비용을 치러야 했다. 때로는 방어하는 측보다 먼저 군자금 공급이 끊겼다. 스티븐Stephen(재위 1135~1154)은 엑서터 성을 공성하면서 연간·예상수입의 다섯 배에 이르는 1만 파운드를 지출했다. 공성전이 성공한다 해도 재정 파탄으로 이어질 수 있었다. 헨리 3세(재위 1216~1272)는 1266년 협상 끝에 케닐워스 성을 취했지만, "공성은 잉글랜드 열 개 주의 수입에 해당할 정도로 심각하게 많은 자금을 잡아먹었다." 주범은 인건비였다. 공수 양쪽 모두 전문가를 필요로 했다. 봉건제에 의거한 징집은 전통과 법에 의해 정해진 기간 동안에만 가능했다. 이 기간이 지난 뒤에는 급료를 지불해야 했기 때문에 장기간에 걸친 공성은 지출을 급격히 증가시켰다. 통치자에게나 병사에게나 인건비는 높은 수준이었다. 성을 공격하기 위해 필요한 병사의 수는 (수비 측과 비교해서) 통상 4:1에서 10:1로 추정된다. 50:1로 싸우면서도 방어에 성공한 몇몇 사례를 고려했을 때 이 수치는 상당히 느슨한 계산이다. 병사의 입장에서 공격은 극도로 위험한 것이었다. 때로는 귀족이나 통치자가 앞서서 이들을 이끌었지만 그 결과는 기대에 어긋나기 십상이었다. 1088년에 한 왕은 성문을 향해 공격을 지휘하다가 "성별은 여성이나 정신은 그렇지 않다"고 묘사됐던 한 여인이 던진 맷돌을 머리에 맞고 자신의 왕위에 때 이른 작별을 고해야 했다.[49]

따라서 공격자들은 대개 느린 진행을 택했다. 그러나 시간 자체도 비용이었다. 공성군은 공격 외에 아무것도 할 수 없었고 결정적 승리는 눈에 잘 보이지 않았다. 스티븐은 자신을 거역하는 남작들의 성을 하나씩 공격해나갔고 굶주림을 이용해 일련의 성을 함락했다. 하지만 그가 사망했을 때 왕국의 상당 부분이 여전히 반역자들의 손아귀에 있었다. 시간 지연은 작전 실패와 사기 저하로 이어질 수 있었다.[50] 수비대 역시 이러한 심리적인 문제에 취약하기는 마찬가지였지만, 그들을 지켜주는 거대한 석조물은 여전히 든든한 버팀목이었다. 요약하자면 문제의 핵심은 공격자가 투입하는 자원이 방어자가 투입하는 것보다 훨씬 많았다는 사실이다.

물론 성이 완공된 다음의 이야기지만, 성을 방어하는 데 필요한 자원과 그것을 함락시키는 데 드는 자원의 불균형은 중세 정치의 특징인 귀족들의 끊임없는 반란의 주요 원인이었다. 적어도 단기적으로 성벽 뒤에 숨은 귀족들은 어떠한 보복에 대한 두려움도 없이 자신들이 섬기던 군주에게 도전할 수 있었다.[51]

이것은 대개 결전 없이 끝나는 인내력 시합으로 이어졌다. 성공한 공성과 실패한 공성이 얼마나 되는지에 대한 자료는 존재하지 않는다. 하지만 실패율이 매우 높았다는 점에는 논쟁의 여지가 없다. 대부분의 성공 사례는 습격이 아니라 협상의 결과물이었다. 전해진 바에 따르면 정복자 윌리엄은 성을 함락하지 못한 적이 한 번도 없으나, 그것은 대개 협상을 통해서였다. 심지어 노르망디의 한 성을 3년간 공격한 뒤에도 그는 "성을 함락시키는 일이 시간과 자원을 너무 많이 잡아먹는다는 것을 인정하지 않을 수 없어서" 협상조건을 제시해야 했다. 성의 대안, 즉 정규군대를 소집하고 운영하는 면에서 그는 대부분의 다른 중세 통치자들보다 훨씬 유능한 인물이었는데도 말이다.[52]

화약이 보편화된 후에도 왜 성이 오랫동안 존속할 수 있었는지를 두고는 현재까지 논란중이다. 성의 위력은 대규모 중앙정부가 성장하는 데걸림돌로 작용했다. 군주들은 귀족 소유의 성을 잠재적 위협으로 간주했으며 이를 제거하기 위해 법적으로나 다른 방식으로 조치를 취했다. 영국의 튜더 왕가는 매우 성공적으로 대귀족 소유의 성을 제거했으며 이는 무력에 대한 국가 독점을 추구하는 치밀한 계획의 일환이었다. 프랑스의 루이 13세는 자신이 지은 것보다 더 많은 성을 파괴했다. 이러한 사례들은 사실 성의 군사적 장점에 대한 찬사였다.

군대의 비용

20세기 대부분 동안, 군대보다 성이 우세했던 이유에 대한 설명은 단순한 수준에 머물러 있었다. 중세 전성기에 진정한 의미에서의 군대가 존재하지 않았다는 주장이 그것이었다. 중세 군대는 개개인으로 싸우는 근사한 기사, 소수의 궁수, 그리고 보급품을 나르고 잡다한 일을 수행하는 어중이떠중이 농민집단으로 구성된 규율 없는 오합지졸로 묘사되었다. 1300년대 이전의 군사역사는 과소평가됐다.[53] 중세 군대에 대한 부정적 시각은 오늘날까지도 남아 있다.

중세 군대들은 봉신封臣인 기사들과 고용된 용병, 보조적 민병대, 그리고 온갖 아무개 씨들을 한 해의 출정을 감행하기 위해 급하게 모아놓은 잡탕덩어리로 악명 높았다. 중세 군대에 일반적이었던 파편화된 지휘계통과 더불어 이러한 균일성 부족은 지역 영주와 도시 공동체가 군사 문제에 대해 상당한 영향력을 행사했다는 사실을 반영한다.[54]

물론 이 주장이 근거 없는 것은 아니다. 예컨대 잉글랜드와 프랑스 국왕들은 평상시 경호원과 참모들만 두었으며, 군대는 그때그때 모집한 뒤 최대한 빨리 급료를 주고 해산했다. 그렇지만 군사 참모가 존재했고, 군사계획이 존재했으며, 군사조직도 존재했다. 중세라고 전쟁에 관한 지식마저 사라져버린 원시적 시대였던 게 아니다. 반세기 전쯤부터 연구를 통해 당대의 "군사활동이 매우 계획적이었으며 사령관들은 자신들의 임무를 제대로 이해를 하고 있었다"는 사실이 밝혀졌다. 군대는 농노를 단순히 모아놓은 것 이상이었다. 대개 잘 조직돼 있었고 (비록 역사가들이 농민 병사에 대해 글을 거의 남기지 않았기 때문에 지나치기 쉽지만) 보병의 중요성에 대한 인식도 높았다. "이후의 사령관들처럼 당시 사령관들도 상황을 냉정하게 평가한 뒤 지혜롭고 실용적인 결정을 내릴 능력이 있었다."[55] 오늘날 학계는 다음과 같은 시각으로 기울고 있다.

> 더이상 기사, 무장 기병대, 시골의 무법지대를 장악한 외진 모트-베일리 망루, 소수인 데다 훈련과 규율, 응집력마저 부족한 병사 등이 지배적 주제여서는 안 된다. 후기 로마제국으로부터 중세로 이어지는 연속성에 초점을 맞추는 것이 옳다. 중세 세계는 제국적 군사지형학, 고대로부터 전해진 군사과학, 신체 건강한 남성 인구 대다수의 군인화를 특징으로 했다.[56]

이 같은 역사적 사유의 전환이 사실에 부합한다면, 쓸 만한 야전군을 만드는 일도 가능했을 것이다. 그리고 이는 분명한 사실이다. 가령 에드워드 1세는 한 차례의 스코틀랜드 침공에 3만 명을 동원한 적이 있다.[57] 성의 명백한 이점을 고려하더라도, 끝없이 돌로 벽을 쌓아올리기보다 군대를 창설하려 했던 통치자들이 더러 있지 않았을까?

중세 전성기에 관한 자료 자체가 부정확하기로 악명 높은 걸 감안하더라도 대규모 군대가 등장하는 사례는 매우 드물다. 당시 군인을 징집하는 방법은 봉건적 의무에 의한 강제, 설득, 고용이 있었다. 부하와 가신들은 머나먼 지방에서 소집해야 했다. 물론 예외도 있었다. 노르만인은 1만 4,000명을 동원해 잉글랜드를 침공했다(1066). 십자군은 하틴전투에 2만

명을 투입했다(1187).[58] 에드워드 1세는 동시대의 다른 왕들보다 더 오랫동안 대규모 군대를 운용했다. 이는 봉건적 의무를 강제하고(그는 기병대 복무를 전국적으로 강제한 마지막 잉글랜드 국왕이었다), 막대한 금액을 투자해 군인을 고용함으로써 가능했다. 그는 압도적인 숫자의 힘으로 적을 무찌르고자 했다. 1277년과 1282년의 웨일스 침공 당시 1만 5,000~1만 7,000명이 동원되었다. 1287년에는 1만 1,000~1만 3,000명이 있었고, 웨일스에서 치른 마지막 전쟁(1293~1297)에서는 웨일스 전역에 3만 1,000명의 유급 병력을 보유하고 있었다. 그가 가장 대규모의 군대를 운용한 것은 스코틀랜드에서였다. 스코틀랜드와의 첫 전쟁에서 에드워드는 3만 명에 달하는 병력을 지휘했고, 영토 전역에 그 두 배에 이르는 인원을 분포시켰다. 대륙을 상대로 한 군사행동(1293~1297)에서는 아마도 8,000~9,000명 가량의 적은 병력이 투입되었다. 그의 병력 중 핵심인 왕실기병대는 재정 형편에 따라 규모가 증감했는데, 재위 말기에는 유지가 능한 인원이 1,000명밖에 되지 않았다.[59]

에드워드 1세의 대규모 전쟁은 특수한 사례로, 중세 전성기가 끝날 무렵 일어난 사건들이다. 대개는 소규모 군대가 일반적이었다. 왜 그러했는지 이해하기 위해서는 군대의 비용을 두 가지 다소 다른 측면에서 고려할 필요가 있다. 군대 육성과 유지에 드는 직접적인 지출과, 군대의 제한적인 효용성 즉 성과 비교했을 때의 기회비용이다. 대출제도가 초기단계에 머물던 이 시대에 지도자들은 무엇에 (자금을) 투입할지 신중하게 고려해야 했고, 군대는 존재 자체로 대규모의 지출을 의미했다. "가장 부유한 군주들만이 병사 수백 명이 넘는 정규군을 유지할 능력이 있었다." 농경 사회에서 병력과 보급품 조달을 위한 자금을 마련하기란 어려웠다. 주된 자산형태가 토지였기 때문에 유동성이 매우 제한되어 있었다. 중세 후기에야 대규모 군대가 가능할 정도의 경제성장이 이루어졌다. 도로 상태가

105

좋지 않아서 더뎠던 보급품 수송문제 또한 재정적 압박요인이었다. 경제적인 문제만이 아니었다. 정치적 차원에서도 문제는 존재했다.[60]

군대는 한 명의 사령관 아래 모인 여러 호위대의 집합이었다. 전쟁에 들어가는 막대한 비용 때문에 누구도 정규군을 유지할 수 없었으며, 설사 그것이 가능했다 치더라도 정치적 상황이 그것을 용인했을지 의문이다. 리처드 1세는 세금에서 재원을 얻어 300명의 기사로 이루어진 정규군을 만들고자 했지만, 이 계획은 맥없이 허물어졌다. 이 일이 실행에 옮겨졌더라면 권력가들의 영향력에 상당한 위협을 가했을 것이다.[61]

(되갚지 않은 대출금을 제외하고) 한 해 평균 6만 7,000파운드 이상을 벌어들인 에드워드 1세만큼 백성들로부터 많은 돈을 쥐어짠 중세 통치자는 아마 없을 것이다. 그럼에도 그는 국고를 바닥내고 말았다. "무수한 전쟁에 필요한 병력, 군수품, 원정 자금을 대기 위해 국가 전체가 대규모로 조직화되었다." 첫 웨일스 침공에(1277) 든 돈은 2만 파운드 정도의 소박한 수준이었지만, 두 번째 전쟁(1282~1283)에서는 15만 파운드를 썼다. 웨일스를 상대로 한 전쟁은 "왕실 재정을 위험한 수준으로 몰고갔다." 프랑스(1293~1297)와의 전쟁비용은 75만 파운드에 이르렀다. 스코틀랜드를 상대로 한 일련의 전쟁들에 들어간 비용은 계산하기 다소 까다롭지만, 각각의 전쟁마다 4만 파운드쯤 들었을 것이다. 보유 현금이 급격히 줄어들자 임금을 받지 못한 병력이 반란을 일으켰다. 국가가 지는 부담은 엄청났다. 1294~1295년 세금 수령액은 나라에서 유통되는 전체 화폐의 10분의 1을 넘어섰다. 그럼에도 에드워드 1세는 멈추지 않았다. 왕국이 내전의 위기에 처한 1297년에도 그는 해외 원정을 진행했다.[62]

표 2-2의 각 연도별 세금 수입을 살펴보면 그가 겪은(보다 정확히 말하

| 표 2-2 | 에드워드 1세의 전쟁 지출

전쟁	연도	예상 지출(파운드)	예상 세입(파운드)
웨일스 I	1277	22,000	31,000
웨일스 II	1282~1283	150,000	143,000
웨일스 III	1287	10,000	39,000
프랑스	1293~1295	450,000	361,000
프랑스/스코틀랜드	1296~1297	380,000	220,000
스코틀랜드 I	1298~1305	320,000	514,000
스코틀랜드 II	1306~1307	80,000	146,000
계		1,412,000	1,454,000

* 출처: 지출-프레스트위치, 1972, 쿠퍼, 1994, 모리스, 2003. 세입-램지, 1925, 2권, 87~89쪽.
* 주: 세입 자료는 불규칙하게 생기던 의회 보조금(사실상 특별세)을 포함한 수치이다. 1295년과 1296년에 의회 보조금이 지급되었지만 불행히도 자료가 소실되었으며 추측하기도 어렵다. 1294년에 보조금과 유사한 세금 한 항목이 86,000 파운드의 세입을 기록했으나, 시간 간격을 얼마 두지 않고 시행된 전자가 그렇게 많은 금액을 거두었으리라고 생각하기는 힘들다. 따라서 각각의 세입을 약 35,000 파운드라고 가정했다. 1297년과 1301년의 정규 세입 수치는 자료가 존재하지 않기 때문에 이들 해에 대해서는 전 해와 다음 해의 수치의 평균을 적용했다.

자면 납세자들이 겪은) 고초가 명확하게 드러난다. 그는 왕위에 머물던 35년 중 19년 동안 전쟁을 벌였으며, 이 기간의 예상수입 총액은 군비지출을 살짝 넘어서는 정도에 불과하다. 그러나 문제는 군비지출이 세입을 전부 잡아먹었다는 사실만이 아니었다. 궁극의 문제점은 결과에 있었다. 에드워드 1세는 웨일스, 스코틀랜드, 대륙 세 곳을 무대로 전쟁을 벌였으나 최종적으로 승리한 전쟁은 단 한 곳, 바로 다수의 성 건축 사업을 벌인 웨일스뿐이었다.

결론적으로 말하면 중세 통치자들에게 군대 육성은 성보다 훨씬 제한된 효용만 제공했다. 무장에 들어가는 비용을 이야기할 때는 그 체계가 얼마나 잘 작동하는지를 고려해야 한다. 제2차 세계대전 발발 이전에 프랑스는 마지노선을 구축하기 위해 막대한 비용을 투입했다. 이 방어선이 만약 히틀러를 막아주었더라면 그에 대한 지출이 정당화되고 프랑스가 부담한 비용도 상대적으로 적어 보였을 것이다. 마찬가지로 에드워드 1세가 벌인 전쟁에서도 잉글랜드는 최종적으로 승리를 거두지 못했다. 비록 스코틀랜드의 경우 그의 급작스런 죽음에 의한 것이라고 인정하더라도. 중세 통치자들이 대규모 군대를 일으켜 무장시키는 것을 꺼려한 데는 좀더 근본적인 이유가 있었다. 군대를 통해서는 전쟁을 이길 수 없었기 때문이다. 다시 말해, 중세의 군사령관들이 전투를 감행하는 경우는 승리가 확정적일 만큼 아군이 강할 때뿐이었다. 그러나 그런 상황에서는 (약한) 적군이 전투를 피해 성벽 뒤로 후퇴했다!

전투 회피는 중세 전쟁의 중요한 요소였다. 중세의 지휘관들은 "전면전을 벌이지 않았다." "항상 전쟁이 일어났지만" 전투는 "드물었다." 남부프랑스 알비에서의 십자군원정(1203~1226) 기간 동안 십자군은 이교도들과 49차례 싸웠다. 이 교전들 중 전투는 4건뿐이었고 나머지는 공성이었다. 호전적이고 공격적인 십자군 전사 시몽 드 몽포르Simon de Montford는 단 한 번 전투를 벌였다. 불세출의 전사였던 사자심왕 리처드는 전 생애에 걸쳐 세 번의 전투에 참가했고, 그 중 서방에서 싸운 것은 한 번에 불과했다. "샤를마뉴Charlemagne 이래 가장 위대한 정복자"라는 칭호를 들었던 헨리 2세(재위 1154~1189)는 전 생애에 걸쳐 딱 한 번의 전투를 벌였다. 프랑스의 존엄왕 필립 2세(재위 1180~1223) 역시 한 차례만 전투를 벌였는데 그마저도 부득이하게 싸우게 된 것이었다. 크레시Crécy(1346)와 아쟁쿠르Agincourt(1415)에서 잉글랜드가 거둔 유명한 승리보다는 그에 뒤따른 공성전이 더 유의미했다.[63]

중세의 지휘관들은 전투를 통해 즉각적이며 결정적인 성과를 얻을 수 있다는 것을 매우 잘 이해하고 있었다. 1044년 투르 공성전에서 공격군을 지휘하던 '망치' 조프루아Geoffrey(프랑스 앙주 백작.—옮긴이)는 돌격을 포기하고 구원군을 상대하는 데 전 병력을 투입하라는 참모들의 조언을 받았다. 구원군을 격파하고 나면 투르는 자연히 함락될 것이기 때문이었다. "의심할 나위 없이 대개 전쟁에서 가장 흥미로운 부분은 전투였다." 그럼에도 불구하고 전투는 거의 발생하지 않았다. 중세의 지휘관들에게는 위험을 감수하지 않는 것이 불문율이었다. 후기 로마시대의 병법서 《군사학 논고 *De re militari*》의 저자 베게티우스Veegtius는, 훌륭한 장수는 승리를 확신할 때만 전투에 임한다는 충고를 남겨 이러한 사상을 전파했다. 승리를 확신할 수 있는 경우는 드물었다. 수적으로 열세인 적군은 전장에 나서지 않았다. 군대의 궤멸 자체가 재앙인 것은 물론이고 그 손실을 복구할 수 없는 상황도 종종 발생했다. 설상가상으로 지휘관이 죽거나 붙잡혔을 경우에는 말 그대로 모든 게 끝날 수도 있었다. 더군다나 이 시기에는 통치자가 직접 전장에 나서는 것이 미덕이었으며 실제로 많은 통치자들이 전투에 임했다. 안전한 군사용 벙커에 틀어박혀 전투 중 희생당할 위험부담을 추상적으로 계산한 것이 아니었다.[64]

교전 중인 두 군대는 트인 전장에서 서로와 싸우는 대신 주로 상대방의 성을 공격했다. 공성이야말로 결전이었다. 전장에서의 승리는 결정적인 경우가 드물었지만, 함락된 성은 명백하고 손에 잡히는 성과를 승자에게 가져다주었다. 전투는 공성에 임하거나 그것을 계속하기 위한 수단이었다. 가끔씩 구원군이 공성군에게 전장에서 싸울 것인지 공성을 풀고 철수할 것인지 선택하라고 요구하는 경우도 있었다.[65] 성을 방어하는 일은 전혀 기사도에 어긋나지 않았으며, 용맹이 부족한 행위도 아니었다. 설령 방어에 실패하더라도 점령당한 영토가 꼭 참사를 겪는 것은 아니었다.

일반적으로 중세의 방어전략은 전투에 임하기보다 전투를 회피하는 데 중점을 두었다. 성과 요새도시가 워낙 많아서 방어자들이 성문을 걸어잠그고 무슨 일이 일어나는지 차분하게 기다려볼 수 있었기 때문이다. 공격자의 전차는 대개 비효율적이었고 요새는 거의 항상 이들의 공격을 견뎌낼 수 있을 만큼 강했다. 현장에서 공성 전차를 조립하는 데 많은 시간이 허비됐고, 완성됐다 해도 위력이 약하거나 수비대의 방어수단 때문에 무력화되곤 했다. 요새의 상태가 좋고 자원을 잘 구비하고 있기만 하다면 용맹한 수비대를 위협할 만한 것은 많지 않았다. 성을 함락시키더라도 공격자에게는 큰 득이 되지 않았다. 자신의 병력에서 수비대를 새로 투입해야 했으며 지켜야 할 요새는 이미 부분적으로 파괴되었기 때문이었다. 그리하여 지원군이나 본부와 가까운 쪽은 방어하는 입장이었고, 침략자가 특정 지역의 요새를 전부 함락할 만큼 강한 경우는 드물었다.[66]

당연히 군대는 성보다 공격적으로 우수하다. 일단 성은 움직일 수 없다. 그러나 신기술로 인해 공수 양면 모두 막다른 길에 다다른 1914년까지는 방어가 절대적으로 우세했다. 11세기부터 13세기까지는 기존 기술의 개선과 우월성에 힘입어 어떤 갈등에서도 방어측이 유리한 입장이었다. 공성 전차가 성을 파괴할 수는 있었지만 그것은 빠르지도 값싸지도 않았다. 전투를 통해 보다 빠른 성과를 낼 수 있었지만 참혹한 결과를 불러오기 십상이었다. 필연적으로 중세 군대는 전장에서 싸우기보다는 행군하고 계략을 쓰는 경우가 잦았다.

중세 전략은 16세기나 17세기의 전략과 흡사하며, 18세기와는 특히 많이 닮았다. 병력은 소수였고 대체하기가 힘들었기 때문에 방어하는 쪽 지휘관들은 전투가 목적을 달성하는 가장 효율적인 방법 중 하나였음에도 불구하고, 전투를 회피했다. 이들은 주로 책략을 이용했으며 특히 전력이 약한 쪽은 수많은 성들 뒤로 은신했다. 이러한 전략은 사회적 상황, 군사장비, 요새의 위상과 수로 인해 생겨났다. 이는 대립국들 사이에 일정한 균

형을 만들어냈으며 새로운 수단이 도입되기 전까지 이 균형은 쉽사리 흔들리지 않았다.[67]

성공적인 침략전쟁은 대개 요새가 드문 곳에서 일어났다. 정복자 윌리엄이 잉글랜드를 빠르게 점령한 것은 이 같은 연유에서였다.[68]

이런 식의 전쟁이 대규모 전투와 화력을 선보이는 전쟁보다 일반인들에게 더 나았다고 생각해서는 안 된다. 오히려 어디에나 존재하는 성 때문에 "전투의 매력이 줄어들었고 약탈의 필요성이 높아졌다." 약탈 전략은 효과적이었고 실제로 자주 운용되었다. 어차피 토지만으로 군대를 먹여 살릴 수는 없었기 때문에, 상대적으로 자비로운(그런 것이 존재한다면) 군대라고 해도 지나가는 길에 있는 모든 것을 빠른 속도로 소모해버렸을 게 분명하다. 보호를 목적으로 만들어진 성이 백성의 생명과 삶터 파괴로 귀결되는 전쟁 양식을 낳은 것이다.[69]

약탈을 중시하는 전략은 중세 군대의 성격과도 잘 맞았다. 보병부대는 규율이 없었고 탈주병이 생기기 일쑤였다. "기병대의 시대는 실상 수준 낮은 보병부대의 시대였으며, 이는 기술적인 게 아니라 정치적인 현상이었다." 통치자들은 잘 훈련된 보병부대를 투입하고 싶었겠지만 그게 말처럼 쉽지 않았다. 앞서 언급했듯이 봉건제에 의한 의무는 몇 가지 단점을 안고 있었다. 우선 병사들은 국왕이 아니라 해당 영주에게 충성을 바칠 책임이 있었다. 영주들은 국왕에게 돈을 지급하기보다 병사들을 (국왕에게 봉사하라고) 넘기는 편이 독립성을 유지하는 데 유리했기 때문에 그쪽을 선호했다. 징병기간도 제한되어 있었다. 잉글랜드의 의무 징병기간은 40일에 불과했다. 에드워드 1세는 군대를 붙잡아두고 충성심을 유지하기 위해 때로 의무 기한이 끝나기 전부터 급료를 지급했다.[70]

의무 노역에 의존하면 적어도 돈은 아낄 수 있었다. 병력을 고용해서 진행한 전쟁비용이 어느 수준까지 올라갔는지는 이미 살펴봤다. 짧은 의무 기간은 어떻게 보면 짧은 전쟁 기간으로 상쇄되었다. 조금이라도 거리가 먼 곳을 상대로 전쟁을 하려면 농한기를 기다려야 했다. 보다 가까운 곳에서 전투를 벌인다면 연중 내내 군대를 운용해도 좋았겠지만 가능한 일이 아니었다. "왕실 상비군이 존재한 적은 한 번도 없었다." 11세기로 들어서기 직전 기병 한 명을 위한 장비의 비용은 "적어도 농가 10개에 해당하는 쟁기팀"을 구성할 수 있는, 황소 20마리의 가격과 같았다. 당시에는 도목수가 일당 3펜스를 벌고 1에이커의 땅을 1년간 빌리는 데 4펜스가 필요했지만 기사는 하루에 24~48펜스를 벌었고 기마궁수는 6펜스, 가장 직급이 낮은 보병도 2펜스를 지급받았다. 따라서 빚이 있는 기사들은 갑옷과 말을 잃지 않기 위해 전투에 임했다. 정부는 이런 기사들로 구성된 소규모 무장병력을 확보할 수 있었지만 정규군을 양성하기 위해서는 막대한 돈이 필요했다. 더구나 이들의 효용이 제한되었기 때문에 합리적이지도 못했다. 군대는 계절에 따라 소집과 해제를 반복하지만 성벽은 연중 자리를 지켰다는 점에서 더더욱 그랬다.[71]

군대의 효용이 제한되어 있다고 해서 병력 대신 성벽을 선택했을 때의 기회비용이 0인 것은 아니다. 벽돌을 사는 대신 병사를 고용할 수도 있었을 것이다. 성이 할 수 없지만 군대는 할 수 있는 일을 위해 야전군을 반드시 보유해야만 하는 상황과 조건도 존재한다. 이동식 보루를 제외하면, 성은 기지 역할은 할 수 있어도 침략전쟁을 수행할 능력은 없었다. 방어 시에도 군대는 매우 중요한 역할을 수행했다. 설령 그들이 한 번도 전투에 임하지 않는다고 해도 말이다. 침략당하는 측이 군대를 보유하고 있을 경우 침략자는 밀집 상태를 유지해야만 했다. 그로 인해 침략군은 군량을 충분히 확보할 수도, 전진하는 좁은 길 밖에 있는 것을 파괴할 수도 없었다. 수렵과 채집 혹은 약탈을 위해 본대에서 이탈한 침략군 병력은 빠르게 움직이는 방어군 기병대가 손쉽게 처리할 수 있었기 때문이다. 방어군은 단지 존재만으로도 성보다 효율적으로 영토를 지켜낼 수 있었다. 게다가 중세의 지휘관들은 평소 몸을 사리다가도 기회가 왔을 때에는 몸소 전투를 수행했다. 상대편이 소수 병력으로 움직이거나 그들의 성에서 너무 멀리 떨어져 나왔거나 부주의하게 배치되어 있을 때에는 기습공격을 통해 결정적 승리를 얻었다. 군대가 없다면 이러한 기습공격 자체가 불가능했을 것이다. 요새가 밀집해 있지 않은 지역에서는 군대가 최고의 무기였다. 군대를 육성할 수 있을 정도로 정부의 행정력이 증가하자 통치자들은 실제로 군대를 활용했다. 그렇지만 중세 전성기 전체를 놓고 보았을 때, 신중한 통치자는 여전히 자원을 주로 성에 투입하고 보조적인 수단으로만 군대를 사용했다. 그렇게 하는 것이 반대의 경우보다 더욱 나은 결과를 가져다주었기 때문이다. 막대한 지출에도 불구하고 성 건설의 기회비용이 군대 육성의 기회비용보다 작았다.[72]

성 건설과 나머지 경제법칙

지금까지 성에 대해 논하면서 기회비용의 법칙을 강조했다. 그렇지만 기회비용만이 유일한 경제법칙은 아니다. 다른 경제법칙의 관점에서도 성에 대해 논할 수 있다. 하지만 기회비용의 법칙에 대해서와 마찬가지로 나머지 다섯 개의 법칙까지 자세하게 대입하다보면 이 책의 제목은 "성의 경제학"이 되어야 할 것이다. 이 책에서는 중세 전성기의 성이라는 사례에서 다른 법칙들이 어디에, 그리고 어떻게 적용되는지 짤막하게 살펴보기로 한다. 이들 법칙에 대한 심도 있는 탐색은 다른 역사적 사례와 함께 이 책의 다른 장에서 접할 수 있다.

예상한계비용을 예상한계편익과 비교하는 비용편익의 법칙은 기회비용의 법칙과 밀접하게 연관되어 있다. 다만 이 장에서 주로 성이냐 군대냐 하는 의사결정을 총체적으로 다루었다면, 한계비용/편익은 다음에 취할 추가적인 행동, 가령 지금 있는 것에 더해 새로 지을 성에 초점을 맞춘다. 엄밀히 말해 추가로 짓는 성 또한 그 자체로 기회비용(추가로 모집할 수 있었을 군대라고 치자)을 갖지만, 한번 완공되고 난 후 이 성은 많은 추가적인 편익과 다소간의 추가적인 비용을 가져다줄 것이다. 성을 지키는 데 필요한 수비대는 소규모여도 되므로 초기의 높은 건설비용이 제한된 지출로 이어질 것이다(높은 초기비용, 낮은 후속비용). 소규모의 수비대는 주변지역에 상대적으로 약한 타격을 입히겠지만, 성에 많은 병력을 둘지 적은 병력을 둘지는 성주의 의사에 달려 있었다. 요새 없는 소규모 병력은 거의 무의미하다. 이는 미군에서 "스미스 기동부대" 상황이라고 부르는 것으로, 1950년 보잘것없는 규모로 한국전에 투입된 뒤 무참히 패배하고 철수한 원정부대의 이름을 딴 것이다. 방어시설이 없는 상황에서 병력은 예상되는 적에 맞서 버틸 능력을 갖추거나 그렇지 않으면 도망쳐야 한다. 성이 있을 경우, 소규모 병력은 행동의 여지가 매우 넓어진다. 따라서 이 추가적인 편익은 낮은 추가비용으로 구입할 수 있다. 한계편익 대 한계비용의 비율이 높은 것이다. 이 법칙은 전투를 할 것인지 말 것인지에 대한 지휘관들의 의사결정을 다룬 4장 '전투의 시대, 1618~1815'에서 심도 있게 살펴볼 것이다.

한계비용/편익 법칙과 마찬가지로 기회비용 법칙과 연관된 것으로 한계수확체감의 법칙이 있다. 이를 실증적으로 확인하기 위해서는 공성전에 대한 더 많은 연구가 필요하겠지만 개념적으로 성 건축 사례는 수익체감 분석에 손쉽게 들어맞는다. 간단히 얘기해서, 성의 규모가 점점 커질수록 군사적 이점의 증가량은 점점 줄어들 것이라는 가설이 가능하다. 성의 크기를 두 배로 늘렸을 경우 군사적 유용성이 두 배 이상 증가할지도 모르지만(수익체증), 세 배, 네 배, 다섯 배로 늘렸을 경우에는 그 유용성이 세 배, 네 배, 다섯 배가 되지 않을 수도 있다(수익체감). 어느 지점에 선가(구체적으로 어떤 지점인지는 경제이론으로 정할 수 없다) 성의 이득 증가분이 비용 증가분을 따라가지 못하게 되는 것이다. 한계비용/편익 법칙이 한 번에 하나씩 이루어지는 개별적 의사결정(과 그 결정이 내려지는 시점)에 초점을 맞춘다면, 한계수확체감의 법칙은 일련의 상황 혹은 잠재적 의사결정을 분석하면서 어느 지점에선가 발생하는 수익체증에서 수익체감으로의 전환을 설명한다. 그렇다면 언제 이러한 전환이 발생하는가? 그 지점을 파악하는 건 여전히 어려운 문제다.

성은 왕실에 거처를 제공하거나 병력을 위한 막사를 보유하는 등 성주의 필요를 충족시키기 위해 어느 정도 규모를 갖추어야 한다. 성의 방어력이 그 규모나 지출에 반드시 비례하지는 않는다는 사실은 두 가지 건축상의 이유에 기인한다. 우선 성의 경계선이 길어질수록 방어해야 할 지점이 많아진다. 소규모의 적을 상대하기 위해서도 대규모의 수비대가 필요한 것이다. 둘째로 큰 성은 흔히 일련의 구조물을 성벽으로 연결해놓은 모양새였는데, 이 때문에 한 구조물(예컨대 망루)에 있는 병력이 다른 구조물을 방어하러 갈 수 없는 일이 종종 발생했다. 재정적 문제도 있었다. 대부분의 경우 큰 성일수록 완공하기까지 오랜 기간이 걸렸다. 건설 중인 성은 적어도 주탑이나 외벽이 완성되기 전까지는 군사적 가치가 적었고, 공격을 막아주기는커녕 오히려 유발할 수도 있었다. 이 주장을 확장하면 한 지역에 성을 점점 많이 배치할수록, 군사적 이점이 점점 체감한다는 결론을 자연스럽게 얻을 수 있다. 영토 안에 성을 얼마나 많이, 어느 규모로 지을 것인지에 대해 설계자, 참모, 통치자들이 어떤 의사결정을 했는지는 한계수확체감의 법칙으로 귀결된다. 물론 모든 통치자가 경제이론에 들어맞을 만큼 적확한 판단을 내린 건 아니지만 말이다. 한계수확체감의 법칙은 6장에서 제2차 세계대전 중 독일의 전략적 폭격 사례를 통해 자세히 살펴보기로 한다.

대체의 법칙이 작동하는 모습은 점령 수단으로서 성을 이용하는 방식을 통해 살펴볼 수 있다. 정복자들은 피정복 민족을 통제하기 위해 지역 엘리트를 회유하거나 대규모 군대를 주둔시키는 등 다양한 수단을 활용해왔다. 하지만 엘리트층을 회유했다고 그들을 신뢰할 수 있는 것은 아니다. 적대적인 지역에 군대를 장기간 주둔시키는 것 역시 위험한 일이다. 중세의 요새는 이에 대한 대안을 제시했다. 에드워드 1세는 웨일스에 성을 짓기 위해 투자한 예산으로 점령군을 유지할 수도 있었지만 그렇게 하지 않았다(스코틀랜드에서는 군대에 의존했으나 영구 점령을 목적으로 그런 선택을 내린 것은 아니다).

대체의 법칙을 포함해 거의 모든 경제학 이론은 궁극적으로 비용 및 편익과 연관되어 있다. 어떠한 물품이나 행위의 비용이 증가하고(편익이 줄어들고) 다른 것의 편익이 증가하면(비용이 줄어들면), 의사결정자는 대안을 탐색한 뒤 (여건이 허락하는지 여부에 따라) 신속히 혹은 천천히 대안을 도입할 것이라고 예상할 수 있다. 이는 성을 대안적인 점령 수단으로 이용할 것인지에만 적용되는 게 아니라 어떤 종류의 성을 어느 위치에 배치할지, 어떠한 설계양식을 택하고 어떤 재료를 사용할지 등등 무수한 다른 의사결정에도 적용된다. 대체의 법칙에 대해서는 핵억지력이라는 이름 아래 핵 기동타격대를 창설하기로 한 프랑스의 사례와 함께 심도 있게 살펴보고, 그것이 당시 소련과의 냉전 대결구도에서 재래식 군대의 대안이었는지도 논하기로 한다(7장).

마지막으로 정보 법칙, 보다 정확하게는 정보 비대칭성의 법칙을 고려해보자. 두 가지 종류가 있다. 성의 위치는 전혀 비밀이 아니기 때문에 언뜻 보기에 이 법칙을 성의 건축사에 적용하기는 힘들어 보인다. 성은 지구상에서 가장 은밀하지 못한 무기다. 그렇지만 전술적으로 보았을 때,

방어자는 감추어진 특성이라는 비대칭적 정보의 한 형태 덕분에 유리한 입장이었다. 예컨대 공성작전 중에는 성 안의 방어군이 훨씬 유리했다. 공격군이 성 내의 수비대 규모를 제대로 파악하지 못했던 경우가 얼마나 잦았는지를 염두에 둘 필요가 있다. 앞서 언급했듯이 한줌도 안 되는 소규모 병력만으로도 성이 함락당하지 않는 경우가 종종 있었다. 이렇게 적은 병력이 수비하고 있다는 사실이 알려졌더라면 공격군은 훨씬 이른 시기에 성 안으로 돌격했을 것이다. 하지만 어떠한 공격군도 정확히 얼마만한 규모의 적군과 만나게 될지를 확인할 수 없었기 때문에 돌격은 그 자체로 위험부담이 아주 큰 작전이었다. 수비대의 규모를 알 수 없다는 점은 새로운 문제를 불러왔다. 만약 수비대의 숫자가 충분할 경우, 그들이 야간 기습을 가해올 수도 있었기 때문이다. 게다가 그들은 수많은 엄호물을 가지고 있었다. 공격자도 엄호물을 만들 수는 있었지만 어디까지나 임시변통에 불과했다. 그러므로 성의 존재 자체는 비밀이 아니었지만 성에 잠복해 있는 적군의 전력을 알아내는 일은 직접 부딪혀야만 하는 어려운 일이었다. 이는 정보가 감춰질 때 무슨 일이 벌어지는지를 보여주는 분명한 사례이다. 정보 비대칭성 법칙의 이러한 측면에 대해서는 1860년대 미국 남북전쟁을 통해 살펴보기로 한다.

정보 비대칭성의 두 번째 유형은 숨겨진 행동이다. 숨겨진 행동은 적어도 행동이 실행되기 직전까지는 쉽사리 관찰할 수 없다. 성주가 왕의 이해관계에 알맞게 지방을 다스리기를 기대하지만, 어떻게 그것을 보증할 수 있을까? 문화적으로 형성된 상호간 신뢰 및 의무 등 비공식적 계약, 봉토 제공 및 귀족 신분으로의 승급과 같은 공식적 계약 모두는 이 문제와 연관이 있었다. 중세사에서는 이러한 계약이 지나치게 강조된 나머지(공법은 매우 비중이 약했지만) 공식적·비공식적 의무사항이 종종 유연하게 해석되었다는 사실을 간과하곤 한다. 중세의 경우, 그 누구도 자신에게 할당된 의무가 무제한적이라고 생각하지 않았으며, 그러기를 요구받지도 않았다. 이는 통치자와 가신, 통치자와 성주간의 관계뿐 아니라 모든 주인과 대리인 관계에 적용되는 문제다. 예컨대 수비대는 급료와 더불어 공성을 당할 경우 구원군의 도움을 받는다는 보증을 받아야 했으며, 이러한 계약조건을 이행하는 것은 성주의 몫이었다. 만약 그렇지 않을 경우 수비대는 자신들의 의무가 없어졌다고 판단하고 "퇴장"할 수 있었다. 성주의 경우에도 국왕으로부터 임명받은 뒤에는 그 자신이 권력자가 되었다. 성주들의 충성심을 관리하는 데 있어서 간단한 해법은 없었다. 영주로 임명받은 봉신의 경우에는 더욱 문제가 심각했다. 왕국이 중앙집권화하고 귀족들이 통치자와 싸울 재정적 능력을 잃게 된 다음에야 이 문제는 해소되었다. 숨겨진 행동이라는 정보 비대칭성의 측면은 1312~1494년 르네상스 시기, 이탈리아의 도시국가에서 고용한 용병대의 사례를 다룬 다음 장에서 살펴보기로 한다.

결론

기회비용은 가치 있는 대안을 포기하는 비용이다. 선택한 것을 추구함으로써 갖지 못하거나 하지 못하게 되는 다른 가능성의 가치를 말한다. 엄밀히 말해서 성 건설의 기회비용은 군대 육성뿐 아니라 대안 전체를 합친 것이다. 궁전을 짓지 못하고, 대학에 기부금을 제공하지 못하고, 도로를 개선하지 못한 것 등등 모두를 말한다. 그러나 중세의 통치자에게는 전쟁이 주된 관심사였기 때문에 이러한 대안들은 있을 법하지 않다. 성 다음으로 가치 있는 대안은 그저 군대였다. 왕조와 영토를 지켜내는 일은 무력의 성과에 달려 있었다. 평화를 추구하는 통치자도 성을 지어 스스로를 지켜야 했다. 전쟁을 피한다는 것은 전쟁을 준비하는 것과 동의어였다. 전쟁 준비의 한 가지 형태(성)를 선택하는 것에 대한 주된 기회비용은 전쟁 준비의 또 다른 형태(군대)였다.

노르만인이 영국을 점령했던 시절의 왕들을 포함해 일련의 통치자들은 상당한 규모의 군대를 양성할 능력이 있었고, 13세기에 이르러 그 능력은 더욱 향상되었다. 하지만 군대는 막대한 투자를 필요로 했고 대개의 경우 전투라는 위험부담을 감수할 수도 없었다. 전투를 할 수 없는 군대는 그다지 실용적이지 못했다. 단지 일정 기간 군대를 유지하는 것조차 "군사적 지위를 유지하기 위해, 가용자원에 막대한 부담을 지우면서까지 기병대에 대한 보급을 주기적으로 수행한다는 것"을 의미했다. 따라서 핵심은 "성을 짓는 것과 다수의 기병대를 정규군으로 유지하는 것 중 선택의 문제가 아니었다. 후자는 경제적으로 불가능했기 때문이다." 성 건설은 그 지출 규모에도 불구하고 "가장 효율적인, 비용 대비 가장 효율적인 전략"으로 부상했다.[73]

제한된 자원에 주목해야 할 필요가 있다.

중세에는 작은 국가 규모, 기사 부족 및 그에 따른 병력 부족으로 인해 대규모 전쟁을 벌이기가 매우 힘들었다. 중세의 지도자들이 전쟁에 임하려면 수많은 장애를 극복해야 했다. 신중히 계획하더라도 방어가 공격보다 훨씬 효과적인 상황에서 적군을 궤멸시키는 것은 불가능하다는 사실을 잘 알고 있었기 때문에 그들은 목표를 낮게 잡는 경향이 있었다. 대다수 중세의 전쟁은 목표가 제한적이었다.[74]

성을 짓는 데 드는 상대적으로 낮은 비용은 계속되는 성 축조로 인해 다소간 무의미해졌다. 군대가 끊임없는 자금 투입을 필요로 했듯이 성을 여럿 건설하는 사업도 마찬가지였다. 게다가 성이 만병통치약도 아니었다. "흰 코끼리"라고 불린 웨일스의 성들은 잉글랜드의 지배를 공고히

하는 데 공헌했지만, 반란이 일어났을 때 소수의 수비대가 할 수 있는 일이라고는 스스로를 지키는 것뿐이었기 때문이다. 결국 성의 방어능력 때문에 성은 무용지물이 되고 말았다. 14세기에 이르자 군인들은 비용이 많이 드는 공성전에 장기간 임하기보다 대형 요새로부터 멀리 떨어져 싸우기 시작했고, 석조물의 중요성은 점차 줄어들었다.[75]

일부 지도자에게는 군대 유지에 있어서 재정적 위험은 결정적인 고려 대상이 아니었을 수도 있다. 8세기와 9세기 무렵 카롤링거 왕조의 통치자들은 군대를 만들기 위해 봉건제도를 구축했지만 제국이 해체되자 봉신들이 직접 통치자가 되었다. 역설적이지만 제국의 군대 창설 시도가 제국 해체를 가속화한 것이다. 이와 반대로 중세의 군주들은 실험을 좋아하지 않았다. "모병체제의 변화는 (…) 그것을 실천에 옮기는 군주에게 정치적으로 매우 위험했다."[76] 물론 에드워드 1세는 군대를 증원했다. 그 과정 중 어디까지가 혁신의 결과물이고 어디서부터가 그가 선택을 피하기 위해 통상적으로 취한 방식, 즉 과도한 씀씀이의 결과물이었는지는 확실치 않다. 그는 넉넉한 자금 보유의 "중요성을 매우 잘 알고 있었으나, 실제로 예산계획이라고 할 만한 것은 없었다. (…) 예산계획 없이 정책의 재정적 영향에 대한 진지한 고찰이 이루어졌을 것이라고도 볼 수 없다. 예상지출 대 예상수익을 제대로 맞춰보려고 시도한 흔적은 남아 있지 않다." 전쟁을 지속하기 위해 재무장관은 정부의 다른 지출을 두 번 이상 삭감했다. 그러나 이는 왕의 정책결정 결과라기보다는 왕의 요구에 대한 관료제의 반응에 가까웠다. "현실적인 예산안이 제시되었더라도 에드워드 1세가 그러한 고려사항에 따라 자신의 계획을 대폭 수정하는 것을 용납하지는 않았을 것이다. 그는 너무 완강한 인간이었다."[77] 그가 어느 한 쪽을 포기하지 않음으로써 얻은 것은 결국 완성되지 않은 성들, 그리고 마무리되지 않은 주변국과의 전쟁이었다.

11~13세기는 정치적으로나 군사적으로나 성이 지배하는 시기였다. 성의 역할 및 성 건설에 중점을 둔 의사결정 과정을 연구함으로써 근대적 중앙집권 정부의 부재와 탄생을 이해해볼 수 있을 것이다.

또한 요새가 제공한 이점들을 통해 소규모 국가, 특히 도시국가들이 어째서 유럽 정치에서 주요한 기능을 했으며, 근처에 반역적 귀족의 성이 상존하는데도 왜 국왕들은 직접 다스리는 영토 너머에까지 관여하지 않는 듯한 태도를 보였는지 이해할 수 있다. 1000~1300년경의 시기만큼 전쟁과 정치에 있어 요새가 중요한 역할을 수행한 시대는 없었다고 할 수 있다.[78]

하지만 이 시기가 끝날 무렵에는 "강대한 통치자들이 거대한 규모의 군대와 가장 비싼 군사 장비를 독점적으로 보유하게 되었다." 이는 성벽에도 적용되는 이야기였다. 에드워드 1세가 만든 성들과 경쟁할 수 있는 귀족은 아무도 없었다.[79]

그렇지만 에드워드 1세조차 기회비용과 연관된 경제적 딜레마, 즉 매몰비용(이미 지출됐기 때문에 회수할 수가 없는 비용.—옮긴이)에서 벗어날 수는 없었다. 한번 쓴 돈은 되찾을 수 없다. 다른 곳으로 전용할 수도, 선택을 돌이킬 수도 없다. 이는 여러 경제활동에 적용되는 이야기지만, 성 축조라는 영역에서는 매우 큰 문제가 되었다. 영구적 요새는 움직이지 않는다. 웨일스에 있는 성은 스코틀랜드에 있는 잉글랜드군을 보호해줄 수 없었다. 나무로 된 조립식 성을 제외하고는 성을 영불해협 너머로 이동시켜 프랑스군을 혼내줄 수도 없었다. 군대에 투자하는 것은 편익이 적었지만, 그 대신 다양한 활용방안을 가진 병력을 얻을 수 있었다. 개별 귀족의 영토에서는 이러한 문제가 보다 덜 중요시되었다. 통치자들이 막대한 매몰비용을 감수했다는 것은 이 시기 성의 군사적 가치를 보여주는 또 하나의 사례다.

이 시기가 지난 뒤에도 요새가 완전히 사라진 것은 아니다. 20세기 초까지만 해도 사람들은 군사적 방어시설에 많은 노력을 기울였다. 1930년 대 프랑스에서 잠시 부활을 맛보기도 했다. 그 뒤로는 재래식 요새의 인기가 식었지만 이러한 발상 자체는 한 번도 매력을 잃지 않았다. "이 국면에서 마지막 단계는 하늘에 떠 있는 성이 될 수도 있다. 인공위성이 군사적 발전의 궁극점이자 난공불락의 존재라고 말하는 사람들이 많다. 샤토 가야르 역시 한때는 똑같은 평가를 받았다."[80]

3장

르네상스, 1300~1600

: 콘도티에리와 군사 노동시장

민간용병업자들 또는 콘도티에리와 그 부하들은 어디에서도 환영받지 못했다. 그 누구도 이들 용병 세력의 존재를 반기지 않았으며, 모두들 필사적으로 최대한 빨리 이들을 떠나보내려 했다. 수녀였던 시에나의 성녀 카타리나는 이들 용병대장 중 하나인 존 호크우드John Hawkwood에게 특유의 거부하기 힘든 논리를 빌려 간청한다. 바로 전 기독교도를 위해 이슬람 투르크인을 공격하러 가는 십자군에 합류하라는 것이다.[1]

예수 그리스도의 이름으로 그대에게 친히 기도하오니, 하느님 그리고 교황 성하께서 우리가 이교도를 상대로 싸우도록 정하셨기 때문에, 전쟁과 전투를 그토록 즐기는 그대는 더이상 그리스도교인을 상대로 전쟁하지 말아야 할 것이니, 그것은 하느님에 대한 모욕이기 때문입니다. 그리스도교인인 우리가 서로를 학대하는 것은 몹시 잔혹한 일이기에 가서 그들(투르크인)과 맞서십시오. 지금 같은 악마의 하인이자 병사가 아니라, 용맹하고

진정한 기사가 될 수 있을 것입니다.[2]

이러한 탄원은 쇠귀에 경 읽기였다. 호크우드는 제안을 거절하고 이탈리아 시골지역에 대한 약탈을 재개했다. 1360년경, 그는 백년전쟁의 휴전과 함께 실업자가 되어 고통받고 있던 경험 많은 병사들을 이끌고 그곳에 도착했다. 1360년 5월 8일 체결돼 그해 10월 24일 칼레에서 비준된 브레티니 조약으로 인해 "급료 및 전쟁과정의 이문을 통해 생계를 유지하던 직업군인들이 대거 자유로운 몸이 되었으며, 다른 곳에서 직업을 얻지 못한 이들은 끼리끼리 모여서 독립적인 부대를 만든 뒤 이익을 목적으로 직접 전쟁을 일으키기 시작했다." 이 같은 용병대는 "15세기에 상비군이 등장하기 전까지 서유럽의 재앙이 되었"으며, 당대인들에게 "평화와 전쟁을 더이상 구분할 수 없게 만들었다."[3]

돈이 없고 생계수단이 필요했던 그들은 프랑스 시골을 누비며 약탈하기 시작했다. 이들 중 일부는 부유한 이탈리아 상인들이 지원하던 호화스러운 궁정인 아비뇽 교황청의 재물을 노렸다. 교황 "이노센트 6세는 강 건너에 있는 대규모 야영지를 바라보는 것이 전혀 즐겁지 않았을 것이다. 그는 용병들이 조용히 물러나도록 회유하기 위해 막대한 금액을 지불할 용의가 있었으며, 또한 그들에게 무조건적인 면죄부를 주어야 했다."고 쓴 작가 제프리 트리스Geoffrey Trease(20세기 영국 역사작가.—옮긴이)는 이 면죄부가 "다수의 죄를 덮어주었음에 틀림이 없다."라고 덧붙인다.[4]

이런 식으로 변화한 용병들 가운데 모험심이 보다 강한 부류는 알프스 산맥을 넘거나 지중해 연안을 따라 프랑스 교황들의 재물 출처를 직접 찾아나섰다. 그렇게 해서 도착한 밀라노, 피렌체, 베네치아, 피사 및 다른 이탈리아 도시에는 그들을 위한 일자리 수요가 넉넉했다.[5] 1300~

| 그림 3-1 | 1494년경 이탈리아

만투아

페라라 & 모데나

베네치아

제노아 루카 피렌체

몬페라토

살루초

시에나

교황령

코르시카

사르디니아

에스파냐 소유령

나폴리

시칠리아

* 삽화: 후버트 판 투일.

1400년대의 이탈리아는 그 이전 및 이후와 마찬가지로 혼란스러웠다.[6] 이탈리아의 정치세력은 로마가톨릭교회 및 교회의 세속적 권력행사를 옹호하는 교황당과 교회의 보호자임을 자처하며 교회의 권능을 영적인 것으로 제한하려 했던 신성로마제국 황제 쪽의 황제당으로 나뉘어 있었지만, 사실 이 구분은 지역 간의 적대관계를 감추는 껍데기에 불과했다.[7] 이전에 신성로마제국의 일부였던 남부 왕국 시칠리아와 나폴리는 봉건제적인 성격을 띠었으며 프랑스 에스파냐 헝가리 등과 이해관계에 따라 대립했고, 때로 하나의 왕국으로 통일되거나 둘 혹은 셋으로 갈라지기도 했다(그림 3-1 참조).

현대 이탈리아의 서북부에 위치했으며 황제당과 긴밀하게 동조했던 밀라노는 롬바르디아 지방을 지배하며 전제적인 독립을 빈틈없이 지키고 있었다. 밀라노는 영향력을 북부 이탈리아 전체로 확장하는 동시에 남쪽으로도 밀고나갔는데, 여기에는 밀라노의 위력을 이용해 피렌체의 패권을 제한하고자 했던 피사나 시에나 같은 토스카나 지방 도시들이 일정 부분 기여를 했다. 피렌체는 베네치아에 외교사절단을 보내 밀라노가 롬바르디아와 토스카나를 얻고 나면 분명히 동쪽으로 고개를 돌릴 것이라고 주장했다. 그러나 베네치아는 피렌체의 주장에 별 관심을 보이지 않았다. 밀라노의 침략을 막아내기 위해 피렌체는 자신과 베네치아 사이에 자리잡은 도시들과 동맹을 맺었다. 또한 프랑스와 바이에른에 원조를 요청해 밀라노가 추가로 전선을 열게 만들었다.[8] 고대 로마식 공화제를 추구하면서 그 체제를 성공적으로 유지했던 피렌체는 주로 반제국적·반독재적인 외교정책을 표방했지만,[9] 공화제 국가로서 독립을 유지하기 위해 필요할 경우 어떤 세력과도 손을 잡았다. 그를 토대로 주변 토스카나 지역에 강한 영향력을 행사할 수 있었다.[10]

석호潟湖(라군)에 의해 잘 보호되던 베네치아는 동방 영토에 대한 통제와 항해답사에 집중하고 있었다. 밀라노와 교역을 유지했지만 밀라노에 대비한 방비를 견고히 하기 위해 1420년대까지 이탈리아 본토 정치에는 그다지 참여하지 않았다. 여기에는 밀라노가 피렌체를 복속시키더라도 그리 나쁘지 않다는 계산도 포함되어 있었다.[11] 이에 따른 혼란은 20년 이상 이어진 피렌체, 베네치아, 밀라노 (그리고 나폴리와 교황령) 사이의 전쟁을 낳았다. 모든 주요 세력이 개입한 이 전쟁은 3년 간 지속된 밀라노의 영주 계승 다툼 때까지 해결되지 않았다. 밀라노 영주 계승 다툼에서는 당대의 걸출한 용병대장 프란체스코 스포르차Francesco Sforza가 승리했다.[12] 군사지도자가 영주로 변신한 것이다. 그는 유능한 정치가로서의 면모를 드러내며 1454년 봄과 여름에 걸쳐 밀라노, 베네치아, 피렌체 사이에 맺어진 권력분담 협정을 주도했다. 1455년 2월에는 나폴리와 교황령도 이 협정에 합류했다. 이 다섯 세력의 동맹 혹은 세력균형 연합체는 대략 1400년대 말, 이탈리아어로 콰트로첸토quattrocento(15세기)라고 부르는 시기까지 유지되었다.

다수의 영세한 세력들(볼로냐, 페라라, 제노바, 루카, 피사, 페루자, 시에나 등등)은 쉬지 않고 강대 세력들을 막아내야 했다. 시골 주민들의 정치적 지향은 "어느 도시의 화폐가 지역시장에서 유통되는지, 그리고 전운이 감돌 때 주민들이 어느 방향으로 도망치는지"에 따라 정해졌다. 한편 교황령은 아드리아 해에서 티레니아 해까지 중앙 이탈리아를 남북으로 가로지르는 여러 분쟁지역의 매우 불안정한 혼합물이었다. 이 지역의 도시와 주들은 끊임없이 정치적 운명이 뒤바뀌었다. 교황 그레고리 11세가 세상을 떠나자 추기경들은 1378년 4월 8일 로마에 거주하는 이탈리아의 우르바노 6세(재위 1378~1389)를 후임으로 선출했으나 그 뒤 그의 업무 수행에 불만을 품고 1378년 9월 20일 제네바의 클레멘스 7세(재위 1378~1394)를 새로 선출했다. 새로 선출된 교황이 아비뇽에 거처를 마련하면서 두 명의(그리고 아주 잠깐 동안은 세 명의) 교황이 동시에 존재하는 상황이 빚어진 것이다! 이 같은 교회의 분열은 1417년 마르티노 5세(재위 1417~1431)가 선출될 때까지 계속되면서 이탈리아의 정치적·군사적 갈등을 심화시켰다. 거의 40년 동안 로마 교황은 잉글랜드와 신성로마제국이 있던 중앙유럽 및 이탈리아 북부의 몇몇 세력의 지지를 받았고 아비뇽 교황은 프랑스, 부르군디, 사부아, 나폴리, 스코틀랜드 등의 지지를 얻었다.[13]

교황직이 다시 통합되자 "신성한 자리"라는 뜻의 라틴어 산타 세데스 santa sedes에서 이름을 따온 교황청은 이탈리아 내에서 영토에 대한 권리를 거듭 주장하기 시작했다. 특히 명목상 교황에 우호적이었던 피렌체에 강력한 압력을 행사했다. 그러자 앞뒤로 포위당했다고 느낀 피렌체는 새로 나타난 남쪽의 탐욕스러운 교회와 북쪽의 패기만만한 밀라노로부터 독립을 유지하기 위해 무력 갈등에 뛰어들었다. 확실히 1300~1400년대 이탈리아에는 군인을 위한 일자리가 풍부했다.[14]

이 장에서는 먼저 도시국가와 용병들 사이에 맺어진 노동계약과 관련해 생겨날 수 있는 문제점들을 개괄적으로 검토한 후 이를 더욱 심도 있게 다룬다. 그리고 공급과 수요와 신병 모집의 문제, 계약과 급여의 문제, 계약이행 강제의 문제, 부분적으로 군사 노동계약이 야기한 어려움에 대한 대응으로써 생겨난 정규군의 발달을 다룬다. 마지막으로 1장에서 언급한 나머지 경제법칙들이 콘도티에리 시기에 어떻게 적용될 수 있는지를 살펴본다.

주인-대리인 문제

콘도타 condotta(복수는 콘도테 condotte)는 도시국가의 지도자와 용병대의 우두머리, 즉 콘도티에레 condottiere(복수는 콘도티에리) 사이에 맺어진 계약이었다. 이러한 부대를 고용하는 일은 정보와 관련한 일련의 문제를 불러왔고 그 중 한 예가 주인-대리인 문제였다. 주인은 용역을 요구하는 측(도시국가)이며 대리인은 용역을 수행하기로 계약을 맺은 측(용병)이다. 계약이행이란 쌍방이 계약내용을 수행하고 상호 이 과정을 감독 및 강제하는 것을 뜻한다. 여기에서 한 가지 어려움은 용병이 무엇을 하고 하지 않는지 도시가 관찰할 방법이 (현실적인 비용 아래서는) 없다는 것이다. 용병들만이 그 사실을 알고 있으며, 그들은 이러한 상황을 악용할 수도 있었다. 그러므로 도시는 용병이 계약을 이행하지 않는 상황, 즉 도덕적 해이를 제한할 효율적인 방안을 찾아낼 필요가 있었다. 마찬가지로 용병은 도시가 계약을 어기려 드는 상황을 막아야 했다.[15]

주인-대리인 문제를 둘러싼 여러 가지 계약과 상호 감시체계 등의 궁극적인 목표는 책임 회피를 예방하는 것이다. 계약상의 행위, 예컨대 도시와 주변 시골지역을 방어하는 데 들이는 노력을 관측하는 게 어렵다면, 희망하는 행동과 연관된 관측가능한 대체물을 찾아야 한다. 병력, 군마, 장비를 풍부하게 보유하고 있다는 사실을 과시함으로써 강한 인상을 줄 수는 있다. 그러나 용병대장이 전투를 벌일 능력과 의지를 갖고 자기 부하들(앞으로 생길 수 있는 다른 계약에서 활용할 자산)로 하여금 죽음을 감수하게 할 것이라고 보장하는 건 아니다. 용병대장 역시 자기만의 주인-대리인 문제를 안고 있다. 생계를 보장해주면서도 보다 손상이 덜한 일을 맡게 해줄 지도자에게 쏠리는 부하 병사들을 어떻게 기르고, 관리하고, 유지할 것인가? 집단 흥정을 위해 용병대는 반란(일종의 파업)을 포함해 다양한 유형의 노동불안을 야기할 수 있었고, 실제로 그렇게 했다.

주인-대리인 문제는 손쉽게 관찰할 수 없기 때문에 계약이행에 위협이 되는, 즉 숨겨진 행동과 관련된 정보 비대칭성 문제 중 한 가지 사례에 불과하다. 다른 사례들로는 대리인을 집단적으로 상대하거나(한 도시가 다수의 용병대와 계약을 맺을 때) 하청계약을 맺을 때(용병대장이 부하들에게), 계약을 지연하거나(성문 앞에 나타난 적을 두고 보다 높은 급료를 요구하며 버티는 경우) 전투가 임박했는데 한꺼번에 계약을 어기는 경우(의무 불이행) 등이 있다. 다수의 대리인이 연관되었을 경우 다른 팀 구성원의 노력에 무임승차하는 것을 방지하기 위한 유인책을 제공할 필요가 있다. 가령 높은 비용을 들여 구성원 각각의 행동을 관찰하거나 각자 긴밀한 태도를 유지하면서 협력을 통해 최대한 성과를 거두도록 격려할 수 있는 보

129

상체계를 구축하는 것이다. 전선에서 구성원 개개인이 얼마나 열심히 싸우는지 관찰하는 것은 실용적인 방안이 아니다. 그렇기 때문에 근무 태만의 기회가 존재할 때에도 각각의 구성원이 최선을 다하게끔 동기를 부여할 수 있는 계약서를 작성하는 것이 중요하다. 전쟁을 승리로 이끌 경우 해당 병사들에게 특별수당을 지급한다는 내용을 계약서에 명시하는 것은 역사적 기록에도 등장하는 방법이었다. 이론과 역사적 사실이 어떻게 결합할 수 있는지 보여주는 사례이다.

이제 우리는 이탈리아에서 용병의 시대가 왜 종언을 고했는지 짐작해 볼 수 있다. 용병의 시대는 1300~1400년 사이, 200년 정도 지속되었다. 이후 용병대들은 고용된 도시에 통합되거나 도시들이 직접 방어병력을 재개발했다(두 가지 현상이 모두 일어나는 경우도 흔했다). 용병 계약이 야기한 보상금 문제는 당시의 급격한 정치적·기술적 변화를 효과적으로 극복하기에는 너무 까다로웠다. 군사력을 새롭게 조직할 필요가 있었다. 콘도티에리에 관한 역사문헌은 주로 무력외교와 군사기술에 치중돼 있는 반면 콘도티에리(계약자들)의 어원인 계약 자체에 대한 연구는 놀라울 정도로 빈약하다. 콘도티에리 시대가 종언을 고했다면 그 원인 중 하나는 군사 노동계약을 설계하고 강제하는 일의 어려움에 있다고 보는 것이 자연스럽지 않을까? 이것이 바로 이 장에서 다루는 논지다. 계약이 궁극적으로 종언을 고한 원인을 알려주는 현장은 바로 계약 그 자체라는 것이다.

수요, 공급, 신병 모집

주인-대리인 문제는 부분적으로 수요와 공급의 변동으로 생겨나는 기회에 의해 발생한다. 수요 측면에서 봤을 때 이탈리아에서 한 가지 두드러지는 요소는 (전쟁이 잦았다는 사실은 차치하더라도) 대외적 안보상황이 합법적으로 그리고 실질적으로 징집할 수 있는 병력만으로는 감당하기 힘든 수준이었다는 사실이다. 봉건 유럽에서 보편적이었던 40일짜리 병역으로는 턱없이 부족했으며 이렇게 소집한 병력은 용병대의 규모에 비해 몹시 초라했다. 1353년 전성기 때 대군단the Great Company이라는 용병대의 규모는 1만 명에 육박했다. 이와 대조적으로 도시 및 주변의 시골지방(콘타도contado)은 작았다. "16세기 중반까지만 해도 유럽 전역에서 인구 6만 명이 넘는 도시는 10곳뿐이었다." 1300~1600년대는 페스트가 반복적으로 발생해 지역공동체를 파괴하고 인구를 격감시켰다. 기아는 흔한 일이었다. 위협을 가하는 부대에게 뇌물을 주고 그냥 다른 곳으로 가도록 유도하는 것이 그들을 상대로 전쟁을 벌이는 것보다 싸게 먹힐 때도 있었다.[16]

병역의무를 이행하는 사람들이 목숨을 걸고 싸우리라는 보장도 없었다. 집합을 요구하는 소집령을 말 그대로 받아들여, 파렴치하게도 활과 단 한 촉의 화살만을 들고 나타난 경우조차 있었다![17] 봉건제도의 군역이 갖는 불확실성 때문에 용병대에 대한 수요가 생겼고, 이것은 고용과 일상적인 관리를 맡길 수 있는 대리인(용병대장)에 대한 수요로 이어졌다. 대부분의 이탈리아 지역은 정도의 차이는 있었지만 봉건제를 어느 정도 탈피해 소규모 민병대에 의존하고 있었다. 이들 민병대가 반드시 비효율적이지는 않았다.

무장 기병대는 그 본거지, 즉 관개가 잘 되고 상대적으로 개방된 유럽 북서부 지대에서조차 무력하다는 인식이 커지고 있었다. 12세기에 이미 플랑드르와 북이탈리아의 도시들은 최고 수준의 기병대도 꺾을 수 있는 보병을 배출해냈다. 1176년에 롬바르디아 동맹의 보병대는 붉은 수염왕(바르바로사) 프리드리히 1세(12세기 신성로마제국 황제이자 독일 국왕)가 이끄는 기사단의 돌격을 막아낸 뒤 반격을 감행해 독일군을 레냐노 평원에서

몰아냈다. (…) 그러나 아무리 실력이 출중해도, 유럽 도시지역의 민병대는 비상근 병력이었다.[18]

예외가 있었지만 민병대는 사실 처절한 패배를 곧잘 당했으며 장거리 군사원정을 시민에게 맡기는 건 최선이 아니었다. 더군다나 이탈리아의 도시국가들은 상업적으로 성공을 누리고 있었기 때문에 민병대를 조직하기 위해 상업을 뒷전으로 미루는 행위는 불합리한 일로 간주되었다. 당시 롬바르디아와 토스카나 지방은 현대적 기준에서 봐도 꽤 부유한 편이었다. 징병으로 인해 거두지 못하게 된 세입이나 토착민의 자원을 받아 직업군인들을 육성하는 데 필요한 세입은 상당했을 것이다. 영토를 지키기 위해서는 필요에 따라 외부 전문가들을 고용하는 편이 나았다.[19]

다른 요소는 내부 치안과 관계가 있었다. 잉글랜드의 국왕 헨리 2세는 "1171~1174년의 대반란을 진압하기 위해 용병을 투입했다. (…) 용병은 신뢰할 수 없다는 시각이 일반적이었지만 특정한 상황에서는, 특히 내전의 경우에는 잉글랜드군보다 용병들이 더 충성심을 발휘하기도 했다." 그는 믿을 수 없는 동족을 그런 식으로 탄압했다. 확실히 잉글랜드와 프랑스에도 마키아벨리의 이론을 미리 실천에 옮긴 사람들이 존재했다. 하지만 당대 이탈리아에서는, 로마식 공화정이라는 이상을 상실한 전제적 군주들과 세속적 권력을 회복하려 애쓰는 교회에 대한 도시국가 내 시민들의 불만이 팽배했기 때문에, 군주들은 무기나 군사업무를 시민들의 손에 맡기지 않았다. 시뇨리Signori(나리님들)는 포폴로Popolo(백성들)를 무장시킬 생각이 추호도 없었다.[20]

군사적 기술과 전술 역시 수요에 영향을 미치는 변수였다. 군역에 의해 급조된, 제대로 훈련받지 못한 징집병들은 모든 것에 서툴렀다. 반면 "용병대의 노련함은 그들을 고용하는 데 있어 강한 동기를 제공했다.

(…) 그들이 석궁을 사용했다는 점도 중요한 요소였겠지만, 경험이 적은 병사들보다 진정으로 우수한 대목은 수많은 전쟁을 겪으며 단련된 전문성이었다." 중무장한 기사와 군마(에퀴스equis)의 효율적인 대형을 자랑하던 독일 용병들이 특히 인기 있었다. 경무장 기병은 대개 헝가리인들이었으며(이들은 론치니ronzini라고 불린 보다 가볍고 날렵한 말을 썼다), 보병은 주로 이탈리아인들이었다. 대규모의 중무장한 기사군단 앞에서 토착민으로 구성된 민병대는 추풍낙엽이었다. 1342년 피렌체의 용병대원 숫자는 민병대보다 20배 많았다. 외국인으로 구성된 직업군인과 시민에 의한 방어 사이에는 커다란 격차가 생겼다. 1360년까지 독일 기사들에 대한 수요는 많았고 급여 역시 높았다.[21] 전술 역시 보병 위주에서 기병 위주로 변화했다. 이 시기는 사실상 "말의 시대"였다. 따라서 군사 노동계약서에는 사람만큼이나 말에 대한 언급이 많이 등장했다. 그리고 계약이 진행됨에 따라 말에 관한 분쟁 또한 잦아졌다.[22]

노동계약은 일반적인 임금체계에 따라 노동력을 제공할 의지와 능력이 있는 사람들과 체결하는 게 관례였다. 이탈리아는 특히 "좋은 조건의 계약과 풍부한 전리품을 약속했다. (…) 하지만 유럽의 다른 지역에서는 기회가 부족했다는 사실 또한 지적해야 한다. 독일의 경기침체와 실업 때문에 독일 군인들에게는 이탈리아가 유독 매력적인 곳이었으며, 이탈리아 내 용병의 대다수는 실제로 독일인이었다." 적어도 1360년까지는 그랬다. 기사다운 전투를 할(명예를 얻을) 기회가 많다는 점도 매력적이었지만 실은 특별수당, 즉 이탈리아 부자들의 몸값과 전리품을 얻을 수 있다는 사실이 더 구미를 당기는 조건이었다. 기사들은 일반적으로 귀족 가문의 둘째, 셋째, 넷째 자식으로 이들은 토지로 된 재산을 물려받을 수 없었다. 혹은 독일 내의 세력통합 과정에서 잃어버린 토지와 명예를 어떤 식으로든 되찾아야 했던 기사들도 있었다. 일부 귀족은 남은 토지와 소유물을 처분해 말과 장비에 투자했는데, 이는 적절한 수익을 얻기 위해 전쟁에 투자를 하는 사례가 된다. 셀저Selzer는 대다수 독일 기사들의 이름이 이탈리아의 문헌에서 사라지는 시기로 미루어보아 그들이 한두 철만 머물렀다는 사실을 밝혀냈다. 독일의 문헌에서 이들의 가문이 부활한 사례를 찾기 힘들다는 점을 고려할 때, 이들 대부분은 이탈리아에서 투자금을 잃었다고 보는 게 타당하다. 마치 뉴욕의 극장이나 할리우드의 스튜디오처럼, 많은 사람이 막대한 자금을 투자했지만 성공한 사람은 극소수였다.[23]

용병대장들은 대개 성공과 명망을 원하는 3류 귀족 출신이었다. 반면 역사가 윌리엄 카페로William Caferro는 나머지 병력에 대해 다음과 같이 이야기한다. "기아는 지역공동체뿐만 아니라 용병대에도 위협을 가했다. 이들은 자급자족해서 먹고 살았다. (…) 용병대가 시골을 따라 이동하면, 사회에 불만을 품거나 사회로부터 버림받은 존재들이 합류했다." 또 다른 역사가 마이클 맬럿Michael Mallett은 군대생활이 "농촌지역의 불완전 고용상태나 도시지역의 사회적 억압으로부터의 탈출, 법 혹은 채권자를 피해 감행하는 탈출, 숨막히는 가정환경으로부터의 탈출"이었다는 점을 언급한다.[24]

용병대에 지원하는 것은 장단기적으로 돈을 벌 수 있는 굉장한 기회였다. 가령 용병대가 다가오고 있다는 소식을 접했을 경우, 아직 그 사실을 알지 못하는 사람에게 땅을 팔고 부대에 합류한 뒤 막대한 금액의 뇌물과 함께 자신이 팔았던 땅을 되돌려받을 수도 있었다. 다른 이들은 장기적으로 "가난을 벗어나고 재산을 모으기 위해" 용병으로 자원했다. 시에나에서는 용병대에 지원한 뒤 측근에게 이익을 주는 일이 금지되었고, 그러한 일이 발각될 경우 시민들을 추방하거나 처벌했다. 하지만 곤경에 빠졌을 때는 추방당한 시민들을 사면하고, 금지령을 철회하며, 심지어 그들을 고용해 다루기 힘든 용병대를 상대하게 하기도 했다. 이러한 방침은 효과적이었지만 도시에 무법자들을 대거 유입시키는 결과를 낳았다.[25]

모병관은 적어도 네 가지 유형이 있었다. 우선 강성한 이탈리아 부대들은 일종의 인사부서처럼 작동했다. 이들의 전령, 대사, 모병관들은 밀라노와 베네치아 등의 세력과 연관되어 있었으며, 일정한 수량의 인원과 장비를 확보할 임무를 지녔다. 둘째로 콘도티에리 본인들이 있었다. 누가 뭐래도 용병대장들은 시장을 잘 파악하고 있었으며 자신의 지식과 연줄을 이용해 수요자와 공급자 사이의 가교 역할을 하면서 금화 한두 개 정도는 더 챙길 수 있었다. 셋째 유형은 오늘날의 인력 에이전시에 해당하는 것으로, 구인자와 구직자를 전문적으로 연결시켜주는 독립적인 회사였다. 무역업자와 술집 주인들은 원래의 사업을 하면서 모병을 병행해도 어려울 것이 없었고, 오히려 더욱 유리한 면이 있었으므로 네 번째 유형으로 묶이게 된다. 무역업자들이야 이미 사업상 알프스 산맥을 수시로 넘나드는데, 군사 노동시장에 대한 정보를 유통시킴으로써 수수료를 챙기지 못할 이유가 어디 있겠는가? 기동력을 지닌 이들과 달리 술집 주인들은 용병대장, 용병, 무역업자, 모병관 등 다양한 사람들이 묵으러 올 때 조용히 곁에 앉아서 정보를 얻을 수 있었다. 독일인이 이탈리아에서 술집을 운영하는 사례는 볼로냐, 밀라노, 로마, 베네치아 등의 도시에서 매우 흔했다.[26]

교회라는 다섯 번째 유형을 덧붙일 수도 있다. 1350~1370년경 독립적 용병대들이 특히 프랑스와 이탈리아 시골을 위협하며 돌아다녔다. 한편으로는 신민에 대한 의무를 다하고, 다른 한편으로는 자기 자신의 영역을 보호하며 이익을 추구하기 위해 당시의 교황들은 교서를 발행하고 성전을 명하며 프랑스어로 '루티에routiers'라 불리던 용병대에 대한 비난을 설파했다. 교회는 간편하게도 무조건적인 면죄부를 발행함으로써 반항적이며 이교도적인 이들 용병에 대항할 병력과 자금을 모집했다. 안타깝게도 면죄부의 가격이 극적으로 하락한 뒤에도 원하던 목적을 달성하지 못한 교회는 자신이 맞서 처단하려던 바로 그 용병들을 고용하기 시작했다.[27]

모병관과 고용주들이 어떤 기준으로 병사를 선정했는지는 명확하지 않지만, 한 가지 확실한 기준은 평판효과와 관계된다. 문서상으로나 구두상으로나 주어진 계약을 이행하리라고 신뢰해도 좋은, 성공적이고 평판 좋은 용병대장에게는 계약과 전쟁의 제안이 끊이지 않았다. 용병 모집은 대부분 이탈리아와 독일 귀족들 사이의 혼인, 혈연, 지연 등에 의해 이루어졌다.[28] 예컨대 계약을 맺은 용병대장은 다시금 하청계약을 맺어야 했는데, 이때 주로 지역에서 사회적으로 관계가 있는 이들에게 의지했다. 용병대장이 모병관에게 하청계약을 맡기기 위해서는 때로 거액의 선금을 지불해야 했다. 이와 함께 상당한 양의 융자, 저당, 보증 등을 담보로 제시할 필요가 있었다. 재정적 위험부담이 큰 사안인 만큼 하청계약을 강제하기 용이한 지인과 콘도티에레가 손을 잡는 것이 합리적이었다.

계약과 임금

브리티시 아카데미에서 진행한 강의에서 대니얼 웨일리Daniel Waley는 13세기 말부터 지금까지 온전히 보존된 이탈리아의 용병계약 20건을 분석했다. 이 중 11건이 볼로냐, 5건은 시에나, 1건은 피렌체, 2건은 피에몬테, 그리고 1건이 마르케에서 체결되었으며 모두 1253~1301년(그 중 15건은 1290년 이후)에 발효되었다. 이 문서 대부분이 공통적으로 아래와 같은 계약요소를 담고 있다. 고용될 인원의 수, 이용할 병력의 종류(대개는 기병대였다), 제공해야 할 군마의 수, 군마의 최소 및 최대 값어치, 말이 다치거나 죽었을 때의 보상금, 무기 및 기타 장비에 관한 조항, 주로 3개월과 6개월이었던 계약의 유효기간, 계약 갱신 옵션, 계약 장소로의 이동 경비, 임금률 및 대개 격월이었던 임금 지불 시기, 지휘관·기병·보병·궁수 등 고용인의 계급에 따른 임금 수준, 포로의 몸값과 전리품의 분배 비율, 고용인이 포로가 되었을 경우 석방을 보장하는 조항, 전리품을 가진다든가 전투가 있는 날은 두 배의 급료를 받는다는 식의 특별수당, 관할권, 의무불이행 및 위약금에 대한 조항, 고용된 부대 내부에서의 분쟁 해소 방안, 충성조약 등등……. 볼로냐의 문서 11건 중 6건에는 용병들의 행실을 보장하기 위해 용병대 측에서 보증금을 기탁하는 조항까지 들어 있었다. 양측 모두 계약을 감독하고 협상하기 위해 공증인을 두었다. 상호통제 방안의 하나로 볼로냐의 계약 1건에서는 여섯 명의 대표자가 용병들이 사용하는 말의 값어치를 승인해야 하며, 협의가 이루어지기 전에는 용병을 업무에 투입할 수 없다고 명시했다.[29]

계약서는 분량이 꽤 많아 4,000단어에 이르기도 했다(이는 이 책 열 쪽에 해당한다). 리코티나 카네스트리니 등이 기록한 후기의 계약서는 1,000에서 3,000단어 사이를 오간다. 시간이 지나면서 계약서의 단어 수가 줄어들고 점점 "정형화"된 것은 고용주에 해당하는 도시들이 계약 대상인 용병들과 관련해 광범위한 법규를 제정해나갔다는 사실에 부분적으로 기인한다.[30]

잉글랜드에서 현존하는 가장 오래된 계약서는 1270년 전후에 작성된 것이다. 이탈리아와는 달리 잉글랜드의 계약서에는 "말을 잃었을 때의 보상이나 전리품의 분배 조정 등 이후에 등장한 계약서에서라면 보통 명시되어 있을 만한 세부사항 등이 전혀 언급되지 않았다." 하지만 13세기가 끝날 무렵이면 잉글랜드의 계약서도 "정교"해져서 식량, 의복, 군마, 갑옷 및 장비, 급여, 해외근무에 대한 특별수당, 그외에 여러 가지에 대한 세부사항이 포함되었다. 1300년대에 이르자 계약서들은 "표준화"되었다.

더 나아가 이탈리아와 마찬가지로 잉글랜드에서도 용병대장과 그 밑에서 일하는 사람들 사이의 하청계약이 발달했다. 이것은 이 장의 주제를 반영한다. 주인-대리인 관계에는 어려움이 산재하며, 그에 상응하게 확실한 이행에 초점을 맞추어 계약을 계획하고 수정해야 했다. 잉글랜드에서 소집자 명부를 작성한 이유 중 하나는 탈영병을 적발하기 위해서였다.[31]

구속적 중재의 사례도 찾아볼 수 있다. 볼프하르트 폰 베링겐이라는 인물과 피렌체 시 사이의 계약에서 볼프하르트는 계약 불이행에 관해 다음 사항을 제시했다.

> 병력 및 군마와 관한 사항을 기록하고 견적을 내고 계산함에 있어서 피렌체 지역사회를 대표하는 한 명, 파두아의 프란치스 경을 대표하는 한 명, 그리고 볼프하르트 백자을 대표하는 두 명이 관여해야 한다. 이 네 명 사이에서 상술한 견적·계산 및 기록과 관해 그 어떠한 불일치라도 발생할 경우에는 파두아 경이 독일 출신의 명예로운 용병을 제5인으로 임명하여 이러한 불일치를 해소하고 합의안을 도출하도록 해야 하며, 이때부터는 모든 당사자들이 그의 결정을 존중해야만 한다.[32]

이 경우 구속적 중재상황이 발생했다면, 용병 동료이자 동포인 인물에게 중재를 맡기는 볼프하르트 백작에게 유리했을 것으로 보인다.

1300년대 초에 병사를 고용한다는 것은 군사적 기능뿐 아니라 치안기능을 맡긴다는 것을 의미했고, 용병대는 대개 소규모로 열 명 남짓이었다. 외부인을 고용하는 여러 이유 중에는 "지역적 유착의 가능성(즉 부정부패)으로부터 자유"롭고자 하는 목적이 있었다. 복잡하고 행정적 비용이 많이 드는 개별적 고용을 전문가, 즉 고위 기사들에게 위탁하는 일은 분별 있는 정책이었다. 이들은 나중에 용병대장이 되어 모든 부하들을 모집·지휘하고, 그들과 계약하고, 그들에 대한 책임을 졌다. 이들과의 계약서 한 장이면 그 밑에 있는 모든 인력과의 계약을 해결할 수 있었다.[33] 하지만 행정비용과는 별도로, 해결해야 하는 군사적 문제가 하나 있었다. "병사들이 전장에 나선다고 해서 저절로 중세 전쟁에 필요한, 매끄럽게 운용되는 전투부대가 조직되는 것은 아니었다. 고용주의 관점에서 이런 상황에 대한 합리적인 대응책은 이미 조직되어 있는 부대를 고용하는 것이었다."[34]

계약서는 매우 상세했으며 구매자와 판매자와의 필요에 따라 내용이 많이 달라졌다. 단기계약과 장기계약이 있었고, 단지 착수금만을 명시함으로써 계약자가 동시에 다른 계약을 맺을 수 있도록 허용하는 일도 가능했다. 공격과 방어 시의 임무를 구체적으로 정할 수 있었으며 구매자가 능력 없는 부대를 솎아낼 수 있도록, 공격을 하지 않는 일에 대해 벌금부과를 명문화한 경우도 있었다.[35] 또한 계약서에는 병력의 수와 종류·장비·감찰방식 등이 명시되었고, 용병대 간의 지휘체계 및 전리품과 포로 몸값 분배방식 등이 설명되어 있었다.

한편 트레첸토(14세기)와 콰트로첸토(15세기)의 군사 노동계약은 단지 병력의 인원과 장비를 명시한 표준화된 내용으로 가득하다. 기사들이 고용될 때는 그들의 조직구조가 계약에 규정되어 있었다. 계약기간은 대개 6개월이었으며 이 내용 역시 적어도 1300년대 말까지는 계약서에 명시되었다. 그 뒤에는 유명한 용병대장들을 상대로 한 장기간의 계약이 보편화되었다. 또한 용병이 한 차례 더 일하도록 고용주가 강제할 수 있는 계약연장 조항이 의례적으로 포함되었다. 고용주는 정해진 기간 안에, 또는 계약 만료 몇 주 전에 이 권리를 행사할 수 있었다. 이에 따라 일부 용병들은 같은 주인을 여러 해 동안 섬겼다는 것을 확인할 수 있다. 아르놀트 폰 훈빌이라는 인물은 1388년 7월부터 1392년 8월까지 50개월 동안 아홉 차례의 계약에 걸쳐 피렌체를 위해 일했다. 호크우드는 피렌체에 20년간(1375~1394년) 머물렀다. 콜레오니는 1441년 즈음 베네치아에서 으뜸가는 용병대장 중 한 명이 되었으며 1475년에 사망할 때까지 그 지위를 유지했다.[36]

충성서약이 포함되는 경우도 있었다. 또한 계약서는 용병을 언제 어디에서 소집할지, 이동시간을 근무에 포함시킬지 말지, 급료를 몇 번으로 나누어 지급할지, 특별수당은 어떠한 조건에서 지급되는지 등을 정했다. 계약조항은 "분쟁 해결, 포로 처분, 상호간 보증수단, 계약과 세부조항을 어겼을 경우의 변상 방법" 등도 포함했다.[37] 프레스탄자, 즉 용병대장이 부하를 고용하고 무장시키기 위한 선금도 지급되었다. 앞서 언급했듯이 장비 중 가장 중요한 것은 군마였다. 14~15세기의 전쟁기술은 기병대 중심이었기 때문에 말은 필수적이었다. 따라서 병사에게 가장 중요한 품목은 말이었고, 1362년 제노아에서 말 한 필의 가격은 기사 한 명의 두 달 치 급료 혹은 랜스(중무장한 중기병, 경무장한 경호원, 견습기사로 구성된 군사 단위)의 반 년치 급료에 육박했다. 한 부대의 소집자 명부에는 말에 대한 사항이 사람만큼이나 자세히, 아니 사람보다 더 주의 깊게 작성되어 있었다. 말을 구분할 수 있도록 소인을 찍거나 표식을 남기고, 상태를 점검하고, 명부에 기록하는 일은 매우 신중하게 진행되었다. 부상을 입거나 죽거나 없어진 말에 대한 보상문제로 생기게 마련인 다툼에서 활용하기 위해서였다. 말을 분실했을 경우 정해진 기간 안에 보상을 요구해야 했다. 용병들이 전투장비를 제대로 갖추지 않은 상태에서 부당한 수입을 얻는 것을 방지하기 위해 베네치아는 말이 사라진 후 열흘 안에 다른 말로 대체해야 할 뿐 아니라 이전의 말이 실제로 죽었다는 사실을 확인하기 위해 베네치아 출신의 검사관에게 죽은 말의 가죽을 제시하도록 요구했다. 전시에는 적군보다 적군의 말에 더 많은 관심이 쏠렸으며, 실제로 말은 훌륭한 전리품이었다. 급료를 지불하는 주체, 즉 베네치아와 같은 도시국가들은 말의 비용을 자신들이 지급하는 것에 불만을 품었다. 이들은 분실된 말에 대한 보상 요구를 거절하기 시작하면서 그 책임을 용병대에게 넘겼다.[38]

잉글랜드와 독일에서는 유사하고 정형화된 계약이 보편적이었던 반면 이탈리아에서는 일련의 수정과 예외조항을 통해 융통성 있는 계약체계를 유지했다. 그 중 하나는 개인을 상대로 한 계약과 회사를 상대로 한 계약의 구분이었다. 전자는 용병 개개인에게 일당을 지급하는 방식이었고 후자는 용병대장에게 일괄적으로 지급하는 것으로 1300년대에, 특히 1360년 이후 점점 보편화되었다. 용병 모집을 용병대장에게 위임하면서 관리상의 부담 감소가 주는 편익과 그 지도자에게 의존함으로써 생기는 비용을 저울질해야 한다는 인식이 생겨났다. "광범위하고 관리가 잘 되는, 경험 많은 용병들과의 계약을 기반으로 하는 군사체계가 두드러지게 자리잡았다."[39] 이런 시각에서 봤을 때 또 하나의 진보는 계약 연장조항(콘도타 인 아스페토condotta in aspetto)이었다. 때로는 이 조항에 기한이 정해져 있지 않기 때문에 언제든지 용병대장이 출두하도록 요구할 수 있었다. 이와 같은 연장조항에는 차후 계약금의 절반에 달하는 후한 선금이 보상으로 딸려왔다. 이 계약에서도 현 고용주를 배신하지 못하게끔 제약하는, 오늘날로 치자면 계약 종료 이후 일정 기간 경쟁업체에 취업하지 않겠다는 "비경쟁" 합의조항이 포함되었다.

이처럼 계약 당사자들은 점차 계약서의 조건을 다르게 작성함으로써 분쟁을 처리하려 했다. 확실히 우발적인 사태에 대비하는 부대조항을 늘리면 분쟁을 줄일 수 있다. 하지만 이는 제한적 합리성의 문제, 다시 말해 지식과 합리성에는 한계가 있기 때문에 계약을 통해 모든 우발적 사태에 대비할 수 없다는 문제로 이어진다. 어떤 계약도 발생 가능한 분쟁을 완전히 제거할 수 없고, 다만 그 수를 줄여줄 뿐이다. 역사가 C. C. 베일리는 이에 관해 다음과 같은 예를 든다. 그의 저서에 의하면 1337년 피렌체 법률로 통합된 이전까지의 관례에 의해 획득한 "토지, 성 및 여타 부동산은 공화국의 몫"이었던 반면 "마구, 갑옷 및 동산은 대체로 군인들이 가져가도록" 되어 있었다. 하지만 "적에게 빼앗은 성 내의 동산을 처분하는 문제를 둘러싸고 여전히 분쟁이 생겨났다. 용병대들은 어디에서 찾은 것이든 모든 동산을 자신들의 정당한 수입으로 요구했다. 공화국은 함락시킨 성에 대한 소유권은 그 안에 있는 동산까지 포함한 것이라고 주장했다." 또 다른 사례로 "도시는 단기계약을 통해 무능하거나 열의가 없는 사용인을 지체 없이 잘라낼 수 있었고, 당연히도 콘도티에리는 단기계약을 좋아하지 않았다. 그들은 짧은 계약기간이 끝나갈 때쯤에는 작업 속도를 늦추는 것으로 응수했다." 결국 계약요소들은 표준화되었지만 실질적으로 각각의 계약은 고유성을 가졌던 것으로 보인다. 주세페 카네스트리니Giuseppe Canestrini는 1851년 이탈리아에서 체결된 계약들을 분석하면서 명시적인 계약과 함축적인 계약, 단순한 계약과 복잡한 계약, 보상된 계약과 보상되지 않은 계약, 추천에 의한 계약과 문의에 의한 계약 등으로 분류했다. 나아가 하나의 국가와 용병대 간의 계약, 여러 국가의 동맹과 용병대 간에 맺어진 계약, 그리고 여러 국가와 하나의 용병대 간에 맺어진 계약으로도 나누었다.[40)]

도시국가들은 고용된 병력에 대한 기대치를 명시한 규약을 정립했다. 이들 규약의 변화과정은 공식적인 계약이 겪어온 문제점과 도시에서 기대한 행동들, 계약이행을 강제하는 어려움 등을 다각적으로 보여준다. 카네스트리니가 명확하게 지적한 계약이행 강제의 난점을 역사가들은 아직 온전히 다루지 않았다. 이행을 강제하는 문제가 아니었다면 계약이 왜 그토록 다양하고 가변적이었을까? 용병과 관련된 유명한 규제로는

1337년 피렌체에서 시행된 법령이 있다. "용병들의 불량한 품행 때문에 stante i mali portamenti degli stipendiari" 만들어진 이 법령은 1363년과 1369년에 세부수정안이 개정되었다. 베일리는 모든 문제가 용병 측에 있지는 않았다고 말한다. "고용인들과 계약하고 그들을 통제하는 과정에서 담당 공무원들의 직권 남용이 상당한 수준"이었다는 것이다.[41]

계약이 다양해지고 내용이 어려워지자 양측 모두에게 전문 법률인력이 필요해졌고, 실제로 용병대들은 전담 변호사를 데리고다녔다. 특히 이 시대의 막바지에 접어들자, 용병대는 뛰어난 경영기술을 요구하는 커다란 사업체로 변모했다. 평판효과를 만들고 보존하기 위해 그들은 다수의 상대와 광범위한 계약의무를 체결해나가야 했는데, 이 상대 도시들이 자주 그리고 지속적으로 서로 반목하고 있었다. 특히 아슬아슬한 상황에 처한 용병대장의 경우에는 자기 고용주들 간의 화평을 유도하는 것이 전쟁을 치르는 일보다 훨씬 낫다고 판단했을 수도 있다.[42] 혹은 각 진영의 용병대들이 합의하여 고용주들이 화해하도록 설득하기도 했다. 좋은 예로, 교황 마르티노 5세는 주변상황으로 인해 오랜 기간 동안 피렌체에 머물다 1420년 9월 30일 로마로 돌아왔다. 이것은 당시 로마를 점령하고 있던 나폴리의 조반나 2세 여왕의 왕위를 그가 인정하고 지지하기로 약속함으로써 가능했다. 하지만 마르티노 5세는 약속을 어기고 앙주 공작 루이 3세의 왕위를 인정했다. 조반나는 당시 시칠리아를 접수하고 나폴리까지 노리고 있던 아라곤의 알폰소 5세와 접촉했다. 자신을 도와준다면 그를 왕위계승자로 삼겠다는 제안이었다. 그녀는 동시에 용병대장 브라키오 몬토네도 끌어들였다. 한편 교황은 앙주의 루이 3세, 그리고 피렌체 메디치은행의 재정 지원을 받던 용병대장 무치오 아텐돌로 스포르차에 의지했다. 나폴리는 양분된 채 막다른 길로 치닫고 있었다. 이 상황에서 "브라키오와 스포르차가 주로 상황을 중재하는 입장이었"고, 특히 전자는 "당시 베네치아와 밀라노 사이로 번지고 있던 갈등에 간섭할 동기가 절실했다." 콘도티에리는 흔히 신의를 저버린 악한들로 묘사되지만, 자신에게 피해가 돌아올 만한 갈등을 빚으면서까지 주인들과 대립각을 세우지는 않았던 것으로 보인다.[43]

1360년대에는 한 가지 중요한 발전이 이루어진다. 이탈리아의 크고 작은 세력들이 계약 서식을 대대적으로 수정한 것이다. 이전까지는 거의 모든 계약서가 기본 전투단위인 바르부타, 혹은 라이터(투구 또는 기사)를 기준으로 작성되었다. 바르부타가 전사 한 명을 의미하는지는 확실치 않으나 1360년대 이후 계약서에서 기본 전투단위는 랜시아(랜스)였다. 이 랜스는 세 명으로 이루어진 단위로, 무장한 기사 두 명과 이들을 태울 튼튼한 군마 두 마리, 그리고 수습기사를 태울 겔딩(거세한 수말)을 포함했다. 수습기사는 기사 둘을 보완해 랜스를 구성했다. 전투 중에는 전선 뒤 안전한 곳에서 말 세 필을 붙들어놓고 있었다. 역설적이게도 랜스 대형의 핵심은 수백 수천의 2인조 기사들이 말에서 내려 각각 쌍으로 하나의 창을 들고, 마치 "인간 고슴도치" 같은 근접 대형을 취한 뒤 다가오는 기병대를 향해 전진하는 것이었다. 말을 타고 다가오는 기사의 타격을 흡수하고 그를 말에서 떨어뜨리기 위해 두 명이 함께 창을 들었다. 측면에는 활이나 석궁을 든 궁수들이 밀집해 있었다. 석궁은 사정거리가 30야드가량에 불과했으며 재장전 시간이 오래 걸렸다. 반면 활은 200야드 거리에서도 정확한 속사가 가능했다. 장갑을 관통하는 화살은 기사가 아니라 말을 겨누었을 때 특히 파괴력을 뽐냈다. 근접 병력을 쳐부순 뒤에는 수습기사가 재빨리 말을 전방으로 데려와서 적군을 추격하기 시작했다. 잉글랜드군이 1346년 크레시와 1356년 푸아티에에서 활용한 이 전술은 이탈리아에서도 유효했고, 그 덕에 기본 회계단위 역시 바르부타에서 랜시아로 빠르게 변화했다. 1367년에 페루자에서, 1368년에 교황령과 베네치아에서, 1370년에 밀라노와 아마도 모데나에서, 1371년에 피렌체에서 계약방식이 바뀌었다. 반면 1434년 베네치아가 가타멜라타와 브란돌리니 백작, 두 명의 용병대장과 맺은 계약은 "호크우드가 반세기 전 피렌체와 맺었던 계약과 흡사하게, 통상적이고 사무적인 선에서 이루어졌다." 다양성에도 불구하고 연속성은 존재했다.[44]

계약을 위해서는 굉장히 많은 협상이 사전에 오갔다. 고용주와 용병대장 모두 상대방의 상황을 주의 깊게 살폈고 자신의 목적을 위해 정보를 이용했다. 예컨대 1425년 베네치아는 프란체스코 카르마뇰라(1390~1432)와 계약을 체결했다. 그는 밀라노에서 엄청난 성공을 누렸는데, 그 명성에 위기감을 느낀 밀라노의 통치자 필리포 마리아 비스콘티Filippo Maria Visconti가 체포령을 내린 상태였다. 카르마뇰라는 도주했고 베네치아는 "그의 가치를 알고 있었다. 또한 그의 곤란한 상황 역시 알고 있었다. 당시는 전쟁 중이 아니었고, 충분히 에누리가 가능했다." 카르마뇰라 역시 자신이 처한 상황을 잘 알고 있었기 때문에 계약은 쉽사리 성사되었다.[45]

계약은 형식적인 측면에서 그다지 변하지 않았지만 비공식적인 타협과 줄다리기는 변화무쌍했다. 1438년 밀라노와 피렌체·베네치아 동맹 사이에 다시금 전쟁이 불붙었다. 밀라노를 이끄는 것은 니콜로 피치니노였고, 베네치아는 가타멜라타를 이어 프란체스코 스포르차가 총사령관을 맡고 있었다. 1440년 밀라노는 참패를 당했다. 간절히 화평을 원했던 밀라노의 필리포 마리아 비스콘티는 당시 40세이던 스포르차에게 충격적인 제안을 했다. 스포르차가 자신의 고용주인 베네치아와 피렌체를 설득해 밀라노와 화해하도록 주선한다면 그 대가로 비스콘티 가문의 열여섯 살짜리 딸 비안카와의 혼사를 치르게 할 것이며 크레모나와 폰트레몰리 두 도시를 지참금으로 주겠다는 것이었다. 프란체스코 스포르차와 비안카는 오랫동안 눈이 맞아왔던 터라 이 제안에 실로 흡족해했다. 이렇

게 하여 1441년 카브리아나 평화협정이 체결되었다.[46)]

초창기, 복잡하긴 해도 안전한 계약이었던 콘도타는 점점 더 큰 이해관계를 암묵적으로 내포하는 방향으로 전개되있다. 콘도티에리는 군사지도자에서 정치지도자로 부상했으며, 그들 사이의 전략적 혼인동맹이 중요해졌다. 스포르차는 딸 하나를 마르케 지방에서 멸시당하던 용병대장 시지스몬도 말라테스타에게 시집보냈고, 아들 하나는 니콜로 피치니노(밀라노를 거점으로 하던 스포르차의 적수)의 딸에게, 그리고 또 다른 아들은 페라라의 정치명문가인 에스테 가문에 장가보냈다. 군사력과 정치력이 뒤얽히기 시작했다.

르네상스 시기 이탈리아의 용병체계가 종언을 고한 것은 정치나 법 행정이 충분히 발달하지 못해서가 아니다. 그보다는 여러 당사자들이 계약을 준수하는 일, 즉 계약이행 강제의 어려움과 밀접한 관련이 있다.

당연한 말이지만 돈은 계약에서 중요한 부분을 차지했다. 고향의 재산을 처분해 여행과 모험에 필요한 장비를 마련한 독일 용병들에게, 1300년대 이탈리아는 고임금을 보장하는 기회의 땅과 거리가 멀었다. 불확실한 투자 대비 이윤의 문제는 독일 기사들에게만 적용되는 게 아니었다. 피렌체의 군사령관이었던 존 호크우드조차 "말년에 재정적 곤란을 겪었으며, 피렌체 정부가 지급하는 연금에 의지했다." 여기서 다루는 두 세기 동안 이탈리아의 통계자료를 살펴보면 전반적인 급여 수준이 공사판의 날품팔이 노동자들보다 낮았다는 사실을 확인할 수 있다. 무기는 차치하더라도, 신발과 상의 같은 필수품마저 지급받아야 하는 병사들이 다수였다. 질병 사망 탈주의 가능성이 높았기 때문에 이 보급품목의 가격은 급여에서 공제되었으며 그 액수가 첫 급여의 25퍼센트에 달했다. 때로는 급여를 현물로 지급받았는데, 장부상 가격이 시장가격보다 높게 책정되었기 때문에 병사들은 언제나 손해를 보았다. 용병생활은 즐거운 일이

아니었다. 말렛과 헤일은 이를 "겨우 입에 풀칠을 할 수 있을 정도의 직업"이라고 묘사한다.[47]

1321년부터 1368년까지 피사와 베네치아, 교황령 등지에서 용병의 월급은 9플로린으로 일정하게 유지되다가 액면가치와 실질가치 모두에서 감소하기 시작한다. 베네치아에서는 15세기 전반기 동안 임금 수준이 떨어진 뒤 이후에는 일정하게 유지되었다. 보병이 물가가 비싼 지역으로 발령받았을 때는 생계비 조정을 요구할 수 있었다. 임금률과 실제로 지급된 액수가 다르다는 사실을 다시금 지적할 필요가 있다. 임금장부는 거의 보존되어 있지 않지만, 불평 및 항의사례는 수없이 남아 있다. "베네토 지방에서 자유로이 유통되는 위조지폐로 급료를 지급한" 일도 있었는데, 이런 문제는 "약속한 금액을 만들어낼 능력이 베네치아에 없었기 때문에" 생겨났을 것이다. 여러 지방에서 걷은 세금을 다시 넓은 지역에 분포한 군인들에게 제때 전달할 만한 경제적 능력이 베네치아에 없었던 것이다.[48]

1400년대 초 프란체스코 스포르차의 용병대에서도 비슷한 상황이 발생했다. 현금 보유액이 풍부하던 시절에는 최소한 급여의 일부가 선금으로 지급되었고 나머지를 천천히 정산할 수 있었다. 하지만 현금 흐름이 막히자 실질급여가 감소했고 그나마 연체되기 시작했다. 이런 상황에서 용병대장은 부하들에게 매달 생계에 필요한 최소 금액을 현금으로 지급해야 했다. 상황이 극도로 좋지 않을 때는 지역사회에서 용병의 급여를 해결해주기도 했으며, 이 경우 지역민들은 감세를 통해 보상을 받았다. 그래도 현금이 부족한 용병들은 곧잘 장비와 말을 저당잡혀 식량 및 필수품을 마련했는데, 이는 모든 관련자에게 매우 바람직하지 못한 상황이었다. 장비 없는 병사는 전투사령관에게 아무 쓸모가 없다. 다급해진 용병대장들은 필요에 따라 시민들에게 장비를 지원받고는 아무런 보상을 하지 않았다. 이제 부담이 지역 농민에게 전가되었고 세입에 대한 압력을 느낀 지역 지도자들은 중앙 통치자에게 감세를 요구했다. 이에 따라 스포르차 용병대가 담당하는 드넓은 지역의 세입 역시 급격히 동요했다.[49]

3개월 단위로 계약한 병력은 장기계약을 한 병력보다 임금 수준이 높았고 이동경비까지 지급해야 했다. 다시 말해 확실성과 안정성은 총임금의 액수를 낮추는 결과를 낳았고, 용병체제가 점차 상비군으로 대체됨에 따라 보다 충성심 강한 병사들이 생겨났다. 오히려 "가장 임금을 많이 받던 피렌체의 군대는 사람이 가장 자주 바뀌었고 제일 조직적이지 못했다."[50]

임금이 낮고 불안정했다면, 왜 군인의 길을 택했을까? 경제적 용어를 빌리자면, 당사자들은 기본급 더하기 특별수당의 형태를 띠는 위험공유 장치를 도입한 것으로 보인다. 기본급만 받아서는 군대생활을 보람차다고 생각하기 힘들었다. 반면 특별수당은 노략질과 몸값으로 구성되었는데, 기사 및 보병은 이를 통해 생계를 유지하고 때로는 재산을 축적했다. 즉 성과와 위험을 공유하는 것이다. 무능한 용병은 특별수당을 받지 못할 것이므로 스스로 군 복무에서 떨어져나갈 것이고, 유능한 용병은 군생활에서 충분한 보상을 얻을 것이다. 독일 용병들에 대한 문헌을 보면 3분의 2에 해당하는 인원이 이탈리아에 한두 계절만 머물다가 귀국했다는 것을 알 수 있다. 군대가 쉬운 길이 아니라고 판단했기 때문이리라.[51]

사람 및 당시 주요 자본품목이었던 가축에 대한 납치 및 몸값 요구와 관련해서는 자세한 기록이 있다. 붙잡은 가축을 도축해 식량으로 사용하기도 했지만, 주로 산 채로 포획한 뒤 배상금을 요구하는 편이 더 가치 있었다.[52] 반면 포로의 운명은 그의 경제적·사회적 지위에 따라 달라졌다.

말단 병사들은 대개 무기와 말을 빼앗긴 뒤 곧바로 풀려났다. 용병대도 그들을 고용한 국가도 포로를 수용할 시설을 갖추고 있지 않았고, 그러한 시설을 갖추어봤자 얻을 수 있는 실익도 없었다. 용병체제에서는 언제든지 병력을 새로 모집할 수 있기 때문에 아무도 적으로부터 인력을 빼앗는 것에 관심이 없었다. 상대에게 피해를 입히는 방법은 병력을 재무장시키고 말을 새로 구하게끔 하는 것이었다. 마찬가지로 포로를 죽이거나 불구로 만드는 것 역시 의미가 없었다. 이러한 행동은 보복을 낳을 뿐이었으므로, 발각된 탈주병이 관여되었다거나 척탄병·구식 소총수처럼 대체하기 힘든 인력 등 특수한 상황이 아니면 잘 일어나지 않았다. 사회적 지위가 어느 정도 있는 인물은 몸값을 요구하기 위해 인질로 붙잡혔다.[53]

위험수당, 특별수당, 심지어 연금까지도 계약서상으로 보장되었다.

다른 도시를 습격할 때는 한 달치 월급을 추가로 제공하는 것이 통상적인 의례였다. 이는 병사들이 급습과 시가전에 따르는 특수한 위험에 대해 기대하는 최소한의 대가였다. 개개인의 용맹한 행동은 흔히 현금으로 보상받았다. (…) 성벽을 가장 먼저 넘는 사람에게는 막대한 현금 보상이 뒤따랐다. 베네치아는 페라라 전쟁에서 로비고에 가장 먼저 입성한 사람에게 금화 300개를, 그리고 만약 일반 병사일 경우에는 추가로 평생연금을 약속했다. 실제로 15세기 들어 은퇴하거나 불구가 된 병사들에 대한 연금 지급이 점점 보편화되었는데, 특히 장기 복무가 처음으로 생겨난 베네치아 군대에서 일반적이었다.[54]

무치오 아텐돌로와 프란체스코 스포르차의 경우 노획물, 약탈품, 포로의 몸값 등의 전리품이 흔히 휘하 병사들의 정규 임금을 대체했다. 따라서 성공적인 군사지도자는 임금 지출을 절약할 수 있었다. 하지만 대개는 이렇게 잘 풀리지 않았으니, 1430년대에 발생한 베네치아와 밀라노 사이의 분쟁에서 문제가 된 사안이 바로 그런 사례다.[55]

베네치아군과 합류하기 위해 롬바르디아로 간 일군의 피렌체 보병대 때문에 사단이 생겨났다. (…) 그들이 명부를 가져오지 않았기 때문에 유의미한 사열은 불가능했다. 피렌체에서 용병들의 급여를 모자라게 보냈을 뿐만 아니라 이들의 무장 상태도 열악했다. 마넬미는 피렌체가 탈영 직전 상태인 이들 보병을 보내는 것보다 적군인 밀라노군과 합류하게끔 하는 편이 오히려 더 나았을 것이라는 생생한 설명을 덧붙였다. 이것이 당대 용병들의 실제 모습이었다. 반면 체계적이고 정당하게 운영되면서 임금을 제때 지급받는 병력은 계속 충실하고 유능한 모습을 보였다. 대부분의 이탈리아 국가들은 이 사실을 깨닫고 발빠르게 체제를 개편하고 있었다.[56]

부하들과 달리 용병대장은 오늘날 간부 스카웃비라고 할 법한 별도의 막대한 계약금을 요구할 수 있었다. 1363년 존 호크우드가 이탈리아 무대에 등장한지 얼마 되지 않아 피사는 피렌체에 맞서 그가 이끄는 화이트 부대를 고용했다. 여름 동안 진행된 전쟁은 평온무사했으며 결말이 나지 않았다. 그러나 그는 자신이 떠날 경우 피사는 무방비 상태가 될 것이며, 단기간 내에 다른 용병대를 고용할 전망이 없다는 사실을 예리하게 분석해냈다. 그는 향후 6개월 동안 부대에게 지급할 15만 플로린과 피사 영토의 자유로운 통행(한 역사가가 지적했듯이 "방종의 기회")을 요구해 얻어냈다. 또한 고위기사 둘과 그들을 보좌하는 네 명의 수습 기사, 그리고 보병 38명으로 구성된 개인경호대를 지원받았다.[57] 계약서에 임금에 관한 조항이 명시되었지만, 계약이행을 강제하고 자기 몫을 챙기는 것은 또 다른 문제였다. 다시 강조하지만 이 장에서 최우선적으로 다루는 주제는,

용병대들이 점차 사라진 이유는 이탈리아 정치의 급격한 변동이나 군사 기술의 변화만이 아니라, 군사·노동계약 규정을 이행하고 강제하는 데서 생겨나는 어려움에도 상당 부분 기인한다는 사실이다.

통제와 계약의 진화

계약은 이행을 강제할 수 있을 때 실효가 나타난다. 이탈리아를 비롯해 유럽 전역에 걸쳐 보편화한 용병 계약은 표준화된 내용을 포함했다. 이탈리아에서는 콘도테, 프랑스에서는 레트르 드 르트뉘라고 불린 이들 계약은 일정한 이행 강제체계를 확립했다. 필립 콩타민 Philppe Contamine은 샤를 5세가 1374년 1월 13일 선포한 법령에 주목한다. 이전 계약에서 문제점을 경험한 프랑스 국왕은 소집이 어떻게 진행되어야 하며 무언가 잘못됐을 경우 누가 책임을 질지 매우 상세하게 규정하도록 했다. 특히 용병대장은 이동이나 교전 중에 자기 부하의 안위와 행동에 대해 책임져야 했다. 뿐만 아니라 "용병대장은 자신의 병력이 끼친 손해에 대해 책임지도록 되어 있었다." 성과에 따라 보상을 받는 인물에게 그 성과물에 대한 책임을 지우면 계약 감시에 따르는 비용이 줄어들게 마련이다. 이렇게 계약 감시가 부분적으로 내면화되었다.[58]

이탈리아도 프랑스와 마찬가지였다. 피렌체의 1337년 법규에 대한 1363년과 1369년의 개정 법령은 피렌체 관료들의 부정을 감시하기 위한 내부 감사와 조정체계를 아우르는 데서 나아가 보다 엄격한 점검제도를 명시했다. 가령 부적격한 병사나 말을 포함시킨 사실이 적발됐을 경우 용병대장이나 고위기사 중 한 명이 세금을 내도록 했다.[59] 규정에 의하면 콘도티에리는 개인들의 행위를 관리할 의무가 있었다. 문제는 그러한 조항의 이행을 실질적으로 강제하는 데 있었다. 누가 뭐래도 콘도티에리는 무장세력이었고 그들을 필요로 하는 이들은 많았으니까. 그때나 지금

151

이나 인기 선수들은 계약을 원하는 방향으로 이끌 수 있었다. 군사적 지위가 상당했던 프란체스코 스포르차는 급기야 자신의 모든 부하가 소집에서 열외를 받도록 손을 썼다. 그보다 한 세기 앞서 판돌포 말라테스타는 피렌체의 "전시작전에 대한, 통상의 전쟁협의회 및 민간위원들의 제약을 받지 않는 절대적 군사지휘권"을 갖고 있었다. 콘도티에리는 전쟁에 유능한 만큼이나 사업에도 능했다. 그들은 자신들이 갖고 있던 시장에 대한 통제권을 고용주가 빼앗아가려 한다는 사실을 눈치채고는 "콘도티에리 동맹" 조합을 형성함으로써 대응했다. 예컨대 마음에 드는 제안이 올 때까지 잠재적 고용주의 영토를 위협하되 도를 넘지는 않는 방식을 활용했다. 표적이 된 도시가 이들 동맹을 분열시키기 위해서는 막대한 자금을 들여야만 했다.[60]

소집의 빈도와 세부사항 외에도 충성 및 불가침조항의 구체적 약관, 이중 지불조항의 기안과 재기안, 전리품 분배, 용병대장들이 몸값을 받은 포로를 넘겨주도록 강제하는 일 등에서 갈등이 발생했다. 이행 강제에 관한 또 다른 문제는 도시국가 측 시민 대표인 카피타노 델라 게라와 빚어졌다. 이들은 용병대장에 대한 지휘권 및 전리품의 10퍼센트에 대한 지분 외에도 용병의 계약기간(6개월짜리 계약이라도, 전장에서 보내야 하는 의무기간은 3개월로 한정되어 있을 수도 있었다), 급여 등급과 종류(예컨대 전액 지급a soldo interno과 반액 지급a mezzo soldo, 향후 복무에 대한 담보권in aspetto, 불가침조약condotta di garanzia 등), 휴가 및 제대규정(리센차licenza) 등 등 여러 가지 항목에 대한 전권을 갖고 있었다. 1337년에 제정된 피렌체의 계약 규제법은 "콘도티에리가 점점 많아짐에 따라 부상한 복잡한 문제들을 보여주고 있었다." 당대의 선구적 법학자인 조바니 다 레냐노Giovanni da Legnano는 1360년에 출판한 《전쟁 논고》에서 콘도테에 관한 실천적 문제점들을 중점적으로 다루고 있다.[61]

용병 계약은 다음 여섯 가지 주요 단계를 거쳐 변모해갔다. 첫째, 다수의 용병들이 개별적으로 계약을 맺고 고용되었다. 둘째, 주로 행정 및 군사상의 통제를 목적으로 용병 집단의 대장이 전체를 대표해 계약을 맺고 고용된 뒤 용병들과 대장은 개별적으로 하청계약을 맺었다. 셋째, 1300년대 초중반에 걸쳐 용병대는 자체 선출된 지도자가 이끄는 부대로 연합했고 이는 1350년대에서 14세기 말까지 그들에게 일정한 수준의 시장권력을 주었다. 이와 같이 여러 집단이 모인 연합체에서 의사결정은 용병대 지도자들로 구성된 위원회를 통해 이루어졌고, 도시국가들은 선택적 뇌물 증여를 통해 이들에게 영향력을 행사하려 했다. 내부적 의견 차이는 연합 결렬과 그에 따른 시장권력 상실로 이어졌기 때문에 뇌물로 연합체를 제어하는 것이 어느 정도 가능했다.

넷째, 1400년~1450년 사이에 콘도티에리(주로 이탈리아인으로, 모두가 인정하는 독자적 지도자들)가 부상하면서 언어도 변화했다. 이제 계약서에 등장하는 것은 소시에타스societas(무리들 사이에서 선출된 한 명의 독립적인 지도자들)가 아니라 지도자의 코미티바comitiva, 즉 그의 "수하"들이었다. 계약형태가 근본적으로 바뀌었다.[62] 같은 시기에 다섯째 계약 단계가 생겨났다. 걸출한 콘도티에리와 군사지도자들이 영주가 되거나 자발적으로 도시국가의 관료가 된 것이다. 그리고 1450년 이후 여섯째 단계에서는 도시국가들이 용병대들을 좀더 작은 단위로 분쇄하거나 란체 스페차테lanze spezzate(자유로운 랜스)와 같은 소규모 무소속 집단을 고용함으로써 도시국가의 군사적 통제 및 지휘권 아래로 포섭했다. 이와 동시에 독립적인 영주들이 지역 궁정을 유지할 수익을 얻기 위해 군사지도자로 변모했다(이에 관해서는 이 장의 뒷부분에서 다룰 것이다).

콘도티에리 시대의 몰락을 이끈 직접적 요인은 콘도티에리가 여러 고용주의 제안을 받으며 이리저리 옮겨다닐 수 없게 되었다는 사실이다.

1454년 밀라노, 베네치아, 피렌체, 교황령, 나폴리 등 5개 세력이 연합한 후 도시국가들은 소수의 콘도티에리와 장기계약을 맺음으로써 권력을 독점했다. 이제 콘도티에리는 다른 도시와의 계약을 무기로 양보를 얻어낼 수 없었다. 오히려 그들을 고용한 권력에 복속된 채 교체의 대상으로 전락했다. 물론 시장 조정에서 살아남은 이들에게 이러한 상황은 상호이익을 얻을 수 있는 기회였다. 콘도티에리들도 끊임없이 반복되는 미치도록 지겨운 소집, 다음 전쟁에 대비해 계약을 따내야 하는 부담감, 평화시에 누군가가 사는 지방을 약탈해야 하는 처지, 그리고 전반적인 삶의 불안정에 지치곤 했다. 그런데 충성스러운 근무의 대가로 수입과 지위, 연속성을 약속하는 장기계약을 맺게 된 것이다. 이제 "군사조직의 지속성 및 항구성이 증가하고 규율과 국가에 대한 충성심이 강조되었다. 동시에 장기계약을 맺은 회사 내부의 위계구조가 발달하고 훈련과 기술이 향상되면서 전문 직업의식이 싹트는 등 의미 있는 움직임이 생겨났다." 충성심 있고 항구적인 지위를 얻은 "콘도티에리가 실제로 해고당하는 일은 드물었고, 따라서 동원해제된 부대가 시골을 휘저으며 돈을 요구하는 이전까지의 문제가 더이상 발생하지 않았다." 상호이익을 위해 계약 보상금도 향상되었다.[63]

그렇다면 고용주가 부대를 고용하면서 대장 한 명의 리더십에 의존해야 할 이유가 더이상 있을까? 그럴 이유는 없었다. 그리하여 고용의 형태가 점차적으로 "개별적인 소규모 집단들이 각각 고용주와 따로 콘도타를 체결하는" 방식으로 변모해갔다.[64] 용병 고용체계가 거꾸로 뒤바뀌었다. 개인은 확실성과 지속성을 추구한다. 정치체가 아닌 회사가 이 두 가지를 제공해주던 시절에 그들은 회사와 계약을 맺었다. 그러나 군사조직이 변화하고 회사보다는 국가에서 확실성과 지속성을 보장해주게 되자 병사들은 점차 국가 쪽으로 옮겨갔다.

계약 통제와 이행 강제는 쌍방으로 작동해야 했다. 주인(국왕, 교황, 세력가, 공화국, 도시)이 항상 깔끔하게 돈을 정산해주지는 않았다. 예컨대 임금 지급에 있어 신뢰할 수 없기로 유명했던 교황 그레고리 11세는 1375년 존 호크우드를 상대로 처음에는 지급을 연기하고, 그 다음에는 지급해야 할 금액 대신 고작 로망가 지역의 저택 두 채를 제시했다. 그나마도 호크우드가 페루자에서 갓 임명된 추기경을 1376년 1월 1일에 인질로 잡은 다음의 일이었다. 당시 호크우드는 피렌체에 맞서 교황을 섬기고 있었다. 피렌체는 재빠르게 교황의 재정적 위선을 이용했다. 그들은 호크우드에게 불가침조약을 맺는 조건으로 계약금 13만 플로린에다 평생 연금 1,200플로린을 제시했다. 제안은 성공적이었다. 호크우드는 생애를 마칠 때까지 피렌체에 충성을 바쳤다. 신뢰도 자체가 계약이행 강제력으로 작용한다는 것이 드러났다. 미래(정규 고용)의 그림자가 손짓하며 다가오고 있었다.[65]

그러나 미래의 그림자는 정반대의 역할도 했다. 도시국가들은 고용인들을 감독하기 위해 종군 대리인을 전장에 두었다. 이들 민간감독관을 프로베디토리라 불렀다. 1325년 9월 피렌체의 감독관들은 여름 내내 이어진 탐색전이 무위로 돌아가자 용병대장 라이몬도 디 카르도나에게 1만 5,000의 병력을 이끌고 적진으로 가 결전을 치를 것을 강요했다. 라이몬도가 겨울 동안 철수했다가 이듬해 봄에 전쟁을 재개할 것이라고 하자 감독관들은 "용병들은 너무 많은 비용을 들이고 너무 적은 것을 얻어냈다."며 불평했다. 피렌체는 이 전투에서 패배했다. 우리는 이 사례를 통해 도시가 용병대장에게 (그의 올바른 판단에 반해서일지라도) 행동을 강요할 능력을 보유했다는 사실을 알 수 있다. 1364년 피렌체와 피사 사이에서 비슷한 일이 일어났다. 피사는 존 호크우드와 그가 이끄는 잉글랜드·독일·피사 출신의 병력을 고용해 독일인 위주로 구성된 피렌체 병력과 맞서 싸우도록 했다. 피렌체 성문에서 일어난 전투가 끝을 맺지 못한 채 중단된 어느날이었다. 호크우드는 철수한 뒤 그날 밤새 새로 지명된 기사 네 명의 환영식을 벌였다. 이로 인해 병력은 지쳐 있었지만 다음날 "잉글랜드와 독일 출신 용병들은 그들의 피사 감독관이 요구한 대로 전장에 나섰다." 도시는 사후에 급여를 삭감함으로써 불만족을 표시할 수 있었다. 밀라노의 독재자 베르나보 비스콘티는 존 호크우드가 성과를 내지 못하자 조급해하기 시작했다. "베르나보는 자신이 지불한 만큼의 대가를 얻지 못하고 있다고 불평하면서 사령관의 임금을 삭감하기로 결정했다."[66]

계약이 제대로 기능하지 못할 때에는 보상체계를 바꾸기 위해 계약서나 외부 조건을 수정했다. 예컨대 호크우드에 대한 초기 전기에는 "용병들은 수입을 저축하는 데에 전혀 익숙지 않았다"는 구절이 나온다. 오히려 이탈리아의 향락풍조에 빠진 그들은 고리대금업자에게 무기와 말을 저당잡히곤 했다. 무장해제된 용병은 계약을 해지할 가능성이 컸기 때문에 "이는 공화국에 상당한 문제가 되었다." 마침내 1362년 피렌체는 대출이 필요한 용병들을 위해 공공기금 1만 5,000플로린을 자본으로 하는 용병은행을 창립했다. 보증은 지원자마다 최소한 상관 두 명의 약속을 받는 형태로 이루어졌다(이들 상관이 연대보증인에 해당했는지 아닌지는 확실하지 않다). 보증(고위장교 두 명)을 얻는 게 쉽지 않자 궁한 용병들은 다른 곳에서 돈을 빌리려 했고 여기에 대응해 용병에게 돈을 빌려주는 것을 금지하는 법령이 제정되었다. 이를 어기는 사람은 참정권을 박탈당했다.[67]

콘도티에리의 이해관계가 도시국가의 이해관계와 합쳐짐으로써 중대한 변화가 생겨났다. 이는 말하자면 루이 14세(1638~1715)의 "짐은 곧 국가다."라는 발언의 200년 앞선 징조였던 셈이다. 이탈리아 용병대장들이 이 도시 저 도시를 자유롭게 옮겨다니던 시절, 그들의 이익은 고용주 간 갈등이 지속될수록 증대되었다. 하지만 그들이 토지재산과 도시를 소유하게 된 이후, 세입 누수를 막기 위해 최소한 자신의 영토에서라도 갈등을 줄이는 것이 중요해졌다. 카네스트리니는 (이탈리아인 용병대장과의 계약에 견주어볼 때) 외국 출신 용병대장과의 계약이 눈에 띄게 변화했다는 사실을 지적한다.[68] 사실 이탈리아 용병대장들은 더 많은 특혜를 누렸고, 전반적으로 더 자유롭게 임무를 수행했다. 후한 대접을 받고 영향력을 인정받았으며, 동맹이나 평화조약, 공격이나 방어조약 주체에 포함되었다. 요컨대 그들은 조약에 명문화된 공권을 갖고 있었다.[69] 계약은 "마치 국가 대 국가처럼quasi fra Stati e Stati", 한 쪽은 돈을 제공하고 다른 쪽은 병력을 제공하는 식으로 맺어졌다. 단계적으로 쌍방의 이해관계가 일치하면서 주인-대리인 문제는 해소되었다. 극단적으로 편리한 조정방식 중 하나는 군사지도자와 정치지도자 사이의 경계가 사라져 한 사람이 두 역할을 수행하는 것이었다. 전형적인 예는 밀라노를 차지한 뒤 밀라노 공작령까지 가져간 프란체스코 스포르차일 것이다. 군사지도자들은 영주가 되자마자 이탈리아 대규모 세력 간의 장기적 평화를 구축했다. 이에 관해 경제학자 맨슈어 올슨Mancur Olson의 표현을 빌리자면 "방랑 도적"이 "상주 도적"으로, 해적이 군주로 변한 것이다. 또 하나의 편리한 조정방식은, 앞서 언급했듯이 말단 병사들을 도시국가의 권한 하에 포섭하는 것이었다. 이제 전투를 수행하는 병력과 일자리를 제공하는 국가 사이의 매개자였던 용병대장의 권력은 약해졌다. 1300년대에 이룩하기 어려웠던 것(용병대는 "자신을 작은 단위로 쪼갬으로써 협상력을 낮추려는 시도를 저지하고자, 일괄적으로 계약을 맺을 것"을 언제나 고집했다)이 1400년대 말에는 기정사실이 되었다.[70]

상비군의 발달

전쟁은 값비싼 활동이었으며, 전시 재정은 매우 중요했다. 계약이 존속했다는 것은 일반적으로 그것이 존중되었으며, 상대방의 헌신에 대한 대가를 지불해야 했다는 사실을 보여준다. 여기에서 문제가 생겼다. 가령 앞서 언급했듯이 교황 요한 22세(재위 1316~1334)는 예산의 3분의 2를 이탈리아 내전에 사용했고, 인노센치오 6세(재위 1352~1362)는 총예산의 40퍼센트에 달하는 전쟁자금을 사용했다. 교황령 이외의 국가에서는 세입이 군사지출에 근접조차 못했다. 새로운 세금징수안은 공중의 분노를 자아냈으며, 선거구들은 다른 선거구로 세금 부담을 떠넘기기 위해 로비를 했다. 예산을 늘리고자 민병대 복역의무를 돈으로 해결하는 것이 허용되었다. 그럼에도 군사지출이라는 괴물로 인해 더 많은 예산이 필요해지자, 군역 면제에 드는 금액이 올라갔다. 도시들은 지방에 높은 세금을 물리기 시작했다. 속령 도시들에 세금 추징금이 할당되고, 액수는 점점 올라갔다. 세입 증가방안이 고갈되자 피렌체(와 다른 도시들)는 채권을 발행했다. "피렌체 소녀들의 결혼지참금마저 공공기금(결혼지참금 기금 monte delle doti)에 투입"되었을 정도다.[71]

1300년 약 5만 플로린이었던 피렌체의 빚은 100년 뒤 300만 플로린이 되었고 1450년에는 800만 플로린에 달했다. 이는 "피렌체 전체 인구의 재산을 합친 것과 거의 같았다." 이제 피렌체의 이자 상환능력(원금은 차치하더라도)은 채권자 개개인의 문제가 아닌 공동체 전체의 문제가 되었다. 거의 모든 사람이 서로 빚으로 얽혀 있었기 때문이다. 피렌체가 찾아낸 해법은 이자를 지급하는 강제 금전차용이었다. 처음에는 단기적이었던 이 제도는 곧 장기 채무관계로 변환되었다. 그러나 강제 전쟁채권의 이율은 피렌체 상인들이 상업투자를 통해 얻을 수 있는 것보다 낮았고, 이로 인해 "보다 많은 이윤을 낼 수 있는 곳에 자본이 투자되지 않고 있다는 불만을 자아냈다." 이 문제를 해결하고자 도입된 "착한 부기簿記"
는 이율을 5퍼센트에서 15퍼센트로 올리는 방안이었는데, 통상적인 토
지이율 8퍼센트나 다른 상업에서 기대되는 10~15퍼센트보다 높은 수치
였다.[72]

때로는 전쟁 자체가 구원이 되기도 했다. 피렌체는 1375년 교황령과
전쟁을 치른 뒤 교회 재산을 압수해 경매로 팔아넘겼다. 수익은 이자와
원금을 갚는 데 사용되었다. 전쟁의 재정적 부담으로 인해 1300년대 중
반 피렌체에서는 보다 값싼 민병대가 잠깐 부활했지만, 장거리 출정과
교전으로 인해 민병대는 사실상 쓸모가 없어졌다.[73]

전쟁은 이긴 쪽의 이득이 진 쪽의 비용보다 적은 네거티브섬 게임이
다. 르네상스 시기 이탈리아에서 군사지출은 그저 규모가 큰 정도가 아
니었다. 실로 막대했으며 지나친 부담되었다. 전쟁은 점점 경제전이 되
어갔다. 시에나처럼 비교적 작은 지역사회는 이러한 경쟁에서 밀려났으
며 1400년대 초가 되자 밀라노조차 "재정파탄이 눈앞에 보이는 수준에
이르렀다." 15세기 중반의 피렌체는 이미 수많은 재정적 위기를 거친 뒤
거의 붕괴 직전이었다. 계약에서 생기는 주인–대리인 문제에 더해, 전쟁
경제 자체가 지속 불가능했다.[74]

두말할 나위 없이 군인들은 약속된 보상을 얻기 위해, 도시들은 약속
받은 군사적 성과를 얻기 위해 발버둥쳐야 했다. 양측 모두 계약을 파기
할 만한 동기가 충분했다. 하지만 다수의 구매자와 다수의 판매자로 구
성된 경쟁 환경에서 부정의 대가는 값비싼 평판효과이다. 그렇기 때문에
양측 모두 주인–대리인 문제를 개선하기 위해 보다 나은 방안을 찾고자
했을 것이다. 개선된 감독 및 관리활동, 임금과 보상체계의 변화, 계약의
장기화 등이 이러한 노력의 일환이었다. 동원해제 및 숙박 문제나 도시
간의 동맹구축 실패 등 특수한 문제도 발생했다. 군사기술 발달과 숙련

된 군사력의 필요성 역시 궁극적으로 정규군이 형성되는 데 기여했다. 그렇다고 용병들을 통째로 "내다버리는" 일은 발생하지 않았지만 힘의 추가 바뀐 것이다. 많은 군인이 여전히 떠돌이 외국인 용병이었지만 고용방식이 변화함에 따라 이들이 차차 변화에 적응해나갔다.

　시간이 흐르면서 모든 이탈리아 국가가 모병사무소를 설립하고 모병관을 두었다. 주요 임무는 소집과 사열에 대한 기록을 남기는 것이었다. 이는 탈주병을 확인하고 가려내는 동시에 임금 지급체계를 확립하는 데 기여했다. 사실 임금이 제대로 지급되지 않는 것이 탈주의 주요한 원인이었다. 콘도티에리를 거치지 않고 직접 임금을 지급한 것도 병사들이 자기 몫을 제대로 받았는지 확인하는 데 도움이 되었다. 군대 전체에서 용병대 출신이 차지하는 비중은 점차 커져서 16세기에는 정규군으로 편입되지 않은 용병들도 임금을 직접 지급받을 수 있었다. 요컨대 "군대의 지속성이 증가함에 따라 용병들의 협상력은 약해졌다." 밀라노, 베네치아, 교황령, 나폴리(피렌체에는 해당하지 않는 이야기다)의 군대에서는 "콘도타 체제의 일부가 아닌 직업군인들"이 점점 많아졌다. 이들은 15세기 중반경 모든 이탈리아 국가들이 널리 활용하던 란체 스페차테의 구성원들이었다.[75]

　이 이름은 부서진 창을 뜻하며, 이들 부대의 유래는 원래 다양한 이유로 인해 용병대 및 전통적인 창기병 대형에서 떨어져나와, 특정 국가와 직접 계약을 맺은 기병들이다. (…) 아마도 일부 사람들은 독립의 몸짓으로 란체 스페차테에 지원했겠지만, 대체적으로 이들 부대는 다른 부대에서 온 탈주병이나 콘도티에레가 사망한 병사 집단들로 구성되었다. 사령관이 죽은 평판 좋은 회사와 국가가 계약을 지속하는 표준적인 방식은 그들을 란체 스페차테로 등록시키고 본인들이 원하는 새 사령관을 임명함으로써 기

병대 상비군의 토대를 만들어나가는 것이었다.[76]

국가가 임금을 직접 지불하는 방식은 여러 모로 긍정적인 효과를 낳았다. 평화시의 병력이 "막사 주위나 행군 지역의 주민"에게 행하던 바람직하지 않은 행동을 다스릴 수 있었을 뿐만 아니라, 고용주인 국가에 대한 의무감과 충성심을 (심지어 용병대장들에게도) 서서히 주입시킬 수 있었다. "베네치아인들은 15세기 초부터 이러한 해결책을 인식하고 있었으며, 이에 따라 계약 장기화 및 행정조직 강화와 더불어 복잡한 보상체계가 발달하였다. (…) 이 체계의 목적은 개별적인 용맹성을 장려하기보다는 충성과 장기 복무를 규범화하는 것이었다." 이 보상체계는 또한 대장에서 부하 용병들 그리고 가족구성원으로까지 확장해나갔다. 보상체계는 흔히 "사망한 병사의 유족에 대한 지원책을 포함했다. 하급병사가 부상을 당하거나 불구가 되거나 은퇴하거나 사망했을 경우 그와 가족들에게 소규모의 연금이 지급되었다. (또는) 은퇴한 병사에게 여생 동안 작은 직책을 주기도 했다."[77]

15세기 초반경 베네치아인들은 콘도티에리를 상임으로 하여 6개월간은 정식 계약으로, 전쟁이 멈추고 대부분의 병력이 동원해제되는 겨울의 6개월은 아스페토aspetto(의뢰 약속)로 고용하는 게 유용하다는 사실을 알게 되었다.[78] 계약의 장기화, 평시 고용, 용병대장의 충성심 향상 등은 "콘도티에리를 길들이는" 결과로 이어졌다. 이는 베네치아뿐 아니라 다른 도시국가에도 해당하는 이야기다. 가령 호크우드는 예전에 한 번 쫓겨났었음에도 불구하고 "1378년 피렌체와 종신 고용계약을 맺었다. 다른 곳에서 일할 기회가 여러 차례 주어졌지만 그는 1394년 사망할 때까지 피렌체에 충실했다." 말렛은 조직화가 잘된 이탈리아 도시국가들이 용병에게 있던 지휘권을 국가가 환수한 것을 다음과 같이 분석한다. "이탈리아 군대에서 용병이라는 요소를 제거하려는 의도적인 시도로 간주하는 것은 아마도 틀린 시각일 것이다. 중요한 것은 좋은 병력을 유지하는 문제였다." 그리고 이 문제에서 가장 어려운 대목은 좋은 계약을 제공하는 것이었다.[79]

자유로이 떠돌던 용병대가 반영구적인 계약을 거쳐 지역에 귀속된 영구적 세력으로 변화하는 과정을 묘사한 카페로Caferro의 기록은 계약경제와 게임이론에서 도출할 수 있는 결론과 일치한다. 경쟁환경에서의 반복된 상호작용은 평판효과의 발달, 신뢰도의 신호화, 계약의 확실성과 안정성 증대 등을 낳는다. 양측 모두 이득을 얻을 수 있도록 도모하는 영구적인 기관도 생겨난다. 부에노 데 메스키타Bueno de Mesquita는 (몇몇 예외를 제외하고) 콘도티에리만 장기계약을 원한 것이 아니라 고용주들 역시 경험 많고 평판 있는 콘도티에리와 종신계약을 맺고 싶어했다는 다수의 사례를 제시한다. 특정한 전사의 활약이 마음에 들었다면, 그가 다른 편으로 넘어가도록 놔둘 이유가 어디 있었겠는가? 지휘관, 병력, 장비를 항상 급하게 그러모음으로써 생겨나는 불확실성과 지출은 종신계약을 통해 최소화할 수 있었다. 하지만 진취성과 근면함으로 이탈리아 시골을 누비며 많은 재물을 취할 수 있었던 일부 용병대장들은 (아직은) 하나의 고용주에게 묶이지 않을 터였다. 군사력에 대한 정치적 통제는 아직 미완의 것이었으며, 단계적으로 구현될 수밖에 없었다.[80]

자, 그런데 아직 정규군으로 편입되지 않은 용병대를 동원해지할 경우 생기는 문제점은 어떻게 해결했을까? 대부분의 경우 이들을 상비군으로 재편함으로써 해결이 가능했다. 수천수만의 용병을 정규군으로 재편한 후에는 그들이 가진 힘을 어떻게 회수하고 길들일 것인가? 가장 효과적인 무기는 금화와 은화였다. 피렌체는 호크우드의 회사를 분리하기 위해 후한 제안을 하는 동시에 그의 독일인 부관 하네킨 바움가르텐 등 다수의 부하들을 해고했다. 이후 알베르트 스테르츠라는 독일인을 새 용병대장으로 선출해 나머지 인원 중 일부를 맡기자 호크우드에게는 800명만이 남게 되었고, 그의 용병대는 해체되었다.[81] 또 다른 예로 베네치아를 들 수 있다. 1405년 파두아 공성전을 마친 뒤 관료들에게 내려진 지침에는 이런 내용이 있다.

이 문제에 대한 여러 가지 접근방식이 정리되어 있었다. 하나는 콘도테 인 아스페토, 즉 회사가 베네치아 영토를 떠나 다른 곳에서 대기상태를 유지할 경우 비상근 임금을 계속 지급하겠다는 약속을 제시하는 것이었다. 또 하나는 동원해제 당할 용병대에서 일부 병력을 볼모로 잡고, 국경 너머로 이동하기 전까지는 최종 임금을 지급하지 않는 방식이었다. 세 번째 형태는 보급품을 차단하는 것이었다. 마지막이자 궁극적인 해결책은, 가장 우수한 병력만을 재고용한 뒤 필요할 경우 그들을 동원해, 동원해제 당할 열등한 병력을 도시 밖으로 내모는 것이었다.

이런 지침들은 당장 닥친 상황에는 어느 정도 유용했지만 장기적으로는 현명하지 않았다. 이리하여 "계약이 만료된 병사들을 처리하는 문제 또한 15세기 초반 이탈리아 국가들이 상비군을 구성하게끔 만든 요인 중 하나였다."[82]

이와 연관된 요소로 용병대의 숙소 문제가 있었다. 비수기(앞서도 얘기했지만 전쟁은 계절에 따라 치러졌다)와 평화시의 군대는 숙박과 말을 먹이는 부담을 일반 시민들에게 분담시키기 위해, 베네치아의 테라페르마 terraferma, 즉 "육지"나 시골지역에 분산시켰다. 병사들은 방세를 내도록 되어 있었지만 이런 규정은 유명무실했다. 숙소 문제가 더욱 심각한 도시에서는 병력이 주둔하지 않는 주변지역에서 세금을 걷었지만 항상 성공적이지는 않았다. 때로는 용병대가 정해진 장소에서 숙박하지 않고 보다 나쁜 곳으로 이동하는 대가로 뇌물을 챙기기도 했다. 반영구적인 숙영군대는 군인과 민간인 간의 상호작용을 만들어냈고 지역공동체로의 통합을 가속화했다. "일부 용병대는 명백히 지역생활에 깊이 뿌리를 내리고 있었다. 병사들은 재산을 얻고 그 지역 여자들과 결혼했으며 심지어 지역경제에 속한 직업을 얻기도 했다." 민간경제와 군사경제가 상호의존하는 상황이 되었다.[83]

도시국가 간의 동맹관계가 변덕스러웠다는 점도 상비군 발달에 이바지했다. 예컨대 시에나는 자주(1347, 1349, 1353, 1354, 1361, 1366, 1374, 1380, 1385, 1389년에) 방어동맹에 참여함으로써 다른 도시들과 공동으로 용병 세력을 고용하고 시에나 출신 병력을 가세시켰다. 그러나 이해관계와 이면 동기 등이 잘 맞아떨어지지 않았기 때문에 동맹은 곧 음모와 술책의 장으로 변하고 쉽게 붕괴했다. 시에나는 국고가 고갈되자마자 결정적인 구원책을 찾았다. 1389년 9월 22일 시에나와 복속지역은 밀라노에게 공식적으로 귀속돼 피렌체에 대항하여 세를 키워나가는 밀라노 제국의 일부로 통합되었다. 바야흐로 도시국가 간 통합의 시대가 온 것이다.[84] 이 과정은 1454년 로디 평화조약으로 마무리되었다. 당시 프란체스코 스포르차(밀라노), 코시모 데 메디치(피렌체), 프란체스코 포스카리(베네치아), 교황 니콜라오 5세(교황령), 그리고 아라곤의 알폰소(나폴리)는 15세기가 끝날 때까지 유지된 세력 균형에 합의했다. 그리 놀라운 일은 아니었다. 바로 전해(1453년)에 투르크인이 동방의 콘스탄티노플을 함락시킨 뒤 모든 기독교국을 위협하기 시작했으며 잉글랜드와 프랑스 사이의 백년전쟁이 끝나자마자 프랑스가 이탈리아 반도를 노리고 있었기 때문이다. 이탈리아 세력들은 한데 뭉칠 필요성을 느꼈고, 이탈리아라는 집합체의 개념이 저절로 생겨났다.[85]

군사지도자에서 정치지도자로의 단계적 이행 역시 용병대장 체제의 토대를 침식했다. 이제 용병대장들은 "이탈리아의 정치사회적 생활에 통합될 방법을 스스로 찾기" 시작했다. "토지 보유와 병역의무를 동등시하던" 봉건적 유대는 "잦아진 전쟁으로 직업군인이 필요해지면서 깨졌다. 그리고 직업군인은 지속적 고용을 원했다."[86] 하지만 트레첸토와 콰트로첸토가 지나가면서 병역과 토지 사이의 관계가 재정립되었다.

일반적으로 외국인 용병대장에게 주어진 땅은 계약한 돈을 지급하지 못할 경우를 대비한 담보물이었다. 이탈리아인에게 수여하는 봉토는 좀더 많은 의미를 담고 있었다. 군사노역과 토지 소유 간 연관관계의 부활, 즉 고정된 집과 기지에 대한 욕구 등을 말한다. 이는 계약 내용을 담은 종이보다 훨씬 구체적이고 실질적으로 군사지휘관의 충직함을 보증해주었다. 또한 군인이라는 직업의 추가적인 안정화를 이끌었으며, 이를 통해 용병체제의 위험을 다스리고 용병대장을 고용주에 대한 위협이 아닌 정책의 도구로 만들 수 있었다.[87]

프란체스코 스포르차(1401~1466)는 가장 유명한 용병대장으로서 상당한 규모의 영토를 직접 다스렸다. 그는 1450년 밀라노의 공작이 된 후 16년 간의 평화로운 통치로 전사로서의 경력을 마무리했다. 1300년대에는 용병대장에게 부동산이나 요새, 성 나아가 도시 전체를 보상으로 지급하는 일이 매우 드물었다. 1371년 교황 그레고리 11세가 존 호크우드에게 저택 두 채를 주었듯이, 급여 대신 부동산을 지급한 경우는 종종 있었다. 혹은 1390년 밀라노의 지안갈레아조 비스콘티(1352~1402)가 불세출의 용병대장 자코포 달 베르메에게 밀라노와 피아첸차의 시민권을 부여하고 봉토 여럿을 수여했듯이 잘 처리된 일에 대한 진정한 보상이기도 했다.[88]

한때 드물었던 토지 증여는 점차 보편화되었지만 안정성은 훨씬 덜했다. "종신 보유하라며" 성을 하사한 뒤 홧김에 도로 빼앗는 경우도 있었다. 밀라노의 독재자 필리포 마리아 비스콘티(1392~1447)는 이러한 행동으로 유명했다. 예컨대 그는 달 베르메에게 하사했던 피아첸차 시를 자신에게 충실한 니콜로 피치니노에게 주었다. 부동산은 "영구한" 상속권과 함께 증여되었다가 취소되기도 했다. 베네치아는 콜레오니가 사망하자 그의 가족으로부터 봉토를 압수했다. 하지만 토지 형태의 보상은 규모와 안정성 면에서 점점 성장하고 있었다. 한편 일부 군사지도자들은 정치권력을 직접 쟁취하기도 했다. 페루자 출신의 비오르도 미켈로티는 최초로 "군사력을 이용해 독재를 실시한 신식 용병대장"이었다. 그는 1393년에 페루자를 장악해 5년 뒤 암살당할 때까지 통치했다. 그로부터 20년이 채 지나지 않은 1416년 역시 페루자 출신인 브라치오 다 몬타네가 페루자를 다시 장악했다. 그는 초기에는 환영받지 못했지만 결국엔 존경을 얻어 1424년 사망할 때까지 통치를 계속했다. 밀라노 공작 중 가장 막강했던 지안갈레아조 비스콘티도 마찬가지의 경우였다. 1402년 그가 사망하자 그의 휘하에 있던 장군들은 "급료 대신 영토를 차지하기 시작했다."[89]

우리가 다루는 시기의 막바지 무렵을 살펴보았을 때, 인본주의자로 널리 존경받은 우르비노 공작 페데리고 다 몬테펠트로Federigo da Montefeltro (1422~1482)는 이러한 경향과 상반되는 입장을 취했다. 작은 영토에서 들어오는 세입으로는 덕망 높고 설비가 잘 갖춰진 궁정을 꾸릴 수 없었기 때문에 페데리고는 용병들에게 머나먼 지역까지 군사원정을 떠나도록 했다. 영주가 군사지도자로 변모한 것이다. 이처럼 르네상스 시기 일련의 작은 도시들은 "부의 상당 부분을 용병대장의 수입에 의존했다."[90] 한편 아라곤의 알폰소는 이와는 전혀 다른, 추후 이탈리아 전체에 적용될 길을 택했다. 당시 시칠리아 왕국을 통치하고 있던 이 에스파냐인은 변덕스러운 용병 세력에 대한 의존도를 낮추기 위해 1442년 나폴리 왕국을 병합하자마자 시민 민병대 체제를 창설한다.[91] 대략 50년 뒤인 1494년 피렌체에서는 메디치 가문의 독재에 항거해 로마식 공화정이 (잠시 동안) 부활했는데, 이때도 시민 민병대가 조직되었다. 그리고 1512년 메디치 가문이 도시를 재점령한 이듬해에, 니콜로 마키아벨리는 피렌체의 새 군주에게 헌정한 자신의 책 《군주론》에서 민병대 제도를 유지할 것을 주장한다. 말하자면 마키아벨리는 잉글랜드, 프랑스, 스페인, 그리고 이탈리아에서 이미 진행 중이던 현상을 강조한 것이다.[92]

지역 출신으로 이루어진 항구적 군대의 등장을 이끈 또 다른 변화는 군사기술의 진화와 병력 및 지원인력의 전문화였다. 1400년대 베네치아에서는 작은 접전이 많이 일어났지만, 용병을 투입한 경우는 드물었다. 그보다는 스위스의 창병이나 독일의 구식 소총수로부터 새로운 전쟁 양식을 배운 뒤 그것을 토착 장정들에게 가르치고 있었다. 베네치아는 용병 보병대에서 차출한 고위기사에 의존하기보다 지역 인재를 사회적으로 인정하는 계획을 꾸렸다. 실제로 이들 중 일부는 매우 높은 사회적 지위를 얻었으며 심지어 말을 타고 보병부대를 감독하기도 했다.[93]

1400년대 베네치아의 보병부대는 규모가 아주 작았다. 야전 군사시설이 거의 없었고 베네치아가 다스리는 도시들 중 수비대가 필요한 곳도 별로 없었기 때문이다. 전시작전을 지배하는 것은 기병대의 움직임이었다. 그러나 15세기가 지나고 베네치아가 서쪽으로 확장해감에 따라 수비대와 야전 군사시설이 중요해졌다. 대규모 방어시설을 위한 토목·설계·축조기술이 도입됐으며 완성된 구축물에 병력을 상시 투입할 필요도 생겼다. 전쟁의 빈도는 줄지 않았지만 그 수행 과정은 더뎌졌다. 군대의 규모(보병, 기병, 민병)가 커졌고(1만에서 2만 명에 이르렀다), 감독과 운영의 중앙

집권화가 가속화됐다. "전문적인 경리관, 식량담당자, 병참장교, 운송장교에 대한 수요가 급증했다. 이들 중 가장 중요한 역할을 한 것은 새로운 행정구조를 총괄한 콜라테랄리collaterali였다."[94]

"병사들의 기호와 국가의 의도라는 관점"에서 볼 때, 상비군의 씨앗은 이미 움트고 있었다.[95] 카페로는 다음과 같이 결론짓는다.

> 약탈을 일삼는 용병대들이 아주 없어진 것은 15세기 중반 무렵이었다. 14세기 말에 시작한 도시국가 간의 통합과정을 거쳐 15세기 이탈리아의 정치지형도는 밀라노, 나폴리, 피렌체, 교황령, 베네치아 등 다섯 개 세력으로 압축되었다. 이 새 질서 속에서 용병대장들은 자신들이 섬기는 국가와 밀접하게 결합했다.[96]

마키아벨리가 용병대 고용을 비난하며 시민으로 이루어진 민병대 운용을 주장하기 훨씬 전부터 베네치아는 이미 정규 상비군을 구성하는 데 근접해 있었다. 그건 용병대장들에 의한 권력 침탈에 대한 두려움이라기보다 (베네치아는 늘 용병들과 안전거리를 유지했다)[97] 용병대의 적합성에 대한 의구심과 질서유지의 필요성 때문이었다.

베네치아 사람들은 전문 직업의식 발달과 기술적 진보의 시대를 살고 있었으며, 아마추어와 비정규직은 성공하기 어렵다는 사실을 잘 알았다. (…) 그들은 군사력을 추구하는 것과 그 군사력을 얻기 위해 용병대에 의존하는 것이 서로 상충하는 목표이며 전자가 더 중요하다는 사실을 인식하고 있었다. 피렌체처럼 공화정을 숭배하던 도시에서는 용병들의 필요성과 군사쿠데타에 대한 두려움이 상충했기 때문에 논의가 제대로 이루어지지 않았다. 하지만 베네치아는 안전한 곳이었으며 어떠한 지상군의 침입

도 막아낼 만한 해군을 갖추고 있었기 때문에 이러한 두려움에 구애받지 않았다.[98]

역사적 시대 구분에 따르면 샤를 7세(재위 1429~1461) 시기의 프랑스가 이러한 정규 상비군 형성의 상징적 전환점으로 곧잘 지목된다. "그러나 이러한 전환은 용병들의 낮은 신뢰도 혹은 비효율성에 대한 반응이 아니었다. 그보다는 한 세기 동안 전쟁으로 황폐해진 나라에 질서를 부여할 필요성과, 권력을 국가로 집중시키는 것에 대한 고심의 반영이었다. (…) 이는 또한 출신 민족을 망라해 가장 우수한 인력과 최신 무기 및 기술을 받아들이는 유럽의 전통적 지혜를 따른 것이었다."[99] 그렇다고 해서 용병들이 잉여인력으로 전락한 건 아니다. 구성원 중 자국 출신이 압도적으로 많고 개개인이 국가 정체성을 위해 싸우는 국민 군대는 1800년대까지 등장하지 않았다. 그보다는 세력이 재편성되었다고 보는 게 정확하다. 새로 편성된 조직에서 용병들은 남았지만 그들의 대장은 버림받았다.

하지만 (앞 문단의 인용문에 흐르는 정서와는 달리) 여기서 강조하려는 것은 질서정연한 국가를 위해 상설 군사기관이 필요했거나 콘도티에리가 이런 전환기의 소품으로 전락했다는 내용이 아니다. 그보다는 정치 및 군사기술 발전과정을 고려했을 때, 기존 형태의 군사력과 적정한 계약을 맺고 이행을 강제하는 일이 불가능했다는 사실이다.

여기서 살피는 시대의 종료시점으로 1494년(프랑스 샤를 8세의 이탈리아 침공)을 고르든, 1527년(로마의 약탈)이나 1532년(《군주론》의 출판)을 고르든, 그건 중요하지 않다. 날짜라는 것은 보기와 달리 상징적인 경우가 많다. 마음속의 이정표에 불과하다(원자력 시대는 히로시마 이전에 시작됐다).[100] 1494년 이전에 프랑스 군대는 이미 공성포를 성공적으로 사용한 경험이 있으며, 기실 그 분야에서 세계 최고였다. 1449년 출정한 샤를 7

세의 대포는 "잉글랜드 성 60채를 굴복시켰다." 돌포탄에서 청동포탄, 주석포탄으로 변화하는 동안 대포의 무게는 줄고 화력은 증가했다. 즉 이제는 포병대가 여러 전장을 옮겨다닐 수 있었으며, 대포가 성을 파괴할 수 있게 됐다는 뜻이다. 더구나 화약 한 통으로 고지대에 위치한 성을 통째로 붕괴시킬 수 있었다. 전쟁은 변화했다. 이제 전장을 자유로이 누비는 기사는 시대착오적인 것이 되었다. 물론 여전히 공성 전차를 운반하기 위해서는 대규모의 인력과 마력이 필요했다. 1550년대 중반의 완전한 캐논은 "운반대를 포함해 무게가 8,000파운드 이상 나갔고 이를 이동시키는 것도 굉장히 어려웠다." 하지만 무장한 기사의 역할은 축소될 수밖에 없었다. 전장은 점점 더 정적으로 변모했다. 필요한 것은 이제 준마가 아니라 튼튼하고 일 잘하는 동물이었다.[101]

콰트로첸토 후반기를 장식한 것은 휴대 화기인 화승총arquebus이었다. 전쟁 양상이 달라졌다. 칼, 석궁, 창, 미늘창 등 근접 무기가 아니라 멀리서 발사하는 무기들이 등장했다. 석궁은 어느 정도의 (짧은) 거리를 두고 발사되었지만 화기의 화력에는 미치지 못했다. 초기에는 무거운 화기가 거추장스러운 물건이었지만 이런 인식은 오래 가지 않았다. 원격전이 근접전을 대신했다. 싸우고 죽이는 일은 보다 덜 개인적인 것이 되었고, 용기는 더욱 의문스러운 개념이 되었다. 용맹하게 전장을 누비는 "빛나는 갑옷을 입은 기사"로서의 용병이라는 직업은 더더욱 위험해졌다.[102]

변화는 점진적으로 이루어졌다.[103] 이미 "1448년 카라바조 전투에서 프란체스코 스포르차 측이 너무도 많은 총을 보유하고 있던 나머지 (화약) 연기 때문에 서로 볼 수조차 없었다." 1515년 마리냐노에서 스위스군은 2만 명의 전사자를 내면서도 프랑스 국왕이 보유한 다수의 야포(대포), 화승총, 무장기사 그리고 독일의 란츠크네히트 창병을 막아내다가 전투 둘째 날 베네치아 병력이 참전한 후에야 압도당했다. 그러나 그때그때

용병대를 고용하는 시대는 이미 끝나 있었다. 명목상 교황 클레멘스 7세의 로마를 지키고 있었던 이탈리아의 "마지막 콘도티에레" 조반니 데 메디치는 비유적으로 이탈리아 전체를 지켰다고도 볼 수 있는데, 참으로 상징적이게도 그는 3파운드짜리 대포알에 입은 부상으로 전사했다.[104] 도시국가의 용병들이 이탈리아를 지킬 수 없다는 사실이 명백해졌다. 로마 약탈(1527)이 임박해 있었다.[105]

다른 변화도 있었다. 전쟁은 언제나 끔찍한 것이었지만, 이제는 그야말로 잔인한 것이 되었다. 전쟁의 목적은 더이상 용맹과 기사로서의 명예를 드높이는 것이 아니었다. 상대방을 붙잡은 뒤 몸값을 받아내는 것으로 만족하지도 않았다. 이제 전쟁은 정복과 살인이었다. 일부 외인부대는 "적군의 머리 하나당 금화 한 개씩을 지급받았다." 이탈리아 내부 전쟁은 종언을 고했다. 이탈리아를 위한 전쟁을 시작할 차례였다. 기실 "로마 약탈"이 아니라 "이탈리아 약탈"이 임박해 있었다. 머지않아 이탈리아는 1870년 통일을 이룩할 때까지 외국 세력에 의해 지배받았다. 한편 1500년대, 아직 침략당하지 않은 이탈리아 국가들은 지역에서 징발한 정규군이 지키고 있었다.[106]

콘도티에리와 나머지 경제법칙

이 장 전반에 걸쳐 이 책에서 다루는 나머지 다섯 가지 경제법칙을 은연중에 거론했다. 이를 명시적으로 살펴보자. 기회비용의 법칙은 여러 차례 등장했다. 인력 공급의 경우, 용병들이 고국에서 보유하고 있던 대안적인 생계수단이 많지 않았다는 사실을 확인했다. 콘도티에리와 계약을 맺는다고 해서 손해 볼 게 없었던 셈이다. 또한 보병과 기병의 상대적 유용성에 관한 의사결정 및 1360년 이후 바르부타 대형에서 랜시아 대형으로 전환한 것에도 이 법칙을 적용할 수 있다.[107] 계획적 측면에서 보았을 때, 용병대 등 직업군인을 기용할 경우와 민병대를 운영할 경우의 상대적 장단점을 따지는 쉽지 않은 문제에 기회비용이 적용된다. 기회비용의 법칙은 작전의 장에서도 발견된다. 당시의 전투라고 피를 흘리지 않은 건 아니지만, 용병대장은 자신의 병력과 군마, 장비를 무분별하게 희생시키지도 않았다. 인력은 대체 가능했고 말과 장비 역시 새 고용주의 돈으로 교체할 수 있었지만, 중요한 기회비용은 잠재적인 평판 악화와 그로 인해 위험해지는 미래 수입이었다.

기회비용의 법칙은 예상한계비용 및 편익의 법칙과 밀접하게 연관되어 있다. 고향에서 개인에게 주어진 경제적 기회가 흔히 보잘것없었으며 용병대에 들어가 알프스산맥을 건너더라도 잃을 것이 많지 않았다는 이야기는 이러한 결정에 뒤따르는 예상편익이 예상비용을 초과했다는 뜻이다. 기대가 잘못된 것으로 판명나기도 했지만, 모험이 강렬하게 유혹하고 있었다. 병참술의 측면에서 이 법칙은 군수품에 관한 의사결정에 적용되었다. 윌리엄 카페로William Caferro는 후기 용병대의 모범이 된 베르너 폰 우르슬링겐의 대군단에 대해 다음과 같이 적었다. "이 부대는 법적 문제를 다루고 계약서를 작성하기 위해 변호사와 공증인을, 돈을 관리하기 위해 회계원과 은행가를, 영적 욕구와 육체적 욕구를 충족시키기 위해 사제와 매춘부를 고용했다." 각각의 부대는 유기적 조직체로서 다른 유기적 조직체인 도시국가와 임시적으로 결합했다. 베일리는 이를 "이동하는 국가"로, 템플-리더와 마르코티는 "유목 군사국가"라고 부른 것처럼 이 조직은 토착 국가들과 양자결연을 추구하는 이동식 국가와 같았다.[108] 수천 명의 무장군이 지방을 가로질러 이동하는 것이 구체적으로 어떤 의미였는지에 대해서는 연구의 여지가 많이 남아 있다. 영적·육체적 욕구에 관한 의사결정은 당연히 사람의 식량과 말의 먹이에 관련된 의사결정보다 덜 우선시되었다. 매일매일 조직의 다양한 층위에서 무엇을 운반하고 무엇을 현지에서 조달할지에 관해 수많은 의사결정이 내려졌을 것이다.

비용/편익에 관한 의사결정은 숙련된 인력에 대해서도 이루어졌다. 베네치아가 지역 고유의 병력을 구축하면서도 현지인들이 훈련을 받을 때까지는 수입한 외국 무기에 의존했다는 사실을 기억하자. 또 다른 비용/편익 의사결정은 전쟁철의 길이에 관한 것으로 좀더 직접적인 문제였다. 말의 먹이를 확보한다는 건 겨울 동안 병영에 머무른다는 사실을 의미했다. 따라서 대담한 용병대장이라면 기습공격을 감행함으로써 큰 성과를 얻을 수 있었다. 하지만 콘도티에리는 동업자 집단이었다. 명문화되지는 않았지만 누구나 알고 있는 명예규범을 지켜야 했다. 이로 인해 다소 특이한 의사결정 문제가 발생했다. 출정하여 승리를 거두더라도 불명예스러운 행동으로 체면을 잃을 수 있다면?

대체의 법칙은 쉽게 파악할 수 있다. 무장한 외국인 대신 다루기 힘든 현지인을 쓸 것인가? 특정 용병대장을 다른 용병대장으로 대체할 것인가? 용병들을 민가에서 숙박하게 할 것인가 농촌을 약탈하도록 할 것인가? 1300년대에는 기병이 보병을 대체했지만 1400년대에 들어 요새가 재부각되면서 기병의 가치는 줄어들고 보병이 다시 우세해졌다. 부수적인 효과로 말은 덜 중요해졌고 대신 일을 잘하는 튼튼한 가축이 중요해졌다. 임금 지불체계 진화에서도 대체의 법칙을 확인할 수 있다. 원래 용병들은 회사와 용병대장을 통해 임금을 받았지만, 점점 고용된 도시로부터 직접 지급받는 방식으로 바뀌어갔다.

한계수확체감의 법칙은 부대의 규모와 관련해 살펴볼 가치가 있다. 용병대는 수십에서 수백 명으로 시작해 나중에는 수천에서 수만 명에 이르렀다. 시간이 흐르면서 규모가 커졌지만, 모두가 동시에 커진 것은 아니다. 따라서 대규모 부대를 전투에 투입할 수 있는 기술이 발달하기 전까지는 이들을 특정한 전쟁 혹은 전투에서 기용하는 데 실용적 한계(달리 말하자면 수익체감)가 있었을 것이다. 사정거리가 제한적인 보병이 아무리 많아봤자 기동력 있는 소규모 기병대보다 쓸모가 적었을 거라는 사실에서도 이 법칙을 확인할 수 있다. 갑옷도 마찬가지다. 무한히 두꺼운 갑옷을 두른 말과 기사는 무게 때문에 움직이기 힘들다. 무장과 기동성 사이 최적의 균형을 찾을 필요가 있었다. 서쪽에 요새를 건설하려 했던 베네치아의 시도에도 이 법칙이 적용된다. 가까운 곳에 설치한 요새는 멀리 설치한 것보다 높은 수익을 낼 것이다. 마지막으로 추가적인 인력이 지형과 상호작용 하는 방식을 살펴보자. 같은 수량의 인력, 말, 장비를 평지에 투입할 때와 알프스나 아펜니노산맥에 투입할 때는 아주 다른 결과를 가져올 것이다.

이 장은 정보비대칭성이 야기하는 문제에 초점을 맞추고 있다. 계약의 양쪽 당사자가 중요한 특성을 상대방에게 드러내도록 할 필요성(숨겨진 특성의 극복) 및 서로 상대방에게 해로운 행동을 취하지 못하도록 막을 필요성(숨겨진 행동의 극복)과 연관된다. 전자와 관련해서는 콘토디에리들이 신뢰도를 의미하는 평판자본을 쌓기 위해 어떻게 노력했는지를 거듭 살펴보았다. 존 호크우드는 "브랜드"를 구축한 최초의 전사 중 한 명이었다. 이로 인해 그는 큰 보상을 얻었다. 고용주 측에서는 이 장에서 다루는 시대가 끝날 무렵의 베네치아가 그러했다. 마찬가지로 소집과 정기검열은, 용병대가 보유했다고 주장하는 말과 장비가 실재하는지 확인하기 위한 방책이었다. 양쪽에서 일어난, 세련되고 중앙집권화한 전쟁 행정체계의 점진적 진화는 사실 회계 목적으로 태동했지만, 계약 당사자들에게 상대방의 목적과 능력을 알려주는 기능도 수행했다. 용병대장이 직접 전투에 참여하도록 함으로써 유사한 목적을 이룰 수도 있었다. 전장에서의 행동과 능력이 관찰된(공개된) 바 있는 상대방을, 알려지지 않고 말뿐인

| 표 3-1 | 18세기 군대의 외국인 비중

국가	연도	구성원 중 외국인(퍼센트)
프로이센	1713~40	34
	1743	66
	1768	56
	1786	50
영국	1695	24
	1701	54
	1760년대	38
	1778	32
프랑스	1756~63	25
	1789	22
	혁명 이전	33
스페인	1751	25
	1799	14

* 출처: 톰슨, 2002, 29쪽. 그림 4-6(다음 장)도 참조할 것.

인물보다 도시가 선호한 것은 당연하다.

숨겨진 행동 문제는 여러 가지 측면에서 다루어졌다. 가령 기본급과 특별수당의 보편화는 용병들이 최선을 다해 싸우도록 하는 기능을 수행했다. 계약 연장조항 발달도 마찬가지였다. 눈에 띄는 노력을 보여주지 않는 이들은 특별수당을 받지도, 재계약을 얻지도 못할 것이다. 특정한 행동에 대해 보상을 얻기 위해서는 자신을 공개해야 했다. 때로는 고용한 병력을 감시하기 위해 도시가 직접 감독관을 전장에 투입하기도 했다. 교전 중 잃어버린 말에 대해서도 마찬가지였다. 거짓 배상 요청을 너무 많이 경험한 도시들은 죽은 말의 소인이 찍힌, 등록된 가죽을 제시해야 배상 혹은 교체를 위한 금액을 지급한다고 계약서에 명시하기에 이르렀다.

다시 한 번 강조하자면 이탈리아의 콘도티에리 시대에 계약의 경제학은 매우 중요한 역할을 수행했다.

결론

용병들은 1300년대 이전과 1400년대 이후에도 있었지만 이 200년 동안 전무후무한 정점에 도달했다. 이런 병력이 어째서 종국에는 용도폐기됐는지가 이 장에서 제기한 핵심적인 의문이었다. 많은 문헌이 전쟁의 성격이 달라졌으며 도시국가 간 동맹의 성격이 달라졌다는 사실을 강조한다. 가령 재니스 톰슨Janice Thomson은 다음과 같이 쓰고 있다.

국가 통치자는 권력과 부를 원한다. 이 목표를 달성하기 위해 그들은 비국가 폭력을 이용했으며 이 선택은 원하는 성과, 즉 권력과 부를 가져다주었다. 이는 동시에 국가가 허락하지 않았고 통제할 수 없으며 심지어 피해 당사자가 된, 비국가 폭력의 실행이라는 의도치 않은 결과를 가져왔다. 국가가 원하는 것은 변하지 않았다. 변한 것은, 원하는 바를 추구하는 과정상의 문제로 인해 발생한 의도하지 않은 결과에 대한 통치자들의 인식이었다.[109]

여기서 눈여겨볼 사실은 계약의 경제학이 군사학(전쟁 수행)과 국제관계이론(동맹 형성)이 제시하는 설명을 보완하고 상술할 수 있다는 점이다. 여전히 많은 수의 용병이 유럽 전역에서 계속 고용되었지만(표 3-1), 그들의 계약 형태는 달라졌다. 이들은 개별적인 회사 대신 대륙 세력이 새로 만들어낸 정규군에 계약상으로, 조직적으로 귀속되기 시작했다.[110]

4장

전투의 시대, 1518~1815
: 전투를 권하는 비용과 혜택 그리고 판단

　중세에는 대규모 군대 간 전투가 비교적 드물었다. 군사적 지형도는 공성전과 소규모 접전이 지배적이었고, 교전은 주로 전자의 결과였다(2장 참조). 르네상스 시대로 들어서면서 이 그림은 변화하기 시작했다. 강해진 정부와 도시의 성장, 그리고 화약 도입으로 전쟁은 사적인 영역으로부터 벗어났다(3장 참조). 17세기에 이르러 전쟁은 거대 왕조들만이 벌일 수 있는 특권이 됐다. 강성해진 왕조들은 규모가 크고 비용도 많이 드는 군대로 대치하며 전술을 펼치고 싸움을 벌였다. 가령 16세기와 18세기 사이 프랑스의 평화기에는 군대 규모가 15배로 커졌다. 이러한 변화에 따르는 잠재적 비용과 어려움은 당대 많은 장군들을 극도로 조심하게 만들었고 고도로 훈련된 병사는 너무 비싸기 때문에 낭비해선 안 된다는 "황금률"을 낳았다.[1]

　그러나 1618~1815년은 계몽의 시대인 동시에 전투의 시대라고 규정할 수 있을 정도로 "거대" 전투들이 흔했다. 사령관들은 유리한 상황만

되면 전투를 하려 했다. 이들 중 몇 명 즉 스웨덴 국왕 구스타브 아돌프와 영국인 말버러 공작, 그리고 프로이센의 프리드리히 대왕은 역사상 가장 공격적인 장수에 속한다.

프랑스혁명(1789)과 함께 전투를 의도적으로 회피하려는 경향은 결전주의로 바뀌었다. 두 세기 동안 군대들은 행군하고 충돌하고 싸우고 해산했다. 다음 정면충돌에 이르기까지는 몇 주 혹은 몇 개월이 걸리기도 했다. (이전에는) 거의 대부분의 전투가 하루 만에 끝났다. 그러나 산업혁명은 군수품과 관리능력을 제공해 지속적인 전쟁을 가능하게 했다. 나폴레옹 전쟁에서 처음으로 시작된 이 새로운 양상은 미국 남북전쟁(1861~1865, 3장 참조) 말기 대서양 저편에서 뚜렷하게 나타났으며 제1차 세계대전(1914~1918)에서 완전하게 구현됐다. 제1차 세계대전 당시의 장군들은 언제 공격을 개시할지 정할 수 있었지만 한번 벌어진 "전투"는 중단하거나 새로운 결정을 내릴 기회도 없이 지속적으로 끝없이 이어졌다. 과거의 위대한 사령관들을 본보기로 따르도록 교육받은 장군을 둔 제1차 세계대전 참전 병사에겐 참으로 불행한 일이었다. 바실 리델 하트Basil Liddell Hart는 당시 사령관들이 받은 교육을 "특권층의 입맛에 맞게 조리해 단편적 역사로 보충한, 즉 실제 역사에서 얻은 경험을 배제한 이론적 규정"이라고 지칭하면서 우호적이지 않은 평가를 내렸다.[2]

이 장의 목적에 부합하는 전투 및 사령관 선택법을 실증적 관점에서 모두 다루고 포괄적으로 분석하기란 쉽지 않다. 전 기간에 걸친 포괄적인 연구를 다루려면 책 한 권이 필요하다. 우리가 고른 사건과 결정은 분명 어떤 군사학자라도 예상할 수 있겠지만, 그럼에도 우리는 아직 해결해야 할 문제가 많음을 알고 있다. 이 장은 다음과 같이 진행된다. 우선 전투를 도발하거나 거절하는 결정에 이르게 하는 예상한계비용과 한계편익의 경제적 원리를 살펴보겠다. 그 다음 16세기와 17세기의 특정 사

| 그림 4-1 | 4장에서 논의하는 전투지역

오우데나르데(1708)

라미이(1706)

쿠너도르프(1759)

비스와 강

암스테르담

엘베 강

베를린

오데르 강

템스 강

런던

라이프히치
(1813)

뤼첸(1632)

라인 강

퐁트누아(1745)

스헬더 강

뫼즈 강

블렌하임(1704)

센 강

파리

빈

루아르 강

워털루(1815)

다뉴브 강

말프라크(1709)

포 강

로마

* 삽화: 후버트 판 투일.

건들을 검토할 것이다. 그것이 혁신이든 아니면 단지 프랑스혁명의 영향
이었든, 전투를 역사현상으로 바라보는 어떤 연구에도 빠지기 어려운 나
폴레옹 행동들의 역할과 영향에 대해 각각 조명할 것이다. 마지막으로
이 책이 다루는 전투의 시대에 적용될 만한 나머지 경제학의 다섯 원리들
을 가볍게 살펴본다. 그림 4-1에서 이 장에서 논의하는 전투 장소들을
확인할 수 있다.

프랑스혁명을 기점으로 군사역사가 얼마나 바뀌었는지에 대해선 논쟁이 활발하다. 단 우리가 여기서 확실히 말할 수 있는 것은, 프랑스혁명은 국가 군사력이 막대하게 팽창해 정점에 도달했던 시점이며 그 상징이라는 사실이다. 1700~1800년대 민족국가의 부상은 국가 지도자들이 전투를 벌일 수 있는 자원을 제공했다. 이는 단지 군수품을 댈 여유가 있거나 군복무를 강제할 합법적 권력을 소유했다는 의미가 아니었다. 경제가 발달하고 부유해지면서, 전쟁을 벌일 수 있는 국가의 능력은 급성장했다. 민족주의는 싸움에 대한 강력한 정서적 지지기반을 제공했다. 프랑스혁명이 민족주의를 만든 건 아니지만 이를 매우 효과적으로 활용했다.

근대적 참전 지원을 불러온 재정적·경제적 변화는 화약의 전래와 맞아떨어졌다. 국가예산은 효과적인 화약무기와 동시에 탄생했다. 이제 대포를 설치할 수 있는 새로운 형태의 요새 건설이 필요해졌다. 사적인 전쟁은 재정적으로 불가능해졌다. 그 대신 국가는 독점적으로 관리 가능한 징병과 과세제도를 결합했다. 국가의 이름으로 돈을 빌리는 것도 가능했다. 전쟁을 벌이기 위해 또는 전쟁 도중에 돈을 빌리기 위해 국채가 대대적으로 발행됐다. 과세제도는 확대되고 개혁됐으며 그로 인해 경제활동의 감시 범위를 넓히고 더 많은 통화를 발행할 필요가 생겼다.[3] 다시 말해 더이상 현물 납세와 조세가 효율적으로 결합하지 못하자 현금의 역할이 더 중요해졌다.

그러나 화폐 발행을 가로막는 많은 장애물이 있었다. 봉건제는 무너졌지만 귀족, 교회, 각 지역 마을들, 왕가, 그리고 많은 다양한 영역에서 아주 광범위하게 뒤얽힌 특권과 특혜, 전통은 여전히 남아 있었다. 프랑스혁명은 이 모든 것을 단번에 쓸어내면서 새로운 규모의 국가 군사력을 탄생시켰다. 5장에서 미국 남북전쟁의 사례를 통해 다루게 될 혁명의 시대 (1789~1914)를 열어젖힌 것이다.

전투의 예상한계비용과 한계편익

전투를 각오하면 전투에서 승리할 수 있다. 사령관들이 왜, 그리고 어떻게 전투를 선택하는지 분석하기 위해 우리는 예상한계비용과 한계편익의 경제적 원리를 들었다. 1장에서 이를 상세히 다뤘지만 여기서는 참전 결정에 대해 좀더 상세하게 다시 설명할 것이다.[4]

전투의 시대에는 군대 규모가 커지면서 평화시기의 예비용 군사비도 막대해졌다. 전쟁이 선포되거나 시작될 경우 이 비용은 훨씬 더 늘어난다. 그러므로 어떤 특정한 전투 도발 결정은 전체비용보다는 전투 참여가 가져올 예상추가비용 및 편익과 연관이 있다. 예상추가비용 급등은 예상추가편익으로 정당화될 수 있는가? 전쟁은 거의 무한한 변수를 지닌다. 만약 이러한 것들이 어느 정도 정확하게 산출될 수만 있다면, 그 계산법이 아무리 복잡해도 전투 도발이나 거절은 단순할 것이다. 사실상 전쟁의 변수는 기대치에 대한 엄청난 불확실성으로 인해 증가한다. 이는 개념, 알고리즘, 결정과 수치Decision and Numbers, 예상 그리고 과거 전쟁과 같은 수학적 모델로 전쟁을 포착하려는 시도가 왜 좋게 봐줘도 뒤섞인 결과를 낳았는지 설명할 수 있겠다.[5] 카를 폰 클라우제비츠Carl von Clausewitz는 이 문제에 대해 다음과 같이 말했다.

이 문제는 무수한 다양성과 인간관계의 숱한 변수들을 고려해야만 한다. 또한 이 변수 대부분은 천재적인 육감으로 정답을 맞히지 않는 이상 확률법칙에 의해서만 추정 가능하다. (…) 이 점에서 총사령관이 해야 할(마주하는) 대부분의 결정은 이제 뉴턴과 오일러에게나 어울릴 수학적 미적분 문제로 이루어져 있을 것이라고 말한 보나파르트는 옳았다고 할 수 있겠다.[6]

전쟁은 복잡한 변화 속에서 치러진다. 불완전한 정보를 바탕으로 모든 결정을 내리기 때문에 전쟁에는 불확실성이 상존한다. 전장에서의 결정은 역동적이다. 따라서 피터 선홀름Peter Thunholm에 따르면 서로 독립적인 결정들을 내려야 한다. 또한 즉각적으로 결정되는 결정권자의 행동은 문제의 본질을 변화시키기도 한다(그는 상황에 맞지 않는 결정의 상당수가 전쟁의 빠른 변화 속도에 기인한다고 덧붙였다). 그 결과 근대 전쟁매뉴얼에 규정된 지휘의 형식적 단계는 종종 무너졌다. 선홀름에 따르면 스웨덴 군대에는 22단계의 전략적 결정과정이 있다. 놀랄 것 없이, 이렇듯 정교한 모델과 혼란스럽고 불확실한 실제 전쟁에 임하는 장교들의 행동 사이엔 상당한 차이가 있다.[7]

예상한계(혹은 추가)비용과 편익의 경제학적 개념은 개인의 심리를 도외시하지 않는다. 행동경제 원리들은 모든 사람이 똑같은 방식으로 주어진 상황을 분석할 것이라고 말하지 않는다. 경제학자들은 그저 모든 사람이 추가발생 비용을 추가발생 이득과 비교해 따져볼 것이라 말한다. 그들은 각기 다른 방식으로 비교를 하고, 아마도 서로 다른 결론과 결정을 내릴 것이다. 1장에 나온 일곱 번째 피자조각의 예를 떠올려보자. 우리 중 하나(브라우어)가 이미 6조각을 먹었다고 가정할 때 일곱 번째 조각을 먹어치우는 데서 추가로 발생한 이득은 당연히 다른 이보다 작을 것이다(판 투일). 브라우어에게는 그 이득이 내야 하는 비용만큼 가치가 있지 않지만(정당화되지 못하지만), 판 투일이 일곱 번째 조각을 선택한다면 추가편익 대비 추가비용을 그가 인식한 결과다. 심리학적 혹은 행동경제학적 접근은 인지 자체를 연구하는 반면 전통 경제학자는 단지 행동이 이러한 인지의 결과라고 기술한다.

개인이 특정 상황을 어떻게 평가하고 대응하는가는(경제적 관점) 개인이 그 상황과 연관된 정보를 어떻게 처리하는가에(심리적 관점) 달려 있다. 역사학자 바버라 터크먼Barbara Tuchman이 지적한 것과 같이 개인의 특성은 전투 지휘의 압박감으로 인해 확대될 수 있다. "완벽한 인간 활동을 하는 이는 전투중인 고위 사령관밖에 없다고들 한다. 왜냐하면 동일한 신체적·지적·윤리적 능력을 동시에 요구하는 활동이기 때문이다. 나는 이 격언을 분석하려 했고(천성 때문에 그리고 모든 일반화에 도전해야 하는 직업 때문에) 그에 대항할 만한 말을 생각해보려 했지만, 사실 그에 견줄 만한 게 없었다. 전투의 지휘능력만이 그런 탁월함을 지닌다."[8] 이러한 압박감 아래서 어떤 이는 다른 이들보다 더 잘해나간다. 대담한 상대방이 이득에 주목할 때, 소심한 장군은 잠재적 비용을 확대해석한다. 몇몇 유명한 장군은 으레 체력이 닿는 데까지 공격을 시도했다. 그들이 절박한 행동에 따른 비용과 편익 계산을 무시한 건 아니다. 그러나 구스타브 아돌프, 프리드리히 대왕, 나폴레옹과 같은 지휘자들은 공격하는 게 낫다고, 언제나 결정적인 승리를 거둘 수 있다고 믿는 경향이 있었다. 그들은 다른 이들보다 앞으로 갖게 될 이득을 더 크게 보았다. 그들 역시 계산의 결과가 항상 스스로를 호전적이지 않게 한 조지 B. 매클렐런George B. McClellan과 다를 바 없이 비용과 편익을 고려했다(5장). 공격적인 세 사령관의 심리적 판단기준은 매클렐런과 달랐다. 이것은 그들의 계산이 다른 평가, 다른 결론, 그리고 다른 행동을 낳았음을 의미한다.

절박한 전투에서 예상비용과 편익을 고려한 평가는 필연적으로 사령관에 따라 달라진다. 군사행동중인 병사의 삶은 음식, 대피처, 생존을 위한 투쟁이며 지옥 속에서 살아남기 위해 몸부림치는 나날에 다름 아니다. 병사는 단지 생존과 귀향만을 바라지만 장군들의 생각은 대개 이와 다르다. 대중에게 가장 존경받는 역사적 인물들은 흔히 다른 이의 삶과 피를 소비하는 데 주저하지 않는다는 특징을 지닌다.[9]

전투를 벌여야만 얻을 수 있는 것은 무엇이며, 비용 대비 어떤 이득이 있는가? 완벽하게 타당한 대답은 아마도 "적을 말살하고 전쟁에서 승리함"일 것이다. 실제로 전쟁 도발자들은 전멸 혹은 결정적인 승리를 목표로 내걸었으며, 러셀 와이글리Russell Weigley에 따르면 이는 아마도 그들 모두에게 최선의 목표였을 것이다.

구스타프 아돌프에서 나폴레옹에 이르기까지 군사전략은 적군의 말살을 목표로 했다. 이러한 말살을 위해 빠르고 효과적인 전투를 추구했다. (…) 결정적인 전투를 위한 탐구는 전쟁을 비용편익적으로 만들어줄 잘 훈련된 군사력 그리고 국가 자원의 과도한 고갈을 막아줄 신속한 결정으로 채워져 있었다. 전투에서 적군을 전멸시키는 [그] 전략은 정책 목표들을 전쟁을 통해 달성해야 하는 고충을 상쇄시켜줄 합리적 대안이었다.[10]

그런 맥락에서 추가 교전에 투여되는 예상비용과 편익 계산은 전체 전쟁비용 축소라는 합리적 목표를 추구한다고 말할 수도 있을 것이다. 이 논리에 반대해 17~18세기 유럽 전쟁의 미해결적 성격에 주목하는 이들일지라도 문제가 근본적으로 해결되지 않는 전쟁은 단지 표면적으로만 돈이 적게 들뿐이라는 견해를 수긍할 것이다.[11] 여기 결정적인 결과를 추구한 당대의 가장 공격적이고 잔인한 장군들이 장기적 비용을 낮추려 했다는 주장이 있다. 와이글리는 이렇게 썼다.

1613~1815년 사이의 전쟁은 대규모 전투들을 중심으로 돌아갔다. 당대 전쟁의 경제적 · 사회적 · 기술적 환경이 수만 병사를 (전투시험을 위해) 한 곳에 운집시킬 수 있게 만들어줬기 때문이다. 동시에 군사전략가들은 전투를 통해 전쟁 결정을 확실시함으로써 사람들이 전쟁에 참여할 목표를 제공해, 목표 달성에 적당히 비례하는 전쟁비용을 유지할 동력과 특전을 불러오길 바랐다.[12]

그는 더 나아가 "소위 국지전 시기에는 전투를 위한 군대 점호나팔 소리가 울려퍼진다."라며 전쟁의 목표가 항상 하나로 제한되지는 않았다고 말한다. 즉 7년전쟁의 1차 목적은 강대국 프로이센을 무너뜨리는 것이었지만, 루이 14세(1638~1713)는 좀더 나아가 유럽의 패권을 노렸다.[13]

와이글리의 주장이 맞다면, 전투 도발의 계산은 상당히 단순했고 늘 결정적인 결과를 추구했다. 그러나 와이글리가 직접 언급하길, 결정적인 결과는 드물었고 비용은 그로테스크하게 상승했다. 그는 "만약 전쟁들이 그 목적에 비례하는 적절한 비용으로 치르는 것이 계속 불가능한 채로 남았다면, 군사역사는 그야말로 무가치의 역사로 치부되었을 것이다."라고 덧붙인다. 한 군대가 한 전투에서 전멸하는 일은 드물고, 더군다나 그로 인해 전쟁이 끝나는 경우도 드물었다. 당대의 장군들은 군사역사에 정통했고 하나의 결사적인 공격에 모든 것을 던질 경우의 위험을 잘 알았다. 그들은 글과 회고록을 통해 동료 군인들에게 신중하라고 충고했다. 와이글리는 "18세기 유럽인들은 적정선에서, 문명적인 제약 안에서 전쟁을 벌인 것으로 예상된다."라며 당시 장교들은 "무분별한 폭력이 전략적으로 역효과를 낳을 수 있다는 것을 알았다."고 인정한다. 제한된 전쟁이 곧 전투 회피를 의미하지는 않는다는 그의 의견은 설득력 있지만, 당대 지도자들은 분명 의도적으로 싸울 종종 기회를 피했다. "전략과 전술은 적군을 찾아내서 무찌르는 것이 아니라 군사작전과 과도한 싸움의 회피에 중점을 두고 있었다." 대니얼 디포는 "도망치는 군사, 그리고 고상하게 표현해 서로 감시중이던 군사는 머잖아 동계 야영지로 간다."고 말한다. "설득력 있는 이유" 없이 전투를 하는 것은 "바타일리렌bataillren 또는 전투를 위한 전투"라고 불린다. 그리하여 30년전쟁은 전투비용과 자원 공급문제, 야만성에 대한 혐오로 인해 종종 제동이 걸리곤 했다.[14]

그런데 전투가 적었을 경우, 장군들의 계산은 결정적인 결과를 목표로 해서 이루어졌을까? 꼭 그렇지는 않다. 대부분의 장군은 군대가 정돈되기 전에는 싸우려 들지 않았다. 이 작업은 매우 느리게 진행되어서 상대편에게도 재정비할 시간을 허용했다. 따라서 매우 공격적인 전술만이 결정적인 결과를 낳았다. 이를 위해서는 막대한 비용을 감수하거나 압도적인 수적 우세 혹은 상대보다 지적으로 출중한 장군이 있어야 하는데, 어느 쪽도 흔한 일은 아니었다.

그러므로 전투를 도발하려면 비용 대비 수익이 무엇인지, 치밀하게 계산하고 심사숙고할 필요가 있었다. 이미 살펴봤듯이 전투의 목표가 언제나 전멸이었던 것도 아니었고, 그럴 수도 없었다. 실제 많은 이가 훨씬 더 제한된 편익을 위해 싸웠다. 적군에 엄청난 피해를 입히거나 전멸시켜서 물리적 편익을 얻으려는 시도는 분명히 있었지만 목표를 달성하기란 매우 어려웠다. 실로 대규모 탈영이 일어나지 않는 한, "패배한" 군대도 재편성할 수 있다. 전쟁을 일으키는 더 분명한 물리적 목적은 용납하기 힘들 정도의 손실을 상대에게 입히고 소모를 유발하는 것이다. 가령 미국 독립전쟁에서 내서니얼 그린Nathaniel Greene은 단 한 번도 전투에서 이기지 못했지만 남부에서 영국군을 물리쳤다. 그는 교묘하게도 영국군 한 명이 쓰러지는 것이 무엇으로도 바꿀 수 없는 손실이라는 사실을 이용만 했을 뿐이었다. 전시에 소모전을 전략으로 내거는 장군은 소수에 불과하지만 수많은 전쟁의 결과를 보면 알려진 것보다 더 자주 의도적으로 이용되는 듯하다. 소모전의 전술적 편익 중 하나로 "밀어내기"를 꼽을 수 있다. 적군을 후퇴시키면 유리한 위치, 풍부한 보급품이 있는 좋은 야영지, 그리고 다른 이점들을 잃게 할 수 있고 아주 작은 전진일지언정 아군에겐 성공의 명분을 제공할 수 있다. 영토를 구하고, 해방시키고, 획득하는 것은 일시적으로나마 군사적 이점을 확보해줘서 적군의 무분별한 반격을 유도할 수 있다. 이외에 또 다른 전술적 편익에는 적군 지체시키기, 적군

의 전투계획·방식·일정에 대한 정보 차단 혹은 획득이 있다.[15]

전투를 도발하는 심리적인 이득에는 적군에게 모욕감을 주거나 사기를 저하시키는 것 외에 스스로에 대해 겁쟁이 이미지가 씌워지는 것을 방지한다는 점도 있었다. 20세기에도 겁쟁이로 낙인찍히는 것에 대한 두려움이 중요한 상황에서 군사지도자들의 행동에 영향을 끼치기도 했다(예를 들면 1942년의 미드웨이 전투). 심지어 1914년 독일의 참전 결정은 일차적으로 독일 황제의 불안을 확대시킨 분노와 좌절감 등 심리적인 요인에 의해 내려졌다는 의견도 있다. 명예를 위한 싸움은 불합리한 게 아니었다. 명예를 지키기 위해 싸울 수 있는 사람은 공격받을 가능성이 상대적으로 낮았기 때문이다. 게다가 단기적으로 볼 때, 평판에 금이 가는 것은 너무도 큰 손해였다.[16]

전투의 시대에 군사와 장군의 관계는 오늘날보다 훨씬 친밀했다. 그리고 장군들은 적의 사정거리에 스스로를 노출시킴으로써 부대에서 더 확고한 지지를 이끌어낼 수 있었다. 자신의 의무를 다하기 위한 노출(이는 보조적이거나 부수적인 위치에 있는 사령관들에게 주로 적용된다) 그리고 스스로의 명예를 지키기 위한 노출 등은 중요한 전투의 심리적 이득에 해당했다. 오늘날의 군사전문가에게도 명예는 중요한 문제다. 그러나 대부분의 장군들이 (터무니없는 스트레스에 시달릴 만큼 명예를 강조하는) 귀족 출신이었던 전투의 시대만큼 명예를 중요시한 시기는 없을 것이다.

이러한 편익 중 어느 것도 이루지 않는다면 이는 곧 비용을 의미한다는 사실에 주목해야 한다. 적군에게 치명적인 손실을 가하지 않는다면 장래에 더 강해진 적을 마주할 수도 있다. 다시 말해 영토를 보호하는 책략을 쓰지 않는다면 훗날 전투에 들어섰을 때 그만큼 더 힘들어진다는 것을 의미할 수도 있다. 또한 부대를 심리적으로 단결시키지 않는다면 정말로 결정적인 전투가 가까워졌을 때 심리적 중추가 약해지는 결과를 낳을 수 있다.

요점은 전쟁이 수많은 변수를 다루며, 이러한 변수의 상당수가 과거에도 그리고 지금도 상당한 수준의 불확실성에 둘러싸여 있다는 점이다. 물론 당대에도 (양적인 것보다 질적인 가치가 평가대상이었지만) 평가 혹은 가치판단이 내려졌다는 데에는 반론의 여지가 없다. 이제 다음의 세 절에서 제시하는 것과 같이 전투를 위한 계산은 실로 당대의 특징이었다.

1600년대: 구스타브 아돌프와 라이몬도 데 몬테쿠콜리

예상추가비용과 편익에 대한 평가는 당시의 환경에 의해 좌우된다. 1600년대는 1700년대와, 1700년대는 1800년대와 상당히 달랐다. 때문에 우리는 군사적 환경들과 연관된 몇몇의 주요 측면들이 시간이 지나면서 어떻게 변했는지 기술할 필요가 있다. 혹자는 표면상으로 17세기부터 19세기까지 놀라울 정도의 연속성을 보인다고 말할지 모른다. 이런 정보를 고려해볼 때, 스웨덴 왕 구스타브 아돌프(1593~1632)와 프랑스 황제 나폴레옹 보나파르트(1769~1821)는 서로 상대의 군대를 지휘해도 될 법했다. 전투 지휘능력은 나폴레옹의 시대까지 극적으로 변하지 않았고, 심지어 나폴레옹은 과거 군사령관들의 열렬한 학생이기도 했다.

이렇듯 겉으로는 안정적인 것으로 보이는 시대에 중요한 변화들이 일어났는데, 특히 17세기 초와 18세기 초에 그러했다. 가령 17세기 초에는 전쟁 수행과 군대의 조직, 장군들의 군사적 목적에 의미 있는 변화들이 나타났다. 여기서 논란 많은 군사혁명 이론, 즉 국가와 주요 기관들의 재구성에 기여해 전쟁에 커다란 변화를 일으키는 이론을 깊게 탐구할 필요는 없다. 단지 전쟁의 방식들이 변화하고 있었음을 관찰하는 것으로 충분하다. 군대는 커졌고 왕조들은 장기적인 충돌에 대비한 자원을 획득했고 요새의 역할은 완전히 변화했다. 결과적으로 새로운 형태의 군대가 태어나고 있었다. 겉으로 드러난 특징은 규모뿐이었다. 하지만 모든 단계의 지휘가 복잡해졌다. 싸움은 책략의 기술에 기반을 두게 됐다. 그리고 새로운 무기의 도입은 더 많은 기술적 지식과 더 복잡한 전술을 요구했다.

새로운 무기는 전쟁을 다방면에서 변화시켰다. 무장한 기사는 이미 쓸모가 없었다(3장 참조). 아마도 (말 그대로) 성의 붕괴보다는 전장에서의 기술 변화가 더 큰 이유일 것이다. 비록 조직화된 대형 속에서였지만, 부분적으로 칼을 든 무장기병은 19세기에도 여전히 싸우고 있었다. 그러나 창병과 아퀘버시어arquebusier(전쟁 최초의 포수, 화승총 사수.—옮긴이)의 호위를 받는다면 돌진하는 기사를 재빨리 해치울 수 있었다. 스페인 개척자들은 테르시오tercio라 불리는 커다란 사각 대형을 개발했는데, 이는 창과 화승총을 결합한 거의 난공불락의 대형이었다. 그러나 17세기의 무기 개발은 이 대형마저 무너뜨렸다. 대포가 전장에 등장하면 커다란 대형은 단지 커다란 표적으로 바뀌었다. 군대는 작고 더 강하며 더 기동성 좋은 대형으로 재편해야 했다.

역설적으로 전장에 대포가 등장함으로써 낳은 확연한 효과들 중 하나는 사령관에게 요구되는 기술이 많아졌다는 것이다. 승리를 거두려면 포병대, 보병대, 기병대를 효과적으로 결합해야 했다. 화승총arquebus이 좀 더 효율적인 머스킷musket으로 진화하면서 보병대는 테르시오 대형보다 훨씬 작아졌지만 동시에 더 많은 장교가 필요해졌다. 더 작아진 보병대는 기병에게 새로운 기회를 만들어주고 포병에게는 더 높은 기동성과 정확성을 요구했으나 장교의 부담은 늘어났다. 그 결과 전문 장교계급이 탄생했다. 젊은 귀족들은 이제 한 번의 무장 전투를 위해 훈련하기보다는 군에 입대해 전쟁의 기술과 과학을 배웠다.

벽으로 둘러싸인 영토는 더이상 전투의 초점이 아니었다. 중세에는 전쟁이 성을 중심으로 이뤄졌다. 전투는 흔히 포위공격을 무마하려는 노력에서 비롯됐다. 성을 함락하는 일은 보통 화약을 통해 이뤄졌다. 실로 대포는 비교적 안전한 거리에서 포위군이 성을 파괴할 수 있도록 도와줬다. 그러나 요새화의 역할은 20세기까지 사라지지 않았고, 1930년대까지도 성은 지어졌다. 따라서 단지 총만으로는 성의 역할에 대해 완전히 설명할 수 없다. 반대로 요새화의 기술은 전투의 시대에 번창했는데, 부분적으로는 총의 위협에 대한 대응이었다. 성의 군사적 역할을 없앤 것은 돈이었다. 전쟁은 더이상 사적인 개인들에 의해 치러질 수 없었다. 비용이 너무 많이 들었다. 오직 광활한 영토를 지배한 자들만이 싸움을 할 여유가 있었다. 우리 시대는 폭발물의 발달로 개인과 소집단의 전쟁이 다시 가능해졌지만, 전투의 시대에서 전쟁은 상위 계층의 특권이었다.

과학혁명은 두 가지 방식으로 전쟁에 영향을 주었다. 자본과 결합한 과학은 전쟁을 성 중심에서 군대 중심으로 변화시켰다. 화약무기는 수직벽으로 구성된 전통적인 성을 쓸모없게 만들었고, 성주들에겐 대포의 포격을 견딜 수 있는 근대 요새로 재건축할 자원이 부족했다. 다른 효과는 우리를 다시 지휘기술의 영역으로 이끈다. 전쟁 방식과 더불어 전쟁에 대한 사고도 과학적으로 변했다. 중세의 지휘관들은 종종 묘사되는 바와는 달리 확실히 기술적으로 훨씬 뛰어났다. 그렇다고 해도 전투의 관찰, 정보수집 및 평가, 전쟁에서의 합리성과 계산력이 본격적으로 강조되기 시작한 시기는 17세기이다(이는 종종 성공적인 군사사령관들의 글에서 나타난다).

17세기 정치환경의 변화는 전쟁의 계산에도 영향을 줬다. 가장 중요한 것은 근대적 국민국가의 탄생이다. 오늘날 우리는 국민국가의 존재와 지배를 당연하게 여긴다. 그러나 이는 인류사의 극히 일부에 지나지 않는다. 국민국가는 기본적으로 오늘날 우리가 "국가country"라 부르는 것이다. 이는 혈연이나 부족의 관계보다 더 넓은 범위의 무엇, 즉 "국민"으로 묶여 있으며 하나로 통합된 정치적 실재인 "국가state" 안에 거주하는 한 집단을 내포한다. 프랑스, 스페인, 잉글랜드는 유럽 최초의 주요 국민국가다. 왕정은 다소 애매한 역할을 수행했다. 프랑스 루이 14세와 같은 통치자는 의도적으로 그리고 효과적으로 프랑스를 국민국가의 단계로 이끌었다. 다른 한편으로 군주들은 신하들의 전통적인 충성심을 잃고 귀족과의 관계가 반전될 위험에 처했다. 귀족들도 똑같이 모호한 입장이었다. 가령 프로이센에서처럼 당대 귀족이 국가의 신하가 된다면 이는 충성심의 대상이 자신의 계층을 넘어 국가로 상승한다는 것을 의미한다.

궁극적으로 국민국가는 주민의 충성심과 자원을 제한 없이 청구할 것이며 모든 형태의 외부적 제약을 거부할 것이다. 새로운 체계는 교회의 간섭, 귀족층의 유대, 나아가 노동계층의 유대를 받아들이지 않을 것이다. 복잡하고 파편화된 중세의 봉건제도는 서서히 개인적 관계, 계약, 특권, 그리고 중첩된 자치체계에 중점을 둔 국민국가로 바뀌었다(적어도 프랑스혁명 이전에는 봉건제도의 폐지보다는 대체에 가까웠다). 그러나 베스트팔렌 조약(1648)과 더불어 완전한 주권이 국제법의 일부로 인정되었다. 유럽에서 가장 막대한 영향력을 지닌 초국가 기관인 로마교회는 이에 저항했지만 소용이 없었다.

이러한 변화들은 오랫동안 보편적으로 인정받지 못했고 지금도 그러하다. 유럽연합 등장 및 국제 인권의 기준이 강화되고 있다는 점이 이를 시사한다. 17~18세기에도 국민국가의 힘을 제한하려는 시도가 있었다. 계몽주의로부터 국제정부 설립 제의가 나왔다. 이러한 운동을 펼친 지성인들은 스스로 국가 문명화에 큰 역할을 담당한다고 여겼다. 다국적 왕조의 통치는 물론 국민국가의 영향에 맞서는 싸움이었다. 그들의 노력은 (전적으로는 아니지만) 대체로 소용없었다. 프랑스혁명은 민족주의, 공화주의, 징병제가 결합해 거부할 수 없는 권력을 창출함으로써 국가 권력의 새로운 정점을 제시했다.

권력의 균형도 변화했다. 17세기는 명백한 지배 권력이 부재한 꽤 길고 혼란스러운 중반기와 더불어 스페인의 쇠락, 프랑스의 도약으로 요약될 수 있다. 스페인은 매우 유능한 육군과 해군, 비교적 유능한 행정부, 식민지사업의 이득, 왕조의 막대한 보유자산 및 주요 적수가 없다는 이점을 바탕으로 패권을 쥐고 있었다. 하지만 이런 우위는 16세기부터 무너지기 시작했다. 다른 나라 육군이 스페인을 질적 양적으로 뛰어넘었다. 해군은 1588년 영국 침공에 실패했으며 국가 재정이 무너져 두 차례의 파산을 겪었다. 프랑스, 영국, 네덜란드는 모두 무서운 적수로 성장했다.

프랑스는 스페인을 대신해 유럽의 패권을 장악했다. 물론 17세기 중반에 왕정이 귀족들의 무장 저항에 맞서야 했기 때문에 얼마간 시간이 걸렸다. 1661년 루이 14세가 프랑스의 통치자가 됐을 무렵엔 더이상 직접적인 저항에 맞설 필요가 없어졌다. 그는 유능한 장관들의 도움으로 세금 수익을 4배 이상으로 올린 뒤 막강한 해군을 건설하고 프랑스의 지상 병력을 유럽에서 가장 크게 확대했다. 그는 먼저 스페인과 네덜란드를 자신의 제국으로 흡수했다. 그의 야망을 저지한 것은 오직 1689년, 1714년의 격렬하고 장기적인 전쟁뿐이었다. 다른 국가들이 연합하면 자신의 강한 국가도 압도당할 수 있다는 사실을 너무 늦게 깨달았기 때문에 벌어진 일이었다. 당대의 어떤 세력도 모든 것을 정복할 수는 없었다.

이는 전쟁의 본질을 함축한다. 동맹관계의 변화와 정치적 불안정은 만일의 경우를 대비해 군사력을 보존하는 게 중요해졌다는 것을 의미한다. 제한적인 전쟁을 지향하는 성향은 평화주의나 비겁함이 아니라 현실주의의 산물이었다. 단 한 번의 군사작전이나 전투에 전부를 거는 나폴레옹의 절묘한 행동은 혼돈에 가까운 정치적·전략적 상황 속에서 장기적인 이익을 보호하려던 장군들에게 전혀 관심을 끌지 못했다.

17세기 초 이렇듯 변화하는 군사환경은 주요한 개혁가들을 낳았는데, 특히 앞서 언급한 스웨덴의 구스타브 아돌프와 네덜란드 나사우의 마우리츠(1567~1625)가 눈에 띈다. 둘 다 전술, 무기, 장교 훈련, 신병 모집, 그리고 사실상 군사 전문화의 모든 영역에 손을 댔다. 둘 다 변화를 촉발했고 효력을 나타냈다. 그들의 개혁은 변화를 이끌어냈으나 그에 대한 대응책도 나왔다. 둘 다 기술적 변화와 정치적 전개에 따라 생겨난 기회들을 통합해 보다 나은 군대를 건설하려 힘썼다. 그렇게 함으로써 그들은 지휘관의 계산과정을 복잡하게 만들었지만 우연의 결과는 아니었다. 더 유연해지고 더 잘 훈련된 군대는 더 많은 선택을 할 수 있었고, 결과적으로 적군이 더 많은 가능성과 위험성을 고려하게 만들었다.

이러한 "환경적" 검토는 17세기 전쟁의 변화들이 한계비용과 한계이득의 계산에 어떤 영향을 끼쳤는지 의문을 갖게 한다. 복잡해진 작전은 복잡해진 계산을 낳았다. 중세 전쟁의 실제 기술은 포위 단계에 집중돼 있었다. 그러나 이제 야전군은 크고 작은 화약무기가 모든 부대들(기병대, 보병대, 포병대)에 퍼져 이를 활용하는, 복잡하고 긴밀한 체제로 성장했다. 이는 지휘관들이 아군과 적군 양쪽 모두의 가능성에 대해 더 많이 고려해야 한다는 것을 의미한다. 그러나 새로운 전쟁에서 참전 예상비용과 이득을 예상하는 데 훨씬 더 큰 영향을 준 문제가 있었다. 바로 군사를 안전하게 철수시킬 기회가 대폭 줄었다는 사실이었다. 중세의 소규모 부대는 너무 멀리 가지 않는 한 언제나 성 안으로 후퇴할 수 있었다. 이제 이것은 유용한 선택이 아니었다. 군대는 너무 커졌다. 당시 더 크게 건설된 요새는 방어선을 제공할 수는 있었지만, 제대로 설계됐다면 도개교를 올릴 경우 최소 며칠 간은 보호받을 수 있는 중세의 성만큼 난공불락은 아니었다. 포위전에서 야전으로 변화하면서 전쟁 참여의 잠재적 비용과 이득이 함께 증가했다. 전쟁 수행방식에 따라 새로운 위험과 기회는 다소 완화되기도 했지만 완전히 제거되지는 않았다.

전쟁 참여로 한 부대를 잃게 될 위험성은 커졌다. 이 위험성 평가에는 재배치 비용에 대한 평가가 수반될 것이다. 그러나 부대의 규모가 커지면서 재배치 비용도 높아졌다. 전투 도발로 인해 군대를 잃는 위험을 감수한다는 점 때문에 잠정적 전투지의 상황에 대한 더 진지한 평가가 필요해졌다. 이것은 단지 부대원을 다시 선발하는 문제뿐 아니라 3만에서 6만 명에 이르는 병사에게 머스킷 총을 다시 지급하는 잠정적 비용이 만만치 않았다는 현실적 이유도 고려됐다. 보급 문제도 커서 국가는 군수품을 비축할 무기고를 건설하기 시작했다. 이후 오로지 아군의 무기고를 보호하거나 적군의 무기고를 함락하기 위한 군사작전이 많이 수행됐다. 그 결과 아군의 무기고가 위험에 처했을 경우, 전투는 아군에게 재앙이 될 수 있었다. 잘 훈련된 보병대는 하룻밤 사이에 대체될 수 있는 게 아니었다. 새로운 전쟁기술이 발달하면서 훈련된 병력은 어느 때보다 중요해졌으며 병력의 상실 그 자체가 큰 재앙이 됐다.

손익계산을 할 때 장기적인 고려사항 또한 따져봐야 했다. 강력한 국민국가를 통치한 왕들 간 갈등이 늘어나는 추세였다. 충성과 동맹은 쉽게 뒤바뀔 수 있었다. 새로운 일은 아니었다. 중세시대 역시 국가 간 동맹은 다른 동맹으로 대체 가능한 것이었다. 이 무렵 성이 난공불락에 가까운 작전기지로서의 지위를 상실했다고 해서 완전히 쓸모없어진 것은 아니었다. 눈앞의 군사뿐만 아니라 미래의 군사에 맞서기 위해서라도 왕은 성을 온전하게 유지해야 했다. 반대로 야전군을 보호하는 것은 야전군뿐이었다. 여기서 장군의 계산과 통치자의 계산이 갈라진다. 장군은 군사력을 보존해야 하지만 통치자는 재산을 보존해야 했다. 패전군의 통치자는 위험에 처했지만 금고가 빈 통치자만큼은 아니었다.

통치자와 장군의 이익은 또한 새로운 자주 민족국가의 등장으로 갈리기도 했다. 중세에 사령관은 한 통치자를 섬겼다. 근대로 들어서면서 사령관은 한 통치자를 따르지만 국가를 섬긴다. 17세기에 전통적인 군주가 국가의 통치자로 전환하는 과정은 여전히 초기단계에 머물렀다. 그럼에도 통치자의 이익과 그가 통치하는 국가의 이익은 더이상 동일한 것이 아니었다. 물론 대부분의 경우 의미 없는 구별이었고 특히 완전한 군주제 아래서는 더욱 그러했다. 그러나 조국의 미래를 염려하는 장군은(아직 애국주의를 논할 단계는 아니다) 군주에게 유익하지만 국가에는 유익하지 않은 행동을 취하지 않으려 할 수 있다.

17세기의 전쟁에 참여하는 또 다른 잠정적 비용은 기동성 상실이었다. 이제 기동성은 훨씬 더 중요해졌다. 포위의 시대에 군대는 성을 공격하거나 방어하기 위해 존재했고, 종종 한 장소에 오랫동안 머물러야 했다. 이제 야전군은 끊임없이 적군의 토지, 무기고, 도시를 위협하는 동시에 스스로의 것을 지켜야 했다. 전투는 이렇듯 여러 개의 임무를 수행하기 위한 기동성을 군대로부터 박탈하려는 위협이었다. 적군과의 싸움은 팽팽한 접전의 연속으로 이어질 수도 있었다. 물론 이 과정을 통해 적군의 기동성을 제거하는 것도 전투의 잠재적 이득이 됐다.

이제 그 시대의 의사결정이 어떻게 이루어졌는지 분석하기 위해 당대의 가장 유명한 두 군사지휘관과 사상가를 검토하겠다. 그들 중 한 명은 업적과 저술로 명성을 얻은 반면 다른 하나는 전투 중 사망했다. 후자에 해당하는 구스타브는 당대에 보기 드물게 공격적이었고, 통치자들이 여전히 평야로 향하던 시기에 현대화를 일으킨 주인공이다. 구스타브 아돌프는 승리를 전쟁의 목표로 삼고 전투에 활발히 참여한 장군의 좋은 예다.[17] 이 점에서 그는 17세기의 다른 어느 장군보다 나폴레옹과 공통점이 많았다. 그러나 그는 유례없는 유혈분쟁이 일어난 30년전쟁

| 그림 4-2 | 30년전쟁

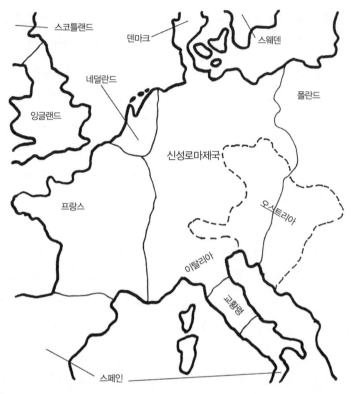

30년전쟁(1618~1648)은 여러 갈등이 뒤섞여 있었다. 신성로마제국 황제의 칭호를 지녔던 오스트리아의 통치자는 개신교 독일 제후들에 대항해, 자신을 따르는 가톨릭 제후들과 동맹을 맺어 제국의 효율적인 지배권을 확보하려 했다. 이로 인해 전쟁이 종교적 색채를 띠게 됐다. 스페인은 프랑스와의 경쟁을 추구하는 동시에 대부분 개신교도였던 네덜란드 반항세력을 다시 진압하려 했다. 스페인과 오스트리아는 모두 합스부르크 왕가의 지배를 받았기 때문에 자연스럽게 동맹을 맺었다. 개신교였던 스웨덴과 덴마크는 프로테스탄트 진영으로 전쟁에 참여했다. 오스트리아, 스페인을 비롯한 가톨릭 제후들은 (가톨릭이었던) 프랑스, 덴마크, 스웨덴을 비롯한 개신교 진영과 싸웠다. 그런데 스페인의 참여는 간헐적이었으며 제후들의 위치는 시간에 따라 변화했고 프랑스, 덴마크, 스웨덴은 각기 다른 시기에 참여했다. 스페인은 이 시기 전반에 걸쳐 네덜란드와 싸웠다. 네덜란드는 영국으로부터 어느 정도 원조를 받았다. 스웨덴은 또한 별개로 폴란드와 전쟁을 치렀다.

* 삽화: 후버트 판 투일.

(1618~1648, 그림 4-2)에서 싸웠다.

　이 전쟁의 발생은 종교와 정치 모두에 기인했고, 대대적인 파괴를 초래했다. 처음엔 신성로마제국이라 불린 거대한 영토 안에서 패권을 다투는 싸움으로 시작했다(독일과 몇몇의 인근 영토도 다소 포함됐다). 이 제국은 중세에 중요한 위치를 차지했지만 17세기에 들어서면서 제국의 통치자는 실제로 사람들을 다스리는 제후들에게 거의 권력을 행사하지 못했다. 황제는 권력을 되찾아오기 위해 보헤미아의 왕위에 오른 뒤 제국의 그늘에 편입시키려 했다. 보헤미아 귀족들은 종교적인 이유와 정치적인 이유로 황제를 거부했다. 귀족들이 스스로 자신의 통치자를 추대하자 황제는 보헤미아를 침략했다. 보헤미아의 귀족들은 개신교도였고 같은 신앙을 지닌 제후들이 군사적으로 그들을 지원했다. 전쟁 초기에 황제는 대체로 유리한 위치에 있었다. 그러나 1628~1629년에 황제가 지나친 권력을 주장한 나머지 가톨릭을 믿었던 군주들마저 적으로 돌렸다. 이 시점에서 전쟁은 더 불합리하게 변했다. 스웨덴이 끼어들고 뒤이어 프랑스가 개입했다. 네덜란드와 영국도 참전했다.

전쟁은 재앙이었다. 제후들은 실권을 잡으려는 희망을 포기했고 그들의 작위는 무의미해졌다. 그러나 훨씬 더 중요한 것은 서민에게 끼친 영향이었다. 수확이 중단되고 굶주림이 찾아왔다. 마을들은 여러 차례 약탈당했으며 살아남은 주민은 대부분 마을을 떠났다. 마그데부르크의 경우 11차례의 약탈로 인해 인구가 3만 명에서 5,000명으로 감소했다. 독일의 인구는 3분의 1 수준으로 줄었다. 대부분의 고통은 군대를 마주해 상대하는 직접적인 행동이 아니라 경제적인 요인과 관련이 있었다. 극심한 경제문제는 이미 전쟁 전야부터 독일을 괴롭혔다. 전쟁 경로를 벗어난 지역 역시 침략을 견뎌낸 지역만큼 심각한 문제를 겪었다. 단기간에 처리할 수 있는 문제도 아니었다. 점점 더 가난해진 소작농들은 대지주, 자본가 그리고 국가에 땅을 팔아야만 했다. 이 참사를 일으킨 장본인이라 할 수 있는 병사들 역시 희생자였다. 사령관들은 주기적으로 수많은 사람들을 낭비했다. 즉, "전쟁의 경제학을 통해 (소수의 숙련된 인력 대신) 훈련받지 않은 인력을 많이 쓰기가 더 편리해졌다. 현실적으로 그들을 훈련시키는 데 드는 비용이 더 적었기 때문에 사령관들은 피비린내 나는 전투에서 수많은 사람들을 쉽게 낭비했다." 30년전쟁은 제1차 세계대전 이전 패권국가들 사이에 벌어진 충돌 가운데 가장 많은 전사자를 낸 것으로 추정된다.[18]

이는 지휘관들이 숙련된 부대를 아껴야 했던 한 세기 반 뒤의 상황과 대비된다. 더 흥미로운 점은 구스타브 아돌프의 상황과도 대비된다는 점이다. 물론 그는 과감한 공격을 가해 큰 손실을 당하는 위험(뤼첸 전투의 경우 50퍼센트에 이르렀다)을 무릅쓰기도 했다. 하지만 그에겐 매우 잘 훈련된 군대가 있었고, 이는 스웨덴의 훌륭한 징병제로도 충원되기 쉽지 않은 것이었다. 그렇다면 왜 그는 자신과 자신의 부대에 더 신중하지 않았을까?

그의 공격성은 합리적 계산의 결과다. 그가 "끈질기게 전쟁을 추구하고 치른 것"은 적군이 우세했기 때문이었다. 신성로마제국의 자원은 구스타브 아돌프의 자원을 훨씬 능가했다. 작전과 책략을 펼치는 방식의 전쟁에선 절대 이길 수 없었기 때문에 그는 전투에서 적군을 전멸시켜야만 했다.[19] 그는 전투 기회가 생겼을 때 승리의 가능성이 농후하다면 공격을 감행했다. 얻을 수 있는 추가이득이 추가비용의 위험을 정당화했기 때문이다. 전혀 전쟁을 도발하지 않을 경우 패배라는 비용을 치러야만 했던 것이다. 그의 공격성은 그 전쟁의 본질적 기능을 수행하는 것이기도 했다. 단순히 영토나 지역세력의 균형을 두고 싸우는 전쟁이 아니었다. 신성로마제국은 독일 전체에 권력을 행사하려 했고 이는 스웨덴의 총체적인 위상을 위험에 빠뜨렸다. 더 중요한 점은 제국의 승리가 개신교의 존재 자체를 위협한다는 데 있었다. 구스타브 아돌프와 그의 나라

| 그림 4-3 | 뤼첸 전투

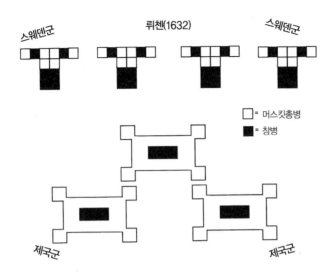

뤼첸 전쟁터 중심부의 세부적 내용은 구스타프 아돌프의 획기적인 전술을 효과적으로 보여준다. 스웨덴 보병부대들은 작았고 상대편 제국군보다 더 복잡했다. 이는 스웨덴군이 전략적 유연성을 갖춰 환상적인 비용으로 더 크고 아주 잘 단련된 군대를 무찌를 수 있게 해주었다.

＊삽화: 데브라 판 투일.

는 루터파였고 따라서 군사력과 숫자에서 열세에 놓여 있던 북독일 루터파를 매우 동정했다. 종교전과 유사한 이 전쟁에서 평화적 타협은 제국이 전멸하지 않는 한 불가능해 보였다.

이런 사실들은 왜 구스타브 아돌프가 위험과 수적인 열세를 감수하면서까지 1632년 11월 16일에 제국군을 공격하기로 결정했는지 설명해준다(그림 4-3). 몇 가지 사건이 전투 참여에 따르는 비용/편익 분석을 공격에 도움이 되는 방향으로 이끌었다. 제국군은 힘을 얻고 있었다. 독일에서 스웨덴의 위신은 떨어지고 있었다. 그의 주요 동맹국은 의심을 품었다. 그의 연락선은 길어서 장기간의 군사작전을 더 어렵게 만들었다. 그리고 물론, 그에게는 "호전적 본능"과 "싸우기 좋아하는 성격"이 있었

199

다. 이 평가는 사실 어느 정도 과장된 것일 수도 있다. 구스타브도 상황이 여의치 않을 때면 전투를 피했기 때문이다. 그런데 적군의 세력이 나뉘면서 절호의 기회가 생겼다. 그는 뤼첸에서 공격을 감행했다. 이는 예상한계비용/편익 분석의 전형적 사례가 된다. 다른 모든 환경적 요인은 이미 존재했지만, 적군 수의 감소라는 하나의 사건이 추가되면서 공격 결정이 내려졌다. 비록 구스타브의 계산은 틀렸어도 어쨌든 그는 계산을 했다![20]

30년전쟁 뒤 장군들의 계산법은 많이 달라졌다. 구스타브와 같이 (그러나 그의 동시대인 대부분과는 달리) 그들은 고도로 훈련되고 귀중한 병사들을 지휘했다. 전임자들과 달리 그들은 총력전을 벌이지 않았다. 30년전쟁은 (표면적으로는) 종교로 인해 벌어진 마지막 싸움이었다. 총력전이 사라진 상태에서 단 하나의 전투에 모든 것을 거는 행위는 별 의미가 없었다. 전쟁을 계획하고 생각하는 것은 초기 계몽사상의 과학적 뉘앙스를 띠기 시작했고, 특히 가능한 결과를 계산해내는 데에 중점을 뒀다. "민사소송에서 판사가 양측의 변론을 비교하는 것처럼 당신의 세력을 가늠해서 적군의 세력과 비교해보라." 장군 라이몬도 데 몬테쿠콜리Raimondo de Montecuccoli(1609~1680)가 한 이 말은 계몽사상이 매우 중시한 가치, 즉 객관적 타당성이 갈수록 중요해졌음을 시사한다. 병사들의 계산은 더욱 명백해졌다. "만약 당신의 군대가 강하고 전투에 단련돼 있다면, 그리고 적군이 약하고 최근에 편성됐거나 나태해져서 약해졌다면, 당신은 전투를 벌여야 한다. 만약 적군에게 유리한 지역이라면 전투를 피하라. 그리고 적군의 진격을 막는 데 만족하라." 몬테쿠콜리가 전투를 도발하거나 거절하는 문제를 단순한 수치에 의존해 해결하지 않았다는 데 주목하자. 그 대신 그는 여러 가지 요인(힘, 경험, 강도)을 제시한다. 이 중 어떤 것도 결정을 바꾸는 결과를 낳을 수 있다. 대부분의 동시대인과 마찬가지로 그는 자주 전투를 회피했다. 불리한 상황에 놓였을 때 그는 종종 로마 파비우스 장군의 예를 들어 회피를 정당화했다. 즉 사람들에게 "전쟁의 형태를 변화시켜라." 그리고 국가의 "안전을 위협하는 일은 피하라."고 충고했던 것이다.[21]

몬테쿠콜리는 전투를 무조건 피하라고만 조언하지 않았다. 반대로 그는 "유리한 위치에서 싸우라"고 기술했다. 또한 그는 현명하게, "불리한 위치에 자신을 몰아넣지 말라"고 주의를 주었다. 그는 전통적인 방식의 싸움을 상기하며 "네가 적보다 훨씬 약하다면… 들판은 내버려두고 요새로 후퇴해야 한다."라고 조언했다. 물론 언제까지나 그곳에 머무는 것은 해결책이 아니다. 이 대단한 이탈리아 장군은 단호히 말했다. "싸우지 않고도 위대한 일을 성취할 수 있다는 생각은 환상에 불과하다."[22]

한마디로 유리한 상황일 때는 전투에 도전해야 한다. 그리고 신중한 계산을 통해서만 이 유리함을 판단할 수 있다. 계산은 반드시 자신의 군대와 적군이 지닌 신체적·정신적 강점을 고려해야 한다. 주요 분야에서 명백하게 우세하다면 전쟁의 추가비용을 뛰어넘는 추가이득을 얻을 수 있다. 몬테쿠콜리가 제시한 바와 같이, 상대적 강점들을 파악하는 것은 장군에게 전쟁비용을 추정하는 중요한 도구를 제공한다. 어차피 전투를 하지 않더라도 어느 정도의 비용은 발생하는(보급품, 탈주, 질병으로 인한 손실 등) 상황에서 상대적 강점들을 안다면 대략적으로나마 군대가 얼마나 교전을 잘 해낼 수 있을지를 가늠할 수 있게 된다. 이러한 예상비용들은 전투를 했을 때의 추가 예상편익과 비교해서, 그 반대의 경우라면 전투를 하지 않았을 때와 비교해서 계산된다. 전투의 추가비용과 추가편익의 순효과는 유리한 쪽으로 계산해야 한다.

만일 한쪽의 전투비용에 전략적 이익의 상실분을 합친 것이 그 적의 전투비용에 전략적 이득을 합친 것보다 적을 경우 그 전쟁은 불리한 것으로 간주된다.

이는 현대의 독자에게 유치하게 느껴지겠지만, 중요한 것은 몬테쿠콜리가 구스타브와 마찬가지로 당면한 전투를 수락할지 거절할지를 치밀하게 계산했다는 점이다. 이는 변수가 많은 의사결정 문제를 처리하는 방식이며 이전보다 더 정돈되고 체계적인, 기념비적으로 중요한 결정에 도달하는 방식이었다. 장군들이 특정한 전투와 관련해 군사적으로 옳은 결정을 내렸는지와(결국 참여한 장군 중 적어도 하나는 지게 마련이다) 어떻게 결정을 내렸는가를 혼동하지 말아야 한다는 점을 다시 한 번 강조할 필요가 있다. 요점은 전투의 시대에 전투는 너무 중요해져서 장군은 사전에 가능한 결과들을 계산해야 했다는 사실이다.

1700년대: 말버러 공작, 삭스 백작, 그리고 프리드리히 대왕

18세기는 계몽주의 시대의 정점으로 알려져 있다. 따라서 계획적으로 전쟁을 시작하고 이용할 뿐 아니라, 전쟁을 줄이려고 노력했다는 사실은 놀라울 게 없다. 과학적 성취도 정점에 도달했다. 군사저술가들은 전투를 이용해 얻을 수 있는 이득보다 군사작전 기술을 강조했다. 그러나 전투를 피하기는 거의 어려운 시대였다. 몇몇 군사지휘관은 다음 세기의 나폴레옹과 클라우제비츠 휘하 장군들만큼이나 공격적이었다. 찰스 12세(1682~1718), 존 처칠, 말버러 공작(1650~1722) 그리고 프리드리히 대왕(1712~1786)은 거의 전투를 피하지 않았다(비록 뒤의 두 지휘관은 전투를 시작할 때 계산의 역할을 부정하지 않았지만 말이다). 그러나 17세기와 18세기는 군사적으로 혁명적인 차이보다는 점진적인 변화가 있었다. 전략, 무기, 전술은 엄밀해지고 향상됐으나 크게 변하지는 않았다.

이러한 향상은 전쟁에 역설적인 영향을 끼쳤다. 1750년의 군대는 군사작전기술과 총격기술 발달 덕택에 한 세기 전의 선임자들보다 현저히 더 효과적인 전쟁 도구가 됐다. 부대원들은 임무수행을 위해 더 집중적인 훈련을 받아야 했다. 모리스 드 삭스Maurice de Saxe(1696~1750: 독일어로는 모리츠 폰 작센 백작, 폴란드 왕이 된 작센 선제후의 서자로 프랑스의 대원수를 지냄.—옮긴이)는 더 큰 군대가 아니라 더 나은 군대가 유리하다는 판단을 내렸다. 잘 훈련되고 믿을 만한 보병대형은 포화를 받았을 때 위치와 방향을 바꿀 수 있었다. 또 위협을 막아내고 갑작스러운 기회를 유리하게 활용하고 상황이 악화되면 합리적인 판단을 통해 훗날의 싸움을 기약하며 후퇴할 수도 있었다. 장애물이 너무 커서 기술이 무의미해지지 않는 한, 이러한 일을 할 수 있는 군대는 그렇지 못한 군대에 패배할 가능성이 적었다. 생산성 싸움이 벌어졌다. 아주 뛰어난 보병부대를 훈련시키는 데 4년이 걸린다는 것은 당시의 장군들에게 자명한 사실이었다. 이 때문에 평화시에도 좋은 군대를 양성하기 위한 투자가 이어졌고 재배치 비용은 매우 높아졌다.

전쟁의 직접비용도 높아졌다(이미 이전 세기에도 마찬가지였는데, 전쟁은 왕들의 특권이 됐으나 그들 역시 싸움 비용 때문에 재정적인 압박을 받았다. 루이 14세의 재정은 두 번의 큰 전쟁 뒤 거의 파산 지경에 이르렀다). 비용 증가는 여러 요인에서 비롯했다. 군대의 성장은 부대에 정기적으로 지불하는 급료가 어느 때보다 높아졌고 이것이 일반화됐음을 의미한다(당대의 병사들은 입대에 대한 일종의 보답을 기대했다). 군대가 커지면서 총포가 더 필요해졌다. 대개 왕실 혹은 국가 소유의 공장에서 총포을 제조했으나 이로 인해 취득비용이 낮아지는 일은 거의 없었다. 주요 도시, 무기고, 침략 가능 경로의 방어시설을 구축하는 데 거금이 들었다. 종종 정치적인 이해관계에 따라 계급을 나눠주는 식의 임관으로 거만해진 장교단에도 돈이 많이 들었다. 몇몇 통치자들은 소모용 외국인 용병에 기대는 것을 자기 소유의 젊은 납세 농민들에 의존하는 것보다 더 선호했다. 후자로부터 얻은 세수로 전자의 비용을 지불함으로써 국가예산의 균형을 맞췄을 것이다. 만약 젊은 농민을 선발했다면 세수에서 두 단계, 즉 젊은이가 생산했을 세수와 그 청년을 위해 다른 몇 시민이 지불하는 금액에 해당하는 세수가 사라졌을 것이다. 이는 신흥 국군이라는 개념을 무효화했을 뿐 아니라 주목할 만한 군비 감소를 불러왔다. 당대의 대왕들은 돈을 빌릴 수 있었지만 프랑스 통치자들이 보여준 바와 같이, 돈을 빌리려는 사람의 의지가 채무자로서의 상환능력을 보장하지는 않았다.

절대적으로 보면 전쟁비용이 상승하고 있었지만 상대적으로 보면 얘기는 더 혼란스러워졌다.

흔히 범하는 실수는 장기적으로 보았을 때 전쟁비용에 선형적이거나 기하급수적인 상승추세가 있었다고 가정하는 것이다. 물론 절대적인 관점에서 보았을 때, 기록된 역사의 첫머리부터 군사장비의 비용과 방어예산의 규모는 어느 정도 거침없이 상승했다고 나온다. 그러나 상대적인 관점에서 보았을 때, 유형들은 더 복잡하다. 우리는 군사지출을 전쟁의 범위와 빈도에 연결시켜볼 필요가 있다. 전체인구 대비 군대의 규모, 군사기술의 파괴력("달러당 총성") 등 기술과 비용, 생산량과 전쟁비용들은 사실 역사 전반에 걸쳐 변동이 심했다. 이러한 변동은 재정개혁의 원동력이었다.[23]

실로 왕실의 전쟁지출 부담은 늘어났지만, 그 상승이 선형적이지는 않았다(표 4-1). 그러나 개인적인 전쟁은 훨씬 더 비싸졌다.

16세기 전쟁비용은 수백만 파운드로 추정된다. 17세기 후반에 들어서면서 이는 수천만 파운드로 추산되기도 한다. 그리고 나폴레옹 전쟁의 끝 무렵 주요 전투부대의 지출은 종종 연간 수억 파운드에 이르렀다.[24]

| 표 4-1 | 왕실의 군사적 지출(세기별 전체 지출 대비 비율, %)

15세기	40
16세기	27
17세기	46
18세기	54

* 자료: 퍼거슨, 2001, 41쪽.

이 발언의 정확성은 영국의 전쟁지출 상황을 통해 확인할 수 있다(표 4-2). 물론 비용 상승은 짐이 됐다. 육군과 해군의 성장은 경제 육성을 통해서만 지탱될 수 있었다. "신용을 유지하고 보급품을 계속 모을 수 있는" 능력은 왜 영국이 표면적으로 훨씬 우세한 프랑스를 이겼는지 설명한다. 17세기와 18세기에 급격히 변하지 않았던 기술의 변화보다 훨씬 큰 변화는 전투에 필요한 자원을 준비하는 새로운 국민국가의 능력이었다.[25]

18세기에는 세력의 판도도 변하지 않았다. 혼란스러운 17세기에 비하면 어느 정도 안정적인 편이었다. 7년전쟁의 굴욕에도 불구하고 프랑스는 당대의 패권국이었다. 프로이센은 강대국이 됐고 러시아는 "노는 나라"가 된 반면 오스트리아는 다소 위축됐고 스페인은 신경 쓸 필요없는 나라로 전락했다. 이전 세기와 마찬가지로 이러한 변화들은 급진적이지 않았다. 혁명적이기보다는 점진적인 흐름을 반영했을 뿐이다. 당대의 대전들(대북방전쟁, 스페인 왕위계승전쟁, 오스트리아 왕위계승전쟁, 7년전쟁)은 여러 방식으로 세력의 판도를 전복시키려 했으나 전략적 지형도는 놀라울 정도로 느리게 변화했다. 이 충돌들 중 어떤 것도 전면전의 수준에 도달하지 못했다. 비록 하나는 근접했지만 말이다.

바로 7년전쟁(1756~1763)이었다. 드물게 발생한 전면전이었고 그 양상도 복잡했기 때문에 요약해볼 가치가 있다. 전쟁이 "공식적으로" 시작됐

| 표 4-2 | 영국의 주요 전쟁 비용, 1689~1815(100만 파운드 단위, £)

대동맹 전쟁(1688~97)	49
스페인 왕위계승전쟁(1702~13)	94
젠킨스위 귀/오스트리아 왕위계승전쟁(1739~48)	96
7년전쟁(1756~63)	161
미국 독립전쟁(1776~83)	236
나폴레옹 혁명(1793~1815)	1,658

* 자료: 케네디, 1976, 81쪽.

을 때, 두 참전국(영국과 미국)은 이미 2년 동안 북아메리카의 지배권을 두고 선포되지 않은 전쟁을 하고 있었다(프렌치-인디언 전쟁). 1756년 프랑스·러시아·오스트리아는 열강 프로이센의 존재를 무너뜨리려 했다. 프로이센의 프리드리히 대왕은 과거 오스트리아 왕위계승전쟁에서 슐레지엔을 장악하면서 이러한 연합을 불러왔다. 영국은 프로이센과 동맹을 맺었지만 단순히 양국 모두 프랑스에 대항하고 있었기 때문만은 아니었다. 영국을 통치하는 왕조는 독일계였고 여전히 독일의 많은 지역을 소유했다(하노버). 이는 현명한 판단이었다. 차후 명백한 승리자는 영국뿐이었기 때문이다. 영국은 북아메리카, 인도, 바다에서 프랑스를 무찔렀다. 프랑스의 성과는 유럽에서 제일 형편없었다. 프로이센은 러시아가 1762년 갑자기 전쟁에서 빠진 덕분에 가까스로 살아남았다. 그러나 적어도 패권국으로서의 위치는 안전했고 프로이센의 유명한 통치자는 남은 23년의 통치기간 동안 전쟁을 피했다. 오스트리아는 아무것도 얻지 못했다.

우리의 분석으로 돌아가서, 전쟁의 변화와 그 전략이 전투를 도발하는 비용과 편익의 계산에 어떤 영향을 끼쳤는가? 가장 중요한 변화는 추가비용의 계산에 놓여 있다. 대부분의 충돌이 국가의 중심부보다 경계와 지방에서 벌어진 덕에 추가비용은 낮아졌다. 전체 체계나 삶의 방식이 위태로워지는 전면전에서 수많은 병사의 목숨을 잃는 위험을 감수하는 것은 어느 정도 이해할 만하다. 그러나 잠재적 이득이 적을 때 큰 손실을 감수하는 것은 그다지 합리적이지 않다. 잠재적 이득이 적을 뿐만 아니라 잠재적 손실이 불가피하기 때문이다. 더 강고해진 세력들은 전장 또는 전투를 패배로 끝내기에는 걸려 있는 문제가 많았다. 이는 왜 (단지 개인들이 아니라) 몇몇 국가가 더 보수적인 모습을 보였는지 설명해준다. 스페인 왕위계승전쟁 당시의 프랑스와 7년전쟁에서 프랑스·오스트리아·러시아 3국은 잃을 것이 많았다. 이는 또한 이 충돌의 상대가 왜 더 공격적인 모습을 보였는지 설명할 수 있다. 마찬가지 이유로 스페인 왕위계승전쟁에서 영국은 적들이나 동맹국 네덜란드보다 더 공격적일 수 있었다. 영국은 군대를 잃을지언정 여전히 침략당할 일은 없었다.

전체 전쟁비용의 증가는 전투의 추가비용도 증가했다는 것을 의미했다. 전투를 위험에 빠뜨린다면 돈이 많이 드는 대형을 위험에 빠뜨리는 것이었다. 더 공격적인 장군일수록 잠정적 손실(위험에 처한 군대에 쏟아붓는 비용)은 더 커졌다. 장군들은 한계비용 상승 문제도 겪었을 가능성이 높다. 20명으로 구성된 보병대의 손실이 군대 전체의 운영능력을 심하게 손상시켰다면, 그 비용은 10명을 잃는 경우의 두 배 이상일 것이다. 상승한 비용은 수익계산에서 다음과 같은 문제를 안겼다. 우선 한 가지는, 당대의 군주들은 너무 많은 패배를 감당할 수 없었다. 대중의 의견이 오늘날과 같은 지위를 갖지는 않았지만, 심각한 군사적 좌절 뒤에는 종종 퇴위가 거론됐다. 또한 패전군은 단지 전투지역뿐 아니라 무기와 군사까지 잃었다. 도망가는 군사들은 흔히 무기를 버렸고(어쨌든 대포는 포기해야 했다), 탈영했다. 역설적으로 이 문제는 승자의 추격을 방해했다. 흩어진 군사를 뒤쫓기는 어려웠기 때문이다. 그러므로 적군을 완전히 무찔러서 얻을 수 있는 이득은 사실상 가치가 떨어졌다. 이제 완전한 패배는 전멸과 동등한 것이 아니었다.

　모든 통치자와 장군이 증가한 비용의 영향을 제대로 인식한 것은 아니었다. 말버러 공작은 거대한 손실로 인해 동맹과 정부 그리고 스스로의 위치까지 악화시켰다. 프리드리히 대왕은 공격적인 접근법 때문에 자신을 거의 치명적으로 약화시켰다. 죽음에 임박한 루이 14세는 계승자에게 자신이 너무 전쟁을 즐겨 결과적으로 사람들이 무리한 세금 부담을 떠맡았다며 유명한 조언을 남겼다. 물론 이들 통치자들은 이웃나라와의 싸움으로부터 한계비용을 상쇄할 더 큰 이득을 기대했다.

　전투 중심의 시대에도 무기고와 주요 전략거점들은 보호를 받았으며 싸움터에서의 승리보다 더 중요시됐다. 중요한 마을이나 무기고를 잃는 위험은 적군을 물리치는 이득을 뛰어넘는 잠재적 비용이었다. 그것은 다음과 같은 단순한 생각 때문이었다. 전장의 승리를 한 번 추가해서 나오는 이득은 항상 예견하기 어려웠다. 패배한 적군은 와해되었을 수도, 재기하기 어려울 정도로 타격을 입었을 수도, 평화협정을 제휴해야 할 만큼 상처를 입을 수도 있었다. 반대로 주요 마을 혹은 무기고의 손실은 세수의 손실이자 무기 보급의 손실을 의미하고 나아가 동맹이나 다른 중요한 마을과의 지리적 연결마저 단절시킬 것이다. 추가이득은 불분명한 반면 추가비용은 매우 명백했다. 당대 장군들의 과도한 조심성을 비판하기 전에 항상 이 점을 유의해야 한다.

　물론 이러한 비판이 18세기 초반의 가장 유명하고 논쟁적인 장군인 말버러 공작을 향한 적은 한 번도 없었다. 말버러 공작에 대한 묘사는 조금씩 변한다. 그는 자신의 약삭빠른 네덜란드 동맹자들에 의해서만 좌절된, 대담한 장군으로 그려져왔다. 그러나 최근에는 합리적인 네덜란드 동맹자들과 함께 싸운다는 사실을 인식한, 훨씬 계산적인 인물로 그려진다. 실제로 그는 책략과 수비 또는 요새 쌓기에 알려진 것보다 훨씬 더 많은 시간을 할애했다. 데이비드 챈들러David Chandler에 따르면 그가 전면전을 승리의 열쇠로 보았다는 사실에는 의심의 여지가 없다. "처음부터 끝까지 그는 전면전을 적군의 군사적 힘과 더 나아가 저항의지를 꺾을 수 있는 단 하나의 수단으로 보고 지지했다."[26] 그리하여 당대 몇몇 장군은 오늘날에도 여전히 유명한 네 전투를 이력서에 추가할 수 있었다(블렌하임, 오우데나르데, 라미예, 말플라케).

말버러 공작의 전면전 성향을 고려하면, 챈들러가 옳을 수도 있다. 그러나 왜 그가 특정한 시점에서 바로 공격을 감행했는지 직접적으로 설명해주지는 않는다. 그의 계산에 주요하게 영향을 주었던 생각은 놀랍게도 매우 전통적인 군사적 이점이었다. 블렌하임(1704) 전투에서 그의 공격은 당대의 기본적인 규칙 하나를 위반했는데, 적군의 규모가 더 컸다는 점이다. 말버러 공작과 그의 동맹국들은 애초 후퇴할 예정이었다. 그러나 이 영국인은 프랑스가 더 많은 병력을 얻기 전에 공격하고 싶었다. 따라서 말버러 공작이 책략 지향적인 체스와 같은 움직임을 보이리라 예상했던 그의 적수들은 피비린내 나는 전투에 들어가 공격을 받았고 결과적으로 완패를 당했다(그림 4-4). 라미예에서도 말버러 공작은 다시 한 번 영국의 소극적 대응을 기대하던 프랑스의 허를 찔렀다.[27]

무엇이 말버러 공작으로 하여금 당시의 패턴을 깨게 만들었을까? 그가 전쟁을 도발한 비용과 편익 계산은 동시대인들과 명백히 달랐다. 그는 높은 비용을 감수하는 대신 그에 상응하는 높은 이득을 바랐다. 정부가 "장군들은 가장 유리한 경우가 아니면 싸우지 않도록" 막은 반면, 말버러 공작이 치른 네 차례의 주요 전투 중 이 요구에 들어맞는 것은 기껏해야 하나밖에 없다. 그는 획득 가능한 추가이득을 매우 높게 평가했다. 그를 막곤 했던 네덜란드는 국가안보를 위해 "사상자 수와 비용을 가능한 낮게 유지"하길 원했다. 네덜란드는 처음 80개이던 보병대대가 마지막에

| 그림 4-4 | 블렌하임 전투

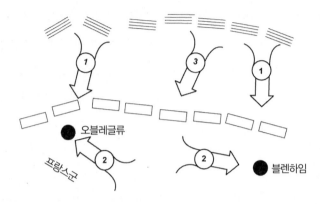

18세기 체스와 같은 군사작전의 고전인 블렌하임 전투는 당대 가장 공격적인 장군들 중 한 명이 성취한 내용의 정점을 보여준다. 말버러 공작과 사보이 공 외젠은(1) 오블레글류와 블렌하임(현재의 블린트하임)의 마을들을 공격했다. 프랑스군(2)은 예비병력을 마을들에 쏟아부었고, 이 때문에 중심부가 약화됐다. 이때 말버러 공작은 중심부에 일제히 공격을 시작했고(3) 덕분에 전승을 거둘 수 있었다.

* 삽화: 데브라 판 투일.

는 18개만 남은 말플라케 전투로 인해 더욱 조심스러운 태도를 견지했을 것이다. 사상자가 "너무 많아서 네덜란드군은 더이상 예전과 같지 않았다. 결원이 된 병사는 제때 보충할 수 있었지만 말플라케의 기억은 길고 어두운 그림자를 드리웠다."[28]

말버러 공작은 비록 위험하더라도 결정적인 승리를 거둘 경우 동맹국 모두에게 유리한 결과를 낳을 가능성이 더 높다고 믿었다. 그러나 왜 이런 믿음을 갖게 됐을까? 만약 그가 돈을 노리는 젊은 장교였다면 선임들의 보수적인 전략을 거부한 것을 이해할 수도 있다. 그러나 블렌하임 전투 때 그는 이미 50세를 넘겼고, 당시로서는 노인이었다. 이에 대해서는 적어도 두 가지 설명이 가능하다. 우선 그는 승리의 수단으로 결정적인 전투를 추구했다는 것이다. 블렌하임 전투는 "전쟁의 방향을 전환시켰다." 책략가들의 시대가 지난 뒤, 말버러 공작은 전투의 결정성을 되살려

네 차례의 전투에서 모두 군사적으로 완승을 거뒀지만 전쟁에서는 아니었다. 이는 말버러 공작이 조국과 동맹세력에 전혀 이득이 되지 않는 쪽으로 자신의 한계비용/편익 계산을 하고 있다는 의견을 불러왔다. 윈드로와 메이슨은 "결과로부터 도망칠 수 있는 사람은 없다."고 말한다. "지휘계급으로서의 이력을 통틀어 그는 항상 자신의 충족되지 않는 야망들의 희생자였다." 그렇다고 해도 말버러 공작은 의심할 여지없이 자신의 예상 순이익을 계산했다. 그가 인식된 바를 걸러내고 행동했다며 비난을 하기 전에, 우리는 우리 모두의 행동방식 및 경제적 개념으로서 한계비용과 편익 계산이 우리가 그렇게 행동하리라 예상하는 바와 정확히 일치한다는 것을 알아야 한다.[29]

모리스 드 삭스는 매우 다른 방침을 취했다. 그는 한계비용과 편익 계산에 있어 말버러 공작보다는 당대의 지적인 흐름에 더 가까웠다. "나는 총력전을 좋아하지 않는다. 전쟁 초에는 특히 더 그렇다. 또한 나는 숙련된 장군은 싸움을 강요당하지 않아도 전쟁을 치를 수 있다고 확신한다." 삭스 백작의 글과 그의 업적을 보면 그가 군사적 행동의 비용과 이득 계산에 크게 몰두했음을 알 수 있다. "나는 적을 무너뜨릴 수 있는 기회가 생겼을 때에도 공격해선 안 된다거나 적의 실수에서 이득을 취해서는 안 된다고 말하려는 게 아니다. 내 말은 운에 맡기지 않고도 전쟁이 이뤄질 수 있다는 뜻이다." 삭스 백작의 자서전을 가볍게 읽는 독자는 이 프랑스 대원수가 당대의 가장 능력 있는 군인이었음을 모른 채 이런 말들을 이론가의 의견쯤으로 받아들일 수 있다. 그는 포위공격을 이용해 우위를 차지하는 데 특히 능했다. 그는 적을 요새 속으로 끌어들여 지치기를 기다린 뒤 공격하기를 좋아했다. 가장 큰 승리를 이끌었던 퐁트누아 전투(1745)는 그가 어떻게 포위작전을 이용해 전투를 벌였고 고대와 근대의 전쟁을 결합했는지 보여준다. 그는 유리한 상황을 만들어서 비용/편익

비율을 변화시켰다.[30]

프리드리히 대왕은 말버러 공작과 삭스 백작의 태도를 결합한 것처럼 보인다. 이건 우연한 일이 아닐지도 모른다. 그는 맹렬히 전쟁과 군사역사를 공부했다. 근대사에서 가장 훈련이 잘된 군대를 물려받은 그는 프로이센을 주요한 국가로 건설하기 위해 의도적인 군사적 침략에 착수했다. 그는 15년 동안 두 전쟁에서 싸웠는데, 엄밀히 따지면 둘 다 그가 일으킨 전쟁이었다. 그러나 그는 통치 마지막 23년 동안은 운 좋게 파괴를 피하면서 평화롭게 지냈다.

프리드리히는 다가온 전쟁이 전투를 도발하는 비용과 이득에 대한 자신의 생각과 계산에 변화를 일으켰음을 결코 인정하지 않았다. 그는 자주 도발한 편이었다. 7년전쟁 동안 프리드리히는 11차례의 전투를 치렀는데 9차례는 그가 먼저 공격한 것이었다(그림 4-5). 왜 이러한 일이 벌어졌는지 이해하기 위해 계산할 필요는 없다. 비용이 굉장히 높았던 반면(프리드리히의 작고 숙련된 군대는 끔찍한 소모전을 겪었다), 편익 역시 매우 컸다. 그가 방어적인 전쟁을 추구했다면 왕국을 진격해오는 세 열강에게 점령당하는 결과를 낳았을 수도 있다. 몇 년 전의 구스타브 아돌프와 같이 계산은 매우 단순했다.

프리드리히의 마음 상태는 계산에 영향을 주었다. 1757년 4월 보헤미아를 침공했을 때, 그는 "오스트리아군을 쳐부수어 전쟁을 벌일 능력 자체를 없애는 결정적인 군사작전"을 추구했다. 이는 과거 대부분과의 단절을 보여준다. 불운한 지형적 상황으로 설명될 수도 있지만, 적에 둘러싸이지 않았더라도 그는 이러한 방침을 취했을 가능성이 있다. 그는 "프로이센군은 언제나 공격한다"고 주장했고 재난을 당했을 때마저 이 공식을 포기하지 않았다. 그의 계산들은 역사적 지식에 영향을 받았을 수도 있다. 그가 적극적으로 참여한 계몽주의는 문제해결 방안으로 지식 탐구

| 그림 4-5 | 7년전쟁

7년전쟁(1756~1763)은 프랑스, 러시아, 오스트리아가 군사적으로 강하지만 지리적으로 취약한 프로이센(후자 때문에 "국경의 왕국"이란 별명이 붙었다)의 성장을 억제하기 위해 감행한 직접적 행동이었다. 영국은 두 가지 이유로 프로이센과 자연스럽게 동맹을 맺었다. 영국 왕실은 하노버를 통치했는데 하노버는 프랑스의 확장을 두려워했고, 영국은 북아메리카에서 1754년부터 프랑스와 전쟁 중이었다(프렌치-인디언 전쟁이라 알려져 있다). 프로이센은 프리드리히 2세의 대단한 군사적 능력에도 불구하고, 러시아의 망나니 표토르 3세가 전쟁에서 철수했을 때 국가는 파멸 직전이었다. 프로이센은 간신히 살아남았다. 프랑스는 굴욕을 당했으며 영국은 세계의 지배적인 권력으로 부상했다.

* 삽화: 후버트 판 투일.

를 강조한다. 훗날의 독일 군사사상가와 마찬가지로, 프리드리히가 적섬멸을 통한 승리에 관심을 둔 것은 칸나에 전투에 자극을 받아서였다(기원전 216년).[31]

왜 프리드리히의 계산은 동시대인들보다 훨씬 높은 빈도의 공격 명령에 도달했을까? 분명 그는 삭스 백작이나 몬테쿠콜리보다 훨씬 낙관적이었다. 프리드리히는 수적인 열세를 전혀 문제시하지 않았다. "수적으로 열세에 놓여 있다고 해서 승리를 단념하지 마라." 그는 수적인 열세를 뛰어넘을 수 있는 지형, 요령, 전술 그리고 다른 수단들을 제시했다. 당대의 주류 전쟁 법칙에 따르면 거의 항상 수적으로 열세에 놓여 있던 그가 공격을 한다는 건 불가능했다. 하지만 말버러 공작이 사망한 후 누구도 공격하지 않을 상황에서 프리드리히의 공격 결정은 불가피했다. 그러나 추가적으로 염두에 둘 것은 그가 장기전은 비용이 많이 들고 병력을 감퇴시킨다는 이유로 단기전을 선호했다는 사실이다.[32]

프리드리히는 전후 저술에서 겉으로 드러난 자신의 성향을 명백하게 인정하지 않았다. 1762년에 사망한 러시아의 엘리자베타 여제가 프리드리히를 숭배한 망나니 조카 표트르 3세에게 왕위를 넘겨주지 않았더라면 프로이센은 먼 기억 속에서만 존재했을 것이다. 여하튼 프리드리히는 저술을 통해, 이 경험으로 전투 결정에 있어 더 미묘한 계산을 하게 됐다고 밝힌다. "중요한 목적에 도움이 되지 않을 전투는 시작하지 마라"고 그는 조언한다. 실로 그는 한계비용과 한계편익의 차이는 커야 한다고 주장했다. "전쟁은 전투에 의해서만 결정된다. 전투 없이는 끝나지 않는다. 그러므로 싸울 수밖에 없지만, 시의적절해야 하며 아군에 안길 수 있는 모든 이득을 가져와야 한다."[33]

이는 너무 자주, 때로는 의심스러운 상황에서도 공격했던 왕의 말처럼 들리지 않는다. 계산에 대한 의견은 적어도 네 가지 이유로 바뀌었다. 첫번째, 그는 예상하거나 제어할 수 없는 것들이 있음을 명백히 인식했다.[34] 두 번째, 전장은 두 가지 면에서 고통스러운 과제였다. 그가 언제나 이긴 것은 아니었다. 열한 번의 전투 가운데 세 번은 패배했고 네 번째는 패배에 가까웠다. 그런데 그의 전투 경험은 더 심한 모호함을 남긴다. 1756~1760년 사이의 열 차례 전투에서 그는 세 상대국 중 어떤 나라도 전쟁을 지속할 수 없도록 막지 못했다.[35] 세 번째, 그의 계산은 때로 틀렸지만 그는 일반적인 장군에 비해 지적으로 전혀 떨어지지 않았다. 사실 쿠네르스도르프 전투는(1759) 그가 단순히 러시아군을 얕보는 바람에 (어느 정도 반복적으로 이런 실수를 범하는 듯하다) 무모하게 개시한 공격이었다. 그리고 네 번째, 그는 전쟁을 일으키는 다른 방법이 있다고 인식했을지 모른다. 오스트리아의 레오폴드 폰 다운Leopold J. M. von Daun(1705~1766) 원수의 방어적 전략은 뒤에 많은 비판을 받았지만, 그의 전략에 자주 흔들렸던 프로이센 사람들에겐 칭송받았다. 다운 장군은 프리드리히와 다른 방식으로 싸웠고, 자신의 계산 속에 숨은 의도를 드러내지 않았다. 칭찬할 만한 것은 프로이센 사람들이 이 점을 깨달았다는 사실이다. 정치적 이유와 마찬가지로 군사적 이유로 오스트리아군을 보존해야 했던 다운은 프로이센 왕의 전쟁 접근방법에 적극 동의하지는 않았다. "그 왕은," 그는 말했다. "타당한 이유 없이 열 번이나 싸움을 일으켰다. 우리는 승리로부터 얻을 수 있는 이득이 후퇴나 패배가 초래하는 피해보다 상대적으로 클 때에만 전쟁을 도발해야 한다고 생각한다."[36]

앞서 말한 바와 같이 전투는 너무 중요해져서 장군이 가능한 결과들을 계산하는 데 실패해선 안 됐다. 자, 우리는 (옳은 예상을 위해) 루이 14세와 프리드리히 대왕의 명백한 실패를 통해 무엇을 얻을 수 있는가? 그들이 초래한 실패는 한계비용과 한계편익 계산이 전쟁 도발 여부를 결정한다는 우리의 주장을 전복시키지는 않는다. 양쪽의 경우에서 우리가 확실히 볼 수 있는 것은 통치자들이 특정 군대가 아니라 국가 자원에 기반을 둔 결정을 내릴 때 군사적 계산이 복잡하다는 점이다. 프리드리히가 전체 국가 자원을 운용하지 않는 프로이센군의 한 장군이었다면 그토록 무모하지 않았을 수도 있다. 유명한 그의 적수 말버러 공은 전투에서 어떤 경우에도 지시를 내리지 않았던 프랑스 왕보다 훨씬 더 공격적이었다. 당시 프랑스는 혁명기의 중앙집권화를 통해 자원이 풍부한 국가로 부상하기 이전이었지만, 전투를 도발하는 결정에서 "무한한" 자원의 영향은 이미 느껴졌다.

나폴레옹 전쟁

우리의 도식에서 전투의 시대(1618~1815)와 혁명의 시대(1789~1914)는 일부 겹치기 때문에, 후자와 그 둘이 겹쳐지는 25년간에 대해 좀더 언급할 필요가 있다.[37] 긴 세기로 불린 혁명의 시대는 삶의 모든 영역에 걸쳐 엄청난 변화를 가져왔다. 그중 어떤 변화는 19세기 후반에 일어났고, 어떤 변화는 군 조직에 곧바로 영향을 주지 않았다. 하지만 그럼에도 변화와 소요는 충분히 일어나서 그 세기의 모든 대규모 전쟁은 군사적으로 가장 근대화한 편의 손을 들어줬다. 프랑스혁명에서 발생한 전쟁과 대부분의 나폴레옹 전쟁들이 그러했고 크림전쟁, 보오전쟁(프로이센-오스트리아전쟁), 보불전쟁(프로이센-프랑스전쟁)도 마찬가지였다(미국의 남북전쟁에서는 그 효과가 별로 드러나지 않았다. 대치하는 군대가 서로 비슷했고, 군을 이끄는 장군들은 동일한 군사교육 배경을 갖고 있었기 때문이다). 추가적인 전투에 대한 전망이 낮은 추가비용과 편익 계산법은 전쟁에 영향을 준 무수한 변화 때문에 복잡해졌다.

프랑스혁명(1789~1815)은 삶과 사회의 모든 국면에 영향을 줬다. 전쟁 역시 그 영향을 받았다. 가장 유명한 사건(왕정 붕괴)은 가장 중요하지 않은 사건이었을지는 모르지만, 병사가 왕정이 아니라 국가를 섬겨야 한다는 사실만은 명백히 했다. 1792년 이후에도 프랑스에는 두 명의 황제와 세 명의 왕이 있었지만, 국가에 대한 섬김의 개념은 깊이 배어들어 시간이 지날수록 다른 모든 국가에서도 규범이 되어갔다. 이것은 모든 남자 시민이 병역의무를 포함해 국가에 대한 의무를 부담한다고 간주되었다는 사실을 의미한다. 귀족정치가 군사위원회를 개최할 독점적 권리를 잃게 되면서 장교와 병사의 구별은 법적으로 폐지되었다. 하지만 여러 국가에서는 제1차 세계대전이 끝날 때까지 귀족들이 여전히 장교계급을 지배했다.

프랑스혁명이 군대에 가져온 영향은 멀리까지 미쳤다. 계급에 관련 없이 모든 남자에게 적용되는 보편적인 국민의 병역의무는 신병모집 체계를 대대적으로 바꾸어놓았다. 국가는 예전의 절대왕정이 가지지 못했던 군사력을 징집할 법적 권력을 가진다고 했다. 혁명군은 엄청난 성장세를 보이기 시작했다. 규모가 작은 직업 군대를 징집자가 많은 대규모 군사력이 대체했다. 군 조직 자체가 커지면서 개별적 군대들의 규모(하나의 단일체로 전술을 펼치고 싸우던 병사들의 숫자)도 같이 성장했다(그림 4-6).[38]

이러한 신식군대의 인력 대부분이 국가 내에서 뽑혔기 때문에 예전에 비해서 훨씬 "국가적"인 속성을 띄었다. 동기부여 방식도 바뀌었다. 군복무 보너스와 엄격한 규율이 하룻밤 사이에 없어지진 않았지만 애국심의 개념이 뿌리박히기 시작해 점점 강고해졌다. 처음에는 탈영이 별 문제가 아니었으나, 나폴레옹 시대에 사상자 명단이 늘어나자 탈영이 흔해졌다. 그렇게 되자 병사들에게 정치적 동기를 부여하는 일이 절실해졌다. 프랑스는 심지어 임무를 완수하기 위해 "정치장교"를 임명하기도 했다.

군대의 구조도 바뀌어야 했다. 나폴레옹은 자신의 병력을 군단이라 불리는 자족적인 부대로 나누었고, 이들은 때로 나머지 군대와는 별개로 전투를 치렀다. 이런 사실은 더 많은 지휘관들이 전투를 도발할지 말지를 선택해야 했음을 의미한다. 나폴레옹의 마지막 출정(1813~1815) 당시 그의 적들은 이 점을 이용해 나폴레옹 본인은 공격하지 않은 채, 그의 하

217

| 그림 4-6 | 야전군의 규모

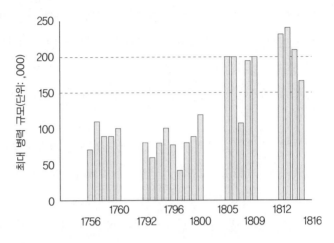

불연속적 연수. 이 도표는 라이프치히 전투(1813년 10월 18일)의 특이한 상황을 포함하지 않는다. 당시 모여든 세 군대는 나폴레옹에 대항한 동맹군에 30만 병력을 지원했다.

* 자료: 듀피와 듀피의 자료 편집, 1970.

급부대를 공격했다. 동맹군은 이런 작전이 프랑스군을 궤멸할 확률을 높인다는 것을 똑바로 계산해냈다.

국가의 본질이 변화한 것도 군사 분야에 많은 영향을 줬다. 긍정적인 면(장군의 관점에서)은 혁명을 겪은 국가가 전보다 큰 규모로 전쟁에 재정적 지원을 할 수 있게 됐다는 것이다. 혁명은 집중화를 의미했다. 국가는 더이상 귀족들에게 돈을 구걸할 필요가 없었다. 더이상 젊은이들을 군대로 보내기 위해 빌려올 필요도 없었다. 둘 다 법적인 명령에 의해 이룰 수 있었다. 그러나 새 국가는 적어도 1850년까지는 혁명에 대한 두려움이 큰 시대에서 존재해야 했다. 이 시절 전쟁은 중대한 불안정 요소였다. 역설적으로, 전쟁을 벌이기 위한 재원은 전에 비해 더욱 기꺼이 제공될 수 있었지만 세기의 전반부에는 정치적 압력 때문에 실제 전쟁을 감행하지는 못했다.

산업혁명의 영향은 전투의 시대 이후까지 존재한다. 초기에 산업혁명이 전쟁에 미치는 영향은 미미했다. 근대 경제사는 그 이유를 설명해준다. 예전의 기술記述들은 산업혁명을 성급하고 격렬한 사건으로 묘사하면서 그것의 유해한 면을 강조한다. 현실에서는 변화의 속도가 얌전했다. 이런 문맥에서 혁명이라는 단어는 "오칭誤稱"이었다. 그럼에도 불구하고 생산과 분배가 이루어지는 방식은 바뀌었고, 그것이 삶의 모든 양상에 영향을 주었다. 근대 산업이 발생했다. 광업, 제조업 그리고 건설이 중요해졌다. 동력이 필요한 기계들의 대규모 사용, 새로운 에너지원, 그리고 자연발생적이지 않은 자원의 광범위한 사용이 일반화되었다. 기업의 규모도 덩달아 커졌다.[39]

산업혁명은 이제 전쟁에 지대한 영향을 끼치게 된다. 전보는 거의 즉각적인 정보의 흐름을 창조했고 그것은 각국 정부가 멀리서도 군사결정을 통제할 수 있음을 의미했다.[40] 철도는 동원과 병참술에 혁명을 일으켰다. 생산기술은 17~18세기의 장군이 상상할 수 없는 규모의 군납품 제조를 가능케 했다. 전쟁은 산업화되었다. 암스트롱 윗워스, 블롬 앤 보스 캐멀 레어드, 크루프, 소니크로프트Thornycroft 그리고 비커스Vickers와 같은 산업 결합체들이 군 조직의 "수요를 충족하기 위해" 형성되었다. 관리기법의 발전은 강력한 국가들이 그들의 국부와 시민들을 전쟁터에 쏟아낼 수 있게 했다. 마지막으로 가장 즉각적인 영향은 포술과 관련이 있었다. 무기류의 화력, 특히 사정거리 변화 속도는 군대에게 가능했던 그리고 군대가 상상했던 전술변화 속도보다 빨랐다. 하지만 이 모든 영향력이 발휘되기까지는 시간이 걸렸다. 1860년대와 1870년대의 대형과 전술은 20세기의 군사기법보다 18세기의 그것과 더 유사했다.

이런 전면적인 변화가 지휘관들이 전쟁터를 평가하는 데 어떤 영향을 젰을까? 돈과 인력 그리고 군수품 공급원의 증가는 전면 공격의 한계비용을 감소시켰다. 나폴레옹은 자기 병사들의 연수입에 대해 자랑한 것으로 알려져 있다. 프리드리히 대왕과 말버러 같은 공격적인 이들을 포함해 그 어떤 18세기 지휘관도 그러한 견해를 가질 수 없었다(나폴레옹이 정확히 그런 말을 했든 아니든 그것은 그의 실질적 견해를 반영했다). 비용 감소 추세는 섬멸전의 중요성이 증가하는 현상과 잘 들어맞았다. 궁극적으로 나폴레옹식 전쟁을 해석해서 받아들인 사람 중 가장 영향력 있던 카를 폰 클라우제비츠(1780~1831)는 이 작전을 옹호했다. 이제 전멸주의는 전술적 이상理想이 되었다. 역사 속에서 전멸주의가 상대적으로 적은 업적을 갖고 있다는 사실은 이 과정에서 무시되었다. 전멸이라는 전쟁 목표는 군사행동과 전략에 지대한 영향을 미쳤다. 완전 섬멸의 작전상 표본은 제1차 세계대전 중 독일군이 프랑스를 6주 만에 쳐부수려던 계획(슐리펜 작전)이지만, 사실 대부분의 군 조직에 의해 채택되었다. 대규모 전략은 전면전의 방향으로 나아갔다. 나폴레옹이 열렬히 사용한 프로파간다(그가 군사신문 〈모니퇴〉를 창설했다는 사실에서 알 수 있듯이)는, 방패와 검의 양쪽 기능으로 개발되었다. 즉, 자국 사람들은 동기를 부여받아야 했고, 적국 사람들은 사기가 꺾여야 했다. 경제전쟁이 새로운 것은 아니었지만, 클라우제비츠식 사고와 산업시대의 경제현실이 그것을 이전보다 훨씬 중요한 무기로 만들었다(경제현실이란 국제 무역과 수입자원 의존현상을 포함한다). 제1차 세계대전은 이 모두가 한데 모여 끔찍한 결과를 낳았다. 승리 없는 전멸을.

전멸전의 독트린은 프랑스혁명 시대가 전면전을 강조하던 현상과도 잘 들어맞았다.[41] 파괴 혹은 적군에 의한 파괴 예방은, 적군의 군대를 파괴함으로써 이루어졌다. 전면전에서 18세기의 작전행동은 시대에 뒤떨어진 것이었다. 그런 작전행동은 어떤 결정도 내리지 못하는 것으로 비쳐졌다. 새로운 시대의 거대한 군대들은 보급문제 때문에라도 기약 없이 전장에 남아 있을 수 없었다. 물론 철도가 그 문제를 일부 해결했지만, 한편으로는 한계를 낳기도 했다. 그 어떤 군대도 새롭고 중대한 철의 동맥에서 너무 멀리 떨어질 수 없었으므로 전쟁에서의 군사행동은 더 제한되었다. 동시에 전면전은 정면 공격을 당할 경우의 비용 증가로 인해 피하게 되었다. 무기의 사정거리가 늘어남에 따라 결국 나폴레옹식으로 중앙을 뚫는 방식은 무의미해졌다.

변화하는 정치도 장군들의 계산에 영향을 줬다. 여론이 중요해지기 시작했다. 이것은 크림전쟁에서 영국 정부가 군사관리를 서투르게 해 무너짐으로써 극적으로 증명되었다. 근대 정치는 미디어와 결합해 대중이 군사작전에 개입할 여지를 줬다. 전투를 함으로써 초래되는 높은 인적 한계비용은, 인력을 더 쉽게 보충할 수 있다는 점에서 낮아지기도 했지만, 궁극적으로는 잠재적인 여론의 수렴을 통해 더 상승했다. 이런 현상은 특정 갈등상황에서 더 두드러지게 나타났다. 가령 미국 남북전쟁 당시의 장군들은 스스로의 행동이 지니는 정치적 무게에 대해 꽤나 민감했다(5장 참조). 다른 정치적 차원 중에는 혁명에 대한 두려움도 있었다. 그로 인해 전쟁, 특히 고비용 전쟁을 단념케 했다. 하지만 더 중요한 요소가 있었다. 군대는 봉기를 진압할 여력이 있어야 했다. 전투에서 충성스러운 정규병을 잃으면 국내의 반대를 견디는 정부 능력이 약해질 수 있었기 때문이다.[42] 1848년의 혁명에서 놀랍게도 대부분의 정부가 전복되지 않은 것은 군대가 굳게 후원을 해준 사실과 연관되어 있다.

결국에는 장군들이 빨라진 전쟁의 속도를 고려해야 했다. 전쟁과 그에 수반되는 외교는 1800년에 비해 1900년에 훨씬 빨라졌다. 일단 배치된 군대는 여전히 군화에 의존했지만, 그들은 전쟁터에 훨씬 빨리 도착할 수 있었다. 보급품도 빠르게 뒤쫓아왔고, 그들에게 보내는 명령도 훨씬

221

빨리 도착했다. 전령들에게도 역할이 있긴 했지만, 전신과 기차 덕에 병사와 정치가들은 이전 시대처럼 여유 있는 결정 속도를 누리지 못했다. 병사들은 더 빠르게 새로운 위협과 맞닥뜨리기도 했고, 새로운 기회를 이용할 수도 있었다. 이는 전투에서 또 다른 비용이 추가됨을 의미했다. 병사들은 한번 투입되면 쉽게 재배치될 수가 없었다. 10년 간의 세 차례 전쟁에서 (미국 남북전쟁(1861~1865), 보오전쟁(1866), 그리고 보불전쟁(1870~1871)) 장군들은 전쟁의 새로운 계산법과 씨름하는 모습을 보였다. 물론 프로이센이 가장 잘 대처했는데, 아무래도 그들이 군사업무에 있어서는 태생적으로 우월했기 때문일 것이다.[43]

19세기의 지상전은 나폴레옹식이었다. 장군들은 나폴레옹의 전략과 전술을 흉내냈고, 군대 조직은 나폴레옹의 편제를 따랐다. 세기의 군사 저술가였던 앙투안 앙리 드 조미니Antoine Henri de Jomini(1779~1869)와 클라우제비츠 둘 다 나폴레옹 시대의 결과에 관심을 보였다. 물론 그 시대의 군사개혁과 변화는 한 사람의 산물만은 아니었다. 나폴레옹의 혁명적 개혁 이전에도 (후기 프랑스 왕립군대에서조차도) 많은 개선이 이루어졌다. 나폴레옹의 "천재성은 모든 것을 이전의 그 누구도 하지 못한 방식으로 사용하는 데 있었다." 나폴레옹이 개선된 군대를 이용한 효과는 엄청났다. 1815년 이후 전쟁을 계획하는 모든 근대국가는 직전에 무엇이 일어났는지 고려하지 않을 수 없었다. 분명 당대 장군들은 "전투 지휘능력의 황금기"에 매료됐다.[44]

나폴레옹의 전쟁 계산법은 어떤 것이었을까? 언제 전투를 도발할지 어떻게 결정했는가? 나폴레옹은 적어도 이전 시대의 장군들에 비하면 항상 위험한 전투를 했고 싸움의 기회를 결코 놓치지 않은 듯하다. 그의 공격적인 접근은 아마도 그에게 있어 가장 유명한 특징일 것이다. 그가 남긴 격언들은 이러한 시각을 뒷받침하는 듯하다. 세인트헬레나에서 기술한 자서전에 따르면 그는 스스로의 전투방식을 "on s'engage, et alors on voit"(일단 전투를 시작하고 나면 보인다)라고 구술했다. 이러한 발언들은 비판적으로 검토되어야 하지만, 실제 전투에서 자주 반복된 일이다. 웰링턴 공작(1769~1852)은 "나폴레옹의 계획은 언제나 위대한 전투를 시도하고 일으키는 것이었다."라고 확신했다. 웰링턴에 따르면 그의 전략은 부대를 집합시켜 배치하고 적에게 커다란 타격을 준 다음 상황에 따라 행동하는 것이었다. 그의 공격성은 전설적이었다. "그는 결코 적을 추격하기를 멈추지 않았기 때문에 이겼다." 나폴레옹은 적군의 섬멸에만 집중하라고 주문했다. "유럽에는 훌륭한 장군이 많이 있지만 그들은 한 번에 너무 많은 것을 본다. 나는 한 가지, 즉 적군의 본부대만 본다. 나는 2차적인 문제들은 스스로 해결되리라 믿고 본부대를 무너뜨리려 노력한다."[45]

겉으로 보기에 그는 무제한적으로 공격적이었는데, 이는 그가 기꺼이 돈이 적게 드는 피를 흘리게 만들었기 때문이다. 그는 막대한 인적 자원을 지녔고 유혈사태에 대해 아무런 양심의 가책도 느끼지 않았다. 1795년 파리의 적대적인 군중을 해산시킬 때, 그는 포병대의 영향력을 극대화시켜 최대한 많은 사람을 불구로 만들고 죽이기 위해 직접 탄도 거리에서 사격했다.[46] 영국 전략가 바실 리델 하트는 지적한다. "인력은행의 백지수표를 소유한다는 것이 1807~1814년과 1914~1918년에 어떻게 그토록 유사한 효과를 냈는지 의문스럽다. 그리고 다시 의문스러운 점은 각각의 경우 모두 보병대의 집중 포격기술과 관련되어 있었다는 것이다. 가능한 설명은, 풍부한 지출이 낭비를 낳았으며 낭비는 군대의 경제 정신과 반대된다는 점이다."[47] 비용은 장기적이기도 단기적이기도 했다. 곧바로 적군의 최정예 부대를 노리는 나폴레옹식 전투는 공격자를 지치게 해 추격을 불가능하게 만들었다. 나폴레옹 시대는 결과적으로 프랑스 인구성장률을 극적으로 떨어뜨렸다.[48]

이는 의문을 부른다. 그의 셈법은 무엇이었을까? 답은 꽤 명백한 두 가지 사례에서 나타난다. 우선 나폴레옹은 매일 전쟁을 도발하지 않았다. 그는 적절한 기회를 기다리거나 기회를 만들기 위해 책략을 썼다. 많은 전쟁 도중에 나폴레옹은 평균적으로 50일 중 하루꼴로 전투를 벌였다. 두 번째로 워털루 군사작전에서 그는 인력공급이 예전과는 전혀 달랐음에도 평소와 똑같이 공격적이었다. 루이 18세는 징병제를 폐지했고 나폴레옹조차 감히 되살릴 수 없었다. 그런 상황에서 나폴레옹이 두 차례 공격을 감행한 이유는 자신의 전투경력에 매우 자주 등장하는 공격 이유, 즉 적군이 다시 합칠 시간을 줄 수 없다는 것이었다. 무분별하게 피를 낭비했다는 이미지는 지나친 단순화다. "우리가 얻을 수 있는 교훈은 나폴레옹이 주어진 상황에서 어떤 행동을 할지에 대해 어떠한 일반화도 이끌어낼 수 없다는 것이다."[49]

나폴레옹은 실로 대단한 계산의 신봉자였다. 우리는 그의 전투경력을 통해 추가 전투에 따른 추가비용과 편익 계산 방식을 쉽게 살펴볼 수 있다. 그는 항상 적과 싸우려 했지만 (여기서는 책략전을 의미하는 게 아니라) 그의 실제 공격은 환경이나 상황이 유리하게 형성됐을 때 이루어졌다. 이는 보통 중대한 장소에서 수적으로 혹은 화력이 우세했음을 의미한다. 그는 전쟁의 기술이란 열등한 군대가 공격시점에서 더 강한 힘을 발휘하는 데 있다고 믿었다. "군사학은 먼저 정밀하게 승산을 따지고 운을 계산에 포함시킬 정도로 정확하게 가늠하는 것으로 이뤄진다." 이런 견해는 그의 사후에 제기된 논리가 아니었다. 1806년 제3차 대프랑스 동맹전쟁 중에 나폴레옹은 "전쟁에서 계산 없이는 아무것도 얻을 수 없다."라고 주장했다. 그는 더 나아가 자신에게 "4~5개월 앞서 미리 무엇을 해야 하는지 생각하는 습관"이 있다고 고백했다.[50]

나폴레옹 연구자들이 계산에 대한 그의 태도를 얼마나 다르게 다뤘는지 살펴보는 것은 흥미롭고 의미 있는 일이다. 클라우제비츠는 장군들의 많은 문제처럼 그가 수학적 계산에 문제를 일으켰다는 관점을 유지한다. 조미니는 충돌과 예상 밖 전투의 문제점을 지적하면서도, 종종 나폴레옹식 전쟁이 너무 정돈되고 기하학적인 형태를 띠었다고 비난한다. 나폴레옹은 18세기의 전임자들과 많은 부분에서 단절한 반면, 그들이 전쟁에 앞서 계산을 추구한 점은 공유했다. 그가 환경을 세심하게 골랐다는 사실은 어느 특정한 날의 싸움이 동반할 수 있는 한계편익(혹은 비용)에 주의를 기울였음을 보여준다. 이는 유명한 그의 첫 군사작전인 이탈리아전쟁(1795~1797)에서 잘 드러난다. 그는 자신의 군대가 기본적인 이점을 지녔음을 알고 있었다. 그의 부하들은 능숙했고 적들은 미숙했다. 그러나 그가 공격을 감행하기에는 아직 불충분했다. 그는 부수적인 환경에서 더 이점을 얻을 때까지, 따라서 비용을 낮출 때까지 기다리며 기동훈련을 했다.[51]

그에 반해서 웰링턴은 더 조심스러웠던 듯하다. 분명 그의 초기 관점은(인도에 있을 무렵에는) "첫 번째로 등장하는 녀석들에게 돌진하라"였으나 점차 주의 깊게 지형을 검토하고 적군을 살피는 사려 깊은 접근으로 바뀌었다. 그에겐 위험 때문에 추격하지 않은 경험이 몇 차례 있다. 나폴레옹과 함께라면 상황은 지나치게 단순해진다. 웰링턴이 부대를 조심스럽게 다루고 방어적인 태도로 싸웠다면, 나폴레옹은 "주저 없이 싸울 것이다, 자신이 유리하게 싸울 수 있다면." 나폴레옹은 심지어 웰링턴이 남아 있었기 때문에 워털루에서 싸우는 실수를 저질렀다고 말하기도 했다. 앞선 인용문이 보여주듯이, 웰링턴은 나폴레옹과 마찬가지로 항상 비용/편익 비율의 척도에 있어 더 유리한 점으로 이동하도록 변화시킬 수 있는 추가적 이점을 찾았다.[52]

전투의 시대와 나머지 경제학의 원리

이 장의 대부분은 30년전쟁의 시작(1618)부터 프랑스혁명 발발(1789) 사이의 지휘관들을 조명하고, 다가올 전쟁에서 발생할 예상비용과 편익을 계산한다. 이 두 세기에 산재해 있는 전투들의 데이터베이스는 어마어마해서 한 관점을 입증할 수 있는 사례들을 고르기는 물론 쉽다. 그러나 이를 비난하는 사람에게 오히려 더 단순한 과제를 선택하게 해보라. 전투의 시대 장군들은 앞으로 착수할 전투의 예상비용과 편익을 계산하는 것을 원칙으로 삼지 않았다는 사실 말이다.

앞장과 마찬가지로, 이제 이 책에서 다루는 다섯 가지 경제원리가 어떻게 주제, 즉 전투의 시대와 연관을 맺는지 간단하게 개괄한다. 한계비용/편익과 같은 각각의 원리는 모든 장, 심지어 책 전체로 확장될 수도 있다. 어떤 시대의 전쟁이든 기회비용이란 경제원리는 적용하게 마련이다. 엄밀히 말해서, 어떠한 군사조직도 원하는 모든 군대와 설비를 갖출 수 없기 때문에 전쟁의 모든 단계는 선택을 요구한다. 다시 말해 그건 다른 쪽을 포기한다는 것을 의미했다. 이러한 선택은 종종 미뤄지기도 했지만, 전투의 시대 거의 모든 성공적인 장군들은 기회비용을 계산했고 그 결과에 따라 행동했다. 그리고 뒤따른 혁명의 시대에서 나폴레옹 역시 마지막까지 계산에 충실했다. 워털루에서는 웰링턴을 속이려는 자신의 의도에 꼭 들어맞게 행했고 그는 성공했다. 비록 이 특별한 성공은 패배로 얼룩졌지만 말이다.

전투의 시대는 다른 유형의 병사가 등장하면서 더욱 탄력을 받기도 했다. 17세기 초반 군인생활에 대한 보상은 불규칙하고 비체계적이었다. 용병회사를 포함해 다양한 방식으로 병사들을 모집했지만 고정급여 개념은 탄생하지 않았다. 구스타브 아돌프와 나사우의 마우리츠 공작은 이를 변화시켜 최초로 현대적이며 직업적인, 국민국가의 상비군을 만들었다. 고정급여는 규율을 극적으로 향상시켰다. 유급 병사들은 지휘관들과 더 단단한 유대를 형성했고(특히 자신의 재정적 상황에 책임을 지는 이들), 불쌍한 민간인의 돈을 갈취하는 데 중압감을 덜 느꼈다. 이 무렵 프랑스혁명이 징병제를 만들었고, 이 체계는 점점 다른 곳에서도 받아들여졌다. 이제 전체 국가를 대표하고 (이상적으로는) 애국주의로 뭉친 젊은 지원병 무리가 더 적은 돈을 받으며 전문적인 18세기 군대를 대신했다. 비록 이 점에 대해서는 의견의 불일치가 여전히 남아 있지만, 충분히 효과적으로 운영됐던 이 체계는 우리 시대에 들어와서야 사라지기 시작한다.

경제학의 수확체감의 법칙은 언뜻 보기에 이견의 여지가 적은 유명한 군사적 법칙, 즉 병력의 집중과 충돌한다. 만약 더 적은 병력으로는 주어진 일을 해낼 수 없기 때문에 집중이 필요하다면, 표면적으로는 수확체감이 일어나지 않는 것처럼 보인다. 그러나 이건 사실이 아니다. 전쟁에서 성공적인 공격을 위해 두 부대가 필요하다면, 하나에서 둘로 공격부대를 증편하는 것은 (희망한 대로 전반적인 성공을 이끌기 때문에) 가치가 있다. 그러나 만약 부대가 임무를 달성하기 위해 필요한 인원을 넘어서지 못한다면 수확체감은 훨씬 더 심각해진다. 공격에 너무 많은 부대가 투입될 경우에도 서로에게 방해가 된다. 전장에서 지나치게 혼잡을 빚을 수 있고, 서로의 대형이 얽힐 수 있으며, 혼동으로 인해 공격의 효율성을 떨어뜨릴 수 있다. 거의 대부분의 전투에서는 장교들의 피나는 노력에도 전투에 참여하지 않는 부대를 볼 수 있다. 그러므로 군사적 병력 집중의 법칙은 경제학의 수확체감의 법칙과 상충하지 않는다.

이제 주인(지휘관)과 대리인(병사) 사이의 정보 비대칭성이 야기한 문제들을 고심하고 해결할 때다. 가령 부대를 이탈하려는 병사가 있을 경우, 그가 행동을 취하기 전에는 실질적으로 지휘 장교가 바람직하지 못한 그의 의도를 알아채지 못한다. 장교의 문제는 어떻게 그 의도를 알아내느냐 혹은 (여전히 그 의도가 숨겨져 있더라도) 어떻게 행위를 방지할 수 있느냐다. 이는 군대의 규모가 커지면서 특히 중요해졌다. 탈영 자체는 새로운 문제가 아니었으나 그 효과는 이제 단순한 숫자의 문제가 아니었다. 보병대는 중세의 가벼운 민간인 조직에서 모든 군대의 핵심으로 부상했다. 매우 강도 높은 훈련을 받은 요원의 손실은 기발한 형식의 계약으로 막아야만 했다. 충성심의 대가로서 급여가 충분한 것은 아니었기 때문이다. 또한 줄과 열을 맞춰 싸우는 데는 그럴듯한 군사적 이유가 있었지만 병사들이 서로의 시야를 벗어날 일이 적고 매우 효율적인 내부 감시를 제공함을 의미했다. 탈영병은 부대를 위험에 빠뜨린다. 전투에서 병사들은 도망가는 병사를 합법적으로 총살할 수 있었다(지금도 그렇다). 탈영 방지는 군사행동과 전쟁이 예상보다 너무 늘어지고 운이 나빠졌을 때 특히 중요해졌다. 병사들이 가장 절실한 때였고 동시에 가장 도망칠 가능성이 높을 때였다. 병사들을 한데 모아서 감시할 수 있게(혹은 서로를 감시하게) 만드는 일은 필수적이었다. 그리고 (비록 불충분할 때가 많았지만) 탈영자를 공개적으로 총살하는 일은 적어도 그들 서로에게는, 부대들의 충성심을 고취하는 확실한 수단으로 쓰였다.

정보비대칭성의 또 다른 측면은 같은 편의 주인과 대리인이 아니라 대립하는 세력 사이, 특히 전투 이전에 적군의 숨겨진 특성을 밝혀내는 것과 연관이 있다. 18세기에 이러한 방법론의 개발은 가속화되었다. 상대편에 대해 엄밀한 의미의 정보를 다 캐낼 수는 없었지만 가능한 결과를 연구하는 체계적인 방법을 만들었고 따라서 적군(혹은 자기 자신!)이 지녔을지도 모를 숨겨진 잠재적 특징들을 쉬지 않고 찾아내기 시작했다. 특히 프로이센군은 이 방법론을 개발하는 데 선견지명이 있었다. 평화기의 기동 연습과 지원병 훈련은 이러한 상황과 맞물려 더 중요해졌다.

결론

왜 전투를 도발하고 거절하는 결정에 경제학 법칙들을 적용하는가? 답은 이 장에서 살펴본 군사·역사적 지형의 광대함에 있다. 전투의 시대는 대략 200년 간 지속됐다(실로 우리는 거의 300년을 다뤘다). 주요 교전은 수백 번에 이르고, 작은 전투들은 수천 번에 이른다. 우리가 이 책에서 제시하는 분석모델은 시대를 막론하고 장군들의 행동을 유의미하게 비교하는 방법을 제시할 수 있는 연구다. 이 시대 전반에 걸쳐 장군들은 일반적인 기준에 따라 분석될 수 있다. 그리고 해당 시대, 어쩌면 우리의 시대에 대한 이해는 풍부해질 것이다.

5장

혁명의 시대, 1789~1914
: 미국 남북전쟁과 정보비대칭의 경제학 사례

제1장에서 우리는 시장에서 정보의 역할에 대해 논의하면서 숨겨진 특성과 숨겨진 행동을 서로 구분했다. 전자는 행동이 실행되기 이전 정보의 비대칭으로 인해, 후자는 행동이 실행된 이후 정보의 비대칭 때문에 각각 생긴다. 시장 참여자들은 실수로부터 배운다. 제3장에서 우리는 이탈리아 도시국가들이 용병대장과의 계약에서 생겨난 숨겨진 행동의 문제점들을 극복하려 애쓰는 모습을 보았다. 정교한 계약이 작성되고 검열이 이뤄지고 계약금 지급이 미뤄지고 수행 이익과 보너스가 제공되며 귀족 작위를 수여하는 등등은 군복무 계약을 어기려는 자들보다 우위를 차지하기 위한 목적에서 이뤄졌다. 정보비대칭 이론은 적어도 경제 부문에 있어 역사를 읽는 풍부한 테피스트리(실로 수놓아 무늬를 만든 벽걸이 직물인데, 역사를 기록한 테피스트리가 많은 데서 나온 표현으로 여기서는 이야기 정도로 해석할 수 있겠다.—옮긴이)를 제공한다. 이번 장에서 우리는 정보의 비대칭 측면에서 숨겨진 특성적 요소들에 대해 알아보려 한다.

먼저 한 가지 주의할 것이 있다. 비대칭 정보를 비대칭 무기와 혼동하지 말아야 한다는 사실! 후자(비대칭 무기)는 전쟁을 실행할 때 정보적인 측면을 훨씬 넘을 수 있는 특정 양상(측면)들을 지칭한다. 비록 전쟁이 대칭적이라 하더라도 정보의 비대칭은 여전히 존재할 수 있다. 이러한 사실은 실제로 정책, 도구, 리더십, 그리고 훈련에 있어 양쪽 힘이 꽤 동등하게 배치되었던 미국 남북전쟁의 사례에서 확인할 수 있다.

군사이론가들은 정보가 전쟁의 모든 양상에서 매우 중요하다고 지적해왔다.[1] 《손자병법》에서도 정보는 중요한 역할을 한다. 정보의 비대칭이 전쟁 결과에 어떠한 영향을 미치는지를 인식하기 위해서는 군사역사에 대해 특별히 심도 있는 분석을 필요로 하지 않는다. 사실, 그 반대 경우를 찾는 일이 더 어려울 것이다. 숨겨진 특성의 개념은 전쟁에 특별히 적용된다. 시장에서 구매자와 판매가 특정 정보를 상대방에게 숨기려 노력하는 것과 마찬가지로 전사들은 상대방의 항복을 유도할 만한 (즉, 시장을 떠나도록) 혹은 잘못된 행동을 하도록 이끄는 정보를 제외한 모든 것을 숨기려 한다. 따라서 적의 숨겨진 특성을 알아내려는 노력은 상상을 초월한다. 그러나 어떤 전투원도 자신에 대한 모든 것을 숨기거나 적에 대한 모든 것을 알 수는 없다.

이 책의 초점은 행동이 실행되기 전, 병력이 소집되기 전, 보급품이 옮겨지기 전, 전쟁이 일어나기 이전, 정보의 비대칭에 의해 생기는 문제점들을 알아보는 것이다. 이제부터 정보라는 망원경으로 우리가 볼 광경은 미국 남북전쟁(1861~1865)이다. 만약 갈등의 양 축이 상대방에 대해 그리고 전쟁의 모든 것에 대해 완벽한 정보를 가졌다면 싸워야 할 이유가 적었을 것이다.[2] 동물과 마찬가지로, 양쪽 진영은 서로 힘을 과시하는 신호를 보내고 읽다가 적당한 퇴각 시기를 저울질하면 된다. 정보이론에서 자주 쓰는 용어인 신호란 관찰하기 쉽지 않고 변동이 심한 것(즉 힘의 대용물로 쓰이는 관찰 가능한 요소)으로, 이는 행동을 취할 때만 보인다. 통상적으로 신호를 보내는 것은 싸우는 것보다 싸게 먹히기 때문에 사람과 야수 모두 신호에서 괄목할 만한 발전과 진보를 이루었다. 이에 상응해 상대의 신호들을 읽는 능력도 수준급이 됐다. 신호를 읽으면 편익과 비용을 예상할 수 있기 때문에 이를 바탕으로 전술을 점검하고 전략을 조정할 수 있다. 신호를 읽는 것이 이런 결과를 불러온다는 사실은 양측 모두 잘 알고 있다. 그러므로 신호를 보내고 읽는 것에 더 많은 노력을 기울일 수밖에 없다. 정보의 "군비확장 경쟁"이 뒤따르는 것이다.

가끔 발신자와 수신자는 재앙과도 같은 실수를 저지른다. 나이든 우두머리 수컷 영장류는 젊은 라이벌의 도전을 엄포로 오해했다. 그 결과 싸움이 일어나고 지도자가 교체되어 정권이 바뀔 수 있다. 혹은 반대로 과도하게 자신을 과신하던 젊은이가 패배를 받아들이고 자신의 시대를 기다리기도 한다. 어느 쪽이든 관찰할 수 없고 변동이 심했던 것, 즉 힘이 이제 매우 관찰력 있는 구경꾼들이 등장함으로써 초등학교 아이라도 알 정도로 드러났다. 교활한 동물들도 이를 알기 때문에 주어진 싸움에서 자신의 모든 힘을 내보이진 않을 것이다.[3]

인간은 교활하다. 인간 다툼의 정수는 상대를 속이기 위한 신호와 관련이 있으며, 때때로 그것은 진실한 신호를 보내는 것만큼이나 중요하다. 소련 제국이 통치하던 시절 모스크바의 노동절 퍼레이드는 말 그대로 군인과 무기들의 "뽐내기 행진"과 관련 있었다. 그 행진은 미국과 연합국들로 하여금 무분별한 공격을 하지 말도록 설득하는 신호였다. 반면 미국은 모스크바에서 지진파를 통해 정확히 읽을 수 있도록 지하 핵폭발을 감행하며 "뽐"냈다. 이렇게 명확한 신호를 주고받는 것은 지구상에서 생명이 계속 이어질 수 있도록 안전을 보장하는 일이다. 그러나 적절치 못한 신호 보내기와 읽기는 왜 1962년의 쿠바 미사일 위기가 매우 불안

| 그림 5-1 | **남북전쟁 당시의 동부전선**

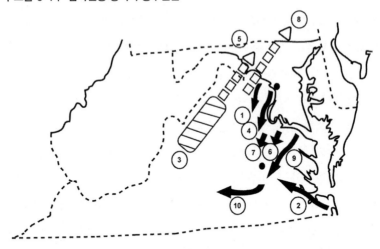

(실선: 화살표 북군): 1. 제1차 불런; 2. 페닌슐라; 3. 잭슨밸리; 4. 제2차 불런; 5. 앤티텀
6. 프레더릭스버그; 7. 챈설러즈빌; 8. 게티즈버그; 9. 그랜트의 진군; 10. 애퍼매톡스 추격

* 삽화: 데브라 판 투일.

정한 교착상태를 낳았는지를 설명해준다. 사설 시장에서는 상호 폭로가 신뢰와 화해의 가능성을 키울 수 있다. 법이 자주 정보공개를 명령하는 것도 이 때문이다. 금융시장을 예로 들면, 대립이 나타나기 전에 갈등을 피할 목적으로 신뢰구축을 위한 조치가 취해진다. 하지만 일단 싸움이 시작되고 나면, 밝혀진 것과 밝혀지지 않은 채 숨겨진 것은 책략적인 변수가 된다.

이 장에서는 미국 남북전쟁 당시의 동부전선을 살펴보기에 앞서 정보와 전쟁을 총칭하여 논의할 것이다(그림 5-1참조). 군사적 측면에서 남북전쟁에 대한 어떤 연구도 서부전선을 빼놓고는 완성될 수 없지만, 이 책에서 논의를 동부전선으로 한정하는 것은 몇 가지 이점 때문이다. 남부와 서부전선은 대부분 서로의 사건과 관련성 없이 군사작전을 폈다. 특

| 그림 5-2 | 버지니아 지형

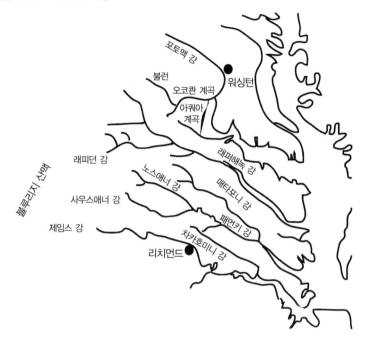

포토맥 강

불런

오코콴 계곡

아쿼아
계곡

워싱턴

래퍼해녹 강

래피던 강

노스애너 강

매타포니 강

사우스애너 강

블루리지 산맥

패먼키 강

제임스 강

리치먼드

차카홈미니 강

동부전선을 제대로 보려면 버지니아의 복잡한 지형에 대한 이해가 전제되어야 한다. 공격자들은 거칠고 광대한 숲과 가공할 만큼 높은 산맥, 그리고 겹겹이 둘러쳐진 강들로 인해 번번이 애를 먹었다. 그곳의 지정학적 조건은 그 자체로 최고의 방어막이 되어주었다.

＊삽화: 데브라 판 투일.

히 남부연합(남군)은 1864년 이전에 대규모 병력 이동이 전혀 없었다. 이에 반해 동부지역의 전투부대들은 매우 균형잡혀 있었다. 남부연합은 버지니아의 가공할 만한 지역적 장애 덕에 전략으로 방어적인 전쟁을 벌일수 있었던 반면, 북부연합(북군)은 수적 우위를 차지하고 있었다(그림 5-2참조). 이런 균형은 양쪽 모두 결정적인 승리를 얻는 것이 불가능함을 잘보여준다. 북군은 6번 지역의 방어를 위해 1번 지역으로 갔고, 남군은 2번을 지키기 위해 이동했다. 이러한 상황에서 상대방은 자연스럽게 모든 이점을 취하려 노력하였으며 여기에는 정보의 사용도 포함했다. 미국 역사상 최초의 공식적인 정보기관은 이 전선에서 탄생되었다.

동부에서의 군사작전은 1861년 여름 제1차 불런 전투로 시작하는데, 이는 빠르고 확실하게 승리하기 위한 북군의 첫 시도였다. 수많은 정보의 "책략들"이 이 전투에 등장했다. 링컨이 소망했던, 빠른 침공으로 남군의 애국심을 자극하는 책략은 말할 것도 없었다. 당연히 이런 일들은 일어나지 않았고, 이 일을 통해 뒤늦게 깨달은 것도 없는 듯하다. 그렇다하더라도 북군이 버지니아 북부조차 장악하지 못함에 따라 우리는 전쟁을 더 빨리 끝낼 만한 성공적인 전략이 과연 북군에게 있었는지 전혀 장담할 수 없다. 확실히 북군이 가졌던 남군의 연약함에 대한 환상은 펜실베이니아 전투(1862년 3~6월)와 불런 전투(1862년 7~8월)로 인해 깨졌다. 정보 부족은 이런 결과에 막대한 공헌을 했다. 정보의 흐름은 이후 조금 바뀌었다. 앤티텀 전투(1862년 9월)는 정보 부족이 불러온 남군의 재앙이었다. 반면 프레더릭스버그(1862년 11~12월)와 챈설러즈빌(1863년 4~5월) 전투에서의 북군 패배는 정보 부족보다는 북군의 무능한 지휘력 때문이었을 개연성이 더 높다. 북미에서 벌어진 최대의 전투였던 게티즈버그(1863년 6~7월) 전투에서 북군이 승리한 것은 아마 우세한 정보력 덕분이었을 것이다(압도적인 병력은 절대 적에게 당하지 않지만 말이다!).

하지만 그랜트 장군의 피비린내 나는 버지니아 전투(1864~1865)는 이전의 것들과는 달랐다. 예전 전투들은 진군과 작전행동, 대규모 전투 이후 한 쪽이 후퇴하여 패인을 꼼꼼히 살펴봤다. 버지니아에서 그랜트의 의도는 남군을 꽉 잡고 놓아주지 않는 것이었다. 이런 이유로 전투들이 시간적으로 빡빡하게 행해졌고, 최소한 그 중 하나는 (스폿실베이니아 코트하우스, 5월 8~21일, 1864) 전통적인 전투라기보다는 마치 제1차 세계대전처럼 보였다. 이 전투는 로버트 E. 리 장군에 대해서도 많은 걸 말해주는데 흔히 그는 전통을 따르는 두 명의 대표적 지휘관 중 더욱 전통적인 인물로 묘사되지만 사실 그의 전쟁 방식은 이런 종류의 전투에도 잘 들어 맞는다. 전쟁의 마지막 9개월 동안 군인들은 버지니아주 피터스버그에서 대치하며 대부분 고정된 위치에서 전투를 벌였다. 앞으로 살펴보겠지만, 이는 요구되는 정보의 종류에 있어 흥미로운 결과를 낳았다.

정보와 전쟁

상업에서 정보력의 차이는 우세한 정보력을 가진 쪽이 이점을 얻어 경쟁가격보다 더 나은 가격을 얻을 수 있게 해준다. 이와 마찬가지로, 전쟁에서 정보의 주요 역할은 더 많은 정보를 가진 쪽이 더 많은 공을 세울 수 있도록 만드는 것이다. 부가적으로 정보의 또 다른 역할은 신호를 보내는 것(진실되게 또는 속임수로)만큼이나 (정보를) 감추는 과정에서도 중요하다. 한 가지 어려운 점은 상대방이 언제 옳은 신호를 보내는지 구분하는 것이다. 정보 유추 수단을 고안하는 것도 어렵기는 마찬가지다(예를 들어 반응을 살펴보기 위한 가짜 공격). 어떤 신호는 우연히 전달되는데 실수, 간과, 또는 분실에 의해서이다. 물론 아군을 위한 신호가 상대방의 이익을 위해 탈취되기도 한다.

숨겨진 특성이란 측면에서의 정보 원리는 자명한 반면 그 영향과 결과들은 다양하고 복잡미묘하다. 행동과 태도에 미치는 정보의 영향은 무엇일까? 정보는 어떻게 수집되고 처리되고 사용될까? 어떤 요원은 제한된 정보를 바탕으로 올바르게 행동하고 다른 요원은 정보의 홍수 속에서 망설이다 마비된다. 이러한 상황은 군사역사에서 결코 드물지 않다. 어떤 종류의 정보가 가장 큰 영향력을 가질까? 만약 비대칭 정보가 있다면, 그것을 처리하는 사람이 비대칭에 대해 아는 것은 얼마나 중요할까?

정보의 경제학은 군사역사에서 흥미로운 요소가 되어야만 한다. 정보가 전쟁에서 차지하는 독특한 역할이나 신호를 보내고 해독하는 수단으로서 기능하기 때문만은 아니다. 여기에는 몇 가지 이유들이 있다.

첫 번째, 자신의 힘과 적의 힘에 대한 정보는 아무리 노력해도 완벽하게 채울 수 없다. 웨스트포인트 교수인 데니스 하트 매헌Denis Hart Mahan (1802~1871, 미국에서 처음으로 전술과 계략에 관한 종합적인 논문을 쓴 저자)은 주장한다. "전투에서 장군에게 보고하거나 매일의 작전에 요긴하게 쓰일 정보를 수집하고 정리하는 일은 장교의 어떤 다른 의무보다도 중요하다." 나폴레옹에 대한 해석으로 몇 세대 동안 미국 장교들에게 영향을 미친 앙투안-앙리 드 조미니Antoine Henri de Jomini 남작은 정보의 은폐가 작전을 좌우한다고 믿었다. "전략으로 볼 때 공격이 갖는 이점은 분명히 있다. 하지만 작전이 제한된 장소에서 행해지며, 주도권을 잡은 쪽에 의해 감시당하고, 전력이 풍부한 적으로부터 병력을 숨길 수 없기 때문에 덜 긍정적이다." 미 육군의 전쟁에 대한 공식적인 두 가지 요소는 정보와 관련되어 있다. 우선 기습에 관한 것으로서 "적이 효과적으로 대응하기 전에 너의 목적을 완수하라."이다. 다른 하나는 보안 상태에 관한 것으로 "적에게 예상치 못한 이점을 절대 허용하지 마라."이다.[4]

둘째, 정보는 아무리 모아도 결코 충분하지 않을 뿐 아니라 전쟁 중에 수집한 정보는 대부분 적절치 않고, 형편없으며, 불만족스럽고, 거짓이다. 위에서 언급했듯이 싸움(그뿐 아니라 전쟁도)은 만일 완벽한 정보가 있었다면 일어나지도 않았을 것이다. 카를 폰 클라우제비츠는 언급했다. "전쟁에 대한 많은 기밀보고서들은 모순적이며, 심지어 가짜이거나 대부분은 확실치 않다." 전투의 결과는 전투 참가자들에게조차 불투명할지도 모른다. 미국 남북전쟁은 이 방면에 있어 유익하다. 프레더릭스버그(1862)와 챈설러즈빌(1863)에서의 전투 이후 군인들은 집과 친척들에게 만약 신문이 있다면 누가 이겼는지 알려달라는 부탁을 했다. 경제시장과는 대조적으로, 전선에서 각 진영은 서로를 오도하려고 적극적으로 노력했고, 이런 노력에 대해선 법률적 장애가 없었다. 양측의 장군들이 서로의 신문을 읽는다는 것을 알았기 때문에, 윌리엄 셔먼William T. Sherman은 언론사에 기만 부서를 두도록 장려했다. 이런 일이 공공연하게 진행되던 와중에 북부의 신문을 지속적으로 정독하던 로버트 E. 리는 자기들의 판단을 그르치게 하기 위해 공공 출간된 북군의 발표들을 간파했다. 이에 화답하기 위해 남군 장교들은 북군 장군인 조지 B. 매클렐런을 상대로 허위정보 계략을 폈다. 나중에 이 전쟁에서, 양키(북군)들이 남군의 암호를 해독할 수 있음을 알게 된 주발 얼리는 고의적으로 속임수를 쓴 메시지를 보낸다.[5]

셋째, 자신의 조직에 관한 지휘관들의 지식은 사업가들이 자기 회사에 대해 아는 것보다 훨씬 낮은 수준이다. 한 부대의 장소, 상황, 의욕 그리고 장비는 몇 분 안에 바뀔 수 있고 본부에 보내는 보고는 장군이 내용을 다 읽었을 때면 이미 뒤떨어진 정보가 될 가능성이 높다. 이러한 불확실성은 크기와 범위 그리고 시대상황에 따라 악화되었다. 전쟁 중인 부대에서 장소, 상황, 사기 그리고 장비가 바뀌는 것과 비슷한 사례는 경제활동에서 거의 없다고 봐야 한다. 미래의 전쟁에서는 전자적인 소통이 이러한 문제를 다소 약화시키겠지만 완전히 해결할 수는 없을 것이다.

지휘관의 결정에 있어 정보가 어떤 역할을 했는지 파악하는 건 어렵다. 정보의 불확실성이 가장 큰 계획단계에서는 매우 많은 보고서와 제안서가 작성되지만, 전투 명령은 대부분 구두로 전해졌다. 이런 이유로 연구는 전투 뒤의 보고서와 회고록에 의존한다. 불행히도, 장군의 전쟁 뒤 회상은 "일어난 일, 그가 일어났다고 믿는 일, 일어났으면 좋겠다고 그가 생각한 일, 다른 사람들이 믿었으면 좋겠다고 그가 생각하는 일 그리고 그가 일어났다고 믿으며 다른 사람들도 믿길 원하는 일"들로 뒤섞여 있다. 그렇다 하더라도 회고록은 꽤 사실을 드러낼 수 있다. 예를 들어 율리시스 S. 그랜트의 회고록은 1864년의 리와 그의 군대에 대한 오해를 놀라운 수위로 드러내는데, 이는 다음 장에서 소개할 필요성이 있다.[6]

북군, 남군 그리고 정보수색

정보의 경제학을 분석하기 위한 우리의 선택은 몇 가지 이유로 미국 남북전쟁에 집중되었다. 첫째, 미국을 살펴볼 다른 사례가 없다. 이것은 가장 정형적인 "미국식" 전쟁이며 외국의 직접적인 참전이 없는, 본질적이고 장기간에 걸쳐 벌어진 재래식 전쟁이다. 둘째, 양측의 유사성이 서로의 차이점보다 더 컸기 때문에 신호를 보내고 해독하는 것이 특히 더 중요했다. 셋째, 이 전쟁은 철도와 전보가 중요한 역할을 담당한 최초의 주요한 전쟁이었다. 그로 인해 양측 다 정보의 흐름, 신뢰성 그리고 혼란에 영향을 받았다. 넷째, 남북전쟁의 규모와 중요성은 경제학의 다른 요소들을 함께 연구할 수 있는 비옥한 기반을 제공하기 때문이다.

남북전쟁 당시의 정보수집은 종종 무계획적이고 적절치 못했다.[7] 스파이 행위에 대한 다채로운 이야기들이 자주 상황의 사실성을 모호하게 했다. 고위 장군들이 의심의 여지없이 매헌의 격언에 익숙했지만 대부분 웨스트포인트에서 공부했던 자신의 제자들(양쪽 모두의 장군)에게 노교수는 어떻게 정보수집 절차를 통제하고 분석해야 하는지에 대해서는 실질적인 충고를 주지 않았다. 남북전쟁 시대의 장군과 지휘관들은 (양측 모두) 거대한 규모의 정식요원들이 정찰과 정보수집을 하는 바로 그 시간에도 꽤 많은 시간과 노력을 정보를 얻는 데 따로 투자했다. 남군은 특정 이점들을 가지고 시작했다. 그 중에는 남부 스파이들이 목표로 삼을 만한[8] 조직화된 정부를 북군이 가지고 있었다는 점과 대부분의 전투가 남군 지지자들로 가득 찬 지역에서 일어났다는 점이 있었다. 이러한 기회들을 이용하기 위해 남군은 은밀한 작전 준비에 북군보다 4배나 더 많은 시간을 들였다.[9] 리의 군대는 정찰대와 스파이에게 지불할 지폐(돈)를 비축하였다. 반란군(남군.—옮긴이)의 가장 큰 자산은 "탁월한" 직감으로 정보를 이용해 적의 의도를 파악하는 리였다. 리는 "군사적 성공은 그의 적을 평가하는 신통한 능력과 그에 따른 행동에 많이 빚지고 있다"고 말했다.[10]

이러한 남군의 이점에 대한 응답으로, 1863년 북군은 놀라울 정도로 정확한 정보력을 자랑하는 군사정보기관을 설립했다.[11] 결국 애퍼매톡스(미국 버지니아 주 중부의 옛 촌락. 이곳에서 1865년 4월 9일 리 장군이 그랜트 장군에게 항복하여 남북전쟁이 종결되었다.—옮긴이)에서 정보기관의 수장인 조지 H. 샤프George H. Sharpe는 북부 버지니아군의 구조에 대해 남군 장교들보다 더 많이 알고 있는 것으로 확인됐다. 리는 정보의 흐름을 막기 위해 만약 적에게 잡혔을 경우 그들의 부대번호를 누설하지 말라고 병사들에게 경고했다. 리가 매우 염려하고 있었음은 의심의 여지가 없다. 북군 정보기관은 북부 버지니아 군의 규모를 실제 숫자의 2퍼센트 미만의 오차로 정확히 계산한 적도 있었다. 군사정보기관과 북군은 남군에게는 없는 한 가지 출처로부터 이득을 얻었다. 도망친 노예들.[12]

정보수집의 기술적 측면에서 열기구는 잠재적으로 극적인(넓은) 시야를 제공하는 듯했으나 남군에는 비용, 북군에는 머스킷 소총 발사에 취약한 점 때문에 1863년 철수되었다. 메시지들이 종종 효력을 잃는 (24시간에서 36시간 정도 지연되는) 경우가 있음에도 불구하고 정보전달과 스파이 활동의 양쪽 측면에서 전보는 훨씬 더 큰 영향력이 있었다.[13] 설사 지연되는 경우가 있다 하더라도 정보의 흐름이라는 측면에서 전보의 효과는 혁명적이었다. 전기정보의 시대가 시작되면서 보고서와 명령들은 즉시 보내졌고, 그 효과는 막강했다. 전보사무실을 갖춘 본부들은 메시지 전송 횟수가 제한된 운반원을 통해 보내는 쪽보다 훨씬 더 자주 메시지를 전송할 수 있었다. 전선에 문제가 없는 이상 메시지 전송에 제한은 없었다. 하지만 메시지와 보고들은 간결해야 했다. 작전 중에는 네트워크가 한계점까지 무리하게 사용됐기 때문이다. 불가피하게 장군과 정치가들은 전보에 점점 더 의존하게 되었다. 링컨은 북군의 운명을 알아보기 위해 전쟁 관련 전보부서에 자주 출현하기로 유명했다.

정보의존성은 철도 사용에서 더욱 명백한 효과를 나타냈는데, 일차적으로는 정보상의 이유보다 병참의 이유가 더욱 컸다. 정보의 흐름에다 철도의 효과가 더해져 대규모의 병사와 민간인을 훨씬 먼 거리로 옮길 수 있게 된 것이다. 이것은 사람들의 입에서 입으로만 전해지던 정보가 이제는 나라 전역으로 삽시간에 퍼질 수 있음을 의미한다.

전방 포병 관측병을 이용한 정보수집은 실험적으로 시도된 뒤 곧바로 폐기됐다. 남북전쟁 당시의 포병들은 간접 조준사격(산을 넘어 포격을 가하는 등 눈에 보이지 않는 표적에 포격을 퍼붓는 일.—옮긴이)을 거의 사용하지 않았고 이러한 이유로 전방 포병 관측병들이 그리 필요하지 않았다. 더 유용했던 건 통신대 관측소와 정찰대였다. 관측소는 원래 신호를 보낼 목적으로 만들어졌으나 두 가지 다른 역할로 진화했다. 적군의 메시지를 가로채는 것과 움직임을 관찰하는 것. 높은 지대에 설치된 관측소들은 성능 좋은 망원경을 가지고 있었다. 양쪽 다 관측소 중 일부는 오직 적군을 관찰하는 데만 사용하였다. 남군 장군들은 제1·2차 불런 전투, 앤티텀 전투, 프레더릭스버그 전투 그리고 윌더니스 전투에서 관측소에 많은 부분을 의존했다. 양쪽 군대는 더 좋은 관측 장소를 차지하기 위해 맹렬히 싸웠다. 그러나 (관측소는 움직일 수 없기 때문에) 관측소 지역을 벗어난 곳에서 적군의 정보를 알고 싶어하는 장군은 정찰대에 의존해야 했다. 버지니아에서 남군은 북부 영토와 심지어 적군 부대의 후방까지 잠입하는 매우 작은 단위의 정찰대를 이용했다. 정찰대들은 가끔 적군 병사를 잡아와 심문하기도 했다. 대부분 민간인이었던 "관찰자"들은 특히 군대가 적군 지지자들이 많은 영토를 침공했을 때 매우 유용했다. 그러나 민간인들의 신뢰도는 항상 의심스러웠다.[14]

민간인들의 스파이 활동에 대해 말한다는 건 시대착오적일 수 있다. 왜냐하면 본질적으로 거의 모든 스파이는 민간인이기 때문이다. 신뢰할 만하든 아니든, 그들의 정보를 활용할 수밖에 없었다. 그러나 정보수집자로서 민간인의 역할에 대해 체계적인 관심을 가지기 시작한 것은 근래 몇 년 전부터였다. 대부분의 민간인 스파이들은 거의 다 남군 지역에서 나왔다. 리치먼드에서의 북부 지지자모임은 꽤 많이 알려진 이야기다. 그러나 남부연합의 다른 지역에도 활동적인 많은 사람이 있었다. 일부는 돈을 받는 고용 스파이였던 반면 나머지는 남부 전역에 걸친 아주 큰 집단의 반대자들 사이에서 나왔다. 민간인 스파이에 대한 관심 부족은 전시의 민간인에 대한 연구가 꽤 최근에야 선보인 분야라는 점과 관련이 있다. 1990년대 중반부터 전시 민간인에 대한 전반적이고 심층적인 연구가 나타나기 시작했다. 스파이 활동에 관한 연구들도 속속 선보였는데, 정보수집가로 활동한 여성, 특히 흑인 여성에 대한 연구가 그것이었다. 민간인에 의한 첩보활동은 북군이 항상 적의 영토에서 싸워야 한다는 고질적인 어려움으로부터 벗어나도록 도와줬다. 대체로 덜 유능했던 북군이 북부지역에선 절대 진 적이 없다는 사실을 생각하면 이는 결코 작은 일이 아니다.[15]

또 다른 비밀병기는 기병대였다. 기병들을 매우 소중히 여긴 리는 자신의 기병 지휘관을 "육군의 눈"이라고 표현하며 다음과 같이 말했다. "그는 절대 나에게 잘못된 정보를 가져오지 않는다."

스파이들은 특히 중요한 위치를 선점했을 때 유용했다. 북군 스파이인 새뮤얼 루스는 남부연합 지역인 버지니아에서 철도감독관으로 일하며 남군의 보급품 공급을 책임졌다. "루스는 철도상황에 대한 정보 및 군수품 보급과 부대 전력에 대한 정보를 넘겼다. 그의 마지막 공헌은 1865년 2월, 담배와 식량을 맞바꾸는 북부의 불법적인 거래를 자꾸 지연시켜 굶주린 남군에 막대한 양의 베이컨이 공급되지 않도록 막은 것이었다." 루스는 또한 북부 버지니아 지역에 있는 리의 군대에 보급품이 전달되는 속도를 늦췄다. 참모총장인 헨리 핼렉은 루스를 "신뢰할 만한(또는 기대에 어긋나지 않는)" 인물로 묘사했다. 이는 장기간 유익한 관계를 유지했기 때문인데 그렇지 않았다면 루스는 핼렉과 같은 저명인사에겐 알려지지 않았을 것이다.[16]

신문의 역할은 놀라움 그 자체였다. 그들의 보고서와 회고록으로 미뤄볼 때, 남북전쟁 당시 장군들은 대부분의 시간을 신문을 읽으며 보냈다. 그리고 그들은 자기편의 신문을 보는 것만큼이나 자주 적들의 신문을 읽었다. 그랜트는 평화로웠던 시절처럼 (남북 사이에) 쉽게 신문들이 왔다갔다 했음을 회상했다. 리는 언젠가 북부 신문에서 남부연합의 한 장군에 대한 언급이 없는 것을 보고는 북군 정보기관이 그 장군이 지휘하는 부대의 존재를 아직 알지 못하고 있음을 정확하게 읽어냈다. 1차 불런 전투와 빅스버그 전투에서 북군이 문제를 일으킨 건 신문 탓이라고 불평하던 셔먼조차 중요한 정보를 얻기 위해 신문을 주의 깊게 읽었다. 남북전쟁에서 뉴스를 통한 자유로운 정보 혹은 오보의 흐름은 제1차 세계대전에서도 사용되었는데, 이는 다음과 같은 주장에 정당성을 부여했다. "어떤 형태의 뉴스 통제 사례는 상당히 설득력이 있었다."(남북전쟁 기간 동안 신문에서 많은 정보가 새어나왔는데 이는 장군들이 언론을 통해 자신의 커리어를 쌓기 위함이었다).[17]

앞서 말한 사례들은 다양한 방법들을 통해 미국 군인들이 정보를 얼마나 중요하게 다뤘는지 보여준다. 이제 우리는 미국 남북전쟁의 동부전선

| 표 5-1 | 남북전쟁 당시의 주요 동부전선

전투	날짜	북군	남군	의미
1차 불런		맥도웰	보우리가드, 존스턴	남군 승리
반도		매클렐런	존스턴, 리	매클렐런에게 북군의 수적 우세는 무용지물이었음
계곡		다양한 부대	잭슨	북군 전력의 주의를 분산시키는 데 성공
2차 불런		포프	리	남군 북군에게 치욕적인 패배를 안김
앤티텀		매클렐런	리	북군 승리, 노예해방을 이끌다
프레더릭스버그		번사이드	리	북군 참패
챈설러즈빌		후커	리	북군 참패
게티즈버그		미드	리	남군 패배
윌더니스		그랜트	리	북군 매우 값비싼 승리
스폿실베이니아		그랜트	리	북군 매우 값비싼 승리
노스애너		그랜트	리	리의 전략적 후퇴
콜드하버		그랜트	리	북군 치명적 손실 입은 채 대패
피터스버그		그랜트	리	길고 치열한 전투; 북군이 신속한 승리를 거두지 못했지만 남군이 동력을 상실함.
애퍼매톡스		그랜트	리	리를 추격해 항복을 받아냄

에서 일어났던 몇몇 주요한 전쟁 행동을 살펴보면서 정보가 전투 관련 판단에 어떻게 도움을 주고 그에 따른 결과는 무엇인지 알아볼 것이다.[18]

게티즈버그를 통한 주요 동부전선

표 5-1은 동부전선에서의 주요 전투와 전쟁을 나열한 것이다. 게티즈버그 이전의 전투들은 이번 섹션의 나머지 부분에서 설명할 것이다. 마지막의 독립된 섹션은 전쟁의 흐름이 바뀐 후인 1864~1865년 버지니아에서의 그랜트 장군의 전투에 대해 다룬다.

제1차 불런 전투

남북전쟁은 1861년 여름, 어빈 맥도웰이 북부 버지니아 서쪽 센트빌 마을의 작은 강이 흐르는 불런 후방에서 야영하던 피에르 보우리가드의 남군을 향해 북군을 전진시키면서 본격화됐다. 3만 8,000명의 병력을 보유한 맥도웰은 2만 8,500명만을 불런 전투에 동원했다. 보우리가드는 애초에 대략 2만 명의 병력을 보유했으나 나중에 조지프 존스턴의 1만 5,000 병력이 보충병으로 합세했다. 맥도웰과 보우리가드는 상대의 초기 병력을 50퍼센트 정도 과대평가했다. 맥도웰은 보우리가드에 대한 수적인 우세로 누릴 수 있는 이점을 애초부터 포기했다. 조미니를 열렬히 추종했던 맥도웰은 반란군(남군)쪽으로 전군이 전진하는 것은 자신의 의도와 병력 그리고 다른 군사적으로 중요한 문제들을 적군에 알려주는 셈이라고 주장했다.[19] 그는 숨겨진 특성들을 남군의 면전에서 누설하는 것을 원치 않았다. 그러나 잘못 알려진 정보에 따른 그의 부적절한 미적거림은 적을 기습할 기회를 앗아갔다. 그러는 동안 존스턴 휘하에 있는 규모가 더 작은 제2의 남군이 북서부 셰난도 계곡을 지키고 있었다. 맥도웰은 계곡의 북군들이 존스턴을 붙잡아둘 것이라고 예상했다. 그들은 그러지 못했다. 존스턴의 한 부대는 철도를 이용해 그곳을 빠져나온 뒤 보우리가드 부대에 합세했고, 북군의 수적 우세는 1861년 7월 21일 오후 사라졌다. 애초에 우세했던 전투의 이점을 살리지 못한 북군은 당혹스러운 패배를 겪었다.

맥도웰은 존스턴이 전투 전날 밤 도착했다는 소문을 들었다. 그가 그 보고를 믿지 않기로 결정했는지, 아니면 보고 내용과 상관없이 자신의 전투 전략을 계속 추구했는지 공식 기록에서는 밝히지 않고 있다. 흥미롭게도 보우리가드는 맥도웰이 존스턴의 도착 사실을 확인하지 못했다는 걸 알고 있었다. 맥도웰처럼, 그는 자신의 계획을 바꾸는 바람에 이런

이점을 이용할 만한 시간이 없었다.[20]

전략 측면에서 남군은 정보적인 이점도 얻었다. 두 가지 중요한 순간에 남군 연대들은 실질적 숫자의 열세를 숨기는 데 지형을 사용하였으며, 그들의 통신대는 맥도웰의 계획(남군의 좌익군 공격)에 대해 적절한 시간에 보고를 했다. 첫 번째는 자신의 숨겨진 특성을 유지하는 전형적 사례이고, 두 번째는 적군의 숨겨진 특성을 발견하는 사례이다. 이 모든 것을 통해 우리는 첫 번째 불런 전투가 정보의 비대칭 속에서 치러졌다는 사실을 알 수 있다. 그 비대칭은 북군 맥도웰의 선제공격을 막았고 남군의 보우리가드를 패배로부터 구했다. 존스턴이 전투에 합류하면서 맥도웰의 패배는 기정사실이 되었다. 남군은 결정적인 승리를 거두었고 이로인해 링컨 대통령은 맥도웰을 사령관 자리에서 해임한 뒤 조지 B. 매클렐런을 후임자로 임명했다.[21]

반도 전역

전시의 정보라는 맥락에서 볼 때 매클렐런은 완벽한 선택으로 간주되었다. 그는 새롭게 발명된 전보를 크림전쟁에서 사용하는 것을 유심히 봤으며 철도감독자로서 "전보를 통제의 수단으로 더 많이 배우고 장거리 대규모 공급법까지 배웠다."[22]

1862년 3월부터 7월까지 반도 전역은 연속적으로 치러진 전투들로 점철되었다. 사상 처음으로 철갑함이 포함된 전투(햄프턴 로드에서 3월에 벌어진)를 치른 뒤 북군은 4월 초 해상을 통한 남부 침공을 시도한다. 애팔래치아 산맥에서 동서 방향으로 흘러 체서피크 만으로 이어지는 많은 강이 장애물을 형성하며 남부연합의 수도인 리치먼드로 육상 전진하는 것을 막고 있기 때문에 이를 둘러가는 것이 북군의 목표였다. 이 작전은 초기에 성공했지만 궁극적으로는 실패였다. 아주 드물게도 정보적 환경

| 그림 5-3 | 버지니아 반도 전역, 1862

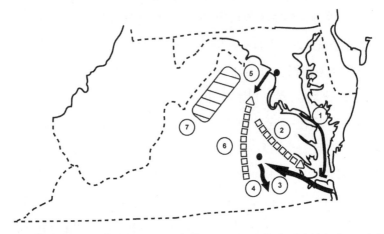

1. (3/4월) 북군이 요크타운 반도로 진군; 2. (4월) 남군이 북군의 진로를 막기 위해 이동; 3. (5월) 북군 리치먼드를 향해 진군, 여러 차례 격전을 벌임; 4. (6/7월) 격전 이후, 북군 제임스 강에서 저지당함; 5. (7/8월) 북군 재차 전진 시도; 6. (7/8월) 남군 병력 북쪽으로 이동한 후 제2차 불런 전투에서 북군 패퇴시킴; 7. 3~4월에 치러진 잭슨 계곡 전투지역

* 삽화: 데브라 판 투일.

이 이 전선에서 결정적인 역할을 했다.

 전임자였던 맥도웰처럼, 북부 지휘관 매클렐런은 처음부터 남군이 수적으로 우세하다고 확신했다. 그는 느리게 그리고 과도하게 주의를 기울이며 전진해나갔다. 그의 오판은 그 뒤로도 늘 그랬듯이 하나의 전설이 되었고 "변함없는 그의 군사적 특징 중 하나"가 되었다. 북군이 요크타운 반도에 도착했을 때, 매클렐런은 리치먼드 남동쪽 지역의 남군 병력을 총체적으로 과대평가하고 있었다. 주요 적군부대가 도착했을 때도 매클렐런은 그들의 크기를 두 배 가까이로 과대평가했다. 그가 리치먼드에 근접했을 무렵 그는 남군 병력을 20만 명으로 예상했는데 이 수치는 그 자신 병력의 두 배였고 실제 남군 병력의 두 배 반 이상이었다. 전투 후반, 남군 중 일부가 워싱턴을 위협하기 위해 북쪽으로 전진하며 또 다른 북군과 마주쳤음을(제2차 불런전투, 아래에 설명) 인정했을 때조차 (부하와 민간인 상관 모두 그의 예상을 믿지 않았음에도 불구하고) 그는 자기 병력의 수적 이점을 인식하지 못했다.[23]

　민간인 상관과 부하들의 불신은 논리적이었다. 어떻게 더 적은 남군이 모든 곳에서 수적으로 우세할 수 있는가? 이런 견해는 매클렐런의 끊임없는 비관적 태도에 대응하는 것이기도 했다. 1862년 4월 5일, 매클렐런은 지역의 적군 병력을 "크다"고 설명했으며 남군 탈영병의 말을 인용해 매일 증강병력이 도착하고 있다고 보고했다. 하루 뒤 그는 링컨에게 "내 눈앞의 적군은 강하다"는 전보를 쳤다. 5월 말까지 그는 리치먼드에 접근하지 않았다. 1862년 5월 31일 다소 혼란스러운 남군의 공격 뒤에, 매클렐런은 자신의 부대가 세 곳에서 "수적으로 매우 우세한 적과 전투를 벌였다"라고 보고했다. 그는 6월 2일에도 여전히 신중하게 발언했다. "나는 나에게 승산 없는 것을 두려워하지 않는다." 6월 말에는 심각한 전투 뒤에 후퇴하면서 "우리에게 매우 불리한 상황" "몇몇 지점에서 수적으로 우세한 적과 다퉜다" 그리고 "수적으로 우세한 적들에게 모든 방향에서 공격당했다"고 언급했다.[24]

　매클렐런은 일방적인 정보 비대칭에서 자기 자신을 불리한 입장에 놓았다. 오히려 남군은 그의 힘을 더 잘 알았다. 왜냐하면 매그루더, 리, 그리고 잭슨이 매클렐런을 속이기 위해 열심히 노력했기 때문이다. 매그루더는 요크타운에서 절망적인 수적 열세 속에서 치러진 1번부터 6번까지의 지휘관이었다. 그는 소수 병력으로 하여금 일렬로 선 채 북군에게 보이는 한 쪽 방향으로만 행진하게 했으며, 부하들에게 한밤중 숲속으로 들어가 실제로는 존재하지 않는 여단과 군부대를 향해 명령을 외치도록 시켰다. 그러는 동안 매클렐런의 정보 안전성은 구멍났다. 그는 신문이 자신의 움직임과 위치를 세세하게 보도하는 것에 대해 불평하면서 볼티모어의 일간지 〈아메리칸〉에 자신의 명령들이 실린 것에 대해 특별히 언급했다. "만약 어떤 진술이라도 적군에게 더 중요한 정보를 제공한다면 나는 그것을 감당할 수 없다." 그러나 대부분의 경우 그는 속았다. 바로 그가 자신을 속였기 때문이다. 사실 그의 정보기관 수장인 E. J. 앨런E. J. Allen 소령(실제로는 유명한 탐정인 앨런 핀커턴)은 적군 병력에 대한 과장된 예상치만 그에게 제공했다. 매클렐런에 대해 공포심을 갖고 있던 핀커턴이 매클렐런의 의견을 지지할 만한 정보들만 찾아모았기 때문이다. 군사적 배경이 없는 핀커턴은 군사정보에서 타이밍의 중요성도 이해하지 못했다. 이러한 자기기만(또는 오해)은 매클렐런의 절친한 친구였던 존스턴 및 그의 전임 사령관이었던 리에 대한 의견에서 드러난다. 매클렐런은 존스턴이 북쪽을 절대 침입하지 않을 것이라 확신했지만 사실 존스턴은 남부연합군 정부에게 북쪽 침략을 제안했었다. 1862년 5월 31일 리가 존스턴의 임무를 넘겨받았을 때, 매클렐런은 기뻐했다. 그는 남군의 새로운 장군을 "무거운 책임에 비해 너무 조심스럽고 약하다. (…) 막중한 책임감에 짓눌린 채 도덕적 결백을 원하기 때문에 겁 많고 행동이 우유부단하다……. 리는 대담하고 큰 단위의 움직임에서 절대 모험을 하지 않을 것이다."라고 묘사했다. 이와 대조적으로 리는 매클렐런에게 위험한 공격을 가할 의지가 있었으며 반격을 두려워하지도 않았다. 리의 부하 중 한 명인 제임스 롱스트리트는 매클렐런이 신중한 성격을 가진 군 설계자이기 때문에 공격을 늦출 것이라는 의견을 밝혔다. 물질적이고 개인적인 측면에서 남군은 훨씬 정보에 능했고, 대담한 작전을 추구하고 있었다. 매클렐런의 병력이 여전히 리치먼드 남부에 머무는 동안, 남군은 수적으로 열세한 군사력을 재편해 그중 대부분을 북쪽인 워싱턴 쪽으로 보냈다.[25]

정보를 통한 결단 양식을 살펴보면서 이보다 더 명백한 사례는 생각하기 힘들다. 매클렐런은 자신의 공격성 부족을 정당화하기 위해 정확하지 않고 심지어 조작된 정보에 의존했다. 온갖 부정적인 예단과 생각들이 사실 앞에 선 그의 견해와 판단에 마치 실제인 것처럼 영향을 끼쳤다. 정보는 그 정보를 처리하는 사람의 성격으로부터 절대로 분리될 수 없다. 칸트 이후의 철학자들은 사실과 인지는 깔끔하게 분리될 수 없음을 이해했다. 전쟁터에서 매클렐런은 정지해 있었다. 이 사실은 단지 핀커턴이 잘못된 숫자를 제공했거나 그가 수적으로 열세하다고 믿었다는 것에 머물지 않는다. 매클렐런이 인식했던 정보는 그에게 자신이 수적으로 열세하며 결과는 무기력한 패배일 뿐이라고 말하고 있었다. 매클렐런은 왜 그렇게 쉽게 속았고 자기 자신을 쉽게 기만했을까? 이 질문은 역사적인 흥미로움으로 남아 있다. 만약 리가 신호를 보냈다면 왜 매클렐런은 소음으로부터 신호를 구분할 수 있는 더 나은 해독장치를 설치하지 않았을까? 향상된 해독기능이 특별히 매클렐런에게 더 많은 비용을 요구했다는 증거는 없다. 정작 남군의 책략이야말로 불리한 선택의 예이다. 북군은 이기지 못할 싸움이라 생각해 스스로 포기했다. 리는 소중한 정보를 통해 우위에 섰다. 적수의 사고방식을 이해한 것이다. 이것은 그가 매클렐런에게 공격적인 전략을 펴도록 했다. 작은 부대를 보내 적의 주의를 돌리기 위한 세난도 계곡 작전을 전개하고 나서는 병력의 절반을 새롭게 편성된 존 포프의 북군이 지키는 북쪽을 향해 보냈다. 리가 초기에 매클렐런으로부터 거둔 승리는 매우 정보적이었다. 처음에 리는 작은 부대를 가지고 적에게 심각하지 않은 패배를 가하면서 더 많은 병사를 잃었다. 그러나 그는 남부 병력이 실제보다 더 강하다고 매클렐런이 믿게 함으로써 확실한 전략 승자로 떠올랐다.

제2차 불런 전투

매클렐런의 수적 열세에 대한 신념은 남군 병력이 북쪽 워싱턴으로 움직이는 것을 허락했다. 리는 처음에 군대의 반을 북으로 보냈고 나중에 남은 병력과 함께 따라갔다. 워싱턴 주변의 다양한 북군 부대는 존 포프라는 이름의 변경지방 출신 군인 밑에 모여 한 개의 큰 부대로 뭉쳤다. 포프는 지나치게 부풀려진 자신감으로 작전을 시작했고 최악의 북군 패배를 기록했는데 그건 순전히 정보의 부족과 오용 때문이었다. 포프의 모든 문제는 혼자 만든 것이 아니었다. 가령 군대 상관에게 보낸 그의 전보들은 바로 뉴욕으로 보내져 출판됐다. 그가 기밀정보에 전혀 무감각했던 것도 아니다. 그는 가로챈 편지 덕에 리의 첫 번째 함정에서 빠져나갈 수 있었다.[26] 하지만 양쪽 장군들 모두 주어진 정보에 대응해 작전을 펴나가는 과정에서 포프는 사실을 잊어버리거나 무시하는 경향이 있었고 리는 그렇지 않았다는 점이 서로 다른 결과를 낳았다.

포프는 1862년 6월 중순경 스톤월 잭슨이 다가오고 있음을 어렴풋이 인식했으나 그의 판단력은 모호한 상태였다. 이와 대조적으로 잭슨은 "작전계획의 근간인 기밀들을 공격적으로 모았으며" 자신이 필요로 하는 것을 파악해 찾았고 확실하게 대응했다. 리 역시 똑같다. 그는 한 측근에게 "가장 똑똑하고 신뢰할 만한 부하"를 보내 매클렐런의 군대가 움직이는지 감시하라고 시켰다. 적군이 움직이지 않는다는 정보를 통해 그들이 바다를 통해 워싱턴으로 돌아가려 한다는 사실을 알아냈다. 포프에 대해서도 정보가 풍부했던 리는 스파이를 이용해 포프의 의도들을 추리해내고 제2차 불런 전투가 벌어지기 불과 일주일 전에 포프의 명령들을 잡아냈다.[27]

이것은 남군이 완벽한 정보를 가졌음을 보여주는 사례가 아니다. 그런 사례는 전쟁에서 존재하지 않는다. 그러나 리의 정보 계산은 포프보다 우위에 있었다. 대조적으로 포프의 정보수집, 분석 그리고 이용 능력에는 결함이 많았다. 그는 자신이 가진 정보를 무시하지는 않았으나 매클렐런처럼 (자신의 마음속에 있는) 적에 대한 잘못된 생각을 바탕으로 행동을 명령했다. 그는 잭슨의 전진을 명확히 인식하지 못했으며 나중에는 리의 전진도 인식하지 못했다. 그는 남군이 실제로 철수하자 속았으며(그는 이것을 후퇴로 해석했다), 모순되는 보고들에 혼란스러워했다. 소수의 정찰대만 보냈으며 "자신이 받은 정보들을 제대로 평가하는 데 실패했다." 그리고 "논리적이지 않은 추론패턴을 고집했다." 전투의 첫 단계에서 잭슨은 포프의 우측을 기웃거렸다. 포프는 올바른(오른쪽으로 트는) 행동을 했다. 그는 오른쪽으로 방향을 틀고 반격했다. 그러나 너무 오른쪽에만 치중한 나머지 노출된 좌측을 남군의 다른 반쪽인 2만 8,000명의 군인들이 공격하여 으스러뜨리는 상황을 무기력하게 방치했다. 포프는 실패한 전투보고서에서 적군을 "심하게 손상시켰다." 그리고 "우리 군보다 최소 두 배 이상의 희생자를 낳았다."고 묘사하고 있다.[28] 그러나 포프는 더 많은 것을 잃었다. 그리고 어떤 의미에서 그가 가졌던 정보를 잃은(잊혀진) 것은 치명적 결과를 낳았다. 남군이 8,350명의 희생자를 낸 데 비해 북군은 1만 4,000명 가까운 병력을 잃었다.

앤티텀

대다수 북부 장군은 통제가 불가능할 만큼 정보의 비대칭에 시달렸다. 버지니아를 침공한 북군은 수천 명의 버지니아 출신이 포함된 남군에 더욱 친근감을 느끼는 남부연합 민간인들의 거주지를 상대로 전략인 행동을 펼쳤다. 이런 상황은 리가 북쪽을 침공했을 때 정반대가 됐다. 하지만 그가 계속해서 움직이는 한 북군은 그가 어디에 있는지 또는 어디로 가는지 알 수 없었다. 북군의 정보는 낡은 것들이었다. 그러나 리는 전쟁에서 정보와 관련해 가장 유명해진 사건으로 실패할 뻔했다. 침공작전을 진행하는 동안, 한 북부 군인이 리의 명령서 사본을 옥수수 밭에서 발견했다.

전쟁 뒤 이것이 누구의 책임이냐를 두고 수많은 음모론이 뒤따랐지만, 그 문서의 진실성은 의심할 여지가 없었다. 북군 장교에 의해 서명이 확인된 것이다. 매클렐런은 이제 리의 군대가 분산되고 흩어졌다는 것을 알게 되었다. 그럼에도 불구하고 그는 조심스럽게 움직여 리의 부대 대부분이 1862년 9월 17일 시간에 맞춰 앤티텀 샛강 근처에 집결하도록 내버려뒀다. 그날은 2만 6,000명의 희생자를 기록하며 남북전쟁 중 가장 참혹한 날이 됐다.[29]

매클렐런은 리의 명령서를 얻은 것으로부터 얼마나 영향을 받았을까? 결론을 내리는 데 있어 중요한 사실은 그후 어떻게 되었느냐이다. 그는 전진했고 전투를 시작했다. 하지만 느려터진 전진은 과연 제한된 정보의 영향력을 반영하는 것일까? 아마 아닐 것이다. 그는 태생적으로 신중했으며 리가 워싱턴이나 볼티모어를 목표로 하지 않는다는 확신이 서기 전까지는 싸우지 않았을 것이다. 결정적인 행운 앞에서 매클렐런은 자신이 얻은 정보가 "신뢰하지 못할 만한 출처에서 왔다"거나 "모호하고 모순적이다" 혹은 "완전히 신뢰할 만하지 않다"고 불평했다. 그는 계속해서 리의 병력을 과대평가하면서도 대통령에게는 자신의 "정찰대와 스파이들이 모든 방향에서 계속 적을 주시하고 있으며 곧 신뢰할 만하고 절대적인 정보를 얻을 수 있다"고 전했다. 이제 그는 좀더 낙관적으로 변해 한 장군에게는 리가 탈출하기 어려울 것이라고 말했다. 적이 잃어버린 그 명령서를 손에 넣음으로써("진실성을 의심할 여지가 없는"), 그는 자신이 알아야 할 필요가 있는 것을 알게 되었다. 그리고 자신이 듣기 원하는 것이 무엇인지도 알았다. 그러나 그는 여전히 남군 병력을 과대평가하고 있었다.[30]

전투 뒤 보고서에서 매클렐런은 자신이 "느리고 신중하게" 움직인 것을 "적군의 실질적인 위치, 힘 그리고 의도에 대한 불확실성" 때문이었다고 정당화했다. 전투 하루 전, 리는 매클렐런의 전진에서 가장 큰 변수는 "접근성이 아닌 신속함"이라고 설명했다. 전투 다음날 그는 매클렐런에 대해 "공격하는 것을 내켜하지 않는"다고 정확하게 서술했다.[31] 다시 한 번, 리는 매클렐런에 대한 더 나은 이해력 덕에 살아남았다. 하지만 비록 간단한 것이었을지언정 매클렐런의 우세한 정보는 추후 북군에게 주요 전투에서의 첫 승리를 안겨주었다.

프레더릭스버그 전투

앤티텀 전투 두 달 뒤인 1862년 11월, 전쟁의 행운은 뒤집혀 반대쪽으로 갔다. 정보의 관점에서 볼 때 앰브로즈 E. 번사이드Ambrose E. Burnside를 북군 지휘관으로 임명한 것은 이해하기 힘든 미스터리였다. 앤티텀 전투 당시 부대 통솔자였던 번사이드는 바로 앞에 있던 작은 개울을 정찰하는 데 실패했으며 그 결과 그의 부하들은 매우 심한 고생을 했다. 그러나 처음부터 그는 정보의 비대칭을 어떻게 해서든 자기 마음대로 창조하려 했다. 번사이드의 부대가 더 나은 모습이었기 때문에 그는 주도권을 쥐고 있었다. 그는 프레더릭스버그로 옮기려는 계획을 세운 뒤 리가 움직여 자신을 막기 전에 래퍼해녹 강을 건너려고 했다. 리는 처음에는 번사이드가 어디 있는지 알지 못했다. 그는 순회기병대로부터 북군이 움직이고 있다는 사실을 신속하게 보고받았다. 그는 나중에 "적군의 움직임에 대한 빠르고 소중한 정보"를 제공한 것에 대해 기병대의 공로를 인정했다. 설령 리가 전장에서 자신이 최고의 장군이라고 믿었다 해도(실제로 그는 최고였지만), 그는 주도권과 무모함의 차이를 이해하고 있었다. 11월 5일, 리는 부대를 프레더릭스버그로 움직이기 시작했으며 나흘 뒤에는 그의 모든 병력이 그 도시를 향해 가고 있었다. 11월 20일에 그는 남부연합 대통령인 제퍼슨 데이비스Jefferson Davis에게 번사이드가 강변 도시로 향하고 있다고 말했지만 11월 23일이 되도록 "그러나 아직 적군의 계획이 무엇인지 알아낼 수 없음"을 인정했다. 그로부터 사흘 뒤 리는 전 병력을 소집해야 할 시간이 왔다고 확신했다.[32]

번사이드가 프레더릭스버그에 도착할 때까지 그는 대항하는 적을 거의 만나지 않았다. 그런데 오기로 되어 있던 부교가 미처 도착하지 않아 그는 제때 강을 건널 수 없었다. 그의 정보적 이점(리가 모르는 사이에 자신이 프레더릭스버그에 가고 있다는 것)은 이미 엉망으로 깨지기 시작했지만 다리가 도착했을 때까지도 반란군(남군)이 집결하지 않아 완전히 산산조각난 것은 아니었다. 그러나 번사이드는 망설였고 그의 군대가 경쟁적으로 다리를 건너고 있을 때쯤 리는 프레더릭스버그 위쪽에 안착해 있었다. 번사이드는 리의 숨겨진 특성들을 해독했고 리가 자신을 추측하는 것을 3주간 막았으나 이제는 번사이드가 이점을 포기해야 했다. 그리하여 그는 수천 명의 장병을 희생시켰다(그는 거의 1만 3,000명의 병사를 잃었다). 모종의 비밀유지 또는 뜻밖의 상황에 대한 준비가 안 된 채 감행된 남부로의 전진은 적군에게 완벽한 정보를 제공했다. 조미니가 경고했듯 행동은 정보를 누설한다. 남군은 번사이드의 병력을 살필 수 있었고 그가 어디로 가는지 알아냈으며, 운 나쁘게도 북군은 남군 포병들이 사정거리를 예비시험해본 적 있는 지역으로 전진해갔다. 번사이드는 나중에 설명했다. "나는 (…) 우리 병력 전부가 프레더릭스버그에서 강을 건너는 것을 [적군이] 예상하지 못할 것으로 생각했다." 실제로 번사이드는 리가 적군의 공격 예상 장소로 지목한 바로 그곳에서 남군을 공격했다. 그나마 다행인 것은 번사이드가 거의 알아차릴 수 없이 빠르게 사라졌으며, 리는 불행한 북군의 다음 행동을 추정할 수 없게 되었다는 점이다. 그러나 번사이드가 이러한 상황을 완전히 이용하지 못했다는 점에서 여전히 비대칭적이다. 프레더릭스버그 전투와 다른 실패들로 인해 번사이드는

해직되었고 1863년 조지프 후커 소장이 그 자리를 대신했다.[33]

챈설러즈빌

번사이드의 후임인 후커는 정보적 전투라는 면에서는 번사이드보다 나았다. 심리적인 측면에서는 어쩌면 아주 탁월했다고 볼 수도 있다. 그는 정보적 이점을 잃게 될 경우, 자신이 무력해질 것이며 주도권 또한 잃게 된다는 사실을 잘 알았다. 후커는 전투 전의 정보수집에 엄청난 관심을 기울였다. 그는 군사정보기관을 설립해 기밀정보를 규칙적으로 얻었다. 그는 도망자, 밀수입자, 일반 시민들로부터 얻은 정보를 신중하게 검토했으며 열기구 정찰과 신문도 빠뜨리지 않았다. (비록 이러한 정보의 유입이 가끔 단절되긴 했지만) 그는 버지니아의 해안 고립지대를 장악하고 있던 북군 장교들과 편지를 교환하며 남군의 움직임을 유추했다. 그는 보고들을 현명하게 평가했다. 적군이 리치먼드를 빠져나간다는 보고를 받았을 때 그는 영악하게 응답했다. "이것은 불가피한 경우가 아니라면 절대 없을 일이다."[34]

여느 유능한 장군들처럼, 후커는 정보를 자신의 이점으로 바꾸기 위해 노력했고(또는 불리한 점을 막기 위해) 성공했다. 1863년 4월과 5월의 챈설러즈빌 전투에서 리는 후커가 래퍼해녹 강을 어디쯤에서 건넜는지에 대해 아무런 정보가 없었다. 리의 서신들은 양키 장군의 의도에 대해 어떤 확신도 없었음을 드러낸다. 리의 업적에 비추어볼 때 이것은 그 당시 리의 정보수집 능력과 관련해 효과적인 스파이 활동이 없었으며, 리치먼드에서 보내온 정확한 정보를 믿지 않았다는 등의 논쟁을 불러일으켰다. 그러나 더 최근의 연구는 그가 후커보다 더 뛰어난 기밀정보를 활용했음을 시사하고 있다. 리가 힘겨워했던 문제는 연방정부의 효과적인 허위정보와 그걸 해독해내는 일이었다. 가령 반란군(남군)이 북군의 깃발 암호

를 알아냈음을 간파한 연방군(북군)은 리에게 그들의 목적지에 대한 거짓 정보를 제공했다.[35]

챈설러즈빌 전투에서 후커는 처음에 엄청난 정보의 이익을 가졌으며 그에 따라 행동한 것처럼 보인다. 그러나 래퍼해녹 강을 건넌 뒤 그는 갑자기 멈췄다. 엄청나게 숲이 우거진 버지니아의 황무지에 발을 딛자마자 그는 자신이 어려운 지역에 있음을 깨달았다. 이제 그는 리의 위치에 대한 자신의 지식에 따라 이동해야 했으므로 운신의 폭은 더욱 좁아졌다. 후커는 극도로 긴장했다. 이런 사실은 상황을 묻는 링컨의 질문에 대한 그의 응답을 통해 밝혀졌다. "저는 의견을 드릴 만큼 충분히 전진하지 못했습니다. 저희는 바쁩니다. 가능한 이른 시일 안에 모든 것을 알려드리겠습니다. 그리고 만족시켜드리겠습니다." 이 메시지는 정보세계를 포함해 그가 처한 상황에 대한 엄청난 불확실성을 보여준다. 그는 단순히 바쁜 게 아니다. 그는 매우 예민한 정보가 두 개의 주요 신문에 실린 것에 대해 항의하는 전보를 보냈다.[36] 한편 리는 후커가 더이상 전진하지 않을 것임을 재빨리 알아차리고 연속적으로 주요한 반격을 시도하여 북군에게 그가 오로지 방어만 한다는 그릇된 인식을 주었다. 그리고 이것은 결국 굴욕적인 후퇴를 낳았다.

이 전투는 어찌해서 장군이 정확한 정보를 바탕으로 움직였음에도 완전히 잘못된 행동을 했는지를 보여주는 흥미로운 사례이다. (물론 그가 초래한 잘못은 아니지만) 후커의 병력 대부분이 래퍼해녹으로 전진하며 챈설러즈빌을 향할 때, 존 세지윅의 부대는 프레더릭스버그에 남아 있었다. 주발 얼리의 소규모 남군 병력은 그 도시의 고지를 점령해 북군이 전진하는 것을 막으려 했다. 사관생도 시절 세지윅과 같은 방을 썼던 얼리는 신중한 자신의 옛 친구가 고지를 공격하려는 시도는 하지 않을 것이라 믿었다. 얼리는 절대적으로 옳았다. 세지윅은 얼리가 눈치채지 못하게 남군의 진지를 점령하라는 분명한 명령을 받지만 않았어도 공격할 생각이 전혀 없었다. 그러나 복종적인 그는 명령에 따라 공격을 했고 가공할 만한 혈투 끝에 얼리는 고지에서 밀려났다. 이것은 리의 계획을 방해해 후커를 최악의 상황으로부터 구해줬다.[37] 하지만 기습의 이점을 얻었음에도 리치먼드로 향하는 길 중 가장 무시무시한 지리적인 장애물을 가로지르고 게다가 주도권까지 빼앗겨버렸다는 여론의 질책으로부터 그를 구해주지는 못했다. 그의 행동은 예상된 한계비용의 요소로 설명할 수 있다(4장). 그러나 이런 계산의 밑바탕에 깔린 정신적·감정적 요인은 각자가 수신한 정보신호와 해독에 따라 영향을 받았다. 후커가 정보를 잘 공급받고 정보의 이점을 누리고 있었을 때 그는 주도권을 잡았다. 그러나 그 이점이 감소하면서 그는 망설이기 시작했다. 북군이 두 배나 많은 병력을 보유했음에도 불구하고 1만 4,000명의 북군과 1만 명의 남군 희생자를 낳은 챈설러즈빌 전투는 남부의 또 다른 승리로 끝났다.

게티즈버그

챈설러즈빌 전투에서 양쪽은 서로 다른 시기에 매우 좋은 정보를 얻었는데, 처음에는 북군에게 나중에는 남군에게 각각 이득을 안겨주었다. 이런 상황은 1863년 6~7월에 벌어진 게티즈버그 전투에서는 거의 정반대가 되었다. 남군은 이 전투에서 사상 유례없는 정보 빈곤에 허덕였다. 리는 작전과 전략 모든 측면에서 보인 자신의 실패를 정보 부족 탓으로 돌렸다. 반면 북군에게 이 전투는 북미에서 벌어진 가장 큰 싸움이 되었다. 게티즈버그 전투가 시작된 7월 1일 이틀 전에 새로운 장군 조지 G. 미드가 부임했다.[38] 이렇듯 갑작스러운 지휘관 교체는 리에게서 정보상의 최고 이점을 앗아갔다. 상대방의 의도를 직감적으로 알아차리는 것 말이다.

리가 메릴랜드를 통해 펜실베이니아로 이어지는 진군을 하는 동안 정보의 엄청난 진공상태가 초래됐다. 북군은 처음에 리의 행적을 놓쳤고, 리 또한 적군이 어디 있는지 몰랐다. 리를 좇던 조지프 후커는 잔뜩 긴장을 했다. 그에게는 "정보가 없었"는데 이것은 그가 실상을 전달받지 못했기 때문이 아니라 받은 내용을 믿지 못했기 때문이었다. 리는 문제가 더 심했다. 북쪽으로 전진함에 따라 그는 버지니아에서 의존했던 친절한 민간인이나 전략적으로 위치한 통신소를 가질 수 없었다. 그는 자신의 기병대 대부분을 분리된 여러 작전에 내보냈으며, 그들이 별다른 소식을 보내오지 않자 적이 자신을 위협하지 않는다고 생각했다. 마침내 정보의 한 조각이 흘러들어왔을 때, 그는 보고서를 분석하고 섬세하게 정찰을 해줄 기병대가 부족했다. 가령 1863년 6월 24일, 그는 후커가 포토맥을 지났는지 아닌지 궁금해했다. 그러나 이 시점은 문제에 대한 정찰대의 보고서가 도착하기 나흘 전이었다. 리와 그의 기병대 지휘관은 서로의 위치에 대해 무지했다. 후자는 전자의 움직임을 오직 북측의 신문을 통해서만 알 수 있었다. 이와 관련해 사후에 남부의 질책에 시달린 한 기병대 대원은 전쟁 당시 이 같은 정보를 입수하라는 어떤 긴급명령도 하달받지 못했다고 호소했다. 그러므로 리의 부대가 북군과 충돌했을 때도 리는 적의 나머지 병력이 어디에 있는지 알 수 없었다. 그의 군단 사령관들도 마찬가지였다. 그들은 자신이 발 딛고선 영역에 관해서도 많이 알지 못했다. 리는 1868년에 이렇게 시인했다. "게티즈버그 전투는 정확한 정보나 지식이 없는 가운데 시작되었다."[39]

게티즈버그에서 리의 행동은 다른 전투에서와 달랐다. "의심의 여지없이, 리의 전투 지휘에 있어서 게티즈버그는 가장 낮은 점수였다. 그는 부주의했으며 명령들은 모호했다. 명령해야 할 때 그는 제안했으며, 이미 지고 있는 전투에서 이기기 위해 최고의 보병들을 희생시켰다." 리는 주도권을 얻지 못했다. 7월 1일의 남군 초기 공격은 기회와 상황의 산물이었을 뿐 리의 명령이 아니었다. 그의 전투 지휘는 열정과 상상력이 부족했다. 이런 모든 행동들은 그의 정보적인 상황과 연결될 수 있다. 물론 다른 요소들이 전혀 영향을 주지 않았다는 의미는 아니지만 리 자신의 소견이 이를 뒷받침한다. 그는 자신의 최종 전투보고서에서 정보 부족을 강조했다. 게티즈버그에서의 가장 유명한 실패(피켓의 돌격, 1863년 7월 3일)에서조차 그는 대포탄약이 부족했다는 사실과 함께 "공격이 시작됐을 때도 그런 사실이 나에게는 알려지지 않았다."라고만 적었다.[40]

리는 13개월 동안 4명의 북군 사령관을 대면하고 면직시켰으며, 이 가운데 세 명(포프, 매클렐런, 번사이드)은 강제 퇴역시켰다. 적군의 의도를 읽어내는 그의 직감은 전설이 되고 있었다. 그리고 1863년 6월 28일 조지 G. 미드가 사령관으로 승진했을 때, 미드에 대해 이미 알고 있던 리는 미드가 앞으로 어떻게 행동할 것인지 예측하는 데 전혀 어려움이 없다고 자신했다. 리는 미드를 "군인으로, 인간으로" 존중했으며 그가 사령관으로 임명된 것은 당연하다고 생각했다. 그러나 그는 속으로 쾌재를 불렀다. 미드가 북군을 지휘하게 되면 자신을 괴롭힐 것이라 예상했던 몇 가지 문제들이 저절로 해결되리라고 리는 판단했다. "그는 그런 의미에서 더 만족했다." 리가 자신의 군단 사령관들보다 마음속으로 더 좋아했던 북군의 심임 사령관 미드는 자신이 처한 상황에 대해 거의 모르고 있었다. 리가 공격적 태도를 선택한 것은 이해가 된다.[41]

리의 미드에 대한 분석은 당시까지만 해도 타당성이 있었다. 미드는 사실 어려운 상황에 처해 있었다. 사령관으로 임명되었을 때 그는 자기 군대의 계획들을 몰랐다(후커는 악명 높게 비밀스럽다). 그에게는 심지어 적군이 움직이고 있는 펜실베이니아의 믿을 만한 지형도조차 없었다. 그는 자신이 남군의 움직임에 대해 거의 모른다는 사실을 언급하며 스스로도 예상하지 못한 임명이었음을 인정했다. 전투가 시작되기 몇 시간 전까지도 그는 리 휘하의 3개 부대 중 2개가 "어디쯤에 있는지에 대해 결정적이고 유리한 정보가 없는" 상태였다. 그러나 리의 분석은 최소 두 가지 문제를 안고 있었다. 첫째, 미드의 문제들이 자동적으로 리의 이익이 되지는 않는다. 반대로 미드는 여전히 리의 지휘능력에 대해 더 많이 알고 있다. 리는 매클렐런과 후커를 상대해 심리적으로 승리했지만 그들은 필요하지 않은 경우 후퇴했다. 또한 미드의 정보적 문제들이 그에게 똑같은 장점을 안겨주는 것은 아니었다. 대신, 미드의 문제들은 집요한 방어를 가능하게 했는지도 모른다. 결국, 리치먼드에서의 후퇴는 별개로 하더라도 워싱턴은 물론 다른 북부지역들을 노출시키는 후퇴에서는 어떤가? 둘째, 포토맥의 군인은 조직된 참모들을 거느리고 있었으며 (미드는 이를 바꾸지 않았다) 여기에는 능력 있는 정보부서도 포함됐다. 이틀간의 전투를 치른 뒤 북군 정보기관들은 리가 오직 하나의 생생한 군단만 거느리고 있음을 알아차렸고, 이를 바탕으로 부대가 그 자리에 남아서 계속 싸워야 한다고 북군 사령관들을 설득했다. 미드는 정확하게 어디서 마지막 전투가 일어날지를 예상했다.[42]

리는 자신의 정보적 결함을 미드에 대한 예측으로 보충하려 했지만 결과적으로 그 예측은 치명적 재앙을 초래했다. 집요한 장군이었던 미드는 신중하고 주의 깊게 정보보고서들을 읽었다. 그는 특히 친절한 민간인들 심지어 "세케시"(분리독립을 지지하는 자들을 낮춰 부르는 말)로부터 오는 정보에 신경을 썼는데 그중 두 명은 헤이저스타운을 걸으며 거의 8만 명이나 되는 남군 병력의 실제 숫자를 셌다. 미드는 또한 남군 병력에 대해 더 과장되게 보고한 몇몇 보고서를 무시했다. 남부 장군의 미사 참여 여부까지 미드의 보고서에 기록되었다. 전투 직전에 그는 리의 군대가 어디에 머무는지 꽤 정확하게 알고 있었으며 "오늘 전투가 일어날 것임"을 예상했다. 그는 궁극적으로 적의 전력을 과대평가했지만, 25퍼센트의 오류는 매클렐런의 계산과 비교한다면 그다지 문제가 되지 않는다. 사실 미드의 정보는 완벽과는 거리가 멀었다. 그는 리가 방어체제(즉 리가 한 번도 하지 않았던)를 유지할까봐 두려워했다(이로 인해 자신이 불리한 상황에서 공격을 해야 할까봐 미드는 두려워했다). 그리고 물론 리의 부대 지휘관들은 그런 방법을 주장했다. 그러나 미드는 이런 가능성에 대비해 어떤 중요한 행동도 취하지 않았다. 대조적으로 적의 동태에 대해 쉬지 않고 많은 관심을 쏟아왔던 리는 이런 능력을 게티즈버그 전투에서 잃어버렸다. 갑작스럽게 임명된 자신의 적이 무엇을 하고 있는지, 또는 앞으로 무엇을 할지 몰랐기 때문이다. 리는 여전히 공격적이었지만 주도권을 가지고 있지 않았다. 앞서 언급했듯 이것은 아마 그가 정보의 불리함을 알았기 때문이었을 것이다. 비용이 적게 드는 신호 보내기와 해독의 선택권이 없을 때, 결국 후퇴하거나 전진한다. 리는 전진을 선택했다. 높은 불확실성의 환경 아래서 실패에 대한 위험은 어느 때보다 커졌다.[43]

모순된 미드의 관점과 그의 위치는(질적 대 무지), 리의 모순적인 행동(공격적 대 주도권 없음) 결과를 낳았다. 우리는 리의 행동을 이해할 수 있지만, 미드의 행동을 정보와 연결시키기는 좀더 어렵다. 지속적인 그의 무지는 극도의 신중함을 유발했을 것이고 그의 후반 경력이 이런 사실을 증명했다. 그의 행동들은 정보와 연관된 것처럼 보이지만 누구도 그것에 대해 설득력 있게 설명할 수 없다. 전투가 시작되자마자 5만 1,000명에 가까운 희생자를 낸 사흘 간의 게티즈버그 전투는 남북전쟁 중 가장 참혹한 전투가 되었다.

버지니아의 그랜트

1864년 5월 게티즈버그 전투 이후 아직 1년이 지나지 않았을 때, 새로운 북군의 최고사령관 율리시즈 S. 그랜트는 6주의 피비린내나는 버지니

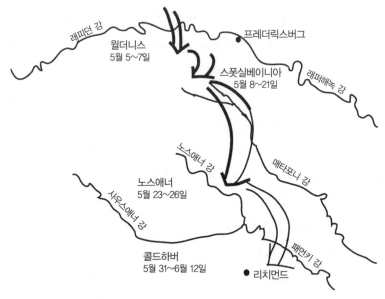

| 그림 5-4 | 그랜트의 진로, 1864

래피던 강

윌더니스
5월 5~7일

프레더릭스버그

스폿실베이니아
5월 8~21일

래퍼해녹 강

노스애너 강

매타포니 강

노스애너
5월 23~26일

사우스애너 강

콜드하버
5월 31~6월 12일

패먼키 강

리치먼드

* 삽화: 데브라 판 투일.

아 침공을 감행했다. 이것은 결국 9개월간의 전략을 통해 리치먼드 남쪽의 남군 수도인 피터스버그를 포위하는 결과를 낳았다. 피터스버그 전투는 1865년 4월에 시작됐다. 이 전투는 비단 정보의 사용만이 아니라 많은 측면에서 논란의 여지를 남겼다. 이제 그랜트의 오버랜드 전투로 알려진 이 전투에 대해 다양한 중간기착지들을 알아볼 것이다.

윌더니스

그랜트는 처음에 챈설러즈빌 근처 악명 높은 래퍼해녹 강을 건너 윌더니스로 들어갔는데 이 지역은 수적 우세가 의미 없을 정도로 시정상태가 나빴다. 그랜트는 리에 대한 정보를 얻기 위한 노력은 하지 않은 채 정확하지 않은 일반적인 예상에 의존했다. 클라크 산 위에 있는 남군의 깃발 신호대에서 기병대에게 보내는 신호를 전달받았을 때 그는 이렇게 말했다. "이게 바로 내가 원하던 정보다. 이것은 리가 그의 위치에서 벗어나 우리를 만나러온다는 신호이다."[44] 이렇듯 정보는 그의 관심을 끌었지만, 결론은 엉뚱한 방향으로 이어졌다. 일이 이렇게 꼬인 데는 당시 북군 장교들 사이에서 리가 좋은 평판을 얻고 있었다는 사실이 한몫을 했다. 여기에 심기가 불편해진 그랜트가 남군 동향에 대해 장교들이 추측을 못 하도록 막았기 때문이다.

오, 나는 리가 무엇을 할 것인지에 대해 듣는 게 정말 싫증난다. 너희들 중 몇몇은 그가 갑자기 두 번의 공중제비를 돌아 아군의 후방과 측면을 동시에 에워쌀 걸로 생각하는 듯하다. 너희의 임무로 돌아가서 리가 무엇을 할 것인지에 대해 생각하는 대신 우리 자신이 무엇을 할 것인지 생각하는 것이다.[45]

그는 그렇게 생각했고, 미드에게 "리의 군대를 공격할 수 있는 어떤 기회라도 온다면 망설이지 말고 공격하라."고 지시했다. 2시간 반의 망설임 끝에 미드는 공격을 명령했다. 1864년 5월 5~7일 월더니스에서의 격렬한 전투는 양쪽 군사들을 지치게 했다. 그러나 그랜트는 "적의 손실은 우리의 손실을 뛰어넘었음이 확실합니다. 이것은 그들이 너무 자주 공격하고 격퇴당했던 사실에 기반한 추측입니다."라는 보고를 하며 자기 자신과 워싱턴에 환호를 보냈다. 그는 남군에 대해 "매우 불안정……. 장교 중 일부가 사투를 벌이는 덕에 간신히 버티는 수준. 그들의 모든 움직임을 우리가 저지함으로써 그들의 수준은 거기까지였다."라고 설명했다. 이것은 전혀 사실이 아니다. 북군은 여기서 남군보다 훨씬 많은 손실을 입었다. 그러나 당시에 정확한 희생자를 헤아리는 것은 거의 불가능했다. 윌더니스 지역은 매우 장애물이 많은 곳이다. 그로 인해 기병대의 이동이 거의 불가능했고, 양쪽 군대는 서로에 대해 별로 아는 게 없었다. 그러나 이것은 리에게 덜 곤혹스러웠다. 리는 그랜트의 전진을 정확하게 예상했고 최적의 지점에서 전투를 펼치기 위해 움직였다. 그 영토는 북군의 수적 우세를 무력화시켰다(대략 10만 2,000 대 6만 1,000명). 북군은 이런 문제를 피할 수도 있었지만 그렇게 하지 않았다. 리의 보좌관은 "그랜트는 후커 장군의 윌더니스 경험에서 교훈을 얻지 못했고 엄청난 수적 우세가 가져다주는 이점마저 던져버리려는 듯했다."라고 말했다.[46]

그랜트가 숲이 우거진 영토에서 낮은 가시성으로 인해 거의 재난에 가까운 실패를 맛보았던 실로(1862) 전투와 윌더니스 전투 사이에는 이상한 반향이 존재한다. 물론 그는 그 경험에서 살아남았고 어쩌면 그것이 그를 자신감 넘치게 했다(또는 경솔하게). 그러나 "형편없는 정보로 인해 당황했던 실로에서의 경험은 그런 일이 다시는 일어나게 하지 않겠다는 그랜트의 맹세로 이어졌다." 얼핏 그는 아군과 적군의 상황에 대해 진지하지 않은 것처럼 보인다. "아직 적군이 무엇을 할지 증명되지 않았지만 아군의 사기는 높고, 지금 현재 나는 결과에 대해 어떤 걱정도 하지 않는다."[47] 그는 자신이 필요하다고 여긴 정보를 가지고 있었고 그 정보에 따라 행동했다. 그는 "알았다." 아군이 수적으로 우세하고 리를 깔아뭉갤 수 있음에도 자신의 부하들이 리의 능력을 과대평가 한다는 것을. 그 판단은 숫자에 있어서는 옳았다. 하지만 적을 공략하는 방법에 있어서는 그다지 옳지 않았고 리의 능력에 대해서는 틀렸다. 그럼에도 리는 수적으로 불리한 데다 건강마저 약해지고 있었다. 그랜트는 후자(리의 건강문제)에 대해 어떤 정보도 없었다. 리가 아무리 과장한다 해도 그건 엄연한 현실이었다. 이에 따라 전투를 지휘하는 리의 능력은 쇠약해졌고 전쟁의 흐름은 바뀌었다.

그 무렵 그랜트 역시 정보를 더욱 효과적으로 사용하는 일에 흥미를 보이기 시작했다. 5월 9일, 전투부대들이 윌더니스의 학살장을 떠나기 시작하자 그랜트는 미드에게 리의 주요 움직임을 정찰한 뒤 그들의 왼쪽을 공격하라고 명령했다. 이것은 시시각각 정보가 바뀌는 상황에서 최고사령관의 지시를 기다릴 필요 없이 (그 정보에 기반을 두어) 특화된 행동을 하도록 하는 기본적이고 단순한 과정이었다.[48]

스폿실베이니아, 노스애너, 그리고 콜드하버

리는 결코 실수하지 않지는 않았다. 사실 그랜트도 리도, 총 15만 명가량인 그들의 병력이 스폿실베이니아에서 충돌하기 전까지는 서로가 어디 있는지 확신하지 못했다. 그 충돌은 5월 8일부터 21일까지 2주 정도 계속되었다. 리는 윌더니스 전투 바로 다음날 이 전투지역에 들러 "적이 처한 어려움에 대한 확실한 정보를 찾기" 위한 시간을 보냈다. 그는 곧바로 자신이 북군의 행진 방향에 대해 잘못 예측했음을 알아낸다. 여전히 리는 (정확한) 수적 우세(2 대 1)와 (정확하지 않은) 리의 군사상황에 대한 평가에만 의존하는 그랜트보다 정보력이 우세했다. 그랜트는 대부분의 기병대를 돌려보내고 게티즈버그로 리를 따라감으로써 결과적으로 "자신의 정보취득 능력이 크게 줄어드는 경험을" 했다. 리는 이런 실수는 하지 않았다. 그는 두 개의 기병 여단을 자신의 휘하에 두었다. 그랜트의 문제가 점점 더 심해진 데는 그가 지닌 군사지도들이 거의 쓸모없을 정도로 형편없었다는 점도 한몫을 했다. 이것은 이 지역에서 전투를 고려하는 데 있어 새로운 변수들이었다. 1863년 이른 8월, 미드는 이 지역에 스파이를 보냈다.[49]

결과는 또다시 느려터진 전투와 북군의 실패였다. 수적 우세에 의존하며 그랜트는 공격을 계속했다. 그러나 첫 공격은 "적의 군사력과 위치에 대한 정확한 지식 없이 중요하다고 추정되는 위치에서 공격하기 위해 이동했던" 여단 지휘관에 의해서였다. 그랜트는 정보 부족으로 인해 자신이 실수를 범하고, 허다한 기회를 놓치고 있다는 것을 알면서도 리의 우측으로 (인식하지 못한 채) 향하던 부대를 불러들이도록 했다. 결과적으로, 그랜트의 행동은 더욱 대담해졌다. 그는 남군의 공격을 유도하기 위한 미끼로 자신의 부대를 리에게 보내며 리를 함정에 빠뜨리려는 시도까지 했다. 고의로 신호를 보내서 그 신호가 잘못 읽히도록 유도한 것이다. 그런데 처음으로, 리의 행동에 대한 정보가 그랜트의 행동에 영향을 미쳤다. 1만 8,000명의 손실을 입은 북군에 비해 반란군(남군)은 1만 2,000명이라는 더 적은 손실을 입었지만 더이상 스폿실베이니아를 파괴하지 않고 떠났다. 이렇게 초기 전투는 북군의 방향으로 흘러갔고, 리는 이 상황을 정보가 부정확한 탓으로 돌렸다. 최종 결과는 확정적이지 않았고, 그랜트는 계속해서 육로 진군 전략을 펼쳐나갔다.[50]

스폿실베이니아 전투 이후 남군은 노스애너 강으로 후퇴했고 1864년 5월 23~26, 군인들은 이곳에서 또다시 대치했다. 지리적으로 이곳은 북군이 공격하기에 불리한 장소였다. 다시 한 번, 북군은 지도도 지침도 없이 버지니아의 교외를 뚫고 지나갔다. 이 시점에서 그랜트는 여전히 리에 대한 정보 부족에 시달렸지만 스폿실베이니아 전투를 통해 수적으로 열세인 남군들이 요새 뒤에서 방어한다는 사실을 알게 되었다(물론 그 교훈을 얻기 위해 그는 자신의 보병으로 매우 비싼 대가를 치렀다). 그는 작전을 바꾸었고 (갑자기) 공격하지 않기로 결정했다. 한편 남군은 반격하기 좋은 장소에 있었지만 리가 너무 아파 전열을 정비할 수 없었다. 이상하게도 적군이 수적으로 열세하다는 정보에도 불구하고 그랜트는 왜 남군들이 요새 뒤에서 싸우는지 이해하지 못했다. 초기에 그랬듯이, 그는 남군의 방어 위치가 사기 저하 때문이라고 추측했다. "리의 군대는 매우 격렬해졌다. 우리가 지금 데려온 포로들이 그것을 잘 보여준다. 게다가 적군의 행동이 이 사실을 확실히 증명해준다. 방호 밖의 그들과 전투를 벌이는 일은 일어나지 않을 것이다. 우리 군대는 우리가 적보다 훨씬 더 사기가 높다고 느끼며 자신감을 가지고 공격한다. 내가 어쩌면 잘못 알고 있을지 모르지만, 리의 군대를 상대로 한 우리의 성공은 이미 확실하다." 그랜트는 리가 리치먼드로 돌아가고 있다는 보고를 믿은 듯하다.[51]

그랜트의 유추는 정확하고 유용했으나 완벽하진 않았다. 그랜트가 의존한 것은 리가 의심할 여지없이 공격적이라는 정보였다. 그는 (다른 사람들도 그랬듯) 공격하지 않는 것은 공격할 능력이 없다는 의미라고 간주했다.[52] 이것은 어쩌면 10만 8,000명의 병력을 콜드하버 요새에 있던 6만 2,000명을 향해 보낸 그의 결정을 설명하는지 모른다. 붕괴될지 모른다는 두려움에 맞선 이런 공격은 어쩌면 성공했을 수도 있다. 하지만 5월 31일부터 6월 12일까지의 이 전투는 리의 방향대로 흘러갔다! 이 난투의 한 시점에서 북군은 고작 1시간 동안 7,000명의 군사를 잃었고 전체적으로 1만 3,000명을 잃었다. 그랜트는 "6월 3일 우리는 적군이 차지한 곳에서 그들을 쫓아내기 위해 다시 공격했다. 이 공격에서 우리의 손실은 엄청났고, 반면 적군의 손실은 우리에 비해 상당히 낮았다. 이렇게 믿을 만한 이유가 있다. 그 공격은 래피던에서 제임스에 의해 만들어진 보편적인 공격으로, 우리의 손실을 상쇄하기 위해 적군에게 손실을 가하지 않았다."[53] 마지막 문장은 완전히 틀렸다. 반란군(남군)의 손실은 항상 적었다. 어쩌면 이 사례가 파성추Battering-ram 전술을 고집함으로써 북군을 거의 전멸시킨 그랜트의 우둔함을 설명해줄 수 있을지 모르겠다. 그는 어쩌면 더 잘 알고 있었을지 모른다. "나는 콜드하버에서의 마지막 공격을 늘 후회한다."[54] 그에 반해 리의 정보는 훨씬 정확했다. 리는 자신의 수적 열세를 알았고 그런 식의 방어가 작은 병력을 보호하면서 동시에 적의 공격성을 이용하는 이점을 갖는다는 사실을 알았다. 그는 항상 공격태세로 돌아갈 준비를 했으나 게티즈버그에선 무턱대고 전진하지 않았다. 한 차례의 섣부른 추가공격이 마지막 전투가 될 수 있음을 그가 잘 알았기 때문이다.

피터스버그와 애퍼매톡스

콜드하버에서 대패를 경험한 후 그랜트의 행동은 바뀌었다. 예견할 수 있는 직접적 공격은 그에게 승리를 가져다주지 않았다. 그는 리를 오해하도록 만들어야 했다. 그리고 그는 그렇게 했다. 그는 남동쪽에 이르는 움직임을 지휘했다. 여기서 확실한 정보 비대칭이 존재했다. 그랜트가 어디를 향하고 있는지 리가 너무 늦게까지 몰랐기 때문이다.

그랜트는 의도적으로 이런 불확실성을 만들어냈다. 그는 콜드하버 앞에 있는 참호를 강화했고 부대 중 일부는 마치 북군이 계속적으로 소규모 재배치를 하는 것처럼 남쪽을 향해서만 소리를 냈다. 나머지 부대들은 신속하게 피터스버그를 향해 강을 건넜다. 더 남쪽에서 피에르 보우리가드는 리에게 북군의 움직임에 대한 경고를 보냈으나 무시당했다. 초기에 리는 그랜트의 움직임에 관한 정보가 전혀 없었다. 따라서 그는 한 곳에만 계속 머물렀다. 시간이 지나면서 그는 그랜트가 이동하는 것을 깨달았지만 단순히 같은 장소인 리치먼드의 동쪽, 즉 매클렐런이 1862년에 머물던 곳으로 가고 있다고 생각했다. 1864년 6월 14일 그랜트의 전술기동 닷새째, 리는 피터스버그에 대해 생각하기 시작했지만 여전히 가능한 목적지 중 하나로만 여겼다. 보우리가드가 보낸 메시지를 애초에 무시했던 리의 불안감은 고조됐고, 그는 지속적으로 보우리가드에게 부가적인 정보를 요청했다. 당시 리에게는 기병대가 없었다. 자신의 기병대 대부분을 셰난도 계곡을 향해가는 필 셰리던의 북군 기병대를 쫓도록 보냈기 때문이다. 진실을 확신하게 할 가장 간단한 수단이 그에게는 없었다. 6월 16일, 리는 남쪽으로 향했지만 몇몇 북군 부대가 이미 피터스버그의 태풍을 일으킬 위치에 있다는 것을 모른 채 느리게 이동하고 있었다. 이런 상황에서 정보의 비대칭은 그랜트의 편이었고 그랜트도 이를 알고 있었다. 그랜트는 군대 내에서의 정보 흐름도 향상시켰다. 움직이면서도 "전 부대는 모든 작전과 모든 수색활동을 하는 동안 지속적으로 전보를 통해 본부와 연락했으며 행군 중에도 변화를 보고하기 위해 연락망을 열어놓았다(보고하기 위해 30분 또는 1시간마다 멈춤). 그러나 이런 상황에서조차 정보는 남군을 구했다. 피터스버그의 허약함을 제대로 파악하지 못했던 다른 북군 장군이 6월 15~16일에 이 도시를 폭풍 속으로 몰아넣는 것에 실패했다.[55]

그래도 북군은 점진적으로 전쟁의 흐름을 바꾸어내면서 한때는 꽤 희생이 적은 방법을 택했다. 그랜트가 리의 제한된 정보력을 인식하면서 남군의 장군이 한 번에 해결하기 힘들 만큼 많은 잠재적 문제들이 리에게 생겨났다. 장기간의 피터스버그 포위(1864년 6월 중순부터 1865년 4월 초까지)로 인해 남군이 행동의 자유를 잃은 것이다. 그간 남군의 공격적인 지휘관들은 이 행동의 자유를 이용하여 자신들의 위치와 군사력에 대해 북군이 자주 의심을 품도록 했다. 이제 리의 부대에서 나오는 신호들은 자신의 불안정한 위치를 더이상 숨기지 못했다. 그랜트는 더욱 자신감이 생겼고 행동에도 탄력이 붙었다. 한번은 리가 공격을 중지시켜야 하는 일이 일어났다. 공격 사실이 여러 도망자들에 의해 미리 북군에 알려졌기 때문이다. 북군 정보기관은 심지어 흑인을 징집하려는 남군의 때늦은 계획을 알아차렸으며 이를 훼방하려는 시도에도 착수했다. 1865년 봄, 그랜트는 리가 북군 모르게 중요한 병력 파견을 할 수 없다는 사실을 확신했다. "계곡 작전"은 더이상 없었던 것이다.[56]

이것은 그랜트에게 참으로 다행스런 일이었다. 피터스버그 군사작전을 시작할 때쯤 남군이 거의 판세를 뒤집을 뻔한 일이 발생했기 때문이다. 주발 얼리 휘하의 부대는 셰난도 계곡을 향해가고 있었다. 워싱턴을 위협에 빠뜨리기 위해서였다. 그랜트는 22일 동안이나 그 움직임을 몰랐다. 그해 최악의 정보 실패였다. 그러나 정보기관에 의존하던 북군은 금세 상황을 자신들에게 유리하게 바꿨다. 리는 사단을 보내 얼리를 보강해주려 했다. 그런데 셰난도를 향해 사단이 행진해갈 때 그랜트가 공격을 감행했다. 그 사단이 후퇴해 리에게로 향하자 셰난도에 있던 북군이 다시 공격했다. 이런 게임은 계속되었다. 북군은 남군 사단의 움직임과 위치에 대한 우세한 정보를 바탕으로 공격을 가했다. 결과적으로 그 중요했던 몇 주 동안 역전의 정예사단이 리와 얼리를 돕는 대신 버지니아를 반복적으로 왔다갔다 행군하는 데 시간을 보냈다.[57)]

포위기간 동안 가장 중요한 종류의 정보는 적진의 약점에 대한 것이었다. 사람이 모든 면에서 완벽할 수는 없기 때문이다. 노출된 적군의 약점은 성공적인 공격 결과를 낳을 수 있다. 더 적은 병력을 가진 리에게 이는 훨씬 중요한 문제였다. 그러나 북군은 그들만의 문제가 있었는데 가장 악명 높았던 "크래이터 전투"가 바로 그것이었다. 북군에서 복무하던 광부들은 부피가 40만 세제곱피트(약 1만 1,300세제곱미터)에 이르는 구멍을 남군 전선 아래에 파고 이를 폭파시켰는데 그 직후 이어진 혼란스러운 상황에서 진격에 실패했고 4,000명의 북군이 목숨을 잃었다.[58)] 그러는 사이 남군 지휘관들은 그 지역에 대한 우세한 지식으로 이익을 봤다. 그러나 남군의 이점은 갈수록 줄어들었다. 늘어나는 북군의 수적 우세는 정보의 실패를 덜 중요하게 만들었다. 체력이 뇌를 제압했다. 가령 1864년 11월 남군의 정보로 일격을 가해 북군의 공격을 좌절시켰지만 그것이 남군에게 지속적인 이점을 주지는 않았다.[59)] 그리하여 1865년 3월 남군의 계획된 공격에 완전히 무지했던 그랜트의 최전선 부대가 신속히 재정비되었고 1865년 4월 1일 밤, 피터스버그의 방어선은 무너졌다. 바로 다음 날 마을은 함락되어 리치먼드로 가는 길을 열어주었다. 리는 7일 뒤인 1865년 4월 9일 애퍼매톡스의 주정부 건물에서 항복했다.

그랜트와 버지니아 오버랜드 전선

그랜트가 어떻게 정보에 의해 영향을 받았는지는 알기 쉽지만 그와 정보의 관계를 분석하는 것은 수월하지 않다. 그는 미국 역사상 최고의 정보수집기관인 군사정보부를 가졌지만 가끔은 기관이 물어온 정보와 관계없이 작전을 짰다. 셔먼 장군에 따르면, 그랜트는 "그의 시야 밖에서 적군이 무얼 하는지에 대해 상관하지 않았지만 그것은 지옥처럼 나를 무섭게 했다." 그랜트에게 중요한 것은 주도권이었다. "전쟁의 기술은 사실 단순하다. 너의 적군이 어디 있는지 찾아내는 것. 네가 할 수 있는 한 빨리 적에게 도달하라. 네가 할 수 있는 한 자주 적을 쳐라. 그리고 계속해서 전진하라." 주도권은 불확실성의 짐을 적군에게 넘겼다. 그랜트는 그렇게 함으로써 조미니의 공격과 비밀유지에 관한 명언을 자기 전투이론의 맨 윗자리에 놓았다. 조미니식 군사이론이 웨스트포인트를 군림함에 따라 그것은 일시적 흥밋거리 이상이 되었다. 앞서 언급했듯, 버지니아 작전의 초기단계에 "그랜트 자신은 적군의 의도나 가능한 대응에 대해 별로 고심하지 않았다."[60] "적군을 찾는" 부분을 제외하면, 이러한 사례들은 그랜트가 정보에 대한 관심이 적었음을 증명하는 것처럼 보인다.

그러나 또 다른 측면도 있다. 그랜트는 자신의 군사상황을 개선하기 위해 몇몇 중요 단계를 거쳤다. 그는 작전을 시작하기 전에 지도 데이터베이스를 구축했지만 그가 가졌던 지형적 정보는 그야말로 좋지 않았다 (군사작전에서 나쁜 지도는 지도가 없는 것보다 훨씬 나쁘다). 더 나아가 그랜트는 정보 전달체계를, 즉 정보가 수집자와 분석자 그리고 전투사령관 사이를 원활하게 오가도록 바로잡기 위해 노력했다. 그는 또한 군대의 보안에 특히 관심이 있어서 (그의 다른 동료들이 그랬듯) 적에게 용이한 정보를 출판하는 행위에 대해 불만을 표했다. 그는 특히 첩보활동의 중요성을 알고 있었다. 리치먼드 함락 뒤 그는 가장 중요한 리치먼드 스파이를 개인적으로 방문했다. 이러한 사례들로 미루어볼 때 그랜트는 정보에 별 관심이 없는 사람이었다기보다 불확실성이 무대책의 변명이 되는 것을 허락하지 않았다고 봐야 한다. 때때로 그는 상황 때문에 좌절했다. 한 예로 하퍼스 페리의 7월 전쟁 동안, 그는 전보시스템 붕괴로 인해 정확하지 않고 뒤처진 정보에 기대어 명령을 내려야만 했다.[61]

그랜트의 행동이 왜 보이는 것보다 덜 모순적인지에 대한 또 다른 이유가 있다. 그랜트는 사실 리의 부대로부터 나온 정보에 의존했으나 종종 그것에 미숙하게 대처했다. 예를 들어, 그랜트는 리의 부대에서 탈주한 도망병들을 심문해서 얻은 정보를 바탕으로 남부의 사기가 바닥에 떨어졌다고 믿었다. 이에 따라, 그는 해체되는 부대를 맹공격한다는 각오로 행동했다. 그러나 버지니아 전투의 첫 6주 동안 그는 (붕괴되지 않고 있던) 남군 희생자의 거의 두 배인 5만 명의 사상자를 냈다. 그랜트는 왜 그리도 심하게 잘못 계산했을까? 1863년 11월 그는 테네시의 채터누가에서 대치하던 브랙스턴 브래그 부대의 도망자에게서도 비슷한 보고를 받은 적이 있다.[62] 그리고 그 정보는 정확한 것으로 판명되었다. 왜 도망자의 진술은 테네시에서는 옳았고 버지니아에서는 틀렸는가? 당연히 도망자들은 사기가 떨어져 있다. 그들의 이런 행동은 여전히 애정이 남은 부대에 대한 반응이다. 게다가 도망자들로서는 진정으로 "실패한" 곳을 도망치는 것은 덜 불명예스러워 보일 것이다. 그랜트는 당연하게도 버지니아 도망자들의 진술을 똑같은 맥락에서 봤고 중요한 차이점을 놓쳤다.

그가 가장 무능한 장군에서 가장 능력 있는 장군으로 옮겨갔다는 사실. 즉 브래그와 리의 차이였다.

왜 북군에서는 이 점을 이해하지 못했던 걸까? 사실 그들은 이해했지만 그랜트는 자신의 새로운 부대원들을 믿지 못했다. 그는 오히려 새로 부임하자마자 기존의 직원들을 무시하는(또는 없애는) 몇몇 경영자나 대학 행정관 같았다. 그랜트는 장군이 믿을 수 있는 관점은 오직 자기 자신의 것뿐이라고 주장했다. 그래서 그는 개인적으로 정보수집에 관여했으며 "자신의 편견에 부합하는 이야기들만을 삼킬 준비가 되어 있었다." 뛰어난 정보수집국은 1864년 7월까지 그랜트의 본부가 되지 못했다. 뿐만 아니라 그는 피터스버그 전선에 있을 때에도 "전투에서 정보국을 충분히 이용하지 않았다."[63]

고집 센 양키(북군)들은 서서히 정보수집자들에게 의존하기 시작했다. 전사한 그의 병사들에게 이것은 때늦은 일이었지만, 남아 있는 병사들에게는 다행스런 소식이었다. "그랜트의 대의명분에 중요"하다고 설명된 것처럼 이제야 그랜트는 군사정보기관에 의존하게 되었다. 정보국의 작업은 "리를 패배시키는 데 있어 중요한 역할을 했다." 그랜트는 또한 리를 이해하는 데 있어 훨씬 더 지각력이 생겼다. 그는 남군 장교의 한 진술을 정확하게 거부했었다. 바보가 아닌 이상, 리가 장교의 주장처럼 행동할 까닭이 없다고 생각했기 때문이다.[64]

리는 그랜트의 책략을 알아내는 데 있어 몇 가지 어려움을 겪었다. 이것은 아마 그랜트가 버지니아 출신인 그의 전임자와 달랐기 때문이었을 것이다. 그는 그랜트를 폄하하지 않고 "일을 매우 잘 처리했다"고 말했다. 그러나 북군이 윌더니스 전투 이후 프레더릭스버그로 후퇴할 것이라는 그의 초기 예상은 저 유명한 "적을 평가하는 묘한 능력, 그리고 그에 따른 행동"의 단면을 잘 보여준다. 남군 지휘관인 제임스 롱스트리트는 그랜트가 "이 전쟁의 끝까지 싸울 것"이라 말해 보다 근접한 평가를 했다. 그랜트 임명 직후 나왔던 이 의견은 확실히 리에게 알려졌을 것이다. 그와 롱스트리트는 꽤 친한 사이였다. 공격적이지도 격렬하게 싸우지도 않는 리는 자신의 생각이 그랜트의 생각과 절대적으로 비슷한 점이 있는지를 살펴보기 위해 오랜 시간을 들였다. 리는 다른 남군 주력부대와 합치길 원했으며 그랜트는 이 점을 두려워했다. 그랜트와 리는 서로 이 사실을 인식했다. 조만간 북군은 피터스버그를 포위하여 리치먼드를 고립시키길 원할 것이다. 이것은 시기의 문제였을 뿐, 상황의 문제가 아니었다. 양쪽 다 셔먼의 조지아와 캐롤라이나 침공이 남부의 패배를 가져온다는 의미를 이해하고 있었다.[65] 가장 중요한 종류의 정보(적군을 이해하는 것)에 관한 한 북군과 남군의 장군들은 서로를 너무도 잘 이해하고 있었던 것 같다. 그들은 비슷한 환경에서 성장했고 같은 군사학교를 나왔으며 멕시코에 대항해 전선에서 싸우는 경험을 함께했다. 남북전쟁이 너무 길어졌던 이유 중 하나는 어쩌면 최후까지 양쪽 부대 중 누구도 반대편을 파괴할 수 없기 때문이다. 어떤 면에서 그들은 서로의 거울이었으며 이로 인해 서로에 대한 엄청난 양의 정보를 가지고 있었다. 불행히도 남군에게 있어 그것은 더 작은 거울이었다.

미국 남북전쟁과 경제학의 또 다른 요소들

미국 남북전쟁은 우리 연구자들에게 있어 비옥한 땅에 다름 아니다. 이제 미국 남북전쟁에 적용가능한 몇몇 경제학 이론들을 살펴볼 것이다.

군사적 판단력에 있어 기회비용이란 한 가지를 선택함으로써 다른 가능성들을 제외한다는 사실을 인식하는 것을 포함한다. 이런 측면에서 볼 때 이 문제는 남군에 더 중요했다. 전쟁의 거의 모든 물질적 측면에서 북군보다 열악했기 때문이다. 전략 측면에서 남군에 명백했던 두 가지는 아마 다음과 같을 것이다. 첫째, 처음부터 남군은 전략 또는 전술적으로 (앤디텀, 게티즈버그, 켄터키, 기병대 급습) 공격적인 전투를 하는 경향을 보였다(남군 장군들은 그들의 숫자가 아주 적어질 때까지 전쟁 내내 공격을 했다). 이것은 피할 수가 없었다. 조지프 존스턴 같은 몇몇 나이 지긋한 장군들은 파비아누스 식의 점진적이고 방어적인 전쟁을 추구했다. 남군이 공격과 방어에서 어떤 이점이 있었는지에 대해서는 오늘날에도 논란이 있다.

이런 선택을 전략적 측면에서 살펴볼 때 적어도 몇 가지는 확실히 말할 수 있다. 공격은 힘의 집중을 의미한다. 또한 힘의 집중은 몇몇 지역이 보호받지 못하거나 약하게 엄호된 채 남겨졌음을 의미한다. 1862년 남군은 그들의 가장 큰 도시였던 뉴올리언스를 잃었는데, 이것은 오직 3,000명의 수비대만 주둔했기 때문이었다. 공격은 또한 부대원들을 높은 위험성과 희생에 노출시켰다. 물론 남군이 공격적 태세를 취했음에도 불구하고 그들의 사상자가 더 적었음을 간과해서는 안 된다(그러나 이것에 대한 이유는 복잡하다). 적군 장악지역을 침범하는 것은 위험한 일이며(동부전선에서 여덟 번의 침공 중 한 번만 성공했다), 잘 방어된 곳으로 병력을 보낸 결과 게티즈버그나 프레더릭스버그에서처럼 피비린내 나는 격퇴를 당했다. 게다가 버지니아에서의 공격적 전략은 부대를 서쪽으로 이동시키는 것이 실현 불가능함을 증명했다. 1863년 후반, 부대는 극적인 전투를 치르며 다시 보충되었으나 뒤에 퇴각해야만 했다. 물론 이들 중 어느 것도 공격적인 것이 나쁜 전술임을 증명하지 않는다. 다만 이것은 명백한 기회비용이었으며 의사결정 책임자들도 이 사실을 알고 있었음을 증명할 뿐이다.

한 가지 선택이 다른 선택을 막는 것에 대한 두 번째 사례는 리 장군이 리치먼드 방어에 절대적으로 전념한 것이다. 그리고 그랜트는 리의 이런 행동을 알아채 이용했다. 리치먼드 방어는 리가 그 주를 떠날 수 없음을 의미했다. 또한 그가 1864년에 북쪽으로 전진할 수 없음을, 나아가 남쪽 존스턴의 부대와 힘을 합칠 수 없음을 의미했다. (그가 전쟁의 마지막 주에 시도했지만) 다시 한 번 이것은 선택의 결정에 대한 비판이 아니다. 남군으로서는 어쩌면 자신들의 수도가 적의 손에 넘어가는 것을 감당할 수 없었을지도 모른다. 다만 우리는 여기서 경제적 요소를 군사역사에서 어떻게 끌어내는지 알 수 있을 뿐이다. 이상적으로 특정 선택은 그 선택이 부과하는 기회들의 측면에 대한 인식 속에서 이뤄져야 한다. 선택된 답안은 전혀 만족스럽지 않을 수도 있으나 여전히 이것은 선택되지 않은 대안들이 더욱 불만족스러웠을 수 있음을 시사한다. 최소한 기회비용에 초점을 맞추는 것은 결정권자들이 실행가능한 특정 대안들에 대해 더 주의 깊게 생각하도록 유도한다. 군사작전은 장군이 제정신이 아니거나 성공 여부와 관계없이 명예를 위해 전투를 치러야 할 경우를 제외하고는 이익이 손실보다 더 크다는 예상(예상된 한계비용과 이득) 없이는 이행되지 않는다 (후자의 경우조차, 명예를 지키는 일은 어쩌면 이익이라고 간주될 수 있다(2장 참고)). 여기서 우리는 다시 남군이 보인 공격성에 대해 생각해봐야 한다. 대충 분석하더라도 방어적 전쟁이 이득임을 알 수 있음에도 불구하고 남부 장군들은 위험천만한 공격을 택했다. 전략적 방어는 확실한 결과를 가져올 수는 없었다. 1815년부터 제1차 세계대전까지 장군들은 공격의 교리에 영향을 받았다. 남북전쟁 당시 미군 장교들은 매우 공격적인 나폴레옹 방식의 전쟁 연구로 자신들의 지식을 쌓았다. 남군 장교들이 계속해서 공격을 할 수밖에 없었던 건, 그렇게 하지 않을 경우 북군에 의해 점령된 자신들의 영역에 아무런 도전도 하지 않는다는 의미가 되기 때문이다.

특히 주요 공격 때마다 남군 장군들은 전략과 전술적인 이점이 그들의 적은 군사와 물적 자원의 희생보다 크다고 예상했다. 좋은 예가 게티즈버그 전투를 계획하는 도중에 일어났다. 1863년 봄, 리 장군과 스톤월(든든하다는 의미에서 붙인 별명.—옮긴이) 잭슨 장군은 북부 침공을 적극적으로 논의했다. 여기에 어떤 비용이 들지는 이미 앤티텀 전투(1862)에서 명백히 드러났기 때문이다. 그러나 그들의 생각은 상식을 뛰어넘었다. 그들은 동부 펜실베이니아 침략이 북부 주요 도시로의 무연탄 유입을 방해해 산업을 불구로 만들 것이라 생각했다. 북군의 영역에서 싸우는 위험은 북쪽의 전쟁물자 생산과 실행계획에 손상을 입히는 것으로 상쇄되리라 생각했다(기차는 목탄으로 움직이며, 북군은 기차에 의존했다 등등). 당시 북군이 산업과 철도에서 압도적으로 우세했기 때문에 이것은 특히 중요한 고려사항이었다.

전쟁에 있어 보완적 대체는 대부분 다른 종류의 힘 또는 다른 종류의 무기를 포함한다. 남북전쟁은 몇 가지 새로운 무기가 도래한 시기였고 이런 무기들은 적은 희생과 비용이라는 목적을 달성하기 위해 디자인되었다. 전쟁 동안 특히 해군 기술자들은 장거리 총포를 개발해 이용단계에 이르렀다. 이 무기들은 비싸고 종종 무거웠으나 때때로 엄청난 결과를 가져왔다. 가령 조지아주 서배너로의 진입로는 풀라스키 요새가 방어하고 있었는데, 비용이 많이 들고 비싼 요새였다. 1862년 북군 지휘관들은 그 요새를 선조포(발사한 포탄이 포신 내부의 나선형 홈을 따라 회전하면서 앞으로 전진해 명중도와 위력이 높아진, 당시로선 최신형의 대포.—옮긴이)를 이용해 포격했고 단 한 번의 돌격도 없이 요새를 항복시켰다. 보완적 대체로서의 작전은 많은 부대를 보내는 대신 지역을 방어하기 위한 속임수에 의존했다. 1862년 또다시, 남군은 여러 전역에서 유사한 여러 속임수로 매클렐런이 리치먼드로 전진하는 것을 지연시켰다. 가령 앞서 언급했듯이 요크타운 반도에서의 방어전 동안, 남부 장군 제프 매그루더는 자신의 작은 부대 군인들을 숲으로 보내 실제 존재하지 않는 대대와 연대에게 소리쳐 명령을 내리도록 했다. 그는 또한 자신의 군인들을 북군이 잘 볼 수 있는 장소에서 열을 지어 행군하게 했고 시야에서 일순간 사라졌다가 다시 열에 합세함으로써 멀리서 보면 그것이 실제 부대보다 훨씬 더 크게 보이도록 했다.[66]

남북전쟁 당시 장군들은 오늘날 우리가 한계수확체감이라고 부르는 것을 계산하는 데 있어 특이한 문제를 안고 있었다. 군대의 규모에서 북군과 남군은 당시 미국인이 기억하는 그 어떤 것보다도 컸다. 유럽 군인들은 경험이 있었고, 미국인들은 그것을 다각도로 연구했으나 북미의 지역과 도로들은 꽤 달랐다. 유럽은 철도시대의 전쟁을 그때까지 경험한 적이 없었다. 수확체감을 인식하는 것은 꽤 많은 시간을 요구했다. 그러나 포병과 보병을 이용하는 데 있어 어느 시점 이상에서는 수적 증가가 훨씬 덜 중요해진다는 것이 명백해졌다. 대포의 경우, 전투에서 문 수(대포는 세는 단위가 문.―옮긴이)를 두 배로 늘리는 것은 소비되는 탄약과 대포를 움직일 수 있는 길의 공간도 두 배가 되는 것을 의미했다(사람과 말은 말할 것도 없이). 반면 그것은 전사하는 적군의 수도 두 배가 되는 것을 의미하지는 않는다. 장군들은 신중히 생각할 필요가 있었다. 전체적인 목적을 달성하느냐, 아니면 추가되는 병사와 군마 그리고 공급물자를 전용(대체수확)하여 다른 대안적 용도에 이용(기회비용)하는 게 더 좋은(한계비용/편익)가 말이다(이 주제는 6장에서 더 깊게 알아볼 것이다).

보병의 경우 남북전쟁 당시 장군들은 측면공격과 종대공격을 통해 적군을 쳐부술 방법을 찾았다. 전자는 조미니를, 후자는 나폴레옹의 전술을 반영한 것이었다. 보병 종대공격에는 어느 정도 병력이 필요했으나 여기에는 또다시 부가적인 노력에 대한 수확체감의 법칙이 적용된다. 전쟁게임 이론상 보병 종대가 공격에 성공하기 위해서는 대략 3대 1의 병력상 우위가 필요하다. 2대 1도 가능하지만 매우 위험하다. 그러나 예상되는 이익만큼 병력을 더할 필요는 없다. 6대 1 공격이 3대 1 공격에 비해 두 배로 강한 것은 아니다. 여기에는 몇 가지 이유가 있다. 정보가 클수록 그것을 위해 준비하는 시간은 더 길어진다. 이것은 공격을 더디게 하고 적에게 반격을 준비할 시간을 더 주게 된다(프레더릭스버그 전투처럼). 또한 더 많은 물자가 필요해진다. 길과 통로는 혼잡해지고 그 혼잡은 결국 공격을 늦추어 막판 뒤집기를 더 어렵게 한다. 마지막으로 더 많은 부대가 관련될수록 압축의 문제점이 커진다. 행렬이 전진할 때마다, 뒷줄의 연대는 앞쪽 연대를 압박할 것이고 결국 모두 총알에 맞게 된다. 두 가지 문제가 생기기 때문이다. 우선, 앞줄은 그들의 전술능력을 잃게 되고 둘째, 앞줄과 뒷줄이 서로 섞이고 얽혀 명령과 통제가 무너진다. 첫 번째는 크레이터 전투에서 일어났고 두 번째는 실로 전투에서 벌어졌다.

전쟁은 기본적으로 건전하지 않은 행동이며 1860년대에는 더욱 그랬다. 많은 사람이 고향을 지킨다는 의무 아래 자원했지만 솔깃한 계약으로 더 많은 사람들을 현혹시켜야 할 필요가 있었다. 심지어 이렇게까지 했는데도 병력은 충분하지 않았다. 결국 양쪽 다 징병에 의존해야만 했다. 징병제는 1862년 남부에서 먼저 도입했고 1년 뒤 북부에서도 실시되었다.[67] 그러나 싸우기 위한 계약(그 계약이 문화적이든 형식적이든 또는 양쪽 다이든)은 1장과 특히 3장에서 자세히 논의된 계약 위반의 가능성, 터무니없는 계약조건, 강요된 계약 그리고 부대의 장교들에 대한 우대조치 제공 등 비대칭의 정보와 관련된 문제들을 불러왔다. 계약과 관련한 상황의 변화는 리 장군 부대가 북부 버지니아에서 경험했던 일에서 확연히 드러난다. 대부분의 전쟁 기간 동안 그들은 지휘관의 엄청난 인기를 반영한, 꽤 높은 팀 단결력을 유지해왔다. 일반 병사들에게 지휘관은 "로버트 사부님"이었는데 그의 질투할 만한 승리 기록들과 더불어 훌륭한 성격 때문이었다. 그런데 상황이 어려워지고 탈영이 증가하자(계약 위반),

281

강력한 관리에 더 많은 초점을 맞춰야 했다(잡힌 도망병들을 처벌하고 심지어 사형에까지 처하는 일 등등). 이것은 신뢰할 만한 강화조치였다. 탈영에 대한 압박은 셰리던의 셔먼과 같이 자기 가족의 운명에 대한 두려움이 커질수록 악화되었다. 일부 사람들은 남부 영역에서 약탈당하기도 했다. 특별하게, 북버지니아군은 승리의 희망이 완전히 사라져버릴 때까지도 확고한 전투력을 유지했다. 처벌이 일부 병사를 전선에 남게 했지만(바운티 점퍼, 즉 입대 장려금만 받고 탈영한 병사가 많이 있었기 때문에 북군 병사들에겐 이것이 더욱 보편적이었다),[68] 사실 부대의 응집력(문화적 계약)이야말로 돈을 위한 형식적 계약에 앞서 병사들을 고무하고 끝까지 싸우도록 하는 원동력이었다. 당시는 수만 명의 병사가 나란히 함께 싸우는 시대였다. 결국 전투에서 다져진 형제애 때문에 비록 패배를 피할 수 없더라도, 반역자로 죽는 것은 영예롭게 죽는 것보다 훨씬 나쁘다는 생각을 하게 됐던 것이다.

결론

이 장에서 우리는 다시 한 번 경제적 요소들을 군사역사에 적용해보았다. 우리는 여기서 의사결정이 정보와 불가분이라는 점을 제대로 증명했다고 공언하지는 않겠다. 그러나 이에 반하는 사례가 하나도 없다는 사실은 주목할 만하다. 염두에 두어야 할 두 가지 고려사항은 이 영역에 관한 연구를 계속하는 데 중요하다. 첫째는 경제학자들이 매우 좋아하는 개념인데 라틴어로 '케테리스 파리부스ceteris paribus'라고 한다. '다른 모든 것은 다 똑같다'는 뜻이다. 이는 모든 것들이 절대적으로 동등하지 않은 전쟁의 성격과 관련 있다. 어떤 두 명의 장군들도 비슷하지 않았고 우리가 언급했던 어떤 두 사람도 같은 방식으로 정보에 대응하지 않았다.[69] 우리는 이 주제를 정보처리의 개념 안에 포함시킴으로써 능숙하게 처리했다. 편견, 예상 그리고 개인적 경험은 비슷한 상황에 있던 장군들이 같은 정보를 다르게 읽도록 했다. 해석의 의존 없이는 어떤 사실도 존재하지 않는다. 가령 공격적 행동을 유도할 만한 정보를 보유했음에도 불구하고 신중한 지휘관들은 주의 깊게 행동했다(앤티텀 전투의 매클렐런처럼).

두 번째 고려사항은, 이 장에서 미국 남북전쟁을 연구하는 사람들의 주요 관심사인 서부전선을 제외한 것에 있다. 정보의 측면에서 남북전쟁을 연구할 때 앞으로 서부를 이용할 방법은 두 가지가 있다. 우선, 서부는 어쩌면 동부전선에서 유추한 결론들과 전혀 다른 결론과 교훈과 사례들을 보여줄 수 있다. 서부는 달랐다. 예를 들어 전술은 훨씬 더 큰 지역에서 펼쳐졌고 지휘관들은 훨씬 더 적은 간섭 아래 작전을 벌였으며 어느 쪽도 수도를 방어해야 한다는 압박에 시달리지 않았다. 둘째로, 동부와 서부전선을 비교하는 연구로 사용될 수 있다. 이 장에서, 우리는 동부전선에 들어가기로 선택했다. 왜냐하면 남북군은 지리적으로 제한된 엄청나게 친밀한 지역에서 싸웠고 아무것도 변하지 않는 상황이 더 쉽게 적용되었다. 가령 모든 북군 장교는 래퍼해녹 강을 건너야만 했다.

또 다른 요소에 대해 절대적인 결론을 내리기에는 아직 너무 이르다. 우리가 그들에 대해 간결하게 언급하는 것은 상황을 선명하게 보여주고 독자의 욕구를 돋우기 위해서이지 만족시키기 위해서가 아니다. 남북전쟁의 여러 전투들은 몇 가지 조사해볼 만한 확실한 가설들을 제공한다. 그 예로, 세 가지 가설을 여기서 설명하겠다. 첫째, 보완적 대체와 인력의 측면에서 남부의 노예노동력 사용은 문제를(노예들이 탈출하지 못하는 "직접적" 징집) 장기화하는 최선의 보완적 대체 전략이었는가? 같은 맥락에서 북군이 "가벼운" 징집 위약금을 내고 병사가 탈출하도록 허락한 것은 그 돈이 덜 튼튼한 남자들을 입대하도록 유인하는 측면에 얼마나 영향을 미쳤나? 둘째, 수확체감을 고려했을 때 포토맥 부대의 엄청난 병참 대열은 전쟁 중 그들이 너무 많은 힘을 통제해야 하는 어려움을 촉발시켰다는 측면에서 효율성을 떨어뜨렸는가? (이것은 게티즈버그의 리 장군에게는 반대의 신호에 적용된다). 셋째, 수확체감과 계획에 있어 양쪽 군대는 특히 전장의 요새에서 보병을 내세운 공격의 효과 감소를 너무 늦게 인식한 것일까? 미국 남북전쟁 역사에서 경제적 맥락을 캐내는 것은 앞으로도 꽤 유익한 작업이 될 것이다.

6장

세계대전의 시대, 1914~1945
: 제2차 세계대전 당시 독일 전략폭격의 수확체감 사례

"바보들이 전깃줄 위에 매달리기 위해, 그리고 플랑드르의 진흙 속에서 배에 총을 맞기 위해 자원했다." 공군대장 아서 ("폭격기") 해리스Arthur Harris 경은 이해할 수 없는 제1차 세계대전(모든 전쟁을 끝내기 위한 전쟁) 당시 참호전의 선혈을 적절히 묘사했다. 그러면서 창공이 지상전투를 앞도한 제2차 세계대전에 대한 자신의 무한한 애정에 대해 언급했다.[1] 공중에서의 전쟁은 더 할 일이 많은 것처럼 보였다. 1942년 2월 영국 공군 RAF의 폭격사령부를 지휘하게 된 해리스는 결코 위축되지 않고 자신의 책무를 다했다. 1939년 12월부터 1945년 5월까지 66개월 동안, 영국 공군이 독일의 10개 목표지역에 떨어뜨리려고 했던 75만 5,531톤의 폭탄 가운데 69퍼센트(대략 53만 2,615톤)는 도시지역에 떨어졌는데 포괄적으로 이 도시들은 산업지역으로 간주되었다. 산업지역에 처음으로 떨어진 톤 단위의 폭탄은 1940년 2월, 단 한 차례 이뤄진 폭격에서 투하됐다. 3월과 4월에는 잠시 멈추었다가 5월에 154톤이 투하됐고, 6월에는 298톤

285

이 투하됐다. "모의전쟁"은 끝났다. 월간 폭격은 점차 증가해 1941년 7월에 2,384톤까지 늘어났으나 1942년 2월에는 486톤으로 떨어졌다.[2]

그러다 해리스가 지휘한 지 한 달이 된 1942년 3월, 산업지역에 대한 폭탄 투하량은 3,241톤까지 급증했다. 5월 들어 해리스는 5월 30~31일 밤 쾰른으로 날아가기 위해 처음으로 1,000대의 폭격대를 조직했다. 그날 밤 1,455톤의 폭탄이 투하되었다.[3] 이것은 산업지역을 조준한 그 달 전체 양인 2,655톤의 절반을 웃도는 양이었다. 그 도시의 손실 범위는 에이커로 측정되는데, 대략 600에이커(약 2,428,000제곱미터) 정도다. 산업지역 폭격량은 다음달 8,622톤으로 절정에 이르렀다. 그러자 독일 탐조등 포대와 대공포, 그리고 방어 전투기들이 속속 전투에 가세해 용납할 수 없는 해리스의 (호위받지 못하는) 폭격기들을 떨어뜨렸다.

해리스는 끈질겼다. 1943년 7월 24~25일 밤, 약 1,200톤의 소이탄이 함부르크에 폭풍처럼 번지는 불을 점화해 4만 명에 이르는 민간인이 목숨을 잃었다.[4] 그러나 해리스는 성공을 희생자의 목숨으로 측정하지 않았다. 그는 불에 탄 지역이 몇 평방마일이나 되는지를 따졌다. 함부르크 공습은 그 달에 감행한 총 1만 3,291톤의 산업지역 폭격 중 10퍼센트밖에 차지하지 않았다. 1943년 11월부터 1944년 3월까지, 폭격부대를 포함한 연합군이 디데이를 준비하던 시기에 해리스는 베를린을 몇 번 공격했지만 거의 성공하지 못했다. 그는 미국인들을 탓했다. "우리는 베를린을 끝에서 끝까지 파괴할 수 있다. 만약 (미국 공군이) 참여한다면 (…) 우리는 400~500대의 항공기를 대가로 치르는 대신 독일에는 전쟁의 대가를 치르게 할 것이다." 사실 1943년 10월부터 1944년 3월까지 해리스는 1,128대의 폭격기를 잃음으로써, 거의 지휘권을 박탈당할 위기에 빠졌다. 그는 1944년 4~9월 사이, 연합군 최고사령관 아이젠하워가 노르망디 상륙작전과 라인 강 쪽으로의 진격을 위해 모든 연합군 항공기를 직접 통제한

| 그림 6-1 | 영국 공군의 독일 산업지역 폭탄 투하량

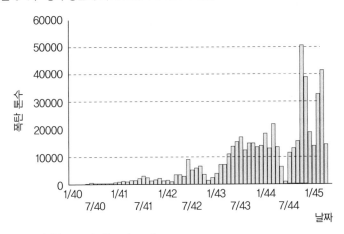

* 출처: USSBS의 산출, 1947년 2월, 표 6, pp. 49–51.

덕에 가까스로 구제되었다. 해리스의 산업지역 폭격량은 그해 3월 2만 1,266톤에서 4월 1만 3,395톤으로 떨어졌다. 그리고 5월에는 5,971톤, 6월에는 855톤에 불과했다. 6월 6일 노르망디 상륙작전이 성공하자 해리스는 본래 습관으로 돌아가 7월에 1만 1,207톤의 폭격을 산업지역에 가했으며, 1만 2,777톤을 8월에, 1만 5,518톤을 9월에 떨어뜨렸다. 아이젠하워가 직접 지휘권자로 돌아온 1944년 10월 한 달 동안 해리스는 무려 5만 465톤의 폭탄을 산업지역에 떨어뜨렸다. 그리고 이미 오래 전부터 지상전에서 이기고 있던 1945년 2월, 그는 미국의 도움을 받아 베를린과 드레스덴을 불태웠다.[5]

해리스를 지치지 않도록 잡아놓은 것은 지금은 전략폭격의 외과수술적인 해결책(정밀폭격.—옮긴이)으로 불리는 폭격 방식이 군사적으로는 옳지 않다는 믿음이었다. 그는 영국 공군 폭격지휘관을 맡기에 앞서, 1940년과 1941년 영국에서의 경험을 바탕으로 미국이 전략목표를 정한 뒤 이를 정확한 폭격으로 제거하려 하자 미국을 "(황당한) 만병통치 약장수"라며 비웃었다. 그에게는 자기만의 관점이 있었다. 미국이 폭격에 가담하기 시작한 1943년 초, 그들이 자주 할당된 목표물을 너무 이상하게 놓친다며 미국 "폭격수들이 '양 죽이기'나 '독일 농업에 대한 주요 공격'을 가하는 것에 대한 농담을 하기 시작했다." 해리스는 외과용 메스보다는 쇠망치를 선호했다.[6]

전략폭격 이론은 상황과 지역, 정확성을 망라해 매우 간단하고 매력적이었다. 미국 전략폭격조사단ussbs의 기억할 만하고 기묘한 표현으로 다음과 같은 것이 있다. "전략폭격은 젖소가 한 들통의 우유와 관계있는 것과 똑같이 전술적 폭격과 관계를 가진다. 적군에 대한 즉각적인 지원과 도움을 차단하고자 전술적으로 고려한다면 들통을 엎어버리라고 명령해야 한다. 적들을 확실히 굶겨죽이려면 전략적으로 소를 죽여야 한다."[7]

보다 덜 창의적인 다음 두 가지 정의도 잘 고려하자.

전략폭격 (…) 은 적군이 전쟁을 수행하는 데 필요한 물자 또는 무기를 없애 그들을 가장 약하게 할 수 있도록 자원의 체계적인 파괴를 목표로 한다.[8]

전략폭격은 공군력을 이용해 적군의 육군 또는 해군을 직접 공격하는 것보다 적군의 전쟁 노력의 근간(전쟁물자의 생산, 경제 전체, 또는 민간인의 사기)을 치는 것으로 가장 잘 정의된다. 전략폭격은 거의 언제나 적군 공군력을 무력화시키려고 하지만, 그들의 소멸을 의미하지는 않는다. 전술적 공군력은 항공기를 이용해 지상이나 해상에서의 진격을 도와주며 그런 부대들과 대부분 협력관계이지만, 전략적 공군력은 대부분 육군과 해군과 독립적 관계에서 작전을 수행한다.[9]

첫 번째 정의가 의미하듯 전략폭격이란 기본적으로 군사적이지 않은 자산, 즉 상대의 생산지역을 폭격하는 것이다. 적의 군사력이 고갈되기를 기대하면서. 군부대의 위장을 채워줄(재충전할), 돈이 되는 암소를 향해 사격을 하는 것이다. 궁극적 목표(적군의 전쟁수행 능력)에 초점을 맞추는 것은 작전상으로 모호하다. 이것은 전쟁을 수행하는 데 필요한 물질의 투입과 관련한 곳, 즉 감지된 잠재적 병목지대나 요충지로 제한되는 대신 인적자원과 제도적인 부문은 무시하게 된다.

두 번째 정의는 전략폭격을 전술폭격과 구분하는 데 도움을 주는 동시에 다음과 같은 세 가지 전략목표를 확인시켜준다. (a)상대방의 실질적 군사 생산력 (b)적의 무기산업시설 보급망을 구성하는 경제 전반 (c)상대방 민간인의 사기. 두 번째 정의에 반영된 요소들은, 제2차 세계대전 당시 전략폭격의 수많은 실패를 반면거울 삼아 효율적인 전개순서까지 제시되었다. 우선 공군력에 대한 적군의 방어능력을 파괴할 것. 둘째 적의 전쟁 수행을 지원하는 전선 안의 그 목표물들, 특히 보급망을 공격할 것. 셋째 적군이 스스로 무너질 때까지 기다릴 것. 해석된 것처럼, 전략폭격은 특정한 전쟁 결과를 자신이 선취하기 위해, 특히 적군의 영역을 지상에서 침공하지 않고도 적의 자본을 취하는 동시에 그들의 지도자들까지 몰아내기 위할 목적에서 이뤄진다.[10]

하지만 "정책과 의지를 빼면 기본적으로 모든 것이 부족"했기 때문에, 독일(또는 다른 나라)에 대한 전략폭격이 극단적인 공군 지지자들이 희망한 것처럼 순수한 형태로 실행된 적은 한 번도 없었다. 전략폭격은 그 자체로 승리를 달성하기 위한 게 아니었다는 차후의 공언은 역사적으로도 문제를 야기할 뿐 아니라 전략폭격의 논리적 바탕 자체를 의심하게 한다. 육·해·공 각 군에 걸쳐 통합된 군사전략이 없는 상황 아래에서 만약 전략폭격이 그 자체로 승리를 달성하기 위한 것이 아니었다면 (적군의 전시 생산력, 경제, 그리고 사람들의 사기를 공격함으로써) 과연 무엇을 얻으려 했던 것일까?[11] 결과적으로, 다음과 같은 과정을 거치면 아주 많은 역사적 증언들을 찾을 수 있다. 맞다, 전략폭격에 대한 포부가 아주 컸다. 맞다, 전략폭격은 실질적인 난관들에 부딪혔다. 그러나 설령 전략폭격이 나치 독일이 애초 그들의 전선에 쏟아부으려던 엄청난 자원을 공중 방어에 투자하게 한 것 외에 아무것도 한 역할이 없다고 하더라도, 그것만으로 전략폭격은 가치가 있으며 유럽에서의 전쟁을 승리로 이끄는 데 사실상 대체할 수 없는 기여를 했다.[12]

진실에 가까운 것은 정반대의 관점이다. 전략폭격 지지자들이 곁눈 가리게만 쓰지 않았더라도(시야만 좁지 않았다면) 연합군은 폭격편대에 동반할 장거리 폭격기 개발에 (그들이 실제로 했던 것보다) 더 많은 자원을, 더 일찍 투입할 수 있었을 것이다. 1943년 12월, 아이라 C. 이커Ira C. Eaker 준장이 미군 제8공군의 지휘관에서 물러나고 (그리고 "폭격기" 해리스가 수백 대의 항공기와 수천 명의 승무원들을 잃고 있을 때) 새 사령관으로 지미 둘리틀Jimmy Doolittle이 취임할 당시, 그의 전투사령관 집무실에는 이러한 표어가 붙어 있었다. "제8공군 전투원들의 최우선 임무는 폭격기들을 살아돌아오게 하는 것이다." 둘리틀은 이 표어를 교체하게 했다. "제8공군 전투원들의 최우선 의무는 독일 전투원들을 쳐부수는 것이다." 그것이 문제의 핵심이었다. "폭격은 폭격하는 대상보다 독일 전투원들을 공중전에 끌어들이는 것이 더 중요한 목표다." 심지어, 최우선 임무는 "독일 전투기 조종사들을 죽여라."였다. 사실상 만장일치로, 모든 작가들은 이상적인 전략폭격이 루프트바페(독일 공군)의 방어용 전투기들이 제압당하고 특히 1943년 6월 이커가 개발에 착수했던 미국의 P-51(머스탱) 항공기가 전투에 투입된 1944년 9월 전까지는 시작되지 않았다고 믿는다.[13]

기회비용이라는 측면을 완전히 피할 수는 없지만 이번 장의 주제는 전략폭격의 기회비용에 관한 것이 아니다. 이번 장은 말하자면 전략폭격의 수확체감에 관해 이야기한다. 기술적인 측면에서 볼 때 전쟁 수행을 위한 다른 물자의 투입량이 변하지 않는 상황에서 투하 폭탄량이 지속적으로 증가하면 결국 파괴의 증가속도 감소 효과가 나타난다는 점을 특별히 다룬다. 심지어 몇몇 사례에서는 더 많은 폭격이 파괴량 감소를 초래했음을 보여줄 수도 있다. 추가수확이 점점 더 작아지는 수확체감이 아니라 아예 줄어드는 역수확 말이다.[14]

먼저, 폭격에서 총량과 증액분의 증가 및 감소 또는 역수확의 개념을 더욱 분명하게 논의할 수 있게 해주는 전략폭격 산출고의 개념을 소개한다. 이어서 전략폭격의 세 가지 요소를 각각 설명할 것이다. 전쟁물자와 생산을 끊기 위한 폭격, 보급망을 약화시키기 위한 경제 전반에 대한 폭격, 그리고 산업생산성을 낮추기 위해 반란과 사보타주(태업)를 유도하려는 민간인 사기 저하용 폭격이다. 마지막으로 간단한 평가와 함께 여섯 가지 경제적 요소의 관점에서 볼 때 제2차 세계대전 당시 독일에 대한 전략폭격이 인력, 보급, 기술, 계획 그리고 전쟁의 작전활동 측면에서 얼마나 많은 다른 사례와 가설들을 생산해냈는지를 보여줄 것이다.

전략폭격의 생산함수

원칙적으로 폭격은 경제이론적·실증적 분석의 여지가 있다. 일련의 투입을 그들이 생산하려는 산출과 결부시키는 것이다. 가령 폭격 생산함수라는 공식을 쓴다. $Y_i = f(X_t : X_a, X_d, z)$. Y_i는 원하는 투입과 방어자의 자산 파괴를 보여주고, X_t는 투하된 폭탄의 톤 숫자를, X_a는 예상되는 플러스 계수와 함께(공격 투입이 많아질수록 파괴도 늘어난다) 폭탄 톤수보다는 공격자의 투입 변수를 설명하는 벡터(한 세트의 요인들)이며, X_d는 예상되는 마이너스 계수(방어 투입이 많아질수록 파괴는 적어진다)와 함께 방어자

| 그림 6-2 | 전략폭격 생산함수

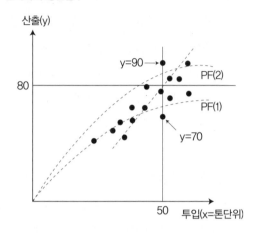

의 투입 변수를 설명하는 벡터이고 z는 일반적인 기상 조건처럼 셀 수 없는 조건에 대한 벡터이다.[15]

가로축으로는 폭격 톤수를, 이에 대칭하는 세로축은 전략폭격의 효과(파괴의 크기)를 각각 나타내는 가설적인 산점도(x좌표와 y좌표를 이용해 두 변수간의 상호변동 관계를 나나내는 도표.—옮긴이)를 그리면 처음에는 폭격량이 증가할수록 파괴가 늘어나는 것으로 보인다(그림 6-2). 이는 데이터 점들이 상향곡선을 그리고, 이들 점들을 지나서 그린 점선이 일직선이 된다는 것으로 표시된다. 폭격이 많을수록 파괴도 늘어난다는 점을 보여주는 것이다.

경제학의 생산이론에 따르면 폭격량 증가는 파괴의 증가를 이끌 것으로 예상되지만, 폭격 자체를 제외한 다른 요구조건 투입이 일정 수준을 유지할 경우 파괴의 증가량은 갈수록 작아지는 현상도 예측할 수 있다. 폭격을 더 많이 할수록 가해진 추가 폭격 단위에 대한 추가 파괴는 줄어드는 것이다. 이것이 수확체감의 이론이다. 그러므로 첫 생산함수(PF(1)이라고 표시) 주변에 모인 데이터 점에선 파괴의 증가량이 늘어나고 있지만, 그 비율은 줄어든다. 폭격 톤수가 더욱 많아지면 파괴 달성 수준은 y=80이라고 그려진 가로선의 아래쪽 어딘가에서 점점 줄어든다. 만일 이 가로선이 승리를 얻기 위해 필요한 파괴 수준(이를 승리의 관문이라고 하자)이라고 해석된다면, 어떠한 양의 폭격 톤수도 그 자체로는 승리를 보장하지 못할 것이다.

더 많은 파괴 그리고 궁극적인 승리를 위해 필요한 것은 더 많은 폭격 자체가 아니고 폭격과 병행하는 다른 요소들의 더 많은 투입이다. PF(1)에 나타나는, 폭격량 증가에 대한 한계수확의 체감은 폭탄의 양이 아닌 다른 요소들의 투입 증가로만 극복될 수 있다. 표로 말하자면 똑같은 톤의 폭탄(가령 x=50)을 투입할 경우, 가령 내비게이션 기술이 개선되었을 때에만 더욱 큰 파괴효과를 거둘 수 있다. 낡은 기술만 사용했을 경우 자신들의 목표물을 찾는 폭격기는 거의 없으며 x=50의 폭격으로 y=70의 비교적 낮은 결과만 얻을 뿐이다. 하지만 신기술을 적용하면 자신들의 목표를 찾는 폭격기들이 더 많아지며 x=50의 폭격으로 y=90의 비교적 높은 결과를 얻는 것이다.

톤수가 아닌 투입요소를 더 많이 적용 또는 개선하면 생산함수는 PF(1)에서 PF(2)로 이동하면서 상승곡선을 나타낸다. y=80이라는 승리의 관문을 이제는 넘어서게 됐다. PF(1)에서 보듯 폭격량 하나로는 승리를 달성하지 못하지만, 그것이 다른 투입요소들과 결합됐을 때 승리를 얻어낼 수 있는 것이다.

그런 사실을 몰랐을 "폭격기" 해리스를 제외하고, 연합군은 작전이 이런 과정을 거친다는 사실을 잘 알고 있었다. 해리스는 근본적으로 PF(1)이 어느 지점에서 승리 관문을 넘어설 것이라고 믿었다. 아마 그는 관문이 Y=80 정도가 아니고 좀더 낮은 곳에 위치한다고 믿었거나, PF(1)

이 더 높은 궤도 즉 PF(2)와 같은 곳에 위치하고 있다고 믿었을 것이다. 연합군이 무선 내비게이션과 4발 엔진폭격기 등 향상된 기술을 사용할 수 있게 해줬음에도 불구하고 해리스는 폭발력이 큰 고폭탄보다 인화성이 더 큰 소이탄의 사용 비율을 높인 것 말고는 어떤 면에서도 기술을 신봉하지 않았다. 그는 오로지 폭탄 투하량만이 효과가 있다고 믿었고(그에 따라 그에게 잘 어울리는 별명이 생겨났다), 따라서 폭격기들이 자신의 지휘에서 벗어나 대서양에서 선박들을 호위하는 임무를 맡거나 디데이를 준비하는 것에 대해 끊임없이 불평했다. 그리하여 자신의 폭격 프로그램에 대해 충만한 자신감을 나타내는 것을 제외한 다른 어떤 비판도 허용하지 않았다.[16]

해리스와는 반대로 영국, 미국 그리고 독일은 생산함수에서 가설적인 승리의 관문을 "한 수 위로" 올리거나 "한 수 아래로" 떨어뜨릴 수 있도록 톤당 폭탄이 더 많은 혹은 더 적은 파괴력을 거두기 위한 줄다리기를 벌였다. 독일군이 자신들의 여러 가지 이점을 무력화하려고 하자 연합군은 폭격 톤수에 더해 내비게이션, 조준술, 암호해독, 전투기의 호위, 조종사 훈련, 그리고 수많은 다른 요소들을 열성적으로 추가 투입했다.

다음 요소를 이해하는 것은 매우 중요하다. 사실상 제2차 세계대전과 그 후에 일어난 모든 전략폭격 논쟁은 폭격의 전체 파괴력에 대한 것으로 독일의 붕괴 및 전쟁 손실에 전략폭격이 공헌을 했느냐 안 했느냐를 따지는 것이었다. 반면 여기에서의 목적은 폭격량이 늘어날수록 파괴의 증가량 역시 같은 비율로 늘었느냐의 문제, 즉 경제학자들이 한계효용의 체감이라고 부르는 사안을 생각해보는 것이다. 그리고 이 책에서 나중에 다룰 흥미로운 증거가 있는데, 이는 생산이론이 예견했듯 폭격의 한계효과가 실제로 감소했다는 것이다.

경제학자 및 수학적 사고를 가진 학자들에게는 유감스러운 일이지만,

전략폭격의 생산함수를 만드는 것은 가능하지 않다. 이유는 적어도 네 가지 측면에서 존재한다. 첫째, 수많은 폭격에 대한 정보는 얻을 수 있지만 사용가능한 관측자료의 숫자는 사실 꽤 적다는 점이다.[17) 폭격 결과를 밝혀내는 최상의 시나리오는 비행기 공장에 대한 폭격 결과 어떠한 파괴를 이뤄냈느냐를 살펴보는 것이다. 66개월(1939년 12월부터 1945년 5월까지) 동안의 전략폭격 중 미 공군이 독일 내의 비행기 공장을 폭격했던 것은 오직 23개월, 그리고 영국 공군이 그런 시설물을 폭격한 건 26개월 뿐이었다. 6개월이 서로 겹쳤다는 점을 감안해 영국군과 미군 어느 쪽에 의한 것이든 비행기 폭격이 이뤄진 기간을 합해보면 모두 43개월이 된다. 이렇게 하면 43개의 데이터 점이 산출되는데, 이는 통계과학적 관점에서 볼 때 비행기 공장 파괴 중 전략폭격의 효과를 간신히 파악할 수 있을 만큼 극미한 데이터 양이다.

둘째, 통계적으로 이 43개의 데이터 점은 생산함수 이동의 원인인 폭격 톤수가 아닌, 엄청난 양의 관련 요인들 속에서 공유된다. 이에 따라 폭격기술 당 폭격 톤수의 파괴 효용을 확인하기에는 충분하지 않은 데이터 점만이 남게 된다.

이 논의의 앞부분에서 보여줬던 공식에서 X_a에 해당하는 폭격기술이나 폭격 톤수를 제외한 폭격 투입요소들의 목록은 아주 많다. 명백한 투입요소에는 출격한 전투기의 숫자, 동원 가능한 비행기의 숫자, 폭격기의 연료로 운항할 수 있는 범위, 그리고 각각의 폭격기가 운반할 수 있는 폭탄 적재량, 운반할 수 있는 폭탄의 종류, 고폭탄이냐 소이탄이냐 하는 폭탄의 용도 등이 들어간다. 덜 분명한 요소로는 내비게이션 시스템의 정확성, 폭격 조준장치의 정확성, 호위기의 이용가능성과 작전범위, 설정된 목표에 도달하기 전에 되돌아오는 비행기의 비율, 그리고 비행 훈련과 조종사·항법사·폭격수 그리고 기총사수의 경험 등이 들어간다. 각각 투입요소가 향상되면 긍정적인 효과가 나올 것으로 예상(기술이 더 나아지면 파괴도 더 많아진다)되지만, 이를 통계적으로 보여줄 만한 기술 관련 데이터 점이 충분하지 않다.

마찬가지로 독일의 공중방어 Xd에서는 탐조등, 대공포, 요격기 그리고 공군 방어전략 등의 향상이 마이너스 효과를 낼 것으로 예상되었다. 방어가 더 나아지면 파괴는 더 적어진다.[18] 파괴 산출(말하자면 43개의 점)을 관찰한 것처럼 폭격 공식에 관련되는 공격 및 방어 투입요소들이 아주 많다. 때문에 다른 투입요소의 영향력을 배제하면서 특정 투입요소의 효과만을 통계적으로 알아볼 수는 없다. 통계적으로 그 결과는 신뢰할 수 없다.

셋째, 물론 폭격 톤수가 아닌 투입요소들은 일정하지 않다. 이들은 전쟁 중 너무도 빨리 변해 실제로 모든 비행 작전은 투입요소 가치들의 유일무이한 결합으로 이뤄진다. 그래서 적절한 샘플 크기는 기본적으로 하나이다. 각각의 폭격은 투입요소들의 유일무이한 결합으로 이뤄진다. 이어지는 폭격에서 폭탄의 톤수는 더 커지고 파괴효과 역시 이에 따라 커졌을 테지만 파괴효과의 향상이 더 많은 폭탄 투하에서 온 것인지, 아니면 더 나은 내비게이션이나 다른 투입요소의 변화 때문인지는 통계적으로는 말할 수 없다. 통계학자들은 투입의 미세한 점진적 변화부터 총체적인 점진적 변화까지 데이터를 모음으로써 이러한 종류의 문제를 종종 해결한다. 가령 그 시대에 발명되고 설치되고 사용된 모든 종류의 내비게이션으로 이뤄진 데이터를 세밀하게 나눠서 살펴보는 대신 내비게이션 정보를 대략 두 가지 방식으로 조합해볼 수 있을 것이다. 추측 내비게이션과 보조 내비게이션이 그것이다. 이런 과정은 보다 덜 세밀한 단계적 변화들을 연구하는 학자들이 그 문제에 있어 근본적인 변화와 차이점들을 얼버무리고 넘기지 않는 이상 통계적으로 받아들일 가치가 있다. 내비게이션(목표를 찾는 것)은 적재한 폭탄이 투하되어 원하는 손상을 가하는 데 절대적으로 중요했다. "폭격기" 해리스와는 달리, 전략폭격의 역사는 폭탄 양을 중심으로 한 게 아니라 "그들을 그곳에 도달하도록 하는 것"을 중심으로 진행됐다. 분석가들은 이런 측면에서 가장 중요한 비약적 발전 시점이 1944년 봄과 여름에 걸쳐 루프트바페(독일 공군)의 전투비행대와 조종사를 파괴한 것이라는 사실에 동의하는 듯하다. 이후 전략폭격 비행단은 비로소 궁지에서 벗어날 수 있었다. 전략폭격은 누구의 저지도 받지 않을 때 최고의 효과를 낸다(그리고 누구의 저지도 받지 않을 때가 되면, 그러니까 1944년 9월부터는 지상전에서도 본질적으로 적을 이기게 된 것이다).

네 번째 문제는 좌변에 관한 것으로 공식에선 Y_i로 표시되는데 이는 폭격의 "산출량"이다. 이 산출량은 사실 명확하게 정의되지 않는다. 폭격 톤수와 다른 투입요소들의 데이터는 무수히 많지만, 명확한 파괴 데이터를 갖고 있지 못하다. 가령 수많은 독일 비행기 공장이 폭격을 당했지만(독일과 그 점령 지역에서) 이 공장들은 재빨리 보수·재건·재배치되었다. 폭격은 비행기 생산을 무력화했다기보다 기껏해야 이를 지연시켰을 뿐이다. 이 사실은 폭격이 전략적으로 쓸모없었음을 의미하는 게 아니라(지연도 중요할 수 있으니까) 내용이 잘 규정된 산출 데이터 없이는 통계적으로 엄밀한 작업이 수행될 수 없다는 것을 의미한다.

또 다른 예를 보자. "폭격기" 해리스는 함부르크 공격에서 세계 최초의 공중폭격으로 말미암은 화재폭풍을 불러오는 데 성공했다. 나흘에 걸쳐 야간 폭격이 이뤄졌다. 1943년 7월 24~25일에 791대의 폭격기가 이 도시 상공으로 날아갔으며, 7월 27~28일에는 또 다른 787대의 폭격기가 몰려갔다. 7월 29~30일에는 또 다른 777대의 폭격기가 밤하늘에 나타났으며, 거기에 더해 740대의 폭격기 물결이 8월 2~3일에 도착했다. 통틀어서 대략 9,000톤의 폭탄이 그 도시에 떨어졌다. 또한 미군이 250회 이상 주간 폭격을 가했다. 폭격에 뒤따른 화재로 민간인 3만 5,000~5만 명이 사망한 것으로 추정된다. 머레이와 밀렛은 "도시 거주지역의 절반 이상, 전기의 75퍼센트 이상, 수도시스템의 60퍼센트 이상, 그리고 90퍼센트 이상의 도시가스 시설이 파괴되었다."고 썼다. 산업생산량은 대기업이 40퍼센트, 중소기업은 80퍼센트까지 떨어졌다. 휴윗은 "183개의 대형 공장과 4,113개의 작은 공장, 590개의 기타 생산공장, 18만 톤의 선박, 12개의 다리, 24개의 병원, 58개의 교회, 277개의 학교, 76개의 공공기관, 83개의 은행과 2,632개의 가게, 그리고 한 개의 동물원과 그 안에 갇힌 동물들이 파괴되었다."고 했다. 폭격의 "산출량"(파괴)은 꽤 잘 측정된 것처럼 보인다. 그러나 휴윗은 계속해서 썼다. "철도와 기차운행은 몇 시간 만에 재개되었으며, 전기공급은 9일 만에 수요를 넘어섰다. 산업생산량은 공격 이전의 수준으로 빠르게 회복되었다. 집을 잃은 주민들은 짧은 시간 안에 도시에서 대피하거나 도시의 다른 지역에 재배치되었다." 독일이라는 전쟁 기계는 계속 잘 굴러갔다. 만일 권투선수가 다운되었다가 다시 일어났다면, 그를 공격하기 위한 에너지는 정확히 무엇을 파괴한 것인가? 명백히 상대방의 작전은 지체되었고 그의 힘은 약해졌지만 만약 그가 계속 쓰러진 채로 있지 않는다면 그 싸움은 이긴 게 아니다.[19]

요약하자면, 폭격의 효과는 경제이론에서 다루기 쉽다. 그러나 전략폭격 생산함수의 산출량은 투입량뿐 아니라 데이터 문제에서도 통계학적 분석을 제대로 할 수 없으며 최소의 추론조차 쉽지가 않다. 그렇다고 해서 이것이 데이터 자원이 없다는 의미는 아니다. 단지 어떤 추론이든 이것이 아니면 저것이라고 가정하는 것보다는 신중하게 접근해야 한다. 다음 섹션에서는 독일 전쟁물자 생산기지에 대한 연합군의 폭격에 대해 알아본다. 그 다음 단계로 독일 보급망과 민간경제에 대한 폭격, 지역폭격에 대해 알아볼 것이다. 각각의 경우에서 우리는 폭격의 총체적이고 점진적인 효과를 구분해야 할 필요가 있다.

독일 전쟁물자 생산시설 폭격

전략폭격 이론은 꽤 명확하다. 적군을 폭격하지 말고 그의 도구를 폭격하라. 적을 맨주먹 말고는 아무것도 없게 만들어라. 그때 비로소 자신의 방법의 어리석었음을 깨닫게 될 것이다. 배경은 이러했다. 서부 개척 시대부터 내려온 미군의 정교한 사격술 신화와 무차별 폭격에 대한 도덕적 우려가 생겨나 서로 결합했고 그 결과 적의 도구나 도구를 제작하는 역량을 대상으로 하는 정확한 폭격을 늘려 윤리적으로 싸우는 전쟁이라는 고귀한 형태를 만들자는 유파가 탄생했다.[20]

적군을 억제하자고 적군과 너무 많이 싸우지 마라. 정확성에 대한 미군의 독특한 관심은 제2차 세계대전 당시 독일에서뿐 아니라 일본·한국·베트남에서, 걸프전쟁과 1990년대 발칸 전쟁에서도 드러났다. 그리고 60년이라는 아주 긴 시간 뒤인 이라크 전쟁에 이르러서야 결실을 맺었는지도 모른다.

그런 지난한 과정 속에서도 "전략폭격이 가치가 없다거나 불가능하다는 소리에 아랑곳하지 않았다."라고 스티븐 부디안스키는 상기시켰다. 그리고 많은 작가가 이 말을 인용했다. 임무 성공 여부는 목표물 식별과 폭탄 명중에 절대적으로 달렸다. 폭탄 명중의 문제는 1930년대 초 칼 노든이 미 해군을 위해 개발한 마크 XV 폭격조준기가 등장하면서 해결될 것처럼 보였다. 이론적으로 이 도구는 평균 폭격오차를 100피트까지 줄인다. 닻을 내리고 정박한 해군 순양함에 50파운드 무게의 폭탄을 5,000피트 상공에서 시험 투하했을 때 50퍼센트의 비율로 타격을 성공시켰는데, "이전의 정확도와 비교했을 때 엄청난 개선"이었다. 1942년 9월 26

일자 〈콜리어스 *Collier's*〉(1888~1957년 발행됐던 미국의 잡지.—옮긴이)는 눈길을 끄는 카툰을 실었는데, 폭격수가 항법사에게 "주소가 라이프치히거리 106번지였나 아니면 107번지였나?"라고 묻는 내용을 담은 것이었다. 목표물 식별은 보조이론으로 보완됐다. 산업망 이론이 그것이다. 이는 적을 마비시켜 항복에 이르게 하는 특정 관문이나 병목 그리고 잡다한주요 분기점, 한때 정확한 폭격에 의해 잠겼던 군수품 생산 조절마개에초점을 맞춘다. 당시는 대공황이 겨우 끝나갈 때였고 다음과 같은 경제도미노이론이 거의 들어맞는 듯했다. 단 한 장만 올려놓으면 적이 카드로 지은 집(엉성한 계획)이 스스로 무너지는 그런 카드를 찾아라.[21]

물론 이 이론은 실패로 돌아갔다. 그 내용이 틀려서가 아니라 지나치게 많은 가정을 깔았고, 불완전했기 때문이었다. 가령 완벽하게 작동하는 폭격조준기가 있다손 치더라도 목표물까지 갈 수 있는 내비게이션 없이는 전혀 쓸모가 없는 것처럼 가정이 지나치게 많았던 것이다. 맑은 날잘 알고 있는 폭탄 투하지점으로 비행하여 정박해 있는 순양함에 시험폭격을 하는 것과 호위도 안내도 없이 잉글랜드의 공군기지에서 구름 낀 영불해협을 건너 비 내리는 유럽 대륙으로 날아가는 길을 찾고, 서치라이트와 대공포화 그리고 방어 전투기에 가로막히는 일은 서로 별개의 상황이다. 라이프치히 거리 106번지와 107번지를 구분하는 게 문제가 아니라라이프치히 자체를 찾는 게, 그것도 살아 있는 동안에 찾아내는 게 더 큰문제였다.

그 이론이 불완전하다는 사실도 증명됐다. 연합군이 나중에 파악한 것처럼 독일인들은 생산기지를 재배치·분산하고 물자를 비축해 생산 흐름이 방해받지 않게 하는 것에, 추가 교대근무를 하고 노예 노동자와 외국인 노동자를 감금해 일을 시키는 것에, 원자재를 다른 것으로 대체하는데에 능숙한 것으로 드러났다. 미국인들은 자신들이 정밀폭격을 한다는 믿음이 확고했지만, 실상은 그들이 믿었던 것보다 훨씬 정확성이 낮은 것으로 판명났다.

연합군은 독일 비행기 공장에 대한 폭격에도 불구하고 독일의 항공기 생산량이 전쟁 기간 동안 계속 증가해 1944년에는 3만 9,807대를 돌파, 최고조에 이른 사실에 경악을 금치 못했다. 그해 7월과 8월, 9월에 독일 비행기 생산이 정점에 이르러, 매달 4,000대의 새로운 비행기가 활주로로 나갔다. 하지만 9월 13일 연합군은 이미 지그프리트 라인(제2차 세계대전 이전에 독일이 프랑스군에 맞서 세운 방벽)에 섰으며, 소련은 동부전선(독일군 전체 전력의 4분의 3이 투입됐다)에서 독일군을 본토로 밀어내고 있었다. 전략폭격의 투사들이 약속한 것과는 사뭇 다른 모습으로 전쟁은 막바지에 이르고 있었다.

전투기 생산량 자체가 아니더라도 폭격은 최소한 독일의 전투기 생산 잠재력이라도 떨어뜨렸어야 마땅하다. 폭격이 없었더라면 독일은 더 많은 비행기를 생산했을까? 여기에 대답하기 위해서는 독일의 실제 비행기(무기) 생산량보다는 비행기(대개 무기) 생산에 대한 잠재 능력을 측정할 필요가 있다. 영국의 측정 결과 독일의 무기생산 잠재능력은 종전 직전까지 줄곧 증가함을 발견했을 뿐이다. 1942년 1월과 2월 똑같이 100이었던 독일의 무기생산지수(그림 6-3)는 실제로 지속적으로 성장해 1944년 3분기에는 그 3배인 308 수준까지 올라갔으며, 그해 4분기에 207로 떨어진 다음 종전 때까지 지속적으로 감소했다.[22]

영국인들은 다음과 같이 썼다.

가장 정성을 들인 연구도 전쟁 중 파괴의 물리적인 상황에서 도출해낸 주요한 경제적 추론을 입증해줄 증거를 이끌어내는 데 실패했다. 역설적이게도……. 전시 생산능력은 독일 도시들이 폭격으로 납작하게 된 결과로

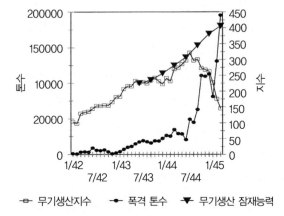

| 그림 6-3 | 1942~1945년 전략폭격 당시의 폭탄 투하량과
독일 무기생산 잠재능력 및 실제 생산량 월간지표

-□- 무기생산지수   -●- 폭격 톤수   -▼- 무기생산 잠재능력

* 출처: USSBS, 1947년 2월, p. 13(폭격 톤수), p. 113(무기생산지수). BBSU, 1998, p. 91(무기생산 잠재

인해 감소하기는커녕 1944년 전반기까지 꾸준히 증가했다. 그 뒤로 감소
한 것도 인구 밀집지역에 대한 폭격이 지속된 것과 거의 관련이 없다. 우
리의 공격이 전략적 효과를 얻은 것은 군사적 영역에서였지, 경제적 영역
에서는 아니었다.[23]

그리고 미국인들은 다음과 같이 썼다.

(전쟁 초기의) 몇 년 간은 독일의 전시생산이 그들의 전쟁 수행 잠재능력
(그들의 뜻대로 할 수 있는 자원에서 비롯한)에 의해서는 제한되지 않고 수
요에 의해 제한된다고 결론지을 수밖에 없었다. 달리 말하면 승리를 위해
무엇이 필요한지에 대한 독일 지도자들의 의향에 따라서 말이다.[24]

양측의 조사보고서 작성자와 나중에 나온 분석가들의 의견에 따르면

폭격이 공을 세운 것은 1945년 1/4분기에 실제 무기생산지수가 182로 떨어진 상황에서 406이나 됐던 독일의 무기생산 잠재능력이 완전히 발휘되지 못하도록 방해한 것뿐이었다. 수치를 보면 독일의 실제 무기 생산량은 1944년 3/4분기(그림 6-3)가 되어서야 조금 줄어들기 시작한다. 여기에서 중요한 것은 그때(디데이 다음이었다)까지 독일에 대한 폭격은 전략적인 게 아니고 전술적 즉 연합군의 진격 준비를 돕는 것이었다는 사실이다. 이것은 (물론 논란이 계속되겠지만) 독일이 항복하도록 유도한 게 아니고 이 나라를 정복하려고 했음을 반증한다.[25]

독일의 무기 생산량이 줄어들기 시작한 1944년 3/4분기까지는 영국과 미국 공군이 (제2차 세계대전을 통틀어) 독일 땅에 떨어뜨린 전체 폭탄 톤수의 겨우 30퍼센트만 소모됐을 뿐이었다.[26] 이는 디데이 후, 노르망디 침공 후, 프랑스-독일 국경에 도달한 후, 지상전에서 결정적인 돌파구를 마련한 후 나머지 70퍼센트의 폭탄이 투하되었다는 의미이다. 전쟁은 이미 이기고 있었으며 단지 결말만 남은 시점이었다. 방어밀도가 높아져 공격적 타격 가능성도 커지는 더욱 작은 영역으로 적군을 몰아넣을 군사적 이유가 있다손 치더라도, 전략적이란 것이 적을 내부로부터 붕괴시킨다는 뜻을 갖는다면 이는 전략폭격의 목적이 될 수 없다.

우리는 이제 전체적인 무기 생산이라는 부문에서 전략폭격의 한계 또는 증가 효과로 방향을 틀어 두 가지 특별한 사례를 살펴본다. 독일 내부와 외부 비행기 산업에서의 생산(표 6-1)과 화학산업에서의 생산(예로 폭탄 생산에 사용되는)이 그것이다.[27] 비행기가 가장 많이 생산된 시기는 폭격이 산업지역에 집중된 1944년이었다. 의문의 여지 없이, 독일 비행기 생산은 폭격 톤수의 증가에도 불구하고 늘어났다. 독일 비행기 생산능력에 끼친 손상은 어떻게 측정할 수 있을까.

접근법 중 하나는 1944년 7월, 4,219대라는 최고의 비행기 생산량을

| 표 6-1 | 독일 비행기 생산공장에 투하된 폭탄 톤수와 독일의 비행기 생산량, 1941년 1월~1944년 12월

월/년	폭격 톤수	비행기 생산량	월/년	폭격 톤수	비행기 생산량
1/41	1	633	1/43	0	1,525
2/41	44	871	2/43	4	2,004
3/41	61	1,174	3/43	0	2,166
4/41	35	1,129	4/43	631	2,100
5/41	0	1,037	5/43	211	2,196
6/41	4	1,040	6/43	652	2,316
7/41	22	1,054	7/43	1,301	2,475
8/41	2	1,021	8/43	620	2,337
9/41	17	987	9/43	658	2,214
10/41	0	957	10/43	862	2,349
11/41	0	895	11/43	347	2,111
12/41	0	978	12/43	851	1,734
1/42	40	1,018	1/44	2,356	2,445
2/42	8	906	2/44	4,888	2,015
3/42	0	1,400	3/44	3,954	2,675
4/42	215	1,321	4/44	9,296	3,034
5/42	269	1,315	5/44	5,165	3,248
6/42	316	1,282	6/44	2,477	3,626
7/42	0	1,360	7/44	5,597	4,219
8/42	19	1,345	8/44	7,567	4,007
9/42	173	1,310	9/44	1,444	4,103
10/42	250	1,444	10/44	1,385	3,586
11/42	295	1,307	11/44	547	3,697
12/42	129	1,548	12/44	200	3,155

* 출처: USSBS, 1947년 2월.

기록한 시기를 기준으로 잡아 다른 달들과의 생산 차액이 얼마나 되는지를 계산, 그 차이가 폭격 톤수와 어떠한 연관이 있는지를 알아보는 것이다. 그러므로 1944년 7월은 생산 차액이 제로가 된다. 1944년 6월은 4,219에서 3,628을 뺀 593대의 비행기가 덜 생산됐으며, 5월은 4,219에서 3,248을 뺀 것이니 971대의 비행기가 적게 생산됐다 등등으로 계산하

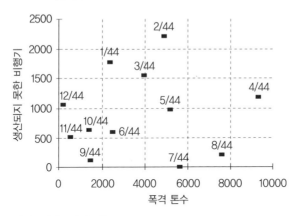

| 그림 6-4 | 1944년 1월~12월까지 생산시설에 대한 폭탄 투하로 인해
독일이 출고하지 못한 가설적 비행기 생산 차액

* 출처: USSBS의 자료 분석, 1947년 2월.

는 것이다.

1944년 이전까지는 폭격과 생산 중 어느 것도 심각하게 증가하지 않았기 때문에 우리는 그해의 숫자만 고려할 것이다. 그림 6-4는 수치들을 시각적으로 보여준다. 세로축은 1944년 7월이라는 기준에 대한 가설적인 차액, 즉 (생산되지 못해) 임무에 투입될 수 없었던 비행기를 나타낸다. 가로축은 비행기 공장들에 투하된 폭탄 톤수를 나타낸다. 만약 전략폭격 이론의 요소들이 옳다면 데이터가 상승하는 경향을 보일 것이다. 폭격을 더 많이 할수록 생산을 할 수 없어 생긴 비행기 생산 차액은 더 많아져야 한다. 그리고 만약 한계수확체감의 이론이 적용된다면, 폭격이 점점 높은 비율로 증가하는 것이 임무에 투입되지 못한 적군의 비행기들이 증가하는 정도가 줄어드는 것과 연관이 있는 것으로 나타날 것이다. 달리 말하면, 처음에는 증가하다 곧 점점 줄어드는 그림 6-1의 생산함수와 비슷한 모양을 나타낼 것이다. 그림은 이론에 비해 훨씬 더 뒤죽박죽이다. 주

| 표 6-2 | 독일 화학공업 생산공장에 투하된 폭탄 톤수와 실제 생산량,
1941년 1월~1944년 12월

월/년	폭격 톤수	생산량 감소분
2/44	0	12.1
6/44	0	3.2
3/44	3	5.3
4/44	37	0
5/44	160	2.5
8/44	445	20.1
10/44	674	35.7
11/44	758	48.7
1/44	957	4.6
7/44	1,439	5.3
12/44	1,848	58.4
9/44	4,336	34.1

* 출처: USSBS, 1947년 2월.

목할 만한 것은 가장 높은 수준의 폭격이 이뤄졌던 넉 달(1944년 4~8월)은 그 생산 차액이 가장 높은 수준의 달들(1944년 1월부터 3월까지)이 아니었다는 사실이다. 게다가 산점도를 통해 선을 그어보면 처음에는 명백하게 가파른 상승을 보이다 그 다음에는 구부러져서 평평해진다(정확하게 그림 6-1에 나타낸 생산함수처럼). 그런 다음 구부러져 하향곡선(역수확을 의미한다)을 그리게 된다. 이 증거는 적어도 이 책에서 앞서 주장했던, 나치 독일의 주된 문제는 비행기 생산이라기보다 조종사 양성 때문이라는 이야기에 배치되지 않는다.

얼핏 달라 보이지만 사실은 거의 비슷한 상황이 독일 화학공업 생산과 관련해서도 나타난다. 생산량은 1944년 4월에 지수가 101.6이 되면서 절정에 이르렀으므로 생산에 있어 그 달의 가설적 부족분은 0이다. 4월의 수치를 기준으로 삼아 그것으로부터 다른 달들의 지수를 빼 다달의 산업 차액을 계산한 뒤 이것을 폭격량과 비교해서 그림 그려보자(표 6-2). 언뜻 보면 1944년 9월 데이터점을 예외로 한 나머지 숫자들이 전략폭격의 손을 들어주는 증거로 여겨질 수도 있다. 폭격을 더 많이 할수록 생산량이 더 적어진다고. 그러나 통계학자들은 예외적 데이터점을 쉽게 무시하지 않는다. 그들은 그 데이터점이 우리에게 무언가 중요한 것을 말하는 게 아닌지 묻는다. 사실 그것은 중요하다. 데이터에 따르면 9월에 가했던 4,336톤의 폭격은 10월(674톤) 것보다 거의 6.5배 많은 양이었음에도 불구하고 화학공업 생산량 감소분은 그 두 달이 거의 비슷한 것으로 나타났다(지수 대비 대략 35의 수준). 게다가 표 6-2에서 가공하지 않은 데이터를 주의 깊게 살펴보면, 폭격량 400~800톤 범위에서는 생산지수를 34.8 줄인 데 비해 폭격량 1,000+톤의 범위에선 평균 32.6 정도 감소시킨 것을 볼 수 있다. 격파당한 비행기와 희생된 조종사가 더 적은데도 적에 입힌 타격은 거의 똑같은 것으로 나타났다.

　다른 종류의 전쟁물자에서도 비슷한 관측이 이뤄질 수 있다. 워럴은 "결국 독일군들은 장비를 충분히 보유하고 있었다. 그들에게는 연료와 병력이 부족했다."라고 썼다. 그런 의미에서 보급망과 민간경제 부문에 대한 폭격 문제 쪽으로 논의의 방향을 바꾸기 전에, 초기에 언급했던 이야기를 다시 짚어볼 필요가 있다. 전략폭격 자체에 대해 많은 작가들이 회의적인 관점을 공유하지만 이 책에서 지적하는 특정한 요점은 전략폭격에서의 한계수확체감이라는 문제에 국한될 뿐이다. 비록 전략폭격에 기대했던 것이 이뤄졌다고 해도, 여전히 폭격 투하량의 증가가 어느 지점 이상에서는 이익을 줄이고 심지어 순감소까지 낳는다는 사실을 이 장에서 확인했다. 후자라면 자원이 헛되이 낭비되는 것이다. 비행기 공장, 화학물질, 그리고 연합군이 찾았던 다른 전쟁물자에 대한 특정적인 파괴를 줄이지 않는다면, 기계와 인력에서 자원이 이렇듯 불필요하게 허비됨으로써 다른 부분에서 이를 감내할 수밖에 없는 상황이 빚어질 것이다.[28]

보급망과 민간경제 부문에 대한 폭격

보급망 폭격

미국의 공중전 계획(AWPD-1)은 기본적으로 네 명의 요원이 1941년 8월 4일부터 21일까지 불과 아흐레 만에 조잡하게 짜깁기한 것이다. 그리고 여기에는 바로 저 유명한 문장, 즉 작전강령이 들어 있다.

독일 군사력에 기여하는 여타 적 지배 지역에 대한 추가 공중 공격을 포함해 독일 군사력에 대항하여 지속적인 공중 공격을 펼치기 위해, 대륙 침공이 필요할 경우 최종 공격을 지원하기 위해, 더불어 '서반구 방어계획 및 극동지역의 전략적인 방어와 연결해 효과적인 공중전을 이끌기 위해서.[29]

심지어 이 문서의 또 다른 대목에는 매우 직설적인 어법으로 이렇게 적혀 있다. "만약 공중 공격이 성공적이라면, 지상 공격은 필요하지 않을 수도 있다." 물론 독일군에 대해 주어진 우선권 및 서반구 방어계획, 그리고 극동 작전에 대한 암묵적 동의는 진주만 공격 이전에 작성된 종합전쟁 작전계획인 레인보우 5를 따른다. 공중전 계획은 여기에서 거의 벗어나지 않는다. 하지만 "대륙 침공이 필요할 경우"라는 단서가 붙은 강령 및 "만약 공군 공격이 성공적이라면, 지상 공격은 필요하지 않을 수도 있다."는 구절은 "전쟁을 하나의 공학으로 보려 하는 미국적 경향과 그에 기반한" 공군에 대한 과신과 오만을 반영한다.

미국 공중 전쟁 작전의 주요 입안자들은 "50곳의 발전소, 15곳의 조차장(역차 제작창), 15곳의 다리, 17곳의 내륙수로 시설물, 그리고 27곳의 정유 및 합성석유 공장" 즉 모두 합쳐 124곳의 전기와 교통 그리고 석유 목표물을 파괴함으로써 나치가 굴복하기에 충분할 정도로 독일 경제를 망가뜨릴 수 있다고 계산했다.[30]

공중전 계획자들은 종전을 이 같은 방식으로 이루기 위해서는 독일 공중방어력을 무너뜨려야 한다는 사실을 깨달았다. 전투기끼리 접전하는 공중전으로 지속적인 소모전을 펼치는 것은 문제가 있다고 본 그들은 전략폭격 이론으로 돌아갔다. 비행기 만드는 장소를 폭격하는 것 말이다. 그리고 그들은 30개의 목표물을 추가했다. 18곳의 비행기 공장, 6곳의 알루미늄 공장 그리고 6곳의 마그네슘 공장이다. 조지와 쿠터는 평화시에 폭격 연습을 시행하면서 전시상황을 참작해 부정확성 요소를 여기에 보탰다.[31]

AWPD-1은 독일 전선 한 곳에만 총 10개 공군대대에 해당하는 6,860대의 폭격기를 요구했다. 예상되는 손실에 대한 보충과 호위 전투기들 그리고 지원 비행기까지 더하자 (다른 전선의 요구는 차치하고도) 그 총합은 6만 3,467대의 비행기와 220만의 병력에 이르렀다. 하지만 연합국들의 산업적 한계를 고려했을 때, 독일 경제에 대해 6개월 간 맹공을 퍼붓는 데 필요한 항공기 대편대들은 1944년 4월 전까지는 완전히 조립될 수 없는 것으로 계산되었다.[32]

사실 기술자들의 공식은 전적으로 논리적 결함에 빠져 있었다. 그들이 정보를 충분히 얻지 못했을 뿐 아니라 계산을 할 때 나쁜 가설에 의지했기 때문이다. 논리는 다음과 같이 전개되었다. 첫째, 목표는 나치 독일 산업망의 핵심 연결점을 파괴하는 것이다. 둘째, 그러기 위해서는 공중방어시스템을 뚫어야 한다. 셋째, 이를 위해서는 비행기 제조시설들을 폭격해야 한다. 이것은 순환논법이었다. 공장을 폭격하려면 공중방어를 뚫어야 하고, 공중방어를 뚫으려면 공장을 폭격해야 한다. 이는 순차적 본질의 문제라기보다는 동시성에 관한 문제였다. 이밖에도 설계자들은 사실상 당대의 모든 사람이 그랬듯 전쟁을 유지하기 위해 독일 경제가 전력 가동하고 있다고 추측했다. 폴란드, 네덜란드, 프랑스, 그리고 스칸디나

비아의 상당 지역을 점령한 나치는 이제 소비에트 러시아와 맞붙고 있었다. (1941년 6월) 어떻게 산업시스템이 전력을 다해 돌아가지 않을 수 있겠는가? 에릭 레러비Eric Larrabee가 주목한 대로 "두 가지 신화가 우연히 일치했다. 모든 사람은 독일인들이 유능하다고 믿었고, 모든 사람은 독재정부가 효율적이라고 믿었다. 그러므로 만약 히틀러가 독일은 전쟁에 총동원되어야 한다고 말하면, 독일은 총동원되어야 했다."[33] 그러나 연합군에게 6만 3,467개의 전투기가 필요하다고 알려진 것과는 다르게 나치는 그들의 산업 근육에 힘을 주고 있지 않았다. 이와 같이, AWPD-1 계획자들은 호위 전투기의 숫자를 심각하게 과소평가했고, 나쁜 유럽 날씨의 폭력성을 오판했으며,[34] 자신들의 폭격 부정확성을 매우 오해했고 (오늘날의 역사가들처럼) 독일 공중방어시스템의 중요 요소인 탐조등과 대공포를 간과했다.[35]

나중에 '오버로드 작전(노르망디 상륙작전)'으로 명명된 연합군의 유럽 대륙 침공작전의 계획은 1943년 1월 카사블랑카 회담에서 본격적으로 논의되었다. 찰스 포틀Charles Portal(영군 공군 장성.—옮긴이)은 연합군 전체의 공중전력을 지휘하도록 선택되었으나, 오버로드 작전 기간 동안에는 모든 공군이 드와이트 아이젠하워(1943년 12월 최고사령관으로 임명됐다) 휘하의 '연합군 해외원정군' 소속이 되었다. 1944년 3월의 프랑스와 독일 철도시스템에 대한 연속적인 예비 공습은 독일 보급망에 어떤 일이 일어날지를 시험해볼 의도에서 이뤄졌다. 결과는 연합군에게 놀라우리만치 긍정적이었다. 나중에 밝혀진 것처럼, 나치 독일은 점령지를 방어하고 지키기 위해서가 아니라 기본적으로 제국을 보호하기 위해 자신들의 공중방어전력을 갖추었다. 가령, 제국 루프트플로테(독일 공군 항공사단의 하나.—옮긴이)는 연합군 전투기를 추적해 프랑스 상공으로 가는 것이 분명히 금지되었는데, 이 규정은 디데이 일주일 뒤까지도 폐지되지 않았다. 프랑스 지역은 루프트플로테 3(독일 공군 항공사단의 하나.—옮긴이)의 관할 아래에 있었는데, 파리에 본부가 있었던 이 부대는 경험 없는 지휘관과 뒤떨어진 장비를 갖추고 있었다. 그 결과 선택된 프랑스 철도 시설에 대한 폭격은 비교적 낮은 고도로 비행하면서 폭격의 정확성을 높일 수 있었고 그 덕에 매우 낮은 사상률(연합군 승무원과 지상의 민간인)을 기록했다. 이것은 독일에서 얻은 결과와는 매우 대조적이다. 3월과 4월 그리고 5월의 사상률은 독일 외의 목표를 공격할 때는 각각 0.6퍼센트와 0.5퍼센트 그리고 2.1퍼센트였으나 독일 목표에 대한 공격에서는 각각 4.5퍼센트, 2.9퍼센트 그리고 4.15퍼센트였다.[36]

이런 예비 공격들은 참으로 성공적이어서 심지어 "폭격기" 해리스조차 다음과 같이 인정하지 않을 수 없었다. "나 자신도 우리가 프랑스 철도에서처럼 그렇게 정확하게 폭격할 수 있을 것으로 예상하지 않았다." 그는 자신의 승무원들에게 다음과 같이 떠벌렸다. "낮에 정확한 육안 공격을 전문으로 하는 미 공군은 이번 결과에 특히 놀라워했다. 여러분은 사실상 그들의 게임에서 그들의 코를 납작하게 했다."[37] 반면 해리스의 미군 카운터파트인 유럽 주둔 미 공군 전략사령관 칼 스파츠는 "지상 공격에 필요한 자신의 중폭격기들에 대한 전략 통제권을 넘겨주는 데 아서경만큼이나 열심이었다." 해리스와 마찬가지로 그는 폭격기들을 베를린으로 보냈는데, 그 한 사례가 1944년 3월 4일의 일이다. 하루 뒤 그는 독일군을 노르망디뿐만 아니라 모든 전선에서 멈추게 하기 위한 독일 석유 시설 폭격계획을 아이젠하워에게 제출했다.[38] 하지만 아이젠하워는 '수송계획'으로 불리는 작전을 고수했고, 연료에 대한 공격은 그 다음에 이뤄지게 됐다. 그 목적은 대단히 전술적이었다. 독일군의 보급품과 보충병력이 노르망디에 도달하지 못하도록 막는 것이었다. 이는 연합군의 침공을 지원하기 위한 것이었다. 공중전 작전 수립자들이 말하던 "만약 대륙을 침공해야만 한다면"이라는 조건이 이제 현실로 다가와 진짜로 침공해야 할 상황이 된 것이다.

워럴은 "우리가 전략폭격 수행을 논의하는 것은 전쟁의 마지막 달에 무슨 일이 일어날지에 대해 이야기하는 것이다."라고 말해왔는데 그 시기는 1944년 여름 이후를 뜻하는 것이었다.[39] 사실은 정반대로 진행됐다. 해리스와 스파츠는 그 시기 전에 이를 시행할 수 있는 기회를 얻었다. 그러나 아이젠하워는 전략공군의 직접 지휘권을 9월 초까지 그들에게 돌려주지 않았으며, 전략적 목적을 위한 성공적인 정밀폭격은 또 다른 반세기를 기다려야 했다. (반세기가 지나) 그런 시기가 찾아왔지만 1999년 코소보와 2003년 이후의 이라크 사례는 전략적 가치가 있는 군사력을 동원해도 민간인에 대한 적군의 악행을 줄이지는 못한다는 사실을 분명히 보여줬다. 코소보에서 민간인 학살은 세르비아의 전략적 목표였으며 공군력은 이를 막지 못했다. 이라크에서 공군력은 전쟁에서 이겼지만 싸움은 계속되고 있다.

'수송계획' 폭격의 기본적인 효과는 전선에서 독일군의 전력을 약화시킨 것이었다. 우리가 앞에서 본대로 엄청난 폭격에도 독일의 무기 생산 잠재력은 줄어들지 않았다. 심지어 1944년 9월 이후에도 이 폭격 작전은 실제 무기생산량에 영향을 끼치지 않았다. 생산을 유지할 수 있도록 공장들이 방대한 양의 비축 물자를 보유하고 있었기 때문이다. 진짜 중요한 것은 물자의 흐름을 방해한 것, 즉 보급품과 병력을 전선으로 보내는 것이었다. 클로드펠터는 독일 지상 수송에 대한 공격 효과를 "의도적이기 보다는 우연적"이라고 부른다. 놀랍게도, 군사역사가들은 지상 수송, 특히 독일 철도시스템의 역할에 대해 거의 관심을 보이지 않아왔다.[40]

앞서 그랬듯, 이번 장에서 우리의 주된 관심은 폭격의 전체적 효과가

| 표 6-3 | 독일 철도시스템과 연료산업에 투하된 연합군의 폭격 효과,
1944년 1월~1945년 4월

월/년	폭격 톤수	이송되지 못한 물자의 네트 톤	폭격 톤수	생산되지 못한 항공유
1/44	367	1,007	0	134
2/44	735	1,774	0	85
3/44	955	0	0	38
4/44	4,003	381	201	9
5/44	7,823	532	2,459	0
6/44	1,955	477	10,877	38
7/44	3,685	709	11,425	164
8/44	2,149	681	12,066	252
9/44	17,615	3,159	8,145	238
10/44	25,221	4,162	12,241	381
11/44	23,554	5,719	32,542	416
12/44	61,392	6,377	11,290	411
1/45	43,644	8,787	8,516	428
2/45	55,391	11,687	18,608	464
3/45	61,007	12,587	24,973	490
4/45	31,253	14,187	7,458	544

* 출처: USSBS, 1947년 2월.

아니라 부가적 또는 주변적 효과에 있다. 앞서 사용한 기술을 써서 독일 철도시스템이 1944년 3월에 수송한 물자의 양과 이동거리를 곱한 네트 톤(킬로미터의 최고점을 기준점으로 삼고, 연합군 폭격 작전에 따른 파괴로 수송하지 못한 물자의 네트 톤) 킬로미터를 계산했다(표 6-3).

1944년 12월과 1945년 4월, 두 예외를 제외하면 폭격량이 많아질수록 원하는 효과를 더 많이 본 것으로 나타났다. 그러나 1945년 시작과 함께 게임은 끝났다. 그러므로 우리는 앞서 전투기와 화학물질 생산 사례에서 그랬듯이 조사대상을 1944년으로 제한한다. 철도시스템 폭격에 사용된 폭탄량 증가에 대한 한계수확체감은 특히 9월에서 12월까지 꽤 분명히 나타난다. 1945년의 1월과 2월 그리고 3월의 철도 폭격 생산함수는 당시 독일 방어력이 파괴되면서 크게 뛰었고 한계수확체감의 효과가 다시 관찰됐다.

'수송계획' 작전이 성공한 이후, 아이젠하워는 독일 석유 보급망으로 관심을 돌렸다. 우리는 항공용 가솔린, 자동차용 가솔린, 그리고 디젤 연료에 대한 자료와 석유 플랜트(석유 종류에 따라 분류된 것은 아니지만)에 대한 각각의 폭격 투하량 정보를 가지고 있다. 나치 독일이 연합군의 맹폭을 멈추게 하는 데 가장 필요한 요소는 항공유 생산이었다. 표 6-3은 그 효과를 보여준다. 1944년 5월은 항공유 생산의 정점을 찍은 시기다(2,400톤의 폭탄이 석유 플랜트에 떨어졌음에도 불구하고). 이것을 기준점으로 삼아 비축되지(생산되지) 못한 항공유의 양을 측정했다. 1944년 6월에서 12월까지, 연료산업은 매달 8000~1만 2,000톤의 폭탄 투하로 인해 악영향을 받아왔다. 11월에 3만 2,500톤이라는 가공할 양의 폭탄이 투하됐어도 10월이나 12월에 비해 더 많은 손상을 가하지는 못했다. 1945년의 2월과 3월의 대규모 폭격도 마찬가지였다.

요약하자면 계획했던 전략폭격(군의 비전략적 부문과는 별도로 독자적으로 활동할 수 있었던 군대)은 유럽전에서 효과를 보지 못했다. 노르망디 상륙작전 이전에는 그럴 기회가 있었지만 살리지 못했다. 그뒤 아이젠하워가 전략 전력을 전술적 목표와 지상지원 작전들에 사용했을 때 폭격은 효과를 거두었으나 한계수확체감이 함께 했다.

민간경제의 폭격

독일 민간경제는 폭격으로 인한 손실이 크지 않은 것으로 보인다. 민간 소비재 생산과 1인당 소비는 물론 타격을 받았지만 폭격 때문은 아니었다. 대신 생산과 소비는 타격을 입었다. 독일군이 너무 많은 "소비재"를 자신들이 쓸 목적으로 징발했기 때문이다. 옥스퍼드 대학교의 역사학

| 그림 6-5 | RAF와 USAAF의 독일 폭격, 1930년~1945년

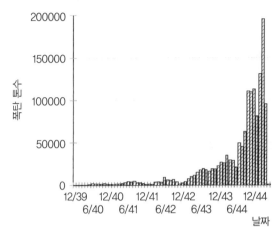

* 출처: USSBS의 유럽전 전반 통계자료, 1947년 2월, 6장, pp. 49-91.

자 리처드 오버리Richard Overy는 대부분의 (생산과 소비) 감소는 1939년부
터 1942년에 걸쳐 일어났으며 이것은 연합군 폭격기들이 실제로 독일 영
토를 휩쓸기 전이라고 강조했다(그림 6-5).[41]

전쟁을 위한 독일의 병력 동원은 1,300만 명에 이르렀지만 전체 독일
민간노동력은 3,940만 명에서 3,590만 명으로, 350만 명밖에 줄어들지
않았다. 남성 민간노동력이 가장 크게 줄어 2,450만에서 1,350만 명으로
감소했다. 이렇게 줄어든 900만 명의 남성 노동력은 750만 명의 외국인
과 전쟁 포로로 보충했다. 주당 평균 노동시간은 거의 바뀌지 않았다
(1939년 9월과 1944년 3월 사이에 주당 47.8시간에서 48.3시간으로 바뀌었을 뿐
이다). 여성 노동력은 1,460만 명에서 1,490만 명으로 거의 늘지 않아 무
시해도 좋을 수준의 변화였다. 자본과 관련하여, 독일은 자본/노동 비율
이 꽤나 높았으며 제조업 노동의 대부분은 (교대 근무 없이) 단일 근무로
이뤄졌다. 아주 중요한 무기 생산설비에서조차 5분의 1에서 4분의 1만이

하루 2교대 근무를 했다. 전략폭격은 독일에 설치된 기계도구의 6.5퍼센트만 손상을 입히거나 파괴했을 뿐이다. 이는 손쉽게 대체할 수 있었다. 원자재 비축은 막대해서 개전 뒤에는 적어도 6개월치 안팎을 유지했다. 원자재 재활용과 제품 재설계에다 성공적인 군사작전이 이어진 결과 "불가리아와 그리스에서 크롬을, 핀란드와 노르웨이에서 니켈과 몰리브덴을, 유고슬라비아와 노르웨이 그리고 핀란드에서 구리를, 러시아에서 망간을, 이탈리아와 스페인에서 수은을, 그리고 헝가리·프랑스·유고슬라비아·이탈리아에서 보크사이트를" 각각 공급 받았다. 민수품과 무기 생산에 영향을 끼칠 정도로 원자재가 부족해진 것은 1944년 가을이 되어서였다.[42]

게다가 독일은 필요한 물자에서 엄청난 재고를 가지고 있었다. 그러므로 원자재 생산의 일시적 차질은 민수품이나 군수품의 완제품을 생산하는 데 눈여겨볼 만한 영향을 미치지 못했다. 더구나 독일의 생산시설은 이미 지리적으로 넓게 퍼져 있었다, 게다가 몇몇 장소에만 지나치게 밀집되어 있던 나머지 주요 산업시설도 더 넓은 지역으로 분산 배치한 뒤였다. 그러므로 전략공중전은 독일의 산업생산을 줄이는 데 성공한 것이 아니라 기껏해야 증가를 약간 지체시켰을 뿐이다. 계산을 세밀하게 해보면 독일의 전체적인 전시생산 잠재능력은 전략폭격에 의해 불과 2퍼센트 정도 감소했으며, 감소폭이 가장 컸던 3.8퍼센트는 1943년 3분기 즉, 디 데이보다 한참 전에 나타났다.[43]

무기 보급망과 민간경제 부문에 대한 폭격은 원하던 전략 효과를 얻지 못했다. 하지만 적군이 자멸하는 결과는 가져왔다. 여기서 지상 침공은 절대적으로 필요했다.[44]

독일의 사기를 꺾기 위한 폭격

공습으로 민간인에게 겁을 줘서 주요 국가를 항복시킨다는 건 가능한 일이 아니다. (…) 우리는 독일 습격이 국민들의 전의를 불러일으켰을 뿐 상실하게 만들지 못했던 예를 보았다. 고통을 견디는 독일 국민의 능력은 우리가 이미 경험을 통해 확인했다. 그러므로 물리적인 방식에 그들이 위협을 받아 굴복한다든가, 적어도 그들이 더 단호하게 결의를 다지지는 않을 것이라 추측한다면 제대로 된 판단이 아니다.

윈스턴 처칠이 1917년 10월 21일 쓴 글이다. 처칠이 왜 자신의 마음을 바꾸었는지 모르지만(그는 아마 1918년쯤 일찌감치 마음을 바꾼 것 같다) 거의 22년 뒤인 1940년 8월, 그는 다음과 같이 썼다. "우리에게는 독일 군사력을 물리칠 유럽대륙 주둔 군대가 없다. (…) 그러나 히틀러를 밀어내고 끌어내릴 한 가지 방법이 있다. 그건 나치 본토에다 중폭격기들을 띄워 철저히 파괴적이고 살인적인 공격을 가하는 것이다."[45] 영국에 전투 없는 전쟁은 끝났고, 1940년 5월 처음으로 독일 도시들에 엄청난 양의 폭탄을 투하했다. 7월에 폭격사령부는 처음으로 지연작동 폭탄을 이용했고 8월 12일 밤에는 소그, 뒤를 이어 이탄(화재를 일으키는 폭탄.—옮긴이)을 처음으로 사용해 빌레펠트, 데사우, 프랑크푸르트 암 마인, 할레, 함부르크, 카셀, 코블렌츠, 쾰른, 뮌스터, 노이슈타트 안 데어 베서, 오스나브뤼크, 그리고 바이마르를 폭격했다. 이때까지 나치는 영국 선박에 폭격하는 것에 초점을 맞추고 있었다. 이제 루프트바페(독일 공군)는 영국제도, 보다 정확히 말하면 영국 도시들을 공격하는 것으로 대응했다. "영국 본토 항공전"이 개시되었고 "사기"를 꺾기 위한 폭격도 시작되었다.

사기를 꺾기 위한 무차별 폭격은 작전계획자들에게 도덕적인 애매함을 초래했다. 코흐에 따르면 "무차별 공중폭격 정책을 입안하거나 이를 수행한 사람들 중 당시 이에 대해 양심적 가책을 느끼거나 그로 인해 빚어질 피치 못할 결과 및 자신들이 무엇을 이행하는지에 대해 숙고하기 위해 멈춘 사람은 거의 없었다." 비도덕적이지 않다면, 폭격은 확실히 도덕관념이 없는 것이었다. 그것은 엔지니어들이 승리를 위해 반드시 해야 했던 일이었다. "사기를 꺾기 위한 폭격"은 완곡한 표현이 되어갔으며, 쿠르트 폰네구트Kurt Vonnegut의 《도살장 5》(1969)라는 책에서 묘사한 "대학살을 포장하기 위한 용어"라는 말이 유명해졌다.

그러나 궁극적 결과가 부도덕적이라고 해도, 처음부터 그렇게 계획되었던 건 아니다. 반대로 미국 공중전 입안자들의 사기 꺾기는 적군의 산업망을 파괴하다가 우연히 생긴 결과임을 명백히 보여주는 기록이 있다. 1917년의 처칠처럼, 1941년 8월의 미국 공중전 계획 AWPD-1은 "도시의 민간폭격은 사람들의 저항을 거세게 만들 수 있으며 만약 공격이 약하고 산발적이라면 특히 더 그렇다."라고 생각했다. 또한 유럽의 미국 전략군 지휘자였던 칼 스파츠가 (한때 미 제8공군의 지휘관이었던 아이라 이커가 그랬듯이, 그리고 스파츠의 상관인 아널드 장군과 아이젠하워 장군과 같은 중요 인사들처럼) 사기를 꺾기 위한 폭격, 독일 도시들에 대한 공격, 민간인 폭격 등은 실행 준비가 안 된 하나의 제안이라고 말한 기록도 있다.[46]

역사학자 로널드 샤퍼Ronald Schaffer에 따르면, 이런 사기 꺾기용 폭격에 대한 반대는 그것을 부도덕적이라고 간주했기 때문이 아니라 (전쟁을 공학으로 보는 경향에서) 효과적이지 않았기 때문이다. 공식적 역사·기록·일기·자서전·편지 그리고 정보원들의 상세 내역을 살펴본 결과 샤퍼는 "장교 중 어느 누구도 사기 꺾기용 폭격에 대해 실용적 이유 이외의 다른 어떤 반대도 제기하지 않았다."고 밝혀냈다.[47] 실용적 반대는 폭격이 실제적으로 저항을 강화시킬 수 있다는 점, 폭격을 당했더라도 독일인이 나치에 대항하지 못할 수 있다는 점, 자원이 산업망의 정밀폭격이라는 더욱 중요한 목표에서 다른 데로 전용될 수도 있다는 점, 그리고 민간인 폭격에 대해 도덕적 반대가 있는 자국에서 공군력의 대외적 이미지가 더렵혀지면서 전후 공군의 미래가 위험에 처할 수도 있다는 점 등의 내용을 포함했다.

영국인들은 심지어 "폭격기" 해리스조차 처음에는 사기 꺾기 폭격에 별 관심을 보이지 않았다. 그가 특히 불만을 품었던 것은 정밀폭격이 효과를 거두지 못한 바람에 남아 있는 단 하나의 대안으로 무차별 지역폭격을 했다는 점이다. 이와 관련해 그는 영국군이 가했던 정밀폭격은 효력이 없었다는 평가를 내린 1941년 8월의 버트보고서에서 위안을 얻었다. 그 폭격은 애처로울 정도로 정확도가 떨어지는 것으로 나타났다. 심지어 목표물의 5마일 범위 안을 가격했다고 주장한 조종사들 가운데 고작 22퍼센트만이 목표물을 명중시켰다. 그 해의 나머지에도 더 나아진 게 없었다. 영국 정부의 과학고문이었던 헨리 티저드Henry Tizard는 1942년 초에 이전 8개월 간 하늘에서 전사한 영국군보다 지상에서 전사한 독일군이 훨씬 더 적다고 말했다. 그러자 해리스는 기이한 논리 비약으로 버트보고서에 적시된 목표물들이 본질적으로 산업체도, 공장도, 사기를 꺾기 위한 것도 아니었다고 결론짓는다. 그 목표물은 도시들이었을 것이다. "폭격기들이 어떤 것이라도 파괴할 수 있는 단 한 가지 방법은 모든 것을 파괴하는 것이다."라고 스티븐 부단스키Stephen Budiansky는 적었다. 해리스가 폭격사령부를 이끌기 불과 1주일 전에 전시 내각이 방침을 바꾸어 새로운 주요 공습목표로 "적 민간인의 사기에 집중하도록, 특히 산업체 근로자들의 사기에 집중"하도록 명령한 덕분에 그는 힘을 얻었다. 이는 해리스의 생각과 딱 들어맞았다. 곧이어 함부르크, 카셀, 다름슈타트, 그리고 드레스덴의 네 도시를 불바다로 만드는 것을 포함한 도시 폭격이 실

행됐다. 이 공격으로 인해 독일의 전시 민간인 사망자 60만 명 중 절반이 목숨을 잃었다.[48]

독일군의 방어망이 무너진 지 한참이 지난 1945년의 겨울과 봄, "남아 있는 주요 정밀폭격 목표물을 없애기 위해 필요한 숫자보다 훨씬 더 많은 폭격기를 동원했고… (그러므로) 그것들은 효율성의 손실을 막기 위해 민간인을 향해 사용됐다." 사기 꺾기 폭격은 매우 점진적으로 실용적 도덕주의에서 부도덕적인 행동으로 성격이 악화되었다고 로널드 샤퍼는 주장한다.[49] 그러나 폭격은 무차별적이지도 무작위적이지도 않았다. 오히려 반대였다. 그것은 농촌지역보다는 도시를 목표로 했다. 잘사는 사람들이 아니라, 공장들과 인근 노동자계급을 표적으로 삼았다. 그러므로 폭격은 엄마들, 아이들, 노인들, 정신병자들, 환자들, 약자들 그리고 움직이지 못하는 사람들에게 악영향을 끼쳤다. 파괴의 소용돌이는 비전투원, 심지어 실제적인 전쟁 참여나 히틀러 국가에 대한 지지와 상관없는 제국(히틀러의 제3제국을 가리킴.—옮긴이)의 포로들까지 집어삼켰다. 전쟁기술자들의 전략폭격 이론은 시험대 위에 올랐고, 그 시험은 잘못되었다. 영국 그리고 훗날 미국은 그들이 할 수 있었기 때문에 폭격을 했고 독일은 그들이 할 수 없었기 때문에 하지 않았다. 연합군은 대규모 장거리 폭격기 편대를 구성했고, 나치는 그렇게 하지 못했다.[50]

그러나 영국과 독일 어느 곳에서도 사기 꺾기 폭격으로 당초의 효과를 보지 못했다. 독일군은 제2차 세계대전이 발발하기 전 게르니카(스페인 내전 당시 독일 지원병 공군부대인 콘도르 군단이 민간인을 폭격한 곳. 세계 최초의 민간인 폭격으로 알려졌다. 피카소는 같은 이름의 그림으로 그 참상을 세상에 고발했다.—옮긴이)에서 이를 가장 먼저 체득했다. 1975년 프랑코 원수가 세상을 떠나고 나서야 종식된 독재정권을 세웠던 스페인내전은 몇 년 뒤 타이탄(거인이나 거물을 의미함.—옮긴이)이 될 사람들에게 좋은 성능시험장이었다. 참가자로서 또는 관찰자로서, 일본을 제외한 모든 주요 출연자들은 이 전쟁에 얽혀들었다. 이탈리아, 독일, 러시아, 프랑스, 영국, 그리고 미국까지. 특히 루프트바페(독일 공군)는 전술과 전략상의 공중전 교리를 실제 전쟁에서 시험하는 걸 즐겼다. 미국 대사관 무관이 "하늘의 요새가 스페인에서 죽었다."고 했던 경고에도 불구하고, 그의 상관들은 독일군이 배운 다음과 같은 근본적 교훈에 주의를 기울이지 않았다. 공군력은 반드시 폭격기, 요격기 그리고 전투기의 묶음이어야 하며 공군력은 지상전과 반드시 통합되어야만 한다.[51] 또 다른 독재자인 무솔리니가 자신의 군대에게 1938년 16~18일 바르셀로나를 폭격하라고 명령했을 때, 수천 명이 목숨을 잃거나 부상을 입었지만 공화파는 여전히 파시스트에 저항했다. 이는 영국뿐 아니라 루프트바페(독일 공군)의 연구에서도 나타났다.

거의 1년 전인 1937년 4월 26일, 외교적인 문제를 피하기 위해 콘도르 군단이라는 이름을 사용한 독일 공군은 맘 내키는대로 '공포 폭격(나중에 전술폭격으로 이름을 바꾼다.—옮긴이)을 가했다. 쿠르트 포네구트의 《도살장5》가 몇 년 뒤 드레스덴 대폭격의 상징이 된 것처럼, 파블로 피카소의 작품 〈게르니카〉는 이 대학살(300명의 민간인이 죽었다)의 상징이 되었다. 나치 독일이 이러한 공포 폭격을 최선의 전쟁 수행 방법이라고 결론내렸다는 징후는 없다.[52]

초기 영국의 독일 폭격은 비웃음만 샀을 뿐이다. 투하된 폭탄들은 목표물을 심하게 빗겨나갔으며 폭탄이 떨어진 몇몇 지역의 사람들을 위협하는 정도에 그쳤다. 독일 보안당국Staatssicherheitsdienst(또는 줄여서 SD)은 독창적인 보고체계를 수립해 일상적으로, 과학적으로 폭격의 효과에 대한 주민들의 의견을 수집하여 나치 정권에 보고했다. 17권으로 이뤄진 이 보고서는 1984년에야 출판되었다. 코흐는 이 기록을 바탕으로 1940년

5월~9월까지의 세부사항을 낱낱이 연구했는데 불면증, 불안 등 "몇몇 심리적이고 신체적인 소모"는 있지만 질서나 규율, 생산성에는 아무런 효과가 없었다는 사실을 밝혀냈다. 이와는 대조적으로 영국에서 나온 보고서를 보면 사기 꺾기 폭격이 성공한 것으로 간주하며 만족하고 있었다. 그들은 매우 잘못 알고 있었던 것이다.[53]

영불해협 건너 영국 측에서 1940년 가을 런던 대공습이 벌어졌을 때도 사기는 크게 떨어지지 않은 것으로 나타났으며, 독일의 후속 공습에 의해서도 마찬가지였다. 가령 종전 뒤 미국 USSBS(전략폭격조사기관)의 영국판인 BBSU(영국폭격조사기관)에서 영국 최고과학자 자리에 오르게 되는 솔리 주커먼Solly Zuckerman은 1941년 독일의 헐과 버밍엄에 대한 공습이 건강과 생산성에서 공황상태도 역효과도 유발하지 않았음을 발견했으며, 나중에 독일에서도 이와 마찬가지였음을 확인해냈다. "독일 시가지에 대한 공격이 독일 민간인의 사기를 떨어뜨리기 위한 것이었다면, 이는 명백히 실패했다."[54] 게다가 양측 관료들은 정부가 부여한 권한을 이용해 상호 또는 자신에게 유리한 쪽으로 정보를 관리했다. 사기 꺾기 폭격은 "생존자들을 위해 정보를 관리하는 홍보의 문제"가 되어갔다.[55] USSBS도 마찬가지로 나중에 이렇게 적었다. 비록 폭격이 "저항하고자 하는 독일인의 의지에 상당한 타격을 입힘으로써 민간인의 사기에 무시할 수 없을 정도로 심각한 영향을 끼쳤지만" 그럼에도 불구하고 "풀이 죽고 낙담한 노동자들이 반드시 비생산적인 노동자로 전락하지는 않았다."[56]

앞서 살펴보았듯이, 이 책에서 특히 관심을 두는 것은 총체적인 효과가 아닌 한계효과다. 이미 악영향을 받은 사기에 추가 폭격 톤수가 끼친 효과 말이다. 이는 폭격(전략폭격이든 다른 방식이든)이 나타낼 수 있는 수확체감의 가장 명백한 사례이다. USSBS의 결론을 축약해서 인용하는 것보다 좋은 다른 방법을 찾기는 어려운 일이다.

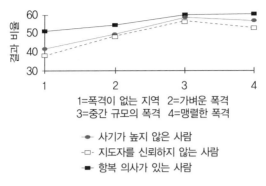

| 그림 6-6 |　연합군의 전략폭격이 독일인의 사기에 끼친 한계효과

1=폭격이 없는 지역　2=가벼운 폭격
3=중간 규모의 폭격　4=맹렬한 폭격

—●— 사기가 높지 않은 사람
--□-- 지도자를 신뢰하지 않는 사람
—■— 항복 의사가 있는 사람

* 출처: USSBS의 자료 재구성, 1945년 9월, p. 96.

동일한 공동체에 끊임없이 맹폭격을 가해도 투하된 폭탄량에 비례해 사기를 떨어뜨리지는 못했다. (…) 맹폭격에서 나타난 수확체감을 관찰해보면 독일에 투하된 일정 폭탄량으로 인한 최대의 사기저하 효과는 제한된 지역에 집중된 폭격보다는 가능한 한 더 넓은 곳에 퍼부은 더 가벼운 공습으로 얻을 수 있었다는 실질적 결론에 이르렀다.[57]

가령 "가장 맹렬한 폭격에 시달린 도시의 주민들이 같은 크기의 도시에서 훨씬 가벼운 폭격을 받은 주민들보다 사기가 더 떨어지지는 않았다."[58] USSBS의 데이터를 바탕으로 만든 그림 6-6은 이러한 효과 체감을 보여준다.[59] 세로축의 퍼센트 비율은 연합군이 원하는 결과로 나타낸다. 즉, 사기가 높지 않은 사람들의 비율, 지도자를 신뢰하지 않는 사람들의 비율 그리고 항복하려고 하는 사람들의 비율이다. 이들 세 개의 변수는 폭격량이 증가할수록 수익이 체감하고, 게다가 줄어들기까지 하는 함수관계를 보여주고 있다. 맹렬한 폭격은 사기를 떨어뜨리는 데 있어 중간 규모의 폭격보다 효과가 덜했다. 그리고 USSBS의 자신만만한 표현과

| 표 6-4 | 가옥 파괴와 사기

	사기가 저하된 사람들	
	표본 A 단면	표본 B 단면
시민들 중		
60~80% 가옥 파괴	55	53
49~59% 가옥 파괴	55	53
20~39% 가옥 파괴	55	53
1~19% 가옥 파괴	55	53
0% 가옥 파괴	55	53

* 출처: 출처: USSBS, 1945년 9월, p. 96.

는 대조적으로 폭격이 없었던 곳에서도 독일인의 사기가 40~50퍼센트 저하되었다.[60] 가벼운 폭격이나 중간 규모의 폭격으로도 확실하게 이룰 수 있는 수준을 더 많은 폭격으로도 쉽사리 넘어서지 못하는 것은 이러한 폭격으로는 이룰 수 없는 상한선이 존재한다는 사실을 반영한다. 한계효과가 체감되고 심지어 줄어들기까지 했으며, 전체 효과는 실제로 작았다. 주민 가운데 높은 사기를 보인 사람의 비율이 폭격 받지 않은 지역에서는 59퍼센트였는데 폭격을 심하게 받은 곳에서도 42퍼센트 정도로 그다지 떨어지지 않은 것이다. 표 6-4는 가옥이 파괴된 경우에 사기가 어떻게 되는지를 조사한 것인데 역시 비슷한 수확체감효과를 보여준다.

전략폭격의 효과 평가

전략폭격이란 개념은 제2차 세계대전, 특히 유럽 전선에서 엄청난 규모로 처음 적용됐다. 물론, 일을 제대로 시행하기 위해서는 이러한 폭격이 수반할 실질적인 어려움이 무엇인지 그리고 폭격이 실행가능하고 군사적으로 유용한 개념인지를 파악할 상당한 시간과 실험이 필요했다.

학습곡선(학습량과 반응시간의 관계를 나타내는 그래프.—옮긴이)이 기대됐다. 나아가 학습곡선이 원하는 결과로 이어질 것으로도 기대했다. 적이 내부에서 무너지는 것 말이다.[61] 이런 일은 일어나지 않았다. 미 공군이 고심하며 작성한 자체 역사(비록 독립적인 역사학자들이 썼지만)는 "미 공군이 1943년 말까지는 강력한 성과를 충분히 얻어내지 못했다."고 기록했는데 이는 평가 측면에서는 대단히 정확했다.

1943년 말에는 레인보우5(제2차 세계대전에 대한 미국의 전략계획 중 하나로 미국이 연합군 편에 서서 유럽과 아프리카의 한 곳 또는 양쪽에 참전해 전면적인 공격 작전을 실행하는 안.—옮긴이)에서 이미 예상했듯이 여타의 성공적인 폭격작전에 앞서 나치 공중 전력에 대한 전면적인 공격이 필요하다는 게 명백해졌다. 그리하여 1944년 초의 몇 개월을 독일 공군과 싸우는 데 보냈다. 그 결과 1944년 동안 독일의 전투기 생산은 줄어들지 않고 되레 늘었지만……. 그럼에도 생산은 계획된 일정을 따라잡지 못했으며 이러한 차질 때문에 '빅 위크(1944년 2월)'와 그뒤의 폭격은 대단히 만족스러웠다. 그러나 1944년 3월 아이젠하워가 노르망디 상륙작전을 승리로 이끈다는 전술적인 목적을 위해 전략폭격을 직접 지휘하게 되었고 1945년 1월이 되자 모든 미 공군 전략폭격 사령부 임무의 4분의 3은 베를린으로 진격하는 지상군을 지원하는 데 집중됐다. 하지만 이즈음 나치의 게임은 이미 오래 전에 끝난 일이 됐다. 궁극적으로, "승리는 여러 군의 합동 전력과 이런 전력을 제공한 민간인들의 노력이 결합되어 가능했던 것이다."[62]

휴위트는 이렇게 썼다. "일본과 독일에서 폭탄과 중폭격기의 출격, 민간인 사망 그리고 도심지역 파괴의 대부분은 이들 국가가 전력의 최고점에 있거나 방어전을 펼치고 있을 때가 아니고 이들이 무릎을 꿇은 1944년 중반 이후, 특히 1945년에 이루어졌다. 독일에 투하된 141만 9,604톤의 폭탄 가운데 거의 72퍼센트인 101만 6,157톤이 1944년 7월부터 1945

년 5월 사이에 쏟아졌다. 이 폭탄 가운데 상당량이 지상전을 전술적으로 지원하기 위해 사용됐지만 점령지가 해방되고, 독일이 자신의 군수물자 생산설비를 시골로 분산하고, 전선으로 향하는 병참로가 끊긴 후에는 나머지 폭탄의 대부분이 마을과 도시에 투하됐다. 디데이 이후로 전략폭격은 정복에 도움이 되지 못했다. 독일 지도자에게는 물론 시민들에게도 싸움을 포기하도록 압력을 주지 못했다.[63]

리바인의 다음과 같은 의견은 지나치게 가혹한 판단일 수도 있다. "폭격기만으로 전쟁을 이기거나 침공을 막을 것이라는 기대는 전혀 없었으며, 애당초 계획에 잡혀 있던 것보다도 훨씬 낮은 순위를 차지했다." 그는 1944년의 작전들이 "주로 (연합군의) 레이더와 유도장비에 대응할 독일의 무기 개발 시기를 늦추게 할 목적이었으며, 늘 언급되는 것처럼 독일이 영토와 가솔린을 잃게 하여 방어능력을 상실할 정도로 큰 손실을 입힐 목적은 아니었다."고도 확신했다. 사실은 "전술공군과 전략공군 활동을 딱 잘라 구분할 수도 없었다. 전술 공군력은 디데이까지 제공권을 장악하는 데 중요한 역할을 했으며, 수송작전의 마지막 단계에서 그들의 활동은 미국 (전략공군)과 영국 (공군) 폭격사령부의 활동과 결합됐다." USSBS는 "전쟁 기간 동안 이런 종류의 전쟁이 갖는 진짜 중요성을 평가하는 게 불가능했다. (…) 제3제국에 대한 공군 활동의 결과가 쏟아부은 노력을 정당화할 수 있는지를 확실하게 안다는 것은 (…) 불가능했다."[64] 이러한 변론과 정상 참작에도 불구하고 리바인 자신은 이렇게 결론을 내렸다.

그 기간(1943년, 그리고 1944년 초) 동안 (…) 전략공군은 부여된 목표를 달성하지 못했다. 카사블랑카 회담(1943년 1월 모로코에서 루스벨트와 처칠이 연 회담으로 추축국들이 무조건 항복할 때까지 전쟁을 계속한다는 데 합의했음.—옮긴이)에서 시작된 폭격기의 공격 작전명령과 결합된 목표 말이다. 그들은 대서양 전투(제2차 세계대전 당시 대서양의 해상수송로를 놓고 연합 군과 독일이 벌인 전투.—옮긴이)에서 승리하는 데 중요한 기여를 하지 못 했고 독일인의 사기를 심각하게 떨어뜨리거나 독일의 전체 군수물자 생산 을 감소시키지도 못했으며, 어떠한 중요한 부품의 제조를 중단시키지도 못했다.[65]

그렇다면 전략공군이 이룬 것은 무엇인가? 리바인은 자신의 생각을 여 러 차례 말했다. 독일의 무기 생산을 비록 방해하지는 못했지만 생산을 지체시킨 듯한 한계효과는 "비록 보다 더 긍정적인 목적을 이루지는 못 했더라도 전략폭격을 정당화해줄 수 있었다. 당시 연합군의 자원을 다른 데 사용했다고 하더라도 이 정도 효과 이상을 낼 수는 없었을 것으로 보 인다."[66]

이러한 견해는 USSBS의 보고서에서도 그대로 나타난다. "만일 전략 폭격이 항공기 산업을 소개하게 한 것 외에 아무것도 한 게 없더라도 그 자체로 충분히 비용에 대한 대가를 얻은 것이다."

이 결론은 논리적이지 않다. 전략폭격에 쏟아부은 자원은 다른 곳(예를 들면 전술적인 지원과 공중전에 쓸 수 있는 더 많은 전폭기 같은)에 돌릴 수도 있었다. 최악의 경우 거기에서도 아무런 이득을 거두지 못할 수 있겠지 만 말이다. 하지만 명백히 드러난 최종 결과에 따르면 전술공군 전력을 더 많이 동원했어도 그 효과는 감소됐겠지만 1944년 6월 6일 디데이 이 전 프랑스에서 독일 측 방어선을 돌파하는 데는 긍정적인 기여를 했을 것 이라는 사실을 반드시 지적해야 한다. 사실 침공 초반부 작전계획은 자 원의 제약이 따를 수 있다는 사실을 고려하지 않은 채 입안된 것이었다.

전략적 공군에 대해 생각하는 또 다른 방법(즉, 상반된 견해들과 조화시키는 방식)은 이를 다른 투입요소들과 분리하지 않고 함께 결합해 생각하는 것이다. 표적화 기술(부수적인 피해 없이 표적만 정확히 공격하는 기술.—옮긴이)이 전략폭격의 효율을 높여 생산함수를 끌어올리는 걸 도왔듯이, 전술 공군력의 기술도 같은 역할을 했을 것이다. 전술 공군력의 "기술"은 일단 한번 발전한 다음에는 전략폭격을 더욱 높은 생산함수로 끌어올려주었으며, 동시에 전략폭격을 정복폭격으로 만들어 승리의 문턱을 넘어서도록 해주었다.

통계적으로 양적인 분석을 할 수 있는 데이터는 없지만, 공중전 입안자들이 생각한 것과 달리 전략폭격은 독일의 군수물자 생산에 중요한 영향을 끼치지 않았음이 꽤 명백하다. 무기 제조는 떨어지지 않았으며 전쟁의 마지막 해에는 오히려 늘어나기까지 했다. 전략폭격의 효과가 이렇게 나타난 것은 폭탄 투하량 자체가 아니라 다른 기본 요소들의 변화(예로 전술공중전 능력의 향상)와 대체 요소들(예로 독일이 자원을 공중방어에 쏟아부은 것)에 의한 것이었다. 전략폭격의 주요 효과는 정복 준비를 할 수 있게 도운 것이다.

연합군의 전쟁 노력을 공평하게 평가하려면, 그들이 전쟁 기간 내내 심각한 정보 부족에 시달렸으며 그것이 폭격 효과를 계산하는 데 어려움을 초래했음을 반드시 인식해야만 한다. 하지만 더욱 중요한 일은 경제이론이라는 개념이 전쟁 수행에 적용되었다는 점이다. 역사학자 리처드 오버리는 독일 전쟁경제의 수확체감을 여러 차례에 걸쳐 거듭 지적했다.[67] 다양한 에세이에서 그는 1939년부터 1942년 초반까지 독일이 더욱더 많은 자원을 무기생산 기계에 쏟아부었으나 효과가 떨어졌을 뿐이었다고 주장했다. 전쟁이 장기화할 것으로 예상하고 나서야 나치는 더 많은 생산에서 더 높은 생산성으로 생산 분야의 개념을 전환했다. 즉 생산함수를 이동한 것이다. 이런 전환은 1942년 2월 알베르트 슈페어가 군

수장관으로 임명되면서 요란하게 일어났다. 가령 노동력(더구나 대부분이 생산성이 낮은 강제노동)은 거의 늘어나지 않았는데도 불구하고 전투기 생산은 1941년에서 1944년 사이 거의 네 배로 증가했다.

전략폭격과 다른 경제원리들

제2차 세계대전 중 독일에 대한 전략폭격 사례를 통해 한계수확체감의 법칙이 군사작전에 어떻게 적용되었는지를 상세히 설명했다. 이제 이 책에서 이용된 다른 경제원리들이 각각의 사례에 어떻게 적용되는지를 설명해보자.

인력과 다른 자원들

알베르트 슈페어가 승진해 독일 무기생산 업무를 직접 관리하면서 관련 업무가 대대적으로 간소화되고 능률이 높아졌으며 훨씬 효율적인 결과물들이 나왔다. 물질적·인간적·제도적 자원이 재배치되면서 무기 제조의 생산성이 향상되었다. 기회비용이 너무 많이 들 경우 생산을 중단하는 것이 슈페어가 체계화하려는 방식이었다. 독일은 슈페어 방식이 아닌 생산방식을 더이상 감당할 수 없었으며, 이에 따라 자원들은 효용성이 더 높은 쪽으로 재배치되었다.

예상한계비용/편익 원리와 관련된 실례는 1942~1943년의 미국 전략공군이 영국의 기지에서 북아프리카 전선으로 재배치되는 사례에서 찾아볼 수 있다. 영국과 미국의 독일에 대한 초기 전략폭격은 낮은 명중률, 잦은 혹독한 날씨(구름 덮인), 폭격 범위의 제한, 적의 효과적인 공중 방어 그리고 전략폭격에 대한 높은 기대들을 꺾는 다른 요소들이 드러나면서 곧 중단되었다. 공군전력 자원을 아프리카 전선으로 재배치시킨 것은 편익과 비용에 있어 더 큰 편차를 낳았다. 이 공군은 이탈리아(그곳에 대한 침공 준비를 위해) 작전을 수행하는 데 투입됐으며, 이탈리아를 넘어 루마니아와 동남부 유럽에서도 독일로 가는 원자재 공급 통로를 방해하는 데 동원되었다.

대체제의 원리는 독일 남성들이 전선으로 불려나간 후 독일에 외국인과 노예 노동자 사용이 늘어난 데서 그 작동사례를 볼 수 있다. 경제학자들에 따르면 대체재는 상대적 가격변화 때문에 발생한다. 만약 한 가지 자원만 이용하는 비용이 너무 비싸지면 사람들은 또 다른 것으로 바꾸는 경향이 있다. 전체적인 목적에 대해 동일한 만족감을 줄 수 있는, 상대적으로 더 값싼 자원으로 대체한다. 바보 같은 예를 하나 들자면, 만일 비타민 C 섭취가 목적이라면 오렌지가 비싸질 때 사람들은 자몽이나 블루베리 혹은 단고추(피망과 파프리카를 포함한 식물류. 비타민 C가 풍부하다.—옮긴이) 소비로 옮겨갈 것이다. 전쟁이 진행됨에 따라 산업 분야에서 독일 남성을 고용하는 비용은 더 높아졌으며, 그들을 더 절실히 원하는 전선에서 사용하는 것을 포기 비용으로 간주하기 시작했다. 외국인과 노예 노동자는 감독 비용이 추가로 들지만 상대적으로 "더 저렴"했고, 이것은 매우 좋은 대체재였다.

한계수확체감은 이 장의 주요 주제에서는 물론 다른 많은 사례에서도 잘 드러난다. 앞서 언급했듯이 1942~1943년 미 공군 제4사단이 이탈리아와 동남부 유럽을 폭격하기 위해 영국에서 북아프리카로 이동한 것은 기지에서 더 멀리 떨어진 곳으로 비행하는 바람에 당연히 수확체감의 결과를 낳았다. 예상 수익은 동일한데 이를 달성하기 위한 자원은 더 많이 들었다. 만일 동일한 목표를 달성하는 데 어떤 경우는 자원이 더 많이 들고 또 다른 경우는 덜 든다면 이는 수확체감이 작동함을 뜻한다. 미 공군 제4사단을 효용이 더 큰 전투에 사용하기 위해 서부전선으로 재배치한 의사결정자들은 이러한 사실을 잘 인식했던 것이다.

전략폭격은 어떠한 행동이 행해지기 전과 후에 정보 비대칭(극복)의 원리가 작동한다는 사실을 수많은 사례로 보여준다. 가령 인적자원 부문에서 1940년부터 1943년에 걸친 독일 폭격은 연합군이 (아직) 폭격행동을 함께 하지 않고 있다는 신호를 정확하게 보냈다.

연합군은 이전에는 감추었던 공군력의 한 측면을 노출했다. 말하자면 자신들의 상대적 비효율성이었다. 병력 소집과 동원 속도 측면에서는 인력정보 비대칭(극복)의 원리도 작동했다. 성공적인 동원은 정부가 사람들의 신원을 파악하고 전쟁에서 싸우도록 이들을 징집하는 능력에 (어느 정도) 달려 있다. 그런데 사람들은 자신이 어디에 있는지 알지만, 정부는 알지 못할 수가 있다. 정부는 정보에서 불리한 상황에 처한 것이다. 반면 나치 독일은 사악한 재능의 일부로 아주 상세하고 효율적인 주민등록 시스템을 운용했다. 이 시스템은 짧은 시간 안에 엄청난 인력 동원을 가능케 했고 정보 비대칭 때문에 생길 수 있는 잠재적 장애를 누그러뜨렸다.

다른 측면에서, 행동 이후 생기는 비대칭으로는 스파이에 의한 성공적 적군 침투의 사례가 있다. 한 사람이 스파이라면(그래서 활동을 했다면), 어떻게 숨겨진 행동(예를 들어 스파이가 이중스파이가 되지 않도록 감시한다든지)의 문제를 극복할 수 있을까? 의도에 대한 정보의 비대칭은 반드시 극복해야 한다. 이렇게 하는 방법 중 하나는 정보가 원하는 방향으로만 흘러가도록 일방통행 출구를 만드는 것이다. 스파이를 표적국가에서 모국으로 정보를 모아 전송하는 위치에만 둘 뿐, 모국에서 표적국가로 정보를 전송할 수 있도록 허용하는 순환적 위치에 그들을 두지 않는 것을 말한다. 스파이 역사를 다시 읽다보면 어쩌면 풀리지 않았을, 정보 비대칭 문제와 관련된 일련의 메커니즘을 밝혀낼 수 있을지 모른다. 마찬가지 원리로 이중 스파이의 성공 여부는 정보 비대칭 문제의 극복 및 실패와 맞물린다.

숨겨진 행동의 비대칭을 극복하기 위한 또 다른 예는 구성원끼리 서로 감시하게 하는 교활한 공동체 구성이다. 당국의 과제는 대의명분을 위해 변절을 막는 것이다. 만약 국가의 방침에 찬동하지 않는다면, 적어도 그들 중 몇몇은 할당된 책임을 회피하기 위한 방법을 찾을 것이다. 이를 통제하기 위해 당국은 비용이 많이 드는 감시시스템을 구축해야만 한다. 훨씬 더 나은(더 싼) 방법은 사람들이 서로 감시하고, 당국의 대의명분이 요구하는 특정 의지나 헌신이 부족하다고 생각되는 사람들을 당국에 보고하는 "문화"를 만드는 것이다.

병참

병참적 측면에서, 기회비용 요소의 작용은 1944년 6월의 디데이를 준비하기 위해 전략공군력을 전술적 공중지원 임무로 전환 배치한 것에서 명확히 볼 수 있다. 전략공군 보유전력의 사용을 억제하는 데는 엄청난 비용, 말하자면 그들을 전술적으로 이용하기 위해 이미 포기한 기회비용이 포함되어 있다. 예상되는 증가 비용 및 편익 계산은 폭격 표적을 결정할 때 끊임없이 고려되었다. 예상비용과 편익에 따라 의사결정자들이 선호하는 표적이 어떻게 달라졌는지는 매달의 폭격 기록과 문헌을 살펴보면 수치상으로 명백하게 드러난다. 어디에 다음 폭격 편대를 보내야 할까? 독일의 철도, 또는 운하, 또는 다리, 또는 연료공급망, 또는 비행장, 또는 무기공장 가운데 어디를 공격해야 할까? 병참적인 가치가 있는 독일의 목표물 중 어디를 다음에 공격해야 할까?

의사결정의 많은 부분은 연합군의 전쟁 노력과 함께 예상비용 대비 예상편익에 대한 끊임없는 고민을 포함하고 있다. 그 비용이란 항공기와 승무원에 대한 잠재적인 손실만 포함하는 것이 아니었다. 같은 항공기와 승무원을 더 큰 가치가 있는 것으로 드러날 다른 폭격에 투입했을 경우 얻을 수 있는 기회비용까지 고려한 것이다.

당연하게도 이런 편익과 비용은 종종 잘못 예측된다. 가령 (파괴된) 독일 철도시스템은 금방 복구되었는데 이는 (연합군이 미처) 예상치 못한 잉여분이 대량 만들어져 있었기 때문이다. 드물지 않게 철도시스템에 대한 공격은 독일인 노동자뿐 아니라 외국인과 노예 노동자들도 살해했으며 독일의 전쟁 노력에 실질적인 손상은 거의 끼치지 못했다. 전방위적인 전쟁 수행을 위해 기차와 트럭, 선박 그리고 항공기를 계속 움직이기 위해서는 전투의 전방위적 측면에서 엄청난 폭과 깊이의 정보, 통신 그리고 신호시스템이 필요했다. 전략폭격이라는 거창한 발상은 독일의 산업 생산과 병참을 방해하면 전쟁에서 이길 수 있을 것이라는 개념에 근간하고 있었다.

그러나 일단 전투가 시작되자 그러한 전쟁을 수행하기에는 정보가 불충분한 것으로 나타났다. 이 사실이 처음부터 명확하게 인식되었다면, 전략폭격은 아예 시도되지 않았을지도 모른다. 신뢰할 만한 정보에 의존해 행동하는 대신 연합군은 자주 추측을 바탕으로 행동해야 했다. 그러나 전쟁이 종말로 치달을수록 독일의 전쟁수행 능력이 쇠퇴하고 있다는 사실은 빠르게 누설되었고 상황은 뒤집혔다. 미국 남북전쟁의 경우(제5장)와 달리 연합군은 이제 행동하기 전에 어떤 행동을 해야 할지 훨씬 더 확실히 알 수 있었다. 마찬가지로 당하는 입장이 된 독일 군인들은 자신들의 불행한 운명을 선명하게 확신했으며 이것은 나치와 부대 사이의 문화적 맹약에 심각한 균열을 일으켰다. 연속적인 공중폭격과 파괴는 이제 장교들이 자신의 부하를 감시하고, 그들을 상부에 보고하고, 지체자를 처벌하고, 도망자를 추적하는 것을 어렵게 만들었다. 숨겨진 행동이 무엇인지는 더욱 명백해졌으나 나치가 그것에 대처할 수 있는 능력은 더이상 없었다. 부대와 사기는 붕괴되었다. 병참 분야에서 이들은 내부로부터 붕괴되기 시작했다.

한계수확체감의 원리는 독일에 대한 초기 폭격을 검증해보는 방식으로 이 장의 메인 섹션보다 훨씬 자세히 설명한다. 1943년 8월, 슈바인푸르트에 대한 재앙적인 폭격 실패를 겪은 후 연합군은 호위되지 않은 폭격기들을 독일 영공에 보내는 것은 어리석다고 최종적으로 결론지었다. 독일의 대공방어망은 많은 항공기와 승무원을 떨어뜨렸다. 몇백 무리의 폭격기들이 훨씬 작은 규모의 편대로도 얻을 수 있는 정도만 성취했을 뿐이었다. 이것은 미군 P-47 선더볼트와 P-51 머스탱 전투기가 등장할 때까지 바뀌지 않았다.

기술

무기 생산량을 계속 유지하고 심지어 증가시키는 독일의 능력에 대해 연합군은 매우 당황했다. 독일은 연구와 개발 그리고 생산기지들을 효과적으로 광범위하게 분산할 수 있는 것으로 판명됐다. 아무리 그렇더라도 분산은 통신과 운송비용을 증가시켰다. 당연히 독일은 분산으로 인한 추가비용을 전쟁 수행에 쓰고 싶어했다고 추정할 수밖에 없다. 그러므로 연합군의 노력은 독일군의 전쟁 노력에 대해 얼마간의 기회비용을 부과시켰다.

그러나 분산은 동시에 독일 관료와 과학자들 그리고 설계자들이 새로운 환경에 잘 견딜 수 있는 내성을 길러줬다. 다시 말해 눈에 덜 뜨이고, 더 어렵게 감지되고, 공격으로부터 더욱 안전하게 숨고, 이전과 비슷하거나 좀더 생산적으로 거듭나기 위해 더욱 교활해지도록 강요했다. 적어도 언뜻 봤을 때, 폭격으로 유발된 분산이 독일의 전쟁 능력을 키워줬다는 것은 믿기 어렵지 않은 주장이다. 적군이 어디에 있는지를 아는 것은 어디에 숨었는지 모르는 것보다 훨씬 낫다. 폭격으로 유발된 분산은 연

합군으로부터 중요한 정보를 빼앗아갔다.[68]

보완적 대체의 원리는 천연 유전과 가스전이 공격을 받자(외국과의 교역 중단과 독일이 점령한 동남유럽, 예를 들면 루마니아의 유전에 대한 연합군의 공격) 독일이 자동차 수송을 위한 합성연료 개발에 착수했던 기술적 노력에서 잘 드러난다. 기술에 있어 비용과 이익의 증가에 대한 사례는 연합군이 전투기 편대의 항속거리를 연장하기 위해 연료탱크들을 추가하거나 또는 버린 것에서 나타난다. 연합군이 전략공중전 초기에 맞닥뜨린 근본적 문제들 중 하나는 폭격기가 호위 전투기보다 훨씬 더 멀리 날아갈 수 있다는 점이었다. 이에 연합군은 호위 전투기에 추가 연료탱크를 달아, 연료를 다 썼을 때 떨어뜨려버리도록 함으로써 이들이 폭격기 편대를 독일 영공까지 호위할 수 있도록 했다. 예견된 이익은 명백했다. 그러나 이익을 얻기 위해서는 비용이 필요했다. 가득 채운 추가 연료탱크는 연합군의 전투기를 느리게 만들었으며 민첩한 독일 공군의 방어용 전투기들에게 굉장히 취약한 것으로 드러났다. 겨우 이륙해서 한 방 쏜 뒤 연료 재충전을 위한 착륙을 할 수 있을 뿐이었다.

한계수확체감의 원리는 조종사가 부족했던 독일의 진기한 사례에서 나타난다. 앞서 살펴본 것처럼, 독일은 종전 직전까지 엄청난 숫자의 전투기를 생산했다. 독일이 가지지 않았던 것은 혹은 숫자가 감소되는 유일한 것은 전투기를 날게 할 능력 있는 조종사들이었다. 미국이 P-47과 P-51을 디자인하고, 만들고, 도입하려는 결정을 하면서 독일 공군은 공중에서 가공할 만한 적수를 맞게 되었다. 너무도 가공할 만해서 루프트바페(독일 공군)를 압도했다. 생존율은 떨어졌고 독일 조종사들은 부족해졌다. 경제적으로, 전투기와 조종사들은 상호보완적이다. 하나는 다른 하나를 필요로 한다. 그러나 전투기를 만드는 것으로도, 연료로도 이 문제를 해결할 수 없다. 조종사가 없다면 더 많은 전투기에 대한 수확체감은 오히려 더욱 빠르게 진행될 뿐이다.

숨겨진 행동의 문제를 극복함에 있어서, 독일 무기산업의 개선은 좋은 예가 된다. 처음에 많은 산업체들은 민간 기업이었고 원가가산 계약을 근간으로 했다. 오늘날 제기되는 무기산업 계약의 일반적 문제들은 그때에도 적용되었다. 당국은 그들이 계약한 민간 공장이 얼마나 정직하고 양심적으로 그들의 계약 요구사항을 이행하는지 어떻게 알 수 있었을까? 이 문제를 다루는 방법은 여러 가지가 있다. 독일 당국은 제1차 세계대전 이후 그들의 무기산업을 재건하기 위해 필요한 산업자산 구축에 많은 부분을 경제적으로 지원했다. 당국은 위험분담을 약속했고, 시장 불확실성을 극복하도록 도왔으며, 협동에 대한 인센티브뿐만 아니라 계약 불이행을 막기 위한 (예를 들어 재계약 무산) 인센티브도 제공했다. 결과적으로 독일 정부는 무기산업체와 더욱 긴밀하게 결합해 이들을 일종의 산하기관으로 만들었다. 산업은 효과적으로 국유화되었다. 명목뿐 아니라 법적 측면에서조차 그렇게 되었다.

계획

전쟁계획에 있어 P-51 전투기는 단순히 많은 숫자로만 독일 하늘을 뒤덮기 위해 개발한 것이 아니었으며, 전혀 예상 못했던 항공기의 도입을 위해 만든 것 역시 아니었다. 이에 맞서 독일 장교들은 그들의 공중 방어능력을 키우는 데 자원을 쓰자고 강력하게 주장했지만 히틀러는 공격을 밀어붙일 폭격기를 개발하는 것에 자원을 투입하자고 주장했다. 폭격기 생산에 자원을 써버리는 것의 기회비용은 연합군으로부터 상공을 보호하거나 폭격기와 동반할 전투기(그리고 조종사)를 개발하기 위한 기회를 포기하는 것을 의미한다. 히틀러는 엄청난 결과를 초래하게 될 치명적 전략 실수를 범했다. 이는 뒤에 밝혀졌지만 전쟁에서 명백히 드러난 작은 전환점 가운데 하나였다. 전쟁 초기 연합군은 독일 상공을 뚫는 데 실패하면서 자신에 대한 정보를 누설했다. 그런데 이제 정반대 상황이 빚어졌다. 독일 공군력은 중요하고 명백한 정보를 누설했다. 자신의 상공을 제대로 방어하지 못하는 무능력이 증가하고 있다는 사실이었다. 이것은 연합군에 의한 보완적 대체를 불러왔고, 연합군은 더 적은 비용이 드는 독일에 대해 더 깊은 폭격을 가하기 위해 더 많은 자원을 쏟아붓기 시작했다.

공중전에서 승리하기 이전과는 얼마나 다른 상황인가. 영국 폭격조사기관은 전쟁계획자들이 특히 전략공군 전투의 표적을 고르는 데 얼마나 노력을 기울였는지, 그리고 얼마나 다양한 폭격 양상들에 대비한 정보와 성공적 이행을 감안하여 작전을 수행했는지에 대해 자세히 설명하고 있다. 방해물과 불확실성이 엄존하는 상황 아래서, 지휘관들은 예상비용과 이익을 따지고 토론하며 이리저리 흔들렸다. 이 과정에서 도출된 최종 결정은 비용이 높은 것으로 증명되거나 이익이 낮을 때만 수정하기 위한 것이었다. 수익은 아서 해리스가 전략폭격을 완전히 포기하고 남은 재임 기간 동안 독일 마을과 도시를 폭격하는 것에 골몰하면서 감소했다. 이에 대한 대응으로, 미국인들은 그를 포기했다. 그의 행동을 바꾸고 공군력의 제한된 자원을 그만 낭비하라고 설득하는 데에는 방법도, 도구도, 동기부여도 아무 소용이 없었다. 이런 상황은 공군력이 미군 산하 영국 공군/미국공군RAF/USAAF으로 통합되기 전까지 계속되었다. 이 통합으로 영국과 미국 사이의 '인센티브 정렬incentive alignment' 문제가 완화되었다.

작전

이제 마지막으로 독일에 대한 전략폭격의 작전 측면에 대해 알아보겠다. 기회비용의 요소는 이미 노르망디 작전을 위해 연합군의 공군 지휘권이 아이젠하워에게로 넘어간 것에서 설명된다.[69] 단순히 그들의 임무가 너무 고정되어 있다는 이유로 전략공군력 사용을 포기한 것은 용서할 수 없는 실수가 될 수도 있었다. 비용이 대단히 큰 데다 침공 작전 실패로 이어질 수도 있었다.

증가하는 비용/편익의 요소 또한 이미 전쟁의 작전 측면에서 언급되었다. 슈바인푸르트에 대한 재앙적인 폭격 실패는 계산 실수가 너무 커서 독일 영토 폭격에 대해 예견된 비용을 다시 계산해야만 했다. 다음 몇 달 동안, 어떤 폭격도 실행되지 않았다. 몇몇 정보는 전투에 이기고 짐으로써 오직 "실시간"으로만 얻을 수 있었다. 그러나 전투를 지시하는 사람은 전쟁에서 죽는 사람이 아니라는 점에서 도덕적 위험이 존재했다. 명령을 내리는 사람들에게 적용되는 일련의 인센티브(직위에서 해제될 수 있는 가능성, 재배치, 군법회의 등)는 최선을 다해 자원을 효율적으로 사용하도록 그들을 독려했다. 싸우는 사람들의 생명은 이 지휘권에 의지했다. 도덕적 위험성은 정보 비대칭의 측면이다. 오직 장교만이 자신의 부하들을 어디로 보낼 필요가 있는지 아는 것이다. 밧세바를 탐내 그의 남편 우리아를 전투에 보내 죽도록 한 다비드 왕처럼, 그가 명령을 할 때 지휘관의 진짜 의도는 무엇일까? 그의 제복 겉치장 밑에 숨겨져 있는 호의적 혹은 악의적 목적은 무엇이며 그의 계급이 보여주는 인상적인 위치는 부하들에게 무엇을 전달할까? 이런 '인센티브 정렬' 문제를 극복하기 위해 지배층은 감독과 자원에 대해 준비해야 한다. 여기에는 더 높은 권력자에게 충성하는 것이 포함될 수도 있지만 더 단순하고 효과적인 것은 지휘 장교들이 자신의 부하들과 함께 싸우는 것이다. 만약 장교가 죽음에 직면하게 된다면, 자신의 부주의함에 대해 재고할 것이다. 혹여 그가 미쳤다면, 폭동은 심문을 통해 아마 잘 다스려질 것이다. 제2차 세계대전 당시 후방의 장교들은 폭격 임무를 혼자 수행하는 경향이 있었다. 게다가 효과적이지 못한 지휘관들은 자주 처형되었는데 이것은 어떻게 도덕적 위험 문제가 해결될 수 있는지 보여준다.

작전 측면에서 보완 대체물의 사례는 낮에서 밤으로 독일 공습을 바꾸고, 정밀폭격에서 지역폭격으로 바꾼 것이다. 전략폭격의 중요한 전제는 전쟁 수행에 필요한 독일의 경제적 자산들을 정확한 표적과 국부 공격으로 완전히 파괴하는 것이었다. 그러나 1940년대 초기에, 계획은 이미 언급한 많은 이유로 실패했다. 구름 낀 날씨가 자주 목표물을 흐리게 했고, 폭탄을 그대로 장착한 채 다시 돌아오는 비율도 높았다(코소보전쟁에서도 마찬가지, 1999). 목표물 확인은 나중에 표적 조준기술이 개발되기 전까지 육안으로 직접 했다. 민첩한 독일 공군력은 전투기에 의해 호위되지 않은 많은 느린 폭격기를 격추시켰고, 종종 폭격기들은 그들이 부여받은 목표까지 도달하지도 못했으며, 원시적 내비게이션의 안내를 믿다가 독일 영토에서 길을 잃었다. 실망 속에서 "폭격기" 해리스는 정밀폭격에서 지역폭격으로 바꿨고, 메스에서 큰 망치로 바꾸었다. 이것은 피가 낭자하는 난장판을 만들었으나 전쟁에 중요한 영향은 미치지 못했다. 그리고 마찬가지 이유, 즉 낮 시간 폭격 편대가 갖는 취약점 때문에 연합군 지휘관들은 야간 폭격으로 바꿨다. 당연히 이것은 목표물을 명중하는 데 아무 도움도 되지 않았다. 폭격 효과에도 아무런 영향을 주지 못했다. 당연히 폭격받은 인구의 사기에 대해선 수확체감의 측면을 반영했고 산업자산 파괴 효과는 낮았음을 의미한다.

숨겨진 행동을 극복하는 사례가 전쟁 역사의 초기에 있었다. 1940년 봄, 영국은 크니케브라인(독일어로 다리 부러뜨리기라는 뜻.—옮긴이)이라는 시스템에 대한 힌트를 얻었다(영국은 그것을 두통으로 불렀는데 크니케브라인은 야기할 문제에 있어 적절치 않은 이름이었다). 그 시스템은 사실상 상업적·군사적 비행의 계기착륙 기계로 사용된 것이었다. 전송기는 평행적인 "선"과 "점" 진동을 보냈다. 만약 비행기가 표적이라면, 탑승하고 있던 수신자는 두 가지 신호를 확고한 한 가지 톤으로 병합할 것이다. 목표물의 오른쪽 또는 왼쪽에 대한 편차는 선-진동, 또는 점-진동이 우세한 결과를 낳게 되고 조종사가 맞는 길로 가도록 인도한다. 젊은 영국 물리학자는 독일이 이 시스템을 반대로 사용한다는 사실을 깨달았다. 비행기들을 조국으로 인도하는 것이 아니라 목표물을 미리 조정하도록. 그러므로 그 빛줄기 안으로 들어온 비행기는 처음에 선-진동(폭탄 투하 준비) 그리고 잠시 뒤에 점-진동(폭탄 투하) 지점을 지나게 된다. 독일이 그들의 폭격기를 어떻게 안내하는지 알았을 때, 영국 공군은 이미 숨겨진 행동 즉 두통을 아스피린이라고 적절하게 이름 붙인 대응장치(크니케브라인 빛줄기를 속이고 독일 조종사들을 혼란스럽게 할 전송기)를 개발함으로써 극복했다.[70]

이 책의 다른 장들과 마찬가지로, 이 장의 주제는 경제의 요소들이 제2차 세계대전에서 독일 전략공중전에 어떻게 적용되는지에 대해 완벽하게 설명하지는 않는다. 각각의 요소에 대해 완벽한 설명을 하기 위해서는 그것만 논의하는 별도의 책이 필요할 것이다. 단지 여기서는 충분한 배경지식을 제공하고 가설을 탄생시킬 만한 아이템을 제공해 역사를 경제와 함께 얘기하는 것이 생산적 노력이라는 인식을 심어줄 수 있을 뿐이다.

결론

이 장 앞부분의 인용문을 다시 생각해보자. 전략폭격은 젖소가 한 들통의 우유와 관계있듯, 전술적 폭격과 관계를 가진다. "적군에 대한 즉각적인 지원과 도움을 피하고자 전술적으로 고려한다면 들통을 엎어버리라고 명령해야 한다. 적들을 확실히 굶겨죽이려면 전략적으로 소를 죽여야 한다."[71]

제2차 세계대전에서 독일에 대한 전략폭격은 "소를 죽이지"못했다. 대신 들통을 쏜 것은 소가 우유를 주는 것을 종종 멈출 정도로만 화나게 했거나 소가 우유를 제공하되 들통을 채우는 것을 막았을 뿐이다. 폭격에서의 이러한 이익 감소는 소비된 자원이 어쩌면 다른 부분에서 전쟁을 수행하는 데 더 도움이 될 수도 있었다는 고민을 낳는다. 만약 첫 번째 총알이 들통의 반 정도를 비웠다면, 두 번째는 남아 있는 반의 반밖에 못 비웠고, 세 번째는 반의 반의 반밖에 못 비웠다. 자원 적용이 세 배가 되는 동안(하나의 총알에서 세 개까지) 추가로 쏟아진 우유의 양은 2분의 1에서 4분의 1로, 그리고 8분의 1로 감소했다. 이런 관행이 무의미해지기까지 그 들통은 얼마나 더 비워져야 할까? 만약 승리 시작점이 들통이 가득했을 때의 16분의 1 지점이라면, 4번째 총알은 수확체감에도 불구하고 꼭 필요하다. 그러므로 우리는 폭격이 소용없었다고 주장하지는 않는다. 다만 수익 감소가 어떻게 일어나는지 보여주고 싶을 뿐이다.

좀더 직접적인 비유를 찾아보자. 전략폭격의 가장 큰 어려움이 소가 어디 있는지 찾아내는 것에 있었다면 전략폭격은 소를 얻기 위해 울타리를 뚫는 것으로 비유할 수 있다. 그러므로 연합군의 노력은 전략이 아닌 전술이었다고 말하는 게 옳을 듯하다. 그것은 전략폭격 이론가들이 생각했듯이 사실상 소를 죽이기 위한 것이 아니라 전장 지휘관들이 실제로 시도했던, 소동을 일으키도록 들통을 향해 쏘기 위한 것이었다. 물론 전술적 폭격조차 수확체감이 적용된다(독일 무기, 전투기, 연료 그리고 화학 생산과 철도 운송에서 그런 사례가 보였다). 그리고 여기서의 실질적 어려움은 쏘기 위한 알맞은 들통을 찾는 것, 올바른 목표물을 갖는 것, 목표물을 잡기 위해 충분히 근접하는 것, 그러기 위해 낮 또는 밤에 그 들통을 빛에 비추는 것, 들통 방어체계를 극복하는 것 등이다.

마지막으로 주목할 사실이 있다. 이번 장에서 많이 고려되지는 않았으나 실제 전쟁을 이행하는 데 있어 매우 중요한 것으로, 나치 독일의 팽창 의지가 어쩌면 너무 많은 소와 들통을 요구했을지도 모른다는 점이다. 그들은 필요한 모든 우유를 줄 수도, 보관할 수도 없었다.

7장

냉전의 시대, 1945~1991

: 자본-노동 보완적 대체의 경우와 프랑스의 핵억지력

1960년 2월 13일, 알제리 르간에서 폭발한 60킬로톤의 원자폭탄은 프랑스의 핵전력 탄생을 알리는 신호였다. 그것은 핵억지력 혹은 "기동타격대"라는 이름으로 알려졌다. 이 용어를 만들어낸 프랑스 발명가는 금세 이름이 주는 공격적 뉘앙스에 대해 후회하면서 "마음을 돌리는(만류) 전력"으로 대체하고자 애를 썼다. 마음을 돌린다는 단어는 프랑스군에게 '억지'보다 훨씬 더 매력적인 용어로 들렸다. 후자가 무력에 더 많이 의존하는 인상을 주는 데 반해 전자는 이성에 대한 호소를 포함하기 때문이었다.[1] 사실 대다수 프랑스인과 더 큰 세계에게, 이 새로운 언어의 창조물은 중요해 보이지 않았다. 그러나 르간에서 프랑스는 세계 핵 대치의 본질을 영원히 바꿔버렸다. 그 폭탄 자체는 과학적 비약을 의미하지 않았다. 히로시마의 3배에 달하는 위력에도 불구하고, 그것은 소련의 가장 강력한 수소폭탄의 1,900분의 1 효과밖에 없었다. 또한 8년 전 영국이 첫 폭발실험을 감행한 사실에서 알 수 있듯이 프랑스가 핵클럽의 초강대국 대열에 처음 낀 중간 국가도 아니었다.[2] 그러나 프랑스는 처음으로 초강대국의 핵 독점을 깨뜨린 나라였다. 영국이 미국의 힘과 긴밀히 연결되자 프랑스는 핵 독립을 하기로 결정했다. 사실을 말하자면 프랑스 장교들과 과학자들이 나토 및 미국과 가깝게 지내기 위한 수단으로 여러 프로젝트에 몇 년 동안 열심히 참여하는 동안에도 프랑스 대통령이었던(1958~1969) 샤를 드골은 분리된 길을 가고 싶어했고, 이제 그에게는 그렇게 할 수 있는 수단이 생겼다.

세계 전략 핵무기에 대한 르간의 영향은 프랑스의 성취를 어떻게 해석할 것인지에 대한 불확실성으로 인해 흐려졌다. 1960년대, 각자 개발해 온 전략 무기를 이용해 초강대국들은 서로를 그리고 모든 생명체를 파괴할 수 있었으며, 핵무기의 사용 방지는 많은 국가의 현명한 사람들에 의해 조정되고 있었다. 상호 핵전쟁은 지금도 여전히 이론상의 주제일 뿐 경험에 의해 조절되지 않았다. 1945년 두개의 폭탄이 떨어졌음에도 불구하고 그것은 같은 무기가 없는 상대를 공격한 것이었고, 싸움이 길어졌다 해도 일본이 이길 공산은 거의 없었다. 이것은 1960년의 핵무기 초강대국 상황과 매우 달랐다. 두 힘의 냉전 대립에 대해 쓴 책은 많지만 핵무기에 관해서는 모두 추정으로만 남아 있다. 프랑스 정치학자이자 전략가인 레이몽 아롱Raymond Aron은 다음과 같이 물으며 수긍했다. "이런 종류의 추측에 있어 누가 어떤 것에 대해 완전히 확신할 수 있는가?"[3]

제3 세력이 추가된다는 것, 냉전의 어느 쪽으로부터든 독립적이었으나 여전히 한 곳과 관련 있었던 중간 규모 핵무기 보유 국가의 등장은 그 상황을 더욱더 복잡하게 만들었다. 1960년 당시 드골 장군은 이에 대한 죄책감을 느끼지 않았고 그래야 할 어떤 이유도 없었다. 그러나 전략가들이 프랑스의 의도를 상식적으로 이해하기 위해서는, 그리고 프랑스의 핵무기 선택권을 복잡한 수학적 모델로써 품격 있게 포장하기 위해서는 그

속내를 이해하는 것이 중요했다. 프랑스 전략 교리의 이름이 중요하지 않다고 생각한 사람들은 틀렸다. "억지"와 "만류"라는 두 단어의 미묘한 차이는 핵전쟁이론을 연구하는 데 있어 그리고 가상 적국에 대한 사고방식에 있어 매우 중요하다.

핵억지력과 그 뒤에 숨어 있는 생각이 이 장의 주제이다. 이 책에서는 주로 경제요소인 보완적 대체와 관련해 설명할 것이다. 프랑스는 핵무기를, 존재하던 대안이나 당시 재래식 전력의 대체재로 선택한 것일까? 보완적 대체의 요소 중 두 개의 물건이 비슷한 이익을 낳는다면 사용자들은 다른 사정이 없는 한 상대적으로 가격이 낮은 물건을 향해 이동할 것이다.[4] 군사적 측면에서, 보완적 대체는 몇 가지 방법으로 일어날 수 있다. 가령 핵무기는, 만약 (개발을 위한) 자본의 비용이 노동력보다 상대적으로 낮다면 징집된 군대인력(노동력)을 대신하기 위해 개발될 수도 있다. 어쩌면 인지비용에 의해 영향을 받았을 수도 있다. (통화 또는 다른 것에 있어서) 사상자와 징병에 대한 대중의 반응 그리고 징집된 병력을 위해 포기한 민간인 공헌과 같은 비용이다.

상대적 비용을 강조하는 것은 매우 중요하다. 예를 들어, 자본의 과잉이 없었음에도 불구하고 소련 수상 니키타 흐루쇼프는 비싼 전략 로켓을 만들었다. 자신의 군대에서 더 비싼 노동의 양을 감소시키기 위해서였다. 비슷한 맥락으로 미국은 해안 요새들을 19세기에 지었는데 이것이 강력한 원양 항해용 함대를 유지하는 것보다 덜 비쌌기 때문이다.[5] 보완적 대체 요소가 핵무기의 경우에 적용될 수 있는지에 대한 질문에 대답하려면 비슷한 이익이 무엇을 의미하는지를 먼저 알아보아야 한다. 대안들의 결과는 대체로 비슷하다. 그런데 핵무기들은 매우 다르다. 그리고 이익 또한 다를 수 있다. 핵무기는 재래식 무기와 비교하기 어렵다. 몇몇 장교와 분석가들이 르간 사태가 일어날 무렵까지 집요하게 이 둘의 유사성을 발견하려 노력했지만 사실 재래식 무기와 핵무기 사이의 근본적인 차이점은 히로시마 이후 바로 드러났다. 도덕적 측면을 제외하고 생각한다면, 심지어 운용체제에 있어서도 이 무기들은 전쟁이나 전쟁시나리오에서 통합되기 힘들다. 예를 들어, 전술적 핵무기는 전략 대응을 불러올 수 있고 어떤 재래식 무기에서도 발견할 수 없었던 특징을 가질 수도 있다.

핵무기의 순간적 능력과 광범위한 파괴력은 그 어떤 재래식 무기와도 유사하지 않다. 도시 심지어 국가 전체가 한순간에 없어질 수도 있다. 프랑스 군사전략가이자 핵보유 지지자인 앙드레 보프르André Beaufre는 핵전쟁의 위협은 완전히 새로운 단계의 문제라고 지적했다. "국제 균형에 있어 새롭고 다른 무엇보다 더 중요한 요소이다. 또 즉시 가능하며 도덕적으로 용납할 수 없는 새로운 형태의 무기 경쟁이다." 도덕적 측면은 핵무기 사용에 있어 재래식 무기에서는 찾아볼 수 없었던 특별한 제한을 두게 했다. 실제로, 작가 로버트 저비스Robert Jervis는 미국 핵 전략가들을 "재래식 무기화하기"라고 비판했다. 다시 말해서 "역사적으로 재래식 무기들이 적절하게 사용되었던 여러 용도들에 핵무기를 이용하려 한다"는 것이다. 잘 알려진 핵무기의 위력 때문에, 대부분의 핵무기 사용 모델은 '한 방' 시나리오로 추정된다. 이것은 말 그대로 모든 것이 다 끝났다는 것을 의미한다. 모순적으로 전통적인 여러 종류의 전쟁과 달리 한 방 시나리오는 수학적으로 계산될 수 있다. 또 체스에서 최종적 체크메이트의 움직임과 같아서 완전한 체스게임을 하는 것보다 처음부터 훨씬 계획하기 쉽다.[6]

전쟁 시 재래식 무기들이 할 수 없는 것을 핵무기가 할 수 있다고 해서 그것이 보완적 대체를 할 수 없음을 의미하지는 않는다. 핵무기들은 재래식 무기를 대체할 수 있다. 만약 가공되지 않은 힘이 주요 기준이라면. 군사지출 할당은 제한된 예산 안에서 편성되어야 하며, 핵폭탄의 엄청난 힘은 재래식 무기의 대안으로 매우 매혹적이다. 여러 물질이 뒤섞인 엄청난 힘의 값싼 "덩어리"는 더 고급하고 더욱 유연한 그러나 더 비싼 전통적 힘의 작은 "덩어리"들과 비교된다. 미국 대통령 아이젠하워의 뉴룩New Look 전략은 사실상 이런 생각에 기반한 것이다. 그 시대의 유명한 문장을 빌리자면 "똑같은 돈으로 더 많은 파괴를" 할 수 있었던 것이다. 프랑스 역시 이 점을 보았다. 전략 핵무기화의 열렬한 지지자인 샤를 아예레Charles Ailleret는 1954년 다음과 같이 썼다. "핵무기는 (…) 재래식 무기에 비해 비싸지 않은 무기로 현대적 군의 표준을 이룬다." 미국의 핵무기 억지책이 출현하면서 유럽의 전통적 군비 지출은 감소했다. 케네디 대통령이 "유연한 대응"전략으로 옮겨갔을 때, 그것은 유럽에서 거부당했는데 더 많은 전통적 군사력 지출을 필요로했다는 게 주된 이유였다.[7]

펜타곤 계획자들이 예산과 정책결정 프로세스를 현대화하면서 보완적 대체는 활발하게 토론되었다. 미국 국무장관 로버트 맥나마라Robert McNamara의 보좌관인 찰스 J. 힛치Charles J. Hitch는 "전략과 비용은 총의 전방과 후방 시야만큼이나 상호의존적 관계다."라고 주장했으며 "균형요소들 또는 보완적 대체의 가능성들은 (…) 비용과 효과라는 질문에 의존하고 있으며, 그것은 다시 말해 기술에 대한 의존이다. (…) 특정 군대의 전략이나 군사적 목표는 그것을 실현하는 데 드는 비용과 별개로 선택될 수 없다."고 단정했다. 힛치는 이런 개념에 급진적인 성향은 전혀 없다고 말했다. 트루먼 대통령은 1945년 "전략과 프로그램 그리고 예산은 기본적으로 동일한 결정의 모든 측면이다."라고 말했다.[8]

좀더 넓은 관점에서 볼 때 전통적 힘과 핵의 힘은 비슷한 이익을 제공할 수도 있다. 둘 다 전쟁 무기이고 물론 다른 수준의 결과를 낳겠지만 둘다 군사기관에 의해 사용되며 둘 중 하나라도 갖는다면 국가의 실질적·잠재적 안보능력은 향상된다. 둘 다 적을 파괴할 수 있으며 물론 다른 각도이지만 둘 다 억지력을 제공한다. 그러므로 핵무기와 재래식 무기의 비슷한 이익은 둘 중 하나라도 전쟁을 일으키고 억제하는 데 쓰일 수 있다는 것에 있다. 여기서 하나를 다른 하나로 대체할 수 있는지에 대한 물음은 자연적으로 나타난다. 그러나 핵무기는 재래식 무기가 갖지 못한 독특한 일련의 이익들을 동반한다. 보프르는 핵무기가 행사하는 힘을 "말리는 또는 설득하는 압력"이라고 간주했다.[9] 핵무기 사용의 위협 혹은 추가 사용은 재래식 무기가 제공할 수 있는 어떤 것보다 강력하다. 그들은 이제껏 정치외교에 있어 재래식 무기 사용의 위협으로 달성할 수 있었던 어느 것보다 훨씬 더 강한 힘을 행사하게 한다. 그러나 핵무기뿐 아니라 모든 무기는 상대적으로 주된 것이 아닐지라도 독특한 힘을 행사한다. 가령 군대는 화력장갑차와 포병대로 보병을 대체하거나 감소시킬 수도 있다. 하지만 그 누구도 이들 중 하나만 가지고 전쟁을 시도했던 적은 없다. 공중 엄호 없는 전통적 전쟁은 생각할 수조차 없었다. 비행기들은 보병대를 없애지 않았다. 그리고 어떤 핵무기 보유 국가에서도 그들의 전통적 힘을 버리지 않았다. 보완적 대체는 시각의 문제이다.

우리는 이 장을 드골 이전과 이후, 프랑스의 핵억지력에 대한 역사로 시작했다. 이제 힘의 구축을 정당화하기 위해 사용된 이유들을 알아본 후 그것이 프랑스의 재래식 무기에 끼친 영향에 대해 증명하고 핵무기로 인해 재래식 무기가 사실상 크게 발전했음을 보여줄 것이다. 우리는 어떻게 이 책에서 탐구되었던 (보완적 대체 이외의 요소) 다른 경제적 요소들이 핵억지력에 적용될 수 있는지에 대해 이야기하며 이 장을 더욱 풍부하게 할 것이다.

핵억지력의 역사

순전히 재래식 무기들로만 무장한 국가는 핵을 가진 상대에게 휘둘릴 것이다. 반면 핵 보유 국가들은 비핵 국가에 좋은 인상을 줄 수 없을 것이다. 초기의 위대한 핵 이론가 중 한 명인 버나드 브로디Bernard Brodie(미국의 전략가.—옮긴이)는 정부가 "전쟁의 끔찍한 영향에 한 번도 균일한 방식으로 대응한 적이 없다"면서 "공포에 매우 무관심한 몇몇 사람에 의해 요즘 몇몇 강대국은 매우 예의 없이 행동해왔다."고 지적했다. 나폴레옹의 시대를 거쳤음에도 프랑스의 군사적 영향력은 18세기 초기부터 감소해왔으며 브로디가 말한 무관심을 소유하지도 못했다. 1945년, 프랑스는 자칫하면 패배의 역사를 쓸 뻔했다. 보불전쟁(프로이센-프랑스 전쟁)과 제1차 세계대전 그리고 제2차 세계대전에서 프랑스가 살아남았던 것은 오로지 동맹국의 눈물겨운 노력에 의해서였다. 연합군과 거대한 요새들(마지노선)을 통해 안보를 찾으려 했지만 이런 방법으로는 부족하다는 것이 판명되었다. 핵무기는 양적 열세에 대한 해결을 약속했다. 그러나 르간으로 가는 길은 짧지도, 쉽지도 않았다. 제2차 세계대전으로부터 회복하고 두 개의 전쟁을(인도차이나 그리고 알제리와) 벌이는 동안 프랑스는 핵무기 개발을 위한 제한적 자원을 소유하게 되었다. 하지만 적어도 드골이 돌아온 1958년 이전까지 핵무기에 대한 결정은 망설임과 모호함을 띠고 있었다. 결과적으로 1945년부터 1960년까지 프랑스는 앞으로 다가올 핵 지위에 대해 토론하고 준비했다. 그리고 1960년부터 1996년까지 프랑스는 핵무기 작전을 펼쳤으며 1996년 이후 자신들의 카드를 재평가하며 "전략 멈춤"이라 불리는 시기를 맞고 있다.[10]

기원

제2차 세계대전은 프랑스를 상처낸 채 치욕스럽게 남겨두었다. 그 어느 때보다 프랑스는 자신들의 인구적·지리적인 전략의 취약성을 뼈아프게 깨달았다. 확실히 독일은 이제 더 나쁜 상태였고 전체주의의 위협은 잦아들었으나 그것이 영원한 상황이 될 것이라는 믿음은 어디에도 없었다. 더 나아가 프랑스는 앵글로색슨 연합군의 지배 가능성을 반기지 않았으며 이런 성향은 프랑스 외교정책에 지금까지 영향을 주고 있다. 프랑스 지도자들은 전쟁 당시 주요 회담에서 자신들이 제외된 것을 잊지 않았다.[11] 이런 모든 고려사항이 프랑스가 주요 군사력을 가진 국가가 되도록 만들었다.

핵 개발 선택은 즉각적 대답은 아니었다. 인도차이나 전쟁이 발발하면서 프랑스는 서유럽 보호에 필요한 자신들의 군대와 재래식 무기들을 줄일 수 없었다. 연속되는 위기는 프랑스의 전통적 힘에 결함이 있음을 보여주었다. 차이점을 만들기 위해서라도 핵무기가 필요했다. 이런 상황에서 프랑스가 왜 핵무기에 개입했는지에 대한 질문보다는 과연 프랑스가 다른 방법으로는 그 상황을 이겨낼 수 있었을까를 질문해야 할 것 같다.[12] 프랑스는 몇몇 이점들도 가지고 있었다. 많은 비방을 받은 마지노선은 만약 기술이 안보를 약속해줄 수만 있다면 프랑스의 주요 기술적 노력을 지지해줄 수 있음을 반증했다. 게다가 프랑스는 최고의 핵화학·물리 역사를 가지고 있었는데, 이는 퀴리 부인으로 상징된다.

프랑스 제4공화국

프랑스 제4공화국이 몇 가지 수단으로 핵무기 프로그램을 가동하려 했지만 그들에게는 돈과 확신이 없었다.[13] 프랑스는 막대한 군사적 비용 지출을 감당할 수 없었다. 논란 많은 네 번째 공화국은 그들의 역사를 성공적이지 못한 해외전쟁을 하는 데 소모했다. "인도차이나(1946~1954)와 알제리(1954~1958)는 정권의 암이었다. 이로 인해 군대는 약해졌고 시간이 흐르면서 이것은 만성적인 증상이 되었다." 하나의 약점은 또 다른 약점으로 이어졌다. 작전비용이 군사적 자본 지출을 막은 탓에 프랑스군은 연합군보다 뒤처졌으며 나토에서 수하 역할을 맡을 수밖에 없었다. 정책의 확실성 부족도 이런 맥락에서 이해할 수 있다. 1946년부터 1958년까지 프랑스 정부의 평균 재임기간은 6개월이었다.[14)

이런 상황으로 인해 프랑스는 "폭탄"을 만들기로 결정하기까지 엄청난 혼란을 겪어야만 했다. 펠릭스 가야르Felix Gaillard 총리가 핵폭탄 제조를 결정했을 때인 1958년 4월 11일까지 어떤 공식적 결정도 내려지지 않았지만 실제 그 프로젝트는 상부의 최종적 결정 없이 이미 꽤 오랜 시간 진행되던 상태였다. "프랑스는 핵폭탄 소유 쪽으로 이동하고 있었으나 의회 수준에서 어떤 제재도 가해지지 않았다." 대신 아주 전형적으로, 계획과 토론만은 프랑스의 군인과 힘 있는 퐁쇼네르(관리.—옮긴이)들에 의해 진척되었다. 외교부장관과 원자력에너지위원회의 위원들은 폭탄이 "공식적으로 평화적 노력의 부산물 정도"라고 주장했다.[15) "정부의 동요와 우유부단 그리고 의회의 책임회피와 몰지각에 대항해 정책문제들은 또 다른 수준에서 토론되고 해결되었다. 군사적 핵프로그램은 CEA Commisariat a l'Energie Atomique(프랑스 원자력청)와 군 그리고 정부의 작은 그룹에 의해 상세히 논의되었다."[16) 사실상 일련의 결정 프로세스는 제대로 작동하고 있었으며 지금 우리가 생각하는 것보다는 훨씬 덜 복잡했을 수도 있다. 정부가 명백한 정책을 발표할 수 없었던 것은 그 문제가 결과적으로는 해외에서의 전쟁 때문에 계속해서 변동하는 자신들의 지위와 연결된 외교정책의 일부였기 때문이다. 실제적 상황은 정부보다 혼란에 더 큰 책임이 있었다. 표면상으로 당시의 상황은 혼란스럽게 보였다. "그것은 하나의 단순한 결정이 아니었다. 일련의 사건이나 결정이 아니라 확고하고 장기적인 정책으로서 이성적으로 계획되고 집행되어야 했다. 적지 않은 머뭇거림 끝에 1960년대의 사하라 테스트를 이끈" 프랑스 공화국의 핵폭탄을 향한 움직임은 두 가지 측면으로 나누어볼 때 훨씬 도움이 될 수도 있다.[17] 관료주의적 측면과 정치적 측면이다.

관료주의적 측면에서 볼 때 1946년부터 1954년까지 핵군사화에 대한 내각 수준의 논의는 거의 없었다(시민 수준에서는 있었음에도 불구하고). 반면 샤를 아예레 대령은 1946년 군대를 소집하여 핵물리학과 그것의 군 현대화 적용에 대해 연구하도록 했다. 1949년에는 핵무기를 위한 연구대대를 설립했고 1950년에 핵전쟁의 가능성에 대한 토론이 열렸다. 1952년 1월 1일, 아예레는 특수부대의 책임자가 되자마자 자신의 사무실을 핵무기 지지자의 회합 장소로 만들었다.[18] 이것은 어쩌면 단편적이고 낮은 수준처럼 보일 수 있지만 그렇지 않았다. 상부 장관들은 그가 하는 일에 관심을 가졌다. 민간용 핵의 지출은 증가했고 군사적 적용에 대한 관심은 커져갔다.

정치적 측면에서는 1954년부터 1958년까지, 핵 논의는 외부 사건으로 인해 조용히 진행되었다. 1956년 수에즈 위기에 디엔비엔푸(베트남 북부 디엔비엔푸에서 프랑스군과 베트민군 사이에 벌어진 전쟁. 이 전쟁 패배로 인해 프랑스는 인도차이나 지배권을 잃었다.—옮긴이)가 덮친 것 그리고 1958년 미국의 지불유예를 시험하기 위한 제안 등이 그것이다. 1954년 디엔비엔푸에서 프랑스 군대가 곤경에 처함으로써 프랑스 정부는 미국에 도움을 요청할 수밖에 없었고 이때 미국 핵무기 사용 가능성(벌처 작전Operation Vulture)이 광범위하게 논의되었다. 1954년은 종종 프랑스가 독립적인 핵 개발에 대한 "기본 방침"을 정한 해로 꼽힌다. 당시의 영향력 있는 연합군 내부 보고서에 따르면 아예레는 "전략 지휘능력이 핵무기를 지닌 나라들에게 속하는 경우가 증가하고 있다."고 표현하고 있다. 1954년 12월에는 이 문제가 내각에서 처음 논의되었다. 망데스-프랑스Mandès France 총리는 핵 개발에 동조적이었으며 민간인 원자력청CEA은 지속적으로 군사적 선택권에 대해 연구했다. 물론 망데스-프랑스와 그의 후임자 에드가 포레Edger Faure는 핵폭탄을 위한 어떤 결정도 내리지 않았다. 아직은 그것을 구축할 준비가 되지 않았고 섣불리 발표를 해서 얻는 이익이 없기 때문이었을 것이다. 그러나 포레 정부는 비밀스럽게 알베르 부샬레 장군 수하에 핵개발 연구부서를 만들었다. 아예레에게 이것은 핵폭탄 제조를 공식화한 결정이나 다름없었다. 엄청난 항의에도 불구하고 말이다. 그러나 여기서도 정책보다는 실제적 상황이 문제가 되었다. 군사적 역량과 자원은 알제리에서 커지고 있는 전쟁에 집중되었다.[19]

1956년 프랑스와 영국 그리고 이스라엘은 시나이를 다시 점령했지만 소비에트의 위협과 미국의 방관으로 굴욕적인 철수를 할 수밖에 없었다. 프랑스는 핵국가와 비핵국가 사이에 냉혹한 선이 존재한다고 결론지었다. 이스라엘의 판단 역시 그랬다. 당시 국방장관 모리스 부르제스-모누리는 이 문제를 두고 프랑스가 핵무기를 제조할 것인가 말 것인가로 보기보다는, 프랑스가 효과적인 국가방어력이 있는지 없는지에 대해 자문했다. 기 몰레Guy Mollet 총리는 이 문제를 논의하기 위해 상부 장관들을 소집하는 것에 동의했다. 이 그룹은 폴 엘리 참모총장이 이끌었는데 이 자리에서 프랑스가 억지능력(또는 만류 능력)을 기를 수 있다는 아이디어가 나왔다. "동맹국의 결정권에 있어 핵 센터의 숫자를 증가시킴으로써, 적군이 공격을 계획할 때 불확실성을 몇 배로 높일 수 있다." 이것은 몰레 총리의 관점(어쩌면 그 반대)을 반영하는데, 그는 프랑스 군사력을 미국과 영국 군사력의 잠재적 보충으로만 보았다. 몰레는 폭탄 제조를 기술적으로 결정한 것은 아니었지만 제조 능력을 구축하는 것을 도왔다. 별다른 특이점은 아직 외부로 드러나지 않았지만 1956년의 논의는 사회주의자 총리에게 정치적으로 유용한 것이었다. 1956년, 몰레는 EURATOM(유럽원자력공동체) 내에서 프랑스의 군사적 핵 개발권을 확실히 천명했고 프랑스 상원의원들은 핵무기 소유를 지지한다고 공식적으로 표명했다.

CEA와 국방부는 군사적 프로그램을 가동하는 것에 공식적으로 동의했으며, 아예레는 특수군 사령부의 지휘관으로 그 시험을 계획하도록 임명되었다.[20]

첫 핵폭탄을 제조하는 데 있어 프랑스의 최종적이고 공식적인 결정을 방해하는 주요 위기는 없었다. 1958년 4월 11일자 펠릭스 가야르의 공식 명령은 몇 가지 요소들에 의해 영향을 받았다. 동서 균형은 점점 더 호의적이지 않게 보였으며, 소련은 미사일 개발에서 앞서는 것처럼 보였다. 프랑스와 나토의 관계는 악화되었으며, 스푸트니크(소련이 세계 최초로 쏘아올린 인공위성.—옮긴이)는 명백히 미국을 흔들고 있었다. 핵무기 실험을 그만하라는 미국의 제안은 어쩌면 그 프로그램을 긴급하게 만드는 데 일조했다. '일반 연구부'는 이제 덜 완곡한 '군사 응용지휘부'가 되었다. 가야르의 명령이 떨어졌을 때, 프랑스 제4공화국은 소멸하기 불과 한 달 전이었으나 그들은 자주 드골을 탓하며 자신들이 원하는 대로 결정을 내렸다.[21]

새로운 무기를 개발할 때 자주 나타나는 사례로, 군의 압력을 들 수 있다. 압력이 강해진다는 것은 이론적 명백성의 부족을 의미했다. 이론에 대한 맹목적 동의는 창의성을 옭죌 수 있으므로 이견과 압력이 꼭 나쁜 것만은 아니다. 그러나 핵무기를 둘러싼 이론에 대한 문제들은 풀리지 않았다. 프랑스는 나토 및 다른 국가로부터 완전히 독립하려는 시도를 했을까? 그것은 순전히 전략 및 전술적으로 재래식 무기를 보조하기 위한 것이었을까? 힘은 육지나 바다, 하늘로 구성된 것인가 아니면 그들의 통합인가? 작은 핵전력은 정치적·군사적으로 어떤 역할을 할 수 있을까? 프랑스의 핵폭탄은 미국을 핵억지력으로 끌어들이려는 시도에 불과한 것인가?[22]

창의성은 철저함으로 보충되지 못했다. 프랑스 장교들은 효과, 신용,

비용, 무기의 비용적 효과를 생각하는 데 있어 손을 놓고 있었으며 작은 또는 중간 크기의 핵력 및 그것의 사용에 대한 연구조차 거의 없었다. 그런 연구는 확실히 매우 이론적이었을 것이다. 핵무기 이론 개발에 대한 동의 역시 군의 새로운 전통적 이론을 개발하는 것 때문에 방해를 받았다. 꽤 지지를 받은 견해는 이제 두 종류의 전쟁이 있다는 것이다. 게릴라전과 대규모 전쟁. 그리고 후자는 핵무기에 의해 억지될 것이다. "둘 중 어느 것도 대규모의 전통적 군사력을 필요로 하지 않을 것이라 예견된다." 이 견해가 프랑스 장관들에게 제한적으로 수용된 반면, 어떤 프랑스 사람도 자국의 전통적 군사력이 나토의 총알받이가 되는 것을 보고 싶어 하지 않았다. 하지만 이것은 현실적으로 가장 우려되는 가능성이었는데, 프랑스의 특징은 확실히 보병이었기 때문이다. 1차 세계대전에 대한 기억은 강했다.[23]

여러 장군들이 갖가지 의견을 내놓았다. 라울 카스텍스 제독은 1945년 소수의 핵무기를 소유한 작은 힘은 훨씬 더 큰 힘을 억지할 수 있다고 주장했다. 그는 이것으로 "비례적 억지책"의 근간을 세웠는데 이 개념은 더 작은 핵력이 더 큰 핵력을 억지할 수 있다는 것이었다. 더 중요했던 것은 아예레와 훗날 참모총장을 지내게 되는 미래의 장군 피에르 갈루아 Pierre Gallois의 영향력이었다. 이들은 샤를 드골에게 큰 영향력을 끼쳤다. 갈루아의 프랑스 내 영향력은 1956년부터 1958년까지 이어진 그의 강의에서 시작되었다. 프랑스 제4공화국의 막바지였다.[24]

아예레의 역할은 당연히 더 빨리 시작되었다. 그는 1949년 군에 대한 짧은 역사를 써달라는 요청을 받게 되고 당시 현존하는 장치들은 무기뿐 아니라 잠재적으로 전술과 전략 모두를 바꿀 수 있음을 설파했다. 한때는 포병대에게, 그후에는 공군력에 기대했던 적의 소멸은 이제 가능해졌다. 핵무기들은 1920년대 이탈리아 전략폭격 전문가 줄리오 두헤트의 이론을 현실화시켰다. 핵무기가 등장함으로써 비로소 재래식 무기들이 유럽에서 실패했던 적군 저항을 산산조각낼 수 있었다. 처음으로 적군의 군사력, 심지어 그들의 사활조차 멀리 떨어진 거리에서 위협할 수 있게 되었다. 곧이어 아예레는 핵전쟁 시대에 전통적 전투가 가능한지에 대한 질문을 던졌다. 하지만 군대는 이런 가능성에 대해 아예레보다 더 오래 고민해왔다. 가령 1954년의 훈련에서 군대는 (가설적인) 사용가능한 핵폭탄의 숫자를 제한하고 그들의 효과를 축소시켜 말했다. 이런 현실적이지 못한 제한에 대한 아예레의 비평은 당시 이해받지 못했다. 그러나 공감하는 사람들은 새로운 폭탄이 전략폭격에 있어서만 유용하다는 것을 알아챘다.[25] 전통적인 전략공군 교리와 만난 핵전략은 핵폭탄으로 재래식 군사 편제 모두를 대체하겠다고 위협했다. 그러나 아예레는 외톨이 늑대가 아니었다. 그리고 그의 경력도 타격을 입지 않았다. 프랑스 제4공화국이 당면한 문제에 대해 혁명적 군사 해결책을 찾고 있을 때, 그들은 핵 지지파를 향해 손을 뻗었다. 아예레와 갈루아, 그리고 다른 이들은 정치기관이 자신들에게 기회를 준다면 어느 때든 행동할 준비가 되어있었다.

기회가 나타났을 때, 군과 민간 관료들 대부분은 이미 핵무기 개발에 지지를 보내고 있었다. 좌파와 우파의 정치적 움직임도 호의적이었다. 후자는 프랑스의 위대함을 재건하기 위해, 전자는 냉전의 경직에서 탈피하기 위해서였다. 군대의 위치는 다소 복잡했다. 1946년 군대 저널들이 핵무기를 지지하기 시작했던 반면 많은 군인은 그들의 임무이행에 있어 핵무기의 효과에 대해 회의적이었다. 핵력을 가진 서부 동맹국들에 대한 두려움으로 몇 명은 마음을 바꿨다. 1951년 임명된 CEA 관리장관 피에르 기요마는 핵의 군사적 적용을 지지했다. 하지만 군 기관은 CEA가 공산주의자들과 가깝다는 이유로 그들을 믿지 않았으며 그들의 핵무기 제조 지역인 마르쿨에 대해 엄격한 감시를 했다. 감시가 너무 심한 나머지 통제 메커니즘을 설계한 설계사는 아버지가 공산주의자였다는 이유로 자신이 설계한 메커니즘을 보는 것조차 허락되지 않았다. 아이로니컬하게도, 당시는 미국이 핵 비밀을 프랑스와 공유하는 것이 법에 어긋났다. 프랑스 정부 내에 공산주의자들이 너무 많기 때문이었다. 이런 프랑스·미국의 마찰 및 프랑스의 독립적 억지책에 대한 욕구는 자연적으로 몇몇 군사적 반대자들을 이겨냈다.[26]

1954년에 핵무기에 대한 군사적 지지는 증가했지만 망데스-프랑스가 알던 것과는 달리 만장일치는 아니었다. 핵무기 개발이 재래식 무기에 대한 지출을 삭감시킬 것이라는 두려움은 군대 내에서 강했다. 더구나 그들은 해외 작전이 많았고 인도차이나에서 패배하고 있었다. 군은 5년 안에 폭탄이 개발될 것이라 계산했으며 이것은 매우 합리적인 예상이었음이 판명되었다. 그러나 대부분의 무지했던 사람들의 머리를 돌린 것은 디엔비엔푸와 수에즈로 인해 노출된 고질적 문제가 아니라 오히려 거기서 드러난 국제적 흐름이었다. 둘 중 어느 경우에도, 미국 연합군은 적극적으로 돕지 않았으며, 이런 두 개의 큰 위기가 2년 사이에 일어났다. 게다가 나토는 그들의 전략을 핵무기 중심으로 점점 넓혀갔다. 그러므로 점점 더 많은 장관에게 핵무기는 프랑스를 난관에서 구해줄 비법으로 보였다.[27]

드골이 왔다

앞서 보았듯 샤를 드골은 프랑스의 핵무기 프로그램을 시작한 사람이 아니다. 그럼에도 불구하고 그의 역할은 매우 중요했다. 프랑스의 지도자로 지낸 11년 동안 그는 핵억지력의 확고한 지지자였다. 그는 군사적 측면에 있어 핵의 영향력을 이해했으며, 그것을 바탕으로 정치적 기반을 다졌고 외교 및 국내의 군사적 목표를 위해 핵을 사용했다. 자신의 엄청난 특권과 명예를 핵폭탄에게 빌려줌으로써 그는 핵을 프랑스 애국심의 상징으로 만들었다. 그는 또한 외국의 반대에 맞서는 데에서도 전임자들보다 더 나은 위치에 있었다. 이제 핵폭탄 프로그램의 형태는 다졌고 이론도 최종적으로 진화하기 시작했다. 물론 최종적인 정치적 결정이 날 때까지 그것은 밖으로 드러나지 않았다.[28]

아예레의 영향력은 확고히 남아 있었다(그는 결국 참모총장이 되었다). 드골의 아예레에 대한 신뢰는 1961~1962년, 알제리의 무장 테러리스트 집단과 대치하며 프랑스가 평화협상을 할 때 그를 지휘관으로 임명한 것에서 잘 나타난다. 피에르 마리 갈루아 역시 그만큼 영향력이 있었지만, 초기 핵무기 지지자 중 한 명이었던 갈루아는 드골이 복직하기 불과 2년 전에 그를 만났다. 카스텍스로부터 그 아이디어가 비롯됐음에도 불구하고 갈루아는 "최소한의 억지책"이란 개념에서 시작된 비례적 억지책의 아버지였다. "두 국가가 모두 핵무기를 가지고 있을 때, 그들의 핵무기 힘이 동등하지 않더라도 현상 유지는 불가피하다. (…) 어떤 특정 조건에서, 새로운 형태의 평등이 국가들 간에 형성될 수 있다. 보안과 방어의 측면에서 그것은 더이상 강대국과 약소국이 아니라, 적어도 특수한 결정들과 맞닥뜨리는 것이다."[29]

시간과 공간에 대한 전통적 군사개념은 핵무기에 의해 폐지되었다. 갈루아는 핵무기가 크고작은 나라의 관계를 평등하게 만들었고 대량 군대의 힘을 중성화시켰다고 천명했다. 또한 인구를 동등화시키고 지리적 거리를 축소시켰으며 큰 공간의 이익을 제한시켜 러시아를 비유한 "동장군"이란 개념도 밀어냈다고 말했다. 비례적 억지책은 더 작은 힘을 파괴하기 위해 적군이 기꺼이 고통을 받는 것보다 훨씬 더 많은 손상을 입힐 수 있다는 개념을 바탕으로 더욱 정교해졌다. 소련의 사례에서 무엇이 표적이 될지는 명백해졌다. 지휘능력. 스티븐 침발라Stephen Cimbala(미국 펜실베이니아 주립대 정치학 교수.—옮긴이)는 말했다. "매우 작은 핵무기일 지라도, 그것이 목표물을 뚫을 수 있고 그 목표물들이 아주 정밀하게(정부의 의원 숫자 같은) 설정된다면 그것은 매우 위협적인 존재이다. 특히 소련의 입장에서 영국과 프랑스의 핵전력은 미국과 소련에 비해 작지만 상대적으로 무섭고 흐릿하며 크게 보일 것이다."30)

드골주의자들의 주장은 점점 더 근본적으로 변해갔다. 그 정점에서 드골이 모든 무기를 핵무기로 대체하려고 했을 때, 어쩌면 그의 장기적 영향력은 약화됐을 수도 있다. 그러나 그는 근간을 세웠다. 그의 관점은, 특히 비례적 억지책과 핵무기를 이용한 정치적 위협 능력은 앙드레 보프르에게 영향을 끼쳤다. 보프르는 은퇴 이후 전략에 관해 프랑스에서 가장 유명한 작가가 되었다. 모리스 드 삭스에 동조한 보프르는 폭력을 최종 목적이 아닌 수단이라고 주장했다. "냉전"은 완전히 새로운 형태의 전쟁이었다. 핵의 균형은 사실 전통적인 것보다 훨씬 안정적이었고 나아가 전통적 전쟁에 제한을 가했다. 적군은 전통적으로 싸울 수 있겠지만 동시에 핵무기라는 심리적 문제에 시달리게 된다. 보프르는 재래식 무기와 핵무기의 다른 점들을 주장한다. 작은 힘에 의한 억지책은 가능하지만 그것은 순전히 방어적 측면일 뿐이었다. 그는 최소한의 억지책을 지지했으며 그 개념에 숫자를 대입할 수 있는 몇 안 되는 사람이었다. 보프르는 적군들 사이에 균형이 이루어질 수 있겠지만 약한 쪽이 강한 쪽의 최소 15퍼센트에 달하는 인명과 물질적 자원을 파괴할 수 있을 때만 가능하다고 했다.31)

드골은 다양한 이론적 주장에 대해 어떤 편견도 드러내지 않았다. 그는 더 큰 문제와 정당성에(훨씬 뒤의 일이지만) 대해 고민했다. 그는 갈루아를 만나기 훨씬 전부터 핵무기에 대해 관심을 갖고 있었다. 지휘권을 향해 빠르게 질주하면서, 그는 핵력을 "모든 정책 도구 위에 있는, 목적을 위한 수단이나 보안이라기보다 독립, 이 나라의 지위를 보강해줄 외교적 이점 나아가 이 나라가 할 수 있는 역할의 확대"라고 주장했다. 1959년 드골은 프랑스 장교들과의 은밀한 모임에서 프랑스는 타격부대를 꼭 가져야만 한다고 말했다. 그것의 근간은 핵무기이고 지구상의 어디서든 행동가능해야 한다는 것이었다. 그리고 그것은 사실상 가장 무시무시한 상황에서만 사용되어야 한다고 강조했다.[32]

드골의 입장 천명 결과는 주목할 만했다. 1959년 1월 7일, 프랑스는 군사기관 재편성에 들어갔다. 나폴레옹 이후 가장 큰 폭의 재편이었다. 군사기관은 핵전략본부, 국가보안본부, 그리고 조정본부로 이루어질 예정이었다. 핵무기는 이 시스템의 심장부에 위치했다. "국방에 있어 모든 다른 측면은 그것을 보조해주기 위함이다." 50대의 단일폭탄 적재 폭격기가 전위에 섰고 중거리 미사일과 핵 적재 잠수함이 그 뒤를 따랐다. 사하라 테스트 계획이 진행중이었음에도 불구하고, 드골 정부는 폴리네시아에 더 적절한 지역을 개발하기 위해 빠르게 움직였다. 개발 속도는 놀라울 정도였다. 프랑스 제4공화국이 중요 문제들을 다음 내각에 미룬 시점에서 얼마 되지 않은 상황이라 더욱 그래 보였다. 그러나 드골이 이런 결정들을 충동적으로 내렸다고 생각하기에는 문제가 있다. 그는 최소한의 억지책과 비례적 억지책에 대한 개념을 받아들였으나 그 자신이 여기에 전적으로 가담하지는 않았다. 그는 프랑스가 나토와 관련 있도록 놔둠으로써(거의 없었지만), 소비에트가 프랑스를 공격하는 것은 나토를 전쟁으로 끌어들일 수 있다는 믿음을 유지하게 해 이익을 보았다. 이런 연계는 군사이론에 대한 그의 탁월한 이해력을 반영하는 것으로 그 이론이 얼마나 좋은지와 상관없이 전쟁에서 마찰 당사자의 어려움을, 그리고 심지어 평화 시의 어려움을 보여주고 있다. 게다가 드골조차 전통적인 각 군대

사이의 라이벌 의식을 막을 수 없었다. 강력한 드골주의자 알렉상드르 상기네티에 따르면 "핵무기 만능의 교리가 적용되자마자, 다양한 부서들은 이제 제한된 예산에 내에서 자신들의 전통적 구조를 가능하게 할 만큼을 얻기 위해 무자비한 싸움을 시작했다. 이런 양상을 보임으로써, 그들 각자의 독창적 주장들에 의해, 억지책의 중요 부분들이 같은 우세권을 지니게 되었다." 드골의 관심은 절대 핵이론의 심오함이 아니었다. 공식적으로, 그의 장교들은 이런 관점을 공유하는 것처럼 보였다. 핵억지력에 대한 공식적 군사이론에서 "가장 보편적인 제의들을 뛰어넘는 공식적 진술들은 거의 개발되지 못했다"[33]

드골시대의 전력 진화

이론은 무기 선택과 특정 결정 과정에서 정당성을 부여해줘야 한다. 군사이론은 억지책의 역할에 대한 군 내부의 경쟁적 주장들을 가려낼 필요가 있었다(군사의 경우 전술적 핵무기의 능력). 어떤 면에서 이론은 꽤 안정적으로 보였다. 가령 억지책의 균형이론은 1960년 내내 힘을 가졌으며 신뢰성을 줄 뿐 아니라 그들의 제한된 힘에 대해서도 정당성을 부여했다. 분석가들의 말에 따르면 그 힘은 "프랑스의 정치적 관심에 있어 전략적 능력을 균등하게 하기 위해 주창되었다."[34]

상대적으로 안정적인 두 번째 이론은 핵력과 관련 있는 전쟁이란 필연적으로 핵으로 갈 수밖에 없다고 보았다. 상기네티는 1964년 핵을 가진 적군과 맞서는 전쟁은 "전쟁의 운명이 우리 국토와 우리 사람을 걸고 있을 때에만 핵무기를 총체적으로 이용"할 것이라고 표현했다. 이런 공식은 오직 국가를 보호하기 위해서만 핵무기는 사용될 것이며, 사용되어야만 한다는 "신성화"로 널리 알려졌다. 소련 역시 단계적 확대 과정에서 이 믿음을 공유했기 때문에, 단계적 확대의 위협은 프랑스에게 있어 최

고의 억지책으로 보였다.[35]

그러나 만약 전쟁이 일어나고 확대를 피할 수 없다면, 전통적 힘과 전술적 무기들은 어떤 역할을 할 수 있을까? 아예레는 주요 전통적 충돌이 일어났을 때, 그리고 그로 인해 적의 전술적 핵폭탄 개발을 포기시킬 수 있다면 즉각적으로 행동해야 한다고 보았다. 일반적 군대가 도화선이 될 것이다. 그는 심지어 핵 공격 후에 전통적 힘을 배치하는 것도 고려했다. 아예레는 또한 1967년에 훨씬 더 논쟁적인 "모든 방향으로tous azimuts"라는 이론을 주장하는데, 전략적인 전력은 모든 방향에서 공격할 수 있어야 한다는 뜻이다. 세계적 공격력의 개념은 드골에 의해 1959년과 1961년 이론상으로 제안되었는데, 아예레는 여기서 훨씬 더 나아갔다. 그는 프랑스가 모든 곳의 위협으로부터 스스로를 보호하기 위해 세계적 미사일을 개발해야 하며 연합군에 의존해서는 안 된다고 주장했다. 드골은 이 새로운 이론을 1968년 확정했으나 실제로 이행되지는 않았다.[36] 그의 행정부는 곧 흐트러지기 시작했으며 아예레(그리고 그의 부인과 딸)는 레위니옹 섬에서 비행사고에서 사망했다. 그 사고는 이유가 밝혀지지 않아 오늘날까지 음모론에 둘러싸여 있다.

드골과 아예레가 인상적인 힘을 전해주고 갔음에도 불구하고, 어려움은 남아 있었다. 프랑스와 영국은 낮은 단계의 초강대국 무기를 만든 유일한 나라들이었으며, 프랑스는 이 점을 즐겼다. 그러나 치솟는 핵 개발 비용은 다른 군사시설에 대한 지출을 감소시켰다. 미라주 IV 폭격기는 1964년 실용화 단계에 진입했으나, 핵미사일과 핵 잠수함은 10년을 더 기다려야 했다. 드골의 장군들은 이론에 있어 미묘한 수정을 할 수밖에 없었다. 1958년에 그 개념은 공격·중재·생존이었던 반면 5년 뒤에는 억제·중재·방어로 바뀌었다. 힘의 개발이 예상했던 것보다 늦어지면서 이론은 한층 유연해졌다.[37]

드골 이후의 힘

드골의 후계자 조르주 퐁피두George Pompidou(1967~1974)는 계획보다 늦어진 핵무기와 자원에 굶주린 전통적 군사력을 물려받았다. 확고한 드골주의자였던 그는 의회에서 핵전력을 위해 싸워왔으나 그의 집권기 동안 외교정책에서 무기의 역할은 감소했다. 또한 군 관련 예산도 감소했는데 이것은 국내의 다른 부문 지출이 늘어났기 때문이다. 특히 1968년 5월 파리의 학생과 노동자들이 벌인 대규모 시위는 정부를 전복시킬 뻔했다. 위기의 결과로써 희생된 것 중 하나는 아예레의 "모든 방향으로tous azimuts" 정책이었다. 그의 후임자로 미셸 푸케Michel Fourquet가 참모총장에 임명되었는데 그는 그 정책에 관한 모든 언급을 없앴다. 대신 프랑스의 힘은 "동맹 국가들과 긴밀하게 협력하며 납득가능한 행동을 해야 한다." 라고 주장했다. 이런 이동은 의외로 수월했는데 군 기관의 대다수가 "모든 방향으로"부터의 정책이 소비를 왜곡시키고 국가 방어를 엘리트주의로 만들며 모순적이게도 강한 연합군들에게만 작용할 것이라 생각했기 때문이다.[38]

핵 지지자들은 강대국의 무기 감소가 프랑스의 상대적 힘을 강하게 할 수 있다는 쪽으로 스스로를 위로했으나 이것은 그들 자신이 개발했던 논리를 해결하지 못했다. 그 중 대표적인 것이 "신성화"였다. 그 힘은 동맹국을 보호하기 위한 억지책으로서는 믿을 만하지 못하며 오직 프랑스만 보호하기 위한 것이었다. 게다가 프랑스 자체가 미국의 영향력을 의심하고 있는데 어떻게 프랑스가 신뢰할 만한 영향력을 제공할 수 있겠는가? 아예레는 독일 서부에 프랑스군을 배치하여 프랑스 국경을 위해 싸울 것을 주장했다. 그러나 미국, 영국 그리고 독일을 패배시킨 소비에트의 힘을 과연 프랑스가 멈추게 할 수 있는가? 무언가 중재할 만한 것이, 실현 가능한 응답들이 필요했다. 푸케는 "적군 의도시험"이라는 것을 개발했다. 이것은 전통적 군사력이나 소규모의 전술적 핵으로 적의 후방을 공격하는 것이었다. 그는 현존하는 양자택일의 방법과 유연한 미국적 대응전략 사이에서 적정한 것을 찾으려 노력했다. 이것은 전통적 군사력을 재정비하고 핵무기 사용을 결정할 수 있도록 정부에게 시간을 벌어주었다. 단순히 독일을 없애는 것은 가능하지 않았다. 그런 정책은 잘 재무장된, 어쩌면 핵무기가 있는 이웃을 건드리는 결과를 초래할 수도 있기 때문이다. 그러나 프랑스에게는 거대한 전통적 군사력을 감당할 비용이 없었다.[39]

풍피두의 후계자인 발레리 지스카르 데스탱Valéry Giscard d'Estaing(1974~1981)은 드골주의자가 아닌 우파 출신이었다. 이것은 그에게 프랑스의 방어정책에 대해 꽤 자유롭게 생각할 기회를 주었고 그는 이 점을 이용했다. 전통적 힘을 핵무기로 완전히 대체하자는 갈루아의 주장은 거의 지지를 받지 못했다. 지스카르는 핵무기에 대한 의존이 지나치게 과도하다고 생각해 핵무기 성능을 높이는 대신 새로운 탱크와 전투기를 주문하는 것에 비중을 두었다. 그는 미국과도 아주 가까웠는데, 그 보답으로 미국으로부터 전폭적인 지지 성명을 얻었다. 동시에 정부는 "더 광범위한 신성화"를 제공할지 말지에 대해 고민을 했다. 이것은 프랑스의 핵무기 영향력을 유럽 동맹국으로 넓히는 것이었으나 실행 여부는 처음부터 의심스러웠다.[40]

전술적 핵무기는 더 많은 관심을 받았다. 클로드 방브르메어슈Claude Vanbremeersch 장군은 프랑스의 플루톤 전술 무기는 미국이 핵무기를 사용하기 전에 사용했을 때만 효과가 있다고 주장했다. 프랑스는 그러므로 자신들을 보호하는 데 있어 전략적 위치를 높이기 위한 신호로 그것을 사용해야 한다는 것이다. 이에 대한 반응은 매우 흥미로웠다. 지스카르의 접근은 논리적으로 범대서양주의였으며, 이것은 프랑스군을 독일 중심의 전투에 포함시키는 것이었다. 이런 불길한 조짐을 막으려고 프랑스 사회주의자와 공산주의자들은 드골주의자의 정책을 승인시키기 위해 뭉쳤다. 완전한 핵 독립 및 핵억지책에 대한 반대자들을 떨어뜨리기 위해 노력했다. 전통적 핵 지지자인 갈루아는 핵전력을 무시하는 동시에 그것의 영향력을 무시했다는 이유로 지스카르를 비난했다. 그러나 새로운 핵무기를 도입하는 것에 대해 지스카르가 망설인 실질적 원인은 핵 표적이 더욱더 복잡한 문제가 되었다는 사실이었다. 소련의 엄청난 민간방어 프로그램은 행정의 내부를 표적으로 삼는 것에서 특정 경제와 산업자산, "주요 업무" 또는 "주요 중심지"라 알려진 교리로 이동했다. 이 개념은 모호하고 상대적으로 작은 크기인 프랑스 힘에 의해 방해를 받았다. 궁극적으로 유연성 있는 표적은 사라지고 도시 표적 전략만이 남았다. 그러나 너무 많은 질문들이 해결되지 않은 채 남겨져 어떤 주요 군사 진화에 있어서도 성과를 내지 못했다.[41]

지스카르를 이은 프랑수아 미테랑François Mitterand은 샤를 드골을 상대로 1965년 대통령 선거에 나갔고 그 뒤로 자주 경쟁을 했다. 1981년 그는 프랑스 제5공화국의 첫 사회주의자 대통령이 되었다. 이상적인 측면에서 볼 때, 외교 및 군사정책의 방향은 예견될 수 있었다. 그러나 달라진 건 아무것도 없었다. 그는 핵무기와 공격력 모두를 자신의 권한 아래 놓는 등 아주 적은 변화만을 모색했다. 전통적 공격력을 강화한 것은 핵력을 보조하기 위한 의도였다. 나아가 보강된 억지책을 내놓았으나 그것의 실질적 목적은 다소 모호했다. 재래식 무기의 확장에도 불구하고 행정부는 재래식 무기보다 핵무기가 더 나은 억지력을 제공한다고 줄기차게 믿었다. 미테랑 정부의 이러한 경향은 외부 인사가 보기에 프랑스는 "핵우세권"이 지배적이라고 결론짓게 만들었다. 다시 말해 핵을 우선시한 결과 "중요한 전통적 군사 프로그램에 대한 자금이 부족해졌고 이것의 중요성

은 경시"되었다는 것이다.[42]

그러나 여전히 미테랑 정부가 핵무기에 있어 전임자들과 다른 태도를 취했는지 알기 어렵다. 확실히 프랑스는 현상유지를 좋아했다. 미국의 유럽에 대한 영향력을 완전히 거부하지 않으면서도 동시에 프랑스 스스로의 억지력을 보유하고 싶어했다. 프랑스에는 "정부 또는 대통령과 관계없이 계속되는 인상적인" 무언가가 있었다. 드골주의자의 규범 안에서 정책은 자주 바뀌었고, 전통적 힘을 축소하는 반면 핵력은 유지했다. "드골주의자의 모델은 모든 드골의 후계자들에 의해 유지되었다." 냉전의 마지막 몇 해 동안 행정부는 명백히 드골주의자적인 기조를 유지했으며 기술적 변화에서(미사일반대 시스템 같은)조차 마찬가지였다. 소비에트 연방의 붕괴도 주목할 만한 핵 정책 변화를 만들지는 못했다. 드골주의는 미국에 대한 정부의 시각에서도 나타난다. 미테랑 정부가 일시적으로 특정사안에 대해 미국과 긴밀한 관계를 유지한 건 사실이지만 불신은 일어났는데, 이는 미국의 전략방어 이니셔티브와 레이캬비크 회담이 미국 핵억지력을 덜 확실하게 보이게 했기 때문이었다. 한마디로 그것은 힘을 최우선시하게 된 도화선이었다.[43]

뒤이어 등장한 프랑스 대통령 자크 시라크 Jacques Chirac는 일생 동안 드골주의자였다. 그가 물려받은 힘은 작지 않았다. 그것은 중국의 힘보다 크고, 영국의 두 배이며, 많이 줄어든 미국과 러시아의 무기에 비해 조금 작을 뿐이었다. 어쩌면 이런 사실이 그가 왜 초창기에 핵우선권을 유지하는 것처럼 보였는지 설명할 수도 있다. 그리고 "모든 방향으로부터 tous azimuts" 프랑스 핵우산의 범위를 확정하려는 정책에 다시 손을 대고, 막강한 신성화를 부활시키려 했는지. 하지만 그는 다른 방향으로 갔다. 실질적으로 남아 있는 힘은 잠수함으로, 이것은 세계적인 우위를 지니고 있었다. 그러나 전체적으로, 마크 텔레리에 따르면 "40년 만에 처음으로,

핵무기들은 우리의 무기 집합 안에서 절대적 우선권을 잃었다." 태평양의 프랑스 시험기지는 문을 닫았고, 두 기의 핵분열성 물질 공장도 문을 닫았다. 갈루아가 화가 난 것은 당연하다. 그는 시라크가 독립성을 버렸다고 비난했다. 어쩌면 그것은 과장된 표현일 수도 있다. 하지만 만약 텔레리가 옳다면 독립적인 핵무기 보유를 통해 국력 유지를 위한 다른 수단들을 대체하려 했던 40년 간의 시도는 물거품이 된 것처럼 보인다.[44]

핵 프로그램은 많은 변화를 겪었지만 몇 가지 경향은 명백하다. 군대는 핵전력화로 인해 가장 고통 받았다. 심지어 드골의 재직기간 동안, 전통적 군사지출 비용은 줄어들었다. 그러나 핵무기에 대한 지출은 (대중의 지지가 줄었음에도) 치솟았으며 핵무기 우선권에 대한 의견이 분분했음에도 불구하고 프랑스 핵 탄두의 숫자는 계속 증가했다.

힘의 정당화

핵전쟁에 대한 거의 모든 것이 이론적이기 때문에, 재래식 무기를 핵무기로 대체하는 것에 대한 질문은 이론과 실행 모두가 근간하는 이론들을, 프랑스의 핵전력과 전략에 대한 이론적 실행을 포함해 알아보지 않고는 대답할 수 없다. 특히 두 가지 질문은 꼭 대답되어야 한다. 첫째, 프랑스는 그들의 군과 안보 지출을 재래식 무기에서 핵무기로 옮겨갔는가? 둘째, 재래식 무기를 핵무기로 대체할 당시 핵무기는 재래식 무기들과 비슷한 목표를 성취하기 위해 개발되었는가?

핵무기에 대한 가장 기본적인 주장은 프랑스는 전통적 방법으로는 이길 수 없었다. "프랑스가 자국의 전통적인 힘만으로 소련의 전통적 힘에 대항하여 싸우는 것은 불가능했음을 꼭 인식해야 한다. 이것이 정부가 군사적 핵 에너지를 개발하려 했던 이유다." 힘을 동등하게 만들어주는 무기가 있고 그것은 실용적이지 못했던 방어력을 보완해주었다.[45] 그렇다고 이것이 전통적 힘을 온전히 대체할 수 있을까?

장엄성

제4공화국은 프랑스를 일류국가로 올려놓기 위해 발버둥쳤다. 프랑스인들에게 핵 기술은 "두 번째 자유"였다. 핵폭탄을 소유함으로써 "악화되는 상황을 뒤집을" 수도 있었기 때문이다. 핵무기 없는 프랑스는 영원히 "이류국가"를 면치 못할 것이다. 이런 우려들은 특정한 군사·보안상의 이유보다도 훨씬 더 큰 영향을 끼쳤다.[46]

특정한 군사·보안상의 이유들은, 그러나 그들의 역할을 했다. 사실 프랑스 제4공화국에 있어 핵폭탄은 절실했으나 전통적 힘을 대체하기 위한목적은 아니었다. 핵무기들은 중요했지만 그것만 독점적으로 중요하지는 않았다. 프랑스 제4공화국에게 군을 "핵 전력화"하려는 목적은 없었다. 프랑스의 국방부 장관은 1956년 "핵폭탄을 가지고 있지 않은 군대는쓸모없다."라고 말했지만, 핵무기는 현존하는 군대의 확장일 뿐 후계자가 아니라고 주장했다. 사실 프랑스는 전통적 힘에 강한 관심을 갖고 있었지만 또 다른 재앙적인 전쟁에 관심이 있는 것처럼 보일까봐 전전긍긍했다. 그들이 원하는 전통적 힘은, "충분히 강해서 소비에트의 큰 공격에대해 핵 보복의 위협을 할 수 있을" 정도여야 했다. 수에즈에서 실패를겪은 뒤, 국력을 유지하는 것은 프랑스인에게 더욱 강력한 이상이 되었다. 저널 〈카르푸〉에 실린 글은 이런 분위기를 잘 반영한다. "만약 프랑스가 또다시 국제적 경쟁에서 효과적으로 중재하고 싶다면, 프랑스는 전략과 전술적 핵 잠재력을 키워 세계의 운명을 균형 잡는 역할을 담당해야한다." 약해진 미국 억지책과 영국과 미국의 군사력 감소 및 세계가 핵무기에 더욱 의존한다는 점은 대중들의 마음을 더욱 다급하게 만들었다. 앵글로색슨은 야만적이지만 군사적 문제에 있어서는 그들을 쉽게 무시할 수 없었다.[47] 그러나 프랑스 제4공화국의 기본적 핵 이상은 드골의 것과 달랐다.

핵억지책에서 드골주의자들에게 가장 중요한 것은 핵 보유라는 문제가 그 자체로 엄청난 파괴력을 가진다는 사실이었다. 따라서 핵개발은 드골 정부에 의해 체계적으로 그리고 범국가적으로 진행되었다. 핵은 프랑스 외교의 도구가 되고 장엄성이 되었다. 그것을 통해 내부적 결집과 경제적·사회적 진보를 꾀하려 했다. 또한 그것은 궁극적으로 초강대국 규율에 대한 도전이었다. 드골주의자들은 현존하는 국제정세의 불안과 불법적 관행에 대한 비판의 도구로 핵을 선택했다. 핵을 보유함으로써 프랑스가 여전히 강대국임을 자부할 수 있었고 민족국가가 여전히 실행가능한 인간 집단이라고 공표할 수 있었다. 나아가 물질적으로 자국의 시민들을 보호하는 능력이 있으며 그러므로 시민의 최종적 충성을 요구할 도덕적 권리까지 있음을 증명한다. 물론 핵이 지니는 위험의 크기 때문에 (드골주의자들의 프랑스가) 핵억지책 및 군사·외교·심리·경제·기술·과학적 근간 구축에 있어 상세한 행동방침을 개발했어야 했다는 우려가 나오기는 했다.[48]

이것이 주요 움직임이었는지 아니면 관점과 표현의 차이였는지에 대한 의견은 분분하다. 드골주의자들의 정책은 "지속성 있는" 정책 중 하나로 설명되었으며 그의 정부는 기존의 정책에 대한 "집행자"였다. 드골은 이미 존재했던 행동과 생각에 수단과 의지를 더했다고 널리 알려져 있다. 그러나 다른 견해에 따르면 드골은 핵억지책을 연합군과 미국 그리고 나토로부터 스스로를 해방시키기 위한 도구로 이용하려 했다고 주장한다.[49] 만약 드골주의자 행동방침이 예상과 달랐다면 보완적 대체의 문제는 다르게 연구되어야 할 것이다.

프랑스의 제4~5공화국은 모두 보완적 대체로서 핵을 개발했지만 그 용도가 일치할 필요는 없었다. 다른 점들은 다음과 같이 나눠질 수 있다. 프랑스 제4공화국은 핵폭탄을 프랑스의 "방어" 측면에서 생각했다. 샤를 드골은 핵폭탄을 "프랑스" 자체로 생각했다. 드골은 핵무기의 힘을 국가의 지위와 문화, 국가의 존립과 존립 이유를 위해 쓰고 싶어했다. 장엄성은 그에게 특별한 의미를 가진 단어였는데, 특히 나라의 지위에 있어 독립과 자신감을 의미했다. 드골의 "프랑스에 대한 모든 개념은 프랑스의 세계적 지위에 근간했다." 프랑스가 생존한다는 것은 그에게 물리적 생존 이상을 의미했다. 그것은 자립적이어야 했다. "아, 그래, 자립의 무기! 자립이야말로 무엇보다 중요하다. 우리는 그것을 달성할 수단을 가지고 있어야만 해!" 이것은 서부 초강대국으로부터의 완전한 독립을 의미한다. 초강대국과의 관계 그리고 서부 동맹국으로부터의 독립을 의미한다. 많은 사람들에게 르간에서의 핵 실험은 프랑스가 강대국으로 재탄생되었음을 의미했다. 이것은 정치적 독립으로 보였으며, 전쟁을 피하는(물리침) 동시에 국가적 신성을 창조하고 국가적 신뢰를 회복하는 것이었다. 최고 지휘관은 세부적 핵 군사이론에 큰 관심을 갖지 않았다. 한 분석가가 드골에게 핵 문제와 관련된 책을 보내자 드골이 그에게 감사인사를 전하며 물은 것은 딱 한 가지였다. "프랑스가 프랑스로서 살아남을 수 있습니까?"[50]

드골은 비실용적이지 않았다. 그는 살아 있는 그 어떤 프랑스인보다 강대국과 정치적으로 얽힌 많은 경험을 했다. 그 경험들은 대부분 쓰디쓴 것이었고 그는 자유프랑스의 지휘자로서 날카로운 비참함에 고통받았다. 어쩌면 이것이 프랑스의 미래 생존전략에 대한 그의 목표(또는 집착)를 설명해줄 수도 있다. 1959년 연설에서 그는 핵폭탄이 프랑스를 다시 한 번 세계적 강대국으로 만들어줄 것이라고 밝혔다. 그의 각료 중 한 명이었던 자크 수스텔은 핵폭탄을 "진정한 강대국으로 가는 입장권"이라고 불렀다. 이런 관점은 새로운 무기의 파괴력에 근간한 것이었다. 갈루아와 같이, 드골은 군사력의 본질은 바뀌었다고 생각했다. "억지책의 장은 그러므로 우리에게 열려 있다." 당시 강대국 사이의 테러로 인해 그들의 힘이 무뎌지면서 중간 세력들에게 기회가 왔고, 다른 한편으로 "핵전쟁 위협의 능력 없이는 어떤 독립적 국가도 신뢰할 만한 군사적 방어를 수행할 수 없는 시대가 도래한 것이다." 오직 핵무기만이 가져다줄 수 있는 안전의 요소가 있었다. 드골의 생각은 감정적인 것도 비이성적인 것도 아니었다. 그는 냉전시대 두 강대국의 다른 국가에 대한 무감각함을, 특히 프랑스에 대한 무시를 극복하고 싶었다. 물론 그의 독립적 정책에는 한계가 있었고 미국 또는 나토와의 관계를 완벽하게 끊을 수도 없었다.[51]

그러나 드골은 유럽에서라도 자신의 위치를 강화하고 싶었다. 드골은 이 목표를 달성하는 데 핵무기를 사용하려 했다. 중간 규모의 핵무기를 가진 프랑스는 유럽의 전략 대변가이자 최고사령관이 될 수도 있었다. 이 목표는 현실적 인식에 근간한 것이었다. 프랑스는 초강대국과 맞서 싸울 수는 없었다. 미국이 대량 보복에서 유연한 대응으로 전환함으로써 이제 유럽이 전투장이 되었고 이것이 드골에게 유리하게 작용했다. 비핵화는 핵전쟁이 뒤따를 수 있는 전통적 전쟁으로부터 유럽을 "안전"하게 했다. 그러나 모순적이게도 이것은 핵무기에 대한 의존을 낮추거나 숫자를 줄이지 못했다. 당연히 갈루아는 나중에 이것에 대해 불만을 토로했다.[52] 갈루아는 여러 저서를 통해 핵전쟁의 정당성에 대해 광범위한 연구를 했으나 장기적으로 그의 영향력은 감소했다. 그는 전략적 사고를 핵전쟁의 논리적 또는 비논리적 결론에 사용했다. 후에 그는 모든 국가에게 핵억지력이 필요하다고도 주장했다. 동맹국은 쓸모없는 반면 핵폭탄은 크고작은 힘들을 동등하게 만들어준다는 논리였다. 나아가 그는 표적들을 유혹하고 핵 자원을 고갈시킬 뿐인 전통적 힘은 증강할 필요가 전혀 없다고 주장했다. 그는 자신의 주장에 반대하는 사람들을 향해 "바보들, 또는 그들은 미국에 매수당했다."라고 표현했다. 그러나 그는 두 가지 중요한 공헌을 했다. 핵무기는 국가가 생존 위협에 처했을 때 국가를 방어하기 위해서만 쓰여야 한다는 점(이것은 무기를 더욱 정치적으로 만든다) 그리고 비례적 억지책의 이론(이것은 그들을 유용하게 보이게 한다).[53]

보프르의 공헌들은 더욱 유용한데 그쪽이 훨씬 논리적으로 보이기 때문이다. 그는 한 번도 동맹을 완전히 거부한 적이 없었다. 영국의 제독이며 전략가인 바실 리델 하트는 보프르의 "간접적 접근"을 핵무기 사용에 적용하기도 했다. 보프르는 드골주의자가 집권하는 동안 "지금까지 가장 창의적이고 재미있는 프랑스 핵 전략가"라고 불리었다.[54]

갈루아, 보프르, 그리고 아예레 같은 장군들이 중요한 역할을 하고 있을 무렵, 이 새로운 시도를 정당화시켜줄 가장 중요한 청중은 바로 군대였다. 드골은 패배하고 낙담하여 그에게 적대적인 군부를 물려받았다. 군 핵심부는 두 개의 큰 쿠데타를 시도하였고 그를 죽이기 위한 철저한 작전을 폈다. 군사력은 재배치되고 현대화되어야 했으며 국가에 충성하도록 만들어야 했다. 힘을 키우고 나토와의 많은 연결을 끊음으로써 군대는 새로운 임무를 갖게 되었다. 군의 정치적 고립과 우파적 경향은 공격받았다. 핵무기 개발은 "방어에 있어 현존하는 군인과 무기가 있는 시민 사이, 좌파와 우파의 오래된 분열을 뛰어넘기" 위한 수단이었다. 핵무기는 "군부대에 대체된 만족감을 제공했다." 국가와 군대 사이의 틈은 점차 메워졌고 군대는 그들의 지위를 되찾을 수 있었다. "프랑스의 방어는 프랑스인에 의해 이루어져야 한다." 그러나 그것은 전과 같은 군대는 아니었다. 과거의 군대와 미래의 군대 사이에 균열이 생기려던 참이었다.

군대는 현대화되어야 했고 그건 국가도 마찬가지였다. 프랑스는 기술적 변화로 그것을 이루고자 소망했다.[55]

핵을 지지하는 장군들은 이런 논쟁에서 매우 중요한 두 가지 방법으로 공헌했다. 첫째, 그들은 통역자처럼 행동했다. 새로운 무기의 적용을 좋아하지 않거나 이해하지 못하는 부대 장교들에게 핵무기의 장점들을 설명했다. 인도차이나와 알제리의 힘겨운 전투에서 방금 돌아온 장교들은 새 무기를 군사적 목적과 관련해 제대로 이해하지 못했지만 그들의 관심이 디엔비엔푸와 수에즈로 집중된 것이 한편으로 도움이 되었다. 핵무기 소유는 프랑스의 국제적 지위를 향상시켰으며 그것은 확실히 프랑스 내에서 군대의 지위를 높여놓았다. 둘째, 그들은 핵무기의 군사정치적 연결고리를 이해했다. 군사력과 핵 전력의 양극화는 사실 중요하지 않았다. 많은 국가들이 전통적 힘을 이웃 국가들을 위협하기 위해 구축하기 때문이다. 기술은 이제 새로운 무기를 요구하지만 근간이 되는 요소들은 여전히 존재한다. 만약 전쟁이 정책의 연결선상이라면 핵무기는 정책을 집행하는 데 가장 효과적인 방법이 될 수 있다.

거부의 정당화

핵무기를 반대한 비평가들은 그 힘을 비싸고 무용한 데다 전통적 힘을 손상시킨다는 이유로 거부했다. 비용의 문제는 명백했다. 그러나 프랑스의 국민총생산량에서 군예산이 차지하는 비중은 드골 정부 때 5.6퍼센트에서 4.4퍼센트로 떨어졌다. 알제리 전쟁의 여파로 군대의 크기는 어쩔 수 없이 줄어들었지만 이것이 곧 능력의 감소를 나타내지는 않는다. 1950년대에 프랑스 군대는 장비를 개선시키지 못했다. 인도차이나와 알제리에 들어간 비용 때문이었다. 핵 개발은 10퍼센트의 과학 인력, 60퍼센트의 전기산업, 그리고 70퍼센트의 우주산업을 소비했다. 드골 집권 당시 프랑스의 전체 군예산은 영국군의 70퍼센트 수준밖에 되지 않았다. 군비 지출은 미국이 전투기 B-52s에 지출하는 비용의 두 배밖에 되지 않았다. 미국은 1960년 미사일 개발에만 프랑스 전체 국가예산에 해당하는 비용을 썼다. 전체적으로 너무 많은 돈이 작은 힘에 쓰였고 전통적 전투와 비군사적 과학으로 인해 돈은 고갈되고 있었다. 이런 상황에서 드골은 공익사업과 비용에 관한 질문에 대해 1914년의 엄청난 포병부대와 1939년의 비행기에 대한 저항을 간결하게 언급했다.[56]

새롭고 익숙하지 않은 것은 비싸게 느껴지는 법이다. 엄청난 포병부대의 용이성, 그리고 비행기의 파괴력은 확고하게 증명되었다. 그러나 실용성의 문제를 놓고 볼 때 핵무기는 훨씬 모호할 수밖에 없었다. 한 연구는 핵무기를 그저 감당하기 어렵거나 그것으로 인해 이익을 볼 수 없다고 결론지었다. 신뢰성 또한 문제였다. 레이몽 아롱은, 영국과 미국조차 해내지 못한 소련 억지력이 프랑스에 있는지에 대해 물었다. 몇몇 정치적 이익에도 불구하고 전략으로서의 그 힘은 "프랑스에 별 가치가 없는" 것으로 보였다.[57]

게다가 두 가지 실질적 문제들이 처음부터 존재했다. 우선 그 힘은 약했다. 프랑스와 프랑스의 핵력은 적군의 첫 공격에 엄청나게 취약했다. 억지책은 공격 능력을 요구한다. 그렇지 않다면 어떻게 상대의 공격이 억지될 수 있겠는가? 갈루아는 전통적 미사일에 대해 너무 낙관적이었고 약한 두 번째 공격의 효과와 공격자에 대한 낙진의 영향을 과대평가한 것에 대해 비난받았다. 비평가들은 적어도 핵무기가 재래식 무기를 대체함으로써 거둘 수 있다는 몇몇의 논리는 철저한 검토를 이겨내지 못했다고 비난했다. 비례적 억지책은 받아들여지지 않았다. 핵무기 소유는 몇몇 이점을 가져다 줄 수 있으나 그들의 역할에 대한 낙관적 주장들은 거센 비판을 받았다.[58]

두 번째 문제는 그 힘이 약할 뿐 아니라, 초강대국들과의 핵 능력 격차가 계속해서 벌어지고 있다는 것이었다. 갈루아조차 이 문제를 언급했다. 물론 확장의 당위성을 설명하기 위해서였지만. 프랑스의 핵 시스템은 노후한 반면 초강대국의 기술적 변화는 눈부셨다. 프랑스는 핵무기와 이송시스템의 진화를 따라갈 수 없었다. 방어시스템은 이런 상황을 더욱 악화시켰다. 소비에트의 전략방어시스템은 미국의 공격을 중단시키지 못할 것이지만 프랑스의 공격을 막는 것은 다른 문제였다. 1960년대에 가능한 공격 방법은 미라주 IV 전투기를 이용한 것뿐이었는데 이것은 확실히 추격될 것이기 때문이다. 당연한 결과로 프랑스는 1981년에 군축협정을 맺는데, 초강대국들이 방어시스템을 갖지 않기로 동의한다는 전제하에서였다. 핵폭탄 소유가 곧 초강대국과 동등(또는 비례적)해지는 것은 아니었다. 힘의 약함은 그들의 행동 반경을 협소하게 만들었다.[59]

똑똑하고 미묘하나 피할 수 없는 이론적 주장들을 양쪽에서 맞닥뜨리게 되자 프랑스는 분열된 채 남겨졌다. 대중들이 처한 다른 문제들도 있었다. 하나는 확산으로, 갈루아가 긍정적으로 설명한 것이다. 그러나 줄모흐가 지적했듯 확산은 독일 지휘 아래에 있는 폴라리스 잠수함을 의미할 것이며, 1963년 당시에도 그것은 여전히 중요한 울림을 가지고 있었다. 아롱은 대다수의 거대한 공격을 막을 만큼 강한 전통적 힘 역시 억지력을 행사할 수 있다고 생각했다. 1980년 중반, 갈루아의 견해가 더이상 고려할 가치가 없어졌다고 여겨질 즈음 아롱이 옳았다는 여론이 우세해지기 시작했고, 서부의 핵 의존도가 좀더 낮았다면 더욱 좋았을 것이라는 의견이 나오기 시작했다. 분열은 여전히 남아 있었지만 드골이 평생을 바친 결과, 1946~1960년에 국민 대다수가 핵전력화를 지지했다.[60]

프랑스는 소규모의 3원전략 핵전력(지상발사 탄도미사일, 잠수함 발사 탄도미사일, 장거리 폭격기의 3개 축으로 이뤄지는 전략적 핵억지력.—옮긴이)을 개발할 수 있었다. 드골의 관심은 "진정한 전략기반"이었으며 그 결과 사실상 프랑스를 프랑스 스스로 방어할 수 있게 했다.[61] 드골과 핵 지지파 장군들이 볼 때 동맹국을 대표한 미국 억지책의 신뢰성은 의심스러웠다. 이런 판단의 근거는 1960년대에 나온 미국의 문건에서 엿볼 수 있다.

군사전략은 더이상 (물론 몇몇 국가와 몇몇 지역에서는 여전히 가능하지만) 승리의 과학이라 볼 수 없다. 그것은 이제 강요와 협박 그리고 억지책의 기술이다. 전쟁의 도구들은 획득에 관한 것보다는 징벌에 관한 것이다. 군사전략은 우리가 그것을 좋아하든 말든, 폭력의 외교가 되어버렸다.[62]

갈루아와 보프르는 이러한 국제 정세의 흐름을 너무도 잘 알았을 것이다. 같은 맥락에서 나토 지휘관이자 미국 장군인 버나드 로저스Bernard Rogers는 프랑스의 핵력이 "공격 비용과 위험성을 계산하는 데 있어 소련을 더욱 복잡하게 만들었다."라고 말했다. 애초 프랑스의 핵 개발을 무시하려 했던 소련은 보복을 강조했다. 그런 위협들은 프랑스의 핵 구축에 소련이 무관심할 수 없었다는 사실을 반증한다.[63]

프랑스 재래식 무기의 효과

한편 1950년대의 장교들이 핵전력화가 전통적 힘을 약화시킬 것이라고 두려워했던 것은 옳았다. 물론 프랑스의 전통적 힘이 핵무기 때문에 감소한 것만은 아니었다. 방어예산은 제한되어 있었고, 두 개의 중요한 전쟁에 드는 작전 비용도 큰 비중을 차지했다. 프랑스의 군사적 지출은 정부가 감당할 수 있는 것 이상이었다. 1958년에 거의 GNP의 10퍼센트를 차지했다. 그러나 핵력은 전통적 힘을 약화시켰으며 "쉽게 해결되지 않을 어려운 상황"을 만드는 데 일조했다. 많은 군인들은 드골이 알제리

정책 책임자로 사회주의자 프랑수아 미테랑을 뽑은 것에 대해 반대했다. 그는 힘의 반대자를 상징했기 때문이다. 재래식 무기 획득만이 문제가 아니었다. 헨리 키신저는 이 "놀라운 결론"과 관련해 핵 동등성(일단 핵전쟁이 나면 선제 공격국과 상대방 모두 서로 완전히 파괴된다는 상호확정 파괴이론을 바탕으로 일단 핵무기를 보유하면 핵강국인 미국과 동등한 위치를 인정받는 것을 의미함. 핵 등가성이라고도 함.—옮긴이)을 확보했다는 것은 재래식 병력을 감축해야 한다는 것을 의미한다고 말했다.[64] 그는 핵억지력 확보로 인한 이득은 정규군을 적절한 수준에서 더 늘리는 것을 정치적으로 불가능하게 하는 기능이라는 주장도 함께 폈는데 실제로 그렇게 됐다.

프랑스는 자원이 제한됐기에 핵무장의 영향력이 꽤 중요할 수밖에 없었다. 레이몽 아롱은 핵억지력 확보에는 전체 국방비의 20퍼센트가 소요되며 전체 무기조달 예산의 40퍼센트를 차지할 것으로 추산했고 제2세대 억지력 확보에는 비용이 더 많이 들 것으로 예상했다. 그는 자신이 보수적으로 계산한 것이 그 정도라고 설명했다. "그러니 비용을 아무리 적게 추정해도 재래식 무기 영역의 프로그램들을 감축 위험에 처하게 만들 수 있다." 핵무장화를 위한 초기 두 개의 프로그램에만 예산의 절반 또는 그이상이 지출됐으며 핵전력 확보에 들어간 실제 비용의 비율은 훨씬 높았다. 드골시대에 추진됐던 총 세 개의 프로그램에서 핵 관련 지출은 계획한 것을 훨씬 넘어섰다. 1965년에서 1971년까지 중화기 관련 지출의 절반 이상이 핵 무장화에 사용되었다. 첫 프로그램에서 군사력 현대화를 위해 지출한 117억 9,000만 프랑(당시는 1960년 화폐개혁 이후 뉴프랑을 쓰고 있었다) 가운데 핵 무장화에만 60억 5,000만 프랑이 들어갔다. 아롱은 정말로 보수적으로 계산했던 것이다. 드골시대 후반기에 핵 지출은 군사장비 확보에 들인 총지출의 절반을 차지했으며 전체 군사비의 4분의 1에 이르렀다. 1962년부터 1967년 사이에 재래식 군사력에 대한 지출은 43

퍼센트나 감소했다.[65]

이러한 감소는 중요할 수도, 그렇지 않을 수도 있었다. 1962년 프랑스는 공식적으로 알제리와 평화협정을 맺었고 이로써 재래식 군사력의 수요가 줄었다. 그러나 이러한 재래식 군사력 약화는 세 가지 측면에서 중요한 것으로 나타났다. 첫째, 프랑스는 거대한 재래식 군사력을 통한 전쟁 억지효과를 기대할 수 없었으며 기대하지도 않았다. 둘째, 재래식 군사력은 여러 가지 면에서 취약했다. 1960~1969년 사이에 병력은 47만 명으로 줄었으며, 가장 큰 몫(43만 1,000면)은 핵 군사력과 직접적 관련이 없는 육군에서 나왔다. 해군 병력은 9퍼센트나 줄었고, 공군은 23퍼센트 그리고 육군은 무려 57퍼센트가 감소했다. 1967과 1968년 그리고 1972년에 육군의 1인당 지출은 규모가 훨씬 작은 해군보다도 더 떨어졌다.

1970년대 재래식 군사력은 아주 위태로운 상황에 처했다. 독일의 헬무트 슈미트 총리는 발레리 지스카르 데스탱 프랑스 대통령에게 "냉전시대 프랑스의 상황 중에서 나를 가장 놀라게 한 것은 재래식 군사력이 취약하다는 사실이었다."라고 말했다. 육군은 4,000대의 현대적 전투차량을 보유하려고 계획했지만 500대만 획득했으며 헬리콥터는 900대 확보를 계획했다가 190대를 획득하는 데 그쳤다. 공군과 해군도 심각한 문제를 겪고 있었으나 적어도 기술 분야 현대화를 이룰 수는 있었다. 이에 반해 육군은 그렇지 못했다. 1991년 걸프전에서 프랑스군은 취약성을 드러냈다. 프랑스군 무기 가운데 비교적 현대적이라는 재규어 전투기는 야간에 작전을 수행할 수 없었다. 프랑스군이 보유한 최상급 폭격기들은 재래식 임무조차 제대로 해낼 수 없었다. 프랑스군의 전력이 너무도 약했기 때문에 미국의 노먼 슈워츠코프 Norman Schwarzkopf 장군은 의도적으로 프랑스 부대들을 이라크군 주요 부대와 맞닥뜨리지 않을 곳에 배치했다.[66]

재래식 군사력 약화를 심각하게 생각해야 할 셋째 요인은 현대화의 실패였다. 갈루아는 명백한 이유를 들며 여기에 문제가 있음을 받아들였다. 아롱은 현대화에 들어갈 최소한의 예산조차 확보할 수 있을지 우려했는데 그의 예상은 맞았다.[67] 예산 확보는 실제로 불가능했다. 드골 시대 첫 핵무기 프로그램을 포함했던 1960년 예산은 알제리 작전과 군 발전을 가능하게 했다. 하지만 이후 프랑스는 많은 부분에서 현대적인 무기를 획득하지 못했을 뿐 아니라 아예 개발하지도 않았다는 게 드러났다. "우리의 전통적 군대는 시대에 뒤떨어졌다." 이런 상황은 예산 감축으로 인해 더욱 악화했다.[68] 재래식 장비 도입은 "예정보다 훨씬 늦어졌다." 더욱 나쁜 일은 두 번째 핵 프로그램의 비용이 예상보다 훨씬 많이 들었으며 이 때문에 현대적인 신형 전차 생산이 미뤄지고 심지어 핵 잠수함 구입조차 취소하게 됐다는 점이다. 5개 육군 사단을 현대화할 계획을 세웠으나 단 2개 사단에만 현대화가 이루어졌다. 1960년대 중반 재래식 무기의 전력 효과에 대한 열띤 논란이 이어졌다.[69]

아예레 장군은 이런 사태에 대해 크게 신경 쓰지 않았다. 어쨌든 엄청난 규모의 공격과 대규모 상륙작전이 더이상 가능하지 않았기 때문이다. 그를 비판한 사람들은 제2차 세계대전에서 어느 누구도 당시 최후의 심판형 무기였던 독가스를 사용하지 않고 재래식 군사력만 활용했다는 사실을 지적했다.

그러나 아예레는 독가스는 기본적으로 전장이 고착된 전쟁에서 보호장비가 없는 군대를 상대로 사용했을 때에만 효과가 있다고 지적한 뒤 제2차 세계대전 중에는 이 둘 중 어느 상황도 나타나지 않았다고 논박하며 이러한 비교 자체를 거부했다. 여기에 알랭 페이르피트는 핵무기 관련 비용의 영향이 과장된 것이라며 이러한 지출 경향을 옹호했다. 그는 "방위비 지출에서 가장 큰 부분을 차지하는 것은 핵폭탄이 아니다. 그것은 병사다."라고 말했다. "1개 기갑 사단은 프랑스 전략 초음속 폭격기인 미라주 IV 50대로 이뤄진 부대보다 더 많은 예산을 쓴다. 이 기갑 사단은 적군의 심장부를 공격할 수조차 없는데 말이다." 그는 또한 재래식 육군의 중추인 징병은 국가경제를 해롭게 한다고 지적했다. 1980년대 재래식 군사력은 국방 예산의 5분의 4를 차지했는데 당시는 경기가 어느 정도 좋을 때였다. 프랑스의 거대 육군 시스템은 1965년 무렵 바뀌기 시작했으나 징병제는 존속되었다. 프랑스에서 징병제가 폐지된 것은 2001년이 되어서였다.[70]

그러나 육군의 난제에는 해결책이 있었는데, 드골주의자들에게는 크게 환영받지 못했지만 전술 핵무기가 그것이었다. 이를 통해 육군은 화력을 크게 늘릴 수 있었으며 공군과 해군처럼 핵전력과도 연계됐다. 이 과정에서 전술 핵무기에 대한 근본적인 의문이 제기됐다. 전술무기란 것이 정확히 무엇인가? 재래식 무기의 일종인가, 전략 무기의 작은 버전인가, 아니면 또 다른 독특한 무엇인가? 하지만 아무도 이를 명확히 알 수가 없었다. 전술 핵무기의 효용이란, 이를 사용한 후의 반응에 의해 평가될 수밖에 없었기 때문이다. 공격하는 측은 이를 전술적 목적이라고 생각하며 사용할 수 있지만 공격받은 측은 전략 무기로 평가할 수도 있는 것이다. 전술 핵무기가 핵무기 확산으로 이어질까? 그리고 핵 확산은 어떤 상황에서 가능할까? 전술 핵무기가 핵무기 확산의 요인이 될 수 있겠지만, 핵 확산은 이런 이유가 아니더라도 필연적으로 이뤄질 수밖에 없을 것이다.[71]

아무튼 드골이 권력을 잡았을 무렵, 초강대국들은 이미 전술 핵무기를 재래식 무기로 간주했던 것으로 보인다. 전술 핵무기는 드골이 내세운 '위대한 프랑스'란 개념에 전혀 어울리지 않았기 때문에 드골은 이런 견해에 별다른 관심을 보이지 않았다. 그렇다고 드골 행정부가 전술 핵무기의 잠재력에 대해서까지 무지하지는 않았다. 전술 핵무기는 1962년 개념적으로만 육군 기동훈련의 한 부분에 포함되었는데 그때까지 프랑스에는 이 무기가 실재하지 않았기 때문이다.[72] 당시 미국이 약간의 전술 핵무기를 제공했기 때문에 이를 자체 개발해야 할 절박함은 없었던 것이다. 하지만 미국의 전술 핵무기는 드골이 나토 회원국으로는 남되 사령부의 지휘는 받지 않겠다고 선언하면서 프랑스에서 철수됐다.

이 사건으로 당시 모든 강대국이 어려운 상황에 빠졌다. 소련은 입장이 강화된 듯했지만 서방의 군사행동에 대한 예측가능성이 다소 떨어졌다. 미국은 프랑스에 대한 영향력을 발휘할 지렛대를 잃었으나 미국에 대한 프랑스의 영향력도 마찬가지로 줄어들었다. 이는 유럽대륙의 4대 강국 중 하나인 프랑스가 정치적으로는 나토에 가입돼 있으나 군사적으로는 결별한 상태임을 의미했다. 아울러 위기상황에서 나토가 프랑스의 지지와 협력을 얻을 수 있을지에 대한 확신도 줄어들었다. 프랑스 역시 위기상황이 발생했을 때 동맹국들이 자국에 군사적 도움을 줄 수 있을지 확신할 수 없는 상황을 감수해야만 했다.

이런 움직임은 유럽 전체로 보면 기껏해야 하나의 모호한 상황이었을 뿐이다. 물론 미국 영향력의 감소는 환영받았을 수도 있지만 말이다. 이후 1965~1966년의 '공석위기(1965년 7월 샤를 드골 대통령이 공동농업정책과 프랑스의 영향력이 줄어드는 가중다수결 투표제에 대한 불만으로 유럽공동체 각료이사회 상주대표부에서 자국 대표단을 철수시켜 기능을 마비시킨 결정을 가리킨다. 1966년 1월 룩셈부르크 합의로 가중다수결제를 제한하고 만장일치 표결을 확대하기로 합의하면서 이를 해소했다.—옮긴이)'에서 프랑스는 각료위원회와 유럽위원회에서 대표들을 철수시키면서 국제사회와의 연결고리를 모두 끊겠다는 제스처를 취했다. 드골의 이러한 움직임은 결코 비이성적인 것이 아니었다. 가령 미국과 영국을 자극하는 한편 나토와 미국의 핵

전략 그리고 냉전시대의 불확실성에 대해선 모호하게 굴고, 전통적인 프랑스의 영광을 역설하는 등 드골의 행동 뒤에는 여러 가지 이유가 숨어 있었다. 드골이 나토 사령부에서 프랑스군을 일시 철수한 덕분에 프랑스에서 군사력 강화를 주장하는 측은 전술 핵무기를 포함해 분명히 더 많은 것을 얻을 수 있었다.

일은 그렇게 성사됐다. 이렇게 해서 프랑스의 전술 핵무기 독자 개발이 이뤄진 것이다. 드골 재임기간 동안 국방장관이던 피에르 메스메르 Pierre Messmer는 "우리 군대가 차츰 전술 핵무기를 갖추게 되면서 핵 군사력과 비핵 군사력의 구분이 더욱더 의미가 없어질 것"이라고 발표했다. 그러나 전술 핵무기를 보유할 가능성이 큰 공군 및 해군은 육군의 핵폭탄에 대해 반가워하지 않았으며 육군 역시 두 개의 "전략적" 임무 사이에서 어려움을 겪고 있었다.[73]

재래식 전술의 시각에 따르면 전술 핵무기는 또 다른 형태의 전쟁 억지책이라는 것이다. 전술 핵무기를 가진 군대는 핵억지력을 갖게 되며 지역 측면에서 보자면 해당 국가가 핵억지력을 행사하게 된다. 전술 핵무기는 재래식 공격과 핵 공격 모두를 억지할 수 있으며 그렇기 때문에 지상군을 보호하는 데 쓰일 수 있었다. 문제는 전술 핵무기의 배치 위치였다 프랑스의 유럽 동맹국들은 전술 핵무기 사용을 지지했으나 그들 자신의 국가에서 사용하는 건 결코 원하지 않았다. 예를 들어, 프랑스의 1세대 전술 핵무기인 플루톤 미사일이 효과적이려면 독일에 배치되어야 했지만 그럴 경우 (냉전 양 진영 간.—옮긴이) 전쟁이 발발하면 프랑스가 자동으로 초기단계부터 개입할 수밖에 없었다. 이는 프랑스가 특히 피하고 싶었던 상황이었다. 만약 프랑스 영토에 배치된다면 플루톤 미사일은 동맹국 영토 쪽으로 발사해야만 하는데 이 경우에는 해당 동맹국의 허락이 필요했다. 플루톤 미사일 개발에 찬성했던 아예레는 "어떻게" 그리고 "

어디서"라는 질문에 대한 답을 다소 모호한 상태로 남겨두었는데 이는 우연이 아닐 것이다.[74]

아예레는 전술 핵무기 사용이라는 개념에 대해 크게 주목하지 않았다. 사실 전략 핵무기의 시초에 대해 어느 누구도 제대로 알지 못했던 것처럼 더 규모가 작은 그들의 사촌(전술 핵무기)에 대한 이해도는 더욱 떨어졌다. 재래식 무기가 더욱 우세한 바르샤바 조약 동맹국들에 대한 균형추로서 재래식 무기의 하나로 핵을 사용하고 싶은 유혹은 아주 컸다. 전술 핵무기를 프랑스 재래식 군사력이 현대화 실패로 겪고 있는 기술적인 부족을 메워줄 용도로 이용하고 싶어하기도 했다. 하지만 아무리 소형이라고 해도, 핵무기를 다른 어떤 용도로 쓰는 것은 어려운 일이었다. 전술 핵무기는 방어자가 적에게 단호함을 보여주며 경고하기 위한 상징적 의미로만 발사할 수 있었다. 어떤 재래식 포탄도 그런 효과를 가질 수는 없었다. 아예레와 마찬가지로 이런 사실을 알고 있었던 드골은 지나치게 많은 장교가 전술 핵무기를 "슈퍼 대포"로 여기는 것에 대해 우려했다. 그는 심지어 핵무기는 전쟁을 억지하기 위해 존재하는 것이며 문제는 유럽의 군사 균형이 아니라 글로벌 정치라고 강조하는 지침서를 쓰기까지 했다. 드골이 독트린 수준의 지침을 내리는 것은 드문 일이었으나 이렇게 함으로써 그는 전술 핵무기가 재래식 군사력의 허약함을 대체하기 위한 것이 아님을 강조했다.[75]

전술 핵무기의 재래식 군사력 대체

이렇듯 핵전력의 역사와 배치 근거를 살펴보면 모종의 대체가 실제로 일어났음이 드러난다. 재원은 당연히 부족했다. 드골시대 16년에 걸친 기나긴 식민지 반란전쟁(베트남과 알제리 등의 독립전쟁.—옮긴이) 시대를 끝내고 더 많은 재원을 경제개발과 사회복지에 쏟아붓게 되면서 프랑스의 군비 감축은 피할 수 없었다. 정치적·경제적 상황 때문에 군사비 지출은 현실적으로 경제생산량의 5퍼센트 이하로 유지할 수밖에 없었으며 심지어 이렇게 감소한 군사비로 갈수록 늘어나는 핵무기 지출까지 감당해야만 했다. 무엇으로 이를 벌충할지의 문제는 더욱 복잡했다. 드골은 핵 관련 지출이 프랑스의 우주항공 산업과 기술 산업을 자극할 것으로 기대했다.[76] 하지만 이를 통해 그만한 이익을 낼 수 있을지는 여전히 미지수로 남아 있었다. 핵무기는 몇몇 측면에서는 재래식 무기를 대체했다고 볼 수 있지만 만일 갈루아의 이론이 맞는다는 전제 아래 다른 측면에서 보면 몇 가지 점에서 꼭 그랬다고 볼 수도 없었다.

심지어 온건파인 보프르조차 당대의 정치적·군사적 문제에서 핵무기가 주도적인 역할을 할 것이라 생각했다. 그는 또 프랑스의 핵 의사결정이 프랑스 역사와 궤를 함께 한다고 지적했다. 안보를 확실히 다지기 위해 프랑스는 종종 대규모 변화를 추구했다는 것이다. 그는 이와 관련해 과거 1939년부터 1963년 사이에 진행했던 13개나 되는 주요 변화 내용을 제시했는데, 여기에서 종종 결정적인 중요 해결책이 하나씩 나왔음을 환기시켰다. 그는 "전선과 방어전력은 끊임없이 새롭게 생기며 오늘날 그것은 핵무기다."라고 썼다. 또 다른 작가의 관점에서 핵폭탄은 심리적 마지노선이나 다를 바 없었다. "둘 다 침략자들로부터 프랑스 영토를 지키기 위한 노력이었다."[77] 그러나 이는 드골의 관점이라기보다 제4공화국의 관점을 충실히 반영한 견해였다. 드골은 우리가 언급했듯이 프랑스의 독자성이 영토적 통합보다 더욱 위험에 처했다고 생각했다. 핵무기를 재래식 무기의 대체재로 여기는 사람들은 그것을 사용하는 영역뿐 아니라 시간적 측면도 고려해야 한다.

드골은 독자노선을 추구했다. 미국 추종을 거부했고 프랑스의 영광을 부르짖었으며 민족국가 프랑스의 우수성을 믿었고 국방의 중요성을 강조했다. 어떤 핵무기가 재래식 무기를 대체했는지, 또는 이러한 목적을 이루기 위한 다른 정책을 분석하는 데 있어 우리는 또다시 핵무기나 냉전 시대 재래식 무기가 서로 또는 일방에 잘 부합했는지를 고려해야 한다. 이 문제는 군사기관의 성격을 바꿈으로써 훨씬 복잡해졌다. 거대한 보병 부대는 전세계적으로 감소했다. 재래식 장비의 유지비용 때문에 각국 군대는 세계대전 이후 규모가 대폭 줄어들었다. 그리고 군대는 더이상 거대한 침공을 준비할 필요가 없어졌다. 핵무기의 존재는 그것이 핵무기와 함께 사용되든 아니든 재래식 군대의 역할과 영역을 바꾸어놓았다. 드골은 더 나아가 핵무기가 기존 군대를 강하게 하는 수단이라고까지 주장했다. 그러나 이는 오히려 비핵화 상태인 군대를 더욱 취약한 위치로 몰아넣은 것은 아닐까? 즉 "부정적" 대체의 형식으로 말이다. 군사기관의 존재 목적조차 의심스러워졌다. 미국 경제학자이자 전략가인 토머스 셸링 Thomas Schelling에 따르면 각 국가들은 더이상 재래식 전쟁의 승리를 노리지 않으며, 타격을 줄 수 있는 능력을 바탕으로 협상력을 높이기를 원한다. 핵무기는 강력한 파괴력 때문에 대체 전력으로 봐야 하는가, 아니면 재래식 무기와 파괴력 차이가 아주 크다는 이유로 완전히 다른 것으로 간주해야 하나? 비교할 만한 이득이 있기라도 한 것일까?[78]

재래식 무기를 핵무기로 대체하는 것

재래식 무기를 핵무기로 대체하는 것에 들어가는 예산은 유용하면서 기만적이다. 무엇을 사들였는지를 보여주기 때문에 유용하지만, 구매 결정이 재래식 무기를 핵무기로 대체한다는 사실을 제대로 반영하지 않는 대신 서비스와 국가정책의 엉뚱한 생각을 반영하기 때문에 기만적이다. 게다가 규모, 예산, 그리고 프랑스의 재래식 군대 현대화라는 세 가지 과제 모두가 제대로 이뤄지지 않았음은 말할 필요도 없다. 프랑스 정규군은 세계 제패 전략과 같은 국가 전략에 영향을 미칠 위치에 있지 않았다. 대신 핵폭탄이 비로소 그러한 전략에 영향을 미치기 시작했다.

그러나 재래식 군사력을 핵전력으로 대체하면 그 이익이 비슷한가? 혹은 핵전력으로 얻을 수 있는 이익이 재래식 군사력으로부터 얻는 것과 성격이 다르거나 아니면 어떠한 재래식 군사력도 제공할 수 없었던 새로운 이익을 제공했기 때문에 핵전력을 대체재로 간주할 수 없는 것인가? 이 질문에 대답하기 위해서는 몇 가지 영역을 알아보고, 어디서 재래식 그리고 핵무기가 서로를 대체할 수 있었는지에 대해 알아봐야 한다.

프랑스의 국방비 지출은 경상비 지출, 장비 구입, 그리고 핵 무장이라는 범주에 맞춰 구분돼야 했다. 핵 관련 지출은 경상비 지출과 장비 구입의 범주 안에서 그 경비를 조달받았다. 제4공화국 아래에서조차 핵 지출은 재래식 군사력의 지출 영역을 침범했다. 특히 인도차이나와 알제리의 작전에 대한 예산 때문에 다소 힘들었던 1960년과 1974년에조차 명백한 (재래식 군사력에 대한 지출에서 핵 지출로) 대체가 일어났다. 이것은 그러나 핵과 재래식 군사력 사이의 비슷한 이익에 대해 얘기하고 있지는 않다.

억지의 영역에서, 문제는 더욱 복잡해진다. 재래식 군사력은 전쟁을 억지할 수 있는가? 이론적으로 보면 당연히 그럴 수 있으나 핵무기와 같은 영향력은 아니다. 재래식 군사력이 행사할 수 있는 보복 공격력의 규모는 명백히 (핵무기보다) 훨씬 적다. 강한 재래식 군사력은 공격자를 패배시킬 있으며 적어도 적에게 재빠른 승리의 기회를 주지 않을 수 있다. 전쟁을 일으키면 곤경에 처할 수 있음을 위협하기도 한다. 그러나 핵억지력에 대한 신뢰도는 재래식 무기보다 훨씬 적다. 소련이 서구의 침략을 위협한다고 가정했을 때와 프랑스가 재래식 또는 핵전력 둘 중 하나를 전투에 사용하겠다고 위협하는 상황을 예상해보자. 프랑스의 함축된 위협이 얼마나 신뢰성이 있을까? 별로 없다. 소련은 이미 프랑스의 핵공격은 즉각적인 자멸을 뜻한다는 사실을 명백히 알고 있다. 프랑스의 핵무기 영향력은 재래식 군사력보다 훨씬 뛰어나지만 정부는 어느 것을 더 사용하려 할까? 어떤 무기의 위협을 훨씬 더 신뢰할까? 종류와 효과의 엄청난 차이에도 불구하고 재래식 무기의 억지책은 생각보다 효과가 크다.

만약 이러한 토론이 혼란스럽다면, 그건 그 시대 프랑스가 표방한 전략적 시각 때문이다. 프랑스는 억지력에 있어 재래식 무기와 핵 사이의 문제를 한 번도 완벽하게 해결하지 못했다. 대부분의 프랑스 전략가들은 재래식 군사력이 핵 종류를 대체할 수 없다고 생각했으나, 핵무기 역시 값비싼 재래식 무기를 대체할 수 없었다. 육·해·공군 모두 이 문제로 인해 고통받았으나 그중 육군의 부담이 가장 컸다. 갈루아는 특히 재래식 군사력은 최소한도로만 보유해야 한다는 생각을 지지했다. 재래식 억지책은 핵억지책에 비해 덜 안정적이라는 게 그들의 주장이었다. 나아가 재래식 군사력은 비실용적이라고 비난받았다. 서구 연합군은 계획했던 대로 병력을 확보할 수 없었다. 나토의 병력 숫자는 소련을 따라갈 수 없었다. 핵억지책 교착상태가 더 큰 재래식 군사력을 요구한다는 점을 인정했던 보프르는 이것을 예비군 제도로 체계화할 수 있다고 생각했다. 반면 드골은 독일을 자신의 재래식 억지 전력으로 이용하길 원했던 것이 분명하다.[79]

문제가 결코 간단하지 않았지만 프랑스와 외국 학자들은 억지책에 있어 핵과 재래식 군사력 사이의 고질적 문제를 해결하기 위해 노력했으며 따라서 대체가 일어났다고 결론짓는 것은 논리적이다. 누구나 핵무기 사용을 주저할 수밖에 없다는 사실은 과연 핵무기의 위협이 진정으로 의미가 있었는지에 대한 고민으로 이어진다.[80] 이는 핵무기를 보유했다고 해서 프랑스를 포함한 어느 나라도 왜 정규군을 해체하지 않았는지에 대한 설명이 될 수 있다.

보완적 대체는 국방의 영역에서 어쩌면 더 명백할 수 있는데, 이는 전투에서의 실질적 성공을 의미한다. 두 종류의 무기 모두 전쟁에서 사용할 수 있다. 모두 다 알겠지만, 침략자들에 대항하여 핵무기를 사용하는 것과 적 내부를 초토화시키기 위해 핵무기를 사용하는 것은 서로 다르다. 조국 수호라는 명분과 위에 언급한 몇 가지 문제들을 이유로 재래식 전력으로는 제대로 손볼 수 없었던 공산주의 무리를 혼낼 핵무기를 보유하는 것을 정당화할 수 있다. 이 경우 대체효과가 있다. 그 반대는 적을 공격하는 능력에서 다른 무기들이 비교됐을 경우다. 재래식 군사력으로도 적을 공격할 수 있겠지만 가격이 훨씬 더 들기 때문에 그 효과는 의심스러워진다. 가령 히로시마 핵폭탄 투하보다 더 많은 민간인의 목숨을 앗아가고 도쿄를 초토화했던 대공습은 재래식 군사력에 의한 것이었다. 히로시마에서는 제공권을 완전히 장악한 상태에서 핵폭탄 한 발을 투여했고 도쿄에는 279대의 항공기가 동원됐다는 점만 달랐다. 도쿄를 파괴했던 항공편대는 나치 독일의 도시들에 그렇게 폭탄을 퍼붓고도 기능을 마비시키는 데는 실패했던 비행기들의 숫자에 비하면 적다(6장 참고). 핵무기의 등장과 함께 제공권 장악은 필요가 없어졌다. 오직 한 대의 폭격기가 도시를 파괴하기 위해 하늘을 뚫으면 됐다. 심지어 초창기 미사일로도 값싸게 핵무기를 나를 수 있다. 만약 프랑스 전략폭격기인 미라주 IV 15대가 모스크바를 재래식 무기로 공격한다면(최대한 동원 가능한 숫자다), 그들 전원이 임무를 완수했다 해도 그 결과는 조롱거리에 불과할 것이다. 그러나 만약 이들이 핵폭탄을 실어날랐다면 소련 대공방어망이 자랑하는 대로 93퍼센트 격추율의 피해를 당할지라도 소련 수도의 대부분을 파괴할 수 있을 것이다. "적은 돈으로 더 큰 공격을"이란 주장은 반박의 여지가 없어 보인다. 시대에 뒤떨어진 폭격기가 뒤떨어진 구식 핵폭탄을 나른다 해도 엄청나게 끔찍한 손상을 입힐 수 있다. 재래식 군사력으로 하늘, 또는 지상을 통해 공격해 그만큼의 피해를 입히려면 천문학적인 비용이 든다. 보프르에 따르면 첨단 재래식 무기는 너무도 비싸 중간 규모의 강대국(미국과 소련 같은 초강대국 다음 규모의 강대국. 프랑스, 영국 등)도 이를 대규모로 보유하기 힘들 정도다. 그의 계산에 따르면 20킬로톤 규모의 핵폭탄은 75밀리미터 야포 100만 문을 일제히 사격했을 때의 파괴력에 필적한다. 더욱 지루한 비유가 되겠지만, 피에르 메스메르는 프랑스 남부 피에르라트에 전선 살포용 독가스 공장을 짓는 것이 두 개의 기갑 사단을 만드는 것보다 훨씬 적은 비용이 든다고 결론지었다.[81]

레이몽 아롱은 이런 주장에 현혹되지 않았다. 다음은 그의 말이다.

(핵무기) 지지자들은 계속해서 재래식 무기가 (핵무기보다) 훨씬 더 비싼 것을 증명하겠다고 주장하고 있다. 만약 핵무기의 파괴력을 재래식 무기와 단순 비교해 계산한다면 이런 주장은 사실일 것이다. 수백만 명의 시민을 한 사람당 가장 적은 비용으로 살해하는 일에서 어떤 무기도 H-폭탄(수소폭탄.—옮긴이)과는 경쟁이 불가능하다. 우리 동맹국들이 지지하는 재래식 무기 프로그램이 비용이 더 든다는 사실은 무의미하다. 왜냐하면 핵억지력이 통상적인 안보에 도움이 되지 않아 보유할 필요가 없기 때문에 핵무기를 생산하지 말자는 의견을 포함해 핵무기와 재래식 무기의 비율 할당은 (동맹국이 아닌.—옮긴이) 우리가 결정하는 것이기 때문이다. 알랭 페이르피트가 지적한 사실을 받아들이려는 사람도 있을 것이다. 1개 기갑 사단은 옛 프랑으로 따져 300조의 비용이 드는데 이는 50대의 미라주 IV 폭격기 비용과 맞먹는다는 이야기 말이다. 그러나 이 말을 통해 확인할 수 있는 것은 현대 군대는 광범위한 자원을 요구한다는 사실이며 이는 당연한 소리다. 그리고 프랑스가 최소한의 재래식 군사력을 확보해야 한다면 국방 예산이 제한되는 상황에서 2세대 억지력이 이처럼 필수불가결한 최

소한도의 육군 사단과 군함, 그리고 여러 종류의 항공기와 양립할 수 있느냐 하는 질문이 전제되어야 한다.[82]

아롱은 두 가지 주장을 했다. 첫째, 만약 핵폭탄이 너무 비싸 재래식 무기를 필요한 최소한도의 수준으로도 확보할 수 없는 상황이라면 그 핵무기들은 들인 비용만큼의 가치가 없을 것이다. 둘째, 적절한 비용 비교는 핵무기와 모든 재래식 군사력에 대해서가 아니라 핵무기와 재래식 군사력의 최소한도의 확보 수준을 넘는 비용에 대해 이루어져야 한다. 다시 말해 한계비용효과 분석을 해야 한다는 이야기다. 둘 중 어느 주장을 전제로 하든 관련 핵무기에 드는 비용은 상대적으로 증가하고 있다.

그러나 프랑스가 세계적 수준의 핵 또는 재래식 군사력 확보에 실패했다는 것을 비평하려면 실제로 프랑스가 그 둘 중 어떤 것도 감당할 예산이 없었음을 고려해야 한다. 아무리 최소한도의 재래식 군사력만 확보한다 해도 이러한 핵전력까지 함께 운용한다면 마련할 수 있는 예산을 초과할 수밖에 없다. 그러나 핵 공격력은 두 가지 재래식 군사력을 대체했는데, 이것은 재래식 공습과 지상 침공이다. 핵무기에는 비교 효용이 분명히 있었던 것이다. 재래식 무기와 핵무기의 규모 차이 때문에 실제 효용 비교가 좀 어렵기는 했지만 말이다. 드골과 수많은 핵 지지자는 대중들의 사기도 중요시했다. 물론 냉전시대라고 해도 재래식 군사력이 대중의 사기를 높이는 효과를 거둘 수 있었지만 프랑스에선 그렇지 못했다. 프랑스의 재래식 군사력은 베트남을 물리치지 못했고, 알제리도 누르지 못했으며 최근 세 차례에 걸친 전쟁(1871년의 프로이센-프랑스 전쟁, 제1차 세계대전, 제2차 세계대전을 가리킴.—옮긴이)에서 독일을 물리치는 데도 실패했다. 핵폭탄에 대한 대중적 지지는 1946년과 1960년에 매우 높았다. 둘 다 재래식 군사력에 의한 패배와 재앙의 기억이 매우 강할 때였다. 낡은 재래식 무기를 현대식 무기로 대체하는 것은 많은 나라에서 국민 사기를 높일 수 있었으나 프랑스에선 그렇지 못했다.

마지막으로, 프랑스의 외교정책에 있어 대체는 일어났는가? 드골 이전, 프랑스 제4공화국은 핵무기가 디엔비엔푸와 수에즈 등 약한 군사력으로 프랑스가 국제적인 망신을 당할 수밖에 없었던 종류의 위기상황을 막아줄 거라 생각했다. 드골은 여기에서 더 나아가 프랑스의 강대국 지위를 확실하게 다지고자 했다. 이것이 재래식 군사력으로 달성될 수 있었을까? 드골주의자들은 아니라고 말함으로써 상대적인 이익을 거부했다. 그렇지 않으면 군사력이 정당화되지 않기 때문이다. 그러나 1950년대 초반의 세계 상황을 간단히 보기만 해도 핵무기를 소유한다고 해서 저절로 세계적인 강대국이 되는 것이 아님을 알 수 있다. 크고, 잘 정비된 재래식 군사력이 있어야 모종의 중재적 임무를 수행할 수 있으며, 이런 군사력의 사용은 유용성이 의심스러운 핵폭탄 보유보다 국가에 더 많은 힘과 권한을 부여했다.

하지만 프랑스는 외국의 위기 사태에 개입하려는 의지를 많이 보여줬으며 종종 정보기관을 통해 은밀히 이를 실행했다. 그런데 핵무기를 단순히 보유만 해도 재래식 군대를 보유하는 것보다 더 많은 관심을 불렀다. 이런 경우의 이익에 대해 논쟁하는 동안 적어도 프랑스 의사결정자의 마음에는 비슷한 외교정책의 이익이 존재했으며, 이로써 대체효과가 나타났다고도 주장할 수 있겠다.

미국에 대한 핵무기의 대체

제2차 세계대전 이후 서유럽의 대미 의존은 거의 절대적이었다. 국가주권과 관련있는 일조차 워싱턴의 허락을 받아야 할 정도였다. 프랑스는 이런 사실을 특히 불편해했다. 드골과 다른 권력자들은 전쟁과 주요 회담에서 자신들이 무시당한 것에 분개했다. 유럽의 모든 독립 국가들은 미국의 억지력과 군사력에 의존했지만 이를 언제 사용할 수 있는지, 그리고 미국이라는 우산이 신뢰할 만한 것인지에 대한 의문을 제기할 수 없었다. 디엔비엔푸와 수에즈, 그리고 알제리 전쟁은 프랑스의 대미 의존 본질이 밝혀지는 결정적 순간이었다. 영국이 1956년 이후에도 워싱턴의 지휘를 따르는 것을 감수했던 반면, 프랑스는 기질적으로 참는 것이 불가능했다. 미국 억지력에 대한 확실성은 감소했으며 프랑스의 핵전력은 워싱턴과의 밀접한(또는 어떤 의미에선 더 밀접한) 관계를 대체하게 되었다.

워싱턴과의 더 밀접한 관계는 미국의 전술 핵무기가 프랑스에 계속 남아 있음을 의미했다. 프랑스 내에 미군 부대가 존재한다는 것은 프랑스에 대한 공격은 미국에 대한 공격임을 의미했으며 프랑스를 공격할 경우 미국이 보복할 가능성을 높여주었다. 그렇다고 미국으로부터의 독립이 미국과의 전략적 관계를 포기하는 것을 의미하지는 않았다. 프랑스 전략 가들은 여전히 미국의 "우산"에 의지했으며, 미국의 역할이 지속적으로 중요하다는 사실을 아주 잘 이해하고 있었다. 드골주의자 미셸 데브르는 "위기상황에서, 우리는 미국의 지지에 의존해야 한다."라고 말했다. 프랑스의 힘은 미국의 힘을 보강하는 수단이었다. 게다가 프랑스는 자신들의 힘을 "도화선"으로 사용할 수 있었다. 가령 프랑스의 폭격은 소련의 공격을 야기할 수 있으며 이것은 필연적으로 미국의 개입으로 이어진다. 왜 워싱턴이 프랑스의 핵 계획에 반대하는지에 대한 명확한 이유이다. 미국 정부의 반대는 효과를 발휘했고 프랑스의 계획 추진 속도는 느려졌다. 그러나 결과적으로 미국은 몇 가지를 양보해야만 했다.[83]

이런 대응은 실용적인 만큼 계산적이었다. 드골은 미국의 반대에 대해 언급하면서 독점은 항상 독점가에게 최고의 시스템으로 보인다고 말했다. 갈루아는 더 나아가 "앵글로색슨 세계는 라틴 국가를 포용하는 것을 혐오스러워했으며, 불안정하고 심지어 예상할 수 없다고 폄하했다. 그것은 대량 파괴용 무기를 자신들이 독점하려는 술책이다."라고 주장했다. 다른 프랑스 인사들은 목소리를 덜 냈으나 (미테랑을 제외하고) 프랑스에는 범대서양주의자가 없었다. 미국의 막강한 힘은 협박으로 보였고 그런 견해는 지금도 여전하다. 그러므로 독립에 대한 주장이 의존을 약화시킨다는 논리는 틀렸다. 미국의 신용도는 낮아지고 있었다. 심지어 미테랑의 비평가들조차 프랑스·미국의 관계에서 이익을 얻기 위해 양보를 한 것에 대해 비판했다.[84]

독립적 핵 선택 또는 미국에 의존은 서로 비슷한 이익을 보여주는가? 국방의 측면에 있어 그 답은 "맞다."이다. 각각의 선택은 소련 공격에 대항하는 보호막을 제공한다. 그러나 오직 핵만이 드골이 원했던 프랑스의 독립이라는 부가적 이익을 제공했다. 초창기 네 번째 공화국에서 대체는 오직 한 측면에서만 일어났다. 그것은 순수하게 군사적인 것이었다. 이후 제5공화국이 들어서면서 드골은 정치적인 측면을 더했다. 프랑스가 성취한 독립은 완전한 것은 아니었다. 참으로 묘하게도, 폭탄을 가지고 있지 않은 다른 유럽 국가들 또한 미국에 굴복하지 않았다.

동맹국을 위한 핵무기의 대체

프랑스는 그 자신을 방어할 수 없었다. 1870년에 프랑스는 완전히 정복당했었다. 1914년에는 그야말로 연합군 덕에 생존했으나 엄청난 비용을 치렀다. 1940년의 군사적 동맹은 나라를 구하는 데 실패했다. 제4공화국 정부는 군사적 동맹에 다소 희망을 걸고 있었으나(세계대전은 그들이 안정적임을 보여줬다), 드골은 의심스러워했다(핵전쟁에서 동맹국들은 자신을 희생시키려 하지 않았으며 세계대전의 희생은 프랑스에 너무 컸다).

전쟁 후 프랑스의 국제적 행동은 1966년 나토의 군사지휘 구조를 탈퇴한 것만큼 중요한 사건이었다. 홧김에 벌인 행동으로 보이지만, 프랑스의 결정은 잘 계산된 대체 행동이었다. 미라주 IV 핵폭격기들이 마침내 구비되자 그때까지 프랑스 군대를 알고 있던 사람 중 놀라지 않은 이는 없었을 것이다. 갈루아는 핵전쟁이 재래식 개념의 군사동맹을 파괴했다고 주장했다. 과거에, 전쟁에 참여하는 것은 원정군을 잃는다는 사실을 의미했다. 이제 전쟁 참여는 한 국가의 절반 정도 인구를 잃는 것을 의미했다. 훨씬 중도적이었던 아롱조차 현대의 동맹은 공동체사회가 되든지 아니면 해체되어야 한다고 믿었다. 키신저는 근본적으로 미국의 연합군 지휘에 동의하면서 프랑스를 비난했다. 한마디로 말해, 드골 이전부터 나토는 이론적으로 그리고 실질적으로 프랑스와 갈등을 빚고 있었다.[85]

프랑스의 태도는 1966년 훨씬 이전부터 다채로웠다. 프랑스는 나토에서 지휘권이 거의 없었다. 유럽 외의 동맹국으로부터 어떤 지지도 받지 못했고 프랑스의 공헌도 역시 상당히 낮았다. 드골은 1960년 몇몇 나토 회원국의 핵무기 사용에 대한 금지권을 주장하면서 연합군의 본질에 대한 근본적 질문을 하기 시작했다. 그것은 프랑스가 좀더 나은 대우를 받기 위한 전술적 움직임이자 핵무기 프로그램의 비용을 좀 줄이고 싶어했던 그의 비밀스러운 소망도 있었다. 그는 실패했고 미국의 전술적 무기를 잃었다.[86]

이런 일련의 상황들은 외부 의존에 대한 프랑스의 불신을 줄이지 못했으며 이것은 한 국가의 억지력이 또 다른 국가로 확장되는 것은 불가능하다는 갈루아의 주장으로 더욱 보강되었다. 이런 불신은 여러 방향에서 감지됐다. 불신은 영국으로 확장됐다가 수에즈 위기를 거치며 해소됐다. 어떤 면에서, 그 불신은 독일로 확장됐다. 가령 갈루아는 독일이 프랑스가 비핵화하길 원한다고 믿었다. 그것은 심지어 프랑코폰(영연방에 대한 프랑스의 대답이었다)까지 이어졌다. 하지만 예전의 왕국은 더이상 힘의 원천이 아니었다. 한때 세계 군사력에 있어 필수였던 요소는 더이상 중요치 않았는데 이것은 힘이 시작되는 곳이 별로 중요치 않았기 때문이다. 물론 나토의 모든 핵력과 통합된 지휘관은 대안적 요소를 지녔을 수도 있다. 그러나 이것이 프랑스에게 실행가능한가? 미국은 자신의 무기 및 세계 각국의 무기 조정권을 절대 포기하지 않았을 것이다. 유럽과 관련된 모든 사안에 대해 드골은 촉수를 뻗었으나 그것이 프랑스의 주도권 아래 놓일 때만 열성을 보였다.[87] 그러므로 프랑스의 관점에서 볼 때 연합군의 시스템은, 갈루아에 따르면 작동될 수 없는 힘이었다. 그러한 현실적 한계 속에서 선택이 이루어졌다.

그러나 드골주의자들은 동맹을 완전히 버리지도 않았다. 드골은 나토에 대한 문을 열어두었으며 심지어 열성적인 갈루아도 그것을 인정했다. 엄청난 비용의 토착적 핵무기 개발을 위해서는 초국가적 접근이 있어야만 했다(실제로 그러했다). 드골주의자들은 그 힘이 유럽 방어력의 근간이 되길 바랐다. 확실히 프랑스는 독일과의 선린관계를 유지하기 위해 노력했으며, 핵무기 소유는 모종의 영향력을 제공했다. 그러나 유럽화와 드골주의자들의 국수주의 간 긴장은 해결되지 않았다. 유럽 안보에 쓰였어야 할 그 힘은 여전히 프랑스의 완강한 조정 아래에 있었고, 이것은 프랑스가 미국을 경멸한 바로 그 모습과 똑같은 것이었다.[88]

군사동맹과 핵무기가 서로 많이 달랐음에도 불구하고, 드골시대에 그것들은 사실 서로의 대안이었다. 프랑스 관점에서, 그들은 둘 다 중요한 군사적 이익을 제공했다. 그러나 비용은 달랐다. 놀랍지는 않지만 외교 비평가들은 프랑스의 1966년 행동을 집단안전보장의 훼손으로 보고 있다. 그것은 어떤 사람이 보험을 철회한 뒤 스스로를 보호하겠다고 나섬으로써 그 보험 안에 남아 있던 사람들의 보험 실행가능성을 망친 것과 같다.[89]

1966년, 미국 경제학자 맨커 올슨Mancur Olson과 리처드 제크하우저 Richard Zeckhauser는 동맹을 분석하는 시도를 했다. 그들이 얼마나 많이 지출할 수 있느냐에 따라 회원국들의 동맹에 대한 가치를 비교한 것이다. 나토의 분석가는 큰 나라일수록 불균형적으로 많은 지출을 하는데, 그건 그들이 동맹을 더 가치 있게 보기 때문이다. 물론 이런 경향은 전쟁 시에 줄어들기는 한다. 하지만 이 모델은 동맹 회원국 간의 군사적 지출이 가져오는 이익에 있어 집단과 순수 국가적 이익을 구분하지 못했다. 두 명의 학자들은 이 책의 주제와 관련한 매우 중요한 결론에 도달했다. 회원국들이 공통적으로 느끼는 관심사가 소멸되었을 때 동맹은 효과적이지 않지 않다는 것이다. 그러면 각국은 더 많은 돈을 자국의 위치를 보호하기 위해 군사적으로 사용할 것이며, 결과적으로 연합군의 힘을 더 커지게 한다고 그들은 분석했다. 이것은 정확히 프랑스에 적용된다.[90] 그들의 행동이 나토에 도움이 되면 되었지 손실을 끼쳤다고 누가 주장하는가?

올슨과 제크하우저는 또한 무임승차 문제, 지출이 적은 동맹국 회원들이 모든 이익을 누리는 것에 대해 언급했다. 이들은 "물건의 비용을 부담하지 않는 사람들을 이익에서 제외시키는 것은 비실용적일뿐 아니라 불가능하다."라고 주장했다. 동맹에서 더 큰 국가들은 비례적으로 더 많은 돈을 쓴다. 그러나 이것은 작은 국가들이 적게 지출한다고 해서 벌을 받아야 한다는 것을 의미하지 않는다. 크든 작든 국가의 소비 패턴은 "그들의 국가적 관심에 확고한 바탕을 둔다"고 프랑스가 주장했듯,[91] 이것 또한 나쁜 일은 아니다.

조직에 있어 개인적 이익을 위한 불화는 조직을 망치는 것이지만, 다른 측면에서 개인의 이익을 증가시키는 것이 조직의 이익 증가에도 공헌하는 일일 수 있다. 그리고 이러한 현상은 불균형 문제를 경감시킨다. 만약 그들이 개인적 두려움과 불만이 없다면 소규모 나토 회원들의 군사력은 얼마나 더 작아질까? 만약 유럽 국가들이 그들의 과거 또는 현재 식민지를 개발하려는 개인적 관심이 없다면 연합군에 얼마나 도움을 줄까? 만약 작은 국가들이 자신들의 국가적 원한이나 열망이 전혀 개입되지 않은, 완전히 순순한 일에 관여하는 거라면 UN에 대한 그들의 공헌은 얼마나 작아질까? 미국은, 적어도 너무 많은 다른 나라들과 함께 공동의 모험을 하지 않는 게 좋을지도 모른다. 그것은 어쩌면 엄청나게 비싼 대가를 치를지 모르기 때문이다.[92]

또 다른 두 명의 경제학자들, 토드 샌들러Todd Sandler와 케이스 하틀리 Keith Hartley에 따르면 핵무기는 무임승차를 더욱 부추기는데, 이것은 부수적 피해 때문이다. 강대국은 약한 이웃 국가의 핵 파괴를 허용할 수가 없다. 폭발도 낙진도 국경을 차별하지 않기 때문이다. "미국이 나토의 유럽 동맹국에 등을 돌리는 것은 프랑스가 핵 공격 위협에 처한 이웃 유럽 동맹국의 보호 청원을 무시하는 것보다 훨씬 쉬울 수 있다. 프랑스의 경우 이웃 국가에 핵폭탄이 떨어지면 부수적 피해가 클 수 있기 때문이다." 순수하게 군사적인 측면에서, 작은 국가들의 이익은 어쩌면 아무것도 지출하지 않은 상태에서 채워질 수도 있다. 그러나 이런 일은 일어나지 않기 때문에, 올슨과 제크하우저는 "순수한 공익" 모델은 무임승차의 더 나아간 분석을 허락하지 않는다며 대안을 제시했다. 바로 "공동산물 모델"이다. 방어지출은 여러 가지 이익을 불러온다. 이들 이익 중 몇몇은 동맹을 통해 채워진다.[93] 공동산물 모델은 확실히 프랑스와 동맹국과의 관계를 더 잘 설명한다. 프랑스의 독립적 성향은 어떤 면에서 나토를 당혹스럽게 했지만 다른 측면에서 보면 나토를 강화시켰다. (프랑스가 항상 주장해왔듯) 프랑스의 행동은 한편으로 독일을 더욱 취약하게 했으나(적의 침략시 프랑스의 즉각적 지지에 대한 불확실성) 다른 면에서 볼 때 독일은 보호를 받았다(프랑스가 언제 침략자를 쫓아내기 위해 핵무기를 사용할지 모르기 때문이다).

핵무기의 외교정책 대체

앞서 우리는 프랑스의 핵무기가 외교정책 측면을 고려해 재래식 무기를 대체하게 되었는지에 대해 물었다. 프랑스 공화국의 핵무기 선택은 그들의 외교적 목표를 이행하도록 도왔는가 아니면 이것은 더 큰 재래식 군사력으로도 가능한 것인가? 이제 우리는 더 포괄적인 질문을 한다. 그 무기 자체가 외교정책 전체를 대신하는가? 프랑스는 (특정 정책에서) 핵무기 시스템을 갖는 것으로 외교정책을 수정한 것인가? 한편으로는, 보프레와 갈루아의 세계 전략은 사실 유명한 드골주의자 관점의 '제3의 철로(정치적 부담이 두려워 감히 건드리지 못하는 정책.—옮긴이)' 다. 드골은 자신의 평판과 공적을 이용해 권력을 얻어내려 했다. 그러나 프랑스 외교정책의 기조는 오랜 시간 동안 꽤 일정했으며 폭탄 소유로 인해 많이 변하지 않았다. 폭탄은 그저 도구일 뿐이었다. 핵력의 정당화와 교리가 진정한 외교정책이었는지, 그로 인해 대체가 일어났다고 말할 수 있는지, 또는 대체가 일어나지 않았을 경우 그것은 외교정책에 대한 부가적 지원에 불과한 것인지에 대해 생각해봐야 한다.

핵억지력과 다른 경제 요소들

핵억지력의 경우, 경제적 요소들을 적용하는 데 있어 새로운 시도를 해보았다. 전쟁 시의 행동들은 연구할 수 있는 수많은 작전 결정을 제공하는 반면 핵무기는 예산상의 결정과 핵전쟁 이론, 모의실험, 그리고 평화 시 전술적으로 이용할 수 있는 정도의 제한된 정보뿐이다. 결과적으로, 다양한 요소들을 설명하는 데 있어 사용된 예들은 꽤 많이 겹친다.

기회비용　핵 시대의 참정권자들은 확실히 선택이라는 문제에서 자유롭지 못했다. "이용가능한 자원의 부족 속에서 선택해야 하는 고대의 불가피함에서 여전히 벗어나지 못한 것이다."[94] 이것은 여러 가지 측면에서 프랑스에 영향을 줬다. 가령, 핵무기 선택은 프랑스의 재래식 전투력을 저하시키는 것을 의미했다. 군사적 경험이 많은 드골은 기꺼이 이런 위험을 감수했다. 프랑스와 소련 사이에서 완충적 역할을 해주던 독일의 힘이 더이상 남아 있지 않았기 때문에 드골은 이런 선택을 할 수 있었다. 그럼에도 불구하고 위험성은 높았다. 냉전의 위기에서 프랑스 정부는 어떤 중재적 선택도, 유연한 대응도 할 수 없었다. 만약 프랑스가 공격당하거나 침략당한다면, 군사적 선택으로 전멸 혹은 항복만이 있었다.

예상 한계비용과 이익　예상 한계비용과 이익의 개념은 여러 세기 동안 무기를 선택할 때 사용됐지만 용어가 발견된 것은 꽤 근래의 일이다. 이런 현대화는 1960년 펜타곤에서 이루어졌다. 그것의 지지자 중 한 명은 "비용효과 분석은 무기 한 대당 비용에 대해 철저히 객관적이다."라고 썼다.[95] 한계비용과 이익의 분석은 각각의 물건(또는 방어비용)에 대해 예상되는 효과를 분석하는 것이지 무기시스템의 총합계 예산이 아니다. 예상 한계비용과 이익의 개념은 핵무기 표적에도 적용될 수 있다. 적군 도시와 민간인을 위협하는 것은 단가 대비 최고의 이익을 생산해낸다.

수확체감　핵전쟁에 있어 수확체감은 폭탄 그 자체로 잘 알려진 현상이다. 폭탄이 더 커질수록 폭발력의 비례, 즉 낭비되는 것은 증가한다. (그러므로 동시대 연구는 지상 관통 핵탄두를 강조했다). 그 힘은 이런 요소를 여러 가지 재미있는 측면에서 증명한다. 한편으로 비례적 억지책은 수확체감 없이는 존재할 수 없다. 만약 수확체감이 존재하지 않았다면, 더 큰 핵전력은 자동적으로 작은 것보다 "우세" 했을 것이다. 하지만 특정 지점을 넘어서면, 그 반격에 대한 크기는 중요치 않게 된다. 가령 소련 인구의 4분의 1정도와 생산력의 절반만 파괴하면 충분하다는 맥나마라의 결론은 "일정 한도를 넘어선 경우의 강한 수확체감의 요소"에 의해 부분적으로 영향을 받았다.[96] 간단히 설명하면 50퍼센트의 적중 비율을 고려할 때, 100개의 공격 미사일은 적군의 50개 방어미사일을 파괴할 것이다. 이후 그것은 적군의 94개 미사일을 없애기 위해 400개의 미사일을 필요로 하며, 97개의 파괴를 위해 500개의 미사일을 퍼부어야 한다! 94개에서 97개로 사살 비율을 높이기 위해 또 다른 100개의 미사일이 더 필요한 것이다. 이것은 수확체감의 법칙이 핵 표적을 공격하는 사람들에게 강력한 영향을 준다는 것을 의미한다. 그리고 이것은 사실 프랑스에 이익이었다.

숨겨진 행동   정보의 비대칭적 요소는 두 가지가 있다. 하나는 숨겨진 행동으로, 반대쪽은 그걸 밝히려 할 것이다. 이를 위한 한 방법은 인센티브를 제공함으로써 반대자가 스스로 위험한 행동을 삼가게 하는 것이다. 프랑스에서는 군인을 포함한 공적 요원과 사적 요원이 핵전력에 대한 지지의사를 여러 방법으로 밝혔다. 대중 역사에서는 혁신적인 장교들이 완고한 군 관료주의에 대항하는 측면을 극도로 왜곡하긴 하지만, 사실 이런 일은 실제로 일어났다. 그러므로 샤를 아예레처럼 핵무기에 대해 급진적 생각을 가진 장교가 상부로 올라간 것은 매우 주목할 만한 일이다. 여기에는 두 가지가 도움을 줬다. 첫째, 프랑스군은 새로운 전쟁 방법을 찾던 중이었다. 심지어 그들의 보수적인 전통주의자들조차 새로운 무기의 잠재력에 관심을 가졌으며 그로 인해 스스로 "은신으로부터의 탈출"

을 꾀하고 있었다. 둘째, 정부는 그런 장교들에게 적극적으로 접근했으며, 특히 드골시대에 그들을 승진시켰다. 드골은 프랑스 군대를 현대화하는 문제에 있어 거의 성공하지 못했고 개인적 수준에서 개혁자들을 돕고 보호해야 한다고 이해했다. 이것을 제도화함으로써, 그는 숨겨진 행동의 문제를 극복하고 군인들이 스스로 밝히는 것을 격려했다. 군의 핵전력화는 개혁자들에게 동기부여를 해 그들을 뒷줄에서 앞으로 움직이게 했으며 그들에게 지속적인 핵전력화의 인센티브를 주었다.

숨겨진 특성들　정보의 비대칭에서 숨겨진 특성이란 측면은 핵전쟁 위협에도 적용할 수 있다. 갈루아를 인용하자면, "(핵무기) 사용은 상상의 영역에 속한다." 그리고 "대전략 속의 핵전력이란 단지 그 존재가 알려졌다는 데서 의미가 있다."[97] 모든 핵전략은 무기로 인해 생긴 위협을 바탕으로 하는데, 이것은 적군의 잠재적 심리가 모든 것의 핵심이 된다는 뜻이다. 이런 이유로, 정보는 적군에게 주어져야 하지만 너무 많아서는 안 되며 가끔씩 적군을 속여야 한다. 적군에게 아무 정보도 주지 않는 것은 억지책을 손상시키기 때문에 역효과다. 적군에게 너무 많은 정보를 주는 것 또한 역효과인데 이것은 공격이나 다른 원치 않는 행동을 고무시키는 것일 수도 있기 때문이다. 결과적으로 정보의 조절이 가장 중심이 된다. (결정만큼이나) 정보 비대칭의 역할은 특히 재미있다. 핵전쟁에서 또는 그것의 위협에 있어(그 힘의 실제적 기능), 이상적 상황은 정부가 적군의 핵폭탄과 의도에 대해 모든 것을 알고 있으며, 적군은 그 정부에 대해 오직 그 정부가 다른 사람들이 알기 원하는 것만을 알고 있을 때만 일어난다. 그러나 어쩌면 이는 모든 전쟁에서 마찬가지이며, 바로 그런 측면에서 핵폭탄은 전쟁의 무한한 무기 목록에 있어 하나를 더 추가한 것에 불과할 수 있다.

결론

제2차 세계대전 이후 프랑스는 독립적 핵력을 발전시켰다. 핵무기는 샤를 드골 치하에서 가장 중요하게 다뤄졌으나 시간이 지나면서 우선권을 잃어가고 있다. 프랑스는 점점 위축되는 국가적 위상과 연합군에 대한 심각한 의문, 재래식 군의 재정비에 들어가는 비용과 프랑스의 보병이 나토의 총알받이가 되고 있다는 두려움 등의 이유로 핵무기를 개발했다. 무엇보다 프랑스는 스스로의 위대함과 장엄함을 재건할 필요가 있었다. 프랑스 전략가들은 핵무기가 재래식 전투와 시공간에 대한 재래식 군사개념을 폐기시켰고, 상대적으로 작은 힘이 더 큰 힘을 억지할 수 있게 만들었다고 주장했다. 급진적인 학자들은 재래식 군대의 폐지를 지지했다. 온건론자들은 조국을 보호하고 전세계, 적어도 유럽 내에서 프랑스의 지위를 향상하는 데 핵무기가 사용되기를 원했다. 또한 드골은 완전히 새로운 군대를 만들고 싶어했다. 이론적으로 그런 복잡한 소망들은 가능해 보였다. 그러나 많은 문제가 서로 충돌하며 해결되지 못한 채 남아 있다. 그런 전망은 합의되지 않았던 전술 핵무기의 도입으로 더욱 흐려졌다. 이론적 난맥상은 우리의 (대체가 일어났는지 아닌지에 대한) 분석을 복잡하게 했지만 불가능하지는 않았다. 예산적 선택은 일어났다. 핵력은 재래식 군사력을 대체했다. 특히 예산 지출과 병력의 숫자 그리고 국가 방위 및 억지책과 방어의 측면에서 그러했다. 적군의 중심부에 전략적 공격을 할 재래식 군사력은 어쩌면 보잘것없는 핵력에 의해 대체되었으나 핵무기는 미국과 동맹국에 대한 의존을 대체했다. 또한 핵무기 소유는 재래식 군사력이 수행하지 못했던, 프랑스가 문화적 자긍심을 회복하고 외교정책의 전반적 목적들을 추구하는 것을 가능하게 했다.

8장

21세기의 경제와 군사역사

여기에서 우리가 논의하려는 요소들은 적어도 형식적 측면에서 아직 확실히 구분되지 않은 시대에 대한 생각의 틀을 소개한다. 그런 형식적 측면은 과학자와 학자들의 역할이다. 특히 이런 요소들이 모든 시간과 공간에서 작용하고, 모든 상황에 적용가능하며, 다른 사정이 변함없다면, 그 사건의 참가자가 근본적 원인들을 인식하고 이름 붙였든 아니든 상관없이 범세계적 요소(자연의 법칙)라는 것은 (신르네상스적) 경제학의 주장이다. 정보는 언제나 교환에 영향을 준다. 보완적 대체는 모든 곳에서 발견되고, 시급한 사안은 모든 사람에 의해 언제나 (빠듯하게) 결정되어 왔으며, 수확체감의 법칙은 실체적인 진실이라는 것 등등은 관련자들이 "알고" 있든 모르든 계속되어 왔다. 인간을 비롯한 모든 동물은 자연선택의 법칙에 대해 완전히 알지 못하지만, 그 힘은 세계를 형성해왔다. 모든 것들은 자연의 법칙으로부터 부과된 강요와 기회에 의해 살도록 강제됐다.

403

이 책에서 논의한 각각의 군사역사를 분석하는 데 있어 경제적 요소들은 매우 유용한 도구로 사용됐다. 경제학이 모든 것을 설명할 수는 없지만 군사역사가들이 이론의 뼈대를 구상하는 데 있어 효과적 수단은 돼왔다. 그렇기 때문에 경제학의 다른 부가적 요소들을 불러내 더 많은 군사역사를 재해석하고 다시 쓰는 데 적용하는 것은 당연한 일이다. 우리는 여기서 가능한 두 가지 예를 고려해보겠다. 1944년 이후, 거대 문학은 게임이론을 경제학·생물학·전략학·공중위생법 그리고 다른 분야들에까지 적용시켰다.[1] 그러나 게임은 이론보다 훨씬 더 오래된 역사를 가지고 있다. 따라서 오래된 게임과 전쟁 전략들을 현대적 게임이론으로 다시 살펴보는 것은 좋은 기회일 것이다. 어떤 게임들을 그들이 알고 행했으며, 어떤 것들이 게임이론으로부터 이탈했는가? 얼마나 정확하게 그들이 특정 게임의 근간에 놓여 있는 변수들을 이해했을까? 현대의 수학적 도구가 없는 상태에서 특정 게임에 대해 고찰했다면, 그들 결론은 얼마나 믿을 만할까? 과거의 뛰어난 군사전략은 그들보다 불행한 적대자들을 물리친 것에 대해 어떻게 볼까? 사실, 어쩌면 게임이론은 뛰어난 특정 전략가들의 전략보다 그들이 운이 좋았음을 밝히는 데 도움이 될지도 모르는 것이 아닐까?

우리는 이 책에서 국가재정의 요소와 관련된 얘기를 거의 하지 않았다. 이탈리아의 용병대장과 프랑스의 핵억지책을 지원하는 데 있어 예산상 문제에서 살짝 다뤘을 뿐이다. 그러므로 우리는 직접적으로 세금과 공공지출에 대해 언급한 적이 없었다. 또한 국방은 공공재의 교과서적 사례임에도 불구하고, 어떤 경제학자도 이를 정식으로 다루지 않았다.

상품이 누군가를 위해 생산되었을 때, 부가적 비용을 지급하지 않은 부가적 사용자들에게까지 이익을 주는 것이 공공재이며, 이런 부가적 수혜의 가치는 현실적으로 배제될 수 없다. 가령 어떤 사람이 일출을 보는 즐거움으로부터 제외되지 않는다고, 그로 인해 받게 되는 이익에 대해 지불하라고 강요할 수 없다. 같은 맥락에서 나토동맹이 유럽의 핵심에 제공하는 보호로부터 스위스를 현실적으로 제외할 수 없을 때, 어쩔 수 없이 받게 되는 보호에 대해 비용을 지불하라고 스위스에게 강요할 수는 없다. 스위스는 무임승차권을 얻는다. 제외가 완벽한 방법으로 적용될 때, 이익은 공급의 비용을 분담한 사람들에게만 독점적으로 제한될 것이다. 이익이 "공익"이 되는 것이다. 클럽은 회원들의 회비 지출을 통해 이익을 생산해낸다. 이익은 지불하지 않은 사람들에게 효과적으로 보류된다. 군사동맹들은 이 같은 방어모임을 구축하려 애써왔다. 이러한 현상은 단순히 현대적 민족국가의 창조물이 아니다. 긴긴 과거로부터 이어진 전통이자 인간이 아닌 종들에게서도 관찰되는 특성이다. 초등학생조차 알고 있듯 동맹 정치는 종종 복잡해질 수 있지만, 경제의 관점에서 동맹의 안정성과 가변성을 이해하는 것은 군사역사가들에게 꽤 흥미로운 일이다. 동맹의 형성과 해체에 있어 결정적인 요인들은 무엇일까? 왜 몇몇 동맹들은 다른 동맹에 비해 더욱 악명 높게 변덕스러운 것일까? 동맹 회원들은 회원 명부 감소로부터 자신들을 어떻게 보호할까? 왜 동맹들은 특정 수 이상의 회원을 넘어 성장하지 못하는 것일까? 이런 많은 다른 종류의 질문들은 경제학적 관점에서 이해될 수 있다.[2]

이 책에서 사용한 경제학의 몇몇 요소를 제외하고, 우리 분석에 있어 두 가지 주요 결점은 앞으로의 분석을 위해 바로잡을 필요가 있다. 우리의 여섯 가지 사례 중 다섯 개는 서부 유럽의 사례이며 나머지 하나는 북미의 것이다. 또한 모두 다 기원후 두 번째 1000년 이후에 발생한 일들이다. 범위를 좀더 넓혀 다른 사람들, 즉 아시아·태평양 지역이나 중남미, 중앙아시아, 중동, 그리고 기원 1000년 이전의 사례들을 포함하는 것은 매우 유익할 것이다. 이들 중 몇몇 측면은 남아 있는 문서가 거의 없지만,

인류학자·식물학자·지질학자 등의 기록들이 우리에게 유용한 방법을 찾아주었다. 군사역사가들은 이런 자료들과 심리적 행동양식의 경제적 요소들을 이용하여 역사를 재구성할 수 있다. 과거에 관해 꽤 재미있는 일들이 우리 앞에 놓여 있는 것이다.

이 책이 역사에 꽤 많이 열중해왔기 때문에, 혹자는 과연 경제학이 현재 군사 상황에 관해 유용한 정보를 알려줄 수 있는지 의심스러워할 수도 있을 것이다. 많은 예를 통해 우리는 경제적 사고가 최근 쟁점이 되고 있는 테러리즘, 군복무와 민간 군사기업PMC에 어떻게 적용될 수 있는지 넌지시 암시해왔다. 이제 우리는 경제학, 역사학 그리고 군사역사란 주제의 복잡성에 대해 잠시 언급하면서 이 책의 주요 주장과 결론을 간략히 정리할 것이다.

테러리즘의 경제학

테러리즘은 "9·11 그리고 그후"의 현상이 아니다. 그것은 폭력의 한 형태이자 위협으로서, 공포로부터 정치적 복종을 비틀어 짜내기 위해 여러 시대에 걸쳐 존재해왔다. 오늘날 테러리즘은 비국가적 행동분자들과 긴밀히 연결돼 있음에도 불구하고 이 용어는 국가 테러, 즉 1793년 9월부터 1794년 7월까지 프랑스 혁명정권이 자행한 공포정치로부터 기원한 것이다. 여기서 복잡한 과거 사건과 공포정치의 역사에 대해 이야기할 필요는 없다. 물론 관점과 양적인 면에서는 확실히 나치 독일의 내부 감시기구, 스탈린의 집단학살, 마오쩌둥의 문화혁명, 아르헨티나의 "더러운 전쟁" 그리고 20세기 남아프리카의 아파르트헤이트와 다르지만 국가의 수장들이 내부적 반대에 대항하기 위해 잔인하고 만연한 억압을 해왔다는 점에서 공포정치는 이들과 유사하다는 정도만 언급하겠다.

비국가적 그룹들이 국가에 대항하는 반응은 국내 테러다. 선례로는 19

세기 후반 무정부주의자들에 의해 실행된 테러들을 포함하지만, 국내 테러는 제2차 세계대전 이후의 전형적인 예가 되었다. 가령 1960~1980년대 프랑스·독일·이탈리아, 그리고 지난 50년 동안의 콜롬비아, 지난 20년 동안의 인도 등에서 일어난 사건들이다. 폭력적 내부 저항은 대체로 세계의 주요 뉴스거리가 되지 않는다. 세계 주요 뉴스에 오르기 위해 테러리스트들은 보다 색다르고, 보다 규모가 큰 사건을 계획한다. 대표적인 예가 1972년 뮌헨올림픽 당시 팔레스타인 테러리스트들이 이스라엘 운동선수를 인질로 잡아 살해한 사건이다. 여기서 테러리즘은 민족국가의 선을 넘어섰다. 이해를 돕기 위해 이 부분은 초국가적 테러리즘에서 중점적으로 알아보도록 하겠다.[3]

테러에 대해 언론은 정치적이고 다소 허구적인 측면에서, 테러리스트들을 부하들의 행동을 조정하고 생명을 담보로 한 입찰을 지휘하는 악당으로 강조한다.[4] 혹자는 어쩌면 1970년대 독일 붉은여단의 안드레아스 바데르와 울리케 마인호프와 같은 이름이나, 몇 대륙에 걸쳐 테러리스트 활동을 해왔던 베네수엘라 태생의 "자칼, 카를로스"(본명 일리치 라미레스 산체스), 1985년에 납치된 이탈리아 배 아실 아루로 호에서 미국 여행자 리언 크링호퍼를 살해한 팔레스타인 아부 아바스, 그리고 1980년 중반부터 1990년 후반까지 터키에서 테러 작전을 펼쳤던 쿠르드족 지도자 압둘라 오잘란과 그의 그룹 PKK 같은 이름들을 상기할지도 모른다. 또는 1995년 도쿄 지하철에 사린가스 공격을 했던 옴진리교의 아사하라 쇼코나 2001년 9월 11일 테러를 가했던 사우디아라비아 출신의 오사마 빈 라덴, 그리고 그로 인해 발발한 2003년 미국과 이라크의 전쟁에서 참수와 폭격을 가한 용의자로 의심되는 요르단인 아부 무사브 알자르카위를 떠올리기도 할 것이다.

한마디로 테러에는 주인공이 있다. 그리고 (사건의 영향을 받은) 대중들은 특정 테러행동과 연관된 인물을 보고 싶어한다. 그러나 개인에게 집중하는 것은 근시안적이다. 사실 테러의 주요 목표는 개인들을 "제거"하는 게 아니라 그들이 조종하는 조직을 손상시키는 것이다. 사실 "얼굴 없는" 테러행동은 "얼굴 있는" 테러행동보다 훨씬 더 많다. 특정 바스크 테러리스트의 이름이나 아일랜드 공화군IRA의 멤버 이름, 일본 적군파 회원의 이름, 콜롬비아의 태양의 길FARC 회원의 이름, 스리랑카의 헤아릴 수 없이 많은 타밀 자폭공격자들, 급조폭발물IED을 설치한 이라크 테러리스트들의 이름을 상기할 수 있는 사람은 거의 없을 것이다. 대테러 정책에서 테러리즘보다 테러리스트에 기반을 두는 것은, 노동자들이 일하는 회사나 산업에 대한 이해 없이 노동자에게만 기반을 두고 산업정책을 펴는 것과 같다. 중요한 것은 노동자뿐만 아니라 그들의 고용·훈련·생산성 그리고 그들이 어떻게 경제적 지원을 받는가이다.

경제학자들은 시장을 분석할 때 시장 참여자와 그들이 형성하는 그룹이 합리적으로 행동한다는 가정을 바탕으로 한다. 그러므로 경제학자들은 기본적으로 테러리스트 조직이 다른 모든 조직과 마찬가지로 합리적인 행동자라고 설정한다. 이는 말하자면, 소속원들이 당면한 조직의 작전비용을 포함해 노동, 자본, 제도 등 모든 사용가능한 자원이라는 한도 내에서 신뢰를 바탕으로 언제, 어디서, 어떻게 공격할지를 결정한다는 뜻이다. '합리적'이라는 용어는 그동안 매우 왜곡된 채 사용되었다. 경제학자들은 테러리스트들이 특정 신념을 얻는 방법이 합리적이며 이성적이라고 주장하는 게 아니다. 경제학자들은 테러리스트들이 그들의 신념을 이행하는 방법에 있어 합리적이라 말하는 것이다. 비교하자면, 경제학자들은 맥도날드가 세계에 햄버거를 공급해야 한다는 정열적 믿음이 합리적이고 이성적이라 말하지 않는다. 맥도날드가 그 믿음을 실행하는 방법이 합리적이라고 일컫는 것이며, 이는 시장의 변화, 위험성, 그리고 기회에 분별력 있고 예상가능한 방법으로 대처한다는 의미이다. 경제학자는 테러 단체들이 생산하는 것이 물건이나 서비스가 아닌 나쁜 공죄라는 사실을 제외한 뒤, 일반 회사나 이익단체를 다루는 것과 같은 방법으로 테러단체들을 다룬다.[5]

우리 역시 이런 가정 하에 테러의 문제를 다룬다고 생각하자. 이 경우 우리는 적대적 사업환경 아래서 생산을 해야 하는 문제에 맞닥뜨릴 것이다. 여기서 적대적 환경이란 정부가 테러조직의 길 앞에 장애물을 던질 것이기 때문이다. 조직은 스스로에 세 가지 질문을 던져야만 한다. 첫째, 테러조직의 사업을 어렵게 할 어떤 장애물들이 나타날 것인가. 둘째, 사업이 망하지 않으려면 정부의 행동(장애물)에 어떻게 대처하는 게 가장 좋은가? 셋째, 조직의 길에 장애물을 놓는 데 있어 정부가 처할 어려움을 통해 정부는 무엇을 배울 수 있을까?

장애물들은 두 개의 범주로 나뉠 수 있다, 즉, 조직의 수입을 감소시키는 것과 그들의 비용을 증가시키는 (또는 둘 다) 정부의 행동이다. 2001년 9월 11일 이전까지 정부는 비용을 증가시키는 것에만 몰두했다. 미국 정부는 1973년 초기에 유명한 금속탐지장치를 공항에 설치했고, 1976년에는 미국 대사관 경비 예산을 두 배로 늘렸으며, 1984년에 대테러리스트 법안을 통과시키고, 대사관 방어조치를 1985~1986년에 이행했다. 이런 것들은 테러리스트들의 표적 접근 비용을 높이기 위한 의도로써 수동적이고 방어적인 조치였다. 능동적·공격적 조치의 예로는 미군 병력을 표적으로 한 베를린 디스코텍 라벨 폭파사건에 따라 1986년 리비아를 공습했으며, 더 최근에는 아프가니스탄·수단 등에서 테러리스트 의심 시설물들을 공격한 것이었다. 수입 방해를 위한 중점적 노력은 훨씬 최근에 이루어진 일이다.

테러조직의 관점에서 볼 때, 모든 종류의 개입은 논리적으로 동등하다. 가령 현재의 수입과 비용 상황으로 볼 때, 테러조직이 두 개의 테러 공격을 동시에 할 수 있는 정도라 가정하자. 여기서 수입은 일정한데 공격 비용이 증가한다면, 조직은 한 번에 오직 하나의 공격만을 실행할 수 있게 된다. 반대로 만약 평균비용이 일정한데 수입이 감소한다면, 이 또한 실행할 수 있는 공격을 하나로 제한시킨다. 둘 중 어떤 개입이든 개념상으로는 테러사업에 세금을 부과하는 것이나 마찬가지다. 테러에 대해 세금을 매긴다는 것은 경제적인 결과에서 볼 때 테러조직의 수입이 주는 것과 마찬가지이므로 정부는 (이익 측면이나 비용 측면에서) 보다 값싼 개입을 골라서 행사할 수 있는 호사를 누리는 것처럼 보인다.

그러나 정부는 두 가지 문제를 고려해야만 한다. 첫째, 테러 수입 흐름을 감소시키든 테러 생산비용을 높이든, 정부 자체의 비용을 고려해야만 한다. 이는 효과라는 측면과 연관지을 때 매우 중요하다. 수입을 감소시키기 위해서는 사실상 다른 나라와의 종합적인 협력이 필요해지는데, 200개가 넘는 각국 정부 및 국제기구의 협력을 이끌어내는 비용은 사실상 매우 높기 때문이다. (잠시 후에 더 자세히 설명하겠지만) 이와는 대조적으로, 단독 방어조치는 비용이 적게 들 수 있다.[6] 둘째, 테러조직에 제약을 가하는 비용과는 별개로 정부는 테러 생산자들의 반응까지 예상해야만 한다. 가령 금속탐지기를 공항에 설치하는 비용이 상대적으로 저렴하다고 판단했을 경우의 의도되지 않은 결과로, 테러조직이 그들의 테러 방법을 바꿔버리는 것이다. 테러조직들은 비행기 공중납치를 줄이는 대신 더 많은 대사관을 폭격했다. 비슷하게 대사관 방어조치 프로그램은 더 많은 예측 불허의 암살과 테러 위협을 불러왔다.[7] 요약하자면, 적절한 "테러 세금"을 선택하는 데 있어 정부는 가장 저렴한 것이 아니라 사용가능한 테러 방법을 고려해 최상의 것을 선택해야 한다.

세금의 종류와 결과가 무엇이든, 테러리스트들은 세금 회피를 위한 조치를 강구할 것이다. 새로운 수입 원천을 찾거나 평균 공격비용을 낮추거나, 아니면 둘 다 시도할 수도 있다. 유감스럽게도, 우리의 경험적 기록으로 알고 있듯 이것은 다양한 방법으로 성취될 수 있다. 첫째, 대안적 수입을 늘리는 것이다. 우리는 불법적 수입이 합법적 수입만큼이나 빈번하다는 사실, 그리고 감시하기 힘들고 설령 감시했다 치더라도 철저하게 은닉되는 수많은 탈법적 수입에 대해 잘 알고 있다. 불법 마약 유통처럼 "더러운" 행동으로부터 "깨끗한" 돈이 생기는 대부분의 돈세탁과 달리, 테러는 "깨끗한" 돈 뒤에 뒤따르는 "더러운" 행동으로 규정될 수 있다(그리고 합리적이지 않게, "돈세탁의 반대"라고 정의된다).[8]

둘째, 테러조직의 또 다른 선택은 생산 장소를 바꾸는 것이다. 즉, 공격 목표를 잘 방어된 표적부터 덜 방어된 표적으로 바꾼다는 얘기다. 같은 맥락에서 잘 방어된 국가에서 덜 방어된 국가로 바꾼다. 그러므로 9·11 이후의 공격 중 다수가 이집트나 인도네시아 그리고 터키 같은 개발도상국에서 일어났다. 당연히 구호요원이나 언론인 또는 민간 복구업자 등의 잠재적 희생자들을 테러리스트의 작전 지역 근처로 데려가는 것은 도움이 안 된다. 덜 방어된 지역에 공격을 가할 경우, 비용은 훨씬 낮아진다.

셋째, 테러조직은 세금효과나 집중 공격이 진정될 때까지 기다릴 수 있다. 테러조직은 정부의 경계가 느슨해질 때까지 기다릴 수 있다는 뜻이다. 또는 공격 타이밍을 바꿈으로써 경계를 줄일 수 있다. 테러 공격과 대테러 행동은 주기적으로 이뤄지는데, 21세기 방식의 강력한 대테러 조치가 취해지면 그 뒤를 이어 테러 공격이 벌어지며, 이런 패턴은 시차를 두고 반복된다는 실증적인 증거가 있다.

넷째, 테러조직들은 작전의 효율성을 향상시키기 위해 노력하는데, 이는 평균 비용을 낮추는 행동이다. 가령, 규모의 경제는 주어진 시간 안에 고정비용 한도 내에서 보다 큰 테러 효과를 거둠으로써 달성할 수 있다. 규모의 경제는 주어진 고정비용으로 다양한 결과물을 생산함으로써 이룰 수 있다. 이는 더 많은 양의 공격이 아니라 더 많은 종류의 공격을 의미한다. 집적의 경제성은 테러 그룹이 매우 근접하여 위치했을 때 성취되며, 배움의 경제성은 한 그룹의 성공적 테러가 다른 그룹에게 효과적인 신호를 보내줄 때 일어나게 된다. 이런 모든 행동은 다양한 각도에서 관찰돼왔고 앞으로도 그럴 것이다.

다섯째, 테러조직들은 그들의 제품 혼합비율을 바꿀 수 있고 바꿔야 한다. 하나의 공격 방법에서 또 다른 공격 방법으로의 생산 대체는, 항공기 납치에서 인질 납치로 바뀌는 것에서 이미 언급했다. 특히 공격 방법 변화는, 특정 공격에 부과된 세금에 대응하는 차원뿐 아니라 공격의 치명성과 사망자 발생율을 증가시키는 쪽으로 진행되었다는 실증적 증거가 있다. 효과적인 대처법이 개발되면서 테러 위협은 점차 신빙성을 잃었고, 테러리스트들은 이에 대응해 작지만 매우 치명적인 공격을 하기 시작했다.[9] 요약하자면 폭격에서 암살로, 사상자 없는 폭격에서 사상자가 발생하는 폭격으로의 대체가 일어난 것이다.

여섯째, 테러조직들은 혁신할 수 있고 혁신해야 하며, 새로운 생산품이나 표적을 제공한다. 가령 대사관·군기지·관광지와 같은 일반적 표적에 머물지 않고 지하철 터널에 신경가스를 살포하거나, 비행기를 빌딩으로 날리고, 공공장소에서 참수를 실행하며, 학교나 영화관 등의 공공장소를 점령할 수도 있다. 정부의 테러에 대한 세금 부과가 테러 그룹을 분산시키고 그들의 의사소통과 협력을 방해하지만 그 반대급부로 이런 종류의 혁신적인 테러가 개발될 수 있다는 사실을 우리는 예상해야 한다.

일곱째, 테러조직들이 자신의 리스크 양상을 바꿈으로써 대체효과를 촉진할 수 있다. 1960~1980년대 좌파 이데올로기를 따르는 재래식 테러

단체들은 상대적으로 리스크를 회피하는 경향이 있었다. 그들의 재정적 기반과 인력 규모가 작았고, 제한된 재원을 몰수당하거나 인적 자원이 줄어드는 상황을 두려워했기 때문이다. 하지만 1990~2000년대로 접어들면서 이런 그룹들은 위험을 즐기는 테러 그룹들로 대체되었다. 그들의 재원과 인적 자원이 커졌기 때문이다.

여덟째, 우리는 대부분 '한' 테러조직 또는 '특정' 테러조직에 대해서만 이야기했으나, 무리로서의 테러 집단에 대해서도 논의할 필요가 있다. 어떤 테러 집단이 행동을 이행하고 정부를 압박할 때, 다른 테러 집단들이 공격을 실행하는 비용이 상대적으로 더 낮아진다는 실증적 증거가 있다. 그로 인해 정부의 힘은 약해지고, 한 공격에 집중되었던 정부의 대응은 분산되며, 여러 공격 또는 공격의 위험에 동시 대응하는 정부의 능력은 떨어질 수밖에 없다.

무엇보다 중요한 메시지는 테러를 없애기 위한 세금의 효과는 테러조직의 저항을 부르며 그로 인해 혁신과 대체, 생산성을 높이려는 행동을 낳는다는 점이다. 이 모든 사실은 보완적 대체와 같은 경제적 요소에 근간한 것이다. 테러조직들은 공격의 시간·방법·자본집약도·치명성·위치 변경 등등으로 대체했다. 그리고 이 모든 것들은 합리적 대응이다. 테러조직들은 사용가능한 자원을 살피고 자신들의 앞에 놓인 장애물들을 살핀 후, 어떻게 해야 최선의 방법으로 목적을 달성할 수 있을지 계산한다. 테러조직에서 단 한 가지 비합리적이고 비이성적인 점이 있다면, 그것은 특정 신념에 도달하는 방법뿐이다.

또 주목해야 할 흥미로운 점은, 테러조직들은 서로 경쟁한다는 것이다. 특히 9·11 공격은 매우 대담하고 매우 잘 지휘되었기 때문에 북아일랜드의 IRA, 스페인 바스크 지방의 ETA 등 작은 집단들의 테러 공격 집행비용을 올리는 결과를 낳았다.[10] 과거, 특히 1970년대에는 많은 테러

조직이 공통적인 좌파 이데올로기를 공유했다. 또 그들의 행동들은 느슨한 협력관계를 유지하는 것처럼 보였다. 적어도 한 국가 테러조직의 행동이 다른 국가 테러조직의 사활에 불리하게 작용하지 않는다는 면에 있어서 그들은 협력적이었다. 국가를 초월한 도둑들끼리의 명예는 만연했었다. 그러나 이른바 이슬람원리주의라 불리는 새로운 테러는, 과거의 테러집단들과 이데올로기적 공통점을 공유하지 않기 때문에 그들을 망하게 할 수도 있는 부작용에 대해 특별히 신경쓰지 않는다.

이중 정부 정책으로 이어지는 것은 무엇이며 성공적인 대테러리즘의 전망은 무엇인가.[11] 불행히도, 전망들은 별로 좋지 않다. 정부가 방어적 조치에 과도하게 투자하는 경향을 보이면서 공격적 조치에 소극적이기 때문이다. 왜 그런지 알기 위해서는, 테러조직과 표적들의 비대칭의 일련을 고려해야 한다. 이런 비대칭은 테러집단들에 전술적 이점을 제공하며 이런 (그리고 다른) 범주 안에서 정부는 공격적이거나 방어적인 조치를 선택해야만 한다. 공격적 조치들은 침투, 선제 공격, 그리고 보복적 급습을 포함하며 이들 대부분은 테러집단의 생산비용을 올리는 것이 목적이다. 방어적 정책은 예방정보 수집, 기술적 장애물 설치, 표적 경화, 그리고 새로운 대테러법 제정과 노력을 포함한다. 실질적 문제는 방어적 조치의 속성이 공격 조치의 속성과 다른 것이다. 특히 한 국가의 국경에 벽을 세우는 것과 같은 방어 조치들은 좀더 쉬운 다른 표적으로 테러의 방향을 돌리게 함으로써 다른 나라들에 비용을 부과한다. 그러나 다른 나라도 그들과 똑같이 한다면, 이것은 결국 자기 자신에게 비용을 부과하는 셈이 된다. 말도 안 되는 것처럼 보이지만 공격적 조치를 취할 경우, 무임승차의 문제가 생긴다. 가령 미국이 단독 공격 행동을 시행하는 데 앞장선다면 기본적으로 여기에 드는 전체 예산을 부담하지만, 공격이 성공한다면 다른 나라들에게 이익을 제공할 수 있다. 그렇더라도 테러 위협으로부터 보호받게 된 다른 나라들이 공격비용의 일부를 지불해야 할 이유는 없으니까 말이다. 미국은 예상된 이익이 비용을 넘어선다면 다른 나라들이 얻는 이익에 상관없이 선제 또는 보복 공격에 가담할 것이다. 그러나 만약 공격적 행동의 이익이 투여한 비용에 비해 너무 적다면, 미국은 오직 방어적 행동에만 집중할 것이다. 이건 다른 나라들도 마찬가지다. 이런 맥락에서 대부분의 국가들이 방어적 조치에 과도하게 투자하는 반면 협력을 요구하는 공격적 조치에는 소극적인 현상을 설명할 수 있다. 요약하자면, 초국가적 테러리즘에 대한 국제적 대응은 차선책이다.

이런 비대칭과 공격 및 방어조치 사이의 역동성을 숙고하면서 대테러리즘에 관한 다음의 요점들을 고려해보자.

첫째, 대테러리스트 행동은 모든 국가와 기관을 망라해 전방위적으로 이뤄져야 한다. 이는 "모든 것, 모든 곳, 모든 때"라는 말로 요약할 수 있다. 그러나 이런 종합적 프로그램을 가동하기 위해서는 천문학적인 돈이 필요하며 실현가능성도 희박하다. 앞서 지적한 것처럼 무임승차의 문제도 존재한다. 그러므로 우리는 대테러리스트 행동이 성공하기 위해서는 단편적이거나 무계획적으로 진행되어서는 안 됨에도 불구하고, 실상은 단편적이고 무계획적이라는 모순에 도달한다.

둘째, 여러 국가가 국제적 대테러리스트 행동에 협력하는 동안에도 각국 정부는 테러리스트의 대체재를 고민하고 대체 표적을 미리 요새화해야 한다. 만약 정부가 방어적인 경향으로 나아간다면 모든 잠재적 표적들을 동시에 보호할 수 없기 때문에 정부는 테러리스트의 공격이 대체 표적을 향하도록 노력해야 한다. 그러나 사회적 비용이 최소인 표적이 무엇인지를 판단하기란 절대 쉽지 않다.[12]

셋째, 아직 많은 관심을 받지 못한 대테러리스트 조치가 하나 있는데 이것은 누군가 테러조직에 가입하기 전, 그리고 후에라도 그가 테러행동 또는 비테러행동에 참가할지 말지를 선택할 수 있도록 유도하는 것이다. 정부의 대항테러행동은 대부분 테러 선택에 대응하는 방법을 "고수"하는 반면, 비테러행동을 선택하게 하는 동기부여로서의 "당근"은 토론장에서 빠져 있다. 가령 반대 의견을 제시할 수 있는 대안적 수단을 그에게 제공하는 것이다. 이것은 아직 충분히 탐구되지 않은 조사와 정책 부분이다. 우리는 사람들을 대안적 행동, 비폭력적 행동으로 이끄는 동기부여를 제공하는 일보다는 장애물을 만드는 것을 훨씬 더 잘한다.[13]

넷째, 자유민주주의에서 테러행동은 법적으로 언론의 자유가 보장된 곳에서 훨씬 번성한다. 상대적으로 국가가 언론을 통제하는 나라에는 테러가 훨씬 적게 발생한다. 언론활동이 활발하고 다양한 국가에서 테러가 더 빈번히 일어난다는 실질적 증거는 많다.

물론 너무 많은 테러가 언론에 보도된다면, 테러집단이 퍼뜨리는 정치적 메시지는 사라진다. 이런 혼잡의 효과 중 하나로 사람들은 무의식적으로 더욱 자극적인 테러를 기대하게 되고 테러집단은 대중의 눈과 귀를 사로잡기 위해 경쟁하는 상황이 발생한다. 세계무역센터 테러(2001년)와 체첸공화국의 베슬란학교 공격(2004년), 그리고 마드리드 열차 폭발(2004년), 런던 지하철 공격(2005년) 등이 그 예이다. 오늘날 테러공격은 더 이상 국지적인 사건이 아니다. 인터넷과 방송통신 발달은 특정 지역에서 자행하는 테러리스트의 행동을 전세계가 주목하도록 만들었다. 유감스럽게도 열린사회의 특성으로 볼 때, 테러와 관련한 개인적 드라마나 비극에 대한 언론의 관심은 다른 것으로 대체되지 않을 것이다. 그러므로 테러조직들이 지금까지 자행해온 행동을 멈추지 않을 것이라는 예상은 매우 논리적이다.

다섯째, 초국가적 테러리즘이 주로 미국에 대항해 이루어진다고 하더라도(지난 40년간 모든 초국가적 테러의 40퍼센트가 미국 표적을 향했다), 이것은 단순히 미국이 다른 국가들과 연합하고, 국경 요새를 강화하고, 테러리스트들의 시선을 미국이 아닌 표적들로 돌린다고 해서 해결될 문제가 아니다. 미국 밖에 있는 미국의 외교·군사·산업 그리고 관광지는 여전히 공격당할 수 있기 때문이다. 비록 다른 각도이기는 하지만, 똑같은 상황은 다른 나라에도 적용된다. 그리고 바로 그것이 문제다. 한 나라가 공격의 표적지가 될 가능성이 낮아질수록, 정보 수집과 공유 등 대테러리스트 조치에 대한 공헌의 동기부여는 작아지며, 이것은 이미 언급한 무임승차의 문제를 불러온다. 일각에서는 더 힘세고 더 부자인 국가가 테러 공격을 받은 이후 다른 나라에 잠재한 위협을 알려준다면, 그 나라의 협조를 얻기 용이해질 수도 있다고 말한다. 9·11 테러 직후 미국이 유럽연합 회원국들에 믿을 만한 위협을 발령해 영국, 프랑스, 독일, 이탈리아, 스페인 등지에서 이전에는 몰랐던 수많은 테러리스트 세포조직을 "발견"한 것이 바로 그런 경우라고 지적한다. 하지만 불행하게도 테러조직이 노릴 약한 연결고리들은 언제 어디에나 존재하게 마련이다. 이는 이미 언급했던 또 다른 비대칭의 결과로, 정부가 테러조직에 대해 아는 것보다 테러조직들이 정부에 대해 더 많이 알고 있기 때문이다.

경제학자들의 논리에 따르면 불법행동 생산자를 분석하는 것은 일반 물건 생산자를 분석하는 것과 차이가 없다(명백히, 도덕적 차이는 있다). 경제학적 논리는 테러의 문제를 그 자체로 추론할 수 있도록 도와주며, 국가 및 국제기구가 테러를 규제하는 데에서 얻은 꽤 많은 경험들을 사용할 수 있게 해준다. 모든 사례에서 규제의 의도는 행동이 제한된 영역으로 사업을 이끄는 것이다. 예를 들어, 의료서비스·무역 또는 환경정책들은 행동에 영향을 주도록 계획된 규제에 의해 조정된다. 회사의 행동은 불리한 정부 행동의 위협 아래에서 원하는 방향으로 조정된다. 테러생산 집단들을 비슷한 방향으로 보는 것은 유용하지만 만약 이런 "집단"이 모두 망하도록 규제하고 싶다면 훨씬 더 짐스러운 "모든 것, 모든 곳, 모든 시간"이 요구된다. 이런 규제 노력은 허점이 없는 국제적 협조가 전제되어야 하지만, 이미 말했듯이 그런 일은 일어나지 않을 것이다. 결국 우리는 대충 끼워맞춘 차선책에 머물 수밖에 없다. 테러행동의 예상된 요구를 감소시키기 위한 방법으로서 '당근'을 주는 시도는 현재의 공격적 시도에 유용한 보충제가 될 것이다. 그럼에도 불구하고 미국은 9·11 공격에 대한 대응으로 엄청난 재래식 군대를 "테러와의 전쟁"에 쏟아부었다. 이것은 군대 병력의 경제적 측면에 대해 좀더 종합적으로 연구하도록 우리를 자극했다.

군대 병력의 경제학

1973년 미국이 징병제에서 전원 모병제로 바꾼 이래, 극소수의 경제학자 집단이 군 병력의 경제학을 이해하는 데 근본적이며 실질적인 진보를 거두었다. 정보의 효용성을 위해 주로 미국에만 실질적으로 적용을 했지만, 그 근간이 되는 이론적 연구는 어느 시대 어떤 국가든 모두 적용 가능하다. 우선, 어떤 정부든 전투 능력에 그들의 자원을 얼마나 소비해야 하는가에 대한 기본적인 결정이 전제되기 때문이다.[14] 이는 세금 부담 능력에만 좌우되지 않으며 국가의 근간이 되는 경제력에 의존하는 것도 아니다. 그 다음으로 모든 정부는 절대 숫자와 비율이라는 두 가지 측면에서 얼마나 많은 국민을 군대에 투입할 것인가를 결정해야만 한다. 이렇게 군에 들어온 사람 중 일부는 최전방에 배치될 것이고 또 다른 일부는 보조 병력이 되는데, 이 같은 결정의 결과는(고의적이든 은연중이든) 전투병과 보조병의 비율tooth-to-tail에 맞춰질 것이다.

이런 비율은 인력의 질적 수준뿐 아니라 그 인력에 영향을 주는 자본의 양적·질적 수준에도 의존한다. 달리 말하면 병력의 생산성은 병력의 수요에 따르게 된다는 것이다. 이밖에도 최적의 훈련량, 인력의 경험과 질적 수준의 최적 혼합비율, 현역과 예비군의 최적 전력 혼합과 연관이 있다. 또 21세기 이후에는 만약 필요하다면 어떤 수준에서, 지원 병력과 징집 병력은 물론 용병까지 포함한 병력 중 어디에 의존해야 할지를 고려한 결정이 필요하다. 가령, 미래에 진급을 하기 위해서는 군인들 스스로 자신을 관리해야 하는 모병제와 달리 징병제는 일반적으로 더 비싼 행동 감시가 필요하다. 이는 특별한 계약 관련 문제를 일으키는 용병제도 마찬가지이다.

군대는 특유의 수직형 조직구조 때문에 입대 기수를 중시하게 되고, 넓은 하부 구조에 비해 올라갈수록 좁아지는 형태를 띨 수밖에 없다. 이 때문에 진급하지 못하면 전역해야 하는 규칙이 생기고, 이는 결과적으로 비용이 많이 드는 대규모 병력을 운용해야 함을 의미한다. 이런 시스템에서 하위계급에서의 진급은 기술 획득에 기반을 두지만, 상위계급에서의 진급은 자격을 갖춘 다수의 경쟁자들이 제한된 자리를 놓고 경쟁하는 플레이오프 토너먼트 경기를 닮게 된다. 이것은 행동 인센티브 문제를 야기하는데, 이 문제는 특별히 언급할 필요가 있다. 공급 결정은 당연히 군 계획자들뿐만 아니라 병력 구성원 자신에게도 달려 있다. 그러므로 경제학자들은 입영과 재입영 의사결정을 조사해왔다. 여기서 민간인으로서 활동했을 경우를 포기한 기회비용, 제대 후 민간인으로서의 활동 기회, 급여체계, 인센티브 보너스, 퇴직 후 연금수령 구조, 교육, 주거, 그리고 의료 혜택, 공동체의 인구통계, 태도, 가치, 그리고 신뢰체계 등의 요인들은 민간에서 고용주들이 제공하는 각종 도구 및 수단 그리고 인센티브와 같이 중요한 역할을 한다.

군대 병력의 경제이론은 넓은 분야의 흥미롭고 중요한 문제들을 다룬다. 또한 이런 문제들이 현대식 군대에만 적용되는 것이 아니라 과거에도 중요한 영향력을 끼쳤다는 사실은 르네상스시대 이탈리아의 용병 시장을 연구하는 과정에서 명백히 드러났다(제3장). 이제 우리는 징병제에 관한 몇 가지 문제와 현대의 민간 군사기업을 주제로 모병제 형성에 대해 알아볼 것이다. 테러리즘의 경제학적 사례처럼, 여기에는 어떤 완벽한 주장도 없다. 경제학을 현대 군사 문제와 관련짓기 위해서는, 다른 측면의 다양한 주제들을 예로 든다면 충분할 것이다.

국가 군사력으로서의 (대부분) 남성 징집은 자원하지 않은 노예 상태와 마찬가지다.[15] 만약 자기 발로 지원하는 전투 의지를 가진 사람들이 충분하다면 처벌로 다루는 형식의 입대를 강요할 필요가 없을 것이다. 과거 군대의 소집은 자주 자원자들로 채워졌다. 또 종종 외국으로부터, 예를 들면 뉴질랜드의 경우 모국인 영국 황제의 (두 번째) 남아프리카 보어전쟁(1899~1902)에 참전하라는 소집령에 주의를 기울였다. 그러나 대규모 전투에 온 마음을 빼앗긴 19세기와 20세기에는, 자원자들에 대한 의존은 적절치 못하다고 여겨지면서 징병제가 일반화되었다. 그러다 1991년 냉전 종식과 함께 비전체주의 국가들은 입영 정책을 징병제에서 모병제를 늘리는 쪽으로 이동했다. 가령 2006년에 이르러서는, 나토 회원국 26개국 중 8개 국만이 여전히 징병제에 의존했다. 이런 이동이 왜 생겼는지 이해하기 위해서는 징병제와 모병제의 장점과 단점을 모두 이해해야 할 필요가 있다.

비자발적 복무인 징병제는 군복무이든 민간 목적의 대체 근무이든 막론하고 불평등한 교환이다. 소집된 병력은 서비스를 제공하는 근무를 강요당하고 그 대가로 어떤 것을 교환받게 되는데(예: 최저생활비) 근무하지 않으면 이를 받을 수 없다. 이는 경제관계들이 통상적으로 작용하는 방식과 완전히 대조된다. 그 누구도 슈퍼마켓에서 5달러짜리 사과 한 봉지를 사도록 강요받지는 않는다. 대신 소비자들은 언제, 어디서, 어떻게 그들의 자원을 소비할지 선택할 수 있다. 그리고 고용인들로서 사람들은 언제, 어디서, 누구에게 자신의 업무 능력을 돈을 받고 빌려줄지에 대해 자유롭게 선택할 수 있다. 징병제는 비자발적인 교환을 만드는 불평등 교환이자 경제학자들의 얼굴을 찌푸리게 하는 제도이다. 선택의 자유에 대한 제한은 통상 경제적으로 비효율적인 것으로 나타났기 때문이다. 불평등 교환은 현물세처럼 보일 수도 있다. 그러나 그것은 3중으로 이상한 세금이다. 징집된 군인들은 자원한 군인보다 훨씬 더 적은 돈을 받으며 그 덕분에 정부는 군대 유지에 필요한 예산을 절감할 수 있게 된다. 이는 명목상으로 보면 징병제든 모병제든 다른 부분에서 전체 비용(또는 기회 비용)을 왜곡하는 방법으로 예산을 절감하는 셈이다. 게다가 징병이 모든 사람을 대상으로 이뤄지는 것이 아니므로 그 영향은 사실상 모병에도 응할 수 있는 자질 좋은 젊은 남성에게만 미치게 된다.

가령 10만 명의 남자가 군대에 필요하며 자질 있는 젊은이가 100만 명으로 이뤄진 남자들이라면, 개개인이 징집될 확률은 10분의 1이다. 징집은 로또다. 그러나 로또에 의해 정해지고 부과되는 세금 부담은 다른 어떤 분야의 세금에서도 적절하다고 여겨지지 않을 것이다. 징병 세금은 연령, 성별, 기술 그리고 시간에 의해 달라진다. 그것은 나이든 사람에 의해 젊은이에게 부과되며, 여성에 의해 남성에게, 기술 있는 사람들에 의해 기술 없는 사람에게 (기술을 민간시장에서 돈으로 바꾸는 사람들은 피해갔다) 그리고 현재에 의해 미래에(징병된 사람들은 민간 교육과 훈련을 지연시켜야만 했으므로, 그 지연은 그들의 미래 생산성과 사회 공헌도를 낮추게 된다) 부과된다. 실증적 연구는 징병된 군인들의 (평생) 수입이 징병되지 않은 사람들보다 낮다는 사실을 보여준다. 가령 네덜란드에서 1980~1990년대 초기의 징집병들은 징병되지 않은 그룹과 비교했을 때 훗날 평균적으로 5퍼센트 더 적게 벌었다. 미국의 사례에서는 더 큰 수입 불균등이 발견되었다. 이유는 두 가지 요소에 근간한 것으로 보인다. 첫째, 징병자들은 평균적으로 훈련과 교육을 덜 받게 되므로 그들의 미래 평균생산성과 수입을 손상시킨다. 둘째, 동등하게 교육과 훈련을 받았다 해도, 징병 기간은 업무 현장 경험을 방해하기 때문에 인적 자원은 가치 절하되며, 재사용되기 전에 재충전의 시간을 가져야 하기 때문이다(반면 징병제 이후 시대의 모병제 구성원과 다른 직업을 가진 근로자 사이의 수입은 눈에 띄는 차이를 차이는 보이지 않는다. 이는 모병제도가 민간 노동시장에서 재능을 두고 경쟁해야 하기 때문이다).

세금 부과는 탈세 시도를 부르기도 해서, 징병이라는 세금의 특별한 불평등은 징병을 피하는("병역 기피") 특별한 시도를 양산했다. 미국이 징병제를 시행했던 베트남 전쟁 기간 동안, 최근 미국 대통령을 지낸 두 명의 젊은이는 전쟁에 참전하지 않았다. 이 때문에 두 사람 모두 대통령 선거 때마다 엄청난 의혹을 받았다. 아파르트헤이트의 기간 동안 남아프리카공화국은 수많은 능력 있는 젊은이를 잃었다. 인종차별적 국가정책을 받아들일 수 없었던 수많은 사람이 이민을 떠났기 때문이다. 오늘날 러시아의 수많은 젊은 남자들은 가짜 의료진단서, 뇌물 그리고 단순히 징병검사장에 나타나지 않는 것으로 징병제를 피하고 있다.

부자연스럽게 값싼 군 노동력 때문에 징병제는 노동과 자본(예: 무기류) 사이의 선택을 왜곡하는 바람직하지 않은 군사적 효과도 낳고 있다. 각국 정부는 시장가격 이하의 보상을 지불하는 병력에는 과대 투자하고 장비에는 과소 투자한다. 게다가 현대의 세련된 하이테크 장비는 1~2년차 징집병들에게 맡기기보다는 전문가에게 맡기는 편이 가장 좋으며, 실증적 연구 역시 전문적으로 구성된 군대가 징병제에 비해 자본 대 노동 비율이 훨씬 높다는 사실(군인당 화력이 훨씬 높다는 사실)을 입증하고 있다(왜 미국이 이제는 재래식 전투에서 적들을 쉽사리 완파는지를 연구한 학자가 있는지는 모르지만, 우리는 그 이유를 적어도 미국이 완전 모병제를 통해 전문성 있는 군인을 기용한 덕이라고 생각한다).

　　몇몇 국가들은 능력 있는 젊은이를 징집하기 위해 특별한 노력을 기울인다. 필리핀의 징병제는 대학생이 아닌 그룹은 대부분 비껴가는 반면 대학생들에게만 효과적으로 작용했다. 이것은 징병제가 사회의 대표적 표본들만을 뽑아 병력에 사용한다는 것이 거짓임을 드러낸다. 터키에서는 모든 남성이 징병의 대상이 된다. 사람이 부족하기 때문에 모든 사람은 군복무를 해야 하고, 이것은 징병 로또가 사용될 필요가 없음을 의미한다. 대학 교육을 마치고 싶어하는 사람들은 입대를 연기할 수 있다.[16] 이것은 원치 않는 효과를 낳게 되는데, 졸업생들이 학교 지식을 노동시장 경험과 전문성으로 바꾸려 할 때, 민간 노동시장에서 제외되는 것이다. 그 지식은 몇 년 뒤에는 가치 절하된다. 이미 언급한 미국의 예에서 보았듯, 터키는 영구적으로 남성들의 생산성을 낮추고 이로 인해 경제에 전반적인 타격을 준다. 그 사이에, 군대 면제를 구입하는 통례는(대체 지불 또는 인수) 다양한 단계들로 잘 문서화돼 있다. 본질적으로, 징병된 군인은 현물 세금 또는 분납 세금 사이에서 선택을 한다. 전자로 지불하는 사람들은 그들이 민간 노동시장에서 더 나은 옵션을 받을 수 없음을 의미한다. 반면 후자의 경우, 그들은 민간 노동시장에서 더 좋은 옵션을 사용할 수 있다. 그러므로 대체 복무는 사회의 생산성 손실을 다소 보충해준다. 그러나 둘 중 어느 경우이든, 18~20세 사이의 젊은 남자들에게 징병은 짐스러운 세금이다. 징집된 군인들이 모병된 군인들에 비해 전투에 참가할 일이 더 적고, 사회 전체에서 평등하게 징집되며, 민주적으로 수준 높게 관리되고, 더 높은 수준의 시민 의무를 보인다는 명제들을 뒷받침해주는 실증적인 증거는 어디에도 없다. 이와는 반대로 징병된 군인이 모병된 군인보다 훨씬 더 자주 전투에 참가하게 되고 사회적 구성을 평등하게 반영하지도 않으며(더 높은 사회적 지위를 가진 사람들은 징병제 군대에 더 많이 참가해야 한다는 대중적 요구와는 정반대로), 징병제를 시행하는 수 많은 민주국가들은 군사 쿠데타에 의해 자주 정부가 전복된다는 사실만 실증적으로 나타났을 뿐이다.[17]

시민 의무에 있어서, 모든 시민은 국가에 봉사해야 할 의무가 있다는 주장은 징병이 매우 적은 국가의 시민들에게만 적용된다는 사실을 강조함으로써 파기될 수 있다. 대조적으로, 보편적 노동시장에서 고용인을 고용해야만 하는, 그리고 그에 따라 대가를 지불해야 하는 모병제는 모든 세금 납부자에게 부여되는 동등한 회계적 세금(예: 돈)이 부과되며 그러므로 징병세보다는 세금의 짐을 훨씬 포괄적으로 퍼뜨릴 수 있다. 시민 의무의 이행은 그 의무를 징병자들에게만 돌리는 것보다는 모든 납세자들이 모병제 비용을 지불하는 방법에서 찾는 게 더 바람직할 것이다. 그러므로 징병제의 매우 매력적인 정치적 매혹은 "그것은 법에 명시된 특정한 범위이다. 즉 그것의 주요 희생자들은 젊은 남자들이다."라는 것이다.[18]

징병제가 모병제에 비해 매우 취약하다면, 그럼에도 불구하고 냉전 종식 전까지 징병제가 우세했던 이유는 무엇일까? 그리고 냉전 이후 많은 나토 회원국들은 왜 그들의 입영 제도를 미국적 모델인 모병제로 바꾼 것일까? 한 가지 설명은 필요한 병력의 크기와 그것의 생산성을 요점으로 한다. 필요한 병력의 크기가 크고 징병자와 자원자들 사이의 생산변수가 작다면, 국가가 지불하는 경제적 비용은 모병제보다 징병제일 경우 더 작아진다. 크기의 문제는 세금의 총액이 사회에 얼마만큼의 부담을 주는 지에 의존한다. 만약 필요한 병력이 크다면 자원시스템(모병제)은 (더 많은 사람을 모집하기 위해) 더 많은 임금을 제공해야 하며, 이로 인해 병력 유지 비용은 기하급수적으로 늘어날 수밖에 없다. 대조적으로, 완전 징병제는 고정된 임금만 지급하기 때문에 예산 비용은 오직 직선(1차함수적)적으로만 증가한다. 가령 세 명이 있다고 가정해보자. 그중 첫 번째 사람은 시간당 10달러를 버는 민간 직업을 가지고 있고 두 번째 사람은 시간당 15달러, 세 번째 사람은 한 시간에 20달러를 번다고 치자. 그런데 모병제 아래서 군대는 오직 하나의 일에 대한 인원만 필요로 한다. 이 경우 민간인을 끌어들이기 위해 군대는 적어도 첫 번째 사람을 민간 직업에서 군인 직업으로 바꾸는 것이 가치 있도록 만들기 위해서는 시간당 최소 10.01달러를 지불해야 한다. 이제 군대가 두 번째 인력도 필요로 한다고 가정하자. 군대는 두 번째 사람을 유혹하기 위해 시간당 15.01달러를 지불해야 하지만 그럴 경우, 이미 군대에 근무하고 있던 첫 번째 사람은 일을 그만두고 임금이 더 높은 군대 일에 다시 지원할 수 있다. 그렇다면, 군대는 사실상 두 가지 일 모두의 임금을 시간당 15.01달러로 지불하게 된다. 게다가 만약 세 개의 군대 일이 있다면, 세 사람 모두에게 시간당 20.01달러를 지불해야 하는 공식이 이어질 것이다. 한 명의 자원자에 대한 국가의 비용은 시간당 10.01달러이다. 두 명의 자원자에 대해서는 시간당 15.01달러가 되므로 총 한 시간당 30.02 달러가 된다. 그리고 세 명의 자원자에 대한 비용은 20.01달러의 세 배, 혹은 시간당 60.03달러이다. 즉, 비용은 기하급수적으로 증가한다.

대조적으로 징병제 아래에서는 만약 국가가 시간당 15달러에 달하는 임금제도를 제공한다면, 각각의 징병자들은 모두 똑같은 임금을 받도록 강요된다. 그러므로 국가가 부담해야 하는 총비용은 15달러의 세 배 혹은 한 시간당 45달러에 불과하다. 이런 측면에서 볼 때, 사이즈 1의 징병제는 한 명의 자원 군인에 비해 비싸지만(15달러 대 10.01달러), 사이즈 2의 징병제는 똑같은 가격이 되며(30달러 대 30.02달러), 사이즈 3의 징병제는 모병제보다 싸다(45달러 대 60.03달러). 그러므로 더 많은 병력이 필요할수록, 징병제가 예산 측면에 있어 이점을 지닌다.

　이점은 군대 생산을 고려할 때 경감된다. 병력은 돈이 들 뿐 아니라 무언가를 해야 한다. 사회에 이익을 주든 혹은 그들을 고용한 국가에 이익을 주어야 한다. 설령 명백하게 더 비싼 병력일지라도 그들의 생산성이 높은 가격을 상쇄할 수 있다면 가치는 충분하다. 요점만 말하자면, 시간당 45달러의 비용이 드는 세 명의 징병자가 한 시간 동안 45명의 적군을 죽일 수 있다면, "생산성"은 1달러 소비당 1명의 적군이 되는 것이다. 그러나 만약 시간당 30.01달러의 비용이 드는 두 명의 자원병이 한 시간 동안 45명의 적군을 죽일 수 있다면, "생산성"은 1달러 소비당 1.5명 가량의 적군이 된다. 이런 측면에서 볼 때, 고용하는 국가의 입장에서는 더 생산적인 자원 병력이 징병군보다 더 나을 수도 있다.

　미국에 대한 연구의 경우, 모병제가 더 생산적인 것으로 나타났다. 가령 징병제 이전과 이후 시기(1973년 이전과 이후)를 비교할 때, 병력 이직률이 21퍼센트에서 15퍼센트로 떨어짐으로써 결과적으로 훈련비용을 감소시켰다. 군대에서의 평균 체류기간은 4.7년에서 6.5년으로 늘어났고 이것은 더 많은 경력자들을 배출했다. 미국 병력 구성원의 평균 나이는 25세에서 27.6세로 늘어났는데 이것은 더욱 숙련된 병력을 이끌었다.[19] 민간인 고용에 있어서 낮은 이직률, 길어진 근속기간, 그리고 숙련도는 모두 생산성 향상에 절대적인 역할을 한다. 개인과 집단, 그리고 측정가능한 모든 단위의 생산성과 관련한 다양한 연구들은 교육과 경험이 더 높은 실적을 유도하는 중요 변수라는 관점을 지지한다.

　이러한 관점에서 볼 때 냉전시대 이후(1991년) 나토 유럽에서는 모병제의 비용상 이점을 지지하는 쪽으로 기울었음이 명백하다. 생산성을 고려했을 때, 더 현대화된 무기들을 효과적으로 사용하기 위해서는 보다 안정적이고 숙련되었으며 장기간 근무할 수 있는 병력이 요구된다. 한마디로 전문가들, 모병제를 통해 충원된 숙련병들이 더 큰 이점을 가져다주는 것이다. 이러한 관점은 여러 국가가 향후 몇 년 이내에 자국의 징병시스템을 모병제로 전환하겠다고 밝힌 사정도 이해할 수 있게 해준다.

입대와 복무 연장에 대한 결정들은 미국의 모병제 관리에 커다란 영향을 끼치는 공급자 측의 중요 사안으로, 특히 2001년과 2003년 이후 아프가니스탄과 이라크에 대규모 병력이 투입된 이후 더욱 중요해졌다. 이런 문제들은 늘어난 의무 복무기간이 초기 입대와 재입대 결정에 부정적으로 영향을 미친다는 언론의 보도 이후 더욱 악화되었다. 냉전 종식으로 2005년 미국은 현역 병력을 210만 명에서 140만 명으로 축소하고 긴급 수요는 예비군에 의존하기로 했으나 최근 예비군 동원이 너무 잦다보니 개인의 예비군 지원에 부정적인 영향을 끼치게 된 것이다. 임금, 혜택, 그리고 권리를 향상시키는 것으로 문제를 해결할 수 있으나 이는 장기적인 해법은 되지 못한다. 이런 측면에서 적어도 미국 병력의 현상 유지조차 힘들어졌다는 주장은 논의할 필요가 있다. "군대를 조국으로 데려오라"는 호소의 근원은 단지 전쟁 예산비용 및 바그다드와 카불의 꺾이지 않는 갈등에 불과한 게 아니다. 그것은 군대의 파이프라인을 능력 있고 젊은 사람들로 채우는 일이 어려워졌음을 뜻한다(말이 나온 김에 1990년 8월에 시작해 1991년 3월에 끝난 제1차 걸프전을 언급하는 것은 꽤 가치가 있다. 그 전쟁은 일년 반 이라는 시간이 걸렸지만 대략 40만 명의 병력을 특별한 노력 없이도 모집했다).

초기 입영 결정에 영향을 주는 요소에는 한 명의 군인을 민간인으로서의 삶과 그에 따르는 예측가능한 기회들의 반대로 보는 시선이 포함된다. 가령 1990년대 민간 노동시장의 호황은 이례적으로 낮은 민간인 실업률을 보여, 군사기관이 민간 지표들과 경쟁하는 것을 힘들게 만들었다. 민간의 임금 성장은 군대 임금 성장을 훨씬 웃돌았다. 게다가 고졸과 대졸의 임금 차등이 1990년대 들어 급격히 심해지자, 군 입영은 대학에 대한 젊은이들의 관심과 강력한 경쟁을 벌여야 했다. 부가적 요소로 베테랑 생존자의 숫자는 감소하고 있었으며, 이것은 가족과 공동체에서 군대에 입대하는 것을 격려하고 숙고하게 하는 목소리가 줄어들게 만들었다.

미국은 필요한 수의 군 병력을 채우기 위해 비용적인 면에서 손해를 감수해야만 했다. 연장복무 기간 및 재입대 보너스 증가를 통해 군인들의 잔류를 유도했고, 최초 입영 보너스를 높였으며, 신병의 질적 수준을 낮춤으로써 군대의 힘을 보충한 것이다.[20] 그러나 현역과 예비 병력의 입대와 잔류를 위한 장기간의 노력은 엄청난 손상을 가져왔다. 이러한 결과는 군 병력의 처우 및 퇴직 시스템 등을 장기적으로 어떻게 다루어야 하는가를 고민하게 만든다. 가령 현행 시스템은 전장 근무와 국내 근무 모두 20년의 복무기간을 채웠을 때 건강보험 및 퇴직연금을 받을 수 있도록 규정하고 있다. 즉 현재의 시스템은 병사들이 가장 생산성 높은 복무 기간을 넘기고도 20년을 채워 근무하도록 부추기고 있으며, 나아가 20년이라는 기간을 넘긴 이후에는 최선을 다할 필요가 없도록 만들고 있다(그는 이미 지급 확정 기간을 넘겼기 때문에 당장 그만두더라도 그다지 잃을 것이 없다). 반면 민간 부문은 급격하게 확정급여형 연금제도로 바뀌고 있다. 고용주들이 미래 비용에 상관없이 고용인들에게 미래에 받을 이익에 대해 오늘 약속하는 것이 확정기여형 연금제도로, 고용인 자신이 건강보험과 퇴직 이익을 부담하던 것을 고용주들이 임금 또는 연봉 외로 제공해주는 것을 말한다. 이런 변환은 노동자들이 가장 잘 맞고 이익이 되는 직업을 찾도록 이끌어 노동시장을 더욱 효과적으로 만들었다. 군대도 이런 방향으로의 움직임을 고려하면서, 현역 군인과 예비 병력 그리고 근무 지점에 대한 전반적인 보상 문제 등도 해결해야 할 것이다.

병력 관리에서 경제는 중요한 역할을 한다. 이는 공급의 측면뿐 아니라 수요의 측면에서도 마찬가지다. 이 과정에서 군 인력 계획자들은 필요한 병력의 수준을 최고 수요와 최저 수요을 고려해가면서 예상할 필요가 있다. 미국은 냉전 종식 직후 병력 축소 문제를 잘 해결한 반면, 9·11 이후 상황에서는 성공적이지 못했다. 냉전 직후에는 VSIs와 SSBs를 통해 많은 문제가 해결되었다. 이런 지불은 의회에 의해 공인받았고, 군 병력의 지급 확정기간을 받지 못한 사람들(예: 20년보다 적은 복무 기간을 가진 사람들)이 미래 이익을 포기하도록 설득했다. VSIs와 SSBs의 영리한 계획-취했을 뿐 아니라, 균형 잡힌 출구를 만들어 남아 있는 병력이 지속적으로 높은 질적 수준을 유지할 수 있도록 했다. 그러나 자발적 분리 인센티브 제공의 공인이 파기되었을 때, 원치 않는 문제가 생길 수 있다. 설명을 위해서, 지급 확정이 3년 복무 이후에 일어난다고 가정하자. 또한 크기가 100명인 세 개의 연간 부대들(첫 번째, 두 번째, 세 번째 1년 순서대로), 총 300병력이 있다고 가정하자. 3년차 부대가 퇴직 이익을 지급확정 받았을 때, 100명의 군인이 그만두고 병력은 300명으로 유지돼야 한다면, 이에 상응하는 1년차 영입은 100명이어야 한다. 이제 수요가 변화해서 필요한 병력이 250명이라고 생각해보자. 3년차 부대가 그만두고, 100명의 2년차 부대 사람들이 3년차로 진급하고, 100명의 1년차 부대가 2년차로 진급하게 되면, 1년차 부대를 형성하기 위해 50명의 신병들만 영입된다. 이것은 부대의 평균 연령과 경험(예: 생산성) 구조를 바꾼다. 결과적으로 50명의 1년차 부대는 2년차, 3년차가 될 것이다. 그 시점에서, 가장 경험이 많아야 할 구성원들은 수가 가장 적은 부대가 된다. 대신 자발적 퇴직 설득이 공인된다면, 원래의 1년차와 2년차 구성원들에게 더 일찍 떠나도록 설득할 수 있으므로 새로 영입되는 부대원은 50명보다 많아질 수 있다. 이런 계략은 연령, 경험 그리고 생선성 구조를 모든 부대에 있어 꽤 일정하게 유지하기 위해 고안되었다.

군 병력의 수요와 공급에 대한 주제들은 응용경제의 풍성함과 놀라움으로 구성돼 있다. 테러리즘의 경제학에서와 같이, 앞으로 모든 페이지에서는 많은 문제들을 예로 들 것이다. 징병세와 모병제 뒤에는 또 다른 잠재적 인력의 원천이 있다. 용병제와 민간 군사기업 그리고 사설 경비업체의 고용인들 말이다.

민간 군사기업들의 경제학

민간 군사기업 또는 PMC들은 수백 년 동안 존재해왔다. 이탈리아 르네상스(AD 1300~1500)시대에 용병대장과 군인을 국가에서 고용했던 것이 광범위한 PMC의 사례라 할 수 있다. PMC들은 특히 냉전 종식 이후 그 중요성이 부각되었다. 끝나지 않을 것 같던 아프리카와 다른 곳의 내전은 정부의 용병부대 고용에 대한 꽤 알려진 사례들을 만들었다. 이런 용병부대들 중 이그제큐티브 아웃컴스Executive Outcomes라는 회사는 서아프리카의 시에라리온에 고용되었고, 샌들린Sandline 사는 남태평양 파푸아뉴기니에 고용되었다. 1999년 세르비아에 대항해 미국이 지휘한 나토 전쟁을 통해 처음 PMC들의 존재를 인지한 미국인들은 현재 진행되는 아프가니스탄과 이라크 전쟁을 지켜보면서 그들의 성격을 확실히 파악하게 되었다. 이런 회사들이 이행하는 업무는 통상적인 전투 범위를 훨씬 넘어선다. 따라서 전문가들은 민간 군사기업 PMC를 사설 경비업체인 PSC와 분리한다. 둘의 구분은 확고하지 않으나 대략적으로 볼 때, 전투 행동을 보이거나 직접적 전투 관련 업무를 제공하는 회사들과 이에 비해 훨씬 일상적인 요리, 빨래 그리고 청소 등을 제공하는 회사들로 나눌 수 있을 듯하다. 한때 이 모든 일은 병사의 전형적 의무들이었지만 이제 많은 부문을 민간에 수주 준다.[21]

이 부분에서 우리는 두 가지 질문을 할 수 있다. 두 번째 질문을 먼저 던져보자. 경비서비스를 제공하기 위해서는 무엇이 가장 실행가능한 통치구조인가? 사설 경비업체나 그 요소들이 널리 보급되는 현재 상황에서는 공공 병력보다 민간 병력이 더 효율적일 수 있다는 대답이 포함되어야 마땅하다. 징병제와 모병제에 관한 논쟁에서 우리는 경비서비스의 경우 공적으로 제공되는 것이 가장 좋다고 단순 추측했다. 그러나 PMC와 PSC의 존재들은 좋은 대안이 있음을 알려준다.

군 조직에 대한 두 번째 질문으로 넘어가기 전에 첫 번째 질문을 고려해보자. 경비란 어떤 성격의 상품인가. 경비서비스를 얻기 위해서는 무엇이 가장 실행가능한 통치구조인가를 묻는 것은 논리에 맞지 않아 보인다. 어쩌면 다른 종류의 경비서비스들은 다른 구조에 의해 가장 잘 공급될지도 모른다. 고용인의 숫자와 비용이란 측면에서 사설 경비 요소들이 공공 요소보다 크다는 것은 선뜻 이해되지 않을 수도 있다. 하지만 잘 생각해보자. 대부분의 쇼핑몰은 사설 경비요원을 고용하고, 사실상 모든 사립대학 캠퍼스에는 그들이 고용한 공공 경비부서(그것은 이름에 불과할 뿐 사실은 민간 기업)가 있다. 또 스포츠 빅이벤트 주최자들은 경비기관을 자체적으로 구한다. 뿐만 아니다. 사업체들은 제조공장에 울타리를 설치하고 자신의 부지를 24시간 순찰하도록 의뢰하며, 병원들 역시 경비요원들을 고용한다. 주유소와 소매점들은 손님들을 녹화하기 위해 카메라를 사용하며 일반 시민들은 집과 정원을 사설 경비업체와 연결된 감시카메라 및 경고 시스템으로 무장했다. 그들 중 일부는 통상적인 범위를 뛰어넘어 출입문 밖의 이웃 지역까지 경비 대상에 포함시킨다. 심지어 병력수송 장갑차, 전투기, 잠수함 등등 주요 재래식 무기제조도 민간 기업에 의해 경비된다. 공적자금을 이용한다 해도 모병제는 당연히 민간 노동시장에서 고용하는 것이다.

민간이 제공하는 경비서비스는 이미 오래 전부터 존재해왔다. 그렇다면 왜 전쟁에서 용병을 쓰는 것이 불안할까?[22] 이 문제를 해결하기 위해 우리는 경제학자들의 시선을 따라 공공 또는 민간 서비스 사이의 중요한 특성을 살펴보려 한다.[23] 서비스의 특징은 두 가지 측면에 의해 결정된다. 한 가지는 경쟁적 측면이고, 다른 한 가지는 제외적 측면이다. 경쟁적 혹은 높은 경쟁 서비스는 제한된 시간 동안 한 사람 또는 매우 적은 사용자에게만 이익을 주는 서비스다. 대조적으로, 낮은 경쟁 서비스는 동시에 몇몇 또는 많은 사용자에 의해 즐겨 사용될 수 있다. 한 조각의 치즈케이크는 보통 한 사람만 만족시킨다(높은 경쟁). 그러나 치즈 케이크 전체는 아마 한 가족 모두를 만족시킬 수 있을 것이다(낮은 경쟁). 만약 여러 사람이 서비스의 이익을 볼 수 없게 된다면 그 서비스는 높은 제외성을 보일 것이다. 반대로 많은 사람이 그 서비스를 즐기는 것을 막기 힘들다면 서비스는 낮은 제외성을 보이게 된다. 치즈케이크를 만드는 빵집에 가격을 지불하지 않는다면 그 사람은 한 조각의 치즈 케이크를 즐기는 것으로부터 제외된다. 케이크의 가격은 제외 메커니즘으로서 작용한다. 대조적으로 케이크가 가족 냉장고 안에 있다면, 실질적 상황에서 가족의 모든 구성원은 "남몰래" 한 조각 먹는 것으로부터 제외될 수 없다.

이미 논의된 예들로 채워진 경쟁과 제외의 두 가지 극들은 다음 그림의 형태로 정리될 수 있다(그림 8-1). 국내 안보의 범주에서, 높은 제외성과 경쟁성을 가진 서비스의 예는 그림의 오른쪽 위에 있는 할리우드 연예인 또는 보디가드 서비스를 고용하는 회사의 수장들이다. 경제학자들은 이것들을 사유재라 부르는데, 제공자가 민간인이거나 민간 기업이기 때문이 아니라 서비스의 특성상 그것은 오직 한 번에 한 사람에게만 적용되기 때문이다(예: 높은 경쟁성). 그리고 만약 한 사람이 보디가드 서비스에 대해 돈을 지불하지 않으면 그 사람은 보호로부터 제외되기 때문이다. 미국의 대통령이 정부가 고용한 보디가드에 둘러싸여 지내는 것을 생각

| 그림 8-1 | 상품의 이동

해보자. 그러므로 보디가드는 사적으로 혹은 공적으로 제공될 수 있으나, 그것이 기반한 특성상 양쪽 다 사적 재산이다(높은 경쟁성, 높은 제외성). 비슷한 예로 한 암살자가 표적의 가장 가까이에 있는 보디가드에게 첫 번째 공격을 해 다른 보디가드들의 관심을 돌리려 유도할 수도 있다. 만약 의무에 태만했다면 보디가드는 미끼를 방어하려 반응하고, 이때 보디가드들의 서비스는 방어당하는 사람(즉 가까운 보디가드)에게 "사적"으로 작용하는 셈이며, 이로 인해 암살자가 찾는 진짜 표적에게 길을 열어주게 된다.

우리가 앞서 언급한 외부 출입제한 주택지는 집합재의 예이다(그림의 왼쪽 위). 이웃들은 공동으로 동시에 이익을 얻지만(낮은 경쟁성) 그 지역에 살지 않는 사람들은 제외된다(높은 제외성). 또 다른 예는 디즈니랜드 방문자들이다. 집합재의 안쪽에 들어갔다면, 경비서비스는 입장권을 산 모든 사람에게 제공된다. 안쪽에 있는 사람들은 동시에 이익을 얻지만 바깥쪽에 있는 사람들은 제외된다. 자치제 경찰도 공공재의 예이다(그림의 왼쪽 아래쪽). 보호는 경찰구역 안의 모든 사람에게 제공되며 제외는 실행 가능하지 않다(어떤 119전화 수신원도 도움을 주기 전에 "당신은 도시 세금 납부를 잘 이행했습니까?"라고 묻지 않는다).

마지막으로 공유재는 그림의 오른쪽 아래에 있는, 높은 경쟁성과 낮은 제외성을 특징으로 한다. 사실상 서비스를 원한다면 어떤 사람도 이익을 얻을 수 있지만, 서비스를 원하는 수가 많을 때 이익은 고갈된다. 혼잡한 고속도로를 경비가 없는 상태의 예로 들 수 있다. 어떤 운전자도 고속도로에서 운전할 수 있고, 고속도로의 더 높은 평균 속도로부터 이익을 얻을 수 있다. 그러나 고속도로에 너무 많은 운전자가 몰리면 교통은 멈춰버린다. 혼잡은 물건의 이익에 대한 높은 경쟁성을 의미한다. 경비의 범주에서, 비상문은 공유재의 특성을 만족시킨다. 문들의 숫자 또는 "공동이용자금"은 모든 잠재적 사용자들에게 공유 자원의 역할을 한다. 그렇기 때문에 공유재이다. 디스코텍, 영화관, 호텔, 병원 또는 비행기에서 화재가 발생했다고 가정하자. 사람들은 비상문으로 돌진하겠지만 그것은 어느 누구에게도 제외되지 않기 때문에 그들은 비상문, 즉 공유자원이 혼잡해지는 상황과 맞닥뜨릴 것이다. 이런 상태에서는 더 강하고 운 있는 사람만이 적기에 빠져나올 수 있게 된다.

우리의 모든 예에 있어 사유재 그 자체는 민간적으로도 공공적으로 제공될 수 있음을 명심해야 한다. 공공빌딩의 비상문은 "공공적"으로 제공되었다. 도시의 쇼핑몰에 있는 비상문들은 "민간적"으로 제공되었다. 지역 군대는 "공공적"으로 제공된 외부 출입제한 주택지이다. 그러나 그 옆의 이웃들에게 그것은 "사적"으로 제공된다. 보디가드의 비용은 "공공예산"으로도 "민간예산"으로도 지불될 수 있다. 심지어 지방자치단체가 사설 경비업체와 계약해 경찰 기능을 이행하도록 하는 것을 막을 만한 어떤 이유도 없다. 이것은 지자체들이 쓰레기통을 비우기 위해 민간 쓰레기 운송회사와 계약하는 상황과 같은 이치이다.

이 그림은 특별한 방식으로 설계되었기 때문에 모든 상황이 숫자로 표기된다(그림 8-1). 그러므로 가장 낮은 극단을 경쟁성 0퍼센트와 제외성 0퍼센트라고(순수 공공재) 생각할 수 있으며, 가장 높은 극단을 경쟁성 100퍼센트와 제외성 100퍼센트라고(순수 사유재)라고 생각할 수 있다. 즉 낮고 높음은 경쟁성과 제외성 끝점의 측면 범주가 된다. 그림을 숫자로 바꾸는 것의 장점 중 하나는 이것이 중용적 사례의 적용을 더욱 쉽게 해주기 때문이다(불순수 공유재, 불순수 사유재 등등). 예를 들어 비행기의 승객이 적을수록, 비행기 비상문의 더 많은 사례가 가로축의 공유재에서 공공재로 움직이게 된다. 300명의 승객을 위한 8개의 비상문은 위급상황이 발생했을 때 높은 경쟁성을 만들지만 8명의 승객을 위한 8개의 비상문은 낮은 경쟁성을 만든다. 서비스의 재화공간 이동 능력은 앞으로의 논의를 위해 매우 중요하다.

그림 8-1 결합에 사용된 사례들은 좀더 넓은 범위로 전환될 수 있다. 아프리카나 다른 지역에서 재난 극복과 인도적 서비스를 제공하는 자선단체와 원조기구들이 고용하는 민간 군사기업 그리고 사설 경비업체들은 앞서 살펴본 보디가드와 비슷하게 고려될 수 있다. 군 지도자 및 특정 지역을 자신들의 거점으로 삼는 민간 군인들, 그리고 그들의 영지는 그 안의 사람들에게만 서비스를 제공하기 때문에 사유재를 제공하는 것으로 보일 수 있다. 인종적·문화적·언어적 지표들 역시 제외 장치의 역할을 하며 그 경쟁성은 높다.[24] 특정 전쟁 지휘자의 군대 또는 반역 부대가 성공하면 성공할수록 그리고 더 많은 영토를 차지할수록, 그들은 자신들의 서비스를 더 많은 사람에게 제공하게 된다. 높은 경쟁 서비스는 여전히 높은 제외성이 남아 있지만 점차 낮은 경쟁 서비스 쪽으로 움직인다. 그리고 사유재는 집합재로 움직이게 된다. 결과적으로 전쟁 지휘자의 군

대나 반역 부대들은 국가 전체를 정복하고 국가 군 병력과 동등하게 전환된다. 이제 집합재는 공유재가 되기 위해 움직인다(낮은 경쟁성과 낮은 제외성). 그러나 많은 경우, 특히 형편없는 정치적 내부구조를 가진 나라에서는 국가 군 병력이 영토의 일부만을 효과적으로 이용할 뿐이다. 예를 들어 오직 어느 도시만. 만약 그 병력이 타락했다면 그것은, 궁정 가드(정권 보호)나 사유재에 가깝다(높은 경쟁성, 높은 제외성. 국가의 수장만을 보호하기 위한 것 외에 어떤 누구를 위한 것도 아니다).[25]

이런 "서비스의 공간 이동"은 첫 번째 질문에 대해 몇 가지를 대답해 준다. 어떤 서비스가 보완적인가? 첫째, 새로운 형태의 경비서비스는 경쟁성과 제외성 외에 다른 변수들에 의해 정의될 수가 있다. 특정 형태의 경비서비스는 서비스 공간의 이동으로 인해 다른 형태의 경비서비스를 더욱 쉽게 처리할 수 있을 것이다. 경비서비스는 너무 복잡한 서비스가 돼버렸기 때문에 단순히 공공 대 민간 공급 결정으로만 볼 수가 없다. 경비서비스의 측면들은 이제 다른 시간들, 다른 조합의 공급자들에 의해 제공될 때 가장 좋을 수도 있다. 둘째로 민간·집합·공공·공유 경비서비스들 사이의 경계는 유동성이 있으며, 서비스와 통치의 조직에 있어 무언가 배울 점이 있을지도 모른다. 서비스 공간 안에서 공공 또는 민간이 원하는 것을(또는 원하지 않는 것을) 향해 이동하는 것이다. 셋째로 "민간 군사기업 또는 사설 경비업체들"은 미국 정부의 아프가니스탄·이라크에 대한 경비 관련 서비스들과 같이 많이 알려진 일뿐만 아니라 마약 갱들, 반역 군대 그리고 인도적 원조 단체들이나 석유·금광 회사들이 그들의 비즈니스 활동을 보호하기 위해 경비서비스를 고용하는 일들도 포함한다. 건강·교육과 함께 경비는 근본적 서비스가 되었다. 이제 어떤 사회도 경비 없이 번영할 수가 없다. 그러나 각각의 특정 경비서비스가 공적, 사적 또는 이 둘의 혼합으로 제공되는 등 어떤 식으로 제공되는지는 특정 경비서비스가 실행되는 목적에 좌우된다. 그 뒤를 따르는 네 번째 주요 문제들은, 경비서비스와 그 보완물들이 법의 틀안에서 어떻게 내·외부적으로 규제되는지이다.[26] 이런 문제들에 의해 두 번째 질문이 나오게 된다. 경비서비스를 제공하기 위해서는 무엇이 가장 실행가능한 통치구조인가? 이제 우리는 이에 대답하려 한다.

2004년의 아부 그라이브 감옥에서 일어난 미군과 미국 경비기관, 그리고 민간업자에 의한 이라크 억류자 학대 스캔들은 공공조직과 민간업자 둘 다 잘못된 행동을 할 수 있음을 상기시킨다. 초국가적 수준에서조차, 이를테면 UN평화유지군의 성 착취와 관련된 고발이 최근 잇따른 것은 초공적인 힘 또한 잘못 행사될 수 있음을 증언한다. 현장을 지켜보면서도 아무런 역할도 하지 못한 다른 유엔 사례(1990년대 중반 보스니아-헤르체고비나의 스레브레니차에서의 네덜란드군)도 있으며, 명확하게 절박한 위험에 처했는데도 도움을 거부한 것으로 알려진 사례(1994년의 르완다, 2000년대의 다르푸르 외에 무수한 사례)도 있다. 반면 감정 부담이 큰 데다 용병이라는 딱지까지 붙은 민간 군사기업의 피고용인들은 유엔이나 그 회원국들조차 종종 막지 못했던 학살까지 여러 차례 막은 것을 포함해 상당히 적절하고도 명예롭게 행동할 수 있다.[27]

어쨌든 PMC 지휘관이 명백히 밝혔듯이 이들 회사의 번창은 그들의 좋은 이미지를 바탕으로 한다. 구글과 월마트처럼 잘 알려지고 신뢰할 만한 질적 서비스를 가져다주는 것이 PMS의 핵심이 되도록 브랜드를 구축하는 것이다. 이런 브랜드 이미지는 미국과 UN이 스캔들을 겪은 후에 바로잡으려 노력하는 것들이다.

무장되고 급료가 지불되는 본부에 의해, 감독되고 통제되는 대상에 의해, 일이 잘못됐을 때 그 대상이나 피고용인에게 책임을 묻는 대상에 의해 군대가 문화적으로 정당화된다는 것은 다른 전문가들에게는 중요한 일이다.[28] 그러나 병력 제공에 대한 경제적 타당성은 효율성의 범주에 있다. 가령 무임승차를 피할 수만 있다면, 그것은 공동체의 개개인들이 개인적으로 방어를 하는 것보다는 공동체가 공통의 방어를 쌓는 데 자원을 투자하는 것이 더욱 효과적이다. 여기서 공동체가 전반적으로 법적 규제를 조절할 수 있다면 별 문제가 없을 것이다. 정치적으로 병력의 독점은 공동체의 책임이지만 (주로) 기능적으로 그것은 법적 책임이다. 그러나 (행위자 또는 기관의) 타당한 독점력조차 공무원을 부정부패하게 할 수 있고, 사회는 그 오용을 막도록 메커니즘을 작동해야 한다. 이 경우 한 사람이 부담해야 하는 위험을 계산하는 일은 경비서비스를 제공하는 공공 또는 민간 기업에 맡겨야 한다.

효율성에 대해 생각하는 한 가지 방법은 병력을 내부생산 대 외부 위탁생산의 관점에서 보는 것이다. 회사들은 회계 서비스를 내부에서 수행할 수도 있고 외부의 회계회사를 고용할 수도 있다. 회사는 내부적으로 인적자원 부서를 만들 수도 있고 외부의 인력 에이전시를 고용할 수도 있다. 회사는 제작 부품들을 내부적으로 제조할 수도 있고 외부 제조사에 위탁한 뒤 최종 조립만 내부에서 할 수도 있다. 이런 관점 하에 가정에서도 누가 잔디를 깎고 설거지를 할지, 혹은 잔디를 깎거나 설거지를 대신해줄 외부인을 고용할지에 대해 결정할 수 있다. 이것은 어느 공공기관에서나 마찬가지다. 기관은 정치적 지휘자로부터 쓰레기 운반 부서를 만들거나 사기업에 위탁하도록 지시받은 뒤 그에 맞는 예산을 배정받는다. 마찬가지로 감옥을 그들 내부 조직에서 관리하거나 민간업자에게 위탁하도록 결정할 수 있다. 공공기관은 공립학교를 세울 수도 있고, 학교를 설립하도록 민간회사와 계약할 수도 있다. 그리고 공공기간은 군사력 또는 그 임무를 민간 군사기업이나 사설 경비업체에 위탁하도록 명령하고 예산을 제공받을 수도 있다.

경제학자들은 이런 종류의 결정을 우리가 1장에서 다뤘던 제조 또는 구매라고 부른다.[29] 물건이 아웃소싱으로 공급되었는데, 위탁을 주는 것이 많은 위험을 불러온다면? 이 경우 아웃소싱을 하는 것은 비효율적이다. 효율성은 적어도 두 가지 원소로 구성돼 있다. 하나는 생산비용 또는 기술적 효율성에 대한 것으로, 이것은 마치 달러와 센트의 문제와 같다. 다른 하나는 조직 비용(조직효율성)에 관한 것으로, 내부에서 모든 것을 유지하거나 아웃소싱을 주는 것과 관련된 위험성이다. 가령 민간 군사기업이 그들의 고용주에게 부담시키는 위험이 크다면, 이탈리아 르네상스에서 반복적으로 일어났듯이 오히려 비용 면에서 비싸더라도 시민들로 구성된 내부 군인을 고용하는 것이 더욱 효율적이다. 만약 투자한 비용에 대해 민간 군사기업들이 그만한 가치를 창출해내지 못하거나 계약을 이행하지 않거나 감독을 느슨하게 하는 등, 악용하는 일이 일어난다면 내부 군사를 고용하는 것이 훨씬 더 효율적이다. 만약 전쟁과 관련한 국제법에 대해 민간 기업들이 불법적 행동에 가담할 위험성이 높거나 결과적으로 국제관계에서 그 나라의 위상을 떨어뜨리는 망신을 초래할 확률이 높다면, 기술적 효용성 면에서 내부 군사가 훨씬 더 많은 비용이 들더라도 충분히 투자할 만한 가치가 있다.

이를 설명하기 위해 첫째, 올리버 윌리엄슨의 통치거래에 관한 거래비용 그리고 둘째로 에릭 프레들랜드Eric Fredland의 이론들을 PMC의 사례들에 적용했다.[30] 프레들랜드는 그것을 PMC들의 사용제한과 그들의 증가원인이 된 배경을 주장하는 데 사용했다.

경제학자들은 극단적 사례를 연구하는 것을 좋아하는데, 이것은 그들이 더욱 선명하게 그들 존재의 이유가 되는 요소들을 밝히기 때문이다. 이런 측면에서 버클리 대학의 경영·경제 그리고 법학교수인 올리버 윌리엄슨은 "그 누구도 (국가의) 외교업무를 민영화하라고 추천하지 않으며 나아가 공공관료제의 통제를 받아야 하는 명백한 대상으로 삼는 이유는 무엇인가? 왜 민영화는 상대적으로 적합하지 않은가?"라고 썼다.[31]

행동 통제는 다른 통제 방법에 비해 이점과 단점이 두드러진다. 공공 집단이 관여하는 대다수 거래와 계약들은 많은 경우 합리성과 선견지명을 무력화시킨다(1장 참고). 계약들은 철저히 밀폐되어서 모든 가능성을 예측할 수 없기 때문이다. 그러므로 논리적으로 행동하는 이들은 존재하는 위험을 최소화하는 방향으로 계약과 거래를 구성한다. 나아가 계약 남용이나 실패의 위험이 클수록, 거래는 외부 시장에 의존하기보다 내부의 조직을 운용할 확률이 높아진다. 예를 들어 한 치킨가공 업체가 추가로 필요한 닭을 공급받기 위해 닭 도살장을 짓기로 결정했다고 가정하자. 이를 위해 지출되는 비용은 복구될 확률이 거의 없으며(도살장이 손쉽게 재배치될 수는 없으므로), 반면 이런 상황에서 도살장 건립과 운영을 외부와 계약할 경우 회사는 계약 이행 통제력에서 취약해진다. 이런 위험성들은 미리 예측할 수 있고, 따라서 공장을 짓기 전에 위험 공유 및 안전조치를 위한 내용을 계약서에 명시할 수 있다. 그러나 이런 위험성들이 일정한 수위를 넘을 때, 그래서 어떤 계약도 예측가능한 위험에 대비한 적절한 안전조치를 쓸 수 없을 때는 외부 시장을 통한 거래보다는 조직 내부에서 거래를 이행하는 게 가장 최선이다. 치킨가공 회사가 직접 도살장을 짓고 운영하는 것이다. 이제 잠재적 시장 거래는 단일 조직 지배층의 내부 문제가 된다.

이런 맥락에서 윌리엄슨은 정부가 다른 주권 국가들과 외교 관계를 설정할 때 전체 혹은 일부 기능을 민간 기업에 넘겨주는 것의 위험성을 지적한다. 즉 안정성이라는 측면에서 볼 때, 그것은 정부기관이나 공공기관이 자체적으로 업무를 수행하는 데 드는 부가적 비용보다 언제나 크다고 주장했다. 나아가 그는 외교 문제에 있어 "민간 기업에 비해 낮은 내부 담당자들의 동기부여 문제는 더 많은 법과 규칙들 그리고 더 높은 직업 안정성 부여를 통해 해소시킬 수 있다."고 강조한다. 설령 동기부여를 고취하기 위한 여타 방법이 비용을 증가시킨다 하더라도 그것은 민간 기업과의 관계에서 일어나기 쉬운 위험성을 완화시키는 비용보다 적다는 것이다. 예를 들어 미국이 이란이나 북한과 의사소통하는 것을 민간에 맡긴다고 상상해보자. 가시적 성과에 연연할 수밖에 없는 민간 외교기업들은 소통과 설득을 통한 절충안을 마련하는 대신 화폐적 인센티브에 주로 대응하고 승진 기회에만 혈안이 되어 무력을 사용할 확률도 높다.

특히 민간 외교기업의 업무에서는 "외교 문제에 있어 매우 중요한 성실성과 정직성이 사라지게 될" 위험성이 있다. 성실성은 외교 문제에서 관료와 기관들이 상호존중 하에 의사소통하고 서로의 정책을 일관되게 알리는 업무뿐 아니라 업무를 총괄하는 자국의 수장에 대한 충성심의 측면까지 포함한다. 그러한 상태에서라야 긴급하게 공포되는 정책을 긴밀하게 수행할 수 있고 전문적인 프로의식을 강화해나갈 수 있기 때문이다. 외교 업무에 있어 정직성이라는 대전제는 굳이 강조할 필요조차 없다. 내부의 기밀을 유지하고 투명한 업무진행을 위해 정직성은 필수조건이다.[32]

윌리엄슨은 매우 상세하고 우아한 사례들을 통해 논리적인 결론에 도달하게 된다. "실행가능한 모든 형태의 (결점이 있는) 대안들과 비교했을 때, 공공관료제는 주권 거래를 수행하는 데 있어 가장 효율적인 방법이다." 그 열쇠는 "치유력"이란 범주 안으로 수렴된다. 사기업이 대체한다고 해서 공공관료제의 명백한 비효율성이 전면적으로 치유될 수 있는가? 만약 그렇지 않다면 "주권을 포기하지 않는 공공관료제에의 의존이 훨씬 더 안전하고 효율적 결과를 낳는다고 간주된다."[33]

미국 해군사관학교의 경제학 교수인 에릭 프레들랜드는 윌리엄슨의 주장을 또 다른 외교정책 영역에 적용시켰는데, 방어 또는 경비 기능을 PMC와 PSC로 전환하는 부분이다. 전쟁 및 분쟁해결과 관련해 민간 기업과 계약을 맺는 것은 계약 자체가 지니는 함정의 먹이가 될 공산이 크다는 것이다. 한 가지는 불확실성이다. 예를 들어, 파푸아뉴기니 정부는 "부갱빌에서 파푸아뉴기니 방어군과 협력해 부갱빌 혁명군의 병력을 무력화하고 팡구나를 탈환하는 공격 작전을 펼치기 위해" 그들의 주주들을 만족시킬 필요가 있는 이윤추구 기업 샌들린 사와 계약을 맺었다. 그 계약은 다음 조항을 포함하고 있다. "만약 여러 유효한 이유로 시간 안에 목표가 달성될 수 없거나 계약된 자원의 제공 수준에 도달하지 못하는 것이 증명된다 하더라도 이 동의 자체로 주요 목적은 달성되고 수행된 것으로 간주한다."[34] 계약 이행은 프리들랜드가 언급했듯 결과가 아니라 노력에 의존하는 것이다. 몇몇 용병계약자의 불완전 계획처럼(3장 참고) 말이다.

윌리엄슨이 지적한 정직성 위험은 또한 파푸아뉴기니의 샌들린 사와 같은 PMC들에게 적용된다. 정부가 샌들린을 선택하게 만든 평판의 효과와 별개로, 병사들 개개인의 충성심은 급료와 직결된다. 만약 PMC 고용인들이 외국 땅의 작전에서 실패하거나 잘못 행동한다면 최악의 경우 그들은 해고당한다. 그러므로 PMC 직원들은 일반 병사들보다 정직하지 않은 기회주의적인 행동을 할 가능성이 높다. 이런 상황을 막기 위해 PMC들은 꽤 높은 연봉을 제공하지만, 고객을 대신해 싸운다는 것은 자신의 물적·인적 손상, 심지어 생명을 담보로 하는 일이다. 이런 상황에서 문제가 불거질 때 그들은 당연히 전투 회피 성향을 보일 공산이 크다.[35] 이것은 우리가 르네상스 이탈리아에서 도시-용병대장의 관계 사례를 통해 보았던 것과 마찬가지이다.

만약 방어와 경비 기능의 아웃소싱 위험성이 높다면, 그럼에도 불구하고 PMC와 PSC가 성공적으로 급부상하는 이유는 무엇일까? 한 가지 주장은 공공 현역병들이, 징병되었든 자원했든 간에 비싸다는 점이다. 한 예로 전기발전 공장에서 자체로 방어 및 경비시스템을 구축한다고 가정해보자. 그들은 확률이 매우 낮은 만일의 사태 혹은 "정전"까지 대비할 만큼 충분히 큰 시설과 인력을 보유해야만 한다. 마찬가지로 군대들은 큰 규모의 현역군인을 큰 규모의 예비 병력으로 보충함으로써 이런 개념에 대응하고 있다. 그런데 예비 병력은 매우 비싸다. 그들에게는 최신식 무기가 필요하며 규칙적으로 훈련돼야 하고 급여를 주어야 하며 급여 이외의 인센티브를 제공해야 한다. 이에 반해 매인 곳이 없는 PMC와 PSC의 이상적 이점은, 그들을 언제든 고용할 수 있고 장비를 제대로 구비했으며 완벽한 준비가 갖춰져 있다는 점이다. 이것은 그들을 고용하는 국가의 비용을 감소시켜줄 수는 있으나 이미 설명한 계약상의 위험성들을 지닌다.[36]

물론 2006년의 태국처럼 자국 병사에 의한 군사 쿠데타가 발생할 수 있는 상황이라면 차라리 PMC와 PSC에 의존하는 쪽이 낫다. 국가의 지휘 능력이 자국의 군 병력조차 신뢰할 수 없는 정도라면 말이다. 서비스의 측면에서 PMC와 PSC에 의해 제공되는 서비스들이 공유재인지 사유재인지는 명백하지 않다. 어쩌면 둘 다일 수 있다.

용병 문제와 관련해 수입국과 수출국의 이해를 살펴보는 것도 퍽 흥미로운 일이다. 만약 파푸아뉴기니와 같은 국가들이 용병 계약자들을 수입했다면, 그런 병력을 수출한 국가도 존재할 것이다. 수출한 국가의 입장에서 볼 때, 이것은 특별한 이점을 제공한다. 먼저 해외를 누비는 용병들은 조국에서 문제를 일으킬 확률이 낮다. 나아가 사기업들이 외국에서 초래하는 희생은 국가의 공적 방어력에 의해 야기되는 희생보다 정치적으로 민감할 가능성도 낮다. 또한 수출국은 공식적으로 유보적인 정책을 유지하면서도 자국이 원하는 외교적 목적을 달성할 수가 있다. 마지막 요점은 민간 사업자들이 암묵적으로 자국의 외교정책을 이행한다면, 그 과정은 얼마나 투명하고 믿을 만한가? 민간 기업가들은 외교정책을 정부와의 법적 공조 없이 이행하는가? 이러한 윤리적·경제적 문제 그리고 PMC와 PSC에 대한 적절한 규제에 관한 논의는 지금도 계속되고 있다.

프레들랜드는 좋은 지적을 했는데, 수입 국가들에게 있어 수출국이 공공 병력을 제공하든 민간 병력을 제공하든 그건 큰 문제가 아니다. 가령 1991년 첫 번째 걸프전과 1993년 UN 승인의 소말리아 작전 동안, 미국 정부는 공공 병력을 내보냈다.[37] 그러나 1990년대의 옛 유고슬라비아 전쟁과 2000년대 아프가니스탄·이라크 전쟁에서 미국은 공공 병력과 함께 엄청난 규모의 민간 계약 병력을 파견해 전투 및 비전투 서비스에 투입했다. 비슷하게 서로 자주 불화를 일으키는 방글라데시와 인도, 파키스탄은 지속적인 UN 평화유지군 제공자들 중 하나이다. 그들은 엄청난 공공 병력을 자국의 "사적" 목적을 위해(군 병력을 잘 연습시키고 새로운 전술을 습득하기 위해) UN 안보리 결정을 바탕으로 수출한다. 이로 인한 수입 국가들의 위험성은 매우 높다. 가령 민간·공공 또는 초공공(예: UN) 병력이든, 또는 그들의 연합이든 모두 계약 위반과 갑작스러운 후퇴에 취약하다. 1990년 중반 소말리아전에서의 철수가 대표적이다.

거래비용 경제학은 독립적 기업들 사이에서든 조직 내부에서(민간 또는 공공)든 혹은 혼합된 형태로든 이루어지는 거래든 단순히 기술적 효용성 측면에만 의존하지 않는다. 그것은 집단적 효용성, 즉 어떤 거래에나 존재하는 위험성과 도전성이란 측면에도 적용되기 때문이다. 위험은 불확실성·자산 특화성·거래의 빈도 그리고 주권 거래의 범주에서는 정직성 등의 요소들로부터 생겨난다. 불확실성·자산 특화성, 빈도 그리고 정직성 등의 측면은 몇몇 PMC와 PSC의 번성을 허락하게 만들었다. 새롭게 급부상한 몇몇 사업환경들, 즉 혼합된 위험 가치들이 민간 계약자들에게 유리하게 작용한 결과, 현재 민간이 제공하는 경비서비스 시장은 봇물을 이루고 있다. 민간 사업자들은 변화하는 환경에 기민하게 대처했고 거래 비용을 축소시켰다.

이제 거래비용 경제학은 시시각각 달라지는 상품의 이동공간(경비서비스의 확장·다양성의 본질)과 계약 위험성(집단 효율성)이 공공 대 민간 병력의 논쟁에 미묘한 변화를 불러온다는 사실을 고려해야 한다.[38] 그렇게 해야만 공공 혹은 초공공 병력을 민간 군사업자들로 보충하거나 대체하려 할 때, 그리고 경비서비스를 의도한 목적대로 사용하기 위한 방법을 마련할 때 정확한 근거자료로 기능할 수 있을 것이다.[39]

경제학, 역사기록학 그리고 군사역사

시카고 대학의 역사학자 피터 노빅Peter Novick은 1999년 "미국 역사학 분야에서 인식론의 문제에 대한 관심 수준은, 미국의 다른 교육 요소나 해외 역사학 공동체와 비교했을 때 단 한 번도 높았던 적이 없었다."라고 지적했다. 그는 또 다른 저명한 역사학자 마이클 캐먼Michael Kammen을 인용했다. 캐먼이 1986년 "미국 역사가들은 대부분 역사의 인식론 또는 철학의 문제에 대해 완전히 무관심하다."라고 이야기한 대목이다. 노빅은 "사실상 미국 역사학자들 사이에서 압도적으로 우세한 관점인 반이론적·반철학적 객관주의자들의 실증주의는 지속적으로 엄청나게 강해지고 있다."라고 덧붙였다. 설명을 위해 노빅은 1985년 명망 높은 〈아메리칸 히스토리컬 리뷰〉편집장 출신 오토 판지Otto Pflanze가 "모델과 이론은 나름의 용도가 있지만 다른 한편으로 위험한 '유혹적 힘'을 지니며, 그것은 역사학의 주요 의무인 '있는 그대로wie es eigentlich gewesen[ist]' 즉 과거를 실제 그대로 보고하는 것으로부터 역사가들을 멀어지게 한다."라고

말했던 대목을 꼬집는다.[40]

이론적 성향의 역사가들은 판지의 언급 이후 많은 향상을 이루지 못했다. 예를 들어 포스트모더니즘적 접근으로 유명한 윌리 톰슨Willie Thompson은 "대부분의 역사 저널과 역사가들은 주변의 줄기찬 이의제기에도 불구하고, 자신들의 고질적인 실증주의적 태도를 고수하며 설득력 있는 포스트모더니즘 역사가들을 고립시켜왔다."라고 썼다. 또 다른 저명한 역사학자 데이비드 해케트 피셔David Hackett Fischer 역시 역사적 우연성의 역할에 대해 강조한 글에서, 이론에 대해 면밀하게 다루었다. 그는 "전개 과정과 사건들을 통합시킴으로써 훨씬 더 앞선 방법, '낡은 정치적 역사'를 뛰어넘는 '새로운 사회문화적 역사'를 제공할 수 있다."라고 주장했다.[41]

역사 연구에 있어 무엇이 진실인가라는 부분은 매우 중요하며, 특히 군사역사에 있어서는 절대적이다. 이론과 군사역사는 불안한 관계를 유지해왔고, 적어도 재래식 군사역사가들에 대해서는 더욱 그랬다. 군사역사의 한 가지 문제점은 지나치게 밀접한 군대와 정부와의 관계이다. 현재의 군대 구성원 나아가 과거의 구성원들은 부대의 역사, 전투의 원인, 그리고 전략의 시간적 순서에 대해 매우 강한 관심을 보여왔다. 군대의 지휘관들은 역사를 다음 전투에 유용하게 쓰일 수 있는 "교훈"으로 삼아 관심을 가졌다. 그리고 정치가와 민간 감독관들은 여전히 여러 전쟁에 대한 방대한 공식적 역사를 배열하느라 애쓴다. 아이러니하게도, 학교는 군사역사를 과소평가함으로써 이런 경향을 키웠다. 위험스러운 건 군사역사가 왜곡되어 군사역사라기보다 군대의 역사로 인식되면서, 어쩌다 조직된 폭력을 낳고 그로 인해 폭력에 대비하는 비폭력적 전례의 범주에서 군대 이해 방법을 찾는 역사가 되어버린 것이다. 재래식 군대역사가들에게 환영받지는 못했던, 이른바 신군사역사학파는 성별·인종 그리고 문화연구와 포스트 콜로니얼 이론(포스트모던 시대에는)에 의해 훨씬 다양한 정보를 제공했다. 특히 최근 몇 년 사이 이러한 경향은 더욱 강화되는 추세이다. 그럼에도 불구하고 경제학은 여전히 커다란 공백으로 남아 있다.[42]

역사는 이론이 부족하면 안 되며, 인기 있는 역사를 쓸 때에 이론이 버려져서도 안 된다. 지금도 역사 속의 이론은 자주 외부에 의지하며, 이로 인해 종종 드라마틱한 결과를 낳기도 한다. 가령 1960년대의 계량경제사 혁명 이후 경제역사는 역사이론과 맹렬히 혼합되었다. 그 결과 "이제 역사의 매우 적은 부분만이 경제역사가들이 손대지 않은 영역으로 남아 있다. 사실상 새로운 경제역사가들은 다른 측면을 멸종시켰다."라고 하버드 대학 경제역사가인 클로딘 골딘Claudin Goldin이 지적하기에 이르렀다.[43] 이 책에서 우리는 경제이론들을 경제가 아닌 군사역사에 대입해보았다. 부디 이 과정이 군사역사가들의 지위를 위협하는 일이 없기를 바란다.

지금까지 경제는 군사역사의 단편적 부분뿐만 아니라 여러 구체적인 상황에 적용되었다. 프리츠 레들리히Fritz Redlich의 1350~1800년 독일 군대 기업가정신에 대한 기념비적 연구가 있는가 하면, 제2차 세계대전 당시 병력 수송과 핵전쟁의 경제적 측면 등 현재 군사상황 등에도 경제학이 적용되었다.[44]

지난 몇 년간, 수많은 저명한 경제학자들이 전쟁과 평화에 관해 저술해왔다. 이 책을 통해 우리가 주장하는 것은 경제적 요소가 특정 사건, 시기, 문제 또는 주제들을 유용하게 설명하는 데 머무는 것이 아니라, 군사역사 분야 전체에 커다란 발전을 가져올 수 있다는 사실이다.[45] 우리는 경제에 근간해 웅장한 역사이론을 주장하려는 것이 아니다. 다만 군사역사가 어떻게 경제적 논리와 혼합될 수 있는지 살펴보고, 이 작업을 통해 새로운 통찰력을 얻도록 하려는 것이다. 한 예로, 우리는 군사역사 중 선택된 사례 여섯 개를 재탐색하면서 지난 천년을 돌아봤다. 우리는 여섯 가지 사례들을 선택한 후 어떤 경제 요소들을 어느 사례에 적용할지에 대해 실제적 연구를 한 후 각 장 집필을 결정했다. 수많은 다른 연구자들 역시 경제적 관점에서 군사역사의 특정 측면을 연구했지만, 우리가 그랬듯 다양한 경제적 요소들을 천년에 걸친 군사역사 전체에 적용한 시도도 그 누구도 하지 못했다.

결론

기회비용의 요소는 중세시대 성 건축을 선호했던 이유를 설명하는 데 도움이 된다. 엄청난 비용에도 불구하고, 단일 포위작전의 비용은 성곽 건축 비용과 맞먹거나 그것을 넘어섰다. 중세시대에 야전군이 제한적으로만 출현한 세 가지 이유(비용·공급·전통) 중 두 가지는 본질적으로 경제적 이유였다. 특히 야전군을 키우고 유지하고 방어하는 비용은 평야에 성을 쌓아 경계를 긋는 것보다 훨씬 더 막대한 비용이 들었음이 분명하다.

엄밀히 말하자면, 성곽의 기회비용은 단지 군대의 형성만을 의미하지 않는다. 그것은 다른 여러 잠재적 대안까지 포함하는 것이었다. 사실 중세 통치자에게는 주된 관심사가 전쟁이었기 때문에 궁전 건축, 도로 건설, 대학 기부와 같은 대안들은 가설에 불과했다. 또한 몇몇 통치자들은 꽤 큰 군대를 육성할 수 있었으나, 그렇게 함으로써 오히려 전투에서 군대가 위험에 처할 수 있었다. 큰 군대를 유지하는 것이 성을 유지하는 데 드는 비용보다 훨씬 비쌌기 때문이다. 성 건축은, 엄청난 비용에도 불구하고 비용 대비 가장 효율적인 전략이었던 셈이다.

물론 성의 힘은 그 성을 건설한 성주를 배신할 수도 있었다. 성이 적군 또는 반역적 세력에 의해 함락되는 경우이다. 그러나 많은 통치자들이 깨달았듯, 군대도 주인을 배신할 수 있었다. 그리하여 11~13세기 중세 독재자들은 군대를 실험하는 대신 성을 통해 정치적·군사적 지배력을 강화했다. 한동안 성은 그 시대 통치자들에게 실행가능한 군사적 대안들 중 가장 높게 평가되었다.

정보의 비대칭 요소로는 두 가지가 있다. 하나는 숨겨진 '특성'을 강조하는 것으로 계약이 성사되기 전에 특성들이 알려지게 되고, 또 다른 하나는 숨겨진 '행동'을 강조하는 것으로 계약 당사자 중 하나가 상대를 감시하는 것이 불가능해지면서 원치 않는 또는 위험에 빠지는 것이다.

이탈리아 르네상스의 용병 장군에 대해 다룬 장에서는 주로 후자에 대한 이야기를 했다. 그리고 우리의 관심은 숨겨진 행동을 막을 수 없다면 적어도 숨겨진 행동을 발견하는 데 드는 비용을 낮추기 위해 계약이 어떻게 진화했는지 살펴보는 것이었다. 계약은 인센티브를 정렬시키도록 고안되었으며, 그렇기 때문에 양측 모두 서로를 속이려는 시도를 하지 않는 게 이익이 되도록 했다. 예를 들어, 다음 전쟁 시즌에 대한 재계약 전망은 용병대장에게 현재 전쟁 시즌에 더 많은 노력을 기울이게 유도할 수 있다. 비슷하게, 가치 있는 전사와 병사들을 다음 시즌에도 보유할 수 있다는 전망은 도시국가를 더욱 명예롭게 행동하도록 유도했다. 병사들의 말과 용품에 대한 등록제 역시 비슷한 목적을 가지고 실시되었다. 물론 그러한 상황에서도 용병대장이 고용주를 바꾸거나, 고용주가 또 다른 군인을 선택할 수는 있다. 다만 보다 안정적인 내용으로 계약이 변화하면서 용병시장은 많은 수요자와 더 많은 공급자가 활동하는 분주한 공간으로 진화했다. 게다가 시장은 특정한 참가자의 수명보다도 오래 지속되었다. 사람은 자연사하거나 다른 이유로 죽었고, 젊은 사람들은 기술을 습득해 그 자리를 채웠다. 마찬가지로 공화주의자나 독재주의자의 손에서 탄생한 도시국가들은 요동치는 권력쟁탈전 속에서 이내 사라지고 다시 나타났다. 이렇듯 변화무쌍한 시대상황에서 계약의 기술은 자연적으로 진화했다.

그리고 상비군이 등장했다. 이제 계약이 만료되었을 때, 용병대장들이 미래의 군사 노동계획을 계획하고 이행하는 데 있어 가장 큰 장애물은 상비군이었다. 능력 있는 전사들은 여전히 수요가 많았지만, 독립적이고 유동적인 군대 계약자들은 결국 국가 의존적인 고용인에게 무너져버렸다. 시장 권력은 전사들에게서 도시국가로 영구히 이동해버렸다.

지휘관들이 전투를 제공하거나 거절하는 결정은 비용과 이익에 대한 논리적 계산으로부터 나온다고 우리는 주장해왔다. 그런 결정들은 항상 다음 전투를 염두에 두는 만큼, 과거 전투보다는 현재 자신이 처한 상황의 "한계"를 고려한 결과물이다. 가령, 시간의 한계에서 결정 요인은 다음 기간을 뜻하며, 그것은 즉각적인 미래이다. 이것은 다음 전투에 대한, 즉 임박한 전투에 대한 결정을 말한다. 미래는 원하는 만큼 알려지지 않고, 그러므로 모든 결정은 불확실성을 포함한다. 전투 제공의 결정은 부가적 비용 발생 예상을 포함한다. 그 시점까지 일어난 것에, 앞으로 얻어질 부가적 이익들을 예상해 이미 얻은 이익에 더하는 것이다. 서로 겨루는 양측 지휘자들의 이익들이 실망스럽다면, 이는 양쪽 다 잘못 계산한 것임에 틀림없다. 그러나 심지어, 잘못된 계산도 계산이다.

어떤 시대에도, 지불 비용과 이익을 무시한 채 경솔하게 행동한 지휘관들은 없다. 전투의 시대엔 특히 신중하게 논리적으로 계산된 결정이 지휘관들의 명성을 좌우한다. 특히 이 시대는 계몽주의와 맞물리며 회계·측량·계산과 과학에 대한 믿음을 부활시켰다. 그 시대는 코페르니쿠스·갈릴레오·케플러·뉴턴·라이프니츠 그리고 파스칼의 삶과 공존한 시기였다. 이들 모두 천문학자와 수학자들로, 관찰과 계산을 통해 자연의 보편적 법칙을 추론하고 정리했다. 이러한 시대에 정보를 치밀하게 분석하고 계산한 뒤 전쟁을 준비했다는 건 놀랄 만한 일이 아니다. 그렇다고 이러한 계산이 직관이나 심리적 예감 등의 역할을 거부하는 건 아니다. 어떤 지휘관도 완벽한 정보를 가지고 있지 않았기 때문이다. 그들에게는 60~90퍼센트의 정보만 있었다. 게다가 정보는 본질적으로 현실보다 뒤떨어지게 된다. 만약 이론적인 100퍼센트의 정보가 있다손 쳐도 그것을 해석하는 공식이나 환경은 바뀔 수 있다. 현대 기상학자들이 10퍼센트의 강수 확률을 예상한 날에도, 여전히 비는 내릴 수 있다. 날씨의 변수와 변동은 너무 많으며 이것은 전쟁에 있어서도 마찬가지다. 그럼에도 불구하고, 이 시기의 지휘관들이 돋보이는 것은 더 많은 정보와 계산이 평균적으로 적은 것보다는 낫다는 신념을 지녔다는 점이다. 실수와 불리한 결과들은 지적인 결점을 반영하는 것이 아니다. 다만 과학의 불완전함을 의미할 뿐이다.

'왜 전투의 시대에 전투가 희귀하게 나타나는가.'라는 모순적 질문에 대한 대답은 전쟁에 패할 경우의 손실 예상비용이 너무 컸고, 결과적으로 전쟁은 너무 큰 도박이었기 때문이다. 이전 시대와 달리, 이 시기의 전투에서 지는 것은 전쟁에서 패하는 것을 의미했다. 그러므로 끊임없는 계략은 전투보다 훨씬 더 선명한 그 시대의 특징이었다.

미국 남북전쟁에 대한 장에서, 우리는 정보의 비대칭 요소로 돌아갔으나 숨겨진 행동적 측면보다는 그것의 숨겨진 특성에 초점을 맞췄다. 전쟁에서, 한 사람은 자신의 특성을 열심히 숨기고 싶어하고, 다른 사람은 그만큼 열심히 적대자의 특성을 알아내려 한다. 명예로운 군사역사가인 존 키건 John Keegan은 우리에게 정보는 획득·전달·수용·해석 그리고 이행이라는 "다섯 개의 근본적 단계"에 의존한다고 상기시킨다.[46] 이 장에서 우리는 그 모든 것을 만났다. 정보 획득을 위한 근본적이고 혁신적인 노력, 그것의(오인된 정보를 전달하기 위한 독창적 책략 또한 제외하지 않았

다) 전달, 지휘 체계에 의한 정보의 수용과 강제된 믿음, 대부분 퍼즐조각에 불과한 정보들에 대한 적절한 해석, 그리고 해석에 따라 달라지는 행동의 이행이다.

그러나 정보가 중요하며 정보에는 단계가 있다는 사실뿐 아니라, 전술적·전략적 이점을 얻기 위해 정보의 비대칭을 창조하고 없애는 데 얼마나 용의주도한 노력을 했는지 살펴본 것은 무엇보다 중요하다. 이 시대는 태양력을 이용한 튼튼한 노트북이나 전산화된 지형도, GPS에 근간한 병력 위치 분석, (사람과 기계 등의) 즉각적 의사소통과 같은 현대적 도구들이 없었으나 (어떤 시대도 미래에 이용가능한 것들이 부재하기는 마찬가지였다) 각 진영은 자기만의 수집, 전달 그리고 정보사용 수단을 발명했다. 미국 남북전쟁에 있어서는 전보·철도·신문 심지어 열기구 그리고 군사 정보기관이 이런 수단의 예이다.

하지만 새롭고 실험적인 대다수의 정보 수단은 결정적인 파괴력을 발휘하지 못했다. 대신 정보 전쟁은 최소한 두 가지 측면에서 인간적이고 심지어 개인적인 것들에 의해 좌우되기 일쑤였다. 먼저, 대부분의 경우 정보의 이점은 해당 지역 영토를 방어하는 사람들 편이었다. 심지어 공격 병력이 방어 병력의 숫자를 훨씬 더 넘어서는데도 이러한 정보의 균형은 맞춰지지 않았다.[47] 둘째, 이 전쟁의 장군들은 모두 같은 사관학교에서 같은 교수에게 같은 커리큘럼으로 배웠다는 사실이다. 여기에는 비대칭이 없다. 그러나 정확한 이유는 모르겠지만 로버트 E. 리는 동료 중 일인자로 떠오르게 되었다. 그는 월등한 계산능력을 발휘했고, 적군의 사고체계와 비슷한 측면에서 전투를 예상을 하는 등 독특한 전략을 펼쳤다. 북군은 병력과 물자에서 압도적 이점을 가지고 있었으나 그것들을 어디에 효과적으로 배치해야 할지 몰랐다. 그러므로 남군의 똑똑함만큼 북군의 소심함이 증명될 뿐이었다. 전쟁은 "심리적 비대칭"이 사라졌을 때 종식되었다. 그랜트의 정신적 자원들은 아마 리의 것들을 넘지 못했을 것이지만, 그는 두 가지 정보적 이점을 만들었다. 첫째, 그는 자신의 우세한 정보기구에 의존했다. 리를 피터스버그에 가둠으로써 그랜트는 책략을 통해 남군의 마음에 불확실성을 심어 그들을 희생시켰다. 둘째, 그랜트가 그의 전임자들보다 훨씬 오래 지휘관 자리에 머물렀기 때문에 그는 자신의 적수에 대해 배울 시간이 충분했다.

전략폭격은 독일의 전쟁물자 생산에 치명적인 영향을 준 것처럼 보이지 않는다. 무기 생산량은 감소하지 않았다. 사실 생산량은 지속적으로 증가했고, 심지어는 전쟁의 마지막 해까지도 마찬가지였다.

그러나 이 장의 요점은 전략폭격의 종합적 효과에 관한 것이 아니었다. 우리의 요점은 주변적, 부가적 효과와 폭탄의 양에 관한 것이었다. 이용가능한 데이터들을 연구하면서 우리는 더 커지는 폭탄투하 노력이 사실상 원했던 파괴 결과를 가져오지 못했다는 사실을 알았으며 이것은 경제이론이 예상했듯 심지어 손해일 때도 있었다(예: 사기저하 폭격 데이터는 더 많은 폭격이 공격당한 인구들의 사기를 저하시키기보다 사기를 더 높였다는 사실을 증명한다). 생산성이라는 추상적 이론이 굉장히 실제적인 전쟁의 핏빛 세계에 적용되었다는 것은 어쩌면 놀랄 만한 일이다. 그러나 희생자와 가해자 모두에게 있어, 이론의 교훈이 제대로 수용되고 이를 주의 깊게 살피는 일이 가능했다면 전쟁은 훨씬 빨리 끝났을 것이며, 이는 양측 모두에게 훨씬 더 좋은 결과였을 것이다.

보완적 대체의 요소가 초기 냉전시대 프랑스의 핵무기 소유에 적용된 것은 재래식 무기에 대한 대체로 핵무기의 엄청난 화력(사용가치)에 의존했다는 점, 나아가 프랑스의 외교적·정치적 가치를 제고했다는 점에서 눈여겨볼 필요가 있다. 전자의 경우 후자보다 대체가 더 쉽게 형성될 수 있다. 프랑스의 핵억지책은 지상과 공중 병력을 모두 대신하는 것이었다. 식민지가 독립하고 국가의 경제가 추락하면서 프랑스의 전통 병력 감소는 어쩌면 불가피했다. 게다가 소련의 위협이 증가하는 상황에서 프랑스는 핵폭탄을 소유했다. 이보다 훨씬 더 명백한 대체의 사례는 생각하기 힘들다.

이론적 모호함은 때때로 대체가 실제로 일어났는지에 대한 분석을 복잡하게 하지만 불가능하게 만들지는 않는다. 프랑스에서는 확실히 예산 선택이 이루어졌고, 명백하게 재래식 병력을 대체했다. 핵무기는 또한 미국 의존에 대한 대체로도 쓰였으며, 더 넓게는 동맹국에 대한 의존을 대체했다. 나아가 핵무기 소유는 프랑스가 특정 외교와 외교정책, 심지어 국내 정책 목표들을 수행할 수 있게 해주었다. 예를 들면 장엄성인데, 이것은 재래식 병력으로는 절대 이행가능하지 않았던 목표이다. 여기서 핵 전략은 재래식 공군전략 이론을 넘어 재래식 군대 전체를 대체하는 데까지 나아갔다. 핵에 대한 군사적 접근이 얼마나 멀리 갈 수 있는지를 프랑스의 사례는 매우 구체적으로 보여주는 셈이다.

경제적 사고는 군사역사뿐만 아니라 현대 군사 문제를 조명하는 문제를 돕는다. 예를 들자면, 우리는 초국가적 테러리즘을 기회의 각도에서 시간·장소·테러 형태 그리고 또 다른 형태들의(예: 인질에서 폭격 위협으로) 대체로 관찰했다. 대체의 요소는 대테러리즘 정책에서 반드시 고려되어야만 한다. 2001년의 9·11 테러 이후 미국은 아프가니스탄·이라크와 두 개의 대규모 전쟁을 시작함으로써 대응했다. 이것은 우리를 군대 인력에 대해 토론하게 이끌었으며 특히 징병제와 모병제를 비교하며 현역과 예비 병력의 경제적 비용과 이익에 대해 관심을 갖게 했다. 전쟁 참여 결정은 대부분 정치적 측면에서 이루어지지만, 전쟁을 관리하는 현실적 문제에 있어서는 경제적 사고를 적용할 수 있는 많은 기회들이 있다.

우리는 또한, 1990년대부터 재부상한 민간 군사업체와 사설 경비업체

들에 대해 알아보았다. 서비스 이동공간과 계약 위험성에 관해서도 우리
는 살펴보았다. 병력의 독점, 나폴레옹이 공식적으로 부여한 공공·국가
승인·국가 기금의 병력은, 21세기에 어쩌면 붕괴되는 중이다. 많은 방어
와 경비 업무들은 더이상 공공이익의 기능만을 이행하지 않는다. 대신
그러한 대다수의 업무들은 이제 사유, 집합 또는 공유재를 닮아가고 있
다. 경계선은 유동적이다. 그리고 어쩌면 민간 공급자에게 공급받는 것
이 더 나을 수도 있다. 게다가 서비스 이동공간의 새로운 사업 분야를 채
우기 위해서는 계약 위험성의 상호교환, 다시 말해 불확실성·자산 특성
화·빈도 그리고 정직성 등을 고려해야 하는데, 공공 병력에만 의존한 방
어와 경비서비스의 독점적 제공은 어쩌면 경제적으로 효과적 해답이 아
닐지 모른다는 사실을 발견했다.

방어와 평화경제 분야는 아직 새로운 영역이지만 동맹의 형성과 해체,
무기 경쟁, 무기 생산, 무기 교환, 군사 인력, 조달, 핵전략, 군비 축소, 문
제 운영과 해결, 테러리즘과 비재래식 문제 그리고 경비서비스와 관련된
다른 주제들에 대해 이미 많은 공헌을 해왔다.

우리는 이 책을 통해 경제학이 과거와 현재를 잘 분석할 수 있다는 사
실을 보여주고, 미래의 문제(군사·방어·평화·안보·경제)를 잘 다룰 수 있
다는 사실을 증명했길 희망한다.

서문

1) Broadberry and Harrison, 2005, and Harrison, 1998 등과 그 속의 문헌 참조.

2) 최근 몇 년 새 현대 군대의 민영화에 대한 수많은 문헌이 쏟아져나왔다. Bryden and Caparini, 2006, and Alexandra, Caparini, and Baker, forthcoming 등과 그 속의 문헌 참조.

3) Mazlish, 2003, p. 13. 이는 학술적인 훈련뿐 아니라 국가의 문화도 반영할 수 있다. 알렉시스 드 토크빌은 1835년 "문명세계의 어떠한 나라도 미국만큼 철학에 관심을 기울이지 못했다."고 말했다. (de Tocqueville, 1984, p. 143).

4) Diamond, 1997, 2005; 여기에 Bryson's, 2003도 참조. 대중과학은 물리적인 세계가 허용하는 한도 안에서 인류 역사를 보려는 그의 잦은 기도를 기술했다.

5) 8장에서 경제, 역사 기술과 군사역사 등을 결정하려는 몇몇 이슈에 대해 직접 언급했다.

6) 아시모프의 '파운데이션' 3부작의 첫 권은 미래에 펼쳐질 일을 예견하는 과학인 심리역사를 창안한 해리 셀든이라는 캐릭터를 그린다. 현실 삶에서는 심리과학이 사실 심리학의 한 하위분파다.

1장

1) Tuchman, 1962, p. 10.

2) 알프레트 폰 슐리펜은 단 하나의 유명한 로마 전투에 대해 두 권 분량을 할애하고 나서야 창시자의 이름을 딴 계획에 대해 적었기 때문에 이를 읽는 것은 아주 지루한 일이 될 것이다.

3) 경제 제국주의에 대해선 Radnitzky and Bernholz, 1987; Lazear, 1999 등을 참조.

4) Posner and Parisi, 1997, Becker, 1976, Fuchs, 1975, and Schelling, 1960, 1966 등을 참조. 경제학은 수학으로부터 두드러진 영향을 받았으나 심리학과 신경과학 등의 영향도 받았다.

5) Charles Tilly, 1990에서 사회학자 찰스 틸리의 인상적인 노력을 볼 수 있으며 특히 1장 속의 문헌 참조. 경제사는 Crafts, 1987, North, 1990, Goldin, 1995, Temin, 2006 참조. 심층 논의를 보려면 8장 참조.

6) Dixon, 1976이 여기에 해당하는 사례다. 노먼 딕슨은 University of London의 실험심리학자다. 싱가포르 군 저널인 *Pointer* vol. 30, no. 2에 Adrian Choong 대위가 쓴 공식서평은 "그의 저서 '군사적 무능의 심리학'은 명백한 심리학 이론에서 유도된 것으로 2004년까지도 유효할 정도로 인상적인 역작"이라고 썼다. 딕슨의 노력-아울러 바라건대 우리의 노력-은 특히 Cohen and Gooch's *Military Misfortune: The Anatomy of Failure in War*, 1990 (and reissued in 2006)에 있는 사례를 비롯해 이에 대한 이론화와는 매우 다르다. Cohen and Gooch의 작업이 흥미가 없어서가 아니다. 오히려 그 반대다. 이 책은 Dixon의 책은 물론 다른 사람들의 책에 대해 합당한 비평을 하고 있으며, 개인의 실패보다 조직에 초점을 맞췄으나 결국 그 노력도 심층적이지 못했다. 모든 실패는 학습의 실패(과거로부터의), 예측의 실패(미래), 적용의 실패(현재로의)로 분류됐다. 딕슨의 저작과는 달리 이 책은 예지력을 포함하지 않았으며 이 때문에 개입의 잠재적인 견인력을 전혀 고려하지 않았다.

7) 실험은 설계와 수행이 힘들지만 이를 수행하는 게 반드시 불가능한 건 아니다. 2002년 알프레드 노벨 기념 스웨덴 은행 경제과학상(줄여서 노벨 경제학상)은 경제 관련 아이디어를 시험화하는 것과 관련한 업적으로 대니얼 카너먼과 베넌 스미스에게 수여됐다. 카너먼은 심리학자이며 스미스는 경제학자다. 어떤 경우에는 실험이 설계될 수 있지만 그렇지 않은 경우도 있다. 예를 들면 시험대상으로 선발된 사람들의 구매와 저축 행동 변화를 보기 위해 그들의 수입을 절반으로 줄인다면 이는 비윤리적인 것으로 간주될 것이다. 하지만 실업자가 된 사람들을 대상으로 줄어든 수입이 소비와 저축 행동에 어떤 영향을 끼치는지를 연구할 수는 있다. 이는 '자연스러운' 실험으로 불린다.

8) 모든 인용은 Neufeldt, 1997이 출처다.

9) Dolan, 2002. Haidt, 2007과 Niedenthal, 2007도 참조.

10) 예를 들면 도시에 거주하는 어린이들은 높은 비율로 사자에 대한 공포를 나타내며-혐오 행동에 따른 감정이다-사자에 의해 목숨을 잃을 가능성(도시 어린이들이 한 번도 본 적이 없는 경우다)을 자동차나 이웃의 충격(수많은 어린이들이 목격한 경우다)에 의해 숨질 가능성보다 크게 본다.

11) Kuhn, 1962와 이어지는 과학적 작업과 과학사회학의 구조에 대한 논쟁을 참조. 이와 관련해 우리는 *Mayr*, 1997, chap. 3를 주목한다.

12) 특히 주목할 점이 Heilbroner's 1999 [1953] 책이다. 이 책의 도입 단락(p. 13)은 이렇다. "이 책은 명성에 호기심이 많은 일련의 사람에 대한 것이다. 학생들의 역사책에 등장하는 법칙에 따르면 이들은 보잘것없는 사람으로 어떤 군대도 지휘하지 않았으며 어떤 사람도 죽음으로 몰지 않았고 어떤 제국도 통치하지 않았으며 역사를 만드는 결정도 전혀 내리지 않았다. 그들 중 일부만 이름이 알려졌지만 누구도 국가적인 영웅이 되지 못했다. 일부는 철저하게 악용됐지만 아무도 국가적인 악당이 되지도 않았다. 그들이 한 일은 빛나는 영광을 차지한 정치인들의 수많은 행동보다 역사적으로는 더욱

결정적인 일이었고, 군대가 국경을 왔다갔다 하게 하는 것보다 더욱 불온한 일이었으며 군주나 의회의 명령보다 더욱 강력했다. 말하자면 이렇다. 그들은 남자의 마음을 흔들리게 한다."

13) 이와 관련해 Schelling, 1978을 읽어보라.

14) Smith, 1976 [1776]; Marshall, 1961 [1890]; Samuelson, 1947. 용어 혼란이 조금 있다. 원래 정치경제란 자연의 경제가 아닌 인간 사회의 경제학을 묘사하는 것이다. 마셜 원칙의 첫 문장은 "정치경제 또는 정치경제학은 [말하자면] 일반적인 삶에서 인류를 연구하는 것"이라고 한정지었다. 더 나아가―경제적인 방법론의 유용한 토론에서 모든 종류의 경제학자들과 그들을 비난하는 사람들은 반드시 다시 읽어봐야 한다―마셜은 응용경제학과는 다른 순수경제학이라는 말을 언급했다. (Marshall, 1961 [1920], p. 37, n. 2). 오늘날 마셜이 말했던 '순수경제학'과 '응용경제학'은 '신고전경제학'으로 통합되어가고 있는 것으로 여겨지지만 인간 삶의 비경제적인 요소들도 감안한 '정치경제학'과 나란히 공존하고 있다. 그러는 동안 자연 경제는 생물경제학과 신경경제학의 새롭게 발전하는 분야가 부활했음에도 거의 잊혀졌다. 이런 점에서 아주 야심찬 노력으로―생물학 그 자체에서 왔다―Geerat Vermeij의 *Nature: An Economic History*, 2004이 있다.

15) 예를 들어 the symposium in *American Economic Review*, vol. 88, no. 2 (May 1998), pp. 72-84 참조. '낡은' 제도의 경제학인 고전경제학과 '새로운' 제도의 경제학인 신고전 경제학에 대해선 분명히 할 말이 더욱 많을 것이다. 하지만 여기에 몰두하다보면 이 책은 길을 잃고 헤매다 전혀 다른 종류로 탄생했을 것이다. 새로운 제도주의자들의 경제학과 관련해, 특히 이 책에서 자리를 차지한 역사적인 맥락과 관련해선 그런 지적을 만족시킨다. 특히 어떻게 개개인이 상호 이익이 되는 교환의 기회를 인식하고 어떻게 바람직한 교역에서 나타난 계약 의무를 확실하게 준수하는 문제를 다루기 위한 제도를 만들었는지에 대해선 North, 1990, and Greif, 2000에 만족할 만한 내용이 들어 있다.

16) 순서가 혼란스러운 사람도 있을 것이다. 어떤 사람은 제정경제학을 미시경제학 범주에 넣기도 한다. 어떤 사람은, 말하자면 Kenneth Arrow의 저작을 그렇게 하면서 이를 두고 원래 미시경제학이라기보다 경제학 방법론이라고 설명하기도 한다. 하지만 어떻게 분류를 하든 간에 개인의 동기와 행동, 즉 미시경제학의 범주가 주요 경제학 관련 상의 대부분을 받아왔다는 데 동의하지 않을 사람은 없을 것이다.

17) http: // www.nobel.se / economics / laureates / 1978 / press.html Press release of 16 October 1978 [accessed 14 November 2002] 참조.

18) Coase, 1994, p. 7.

19) 미국의 미사일 방어망 프로그램과 관련한 1조 달러의 추산은 Kaufman, 2003에서 나왔음.

20) Heyne, Boettke, Prychitko, 2003, p. 66.

21) 남자들도 물론 불륜관계를 통해 쉽사리 부인을 따돌려왔지만 그래도 남자에게는 나쁜 결과가 별로 생기지 않았다. 요즘 불륜관계는 파경(이혼)뿐 아니라 재산 배분까지 당할 위험을 증가시킨다. 한쪽으로 이는 결혼계약법(예를 들면 혼전계약)의 진화라는 결과를 낳는다. 다른 한편으로는 재혼 시장(재혼 혹은 그보다 더 많은 회차의 결혼을 위한 시장)에서 이런 남자는 이전 결혼에서 받은 재산을 가져올 이혼녀를 만날 가능성이 더욱 크며, 이에 따라 커플당 전체 재산 상황은 변하지 않을 수 있다. 여기는 이에 대한 논의를 더 이상 할 곳이 아니지만, 기회비용에 대한 경제학적 이론의 고려가 사람의 생각을 얼마나 빨리 환상적인 지경으로 이끄는지, 실증적으로 관찰된 행동과 사건과 잘 맞아떨어지는지를 보여준다는 것만은 지적하고 넘어가야 한다. 결혼, 가족, 가정의 경제학에 대한 논문 심포지엄은 *Journal of Economic Perspectives*, vol. 21, no. 2. 2007년 가을호에서 살펴볼 수 있다. 이런 경제학적 관점에 대한 사회학적 시각은 Zelizer, 2005.에서 볼 수 있다.

22) 이러한 감정은 범퍼 스티커에 적히는 다음과 같은 농담에서 나왔다. "처가 낚시와 자기 중에 고르라고 하기에 낚시를 선택했다"(남녀의 발언이 서로 바뀐 버전의 스티커도 있다)

23) Buchholz, 1989, p. 141에서 인용. 어떤 사람은 이를 요기 베라(본명이 로런스 베라로 인도 수행자 같은 행동으로 요기라는 별명을 얻었다. 미국 프로야구 선수 및 지도자로 "끝날 때까지는 끝난 게 아니다." 등의 명언을 남겼다.—옮긴이)나 하는 명언으로 여기겠지만 다른 사람들은 불교신자의 진리로 받아들일 것이다. 어떤 것이든 경제학은 좋은 쪽이다.

24) 포만 수준은 시간이 지날수록 떨어진다. 지난 3주간 배우자를 못 만난 사람의 포만 수준은 "낮음"을 가리킬 것이다. 이 경우, 그는 앞으로 3시간 동안 축구경기를 보기보다는 배우자와 시간을 보낼 것이다. 그러나 포만점이 "높음"을 가리킨다면, 그는 당연히 만족감을 얻을 수 있는 다른 방법에 앞으로의 시간을 투자할 것이다.

25) "자연은 비약하지 않는다"는 모토는 1907년 해당 교과서의 제3판에 처음 등장하며 1920년 마셜의 마지막 책에 이르기까지 계속 유효하다. 보어가 처음으로 에너지의 양자화 개념을 제시한 것은 1913년이었고 Heisenberg의 그 유명한 양자역학 논문은 1925년에 발표됐다. 좌우지간 마셜은 "비약" 또는 자연이나 정치경제에서의 불연속적 특성을 배제한 것이 아니라, 매끄럽고 연속적인 부분의 연구를 우선시했다.

26) Marshall, 1961 [1920], p. xiii.

27) North, 1990.

28) 이는 North, 1990의 신제도주의 경제학의 키포인트다. 또한 앞서 언급한 Dolan, 2002에서 두뇌가 일정한 행동 패턴을 연결해서 "제도화(institutionalizing)"함도 참조.

29) 실로 Stigler and Becker, 1977는 소비자가 "스타일"이나 "사회적 차별화"를 보이는 물

품을 한결같이 선호한다고 주장한다는 점에서 Galbraith, 1958와 일맥상통한다. 뛰어나게 세련되기 위해서는 자신을 남들과 차별화해야 하기 때문에, 스타일이나 차별성을 획득하게 해주는 특정한 물건들은 필연적으로 유행의 대상이 된다. 유행은 만들어졌다. 이제 기업은 특별하게 보이고 싶은 소비자들에게 상품을 팔기 위해 광고를 통해 차별화를 심화시키는 데 관심을 갖는다. 소비자는 서로 경쟁한다. 경쟁의 수단만 변화할 뿐, 기본적인 취향(스타일이나 차별화)은 유지된다. 이는 관찰된 행동에 새로운 해석을 제시하면서 갤브레이스의 관점에 대립하지 않는 괜찮은 이론이다. 갤브레이스의 주장은 기업이 취향을 변화시킨다는 것이 아니라, 사람들이 원하는 바를 충족시키려는 욕망을 구체화한다는 것이다.

30) 군사물류에 대한 고전으로 van Creveld, 2004[1977]가 있다.

31) 그 여부는 바로 7장의 결론 중 하나이며, 만약 그렇다면 프랑스는 재래식 전력을 핵전력으로 어느 정도 대체했다.

32) 놀라운 일은 아니지만 흥미롭게도 미국 모헤어 생산의 90퍼센트는 텍사스의 샌앤젤로(미국 모헤어협회 위치)의 150마일 반경 내에서 이뤄진다. 더 자세한 정보는 http://www.mohairusa.com/index.html에서 볼 수 있다[2002년 12월 4일 확인]. 내용이 궁금하다면 1993년 미국 상원 토론부터 보는 것이 좋다. (http://www.senate.gov/~rpc/rva/1031/1031288.htm을 참조) 울과 모헤어 보조금을 지지하는 이들은 미군 병사들의 의복의 원자재를 만드는 산업을 유지시켜야 한다는 이유로 국가보안을 명백한 근거로 제시하는데, 미군 의복은 오래 전에 합성섬유로 교체됐다.

33) "존보트"는 폭이 좁고 긴 보트다(12~22피트). 원래 거칠게 자른 그린오크(green oak)와 솔송나무 판자로 만드는데, 판자 사이의 틈은 타르와 삼노끈으로 메우고 비가공 목재가 물을 흡수하면서 자연적으로 팽창하는 것을 이용했다. 야마하 아웃보드 엔진(Yamaha outboard engine)의 스토리는 흥미롭다. 1960년 일본에서 처음 생산됐고, 첫 해외 생산공장은 1988년 프랑스에서 문을 열었다. 야마하 모터사이클과 야마하 골프카트도 해외 생산을 시작했다. 1999년 12월 야마하는 베트남에서 모터사이클 생산을 시작했다. 야마하 골프카트는 미국 조지아 주에서 생산됐다. 수입품을 억제하려는 노력은 수입사들을 국내로 불러들여, 결국 소비자에게 선택을 제공-대체가능-했다. 여기서 우리는 단지 돈이나 물질적인 관점에서 경제를 바라보는 것이 얼마나 어리석은 일인지 깨달을 수 있다. 경제는 근본적인 철학적 문제들과 깊숙하게 얽혀 있으며, 이는 여기서는 선택의 자유의 문제다.

34) 경제학자들도 소비에 대해 창의적인 사고를 한다. 예를 들어, 어떤 이가 자식에게 저축을 유산으로 물려주는 것은 소비의 한 형태인데, 그가 "소비"하는 것은 자식이 누리게 될 기쁨의 예측이다. 만약 이 주장을 받아들일 수 없다고 해도, 자식들이 유산을 가지고 할 수 있는 일은 소비와 저축 둘 중의 하나밖에 없다는 점을 인정할 수밖에 없다.

따라서 모든 저축은 (연기된) 소비이다.

35) 학생은 적어도 강의계획표를 "숙지"해야 시험일에 맞춰 갈 수 있다. 우리가 교수로서 독자에게 보증할 수 있는 것은 많은 학생이 시험일을 몰라서 시험장에 오지 못한다는 것이다. 또는 교수에게 다급하게 이메일을 보내 시험 날짜를 묻는데, 강의계획표에서 시험 날짜와 시간과 장소를 찾기보다 이메일을 보내는 것이 더 싸기 때문이다. 이는 사소한 일이 아니다.

36) 공부를 더해서 성과가 줄어들 뿐 아니라 하락하는 일도 전적으로 벌어질 수 있는데, 학생들이 밤샘공부를 하고 늦잠을 자서 시험장에 나타나지 못하는 경우가 이에 해당한다. 다시 말하지만 우리 교수들—그리고 부모님들!—은 이를 너무 잘 알고 있다.

37) 같은 수의 사람들끼리 서로 매우 다른 기술을 지니고 싸운다면, 더 좋은 장비를 갖춘 쪽이 이길 가능성이 높다. 마찬가지로, 서로 매우 다른 규모의 부대들끼리 같은 기술을 갖고 싸운다면, 규모가 더 큰 쪽이 이길 가능성이 높다. 동일한 규모와 동일한 기술을 지닌 부대들끼리 싸운다면, 더 훈련되고 더 나은 지도를 받고 더 의욕 있는 부대가 승리할 가능성이 높다. Rotte and Schmidt, 2003은 승리의 실증적 요인을 분석하기 위해 1600년부터 1973년까지의 전투들을 수량화했다. 전장의 승리를 이끄는 물질적, 비물질적 요인을 연구한 그들은 수적인 우세가 역사 전반에 걸쳐 전장에서의 성과에 중요한 역할을 한다는 것을 알아냈다. 일반적으로 지도력, 사기, 기습과 같은 전투의 인적 요소는 무기 기술의 발전에도 불구하고, 지속적으로 전투 성과의 중요한 결정요인이었다. 이는 전투 기술은 확산되고 모방되는 반면 지도력과 사기는 싸울 만한 가치가 있는지 여부에 따라 달라지기 때문일 것이다.

38) 적어도 한 가지 오해는 방지하기 위해: 폭격효과가 감소한다고 해서 모든 폭격이 군사적으로 쓸모없다는 뜻은 아니다. 여기서는 말 그대로, 부가적 폭격에 의한 부가적 효과가 감소한다는 뜻이다.

39) 예로 Stonier, 1990 참조.

40) Katz and Rosen, 1991, p. 595.

41) 우리는 많은 결혼 관련 예시를 사용했지만, 한 예를 덧붙이고자 한다. 결혼생활이 쉽게 무너지는 현대사회 이전, 결혼은 거의 변경이 불가능한 약속이었다. 때문에 예비 배우자 및 그들의 부모와 가족들은 오늘날에 비해 더 많은 부담을 갖고 결혼 전에 서로에 대한 정보를 얻고자 노력했다. 일반적으로 신부의 부모는 신랑의 수입 능력과 자산을 키우는 능력을 알고자 했다. 신랑의 부모는 신부의 품성, 출산, 육아, 가사와 관련된 능력에 주의를 기울였다.

42) 이 예시는 Sandler, 2001, pp. 112–113을 바탕으로 한다.

43) 의학계에서는 흔히 "징후와 증상(signs and symptoms)"이라는 표현을 사용한다. 징후는 관찰자가 외부에서 알아챌 수 있는 것들이다(피부가 뜨겁거나 차갑게 느껴지는가, 환자가 땀을 흘리거나 피부가 건조한가, 맥박이 빠르거나 약한가?). 증상은 환자나 피

해자만이 묘사할 수 있는 것들이다(덥다, 지쳤다, 이러저러한 부위에 이러저러한 통증을 느낀다). 경제학은 신호(signal)라는 단어를 동일한 방식으로 사용한다. 즉, 외부 집단만이 밝히거나 확인해줄 수 있는, 숨겨진 특성에 대한 외부적 평가를 의미한다.

44) Akerlof, 1984 [1970], p. 14.

45) Anderson and Haupert, 1999.

46) *Wall Street Journal*, Tuesday, 10 December 2002, p. C11.

47) Katz and Rosen, 1991, p. 626. 또 다른 예로, 여객 항공산업(항공사와 여객기 제조사들)은 전자동의 조종사가 필요없는 여객기 도입을 논의 중이다. 이는 기술적으로 실현가능하며 항공 운임을 줄일 수 있다. 그러나 승객들은 자신들의 목숨을 맡길 조종사의 존재를 더 기쁘게 받아들일 것이다. 즉, 조종사의 경제적 기능은 (자발적) "인질"의 역할을 맡는 것이다. 비슷한 예로, 이 책의 뒷부분에서 다시 다루겠지만, 군대는 지휘관과 장군이 그들과 함께 싸울 때 이상하게도 안도감을 느낀다.

48) 우리는 외과의사들이 소비자(환자)를 끌어들이기 위해 이러한 자료를 수집하고 발표해 독자적 평가를 받는 것에 관심을 갖기를 기대할 수 있다. 그러나 외과의사들은 집단적으로 자료 수집과 발표를 거부하는 편이 더 높은 수익을 얻을 가능성이 크다. 슬프게도, 이것이 이제껏 의료계에서 선호하는 입장과 기록이다.

49) 이 문제를 바로잡기 위한 시도가 제2의 문제를 불러일으킬 수 있다. 예를 들어, 공교육에서 "학생 성적 책임(accountability)"이라는 개념이 유행하면 그에 따라 수업방식을 측정한다. 그러나 측정과 계산이 반드시 의도대로 이뤄지는 것은 아니다. 인센티브 제도는 편향적이며 바람직하지 않은 방향으로 행동을 변화시킬 수 있다. 선생님들은 제대로 측정불가능한 교육을 제공하는 대신에, 결과가 측정가능한 "입시시험을 위한 교육"을 시작할 것이다.

2장

1) France, 1999, p. 2.

2) Bachrach, 1994, p. 121.

3) Bachrach, 2002, p. XII:54. (Bachrach의 글 모음집. 출판사가 페이지를 다시 달지 않았으므로 XII:54은 12번째 글 또는 12장의 54페이지다).

4) Curry, 1998, p. 82.

5) 이 문단의 모든 인용은 McNeill, 1982, pp. 83, 90에서 따온 것이다. 트라스 이탈리엔(trace italienne, 별 모양 요새)은 대포에 대항하기 위해 15세기와 16세기에 걸쳐 발전했다. 낮은 성벽, 진흙의 사용, 다각형의 모양을 결합해 다각도에서 수비가 가능해졌다.

6) Tilly, 1990, p. 190.

7) Wise, 1976, p. 134.

8) Olson, 1993, pp. 567-68.

9) 예를 들어 잉글랜드 왕들이 소유한 토지는 실제로 1086년 이후로 줄어들었다. Ormrod, 1999b, pp. 21-30; Henneman, 1999, pp. 103-5; Isenman, 1999, pp. 243-52, 254; Ladero Quesada, 1999, pp. 177, 179 참조.

10) Webber and Wildavsky, 1986, pp. 174-75, 180, 183-205.

11) Nicolle, 1999, passim.

12) Verbruggen, 1997, p. 320.

13) France, 1999, pp. 2, 132; Molho, 1995, p. 97.

14) Harriss, 1975, pp. 7, 49, 57; Prestwich, 1972, pp. 218-19, 247-61. 이러한 문제에 관심을 지닌 이들을 위해서, 영화 〈브레이브하트〉에서 에드워드는 잘못 묘사됐음을 알려드린다.

15) Biddick, 1990, pp. 7-8; Prestwich, 1972, pp. 207, 211; Buck, 1983, p. 172; Ramsay, 1925, vol. 2, p. 89. 또한 Ormrod, 1999a, p. 178도 참조.

16) 에드워드 1세의 계승자인 에드워드 2세(재위 1307년-1327년)는 짧은 대륙전쟁을 치른 적도 있다. 이는 생사르도 전쟁 *War of St. Sardos*(1324-1325)으로, 6만 5,000파운드 정도의 비용이 들었다. 예상보다는 적은 금액이었지만, 국고에 보관하던 금, 은, 보물을 모두 합친 것과 거의 같았다(Buck, 1983, pp. 170-71). 이에 뒤따라 에드워드 3세는 거액의 대출금을 갚지 않아 이탈리아의 저명한 다국적 금융 가문이었던 바르디와 페루치를 파산시켰다(Cameron and Neal, 2003, p. 66).

17) Donnelly and Diehl, 1998, p. 17; Bradbury, 1992, p. 67; France, 2001, p. 456.

18) Bradbury, 1992, pp. 60, 63, 301-2; Baumgartner, 1991, pp. 112-13; Gillingham, 1999, p. 73; Rogers, 1997, p. 95.

19) Baumgartner, 1991, pp. 111-14; France, 2001, p. 456.

20) Verbruggen, 1997, p. 321, 350; Bradbury, 1992, p. 53; Donnelly and Diehl, 1998, p. 19, 28-29.

21) France, 1999, p. 87; Bradbury, 1992, pp. 69, 131; Gillingham, 1984, p. 90; Hooper and Bennett, 1996, p. 54; Ramsay, 1925, vol. 1, p. 227.

22) Edwards, 1946, pp. 16-17.

23) Keuper, 1994, p. 161; also see Edwards, 1946, pp. 62, 65. 각각의 비용을 콩코드 항공기와 비교: Jeffreys, 1973, p. 15.

24) Ramsay, 1925, vol. 2, pp. 86, 88-89; France, 1999, p. 132; Edwards, 1946, pp. 64-65; Morris, 2003, pp. 136-41.

25) France, 1999, pp. 83, 85-86.

26) Calculations based on France, 1999, p. 83, and Bachrach, 2002, pp. 12:46-53.

27) Edwards, 1946, pp. 19, 21-52; 54-61.

28) Warner, 1968, p. 155; Prestwich, 1972, p. 44; Jeffreys, 1973, p. 14; Bradbury, 1992, p. 68.

29) Warner, 1968, p. 2; Jones, 1999, pp. 165, 172; Baumgartner, 1991, pp. 115–16; Gillingham, 1999, p. 69; Wise, 1976, pp. 136, 139–43, 146.

30) Warner, 1968, p. 4.

31) Bradbury, 1992, pp. 74 (quoting surrendering stipendiaries), 75; Wise, 1976, pp. 145, 148; Bachrach, 2002, p. 13.

32) France, 1999, p. 95; Wise, 1976, p. 139.

33) Prestwich, 1996a, p. 282. 이는 하인리히 4세와 하인리히 5세가 작센을 정복하려고 하는 동안은 사실이었다.; Gillingham, 1999, pp. 73–76.

34) Housley, 1999, p. 120에서 언급.

35) Wise, 1976, pp. 134–35.

36) Gillingham, 1999, p. 70; Hooper and Bennett, 1996, p. 70.

37) 이 문단에 기술한 평가는 공동저자 중 한명이 본문에 언급한 성을 개인적으로 방문하고 찍어 온 사진을 참조했다.

38) France, 1999, p. 103; Gillingham, 1999, p. 81; Bachrach, 2002, pp. 7:549, 11:541–42, 560; Bradbury, 1992, p. 62; Morris, 2003, pp. 110–13; Keuper, 1994, p. 160; Housley, 1999, p. 120.

39) Bradbury, 1992, p. 70; Gillingham, 1999, pp. 64, 81.

40) Von Clausewitz, 1908, p. 154; Verbruggen, 1997, p. 327; Bachrach, 2002, p. 11:541; Marvin, 2001, p. 382.

41) Verbruggen, 1997, p. 306.

42) Volckart, 2004, p. 288.

43) Bachrach, 2002, p. 11:534; France, 1999, pp. 77–78, 105; Warner, 1968, p. 2; Jones, 1999, p. 164.

44) Bradbury, 1992, p. 72; Prestwich, 1996a, pp. 281–82.

45) Bachrach, 1994, pp. 119–21, 123, 125.

46) Wise, 1976, p. 161.

47) France, 2001, p. 457; De Meulemeester and Matthys, 2001, pp. 44–46, 50.

48) Baumgartner, 1991, pp. 114, 115, 117, 118, 120, 121; Warner, 1968, pp. 138, 156; Bradbury, 1992, pp. 133, 144.

49) Warner, 1968, p. 94; Ramsay, 1925, vol. 1, pp. 62–63; France, 1999, p. 104; Gillingham, 1984, p. 91; Gravett, 1990, p. 17. Bachrach, 1994, p. 132; Warner, 1968, p. 12; Gillingham, 1999, p. 79; Bradbury, 1992, p. 72.

50) Baumgartner, 1991, p. 120; Bradbury, 1992, p. 72.

51) Baumgartner, 1991, p. 123.

52) Bradbury, 1992, pp. 61, 63–64.

53) France, 2001, p. 441.

54) Corfi s and Wolfe, 1995, p. 12.

55) France, 1999, p. 132; Curry, 1998, p. 83; Bradbury, 1992, pp. 271–73, 276–77; Bachrach, 1994, p. 126 (Bradbury를 인용).

56) Bachrach, 1994, p. 133. "가용병력"은 언제든 활용 가능한, 근무 중인 병력을 뜻한다. 언제나 전체병력보다 그 수가 적다.

57) Housley, 1999, p. 126.

58) France, 1999, pp. 5, 6, 12–13.

59) Prestwich, 1972, pp. 48, 52, 91–93, 95; Morris, 2003, p. 104. Dupuy and Dupuy, 1993도 참조.

60) Donnelly and Diehl, 1998, p. 48; France, 1999, pp. 2–3, 32–37.

61) France, 1999, p. 230.

62) Prestwich, 1972, p. 13; Morris, 2003, p. 109; Keuper, 1994, p. 142; Prestwich, 1972, pp. 166, 172–73, 175–76, 195, 203, 205. 프랑스 전쟁은 연간 150,000파운드, 스코틀랜드의 전쟁은 연간 40,000파운드로 계산했다.

63) Verbruggen, 1997, p. 328; Morillo, 1999, p. 46; Marvin, 2001, pp. 373, 374, 393; Gillingham, 1984, p. 81; Prestwich, 1996a, p. 281.

64) Verbruggen, 1997, p. 280; Prestwich, 1996a, p. 11; Donnelly and Diehl, 1998, p. 49; Gillingham, 1984, p. 82; Bradbury, 1992, p. 71; McGlynn, 1994, p. 29; Gillingham, 1999, pp. 78–79. 우리는 4장에서 1618년–1815년 사이에 이러한 테마들이 여러 면에서 반복된다고 밝혔다.

65) Gillingham, 1984, p. 83; Rogers, 1997, p. 5; Bradbury, 1992, p. 71.

66) Verbruggen, 1997, pp. 329–30.

67) Verbruggen, 1997, p. 348.

68) Gravett, 1990, p. 3; sBachrach, 2002, pp. 11:558–59, and Gillingham, 1984, p. 90 도 참조.

69) France, 1999, p. 84; Gillingham, 1984, p. 84; see Harari, 2000, pp. 297–98, 307–8, 310.

70) Prestwich, 1972, p. 95; Morillo, 1999, p. 58; Prestwich, 1972, pp. 61, 70; Prestwich,1996a, p. 7; Keuper, 1994, p. 143.

71) See France, 1999, p. 10; Curry, 1998, p. 88 (Stephen Morillo를 인용); White, 1967, p. 29; Donnelly and Diehl, 1998, p. 49; FitzNigel, 1983, p. 111.

72) Gillingham, 1984, p. 85; Housley, 1999, p. 113; Gillingham, 1999, pp. 70, 76.

France, 1999, p. 67에서 "Huge" 인용. Numbers, even approximate, apparently are not available.

73) Morillo, 1999, p. 55; Prestwich, 1996a, p. 9; France, 1999, p. 8; Bachrach, 2002, pp. 12:53–54.

74) Verbruggen, 1997, p. 319.

75) Wise, 1976, pp. 73, 149–50.

76) Verbruggen, 1997, p. 348.

77) All quotes from Prestwich, 1972, pp. 204–5.

78) Baumgartner, 1991, p. 123.

79) Bradbury, 1992, p. 128.

80) Warner, 1968, p. 204. 2007년 초, 중국은 위성 요격 기술로 자국의 위성 중 하나를 파괴했다. 이는 천공의 성도 더 이상 난공불락이 아니라는 점을 보여주며 국제적인 파장을 일으켰다.

3장

1) 영국인 John Hawkwoodss 역사상 가장 많이 기록된 용병이다. *Angellotti*, 1911은 John Hawkwood의 이탈리아에서의 활약상을 바탕으로 1인칭 시점을 사용한 소설이다. 비슷한 것으로 Colleoni를 다룬 대하역사소설인 Westcott's, 1962가 있다.

2) Contamine은 중세의 평화주의에 대한 몇몇 흥미로운 소재를 모았다. 이들 중 몇몇은 기독교인은 기독교인과 전투를 해서는 안 된다는 캐서린의 정서를 반영한다.

3) 1200년대 후반의 이탈리아적인 관점이지만, Waley는 "평화의 위협적 공포"에 대해 말한다.

4) Trease, 1971, p. 52; also see Deiss, 1967, p. 115.

5) 현명왕 샤를과 새로운 교황 우르바누스 5세(재위 1362–1370)는 다른 사람들을 이베리아 반도의 잔인한 왕 페드로와 싸우기 위해 피레네 산맥을 넘으라고 설득했다. 이는 최소한 몇 년 동안 프랑스의 용병수를 줄여줬다. 이러한 이베리안 사례는 Villalon, 2003 참조.

6) 1300년대와 1400년대 (트레첸토(14세기풍)와 콰트로첸토(15세기풍)) 이탈리아 르네상스의 정치에 대한 훌륭한 배경지식의 파편이 Baron, Ilardi 및 Bayley에 있다. 이 시기는 이탈리아 역사상 가장 요동치는 시기로, 교황청(papal court)이 1309년 프랑스의 아비뇽으로 유수됐다가 1378년 로마로 돌아왔으며, 영국과 프랑스 사이의 (100년 전쟁) 권력투쟁, 이탈리아 중심의 로마교회와 그 너머, 이탈리아 도시국가들에 대한 프랑스 교황과 이탈리아 교황 사이의 권력투쟁 및 신성로마제국 황제(독일)와 모든 다른 왕들과의 권력투쟁이 있었다. 1356년에서 1378년 사이 프랑스 교황들과 용병들과의 관계에 대한 배경

지식은 Housley, 1982를 보면 된다. 이탈리아의 도시와 지방과의 관계는 Epstein, 1993에 분석돼있다. 이 시기의 참담한 전쟁비용은 Becker, 1996 및 Partner,m Hocquet, Capra, 1999를 참고하면 된다. 국가도시에 대해서는 Waley, 1088에 나와 있다.

7) 수세기에 걸쳐 제국의 동시대적 용어에 큰 변화가 있었다. 로마제국이란 용어는 1034년 콘라드 2세의 통치 지역을 나타내기 위해 사용됐으며, 신성 제국이란 말은 1157년에 쓰였다. 로마 황제란 말이 북부 유럽 통치자를 가리키는 말로 사용된 것은 오토 2세 (재위 973~983년)부터다. 샤를마뉴 대제(814년 사망)부터 오토 1세(재위 973~983)까지는 단순히 Imperator Augusts라는 표현을 썼다. 신정로마제국이란 표현은 1252년까지 거슬러 올라간다; 정식으로 독일 국가들의 신성로마제국은 15세기 후반 여러 지 다양한 표현이 있은 뒤 1512년에 나타난다. (http: // en.wikipedia.org / wiki / Holy_Roman_Empire; accessed 27 September 2004).

8) Ilardi는 피렌체를 심지어 "프랑스를 숭배하는 사람/ 친불적인 (Francophile)"이라고 묘사했다.

9) Baron, 1953a, p. 271.notes [338]

10) 피렌체의 내부 정치에 대해서는 Bayley, 1961, 2장과 Molho, 1968을 보면 된다. 15세기 피렌체의 피사 지배에 대해서는 Mallet, 1968에 나와 있다.

11) 다른 많은 믿음 중, 피렌체의 약탈은 아마도 매우 숙련된 노동자들의 베네치아로 이동이라는 흐름을 불러왔다 (Baron, 1953b, p560). 비슷한 일이 100여 년 전 피렌체가 루카를 약탈했던 1314년 6월 14일에 일어났었다. 비단을 생산하고 거래하는 수백 명의 장인이 피렌체에 정착하기 위해 루카를 떠났다. (Deiss, 1967, pp. 90–91).

12) 1316년부터 1328년까지 루카를 지배한 카스트로치오 카스트라카니(Castruccio Castracani)는 가장 초기에 군사지도자에서 봉건 영주가 된 사람 중 한 명이다. Green, 1986은 카스트라카니에 대해 깊이 있는 연구를 한 책이다. 어떻게 "부랑자 무리"가 "정착 무리"가 됐는지에 대한 올슨의 이론적 관점에 나오는 군사지도자의 봉건 영주로의 전환이란 주제에 대해 우리가 여기서 살펴볼 수는 없지만, 그럼으로써 지적으로 달콤한 성취가 될 것이다. Olson, 1993 참조. 비슷하게, 우리가 앞으로 살펴볼 것처럼, 이 장의 많은 부분에 올슨 및 Zeckhauser, 1966의 동맹의 경제이론이 적용될 수 있다. 다시 한 번 말하지만, 우리는 선택을 해야 하고, 이 장은 계약의 경제학의 매우 선택적인 측면에 집중한다.

13) Lane, 1999, p. 130. 소규모 이탈리아의 세력들에 대한 연구는 그들의 스스로의 권리에 매료됐다. 한 예로, 시에나에 대한 Caferro, 1998이 있다. 1378년 로마에 대해선 Trexler, 1968도 보라. 문헌에 따르면, 교황령들은 또한 교회의 나라들 또는 때때로 단수로, 교황령으로 불렸다.

14) 반도 전체 및 제국, 아라곤, 피렌체, 베네치아, 제노바, 밀라노 및 다른 이익관계에 대한 프랑스의 야심은 계속됐다. Ilard, 1959를 보라. Drees는 이탈리아 도시국가들의 발

467

전에 대해 다음과 같은 논평을 했다: "북부 이탈리아는 그들 자신을 12세기 초반에 신성로마제국 황제의 지배로부터 자유롭게 했으며, 포 강을 가로질러 토스카나와 로마냐에 이르기까지 각양각색의 독립적인 도시국가를 세웠다. 이들 도시국가들 중 다수는 공동 형태의 정부를 만들었는데 ―사실상 명망 있는 시민들에 의한 과두정부체제― 자신을 "공화국"이라고 칭한 뒤 정부 요직 및 의회 의석을 그 도시의 가장 영향력 있는 가문들이 돌아가며 맡았다. 결과적으로 몇몇 공동의 정부는 권력 다툼을 위한 다양한 가문의 파벌을 조정하지 못했고, 처음에는 다른 도시로부터 행정장관 재판관을 초청해 도시를 다스렸으며, 그 후에는 한 개인이나 가문에 의한 참주정이 도시를 다스렸다. 따라서 15세기 중반에 이르자 밀라노는 처음에는 비스톤티 가문이, 나중에는 스포르차 공작이 다스렸으며, 피렌체는 메디치 가문이 다스렸고, 페라라 및 만토바, 우르비노와 같은 작은 도시는 이스테 가문 및 곤자가, 몬테펠트로 가문이 각각 다스렸다. 도시국가 및 훗날 민족국가의 형성은 그 자체로 흥미로운 주제지만, 이 장에서는 다루지 않을 것이다.

15) 이 장에서는 이탈리아 도시국가들의 다양한 계약에 대해 충분히 이야기하겠지만, 피렌체의 잔혹한 통치자와의 계약과 대조적인 피렌체 공화국과 용병과의 계약의 차이보다는 일반적인 계약의 역할과 본질이 핵심이다.

16) 과세에 대해서는 Dupuy and Dupuy, 1993, pp. 362-63; Prestwich, 1996b, p. 132 및 2장를 참조하라. 용병의 규모에 대해서는 1998년에 출판된 caferro 87쪽을 참조하라. 인구에 대해서는 1976년에 출판된 Parker 208쪽을 보라. 1340년대 영국에서 가장 큰 도시였던 런던의 인구는 7만 5,000명이었다(2002년 판 Cantor 63쪽). 한때 200만 명의 사람이 살 만큼 번창한 도시였던 로마는 1328년 인구가 2만 명 또는 그 이하로 줄어들었다(1967년판 Deiss 105쪽). 1994년 출판된 Caferro를 보면, 시에나 경우에 대한 자세한 계산이 나와 있다. 이처럼 쫓아내기 위해 쥐어주는 돈은 다양한 형태를 취한다. 예를 들어, 페루자의 귀족이자 용병이었던 Braccio da Montone는 한때 Bologna의 "자유"를 그의 고용주이자 막 퇴위해 자신의 교회에 포로로 잡혀 있던 교황으로부터 8만 2,000플로린에 파는 능력과 영향력이 있었다. Braccio는 그 돈을 자신의 고향을 점유하기 위한 시도를 하는 데 사용했고, 결국 그는 고향을 차지해 상당히 인기 있는 지도자가 됐다(Trease, 1971, pp. 211, 214).

17) Prestwich, 1996b, p. 135는 Prestwich, 1996a, p. 73에 보다 자세히 설명됐다.

18) Showalter, 1993, p. 411.

19) Contamine, 1984, pp. 157-58; Bayley, 1961, p. 3; Selzer, 2001, p. 24; Trease, 1971, p. 22.

20) Prestwich, 1996b, p. 141; Contamine, 1984, pp. 156, 158; Machiavelli, 1980, p. 75. 여기에, 귀족들은 프랑스에서 점점 커져가는 정서를 따랐다. "내가 감히 말한다면, 일반 시민들에게 그들 자신을 지킬 수 있는 무기를 허락하고, 평화 시에 그의 지도력을

방해 없이 지키기를 바라는 군주보다 더 큰 바보는 없다." Christine de Pizan, cited in Contamine,1984, p. 156.

21) Dupuy and Dupuy, 1993, pp. 362-63; Prestwich, 1996b, p. 140; Becker, 1966, p. 7; Selzer, 2001, pp. 25-27. 만약 바벳(독일 리터와 같은 것)으로서의 자리에 적합한 이탈리아인이라면, 그는 보다 높은 요율로 보상받았을 것이다. 분명히, 군사상의 기술에 의해서만 차별이 있었다. 2001년판 Selzer. 리터와 바벳의 사용에 대해서는 주석 36을 보라.

22) 1350년대부터 1450년대까지 기병대의 역할이 증가함에 따라 보병대의 역할은 감소했다. 그 후에, 화기의 도입은 보병대의 부활을 이끌었다. Contamine, 1984, pp. 126, 132-33을 보라.

23) 유럽의 전장을 통틀어 독일 기사의 비율이 얼마나 됐는지는 사실 알려지지 않았다. 비록 프랑스의 전원 지역 전투에 독일 기사들이 참여한 것으로 알려졌지만, 그 수는 드물었다. 아흔 명의 용병 지도자가 Fowler (2001년판, 부록 B)에 의해 확인됐지만, 단지 다섯 명만이 독일 태생이었다. 분명한 것은 상당한 수가 이탈리아와 전투에 참여했다는 것이다. 1313년에서 1360년 사이, 이탈리아 용병 지도자 중 절반이 독일 태생이었다. 1313년까지 카탈루냐인이 떠났으며, 1343년까지 대부분의 프랑스인이 떠났고, 1375년까지는 현저하게 많은 수의 외국인으로 뒤덮이지는 않았다(1375년에는 다시 외국인의 수가 많아졌다). 영국인은 주로 1360년에서 1369년 사이에 나타났으며, 헝가리아인은 1340년대 후반에 나타났지만, 군대 내에서 어느 정도 종속적인 위치였으며, 이탈리아인은 1400년대에 가서야 두드러지기 시작했다. Selzer, 2001, pp. 39-45을 보라. 사실, Selzer는 이탈리아 전투에서, 모든 독일 기사 가운 데 절반 또는 그 이상만큼이나 슈바벤인이 많은 비율을 차지하고 있음을 발견했다. 제국 지역 밖에 거주하는 독일인과 비교해, 여기에서 이탈리아로 가는 길은 비교적 짧았다. 또한, 슈바벤 귀족 계급의 인구밀도가 다른 지역보다 높았으며 왕(중앙정부)으로부터도 상당히 떨어져 위치했다. 인구밀도가 높다는 것은 땅에 대한 경제적 압박이 크고 땅이 많은 사람에게 나눠지며, 부유한 외국을 찾을 동기를 제공함을 의미한다. 또한 중앙정부로부터의 거리는 이들이 왕에 대한 봉사에서 벗어나 스스로 독립하는 것이 용이함을 의미한다. 특히 이 시대의 문화는 귀족들이 기사들에 의한 전쟁에 참여하기를 요구했다. 심지어 프로이센 전투에 참가한 사람 중 많은 수가 슈바벤 출신이었다. 또한 어떤 이유에서든 슈바벤 귀족은 다른 지역 귀족보다 많은 수의 아들을 두었다. 이런 모든 요인들이 합쳐져 상당한 수의 기사들을 알프스를 가로질러 남쪽으로 "밀어내는" 요인이 됐다.

24) Caferro, 1998, p. 27; Mallett, 1974, p. 226.

25) Caferro, 1998, pp. 27-29.

26) Selzer, 2001, pp. 77-96. 이 시기의 후반에 용병 중 많은 수가 땅을 소유한 지배자 또

는 귀족이 됐다. 그들은 중개인으로 봉사하는 대신 자기 자신의 이익을 위한 계약을 따랐다. 그 자신의 법원과 치세를 경제적으로 뒷받침하기 위해, 우루비노 출신의 페데리고 다 몬테펠크로는 30년 이상의 걸친 군사경력 기간 동안 멀고 광범위하게 조사를 한 것으로 매우 잘 알려져 있다. Trease,1971, chap. 20과 Lauts and Hertzner, 2001을 함께 참조하라. 부수적으로 Routiers는 예를 들어 "to rout(궤멸하다)"라는 동사를 반대 팀에 줬다.

27) 이와 관련한 전체의 주제는 1982년판 Housley를 보라. 교회가 많은 돈을 지불한 것은 교회의 부채가 늘어난 것으로 증명이 된다.

28) Bueno de Mesquita, 1946, p. 223; Showalter, 1993, p. 427. 예를 들어 Trease, 1971 에 따르면 "하도급"은 호크우드를 언급하는 데 사용하기에 적당한 표현이다.

29) Waley, 1975, pp. 338-42, 344.

30) Waley, 1975, p. 343, n. 1. Ricotti, 1844와 Canestrini, 1851 참조.

31) 이 단락의 모든 인용구와 정보는 Prestwich, 1996a, pp. 88-96에서 왔다.

32) Selzer, 2001, p. 396.

33) Waley, 1975, p. 347; 아울러 Prestwich, 1996a, p. 91는 1300년경의 England를 다뤘다.

34) Showalter, 1993, p. 418. 그는 고용인의 입장에서 덧붙였다. "전사 집단은 그들 자신을 보다 수익성 있게 조직하는 데 개별화된 개인보다 종종 뛰어났다." 한마디로, 단체교섭이었다.

35) 예를 들어 13만 금화(gold florins)를 4개월에 걸쳐 받는 조건으로 존 호크우드는 1375년 여름에 피렌체를 향후 5년간 공격하지 않기로 합의했다(Trease, 1971, p. 88). 이는 수익성이 좋았고, 그는 비슷한 "불가침조약"을 그해 여름에 시에나와 아레초, 피사 및 루카 등과 9만 5,000금화 이상을 받고 맺었다.

36) 1300년대 초반에, 기사 또는 투구(독일어로 Reiter 또는 Ritter, 이탈리아어로 Barbute)는 개개의 전사를 중무장했다. 배너렛(Banneret)은 아마도 10명에서 12명의 기사를 지휘했다. 마셜(marshal)은 여러 명의 배너렛을 지휘했으며, 부대가 충분히 크다면, 계약 당사자인 용병이 여러 명의 마셜을 이끌었다. 13세기 말에 이르러, 이 군사조직은 중무장한 기사와 약간 덜 중무장한 수행원, 그리고 급사, 이렇게 세 명으로 구성된 lancea(또는 영어로 랜스(lance), 창기병)로 대체됐다. 2001년판 Fowler의 묘사는 Selzer의 묘사와 다른데, 이는 아마도 "중세 시기 대부분의 것들처럼," 특정한 용어의 의미가 대륙 전체에 걸쳐 규격화되지 않아 용어들이 다른 의미를 가졌기 때문이다. Redlich, 1964, p. 8. 또한 Deiss, 1967, p. 18 참조. 해크우드와 콜레오니에 대해서는 Trease, 1971를 보라.

37) 체류 시간은 체류 비용을 의미한다. 계약은 이에 대한 언급이 있어야 하며, 실제로 그랬고, 대략 2-3주 안에, 약 중간 지점에서 첫 번째 지불이 이뤄졌다(흥미롭게도, 계약은 휴가 기간에도 지불됐다). 여행은 대부분 작은 그룹 단위로 이뤄졌으며, 몇몇 영주

의 지배지를 통과하기 위한 여행 허가증(Geleitbriefe)이 필요했다. 하지만, 무장한 사람들의 무리가 통과하는 것은 피해를 야기할 수 있었고, 이러한 가능성을 예방하기 위해 이들이 아무 사고 없이 통과할 때까지 그 무리 중 계급이 높은 사람을 인질로 잡기도 했다. Selzer, 2001, p. 95. Contamine, 1984, p. 100를 보라.

38) Selzer, 2001, 그림 11, p. 314, 기사 15명의 사례에 따랐다. Mallett and Hale, 1984, p. 138-139. 15세기에 이탈리아는 계속되는 말 부족에 시달렸다. 독일과 헝가리, 스페인, 그리고 어느 정도까지는 곤자가에서 번식이 이뤄졌지만, 건조한 베네치아에서는 그다지 많지 않았다. "말 가격이 보통 보병의 1년 월급과 맞먹는 30플로린이었으며, 150에서 200플로린까지도 오르기도 했다는 것은 말 부족이 얼마나 심각했는지를 나타낸다." Mallett, 1974, p. 141. "전마를 노획하는 것은 갑옷 한 벌이나 심지어 보석만큼이나 귀중한 전리품으로 생각됐다." Contamine, 1984, p. 131. 때문에 말을 표적으로 하거나 죽이는 것은 예외적인 상황을 제외하고는 관례가 아니었다. 예를 들어, 1424년, Michele Attendolo와 Braccio da Montone의 잔악한 전투에서도 Attendolo는 그의 부하들에게 Braccio의 말 뒤를 따르라고 명령했다. Trease, 1971, p. 229.

39) Mallett, 1999, p. 219.

40) Simon, 1997; 참조. 또한 Bayley, 1961, p. 13-14; Canestrini, 1851, p. lviii 참조.

41) Canestrini, 1851, p. lix; Bayley, 1961, p. 9.

42) 평판 효과가 얼마만큼 중요했는지 문헌만으로는 정확히 알 수 없다. 예를 들어, 예쇼 람베르거가 남긴 편지에는 그가 미카엘 스트란젤로에 대해 불평하는 내용이 담겨있다. "당신은 당신 입으로 직접 우리와 약속했던 것을 지키지 않았소. 따라서 우리는 우리가 적절하게 받아야 할 것들에 대한 모든 걸 요구하는 바요. 우리는 당신에 대해 불만을 표현하고 맹렬히 비난할 것이오. 당신이 우리와의 약속을 지켜야 할 의무가 있다고 밝힐 것이오. 우리가 갖고 있는 당신의 편지에 나온 바와 같이 당신이 약속이행을 하지 않으면 우리는 그 편지를 군주, 남작, 군인, 도시 등에게 보여주고 우리의 편지를 당신 형이자 로마제국의 황제인 카를[샤를]에게 보낼 것이오. (라틴어에서 대략적인 번역. 원문은 Selzer, 2001, pp. 399ff.).

43) 이러한 상황은 단지 그 시대의 복잡성을 반영한다. Trease, 1971, pp. 219-22.

44) Trease, 1971, pp. 57-58, 268; Cantor, 2002, p. 35; Selzer, 2001, p. 57. 1360년대 초반까지 중무장하고 말을 탄 독일의 기사(Reiter)는 이탈리아의 전장을 지배했다. 문자 그대로 말에 앉지 않는 기사들의 군 혁신은 프랑스와 영국 간 100년 전쟁의 종결로 새로운 고용을 찾던 용병들에 의해 이탈리아에 소개됐다. 독일은 이와 같은 변화에 적응하지 못했고, 얼마 후 이탈리아의 역사에서 사라졌다. Selzer, 2001. 변화된 전략의 부차적 효과는 말에 앉지 않은 기사와 말은 더 적고 가볍게 무장을 했고, 전선의 뒷줄에 안락하게 자리를 잡았다. 이는 영국군을 더 가볍고, 더 유동적이며, 더 이동이 쉽게 했고, 더 길고 빠른 행진을 가능하게 했다. Trease, 1971, pp. 60-64.

45) Trease, 1971, pp. 244, 247. 밀라노와 베네치아 사이의 전쟁이 곧 다시 시작되기에 충분했다. 그러나 손해는 카르마뇰라가 입었다. 베네치아 사람들은 카르마뇰라가 전장에서의 무기력한 것을 본 뒤 그를 이중첩자라고 여겼다. 그래서 그를 베네치아로 소환해 재판에 회부하고 고문한 뒤 처형했다. Trease, 1971, pp. 257-58.

46) Trease, 1971, p. 272.

47) 이 단락은 2001년판 Selzer 269-399쪽에 기초한다. Postan, 1964, p. 45도 보라. 그러한 어려움은 이탈리아에만 국한되지 않았다. 영국인인 Gilbert Talbot은 1300년대 "급증한 거대한 빚으로 런던의 채무자 감옥에 앉아있었다. 그의 빚은 평생에 걸친 프랑스와 스페인에서의 수익성이 없었던 군사작전의 결과였다." Cantor,2002, p. 133. 비슷하게, 일반적으로 지독한 평가액이 100년 전쟁 기간 동안 웨일스와 영국 기사들에게 적용됐다. ; Postan, 1964, p. 44. See also Mallett and Hale, 1984, pp. 496, 500, and appendix. 1400년경 피렌체의 노동 조건에 대해선 Roover, 1968을 보라.

48) Selzer, 2001, 그림 8, p. 237; Mallett and Hale, 1984, p. 126; Blastenbrei, 1987, p. 251; Waley, 1968, p. 85 (for 1288 already); 모든 인용구는 Mallett and Hale, 1984, p. 127로부터 나왔다.

49) Blastenbrei, 1987, pp. 208-20, 258-59.

50) Mallett, 1974, pp. 136-37. 1300년대에서 1400년대 때때로 약간 일찍 시작해 늦게 끝나기도 했다지만 전쟁 시즌은 대체적으로 6월부터 9월까지였고, 때문에 3개월에서 6개월 계약이 널리 보급됐다. Blastenbrei (1987, pp. 270-71)에 따르면, 겨울에 전쟁을 쉬는 이유는 사람 때문이 아니라 전사의 주요 자산인 말 때문이었다. 겨울 기간 동안 신선한 사료를 찾는 것은 어려웠고, 이는 겨울 4달 동안의 철수를 필요로 하게 했다.

51) Selzer, 2001, p. 185. 전쟁이 드문 오늘날의 군인은 기본 급료를 많이 받고, 보너스를 적게 받는다. 하지만 예를 들어 아프리카와 같이 갈등이 잦은 지역에서는 제한된 기본급(고갈된 정부 재정으로 인해)과 잦은 보너스(약탈과 강간의 기회)가 보고된다.

52) Caferro, 1998, pp. 66-67.

53) Mallett and Hale, 1984, p. 143. Similar in Blastenbrei, 1987, for the Sforzas in the early to mid- 1400s.

54) Mallett, 1974, p. 138.

55) Blastenbrei, 1987, e.g., pp. 226, 230.

56) Mallett, 1974, p. 130.

57) Deiss, 1967, pp. 117-18. 그 사건에 대한 흥미로운 배경지식 및 피렌체의 시각을 위해서는 특히 소규모 전투를 위해 그 도시로부터 논쟁적인 돈을 성공적으로 받아낸 용병 Pandolfo Malatesta에 대해서는 Bayley, 1961, pp. 27-34를 참조. 계약서의 발췌본은 Canestrini, 1851, pp. 57-60,에 있다.

58) Contamine, 1984, pp. 153-54. 이 장에 Avenr Greif의 중세 계약 경제학의 발전에 대

한 연구를 삽입하기에 더 훌륭한 곳은 없다. 우리의 연구가 특별히 군사 노동시장으로 제한되어있지만, Greif는 대체적으로 시장과 비인격적인 교환에 대해 연구했다. Greif, 2006과 그의 저작을 포함해 거기에 인용된 글을 참조.

59) Bayley, 1961, pp. 9-10. "Ad ogni scambio di uomini o di cavalli, il capitano o conestabile doveva pagare una tassa proporzionata" Canestrini, 1851, p. lx.

60) Bayley, 1961, p. 11 (the particular passage of that contract is in Canestrini, 1851, p,150), pp. 26-27, 29 n. 91, 38, 42.

61) Bayley, 1961, p. 15; 논쟁에 대해서는 Bayley, 1961, pp. 45-49 참조. 한 예로 1427년 10월 11일에 마클로디아에서 있었던 전투에서, 베네치아를 위해 싸웠던 용병 카르마 뇰라 1만 명의 포로를 잡았다. 카를로 말라테스타, 프란체스코 스포르차 및 니콜로 피 키니노 등 밀라노 편에서 싸운 매우 뛰어난 용병들을 포함한다. 그날 저녁, 네 명 모두 는 동지애의 열렬한 시간을 나눴다. 다음날 카르마뇰라는 몸값 없이 그의 모든 포로 1 만 명을 석방했다. 오로지 밀라노의 수장인 말라테스타만 베네치아 당국에 넘겼다. 결 국에는 그들도 몸값 없이 그를 석방했다. Trease, 1971, pp. 252-53.

62) Bayley, 1961, pp. 51-53.

63) 이를 이해하기 위한 하나의 방법은 현대 프로 스포츠의 자유행동권(Free-agency)를 제거하는 것이다. 몇몇의 지배적인 팀이 나타나서 서로를 "장군(in-check)"으로 억제 하며, 운용요구가 부족한 선수를 내주고, 선수들의 연봉을 떨어뜨리는, 현대 미국 대 학 스포츠의 모델이다.

64) Bayley, 1961, p. 43. 그는 몇몇은 중복되는 것으로 확인된 1366년 여섯 개의 계약서 의 문구를 통해 말했다.

65) Trease, 1971, pp. 87-90. 피렌체의 선물은 이것으로 끝나지 않았다. 호크우드가 빚진 세금은 1390년 11월, 볼로냐 지역에서의 주된 피렌체의 군사작전을 간단하게 승리한 뒤 면제됐다. 몇 달 뒤인 1391년 4월, 호크우드는 피렌체 시민이 됐고, 향후 모든 세금 에서 면제됐으며, 모든 남자 상속인에게 (그는 오직 한 명의 상속인만 둘 수 있었다) 그 의 일상적 수입에 더해 2,000플로린의 연금을 상속할 수 있는 권리 및 그의 부인에 대 한 1,000플로린의 미망인 연금과 세 딸에 대해 국가가 지급하는 2,000플로린의 지참 금이 주어졌다. Trease, 1971, pp. 94, 143. 그는 1381년에 피렌체로 이사했고, 그의 가족은 다음해에 이사했다. 1394년 그는 거기서 세상을 떠났다. 우연히도 호크우드는 이탈리아에서 영지를 소유한 첫 번째 외국인 용병이었다.

66) Nicolle, 1983, p. 16; Deiss, 1967, p. 102, 119, 126. 당시, "tyrant"이란 용어에 대해 최소한 두 개의 법률적 의미가 있었는데, "tyrannus ex parte exercitii라는 통치를 위 한 법적인 타이틀을 가지고 있었으나 도덕적으로 비난할 만하거나 비합법적인 행동 을 하지 않았으며, 좋든 나쁘든 tyrannus ex defectu tituli라는 사실상의 통치자로서 세습 타이틀은 없었고 교황이나 황제의 대리인은 아니었으며 귀족 작위나 코뮌을 대

표하는 종신직도 만들지 않았다. Black, 1970, p. 248. Bernabo Visconti는 첫 번째 유형이었다.

67) *Temple-Leader and Marcotti*, 1889, pp. 42-43.

68) Canestrini, 1851, p. lxxix.

69) "I Condottieri italiani sono piu priviligiati, piu liberi, in generale, nelle loro operazioni: vengono trattati da eguali, e riguardati come potenze, ed inclusi in tutti i trattati d' alleanza o pace, in tutte le leghe offensive e defensive: godono, in somma, del diritto pubblico stipulato nei trattati" Canestrini, 1851, p. lxxx.

70) Olson, 1993. 또한 McGuire and Olson, 1996, and Wintrobe, 1998; Bayley, 1961, p. 22, n. 66 참고.

71) Selzer, 2001, p. 32; Partner, 1999와 Becker, 1966, p. 38도 보라. 재원에 대해 다룬 다른 많은 연구들 가운데, 이 대목에서 인용한 것 외, Capra,1999, Hocquet, 1999, and Partner, 1999, Ferguson, 2001 및 이들 문헌들이 인용한 것 참조.

72) Becker, 1966, pp. 9, 30; Bayley, 1961, pp. 18, 26. 아마도, 그 800플로린은 피렌체의 빚 없는 부를 가리킨다.

73) Becker, 1966, p. 18; Bayley, 1961, pp. 15-16, 34-36.

74) Bayley, 1961, pp. 74, 82-110. 유사하게 Baron, 1953a, p. 286.

75) Mallett, 1974, pp. 109, 114, 133-36.

76) Mallett, 1974, p. 112. 현대 용어 "프리랜서"는 lanze spezzate 에서 유래했다.

77) Mallett and Hale, 1984, pp. 185-86, 195. 외국인을 융합시키는 것이 다른 방법이다. 우리는 이탈리아의 르네상스에 대해 문헌적인 예가 존재하는 것 외에는 자세히 다루지 않을 것이다. 가령 1826년 해산 전까지 예니체리는 오스만 투르크 군대의 엘리트 보병대였다. 14세기에 창설된 예니체리는 피정복민의 아이로만 충당됐다. 법률적으로는 술탄의 노예인 이들은 끌려온 뒤 투르크의 언어와 문화 속에서 양육되고 교육받았으며 군사훈련을 받았다. *Ottoman Chronicle in Chaliand*, 1994, pp. 455-56. 이들에게는 다음과 같은 전통이 있다. 코란은 무슬림이 다른 무슬림을 노예 군인으로 만드는 것을 금지한다. 술탄은 투르크 병사(새로운 군대)와 그들 부모의 충성심을 확보, 유지하고, 반란의 기회를 줄이기 위해 영리한 계략을 사용했다. 피정복민 중 상당수의 인구에서 모든 남자 어린이 중 다섯째를 빼앗았다. 이는 나아가 피정복민들이 자신들의 자식들과 전투하는 것을 머뭇거리게 만들었다. 또한, 예니체리는 식량배급이 보장되고 (Busbecq in Chaliand, 1994, p. 458), 몇 세기 전 이집트의 투르크 무슬림들이 그랬듯이 정부에서 일하거나 좋은 승진 기회가 있는 등 처우가 좋은 전쟁기간을 기다렸다. 또한 마침내 이슬람내 이슬람으로 개종한 예니체리는 그들의 자식을 군 복무에서 면제시킬 수 있었다. Baumgartner는 "그들의 계급에서 벗어난 사람의 수는 매우 적었다"고 적었다. (1991, p. 153). 그들의 수에 대한 환상이 있어서는 안 되겠지만, 1500년까지

그 수가 4,000명을 넘지는 않았다.

78) 베네치아에서 평화 시의 군인 숫자는 전시의 절반 정도였다. 용병은 그들의 통제를 받으며 부대를 순식간에 확장하는 데 아무런 문제가 없었다. 공급은 수요에 따랐고 (Mallett and Hale, 1984, chap. 2를 보라), 어떻게 기록이 제시하듯 빠르게 군대를 두 배로 만들었는지는 의문이다. 이러한 의문에 답하는 문헌은 없다.

79) Mallett, 1974, pp. 109-10; Caferro, 1998, p. 13; Mallett, 1999, p. 223.

80) Caferro, 1998, chap. 1; Bueno de Mesquita, 1946. North, 1990를 보라. 제도의 근원과 기능 아래에서 계약 집단과의 업무 비용을 줄였는데 높은 불확실성의 비용을 다루는 것이 그 가운데 하나였다.

81) Trease, 1971, pp. 71-72. 역설적으로 Baumgarten와 Sterz는 나중에 새로운 부대를 만들었고, 그 별 부대는 피렌체에 대항하는 시에나에 고용됐다.; Trease, 1971, p. 72. 더한 아이러니는, 시에나는 1342년에서 1399년 사이에 최소한 37차례나 되는 용병의 급습으로 고통받았다. Caferro, 1998, p. xvi. 시에나는 경제난으로 쇠락하다 스스로 밀라노에 흡수됐으며, 르네상스 시기 주도권을 놓고 피렌체에 대항하다 패배했다.

82) Mallett, 1974, pp. 143-44.

83) Deiss, 1967, p. 51과 Mallett and Hale, 1984, pp. 132-33, 135, 197을 비롯한 많은 자료를 보라.

84) Caferro, 1998, pp. 99-101, 166, 173; 마침내 장갈레아조 비스콘티가 숨진 뒤 시에나는 다시 독립했다. 행복한 동맹의 결과는 한 줌의 도시국가들의 과점체제로 변신한 1495년에 발생했다. 1494년 프랑스의 샤를 8세는 2만 8,000명의 부하들과 이탈리아 서부 해안 나폴리로 방해받지 않고 이동했다. 그는 그 도시를 접수하고 스스로 나폴리의 왕이라고 선언했다. 폐위된 왕 알폰소는 남부 이탈리아의 스페인 지배자이자 그의 사촌인 아라곤의 페르디난드의 도움을 얻기 위해 시칠리아로 도망쳤다. 겁먹은 샤를은 1495년 반만 남은 그의 군대와 함께 고국으로 돌아왔다. 하지만 밀라노와 베네치아 그리고 교황령(여기에 오스트리아)은 동맹을 결성했고, 1만 5,000명의 용병 군단과 피 흘리는 전장에서 엉켰다. 그해 7월, Fornovo에서 3,300명의 이탈리아 군대가 목숨을 잃었으며 샤를의 이탈리아 점유는 그의 짧은 인생만큼이나 짧게 끝났다. (1470-1498; r. 1483-1498); Baumgartner,1991, pp. 174-75을 보라. 어쨌거나 Caferro, 1996는 "14세기 후반에서 15세기 초반, 용병부대의 약탈은 작은 국가가 큰 국가에 먹히는 과정에 큰 공헌을 했다. 이 과정은 야탈리아의 정치적 모습을 드라마틱하게 변화시켜 반세기 후 다섯 개의 거대한 르네상스 국가를 만드는 데 도움이 됐다"고 결론내린다. (인터넷 판 p. 9).

85) Trease, 1971, p. 295; Ilardi, 1959, p. 130. 로디 평화협정이 맺어졌으며 드문 예외를 제외하고는 약 30년간 평화가 유지됐다.

86) Bueno de Mesquita, 1946, p. 232. Blanshei, 1979에서는 군벌을 "condottiere-

prince", 즉 용병 군주로 표시한다(p. 613).

87) Bueno de Mesquita, 1946, pp. 220, 229.

88) Trease, 1971, pp. 87-90, 133-35.

89) Bueno de Mesquita, 1946, p. 231; "바보를 제외하고 누가 베네치아 사람들한테 자비를 기대하겠는가." Trease가 Colleoni의 토지를 철회하는 에피소드를 말할 때, 이를 물었다. 페루자의 독재자 대 독재와 관련한 맥락은 Black, 1970을 보라. 특히 pp. 248, 275, 281.

90) Blanshei, 1979, p. 618.

91) Alfonso는 1458년 세상을 떠날 때까지 나폴리를 통치했다. 따라서 그는 잠시 양 시칠리아 왕국을 통일했다. Trease, 1971, p. 266. 나폴리와 시칠리아에 대해선 www.kessler- web.co.uk / History / KingListsEurope / ItalySicily.htm 에 있는 유용한 시간표를 보라.

92) Contamine, 1984, pp. 165-72. 피렌체 유명 법률가의 아들로 태어난 니콜로 마키아벨리는 1494년에 공직생활을 시작했다. 그는 이탈리아와 해외의 궁정에서 상당한 외교 업무를 맡기도 했다. 메디치 가문이 권력을 되찾은 1512년, 그의 공직생활은 막을 내렸다. 그 이후 1513년에 《군주론》이 배포됐다. 마키아벨리는 피렌체의 새로운 군주인 로렌초 데 메디치(Lorenzo II de' Medici)에게 헌정한 이 책에서, 용병을 반대하고 시민군 편성을 주장했다. 그는 다른 곳에 기득권을 둔 이들보다는 자국 시민의 신뢰와 존경을 얻고 그들에게 의지하는 것이 훨씬 낫다고 충고한다. Bueno de Mesquita (1946)는 니콜로 마키아밸리의 《군주론》에 대한 일반적인 해석에 처음으로 의문을 품은 이들 중 하나다. 지금까지도 이 책은 "전략적인 행동은 필수적이다"는 점에서, 실용주의적 현실 정치론의 르네상스적 예로 여겨진다(http: // en.wikipedia.org / wiki / Niccolo_Machiavelli;2004년 9월 17일자 확인). "정치제도는… 군사기관의 성격을 결정한다." 그러나 Bueno de Mesquita는 마키아벨리가 단지 "메달의 이면, 즉 부적절한 군사기관을 지닌 정치집단이 낳은 치명적 결과"를 보여줬을 뿐이라 말한다. (모두 p. 219에서 인용)

93) Mallett and Hale, 1984, pp. 80-81; Trease, 1971, p. 331. 한 가지 예외가 있었다. 당시 대포 제작과 사용에 능숙한 이들은 베네치아 이외의 지역, 대개는 알프스 건너편 출신이었다. "이탈리아 출신이 아니라 외국인이었던 이들 전문가들은 매우 높은 평가를 받았으며 높은 급료를 받을 수 있었다" Mallett and Hale, 1984, p. 84. "15세기 후반에, 제대로 훈련을 받은 이탈리아인들이 늘어나면서 평균 급료는 낮아졌다. 그러나 16세기 초, 포수 수요가 점차 늘어나면서 다시 급여가 점차 올라갔다." Mallett and Hale, 1984, p. 84.

94) Mallett and Hale, 1984, p. 75와 2장; Contamine, 1984, p. 172; Nicolle, 1983, p. 16 (부대의 고정 급여인 프로비조네(provisione)를 받았기 때문에 프로비조나티

(provisionati)라 불렸다).

95) Mallett and Hale, 1984, p. 66.

96) Caferro,1998, p. 14.

97) 다른 나라와 마찬가지로 이탈리아도 전쟁으로 인해 질서, 확실성, 번영을 포기해야 했다. "내란 당시의 잉글랜드는 그런 사람들(용병들)의 좋은 목표물이었다. 1150년대에 질서를 다시 회복하기 위해서 중요한 것은 그들을 추방시키는 것이었다."(Prestwich, 1996a, p. 148). 또한 프랑스 샤를7세가 상비군을 편성한 것은 다른 무엇보다도 질서(재)확립을 이끈 주요 요인이었다.(Showalter, 1993, p. 423)

98) Mallett and Hale, 1984, p. 202.

99) Showalter, 1993, p. 423; 비슷한 예로, Mallett, 1999, p. 216.

100) 원자폭탄의 역사에 관해서는 특히 Richard Rhodes의 훌륭한 연구, 1988 [1986] 그리고 1995를 보라.

101) Contamine, 1984, p. 149; Pepper and Adams, 1986, pp. 8, 11; Deiss, 1967, pp. 26-27(예상과 마찬가지로, 이는 성 모양에 변화를 가져왔으며 수세기 동안 매력적인 연구 주제였다); Trease, 1971, pp. 330-31.

102) Deiss, 1967, p. 25.

103) Black, 1996, pp. 48-50은 이탈리아 전쟁(1494-1559) 시기에 볼 수 있는 군사기술의 점진적인 변화를 다룬다. 이 시기에는 화약이 과거의 무기들을 대체했다. 때문에 전략, 방어시설, 재정, 군대조직의 변화가 필수적이었다.

104) Contamine, 1984, p. 135; Trease, 1971, pp. 327, 332, 340; Deiss, 1967, pp. 284-86. 메디치 가문과 스포르차 가문 사이에서 태어난 지오반니 조반니 델레 반데 네레(검은 줄의 지오반니)라는 이름으로 알려졌으며, 메디치 가문 출신의 유일한 용병대장이었다.

105) Deiss, 1967, pp. 28, 30: "이탈리아의 몰락은 다른 것보다도 수년간 용병에 의존했기 때문이다. 용병들은 실로 몇몇 사람에게는 권력을 안겨주었으나, 외국인(프랑스의 샤를 8세)에게는 무력한 모습을 보였다." 따라서 마키아벨리는 자국 군사 편성을 통한 이탈리아의 통일을 주장했다. Trease, 1971, p. 340. 해고와 관련한 인상적인 묘사를 보려면 Connor, 2004, pp. 107-13을 보라.

106) Nicolle, 1983, p. 20; Trease, 1971, pp. 332-33. 1861년 3월 17일 이전까지 이탈리아는 통일 왕국이 아니었다. 그때까지도 교황의 지배 아래 있던 로마는 1870년 9월 20일에 왕국에 병합됐다. 한편, 비스마르크가 이끈 독일 통일은 1871년에 이뤄졌다.

107) Selzer, 2001, p. 56을 보라.

108) Caferro, 1998, p. 4; Bayley, 1961, p. 22, Fra Moriale의 복장을 언급(또는 Bayley가 해석한 Fra Moriale의 복장). Temple-Leader and Marcotti, 1889, p. 44는 이러한 부대들을 "유목 군사국가"라고 표현한다. 그들은 자신의 지휘관을 선출하며 이미 구성

된 부대에 들어가는 것을 자유롭게 받아들인다. 지휘관은 큰 권력을 가지지만 관리관과 군 원수로 이뤄진 위원회에 의해 제약을 받는다. 가장 중요한 결정은 기병대장과 보병대장의 의견을 적극 참조한다.

109) Thomson, 2002, p. 20.

110) 시나포선(민간 소유이지만 교전국의 정부로부터 적선을 공격하고 나포할 권리를 인정받은 배)과 용병회사와 같은 비국가 폭력(무기) 조달 업자들도 비슷한 운명을 맞이했다. 그들은 무력 사용에 관한 권한, 소유권, 통제권을 지니며 국가의 제재를 받고 국가가 운영하는 조직에 편입하지 않는다면, 금지당하고 불법화되어 완전히 제거당했다. Thomson, 2002과 Singer, 2003, and Brauer, 1999도 보라.

4장

1) Lynn, 1999, p. 50; Liddell Hart, 1967, p. 93.

2) Liddell Hart, 1976 [1934], p. 48.

3) Tilly, 1990, pp. 74-76, 87, 89.

4) "한계"라는 용어는 추가적, 부가적, 또는 증가한 비용이나 편익과 같은 뜻으로, 즉, 이전 행위의 결과로 인해 이미 발생하고 취득한 것에 추가적으로 생기는 비용과 편익이다.

5) Druzhinin, Kontorov, and Shtemenko, 1973; Dupuy, 1979.

6) Milward, 1977, p. 18도 인용.

7) Thunholm, 2005, pp. 43-44, 47.

8) Tuchman, 1981, p. 177.

9) 나폴레옹의 예를 보려면 Walter, 1993을 참조하라. "계란을 깨지 않고 오믈릿을 만들 수는 없다"는 격언은 프리드리히 대왕의 말이다.

10) Weigley, 2004, pp. 536-37.

11) Fuller, 1970, vol. 2, p. 36 (Guibert의 관점을 인용); 또한 Weigley, 2004, p. 73을 보라.

12) Weigley, 2004, p. xii.

13) Weigley, 2004, p. 537.

14) Weigley, 2004, pp. xii-xiii, 195, 542; Montgomery, 1968, p. 322; Baumgartner, 1991, p. 297; Duffy, 2000, p. 398; Fuller, 1970, vol. 2, p. 36.

15) 이를테면 공격 실패 등의 결과로 계획에 없던 소모전이 발생할 수 있다. "전장을 점유하는 것이 일반적으로 전투 승리의 기준으로 여겨지는 듯하다." Helmbold, 1971, pp. 1-2.

16) Offer, 1995, pp. 217-20, 223-25.

17) Baumgartner, 1991, p. 253. 그는 뤼첸에서 전사했다(1632). 이는 스웨덴의 정치적 군

사적 생명에 치명적인 일격을 가했으며, 한계비용과 한계편익 계산의 역설을 보여줬
는데, 전장에 나와 있는 통치자는 병사와 같은 위험을 안기 때문에 더 신중하리라 예
상됐기 때문이다. 그러나 기병대를 이끌다 전사한 이 왕의 경우엔 달랐다.

18) Kamen, 1968, pp. 45–48, 54; Baumgartner, 1991, p. 249; Tilly, 1990, pp. 165–66.

19) Weigley, 2004, pp. 18–19.

20) Weigley, 2004, p. 31; Fuller, 1970, vol. 1, p. 489.

21) Raimondo de Montecuccoli, as quoted in Chaliand, 1994, pp. 566–67.

22) Montecuccoli, in Chaliand, 1994, p. 567–568.

23) Ferguson, 2001, p. 25.

24) Kennedy, 1987, p. 77.

25) Kennedy, 1987, pp. 75–76.

26) Quoted in Lynn, 1999, p. 273, n. 10.

27) Roskolenko, 1974, p. 58 (Edward Creasy); Lynn, 1999, p. 304.

28) Chandler, 1973, pp. 65, 322; Weir, 1993, p. 95; Weigley, 2004, p. 97.

29) Lynn, 1999, p. 294; Weigley, 2004, p. 103; Windrow and Mason, 1991, p. 188.

30) Maurice de Saxe, in Chaliand, 1994, pp. 588, 594; Browning, 1995, pp. 207–9.

31) Luvaas, 1966, p. 37; Pois and Langer, 2004, p. 15; Laffin, 1995, p. 141. 세계 제1차
대전에서 독일의 전략을 고안한 알프레드 폰 슐리펜 대해 참조. (1장을 보라).

32) Frederick the Great, in Chaliand, 1994, p. 606; Fuller, 1970, vol. 1, pp. 556–67.

33) Luvaas, 1966, p. 139; Frederick the Great, in Chaliand, 1994, p. 608.

34) Frederick the Great, in Chaliand, 1994, p. 608.

35) 11번째 전투였던 Burkersdorf 전투는 1762년에 벌어졌다. 이때 스웨덴과 더불어 러시
아가 철수하면서 전쟁의 성격이 완전히 바뀌었다.

36) Pois and Langer, 2004, p. 18; Duffy, 2000, pp. 378, 398, 422–24.

37) 여기서 우리는 많은 역사학자와 마찬가지로 1789년(프랑스혁명의 시작)부터 1914년
(세계 제1차 대전의 시작)까지를 19세기로 치는 연대표를 채택했다. 19세기의 시작을
1815년으로 쓰는 글들도 있지만, 그러기 위해서는 프랑스혁명의 시대(1789–1815)를
어떤 세기에도 속하지 않는 완전히 독립된 시기로 다뤄야 한다.

38) Dupuy and Dupuy, 1970, pp. 668–93, 744–69.

39) Cameron and Neal, 2003, pp. 161, 163–64.

40) 이로 인해 한 문제점이 생겼는데, 책략과 전투 결정을 "세부사항까지 관리(micro-
management)"할 수 있게 됐다는 점이다. Marconi가 발명한 무선 전신술, 즉 무전의
경우 육지의 상관들이 바다에 있는 지휘관들의 의사 결정 권한을 침범하는 데 활발하
게 사용됐다. van der Vat, 2001, pp. 34–35의 예를 보라. "화가 난 항해 지휘관들은
만약 넬슨에게 무선 연락이 닿을 수 있었더라면 트라팔가 해전에서 절대 승리할 수 없

었으리라고 늘 말하곤 했다." (p. 34)

41) 특정 전쟁에 사용된 화약의 양이나 그로 인한 파괴에 대해 말할 때 "총력전"이라는 용어를 쓰기도 한다. 실제로, 총력전은 연관된 하나 또는 여러 체제의 존속이 위험할 정도의 싸움을 의미한다. 그러한 전쟁은 매우 파괴적이기 때문에 이러한 용어의 혼란이 생겼다.

42) 예를 들어 그 뒤의 사례로 1917년에 벌어진 니콜라이 2세(1868-1918)의 몰락을 살펴보자. 그는 가장 충성도 높은 부대들을 전방에 배치하고 정치적으로 신뢰할 수 없는 부대들에게 수도를 맡겼다.

43) 남북전쟁 당시 치카모가 전쟁에서 남부연합의 승리 이후 미국인들은 여러 부대들을 동부에서 서부로 보내야만 했다. 다른 두 군사행동의 경우, 몰트케는 프로이센 군대에 요령껏 전략 지시에 따를 것을 지시했지만, 그조차도 지휘관들이 "총소리에 맞춰 행진"하는 것을 막지 못했으며, 이는 대체로 손실이 큰 전면전이 벌어지게 만들었다.

44) Connelly, 1987, p. 3; Uffindel, 2003, p. xxxi.

45) Connelly, 1987, pp. 1, 221; Neillands, 2003, p. 99; Roberts, 2001, p. 151; Connelly, 1987, p. 48; Uffindel, 2003, p. 172.

46) Connelly, 1987, p. 21.

47) Liddell Hart, 1967, p. 127.

48) Liddell Hart, 1967, 1967, p. 117; Marc Raeff, Walter의 서문, 1993, p. xv.

49) Keegan, 1976, pp. 121, 122; Roberts, 2001, p. 150 (Wellington의 관점을 언급).

50) Napoleon Bonaparte, Chaliand, 1994, pp. 647-48에서 발췌; Wasson, 1998, p. 22; Connelly, 1987, p. 8.

51) Carl von Clausewitz, Chaliand, 1994, p. 715에서 발췌; Antoine Henri de Jomini, as excerpted in Chaliand, 1994, p. 739; Connelly, 1987, p. 31.

52) Keegan, 1987, pp. 145, 152, 154; Paget, 1990, p. 97; Neillands, 2003, p. 146. Roskolenko, 1974, p. 86. 1813년-1813년에 피레네 산맥을 따라 프랑스 국경을 공격한 것에서 그의 계산적 성격을 볼 수 있다. 그는 단지 프랑스가 수비를 위해 20만 명을 그곳에 배치하게 만들려고 공격한 것이었다. 즉, 그의 군사행동만이 아니라 전체 군사행동의 편익을 계산한 것으로 또 다른 한계편익을 낳았다. Adrian Liddell Hart, Chaliand, 1994에서 발췌, p. 644.

5장

1) 우리는 여기서 "정보(information)"와 "기밀(intelligence)"의 기술적 차이를 자세히 파헤치려는 것은 아니다.

2) 전쟁 억제에 관해서는 조금 다른 방식으로 분석해야 하는데, 전장에서의 승리보다 전투

를 피하는 것("거래")이 양측 모두의 실질적 목표이기 때문이다.

3) 예로 영장류 전문가인 Frans B. M. de Waal, 1982, 1989을 보라.

4) Mahan, 1853; Feis, 2002, p. 3; Chaliand, 1994, p. 741에서 인용됨; United States Army, 2001.

5) Feis, 2002, p. 4에서 인용됨; Sutherland, 1998, pp. 69, 183; Randall, 1918, pp. 311–12; Bartholomees, 1998, pp. 120, 255.

6) Lynn and Jay, 1985, p. 9; Long, 1952, pp. 391ff. 로버트 E. 리 장군의 전투 지시는 거의 구두로 이뤄졌으며, 그의 전투 보고서들은 대부분 소각됐다(1864/65). Dowdey, 1961, p. xii를 보라.

7) Fishel, 1964; Bartholomees, 1998, p. 248에서는 "남부연합의 18세기식의 정보기관은 그들이 참여한 준현대식(semimodern) 전쟁에 부적합했다"고 한다. 남부연합의 정보기관은 매우 제한적 기능만을 갖췄다. 이에 반하는 관점으로, Gaddy, 1975, pp. 20–27을 보라.

8) Bartholomees, 1998, pp. 4–8, 12, 248–249, 252; Markle, 2000, pp. xvii, 2.

9) Tidwell, 1991, pp. 219–31; Bartholomees, 1998, p. 251. 미국 달러와 달러화는 다른 목적으로도 쓸 수 있기 때문에 그 자체로 가치 있는데, 특히 반군의 통화를 절하시키기도 한다. 비밀리에 행해진 노력에 대한 믿을 만한 자료가 조금 남아있는데, Canan, 1964, pp. 34–51을 보라.

10) Bartholomees, 1998, p. 256; Trudeau, 1989, p. 26.

11) 조지프 후커는 챈설러즈빌 전투 이전에 군사정보국을 세웠다. Sutherland, 1998, p. 101을 보라. 우리는 군사정보국이 사후에 어떤 성과를 거뒀는지 알 수 있지만, 어떠한 활동을 했는지는 거의 기록이 남아있지 않다. Elley, 1992, p. 9를 보라.

12) Feis, 2002, pp. 11–15, 196–99, 264; Feis, 2002, pp. 196–98. Markle, 2000, p. 5; Markle(pp. 11–15)의 주장에 따르면 오차는 0.25퍼센트에 불과했다. 군사 백과사전에 따르면 리 장군은 챈설러즈빌 전투에 6만 명을 동원했다. 따라서 0.25퍼센트의 오차는 150명에 해당할 것이다.

13) Bartholomees, 1998, p. 252. Discontinuance: Markle, 2000, p. 33. Truby, 1971, pp. 64–71도 보라; Robinson, 1986, pp. 5–17. Elley, 1992, p. 12. 움직이는 (묶여있는 것과는 반대로) 풍선들은 착지 후에 정보를 전달했던 것으로 보인다.

14) Morgan, 1959–60, pp. 209–12; Elley, 1992, p. 13; Bartholomees, 1998, pp. 116–18, 250. Hancock to Butterfi eld, 25 June 1853, Scott, 1880, series I, vol. 45, p. 309을 보라.

15) 예로 Dyer, 1999을 보라; Baggett, 2003을 보라; Marten, 2003을 보라; Cashin, 2002; Leisch, 1994; Berkey, 2003; Stith, 2004; Mangus, 1994; Axelrod, 1992; Leonard, 1999; McDevitt, 2003.

16) McWhiney, 1998, p. 43; Elley, 1992, pp. 17-18. 스파이에 대한 정보는 Davis, 1994 에서 보라.; Stuart, 1981; Bakeless, 1971, 1975; Sabine, 1973; and Weinert, 1965. Ruth의 경력은 Johnston, 1955과 Stuart, 1963에 더 자세히 기술되어 있다. Halleck이 Sheridan에게, 1865년 4월 23일, Scott, 1880, vol. 97, p. 307에서 헬렉의 비판을 볼 수 있다.

17) Long, 1952, p. 373; Bartholomees, 1998, p. 249; Guback, 1959, pp. 171-76; Markle, 2000, pp. 7-11; Randall, 1918, pp. 303, 309.

18) 남북전쟁에 대해 잘 모르는 이들을 위해 설명하자면, 이는 애팔래치아 산맥을 중심으로 뚜렷이 구분되는 두 전장에서 벌어진 싸움이었다. 병력이 두 전장을 오가는 일은 비교적 드물었다. 우리는 감당할 수 있는 만큼만, 동쪽 전장에 한해서만 연구했다. 동쪽 전장은 양측의 수도, 즉 북부연합의 워싱턴 DC와 남부연합의 버지니아주 리치먼드가 인접한 곳으로 높은 강도의 대규모 전쟁이 확실시되는 곳이었다.

19) 맥도웰은 보우리가드에게 3만 5,000명의 병력이 있다고 생각했지만, 사실 지원군이 오기 전까지 보우리가드에게는 2만 명밖에 없었다. 이와 비슷하게, 보우리가드는 신문 보도에 따라 맥도웰에게 5만 5,000명 병력이 있으리라 생각했지만 실제로는 3만 8,000명뿐이었으며 그 중에서도 전장에 나온 것은 2만 8,500명에 불과했다. 맥도웰이 군 사령부에, 1861년 6월 24일, Scott, 1880, series I, vol. 2, p. 720; and 보우리가드가 CSA 사령부에, 1861년 10월 14일, Scott, 1880, series I, vol. 2, p. 486을 보라; 맥도웰이 군 사령부에, 1861년 6월 24일, in Scott, 1880, series I, vol. 2, p. 720.

20) 맥도웰이 군 사령부에, 1861년 6월 24일, Scott, 1880, series I, vol. 2, p. 720; 맥도웰이 군 사령부에, 1861년 7월 20일, Scott, 1880, series I, vol. 2, p. 308. 맥도웰이 존스턴의 접근을 알았다면, 그는 틀림없이 다르게 행동했을 것이다. 맥도웰이 군 사령부에, 1861년 7월 21일, Scott, 1880, series I, vol. 2, p. 316. 두 장군 모두 바뀐 정보에 맞춰 계획을 수정할 수 없었다. 멕도웰은 존스턴의 지원군이 와 있다는 사실을 확인하기 전에 이미 전투 중이었으며, 보우리가드는 맥도웰이 도착해 먼저 공격을 개시했기 때문에 작전을 변경할 수 없었다(McDonald, 2000, pp. 17-19를 보라).

21) McDonald, 2000, pp. 43-44, 84-85; Bartholomees, 1998, pp. 113-16. 한편, 이 전투를 통해 토머스 J. 잭슨이 "Stonewall(돌벽)"이란 별명을 갖게 됐다.

22) Keegan, 2003, p. 83.

23) Sears, 1992, pp. 38, 61, 96, 98-100, 162; 매클렐런이 링컨에게, 1862년 7월 20일, Scott, 1880, series I, vol. 11, part 3 (1884), p. 328.

24) 매클렐런이 링컨에게 1862년 4월 5일과 6일; 매클렐런이 스탠턴에게, 1862년 6월 26일과 27일, Scott, 1880, series I, vol. 11, part 3, pp. 71, 73-74, 257, 264, 266; 그리고 매클렐런이 스탠턴에게, 1862년 6월 1일과 2일, in Scott, 1880, series I, vol. 11, part 1 (1884), pp. 749-50.

25) Sears, 1992, pp. 33, 37-45, 47, 57, 153-54, 182-83, 195; 매클렐런이 스탠턴에게, 1862년 5월 27일과 6월 5일, in Scott, 1880, series I, vol. 11, part 3, pp. 194, 214; Markle, 2000, pp. 5, 6; Fishel, 1988도 보라. 다행히 매클렐런 명성 덕분에 이러한 진술들은 그 살아생전에는 공개되지 않았다. 그러나 리는 매클렐런이 그에 대해 주저하고 그를 이용했다는 것을 이미 알고 있었다.

26) Randall, 1918, p. 306; Long, 1952, p. 187.

27) 포프가 매클렐런에게, 7월 19일과 20일, Scott, 1880, series I, vol. 11, part 3, pp. 327, 329; and Stith, 2004, pp. iii, viii-ix; Lee to D. H. Hill, 1862년 8월 13일; 회신, 1862년 8월 14일; 리가 데이비스에게, 1862년 7월 25일, Dowdey, 1961, pp. 227, 237, 251-52; 리가 CSA 사령부에, 863년 4월 18일과 6월 8일, Scott, 1880, series I, vol. 12, part 2 (1885), pp. 176, 555; Hennessy, 1993, pp. 30-31.

28) Hennessy, 1993, pp 60, 108, 311, 322, 469, 470; 포프가 매클렐런에게, 1862년 7월 17일, Scott, 1880, series I, vol. 11, part 3, p. 325; 포프가 헬렉에게, 1862년 8월 22일, 24일, 30일; 포프가 군 사령부에, 1862년 9월 3일, Scott, 1880, series I, vol. 12, part 2, pp. 17, 59, 64, 78; 포프가 매클렐런에게, 1862년 8월 28일, Scott, 1880, series I, vol. 12, part 1 (1885), p. 196.

29) Jones, 1966; Bridges, 1958; Dowdey, 1961, p. 289. 이후 많은 이들이 이 군사작전과 매클렐런이 더 공격적인 태도를 취하지 못한 것에 관심을 가졌으며, 미국 육군사관학교는 그로부터 몇 년간 비슷한 상황을 시뮬레이션에 활용했다. 흥미롭게도, 생도들은 매우 신중하게 행동하는 편이었다. Reardon, 1999, pp. 290-91, 294을 보라.

30) 매클렐런이 커틴 지사에게, 1862년 9월 8일과 10일; 매클렐런이 헬렉에게, 1862년 9월 9일(두 번); 매클렐런이 피츠존 포터에게, 1862년 9월 9일; 매클렐런이 링컨에게, 1862년 9월 10일과 12일, Scott, 1880, series I, vol. 19, part 2 (1887), pp. 24, 216, 218-19, 221, 233, 272; 매클렐런이 헬렉에게, 1862년 9월 13일(두 번), Scott, 1880, series I, vol. 19, part 2, p. 282.

31) 매클렐런이 헬렉에게, 1862년 10월 15일, Scott, 1880, series I, vol. 19, part 1 (1887), p. 26; Lee to Davis, 1862년 9월 16일과 20일, Scott, 1880, series I, vol. 19, part 1, pp. 140, 142.

32) Reardon, 1999, pp. 302, 305; 이 문단의 인용구들은 리가 CSA HQ에게 1863년 4월 10일 보낸 것에서 따왔다; 리가 데이비스에게, 1862년 11월 19일; 리가 존스에게, 1862년 11월 23일과 26일; 모두 Scott, 1880, series I, vol. 21 (1888), pp. 550, 556, 1020, 1027, 1033에서; 리가 조지 W. 랜돌프에게, 1862년 11월 17일; 리가 데이비스에게, 1862년 11월 20일, Dowdey, 1961, pp. 337-38, 341.

33) Sutherland, 1998, pp. 38, 46, 72-73; 번사이트가 헬렉에게, 1862년 12월 17일, Scott, 1880, series I, vol. 21, p. 66; 리가 제임스A. 세든에게, 1862년 12월 16일 (두

번); 리가 CSA 사령부에, 1862년 12월 19일; in Scott, 1880, series I, vol. 21, pp. 548, 1064, 1068.

34) 후커가 스탠턴에게, 1863년 2월 25일과 4월 2일; 후커가 군 사령부에, 1863년 2월 25일; 후커가 링컨에게, 1863년 4월 11일; 후커가 존 J. 펙에게, 그리고 답장, 1863년 4월 13일; 모두 Scott, 1880, series I, vol. 25, part 2 (1889), pp. 99-100, 187, 199-200, 207.

35) Dowdey, 1961, pp. 421-45을 보라; Markle, 2000, p. 3; Sutherland, 1998, pp. 125, 129, 133; Luvaas, 1990.

36) 후커가 링컨에게, 1863년 4월 27일, Scott, 1880, series I, vol. 25, part 2, p. 263; 후커가 스탠턴에게, 1863년 4월 27일, Scott, 1880, series I, vol. 25, part 2, pp. 269-70.

37) Sutherland, 1998, pp. 147, 165-67; 리의 챈설러즈빌 전투 보고, 1863년 9월 21일, Scott, 1880, series I, vol. 25, part 1 (1889), p. 800.

38) 리가 북군 영토를 향해 북쪽으로 이동하자 후커는 리치먼드를 공격하려던 계획을 수행하지 못하고 리를 추격해야 했다. 후커는 1863년 6월 28일 포토맥군의 사령관 자리에서 물러났고, 조지 B. 미드가 계승했다.

39) Dowdey, 1961, p. 478; Luvaas, 1990도 보라; Bartholomees, 1998, p. 256; Nolan, 1999, pp. 13-14, 17, 18; 리가 데이비스에게, 7월 4일과 31일, Scott, 1880, series I, vol. 27, part 2 (1889), pp. 298, 306 -7; Gallagher, 1999a, p. 32; Gallagher, 1999b, p. 114.

40) Esposito, 1972, page facing map 99; 게티스버그 전투 보고 Dowdey, 1961, pp. 574, 580.

41) Dowdey, 1961, p. 478; Long, 1952, p. 274; Gallagher, 1999b, p. 119; Bicheno, 2001, p. 37.

42) Bicheno, 2001, pp. 36, 192; 미드가 헬렉에게, 1863년 6월 28일; 미드가 카우치에게, 1863년 6월 30일, Scott, 1880, series I, vol. 27, part 1, pp. 61-62, 68; Sauers, 1999, pp. 235, 238. Markle, 2000, pp. 11-15.

43) 미드가 헬렉에게, 1863년 7월 1일, 첫 번째 메시지, Scott, 1880, series I, vol. 27, part 1, p. 71; 미드가 헬렉에게, 1863년 6월 28일 29일과 7월 1일(두 번); 미드의 마지막 게티스버그 전투 보고, 1963년 10월 1일, Scott, 1880, series I, vol. 27, part 1, pp. 65, 67, 70-72, 113; Gallagher, 1999b, p. 118; 리가 데이비스에게, 1863년 7월 31일, Scott, 1880, series I, vol. 27, part 2, p. 305. Nolan, 1999에 따르면 첫째 날 리는 망설였다. 리는 "보호적 직감"을 느끼고(p. 22) 지역 사령관에게 전면적 교전을 원치 않는다고 말했다. 그러나 몇 시간 지나지 않아 리는 생각을 바꿨고 공격 진행을 허가했다(p. 23). 놀란은 리가 자신의 무지를 과장해서 받아들인다고 평했다. (1999, p. 13)

44) Long, 1952, pp. 391ff.; Elley, 1992, p. 28.

45) Trudeau, 1989, p. 113.

46) Trudeau, 1989, pp. 26, 42, 45, 49; 그랜트가 헬렉에게, 1864년 5월 7일, Scott, 1880, series I, vol. 36, part 1 (1891), p. 2. 실로, 그랜트는 리의 1만 1,400명 병력에 자신의 병력 1만 8,400명을 잃었다. 그랜트가 헬렉에게, 1864년 5월 11일, Scott, 1880, series I, vol. 36, part 1, p. 3; McWhiney, 1998, p. 45.

47) Elley, 1992, p. 5; 그랜트가 헬렉에게, 1864년 5월 8일, Scott, 1880, series I, vol. 36, part 1, p. 2.

48) Elley, 1992, p. 29.

49) Elley, 1992, p. 29; Trudeau, 1989, pp. 120, 130; Matter, 1998, pp. 33, 37 (앞선 인용들은 Matter에서도 발췌했다); Henderson, 1987, p. 13.

50) Matter, 1998, p. 48; Long, 1952, pp. 418-19; Trudeau, 1989, p. 197; Gallagher, 1998, p. 7.

51) 그랜트가 헬렉에게, 1864년 5월 26일, Scott, 1880, vol. 36, part 1, p. 9; Long, 1952, pp. 429-30; 그랜트가 헬렉에게, 1864년 5월 24일, Scott, 1880, vol. 36, part 1, p. 9.

52) Trudeau, 1989, p. 245.

53) 그랜트가 군 사령부에, 1865년 7월 22일, Scott, 1880, vol. 36, part 1, p. 22.

54) Trudeau, 1989, p. 298.

55) 리는 이를 단지 급습이리라 예상한 것 같다.; Trudeau, 1989, pp. 309, 311; Elley, 1992, pp. 10-11; Horn, 1993, p. 56; Greene, 2000, pp. 7-8.

56) 그랜트가 군 사령부에, 1865년 7월 22일, Scott, 1880, series I, vol. 36, p. 12; Feis, 2002, pp. 254, 260-61. 1862년 북군의 계획은 셰년도 계곡에서의 토머스 "스톤월" 잭슨의 뛰어난 군사작전에 의해 중단됐다.

57) Feis, 2002, pp. 221-25, 232, 242-49; see also Feis, 1993.

58) Greene, 2000, p. 266; Horn, 1993, pp. 108-19를 보라. 앰브로즈 번사이드는 1863년 프레더릭스버그 전투 이후 포토맥군의 지휘관에서 해임됐다. 그러나 그는 군단장의 지위는 유지했고 분화구 전투(Battle of Crater) 참패의 책임을 졌다. 전쟁이 끝난 뒤 그는 로드 아일랜드의 주지사가 됐다.

59) Horn, 1993, pp. 79, 189-95; Greene, 2000, pp. 156-61, 179.

60) Feis, 2002, pp. 10, 205, 209, 267, 268; McWhiney, 1998, p. 23.

61) Elley, 1992, pp. 12, 18-19;

62) Feis, 2002, p. 211.

63) Reardon, 1999, p. 295; Feis, 2002, pp. 200, 235.

64) Feis, 1997, p. ii; Elley, 1992, p. 35; Long, 1952, p. 539; Horn, 1993, p. 246.

65) Trudeau, 1989, pp. 26, 166; Greene, 2000, pp. 149-50, 153.

66) 매클렐런의 사단장들은 이러한 계략에 완전히 속아 넘어가지 않았다. 그러나 매클렐

런은 속았다!

67) 남북전쟁을 일찍 끝마치는 데 실패하자 자원군 개념은 빨리 사라졌다. 자원병의 수는 크게 줄어들었다. 1862년 민병법은 주(state)에서 북군에 병력을 보내도록 강제했다. 이는 효과적이지 못했고, 전쟁 초에는 50달러였던 자원입대 상여금("장려금")은 전쟁 말에는 1,000달러로 올랐다(당시 평균 연봉은 500달러였다). 상여금으로도 충분한 자원병을 불러들이지 못하자 국회는 1863년 여름, 1864년 봄과 가을, 1865년 봄 네 번에 걸쳐 징집을 실시했다. 100만 명의 4분의 3이 넘는 인원(77만 7,000명)이 징집번호를 부여받았는데, 단지 4만 6,000명만이 징집되었으며, 16만 명은 대리인을 보내거나 "면제 비용"을 지불하고 면제받았다. 나머지 57만 1,000명 중에서 16만 1,000명은 신고하지 않았고, 9만 4,000명은 신고에 따라 제대 조치를 받았으며, 31만 6,000명은 신고에 따라 면제받았다(여기서 수치는 대략적이다). 징병법에는 법적으로 군복무를 면제받을 수 있는 조항을 포함했다(예를 들어, 면제 비용의 지불). 이로 인해 포상금을 노린 브로커들은 돈이 있는 징병 대상자와 돈이 없는 비징병 대상자를 중개해줬다. 징병 보험회사들도 생겼는데, 잠재적 징병 대상자가 뮤추얼 펀드에 보험료를 내고, 징병될 경우 펀드에서 면제 비용을 지불했다. 이에 관한 예는 http: // www.academy.umd.edu / publications / NationalService / citizen_soldier.htm[2003년 10월 28일자 확인]를 보라. 관련 문헌으로는 Shannon, 1965, Murdock, 1980, Geary, 1991, Phisterer, 1996을 보라.

68) 어떤 병사들은 징집에 응한 다음 보상금(즉, 계약 상여금)을 받고 도망쳤으며, 그뒤 다른 곳에서 다시 징집에 응했는데, 이들을 "보상금 점퍼(bounty-jumpers)"라 불렸다. 이들 중 다수는 다른 사람 대신 군에 복무하는 것이었다(당시에는 대리인을 고용할 수 있었다). 흥미롭게도, 보상금을 받은 이들은 "점프(jump)"한 게 아니더라도 최고의 병사로 인정받지 못했다.

69) Rotte and Schmidt, 2003를 보라.

6장

1) Budiansky, 2004, p. 330에서 인용. Keegan, 1999에서는 제1차 세계대전의 참호전을 섬뜩하게 묘사했다. 제2차 세계대전 공중전의 비극적 아이러니는 그 참혹함에 있다. 미국 전략공군은 8,000대가 넘는 폭격기와 전투기 4,000여 대를 잃었으며 2만 9,000명이 사망하고 4만 4,000명이 부상을 입었다. 영국 공군 역시 8,000대가 넘는 폭격기를 잃었으며 6만 4,000명의 피해자가 나왔는데 그 중 4만 7,000명은 사망했다. Budiansky, 2004, p. 330; Werrell, 1986, p. 708와 그에 인용된 자료를 보라.

2) 미국 전략폭격조사단(USSBS), 1947년 2월, 도표 6, pp. 49-91. 가짜 전쟁(phony war)은 1939년 9월부터 1940년 5월까지 군사행동이 없던 시기로, 독일의 폴란드 침공으로

부터 그 이후 유럽 열강 사이에 심각한 적개심이 싹트기 이전까지의 시기를 말한다. 독일에서는 교착전(Sitzkrieg, 앉은뱅이라는 말과 전격전을 뜻하는 Blitzkrieg를 합친 말장난), 영국에서는 지루한 전쟁(Bore War, 보어 전쟁의 말장난)이라 불렸다.

3) Murray and Millett, 2000, p. 310.

4) Rhodes, 1988, p. 474에 따르면, "적어도 45,000명... 그들 중 대다수는 노인, 여자, 어린이였다."

5) Budiansky, 2004, pp. 316-17; Murray and Millett, 2000, pp. 320-21; Budiansky, 2004, p. 317에서 인용; Murray and Millett, 2000, p. 321; Schaffer, 1980, p. 331. 캐나다 공군 공식 역사에서는 해리스의 "베를린 집착"을 "지시에 따르지 않는 무례한 행동"이라 기술했다. Greenhous et al., 1994, vol. III, p. 770.

6) Budiansky, 2004, p. 316; Werrell, 1986, p. 705.

7) USSBS, January 1947, p. 5.

8) USSBS, January 1947, p. 2, pt. 2.

9) Levine, 1992, p. 1.

10) 전략폭격을 완벽하게 실행한다면 그것만으로도 적을 완파할 수 있다고 주장하는 수많은 자료가 있다. 공군력에 대한 포괄적인 역사를 다룬 유용한 최근 자료로는 Budiansky, 2004가 있다. 여기서는 미국의 전략폭격 이론의 발전을 기술하고, 알려진 바와는 다른 결과를 낳을 수도 있다고 최초로 경고했다. (pp. 176-80)

11) Werrell, 1986, p. 704; 예시로는 Levine, 1992, p. 192을 보라; Smith, 1976 (제2차 세계대전과 미국의 베트남 폭격을 비교하는 매우 방어적인 입장의 글). 진주만 공습 이전의 미국 전략폭격 역사에 대한 자세한 연구는 Clodfelter, 1994에서 볼 수 있다. 다른 연구들과 마찬가지로 여기에서도 이탈리아 공군력 이론가인 Giulio Douhet(1869-1930)를 참조했다. 정확히 하자면, 공군력 지지자들이 전략폭격만으로 전쟁을 이길 수 있다고 믿지 않았다는 주장은 틀렸다. 이는 잘못된 생각이지만 그들은 이를 확실히 믿었다. 역사적으로 옳은 것은, 비록 전략폭격 사용 그 자체를 반대한 것은 아니지만, 제1차 세계대전 때 퍼싱 장군과 마찬가지로 제2차 세계대전 때 조지 마셜 장군과 다른 연합군 지도자들은, 육군과 해군의 도움 없이 전략폭격 "단독으로" 전쟁에서 승리할 수 있다는 공군력 지지자들의 주장을 믿지 않았다는 것이다(Clodfelter, 1994, pp. 90, 95의 예를 보라). 영국의 키치너 경은 "우리는 하고 싶은 대로가 아니라 해야만 하는 방식으로 전쟁을 치러야 한다."고 말했다(Webster and Frankland, 1961, vol. 1, p. 17에 인용됐다). 또한 역사적으로 옳은 것은, 진주만 공습 이전의 미국의 주된 전쟁계획-레인보우 5-에서는 "모든 항공작전을 공습을 대신하는 것이 아니라, 공습의 예비전의 형태로 활용"했다는 것이다(Jacobs, 1986, p. 133). 따라서 공군력 지지자들은 전략폭격 이론의 효과에 대한 이상주의적 믿음과 그들의 상관이 정해 놓은 현실적 제약 사이에서 계속 밀치락달치락했다.

12) 따라서 그 예로 Fuller, 1961, p. 286과 Murray and Millett, 2000, p. 332이 있다. 1944 년 중반까지 뚜렷한 성공을 거두지 못했음을 인정하고 깨달았기 때문에, Werrell, 1986, p. 707은 "전략폭격의 성과에 대해 논할 때 전쟁의 마지막 몇 달에 벌어진 일에 대해서만 이야기하기로 한다." 그러나 관련 시기에 이러한 제한을 두었음에도 불구하고, 그는 "전략폭격은 몇몇이 추구한 목표를 달성하지 못했다. …전쟁은 전쟁 전의 항공 예언가들이 틀렸음을 입증했다"(p. 712). Biddle, 2002은 인지심리학에서 차용한 개념들을 바탕으로 한 분석을 통해, 영국과 미국의 공군은 정확히 이를 어떻게 이룰 수 있는지 고심해보지도 않고, 전략폭격이 정치적 항복을 이끌어내리라는 생각을 고집했음을 보여준다.

미국 전략폭격조사단의 태평양 전쟁 관련 보고서 작성에 대해서 미국 해군과 미국 육군 항공대의 대표들 사이에 벌어진 다툼은 Gentile, 2000에서 볼 수 있다. 양측은 최종 보고서가 향후 미군구조에 끼칠 거대한 영향력을 정확히 예견하고 있었다. 이와 유사하게, 미국 대중과 정치인들이 핵무기를 미국의 전략군으로 여기는 것을 확실시하려는 시도에 대해서는 Budiansky, 2004, pp. 340–41를 참조. 마찬가지로, Schaffer, 1980과 Jacobs, 1986도 참조.

13) Budiansky, 2004, pp. 325–26. 워럴은 장거리 폭격기 호위 전투기 P–51("머스탱")은 역사적으로 과대평가된 면이 있다고 정확히 지적한다. 1943년 12월 5일에서야 P–51 은 첫 임무를 수행했으며(Werrell, 1986, p. 706), 따라서 결정적인 공중전이 벌어졌던 1944년 1월에서 4월까지 연합군의 무기고에서는 P–47("선더볼트")이 우세했다. P–47 은 요격기로 개발됐으며 단거리 호위 전투기로 임무를 시작했다. 비행사들은 "우연히" P–47의 가장 가치 있고 결정적인 역할로 판명된 전투폭격기로서의 역할을 발견했다. P–47은 빠른 속도와 뛰어난 기동성 덕분에 효과적으로 방공전투기와 교전하고 지상의 방공 사격을 피할 수 있었다. 또한 공랭식 엔진을 탑재해 다른 항공기보다 피해를 더 잘 견딜 수 있었으며, 강력한 2430마력 엔진 덕분에 폭탄 적재량이 2500t에 달했다(더 자세한 이야기는 Budiansky, 2004, p. 297을 보라).

14) 관련된 문제로 프랑스의 핵억지력에 대해 7장에서 다뤘다: what is the destructive contribution of a second atomic bomb?

15) z는 전투 운영의 측면에서는 임의적인 용어로 간주되었지만, 통계적 측면에서 오차항(error term)은 아니다.

16) Murray and Millett, 2000, p. 307. 그의 참모는 그를 "도살자the Butcher"를 줄여서 "부치Butch"라 불렀다. Rhodes, 1988, p. 470. 예외적인 사례로, 해리스는 베를린 기습 작전에서 엄청난 대가를 치렀는데, 항공기 수백 대와 수천 명의 군인을 잃었으며 "압도적 성공이라 볼 수 없는" 아주 적은 성과를 거뒀다(Budiansky, 2004, p. 317에 인용됨; Murray and Millett, 2000, p. 322도 보라).

17) 미국 전략폭격조사단(USSBS, February 1947)은 전략폭격의 효과를 평가하기 위해

1,000명이 참여한 대규모 활동이었다. 유럽 전쟁에 대한 200건이 넘는 보고서를 남겼으며 태평양 전쟁에 대해서도 109건의 보고서를 남겼다. 미국 공무원들은 원본 자료를 보호하고 포로로 잡힌 공장장들, 공무원들, 나치 지도자들을 인터뷰하기 위해서 미군 부대와 함께 해방된 영토로 이동한 뒤 독일로 이동했다. 영국인도 영국 폭격연구소를 통해 조사를 수행했다(BBSU, 1998). 1947년에 발표한 보고서는 매우 적은 범위를 다뤘으며 USSBS의 자료를 많이 활용했다. 1939년 12월부터 1945년 5월까지의 월별 폭격 자료를 볼 수 있다. 자료는 투하된 톤수, 폭탄이 투하된 국가 또는 지역(독일, 프랑스, 이탈리아와 시실리, 오스트리아, 헝가리, 발칸, 그리고 "모든 다른 국가들"), 폭탄을 투하한 주체(RAF 또는 USAAF), 목표물 등급에 따라 분류되어 있다. 10가지 목표물 등급은 (1) 항공기 공장; (2) 이착륙장 / 비행장; (3) 기름, 고무, 화학, 폭발물; (4) 육지 운송(주로 철도 차량, 철도역 구내, 다리); (5) V계열 미사일 발사대; (6) 해군과 수상 운송(운하, 다리); (7) 여러 가지 제조업 (군수, 탱크, 동력이 달린 차, 기계류 및 장비, 베어링, 전기제품, 광학 기구와 정밀 기구, 철, 경금속, 무선 및 레이더, 그리고 "식별되지 않는 제조업"; (8) (마을과 도시와 같은) 산업 지역; (9) 군사적 공격 목표; (10) 그리고 다른 모든 목표물로 나뉜다. 이외의 등급으로 "분류되지 않은 영국공군(RAF)"이 있는데, 이는 영국 공군이 투하한 총 톤수로 투하지역은 알지만 (독일, 프랑스, 이탈리아 등) 목표물 등급은 알 수 없는 것을 말한다(전체 24만 1,000t의 폭탄에 해당한다).

18) 책 한 권에 해당하는 독일 대공포에 대한 논의로는 Westermann, 2001를 보라. Murray and Millett, 2000, pp. 314–15에서 서치라이트, 레이더, 야간 전투기로 구성된 캄후버 라인(Kammhuber line)에 대한 간략한 설명을 볼 수 있다.

19) Murray and Millett, 2000, p. 311; Hewitt, 1983, p. 272에서 자료 인용. 아마도 이것이 해리스가 독일의 도시들에 더 많은 일격을 가하는 것 이외의 다른 것에는 크게 신경 쓰지 않았던 이유일 것이다. 그가 단지 공격의 횟수가 아니라, 연합군이 권고한 것처럼 어떻게 어디서 언제 일격을 가할지를 고민했다면, 더 나은 성과를 낼 수 있었을 것이다.

20) Budiansky, 2004, pp. 171, 177. 우리는 다음 절에서 사기 저하를 위한 폭격(morale bombing)에 대한 문제를 제기할 것이다. 미국인의 윤리의식과 사기 저하를 위한 폭격이라는 특정 주제에 관해서는 Schaffer, 1980를 보라. 그는 미국인들은 실용적 도덕주의에 빠져 있다고 주장한다. 대안적으로 해석하자면, 모든 항공전 지도자들은 미국 특유의 도덕주의 겸 실용주의 문화 속에서 자랐기 때문에 자신의 도덕주의를 견지하기 위해서, 비록 실패했지만 도덕적으로 행동하고자 정밀조준폭격을 생각해냈다는 것이다. 그러나 진짜 의문은, 바로 1944년, 전쟁에 이긴 상황에서, 왜 그들이 사기 저하를 위한 폭격의 유혹에 빠졌는가이다.

21) Budiansky, 2004, pp. 175, 282, 286 (cartoon reproduction). 다른 예를 들자면, Fuller, 1961, p. 281: "Hypothetical though it [a rapid end brought about by

strategic bombing] was, there is nothing unstrategic about it."

22) British Bombing Survey Unit (BBSU), 1998, 그림 25, p. 91.

23) British Bombing Survey Unit (BBSU), 1998, p. 69.

24) USSBS, 1945년 9월 30일, p. 31. Milward, 1965, 특히 1장을 참조. 독일이 전쟁에 승리하기 위해 무엇이 필요한지를 착각하고 있었다는 주장에 대한 가장 유명한 반박으로 Richard J. Overy (e.g., 1994)가 있다. USSBS가 전격전이 지구전으로 바뀌는 바람에 위협받게 된 전격전(Blitzkrieg) 경제에 의해 전격전(Blitzkrieg) 전략이 나왔다고 주장한 반면에, 오베리의 주장에 따르면 히틀러는 대규모 지구전을 1940년 중반에 시작하기 위한 독일 경제 지원을 계획했으나 전쟁이 빨리 시작되는 바람에 허를 찔렸다고 주장한다. 오베리의 근거는 강력하지만 폭격의 수확체감에 대한 우리의 주장에는 영향을 주지 않았다.

25) Pape, 1996, p. 279. 다른 영연방의 일원과 마찬가지로 영국에 상당한 병력을 지원한 캐나다는 캐나다 공군 역사에서 중도적인, 흡사 사죄하는 입장을 취하지만, 그럼에도 다음과 같이 동일한 결과에 도달한다. "폭파부대가 독일의 전쟁활동에 가한 피해의 수준은 분명 상당했다. 특히 전략폭격기 공세로 인해 유럽 침공과 미국의 본격적 개입 이전에 가상의 제2전선이 구축됐다. 그러나 핵무기 개발 이전 시대의 공군력은 결정적인 타격을 줄 수 없었고, 전후 분석에 따르면 당시 독일 전시경제에 입힌 피해는 기대한 만큼 (그리고 믿은 만큼) 크지 않았다." (Greenhous와 동료들, 1994, p. 527).

26) USSBS, 1947년 2월 pp. 49~91을 통해 계산할 수 있다.

27) 또한 우리는 1945년 1월에서 5월까지의 폭격 톤수를 알지만, 생산된 항공기의 숫자에 맞지 않는다. 표의 수치는 항공기 공장에 대한 영국 공군(RAF)과 미국 공군(USAAF)의 폭격을 합친 것이다. 투하된 전체 톤수는 5만 7,041톤이었는데 이 중에서 RAF가 6,024톤을, USAAF가 나머지 5만 1,017톤을 투하했다.

28) Werrell, 1986, p. 712. 공평하게 말하자면, 우리가 USSBS의 전후 자료 수집에 크게 도움을 받아 이러한 결론에 도달했다는 것을 인정할 수밖에 없다. 전시에는 파괴 현황에 대한 정확한 보도를 얻기가 굉장히 어렵기 때문이다.

29) 인용된 구절은 "AWPD-1: Munitions Requirements of the Army Air Forces,"에서 따왔는데, Clodfelter, 1994, p. 90에 언급됐다. 아놀드 장군이 새롭게 구성한 항공전 계획처에는 사단장 헤럴드 리 조지와 헤이우드 S. 핸셀, 로렌스 S. 커터, 그리고 케네스 N 워커가 포함됐다. 이들은 모두 커터가 제1차 세계대전에서 선행된 전략폭격을 "부활시킨" 앨러배마의 공군전술학교(Air Force Tactical School)의 교관 출신이었다. 아놀드는 항공대(Air Corps)가 육군항공대(the Army Air Forces)로 이름이 바뀌면서 새 책임자로 부임했다.

30) Clodfelter, 1994, pp. 91, 94, 97 (Barry Watts)을 보라. 몇몇 저자들은 전반적인 전략적 맥락 속에 포함시켜 전략폭격을 다뤘는데, Jacobs, 1986은 이러한 접근이 지니는

결점을 바르게 지적했다.

31) George: Clodfelter, 1994, p. 92; Kuter: Budiansky, 2004, pp. 179-80.

32) 세부사항은 Clodfelter, 1994, pp. 91-94에서 가져왔다. 현장에서 AWPD-1는, 그릇된 근거를 갖고도, 놀라운 선견지명을 보였다. 예를 들어 제안에 따라 발전소를 공격했을 때, 그곳에선 전력 생산이 이뤄진 적이 없었는데, 그 자체로는 아직 전기가 아니라 석탄이었기 때문이다. 그런데 우연히 목표물 근처에서 예상한 집단, 즉 8만 대의 기계와 240만 명의 병력을 맞닥뜨렸다. 덕분에 독일은 1944년 9월부터 1945년 4월까지 8개월의 시간을 허공에 날려 보내야 했다. Mierzejewski, 1988; Clodfelter, 1994, p. 99.

33) Clodfelter, 1994, p. 96. Milward, 1977. 1장에는 경제적 자원의 총동원을 필요로 하지 않는 전격전 개념에 대한 좋은 논의가 담겨 있다. "전격전을 유리한 입장의 적군에게 빠르게 결정타를 날린다는 전술적 의미로만 사용하는 경우가 많다. 그러나 전격적은 전술적일 뿐 아니라 전략적인 개념이다"(p. 7) 그 덕분에 히틀러는 독일을 전면전 경제 체제로 전환시키지 않을 수 있었고 군대에는 총을, 사람에겐 버터를 건네줄 수 있었다. 밀워드는 이러한 전략에 뒤따르는 또 다른 장점들의 리스트를 길게 열거했는데 짧은 전투, 제한된 목표에 대한 전쟁, 장기간 경제계획 수립, 질질 끄는 전쟁이 불필요해지는 것이 이에 포함됐다. 언급한 바와 같이, 오베리는 1994년에 반론을 제시하고 히틀러가 장기전을 대비했으나 이를 뒷받침할 경제가 갖춰지기 전에 장기전이 시작됐을 뿐이라 주장했다.

34) Greenhous et al., 1994에서 반복적으로 지적하기를, 이는 정밀 폭격을 방해하는 동시에 독일 요격기의 노력도 방해했다.

35) 이러한 결점은 최근에 이르러서야 Westermann, 2001에 의해 개정됐다. 그는 대공포 (對空砲)가 1942년 7월에서 1945년 4월 사이에 폭격부대의 항공기 3600여 대 중에 40 퍼센트가 넘은 숫자를 야습으로 파괴했으며, 나머지는 독일 공군(Luftwaffe)에 파괴됐다고 추정한다. 유럽 전쟁이 지속되는 동안 USAAF는 총 5400대의 항공기를 대공포에 의해 잃었으며, 독일 공군에 의해서는 4,300대만이 파괴됐다(p. 286). 더 많은 항공기가 수리할 수 없을 정도로 파손됐다. 파손된 항공기 다수는 "낙오자"가 됐고, 독일 공군에게는 쉬운 목표물이 됐다(그리고 대공포보다는 전투기의 공이 컸다). 대공포 때문에 항공기는 더 높이 날아야 했고 폭격 부정확도가 대폭 상승했다 (p. 289). 이 주제에 관해서는 Westermann의 저서를 반드시 읽어야 한다. 전투에 관한 나치 이데올로기가 이른 공습에 초점을 둔다는 것은 거의 상상도 못한 일이었다(그의 반례도 있었다 —토트의 기관, 대서양 방벽 등). 그럼에도 미국 육군 항공대 전투사령관인 칼 스파츠는 1945년에 이르러서야 독일 공군을 완전히 제압할 수 없다고 불평했다.

36) '포티튜드 작전(Operation Fortitude)'은 기만전술로 원래 목표인 노르망디 상륙지에서 멀리 떨어진 철도망을 공습하고는 독일을 공격했다. Greenhous와 동료들, 1994, p. 793. 독일의 방공 책임지, 자원 할당, 그리고 성과에 관해서는 p. 803, 표 8을 보라.

37) Greenhous et al., 1994, pp. 795, 805~6에 인용된 바와 같다.

38) Greenhous et al., 1994, pp. 790~91.

39) Werrell, 1986, p. 707.

40) Clodfelter, 1994, p. 99. Clodfelter는 Mierzejewski가 1944년 9월부터 독일의 제국철도 폭격을 논의했다는 것을 알아챈 몇 안 되는 이들 중 하나다(Mierzejewski, 1988). Budiansky, 2004, p. 302는 덧붙인다. "전쟁 이후, 미국 전략폭격조사단은 전략폭격 공세의 성과 중 하나로 수송계획을 지목했다. 군사적 성공을 인정받기란 늘 어렵다. 그러나 명령을 수행하지 못한 것 뿐 아니라 잘못된 전략과 전술을 사용해 잘못된 타깃에 잘못된 군사력을 이용해 잘못된 목적을 달성하도록 내린 명령, —이는 최고로 공로를 인정받았다."

41) Cox, 1998; Overy, 1994.

42) Overy, 1994; USSBS, 31 October 1945, p. 10 (둘 다 유고슬라비아 고유의 철자법으로 표기). 물론 출신 노동자와 강제 노동자의 생산성이 일대일로 대응한다고 상정할 수 없다.

43) BBSU, 1998, table 27, p. 96.

44) 전략적 폭격만으로 목적을 달성할 수 없다는 측면에서 지상 침공은 필수적이었다. 많은 역사학자들의 지적에 따르면, 동쪽으로부터 소비에트 러시아의 압박을 받고 있는 상황에서, 서방 국가들의 지상 침공은 독일을 무찌르기 위해 반드시 필요한 것은 아니었지만, 소비에트의 중앙과 서부 유럽 진출을 막기 위한 것이기도 했다.

45) Koch, 1991, pp. 119, 134과 Fuller, 1961, p. 281에 언급된 바와 같다; Koch, 1991, p. 120. 처칠은 문제시되는 테러에 도덕적인 의문을 갖지 않는 것으로 보인다. 1919년 그는 이렇게 썼다: "나는 가스 사용이 왜 껄끄럽다는 건지 이해할 수 없다. 우리는 평화회담에서 가스를 영구적인 전투 방식으로 인정한 입장을 전적으로 따른다. 최루가스 대신에, 사람이 폭발하는 포탄의 독성 파편에 베이고 눈물 쏟는 것을 보면서 주춤하는 것은 순전히 가식이다. 나는 미개한 부족에게 독가스를 사용하는 데 전적으로 찬성한다. 인명 손실을 최소화할 수 있으므로 도덕적 영향에도 좋을 것이다. 가장 치명적인 가스만 쓸 필요는 없다. 엄청난 불편을 초래하고 공포를 조성하지만 사람들에게 영구적이고 심각한 피해를 주지 않는 가스를 사용할 수도 있다." War Office Departmental Minute, 12 May 1919, Churchill Papers 16 / 16, Churchill Archives Centre, Cambridge. http: // en.wikipedia.org / wiki / Winston_Churchill_Quotes를 보라. [2004년 7월 22일에 확인]. 확실히, 처칠의 관점은 전시 폭격의 심각한 작용을 받아들이는 것으로 변했다.

46) Koch, 1991, p. 141; Terraine, 1985, p. 677; Clodfelter, 1994, pp. 84, 91. Schaffer, 1980, p. 318을 보라. 코흐는 인정하게 된다. "주어진 상황에서 그들이 다른 행동을 취하기를 기대하기란 당연히 불합리할 수 있다." 보네거트는 폭격 당시 드레스덴 도살장

에 붙잡힌 전쟁 포로였다.; Rhodes, 1988, p. 593.

47) Schaffer, 1980, p. 323. 스파츠는 매우 직설적으로 말하기도 했다: "내가 시가지 폭격에 반대한 이유는 종교나 도덕적 이성 때문이 아니었다." (p. 325).

48) Budiansky, 2004, pp. 282, 283, 285에서 보듯이. 함부르크(1943년 7월), 카젤 (1943년 9월), 다름슈타트(1944년 9월), 그리고 드레스덴(1945년 2월)이었다. Hewitt, 1983, pp. 263, 265을 보라.

49) Schaffer, 1980, p. 330. 우리가 쓴 구절이지만 Schaffer의 의도와 명백하게 일치한다. 해외에서 전적으로 인정받지는 못한 책인 Friedrich, 2002에서 폭격에 관한 독일인의 독특한 시각을 볼 수 있다. 이 책은 국제적인 비난을 받았다: 왜 죄책감 없이 수많은 사람을 죽인 독일인이 죽임을 당하는 데 반발하는가? 이는 표리부동하다. 모든 피해자에게는 발언의 권리가 있으며 영어권 저자가 쓴 소름끼치게 묘사적인 책들도 전쟁의 최종 승리자가 썼기 때문에 도덕적으로 우월하다고 여길 수 없다.

50) Hewitt, 1983. 이는 1940년 "영국 본토 항공전"(Budiansky, 2004, pp. 221, 242)에는 꼭 들어맞지 않지만, 1944년에는 확실히 맞다. 그러나 Koch, 1991, pp. 139-40를 보라.

51) Budiansky, 2004, p. 206에 언급된 바와 같다. 이 발언의 의미는 영국 총리 스탠리 볼드윈으로 거슬러 올라가는데, 그는 1932년 11월 10일 "폭격기는 언제나 통과한다."고 말했다. 1935년 보어링은 그 거대한 크기 때문에 비행요새라 불린 B-17를 개발했으며, 육군은 1936년 1월 이를 처음으로 배치했다. B-17에 관해서는 Budiansky, 2004, pp. 180-83를 보라.
그러나 스페인 상공에서의 전투를 목격한 담당관은 겨우 1년 뒤인 1937년 2월에 "비행요새는 스페인에서 죽었다."고 기록했다.

52) Koch, 1991, p. 122; Budiansky, 2004, p. 211. 바르셀로나, 게르니카에서의 스페인 내전에 관해서는 Budiansky, 2004, pp. 200-214를 보라.

53) Koch, 1991; quote from p. 133.

54) Budiansky, 2004, p. 284; BBSU, 1998, p. 79.

55) Budiansky, 2004, p. 244; quote from Hewitt, 1983, p. 279. 사기는 종종 다른 방법으로 영향을 미쳤다. 사실 폭격기 승무원에 대한 사기 즉 심리적 효과는 상당히 미약해졌다. 자세한 것은 Greenhous et al., 1994, and Westermann, 2001을 보라.

56) USSBS, 30 September 1945, pp. 95, 97.

57) USSBS, May 1947, p. 1.

58) USSBS, 30 September 1945, p. 96.

59) 도표 6-6의 자료 : 심하게 폭격(3만)받은 마을에서 "높은 사기"를 보이는 사람의 비율:44, 중간 정도로 폭격받은 마을(6100t):42, 적게 폭격받은 마을(500t):51, 폭격받지 않은 마을: 59/ 심하게 폭격받은 마을에서 "지도자를 믿는" 사람의 비율:48, 중간 정도

로 폭격받은 마을:48, 적게 폭격받은 마을:52, 폭격받지 않은 마을:62/ 심하게 폭격받은 마을에서 "항복하고 싶어하는" 사람의 비율:59, 중간 정도로 폭격받은 마을:59, 적게 폭격받은 마을:54, 폭격받지 않은 마을:51. 자료: USSBS, 1945년 9월 30일, p. 96.

60) Pape, 1996, p. 272, n. 48도 같은 지적을 함.

61) Craven and Cate, 1983 [1948], vol. 2, pp. viii-ix: "[유럽 전역European Theater of Operations]에서, 이번 권에서 다룬 시기에, AAF 부대들은 미국 독트린에서 통상적으로 정의내린 대로 전략적 폭격에 독점적으로 참여했다. 그들의 목표는 육군지상부대를 즉시 지원하는 것이 아니었다. 그들의 목적은 지상군을 즉각 겨냥한 게 아니었다. 서유럽에 연합군은 없었으며 붉은 군대에 대한 압력을 줄여주기 위한 제2전선을 위한 공격적인 폭격이라는 콘셉트는 초기 변화가 아니라 바로 이 때문에 논란이 됐다. 제8항공대의 진짜 임무는 전쟁 잠재력-산업시설, 군사시설, 사기-를 직접 폭격함으로써 독일을 약화시키는 것이었다. 비록 이를 위해선 독일의 공중 전력을 우선 파괴해야 했지만 말이다." 이는 미국 공군의 공식 전사에도 있다.

62) Craven and Cate, 1983 [1948], vol. 2, p. ix, 1983 [1951], vol. 3, pp. xi-xii, xvi, 1983 [1947], vol. 1, p. xix.

63) Hewitt, 1983, p. 279; calculated from USSBS, February 1947, chart 6. Pape는 독일인들이 서부 전선보다 소련의 침공을 두려워했으며 따라서 "밀려드는 붉은 군대로부터 병사와 민간인들이 달아날 시간을 벌 수 있도록" 싸웠다고 말한다. 이는 완전히 설득력 있는 주장은 아닌데, 이 경우에 독일은 단순히 서부 전선에 투항하고 서방 연합군이 폴란드 국경까지 침공을 완수할 때까지 동부 전선을 지키는 방안도 있었기 때문이다.

64) Levine, 1992, pp. 189, 190, 192; USSBS, January 1947, p. 2, pt. 3.

65) Levine, 1992, p. 193.

66) Levine, 1992, p. 193; USSBS, January 1947, p. 7, pt. 10.

67) Overy, 1994 (a collection of 11 of his essays).

68) Milward, 1977, 특히 "전쟁, 기술, 경제적 변화" 장을 보라.

He argues that the main "spin- off" of military efforts on the postwar civilian economies of all the major powers may well not have lain in successfully commercialized products but in managerial know- how of performing under duress.

69) 여담이지만, 오늘날의 첨단기술 전쟁 환경에서 군사자산은 매우 구체적이기 때문에 다른 임무로 쉽게 교체될 수 없다. 아이젠하워가 오늘날 살아 있었다면 좌절했을 수도 있다. 그가 오늘날의 제약을 해결하는 다른 방안을 찾을 수도 있었겠지만 말이다.

70) Budiansky, 2004, pp. 242-51에서 더 자세히 볼 수 있다.

71) USSBS, January 1947, p. 5.

7장

1) Kohl, 1971, pp. 45-46; Antherieu et al., 1963, pp. 252-53; Larkin, 1996, p. 27, n. 17.

2) 핵무기와 수소무기의 역사에 관해서는 Rhodes, 1988 [1986], 1995.의 뛰어난 저작을 보라.

3) Aron, 1965, p. 106.

4) '다른 모든 조건이 동일하다면' 조건은 대체 적용을 좌우하므로 결정적이다(1장을 참조). 의사 결정에 영향을 미치는 모든 다른 것들이 바뀌지 않는 상태에서 비슷한 이득을 주는 대안이 주어진다면, 사용자는 상대적으로 가장 가격이 낮은 대안을 선택할 것이다. 물론 모든 것은 변하고 특히 세계 군사 정세는 더욱 그렇다. 때문에 분석이 복잡해진다.

5) Baer, 1993의 1장을 보라.

6) Beaufre, 1966, p. 30; see Cimbala, 1989, pp. 33-34; Enthoven and Smith, 1971, pp. 211-12, 216.

7) Scheinman, 1965, p. 109; Cimbala, 1989, pp. 43, 46. 더불어 Sandler and Hartley, 1999를 보라.

8) Hitch, 1966a, p. 116; Hitch, 1966b, p. 126; Hitch and McKean, 1967, p. 3.

9) Beaufre, 1966, p. 32.

10) Chaliand, 1994, p. 992를 보라; Theleri, 1997, p. 9.

11) Nussio, 1996, p. 8.

12) Browder, 1964, p. 134; Scheinman, 1965, p. 216.

13) 제4공화국: 1946-1958. 제4공화국 프랑스에는 상대적으로 약한 의원내각제 정부가 들어섰다. 이와 반대로, 제5공화국은 구조적인 변화를 거쳐 프랑스에 강력한 대통령제를 만들었다.

14) Howorth and Chilton, 1984, p. 4; Waites, 1984, p. 38.

15) Holmquist, 1969, p. 12; Scheinman, 1965, p. 94.

16) Scheinman, 1965, p. 95.

17) Wohlstetter et al., 1976, pp. 44-45.

18) Ailleret, 1962, pp. 11, 35, 57-59, 65.

19) Nussio, 1996, pp. 10-11; Buchan, 1966, p. 9; Rynning, 2002, p. 36; Scheinman, 1965, pp. 112-20, 124; Ailleret, 1962, p. 9; Browder, 1964, pp. 35-36.

20) Scheinman, 1965, p. 168; Kohl, 1971, p. 44; Pierre Gallois in Rynning이 쓴 서문, 2002, p. xv; Scheinman, 1965, pp. 166, 168-69, 173, 182; Regnault, 2003, p. 1226.

21) Scheinman, 1965, pp. 116-17, 186-87; Regnault, 2003, p. 1229.

22) Waites, 1984, p. 39.

23) Scheinman, 1965, p. 219; Holmquist, 1969, p. 20; Nussio, 1996, pp. 11-12.

24) Rynning, 2002, p. 44; Kohl, 1971, p. 46.

25) Ailleret, 1962, pp. 36–37, 60–63, 198.

26) Cerny, 1984, p. 49; Browder, 1964, pp. 6, 108; Holmquist, 1996, p. 7;
Scheinman,1965, pp. 96–97, 100–101; Hecht, 1996, pp. 490–91; Nussio, 1996, p.
11.

27) Holmquist, 1996, p. 11; Scheinman, 1965, pp. 97–99, 106, 218; Browder, 1964,
pp. 6, 103.

28) Howorth and Chilton, 1984, pp. 7–8.

29) Menard, 1967, p. 228; Cimbala, 1998, pp. 186–87; Wohlstetter et al., 1976, p. 116.
아이로니컬하게도, 갈루아와 드골의 만남은 연합군 총사령관인 미국 로리스 노스태드
장군에 의해 이뤄졌다.; Rynning, 2002, pp. 43–44을 보라.

30) Antherieu et al., 1963, pp. 44, 116; Cimbala, 1988a, p. 127.

31) Kolodziej, 1967, pp. 417–20, 422–23, 426–27.

32) Regnault, 2003, p. 1227; Kolodziej, 1967, p. 450; Browder, 1964, p. 71을 보라. 르
노가 언급한 이가 드골인지 또는 그의 추종자 중 한 명인지 불분명하다.

33) Martin, 1981, pp. 39–40, 45–46; Morse, 1973, pp. 154–55; Browder, 1964, p. 49;
Regnault, 2003, pp. 1224–25; Cimbala, 1998, p. 187; ; Zoppo, 1964, p. 126.

34) Kolodziej, 1974, p. 102. See also Ifestos, 1988, p. 276; Gordon, 1993, p. 57.

35) Martin, 1981, p. 42; Holmquist, 1969, p. 83; Yost, 1986, pp. 153–54.

36) Yost, 1986, pp. 133–34; Rynning, 2002, pp. 26–27, 34–34, 55; Kohl, 1971, pp.
158–59;Gordon, 1993, p. 63.

37) Beeton, 1966, pp. 32–33; Gordon, 1993, p. 40; Morse, 1973, pp. 155–56.

38) Antherieu, 1963, pp. 27–33; Kolodziej, 1974, pp. 141–42, 147–48, 152; Kohl,
1971, p. 160; Morse, 1973, p. 156.

39) Kolodziej, 1971, p. 466; Wohlstetter, 1987, p. 11; Ifestos, 1988, p. 277; Gordon,
1993,pp. 66–68; Howorth and Chilton, 1984, pp. 10–11; Cimbala, 1988a, p. 250.

40) Gordon, 1993, pp. 84–85, 104; Howorth, 1996, p. 33; Ifestos, 1988, pp. 279, 287–
92;Gordon, 1993, pp. 92–93; Martin, 1981, pp. 25–27.

41) Yost, 1986, pp. 131–33, 135–36, 141–43, 152–53; Howorth and Chilton, 1984, p.
11;Gordon, 1993, p. 103; Gallois in Rynning, 2002, pp. xxii–xxiii.

42) Chilton, 1984, pp. 155–56; Waites, 1984, p. 42; Ifestos, 1988, pp. 292–93;
Cimbala, 1987, p. 181; Gordon, 1993, p. 181.

43) Ifestos, 1988, pp. 275, 297–98; Gordon, 1993, pp. 137–38, 163; Howorth and
Chilton, 1984, p. 11; Wohlstetter, 1987, pp. 12–13; Larkin, 1996, pp. 27–28.

44) Nussio, 1996, pp. 46, 57; Larkin, 1996, p. 26; "Pour la premiere fois, depuis

quaranteans, les armes nucleaires perdent le privilege absolue dans la panoplie de nos armes" Theleri, 1997, pp. 385–86; Gallois in Rynning, 2002, pp. xv, xxv.

45) "Il faut reconnaitre qu'il n'est pas possible a la France de lutter seul avec une armee classique contre les armees classiques de l'U.R.S.S. C'est la raison pour laquelle le gouvernement a decide de developper l'energie atomique militaire" Dollfus, 1960, pp. 70–71; Chaliand, 1994, pp. 995–96.

46) Scheinman, 1965, pp. 116, 191; Hecht, 1998, p. 201; Browder, 1964, pp. 15, 37.

47) Browder, 1964, pp. 17, 20, 25; Martin, 1981, p. 38; Chaliand, 1994, p. 1052; Gordon, 1993, pp. 38–39; Scheinman, 1965, pp. 171, 188–90. 글에 인용된 구절은 Scheinman이 번역한 것이다.

48) Kolodziej, 1974, pp. 96–97.

49) Scheinman, 1965, pp. 192–95; Gordon, 1993, pp. 4–5; Kohl, 1971, p. 47; Martin, 1981, p. 23.

50) Browder, 1964, pp. ii–iii; Morse, 1973, p. 17; Gallois in Rynning, 2002, p. xiv; Kohl, 1971, p. 157; Hecht, 1998, p. 209; Howorth and Chilton, 1984, p. 12; Kohl, 1971, p. 150.

51) Browder, 1964, p. 47; Scheinman, 1965, pp. 192–95; Morse, 1973, pp. 149–51; Kolodziej, 1971, p. 457; Zoppo, 1964, p. 114; Kolodziej, 1974, p. 45; Waites, 1984, p. 40; Morse, 1973, pp. 92–95; de Carmoy, 1969, p. 433.

52) Ifestos, 1988, p. 276; Browder, 1964, pp. 65–66; Haftendorn, 1996, p. 5; Howorth and Chilton, 1984, p. 8; Gallois, 1961, p. 169.

53) Gordon, 1993, p. 58; Aron, 1965, p. 122; Gordon, 1993, p. 58; Kohl, 1971, pp. 152–53.

54) Gordon, 1993, p. 62; Chaliand, 1994, pp. 1025–26; Kohl, 1971, pp. 155–57.

55) Morse, 1973, p. 153; Howorth and Chilton, 1984, p. 5; Gordon, 1993, pp. 42–43; Kolodziej, 1974, pp. 104–5; Antherieu et al., 1963, pp. 9–10; Menard, 1967, pp. 229–32.

56) Morse, 1973, p. 33; Dollfus, 1960, pp. 27–29, 35, 55; Antherieu et al., 1963, pp. 21–23,34–39; Gordon, 1993, p. 40; Moch, 1963, p. 41.

57) Wohlstetter et al., 1976, pp. 116–42 passim, 149; Aron, 1965, p. 106; Holmquist, 1969, p. 1.

58) Wohlstetter, 1959, pp. 213, 217, 228–29, n. 9; Halperin, 1966 [1963], p. 120; Morse, 1973, p. 194; Aron, 1965, pp. 114–19; Club Jean Moulin, 1963, p. 60. 또한 Aron, 1965, pp. 119, 257도 보라.

59) Chaliand, 1994, pp. 1065–66; Ifestos, 1988, pp. 284–86; Cimbala, 1988a, p. 126;

Cimbala, 1988b, p. 46; Yost, 1987, p. 144; Martin, 1987, p. 47; Wohlstetter et al., 1976, pp. 39, 118.

60) Moch, 1963, p. 264; Aron, 1965, p. 108; Freedman, 1986, p. 778; Hecht, 1998, pp. 243–44; Ifestos, 1988, pp. 281–84; Morse, 1973, p. 195.

61) Chilton, 1984, p. 135; Doran, 1973, pp. 257, 261–63; Chaliand, 1994, p. 1045.

62) Schelling, 1966, p. 34.

63) Nussio, 1996, p. 24에서 인용; Wolfe, 1965, pp. v–vii.

64) Dollfus, 1960, pp. 100–101; Gordon, 1993, p. 38; d'Abzac– Epezy, 1990, pp. 250–51; Chaliand, 1994, p. 1046.

65) Aron, 1965, pp. 115, 116, n. 12; Martin, 1981, pp. 68–69; Cerny, 1984, p. 56, 59; Dollfus, 1960, p. 70; Gordon, 1993, p. 36. 누보 프랑(Nouveau Franc (NF))은 1960 년 1월 1일 등장해 프랑스가 유럽연합에 가입하면서 사라졌다. 5개년 계획 예산은 모 든 자본 비용을 감당하지 못했다. 첫 번째는 자본비용의 38퍼센트, 두 번째는 69퍼센 트 정도였다. Martin, 1981, p. 67을 보라.

66) Rynning, 2002, p. 52; Martin, 1981, pp. 72, 75–78, 366–67; Chicken, 1996, p. 94; Fysh, 1996, p. 184; Gordon, 1993, pp. 180, 194; Gallois in Rynning, 2002, p. xxiv.

67) See Gallois in Rynning, 2002, p. xvii; Aron, 1965, p. 114.

68) "Cette declaration laissait entendre que le troisieme point volontairement omis, le reequipement classique de l'armee, etait sinon sacrifi e et abandonne, du moins neglige et compromise" "Notre armee classique date d'un autre age" 두 인용구 모 두 Dollfus, 1960, pp. 69, 71, 83–84.

69) Gordon, 1993, pp. 37–38; Morse, 1973, p. 183; Browder, 1964, p. 54. 프랑스가 고 유의 탱크 AMX–30을 개발하게 된 이유는 명확하지 않다. 이미 미국, 영국, 독일은 훌 륭한 기기들을 개발한 상태였다. 핵전력의 중요성에 반해 예산이 빠듯해서 그랬다면, AMX–30의 개발비용은 프랑스군에 어떤 이득도 주지 못했다. 그 비용으로 해외에서 더 많은 탱크를 사거나 (또는 라이선스를 빌려와서 만들거나) 또는 다른 재래식 장비 를 구입할 수 있었다.

70) Ailleret, 1962, p. 199–202; Antherieu et al., 1963, pp. 253–58; Chilton, 1984, p. 154; Martin, 1981, pp. 5–6; Chicken, 1996, p. 96.

71) Moch, 1963, p. 33; Kolodziej, 1967, p. 432; Carver, 1986, p. 782.

72) Freedman, 1986, p. 747; Browder, 1964, pp. 100–101.

73) Nussio, 1996, pp. 22–23; de Carmoy, 1969, p. 426; Martin, 1981, pp. 41, 46–48.

74) Beaufre, 1974, pp. 18, 68–69; Chaliand, 1994, pp. 1051, 1062, General Lucien Poirier 언급; Holmquist, 1969, pp. 62–63; Martin, 1981, pp. 42–43; Kohl, 1971, pp. 160–62.

75) Ailleret, 1962, pp. 200-201; see Yost, 1987, p. 127; Kolodziej, 1967, p. 432; Chilton, 1984, p. 137; Halperin, 1966, pp. 58-59; Rynning, 2002, p. 56.

76) Morse, 1973, pp. 180-83; 이러한 접근이 효율적인지 의문이다. Aron, 1965, pp. 112-13을 보라.

77) Beaufre, 1966, pp. 125-26; Holmquist, 1969, p. 30.

78) Gordon, 1993, p. 3; Beaufre, 1966, pp. 127-28, 138을 보라; Browder, 1964, pp. 97-98; Schelling, 1966, 1장.

79) Rynning, 2002, pp. 17, 26; Larkin, 1996, pp. 28-29; Antherieu et al., 1963, pp. 51-53; Beaufre, 1974, pp. 17-18; Cimbala, 1988b, p. 76; Betts, 1985, p. 154; Carver, 1986, p. 781; Dollfus, 1960, pp. 13, 51; Gallois, 1961, p. 168; Beaufre, 1966, pp. 128, 130; Holmquist, 1969, p. 28.

80) Freedman, 1986, p. 740; Carver, 1986, p. 783.

81) Aron, 1965, p. 2; Chaliand, 1994, pp. 996, 999, 1005; Browder, 1964, p. 130의 시나리오를 보라; Beaufre, 1974, pp. 44, 70; Browder, 1964, p. 91.

82) Aron, 1965, pp. 113-14.

83) Dollfus, 1960, p. 21; Ifestos, 1988, p. 278; Gordon, 1993, pp. 59-61; Haftendorn, 1996, p. 3; Kolodziej, 1974, pp. 76-82.

84) Antherieu et al., 1963, pp. 16-17; Gallois in Rynning, 2002, p. xvi; Howorth and Chilton, 1984, p. 6; Waites, 1984, p. 42; Martin, 1981, pp. 24-25; see Holmquist, 1969, p. 48, Browder, 1964, p. 139; Antherieu et al., 1963, pp. 15-16; Cimbala, 1998, p. 13; Doran, 1973, p. 258; Aron, 1965, p. 110을 보라.

85) Haftendorn, 1996, 3; Antherieu et al., 1963, pp. 48, 61-63; Holmquist, 1969, p. 40; Holmquist, 1969, p. 40; Kissinger, 1969, p. 202.

86) Browder, 1964, pp. 41-43; Kolodziej, 1974, pp. 84-85; Gordon, 1993, pp. 23-29; Zoppo, 1964, p. 122; Rynning, 2002, p. 55.

87) Larkin, 1996, p. 304; Browder, 1964, p. 101; Chaliand, 1994, p. 997. 제4공화국은 유럽방위공동체의 권유에 따라 출범했지만, 종국엔 프랑스 의회에 의해 막을 내렸다.

88) Dollfus, 1960, p. 41; Gallois, 1961, p. 205; Gordon, 1993, pp. 44-45, 78; Ifestos, 1988, p. 277; Kolodziej, 1967, p. 21. 어쨌든 드골을 비판한 이들은 동맹 시스템이 효과가 없으리라고 예상해서가 아니라 프랑스가 자주적으로 국방을 수호할 수 있으리란 공감대가 이뤄지지 않았기 때문에 드골을 비판했다.

89) 모든 사람들이 공동으로 이용할 수 있는 재화 또는 서비스를 말한다. 경제학자들은 이를 공공재라 부르는데, 다수에게 끊임없는 혜택을 제공하는 재화로서 한 번 제공된 다음에는 누구도 그 혜택에서 배제되지 않는다. 프랑스의 경우, NATO가 곤경에 처한 프랑스를 공격받게 내버려두지 않으리라는 걸 알고 있었다. 프랑스의 영토는 프랑스인뿐

아니라 NATO에게도 중요했다. 그러므로 프랑스는 "강경한 태도"를 취할 수 있었는데, NATO의 군사명령체제에서 벗어나 외교정책이나 군사자금 결정에서 위엄을 추구할 수 있었다. NATO의 붕괴를 걱정하지 않고도 프랑스는 더 큰 독립의 혜택을 누릴 수 있었다. 왜냐하면 노르웨이와 같은 다른 NATO가입국들은, 말하자면 절대 프랑스처럼 용감할 수 없었기 때문이다. 그들에게 NATO는 생명선이었으며, 폴란드와 같은 나라는 NATO가 없으면 벌어질 일에 대한 경고 역할을 했다. 프랑스의 핵전력을 공공재의 시각에서 바라보는 것도 흥미로울 듯하나, 이는 다음을 위해 남겨두기로 한다.

90) Olson and Zeckhauser, 1966, pp. 268-70, 272.

91) Olson and Zeckhauser, 1966, pp. 273, 278.

92) Olson and Zeckhauser, 1966, p. 279.

93) Sandler and Hartley, 1999, pp. 18, 29-30; Sandler and Hartley, 1999, pp. 30-31; Sandler and Harltey, 1999, pp. 33-37.

94) Enthoven, 1966, p. 135.

95) Hitch, 1966b, p. 124.

96) Enthoven and Smith, 1971, p. 175; Hitch, 1966b, pp. 125-26.

97) Chaliand, 1994, p. 1067.

8장

1) 게임이론의 원저작자는 von Neumann과 Morgenstern, 1944이다.

2) 공공재를 처음으로 다룬 것은 Samuelson, 1954, 1955이다. 우리는 이 주제를 이 장의 후반부에서 다룰 것이다. 협력 작업에 관한 고전 자료로는 Olson and Zeckhauser 1966이 있다. 영장류에 관해서는, 예를 들자면 de Waal, 1982.을 참조하라. 가령 NATO에 적용되는 부분은 Sandler와 Hartleyd, 1999에서 다루어진다.

3) 이 주제에 관한 경제적 문헌은 방대하다. Frey, 2004, Frey, Luechinger, and Stuter, 2004, Sandler and Enders, 2004, Enders and Sandler, 2006, Bruck, 2007, and Llussa and Tavares, 2007의 예에서 이 주제에 관한 유용한 개관을 얻을 수 있다. 비록 세계 언론 지면이 대서특필하여 다루는 것은 초국가적 테러이지만, 초국가적 테러보다 국내 테러의 희생자가 훨씬 더 많다는 것을 간과해서는 안 된다.

4) 이 부분은 공저자인 J. Brauer가 2004년 10월, 이탈리아 로마의 나토 국방대학과 2006년 4월 애시빌(Ashville)의 노스캐롤라이나 대학에서 했던 프레젠테이션을 기초로 한다. 또 그 프레젠테이션들은 부분적으로 각주 3에 제시된 자료들을 기초로 한다.

5) 저명한 군사학자 John Keegan이 그의 저서 《세계전쟁사》에서 밝히듯, "심지어 해적조차도 일을 시작하려면 자본이 필요하다." (1994, p. 64). 만약 테러리스트가 시장에 어떠한 해(害)를 공급한다면, 누가 그것의 수요자인지 궁금할 것이다. 그러나 가정에서 텃밭

을 가꾸는 사람은 스스로 생산자이면서 동시에 소비자이며, 테러를 이러한 상황과 비교해본다면, 누가 테러의 소비자인지는 어려운 문제가 아니다. 테러리스트들은 다른 누군가의 만족을 위해서가 아니라 자기 자신의 욕구를 만족시키기 위해 테러를 생산하는 것이다. 테러의 생산이 외부 시장을 위해서 이루어지든 또는 내부 시장을 위해 이루어지든, 어떤 경우에서도 우리는 "테러를 위한 시장"을 생각해볼 수 있다. 우리가 국제적 마약, 성매매, 소화기(小火器), 및 다른 범죄적 활동들의 거래가 저지되기를 바라는 하지만 테러 시장에서 정부 주체들의 목적은 이러한 시장에서의 거래를 저지하는 것이다.

6) 불안하겠지만 한 가지 값싼 방편은 테러 조직과 "공생 관계를 구축"하는 것이다. 이것은 테러 조직이 테러 공격을 우리나라에서 일으키지만 않는다면, 정부도 국내에서는 그들을 추적하지 않을 것이라고 하는 은밀한 협정을 맺는 것이다.

7) Enders and Sandler, 1993. 테러 위협은 실현된다면 희생이 크므로 예방책이 마련되어야 한다. 게다가, 테러가 있을 것이라는 단순한 위협만으로도 관광산업과 외국인의 직접 투자가 상당히 위축될 수 있다.

8) 가령 Center for International Security Policy를 참조하라, 2003.

9) Enders and Sandler, 2006, fig. 3.2, p. 61 and fig. 3.6, p. 66.

10) 비록 그동안 ETA가 약속을 저버리는 것처럼 보이기는 했지만, 양쪽 집단 모두가 테러를 포기할 것을 서약했다.

11) Sandler and Hartley, 1995, 1999; Enders and Sandler, 1993, 2000, 2006을 참조하라.

12) 미국과 서방 연합국들이 개발도상국 정부를 길들이려는 노력들은 그 지역에서의 상대적 공격비용을 증가시키며, 따라서 원조를 제공하는 선진국에 더 많은 공격이 이루어질 것으로 예상될지도 모른다.

13) Frey, 2004에서 이 점이 특별히 강력하게 주장되었다.

14) 이 문단과 다음 문단은 군사경제학에 관한 우리 지식의 형성에 주된 공헌자였던 John Warner와 Beth Asch, 1995의 탁월한 논평에 빚지고 있다.

15) 이후 몇 쪽의 내용들은 Poutvaara and Wagener, 2007, Simon and Warner, 2007, and Asch, Hosek, and Warner, 2007의 탁월한 논평에 의존한다.

16) 터키 징병제의 실상을 알고 싶다면, Yildirim and Erdinc, 2007을 참조하라.

17) 또한 징집하여 모은 군사를 파병하는 것은 자원한 병력을 보내는 것보다 파견 국가의 국민들을 잠재적으로 더 화나게 하는 듯하다. 알제리에 파병한 프랑스와 베트남에 파병한 미국의 예가 이를 보여준다.

18) Poutvaara and Wagener, 2007, p. 11.

19) 제시된 특정 지표들은 Asch, Hosek, and Warner, 2007에서 나온 것이다. 이와 관련된 주장에 따르면, 그 규모에 상응하는 더 큰 관료체계를 가진 큰 국가들은 병력을 징집하는 데에 드는 평균 비용이 더 낮을 것이다. 만약 징병체계를 설립하는 데에 1억 달러의 비용을 들여서 연간 10만 명의 인원을 징집하는 국가가 있다면, 같은 체계를 설

립하고 1만 명의 젊은이를 징집하는 국가에 비해 (1명의 인원을 징집하는 데에 있어서) 더 낮은 평균 비용을 지불하는 것이라고 말할 수 있다. 이 예측은 다른 모든 조건이 같다면 큰 국가들이 작은 국가들보다 징병제를 채택할 가능성이 높다는 명제를 따른다. 유사하게, 만약 한 국가의 관료체계가 상대적으로 효율적이라면, 그 국가는 징병제를 사용할 가능성이 높은데 왜냐하면 1명을 징집하는 데 드는 비용이 더 적기 때문이다. 예를 들어, 만약 한 국가에서는 10만 명의 병력을 징집하는 데에 1억 달러가 들고, 다른 국가는 같은 수의 병력을 징집하는 데 2억 달러가 든다면, 전자는 후자보다 징병제를 채택할 공산이 더 크다.

20) 군사 모집에 있어서 평균적 자질의 하락세는 병역 형태-육군, 해군, 공군, 그리고 해병대-에 따라 다양하며, 2006년에는 1980년대 중반 수준까지 떨어졌다. 이것은 놀라운 일이 아니다. 요구되는 병력의 수가 적을수록 병력을 더 까다롭게 선발할 수 있으며, 요구되는 병력의 수가 많을수록 그 반대이기 때문이다.

21) 선행 문헌의 대부분을 차례로 검토한 최근의 두 연구서는 Bryden and Caparini, 2006과 곧 출판될 Alexandra, Caparini, and Baker이다.

22) (자발적으로 군대에 지원하던 시대는 지나가버린 지 오래이며) 모든 군인이 임금을 받는다는 점에서, 군인들은 모두 용병이다. 그러므로 쟁점은 그 문제의 명시적인 자본 환경이나 심지어 고용된 군인이 외국인인지 여부에 있지 않다. 미국은 최근 200개 이상의 서로 다른 출신 국가에서 건너온 이들 중에서 선별하여 약 3만 명의 현역 군인과 1만 1,000명의 "영주권을 가진" 예비군을 고용했다(*Economist*, 3 February 2007, p. 34). 오히려 불안의 원천은 사적인 것이든 공적인 것이든 군의 합법성, 투명성, 그리고 책임성을 문제 삼을 때 발견된다. 그리고 그것은 국가가 군대에 관한 그들의 독점권을 사적 영역에 넘겨주고 있는지 여부에 달려 있다. 이것이 이 장에서 다루어질 쟁점이다.

23) 이 논의는 Brauer, 1999, and Brauer and Roux, 1999로부터 빌려온 것이다.

24) 여기에서 우리는 관례적 용법으로 쓰이는 경쟁rivalry이라는 용어, 가령 브라질의 마약상 갱단 간의 "경쟁"이나 아프가니스탄 또는 소말리아의 반란군 지도자가 되기 위한 "경쟁"을 말하는 것이 아니다. 우리는 그 용어를 경제적인 의미에서 사용하고 있다. 만약 한 집단이 충분히 커서 100명의 인구 중에서 10명을 보호할 수 있을 정도의 힘을 갖춘다면, 100명의 인구 중에 누가 보호받는 10명이 될 것인가에 대한 경쟁이 있을 것이다. 재화에 대한 경쟁이 적을수록 100명 중 더 많은 사람이 보호의 우산 아래 놓이게 된다.

25) 논지를 더 잘 이해할 수 있도록 여기에 또 다른 예시들을 제시한다. 텔레비전 수상기는 (매우 경쟁적이고 배타적인) 사적 재산이다. 텔레비전 수상기는 일반적으로 사기업에서 생산되지만 (공장 운영하는 것을 포함하여) 정부에서 생산될 수도 있다. 그러나 공중파 방송 신호는 공적 재화이다(즉, 경쟁이 적고-많은 사람들이 같은 시간에 신호를 받을 수 있다-텔레비전 수상기를 가지고 있는 사람이라면 누구나 신호를 수신하는

데 있어서 배제될 수 없다). 신호는 사적 공급자나 공적 공급자 어떤 쪽에서든 생산(전송)될 수 있다. 그러므로 상업적인 텔레비전 방송국들은 공적 재화의 사적 공급자들이며, 반면 영국의 BBC는 공적 재화의 공적 공급자이다. 케이블 TV는 회원제 재화의 예이다. 오직 케이블 회사의 접속료를 지불한 사람들만이 그 채널들을 볼 수 있다(그런 점에서 이것은 매우 배타적이지만 그 "회원"으로 한 번 들어가기만 하면, 더 이상 경쟁이 없다). 마지막으로, 공중파 텔레비전(또는 라디오나 휴대용 전화기)에서 송신되는 신호보다 높은 전자기파 스펙트럼은 공유재 재화이다. 누구도 그 스펙트럼을 이용하는 것에서 배제되지 않는데(낮은 배제성), 그러나 만약 여러 공급자가 동일한 주파수를 이용한다면, 혼선이 일어날지도 모른다(높은 경쟁성).

26) 곧 출판될, Brauer.

27) 가령, Shearer, 1998을 보라.

28) 가령, Wulf, 2005와 거기에 인용된 문헌들을 보라.

29) 이 논의는 Fredland, 2004에서 빌려온 것이다. 또한 경제적 효율성을 군사 조직으로부터 분리시켜 바라보려고 시도한 Fredland and Kendry, 1999. Brauer, 2007을 참고하라. 여기서 우리는 Williamson, 1999, p. 321을 따라서 우리는 후자와 전자를 뒤섞어 "효율적 분석"의 지평을 넓혔다.

30) Williamson, 1999; Fredland, 2004. 관련된 문헌과 거래비용의 경제학을 이해하려면, Williamson, 1985.을 참조하라.

31) Williamson, 1999, pp. 307-8.

32) Williamson, 1999, pp. 318, 322, 325.

33) Williamson, 1999, pp. 321, 340.

34) 두 인용 모두 Fredland, 2004, p. 211.에 보고된 바와 같다.

35) Giustozzi, 2007, p. 31.

36) 국가가 모든 위험을 떠안지는 않는다. 파푸아뉴기니와 샌드라인의 경우를 보면, 계약을 파기한 것은 국가였다. Fredland, 2004, p. 213을 참조하라.

37) 걸프전에 들어간 전비가 주로 사우디아라비아에 의해 배상된 후 미국의 무역수지는 흑자로 돌아섰다. 1991년 이전과 이후에는 무역수지가 모두 엄청난 적자였다.

38) 반복거래보다 일회성 교환이 훨씬 더 위험하다. 그러므로 코카콜라가 청량음료를 계속해서 판매하기를 원하는 반면 판매자는 구매자와의 단발성 거래로 끝내기를 원하는 상황처럼, 심야 텔레비전 "특집"은 소비자를 불만에 빠지게 할 가능성이 높다. 같은 구매자와의 차후 거래에 대한 전망은 코카콜라가 그 명성과 브랜드 가치에 대해 염려하도록 만든다.

39) http: // www.fas.org / irp / world / para / excutive_outcomes.htm을 참고하라. (17 June 2007에 접속).

40) Novick, 1988, pp. 593, 594.

41) Thompson, 2004, p. 1; Fischer, 2002, p. xiii. 더 최근에 있었던 예는, UCLA의 외교 사학자 마크 트래치텐버그와 여러 국제관계학 교수들 사이에 벌어진 외교사에서의 국제 관계의 역할과 본질에 관한 이론들에 관한 논쟁인데, 이것은 *Historically Speaking* vol. 8, no. 2 (November / December 2006), pp. 11-21. Economics에 실려 있다. 경제학 역시 사실상 모든 분과학문이 그렇듯이 내부적 분쟁이 있다. 가령 경제학의 주류 신고전학파에 대응하며, 경제학자들 사이에 공감대를 불러일으킨-비록 이 공명이 그들이 제시한 대안에 대한 승인의 신호라기보다는 현재 상황에 대한 불만을 반영하는 것일 테지만-자체 온라인 학술지(www.paecon.net 참고)를 선봉으로 하는 (아마도 적절하게 이름 붙여지지 않은) '자폐성 경제학 네트워크'가 2000년에 출범했다.

42) 유럽형과 미국형의 군사역사와 새로운 역사에 관한 유용한 에세이를 보려면, Paret, 1992.를 참조하라.

43) Goldin, 1995, p. 206.

44) 예를 들어, Conybeare, Murdoch, and Sandler, 1994; Redlich, 1964 / 65; Steiner, 1942; Hitch and McKean, 1967; Bonney, 1999; Ferguson, 2001; Olson, 1982; Kennedy,1987을 참조하라.

45) 지난 200여 년의 기이한 시대를 고찰하기 위해 분쟁, 전쟁, 그리고 평화에 관해 엘리트 경제학자들이 쓴 사례집이 있다: Kenneth Arrow, Kenneth Boulding, F. Y. Edgeworth, John Kenneth Galbraith, Jack Hirshleifer, Michael Intriligator, Lawrence Klein, Wassily Leontief, V. I. Lenin, Friedrich List, Karl Marx, Oskar Morgenstern, Mancur Olson, Vilfredo Pareto, A. C. Pigou, David Ricardo, Lionel Robbins, Joseph Schumpeter, Werner Sombart, Thomas Schelling, Adam Smith, Jan Tinbergen, Thorstein Veblen, and Knut Wicksell. 이에 관한 논평은 Coulomb, 2004를 참조하라.

46) Keegan, 2003, pp. 3-4.

47) Keegan, 2003, pp. 87-91.

Ailleret, Charles. 1962. *L'Aventure atomique française*. Paris: Grasset.

Akerlof, George A. 1984 [1970]. "The Market for 'Lemons': Quality Uncertainty and the Market Mechanism." *Quarterly Journal of Economics*, vol. 84 (August), pp. 488–500. Reprinted in George A. Akerlof, *An Economic Theorist's Book of Tales* (Cambridge: Cambridge University Press, 1984).

Alexandra, Andrew, Marina Caparini, and Deane-Peter Baker, eds. Forthcoming. *Private Military Companies: Ethics, Theory, and Practice*. London: Routledge.

Anderson, Donna M., and Michael J. Haupert. 1999. "Employment and Statistical Discrimination: A Hands-on Experiment." *Journal of Economics* (MVEA), vol. 25, no. 1, pp. 85–102.

Angellotti, Marion Polk. 1911. *Sir John Hawkwood*. New York: R. F. Fenno and Co.

Anthérieu, Étienne, et al., eds. 1963. *Pour ou contre la force de frappe?* Paris: John Didier.

Aron, Raymond. 1965. *The Great Debate: Theories of Nuclear Strategy*. Translated by Ernst Pawel. Garden City, NY: Doubleday.

Asch, Beth J., James R. Hosek, and John T. Warner. 2007. "New Economics of Manpower in the Post–Cold War Era," in Todd Sandler and Keith Hartley, eds., *Handbook of Defense Economics*, vol. 2. Amsterdam: Elsevier.

Axelrod, Alan. 1992. *The War Between the Spies: A History of Espionage during the American Civil War*. New York: Atlantic Monthly Press, 1992.

Bachrach, Bernard S. 1994. "Medieval Siege Warfare: A Reconnaissance." *Journal of Military History*, vol. 58 (January), pp. 119–133.

——. 2002. *Warfare and Military Organization in Pre-Crusade Europe*. Aldershot, UK: Ashgate.

Baer, George W. 1993. *One Hundred Years of Sea Power: The U.S. Navy, 1890–1990*. Stanford, CA: Stanford University Press.

Baggett, James Alex. 2003. *The Scalawags: Southern Dissenters in the Civil War and Reconstruction*. Baton Rouge: Louisiana State University Press.

Bakeless, John. 1975. "Lincoln's Private Eye." *Civil War Times Illustrated*, vol. 14, no. 6, pp. 22–30.

——. 1971. "Catching Harry Gilmor." *Civil War Times Illustrated*, vol. 10, no. 1, pp. 34–40.

Baron, Hans. 1953a. "A Struggle for Liberty in the Renaissance: Florence, Venice, and Milan in the Early Quattrocento: Part One." *American Historical Review*, vol. 58, no. 2 (January), pp. 265–289.

———. 1953b. "A Struggle for Liberty in the Renaissance: Florence, Venice, and Milan in the Early Quattrocento: Part Two." *American Historical Review,* vol. 58, no. 3 (April), pp. 544–570.

Bartholomees, J. Boone. 1998. *Buff Facings and Gilt Buttons: Staff and Headquarters Operations in the Army of Northern Virginia, 1861–1865.* Columbia, SC: University of South Carolina Press.

Baumgartner, Frederic J. 1991. *From Spear to Flintlock: A History of War in Europe and the Middle East to the French Revolution.* New York: Praeger.

Bayley, C. C. 1961. *War and Society in Renaissance Florence: The* De Militia *of Leonardo Bruni.* Toronto: University of Toronto Press.

Beaufre, André. 1966. *Deterrence and Strategy.* Translated by R. H. Barry. New York: Praeger.

———. 1974. *Strategy for Tomorrow.* New York: Crane Russak and Stanford Research Institute.

Becker, Gary. 1976. *The Economic Approach to Human Behavior.* Chicago: University of Chicago Press.

Becker, Marvin B. 1966. "Economic Change and the Emerging Florentine Territorial State." *Studies in the Renaissance,* vol. 13, pp. 7–39.

Beeton, Leonard. 1966. "Capabilities of Non-Nuclear Powers," pp. 13–38, in A. Buchan, ed., *A World of Nuclear Powers?* Englewood Cliffs, NJ: Prentice-Hall.

Berkey, Jonathan M. 2003. "War in the Borderland: The Civilians' Civil War in Virginia's Lower Shenandoah Valley." Ph.D. diss., Pennsylvania State University.

Besanko, David, David Dranove, and Mark Shanley. 1996. *Economics of Strategy.* New York: John Wiley.

Betts, Richard K. 1985. "Conventional Deterrence: Predictive Uncertainty and Policy Confidence." *World Politics,* vol. 37, no. 2 (January), pp. 153–179.

Bicheno, Hugh. 2001. *Gettysburg.* London: Cassell.

Biddick, Kathleen. 1990. "People and Things: Power in Early English Development." *Comparative Studies in Society and History,* vol. 32 (January), pp. 3–23.

Biddle, Tami Davis. 2002. *Rhetoric and Reality in Air Warfare: The Evolution of British and American Ideas about Strategic Bombing, 1914–1945.* Princeton, NJ: Princeton University Press.

Black, C. F. 1970. "The Baglioni as Tyrants of Perugia, 1488–1540." *English Historical Review,* vol. 85, no. 335 (April), pp. 245–281.

Black, Jeremy. 1996. *The Cambridge Illustrated Atlas of Warfare: Renaissance to Revolution, 1492–1792.* Cambridge: Cambridge University Press.

Blanshei, Sarah R. 1979. "Population, Wealth, and Patronage in Medieval and Renaissance Perugia." *Journal of Interdisciplinary History,* vol. 9, no. 4 (Spring), pp. 597–619.

Blastenbrei, Peter. 1987. *Die Sforza und ihr Heer: Studien zur Struktur-, Wirtschafts- und Sozialgeschichte des Söldnerwesens in der italienischen Frührenaissance.* Heidelberg: Carl Winter Universitätsverlag.

Bonney, Richard, ed. 1999. *The Rise of the Fiscal State in Europe, c. 1200–1815.* Oxford: Oxford University Press.

Bradbury, Jim. 1992. *The Medieval Siege.* Woodbridge, UK: Boydell Press.

Brauer, Jurgen. 1999. "An Economic Perspective on Mercenaries, Military Companies, and the Privatisation of Force." *Cambridge Review of International Affairs,* vol. 13, no. 1 (Autumn/Winter), pp. 130–146.

——. 2002. "On the Economics of Terrorism." *Phi Kappa Phi Forum,* vol. 82, no. 2, pp. 38–41.

——. 2007. "Arms Industries, Arms Trade, and Developing Countries," in Todd Sandler and Keith Hartley, eds., *Handbook of Defense Economics,* vol. 2. Amsterdam: Elsevier.

——. Forthcoming. "Private Military Companies: Markets, Ethics, Economics," in Andrew Alexandra, Marina Caparini, and Deane-Peter Baker, eds., *Private Military Companies: Ethics, Theory, and Practice.* London: Routledge.

—— and André Roux. 1999. "La paix comme bien public international: Une application préliminaire à Afrique australe." *Pax Economica: Revue economique de la paix,* vol. 1, no. 2 (Automne), pp. 3–24. Reprinted in *Annuaire français de relations internationales,* vol. 4 (2003), pp. 742–756.

Bridges, Hal. 1958. "A Lee Letter on the 'Lost Dispatch' and Maryland Campaign of 1862." *Virginia Magazine of History and Biography,* no. 2, pp. 161–168.

British Bombing Survey Unit. 1998. *The Strategic Air War against Germany, 1939–1945: Report of the British Bombing Survey Unit.* With forewords by Michael Beetham and John W. Huston and introductory material by Sebastian Cox. London: Frank Cass Publishers.

Broadberry, Stephen, and Mark Harrison, eds. 2005. *The Economics of World War I.* Cambridge: Cambridge University Press.

Browder, John Morgan. 1964. "The *Force de Frappe:* Its Evolution and Objectives." M.A. thesis, University of Virginia.

Browning, Reed. 1995 [1993]. *The War of the Austrian Succession.* New York: St Martin's Griffin.

Brück, Tilman, ed. 2007. *The Economic Analysis of Terrorism.* London: Routledge.

Bryden, Alan, and Marina Caparini, eds. 2006. *Private Actors and Security Governance.* Vienna and Berlin: LitVerlag.

Bryson, Bill. 2003. *A Short History of Nearly Everything.* New York: Broadway Books.

Buchan, Alastair. 1966. "Introduction," pp. 1–11, in A. Buchan, ed., *A World of Nuclear Powers?* Englewood Cliffs, NJ: Prentice-Hall.

Buchholz, Todd G. 1989. *New Ideas from Dead Economists: An Introduction to Modern Economic Thought.* New York: New American Library.

Buck, Mark. 1983. *Politics, Finance, and the Church in the Reign of Edward II: Walter Stapeldon, Treasurer of England.* Cambridge: Cambridge University Press.

Budiansky, Stephen. 2004. *Air Power: The Men, Machines, and Ideas That Revolutionized War, from Kitty Hawk and Gulf War II.* New York: Viking.

Bueno de Mesquita, D. M. 1946. "Some Condottieri of the Trecento and Their Relations with Political Authority." *Proceedings of the British Academy,* vol. 32, pp. 219–241.

Caferro, William. 1994. "Mercenaries and Military Expenditure: The Costs of Undeclared Warfare in Fourteenth Century Siena." *Journal of European Economic History,* vol. 23, pp. 219–247.

——. 1996. "Italy and the Companies of Adventure in the Fourteenth Century." *Historian,* vol. 58, no. 4 (Summer), pp. 794–801. [Internet version, accessed 10 January 2002.]

——. 1998. *Mercenary Companies and the Decline of Siena.* Baltimore, MD: Johns Hopkins University Press.

Cameron, Rondo, and Larry Neal. 2003. *A Concise Economic History of the World: From Paleolithic Times to the Present.* 4th ed. New York: Oxford University Press.

Canan, Howard V. 1964. "Confederate Military Intelligence." *Maryland Historical Magazine,* vol. 59, no. 10, pp. 34–51.

2

2

Canestrini, Giuseppe. 1851. "Documenti per servire alla storia milizia italiana dal xiii secolo al xvi raccolti negli archivj della toscana e preceduti da un discorso di Giuseppe Canestrini." *Archivio Storico Italiano,* ser. 1, vol. 15 (the entire volume).

Cantor, Norman F. 2002 [2001]. *In the Wake of the Plague: The Black Death and the World It Made.* New York: HarperCollins Perennial.

Capra, Carlo. 1999. "The Italian States in the Early Modern Period," pp. 417–442, in Richard Bonney, ed., *The Rise of the Fiscal State in Europe, c. 1200–1815.* Oxford: Oxford University Press.

Carver, Michael. 1986. "Conventional Warfare in the Nuclear Age," pp. 779–814, in Peter Paret, ed., *Makers of Modern Strategy: From Machiavelli to the Nuclear Age.* Princeton, NJ: Princeton University Press.

Cashin, Joan E. 2002. *The War Was You and Me: Civilians in the American Civil War.* Princeton, NJ: Princeton University Press,

Center for International Security Policy. 2003. *Proceedings: Swiss EAPC/PfP Workshop on Combating the Financing of Terrorism.* Swiss Federal Department of Foreign Affairs, Centre for International Security Policy: Geneva, 27–28 November 2003.

Cerny, Philip G. 1984. "Gaullism, Nuclear Weapons and the State," pp. 46–74, in J. Howorth and P. Chilton, eds., *Defence and Dissent in Contemporary France.* New York: St. Martin's.

Chaliand, Gerard, ed. 1994. *The Art of War in World History: From Antiquity to the Nuclear Age.* Berkeley and Los Angeles, CA: University of California Press.

Chandler, David. 1973. *Marlborough as Military Commander.* New York: Scribner's.

Chappat, Richard. 2003. *La dimension budgetaire: Les resources consacrées à la défense européene.* Paris: Ecole des hautes études en sciences sociales.

Chicken, Paule. 1996. "Conscription Revisited," pp. 93–103, in Tony Chafer and Brian Jenkins, eds., *France: From the Cold War to the New World Order.* New York: St. Martin's.

Chilton, Patricia. 1984. "French Nuclear Weapons," pp. 135–169, in J. Howorth and P. Chilton, eds., *Defence and Dissent in Contemporary France.* New York: St. Martin's.

Cimbala, Stephen J. 1987. *Nuclear War and Nuclear Strategy: Unfinished Business.* Westport, CT: Greenwood.

——. 1988a. *Nuclear Strategizing: Deterrence and Reality.* Westport, CT: Praeger.

——. 1988b. *Rethinking Nuclear Strategy.* Wilmington, DE: Scholarly Resources.

——. 1989. *Strategic Impasse: Offense, Defense, and Deterrence Theory and Practice.* Westport, CT: Greenwood.

——. 1998. *The Past and Future of Nuclear Deterrence.* Westport, CT: Praeger.

Clodfelter, Mark. 1994. "Pinpointing Devastation: American Air Campaign Planning before Pearl Habor." *Journal of Military History,* vol. 58, no. 1 (January), pp. 75–101.

Club Jean Moulin. 1963. *La Force de Frappe et le citoyen.* Paris: Editions du Seuil.

Coase, Ronald H. 1994. "The Institutional Structure of Production," pp. 3–14, in Ronald H. Coase, *Essays on Economics and Economists.* Chicago: University of Chicago Press.

Cohen, Eliot, and John Gooch. 1990. *Military Misfortunes: The Anatomy of Failure in War.* New York: Free Press.

Connelly, Owen. 1987. *Blundering to Glory: Napoleon's Military Campaigns.* Wilmington, DE: Scholarly Resources.

Connor, James A. 2004. *Kepler's Witch.* New York: HarperCollins.

Contamine, Philippe. 1984. *War in the Middle Ages.* Oxford, U.K.: Blackwell.

Conybeare, John A. C., James C. Murdoch, and Todd Sandler. 1994. "Alternative

22

Collective-Goods Models of Military Alliances: Theory and Empirics." *Economic Inquiry,* vol. 32, no. 4 (October), pp. 525–542.

Corfis, Ivy A., and Michael Wolfe, eds. 1995. *The Medieval City under Siege.* Woodbridge, UK: Boydell, 1995.

Coulomb, Fanny. 2004. *Economic Theories of Peace and War.* London: Routledge.

Cox, Sebastian. 1998. "The Overall *Report* in Retrospect," pp. xxiii–xli, in British Bombing Survey Unit, *The Strategic Air War against Germany, 1939–1945: Report of the British Bombing Survey Unit.* With forewords by Michael Beetham and John W. Huston and introductory material by Sebastian Cox. London: Frank Cass Publishers.

Crafts, N. F. R. 1987. "Cliometrics, 1971–1986: A Survey." *Journal of Applied Econometrics,* vol. 2, pp. 171–192.

Craven, Wesley Frank, and James Lea Cate, eds. 1983 [1947–1958]. *The Army Air Forces in World War II.* 7 vols., 1947–1958. New imprint by the Office of Air Force History. Washington, DC: U.S. Government Printing Office.

Curry, Anne. 1998. "Medieval Warfare: England and Her Continental Neighbors, Eleventh to the Fourteenth Century (Review Article)." *Journal of Medieval History,* vol. 24 (March), pp. 81–102.

D'Abzac-Epezy, Claude. 1990. "La société militaire, de l'ingérence a l'ignorance," pp. 245–256, in Jean-Pierre Rioux, ed., *La Guerre d'Algerie et les Français.* Paris: Fayard.

Davis, Robert Scott, Jr. 1994. "The Curious Civil War Career of James George Brown, Spy." *Prologue,* vol. 26, no. 1, pp. 7–31.

De Carmoy, Guy. 1969. "The Last Year of De Gaulle's Foreign Policy." *International Affairs,* vol. 45 (July), pp. 424–435.

Deiss, Joseph Jay. 1967. *Captains of Fortune: Profiles of Six Italian Condottieri.* New York: Thomas Y. Crowell Co.

De Meulemeester, Johnny, and André Matthys. 2001. "Castles at War: Some Reflections Based on Excavations of Motte and Bailey Castles in Belgium," pp. 44–50, in Witold Swietoslawski, ed., *Warfare in the Middle Ages.* Lodz: Institute for Archaeology and Ethnology of the Polish Academy of Sciences.

De Roover, Raymond. 1968. "Labour Conditions in Florence around 1400: Theory, Policy and Reality," pp. 277–313, in Nicolai Rubinstein, ed., *Florentine Studies: Politics and Society in Renaissance Florence.* London: Faber and Faber.

De Tocqueville, Alexis. 1984 [1956]. *Democracy in America.* New York: Mentor.

De Waal, Frans B. M. 1982. *Chimpanzee Politics: Power and Sex among Apes.* New York: Harper and Row.

———. 1989. *Peacemaking among Primates.* Cambridge, MA: Harvard University Press.

Diamond, Jared. 1997. *Guns, Germs, and Steel: The Fates of Human Societies.* New York: Norton.

———. 2005. *Collapse: How Societies Choose to Fail or Succeed.* New York: Viking.

Dixon, Norman. 1976. *On the Psychology of Military Incompetence.* New York: Basic Books.

Dolan, R. J. 2002. "Emotion, Cognition, and Behavior." *Science,* vol. 298, no. 5596 (8 November 2002), pp. 1191–1194.

Dollfus, Daniel. 1960. *La force de frappe.* Paris: René Julliard.

Donnelly, Mark P., and Daniel Diehl. 1998. *Siege: Castles at War.* Dallas: Taylor.

Doran, Charles F. 1973. "A Theory of Bounded Deterrence." *Journal of Conflict Resolution,* vol. 17 (June), pp. 243–269.

Dowdey, Clifford, ed. 1961. *The Wartime Papers of R. E. Lee.* Boston: Little, Brown.

Drees, Clayton J. 2001. "Introduction," pp. vii–xiv, in Clayton J. Drees, ed., *The Late Medieval Age of Crisis and Renewal, 1300–1500: A Biographical Dictionary*. Westport, CT: Greenwood Press.

Druzhinin, V. V., D. S. Kontorov, and S. M. Shtemenko. 1973 [1972]. *Concept, Algorithm, Decision*. Washington, DC: Joint Publications Research Service and Moscow: Voenizdat.

Duffy, Christopher. 2000. *Instrument of War*. Rosemont, IL: Emperor's Press.

Dupuy, R. Ernest, and Trevor N. Dupuy. 1970. *The Harper Encyclopedia of Military History: From 3500 BC to the Present*. Rev. ed. New York: Harper and Row.

———. 1993. *The Harper Encyclopedia of Military History: From 3500 BC to the Present*. 4th ed. New York: HarperCollins Publishers.

Dupuy, T. N. 1979. *Numbers, Predictions, and War: Using History to Evaluate Combat Factors and Predict the Outcome of Battles*. Indianapolis: Bobbs-Merrill.

Dyer, Thomas G. 1999. *Secret Yankees: The Union Circle in Confederate Atlanta*. Baltimore: Johns Hopkins University Press.

Edwards, J. Goronwy. 1946. "Edward I's Castle-Building in Wales." *Proceedings of the British Academy*, vol. 32, pp. 15–81.

Elley, Ben L. 1992. *Grant's Final Campaign: Intelligence and Communications Support*. Fort Leavenworth, KY: School of Advanced Military Studies.

Enders, Walter, and Todd Sandler. 1993. "The Effectiveness of Antiterrorism Policies: A Vector-Autoregression-Intervention Analysis." *American Political Science Review*, vol. 87, no. 4, pp. 829–844.

———. 2000. "Is Transnational Terrorism Becoming More Threatening?" *Journal of Conflict Resolution*, vol. 44, no. 3, pp. 307–332.

———. 2006. *The Political Economy of Terrorism*. Cambridge, UK: Cambridge University Press.

Enthoven, Alain C. 1966. "Choosing Strategies and Selecting Weapon Systems," pp. 133–148, in Samuel A. Tucker, ed., *A Modern Design for Defense Decision: A McNamara-Hitch-Enthoven Anthology*. Washington, DC: Industrial College of the Armed Forces.

——— and K. Wayne Smith. 1971. *How Much Is Enough? Shaping the Defense Program, 1961–1969*. New York: Harper and Row.

Epstein, S. R. 1993. "Town and Country: Economy and Institutions in Late Medieval Italy." *Economic History Review*, n.s., vol. 46, no. 3 (August), pp. 453–477.

Esposito, Vincent J., ed. 1972 [1959]. *West Point Atlas of American Wars*, vol. 1, 1689–1900. New York: Praeger.

Feis, William B. 1993. "Neutralizing the Valley: The Role of Military Intelligence in the Defeat of Jubal Early's Army of the Valley, 1864–1865." *Civil War History*, vol. 39, no. 3, pp. 199–215.

———. 1997. "Finding the Enemy: The Role of Military Intelligence in the Campaigns of Ulysses S. Grant, 1861–1865." Ph.D. diss., Ohio State University.

———. 2002. *Grant's Secret Service: The Intelligence War from Belmont to Appomattox*. Lincoln, NE: University of Nebraska Press.

Ferguson, Niall. 2001. *The Cash Nexus: Money and Power in the Modern World, 1700–2000*. New York: Basic Books.

Fischer, David Hacker. 2002. "Editor's Note," pp. xiii–xiv, in James M. McPherson, *Crossroads of Freedom: Antietam*. New York: Oxford University Press.

Fishel, Edwin C. 1964. "The Mythology of Civil War Intelligence." *Civil War History*, vol. 10, no. 4, pp. 344–367.

———. 1988. "Pinkerton and McClellan: Who Deceived Whom?" *Civil War History,* vol. 34, no. 2, pp. 115–142.

FitzNigel, Richard. 1983. *Dialogus de Scaccario — The Course of the Exchequer.* Translated and edited by Charles Johnson. Oxford: Clarendon Press.

Fowler, Kenneth A. 2001. *Medieval Mercenaries,* vol. 1: *The Great Companies.* Oxford, UK: Blackwell.

France, John. 1999. *Western Warfare in the Age of the Crusades, 1000–1300.* Ithaca, NY: Cornell University Press.

———. 2001. "Recent Writing on Medieval Warfare: From the Fall of Rome to c. 1300." *Journal of Military History,* vol. 65 (April), pp. 441–473.

Fredland, Eric. 2004. "Outsourcing Military Force: A Transactions Cost Perspective on the Role of Military Companies." *Defense and Peace Economics,* vol. 15, no. 3, pp. 205–219.

——— and Adrian Kendry. 1999. "The Privatisation of Military Force: Economic Virtues, Vices, and Government Responsibility." *Cambridge Review of International Affairs,* vol. 13, no. 1 (Autumn–Winter), pp. 147–164.

Freedman, Lawrence. 1986. "The First Two Generations of Nuclear Strategists," pp. 735–778, in Peter Paret, ed., *Makers of Modern Strategy: From Machiavelli to the Nuclear Age.* Princeton, NJ: Princeton University Press.

Frey, Bruno S. 2004. *Dealing with Terrorism: Stick or Carrot?* Cheltenham, UK: Elgar.

———, Simon Luechinger, and Alois Stutzer. 2004. "Calculating Tragedy: Assessing the Costs of Terrorism." Working paper. University of Zurich.

Friedrich, Jörg. 2002. *Der Brand: Deutschland im Bombenkrieg 1940–1945.* München: Propyläen Verlag, Ullstein Heyne List GmbH.

Fuchs, Victor. 1975. *Who Shall Live? Health, Economics, and Social Choice.* New York: Basic Books.

Fuller, J. F. C. 1961. *The Conduct of War: 1789–1961.* New Brunswick, NJ: Rutgers University Press.

———. 1970. *The Decisive Battles of the Western World.* 2 vols. Edited by John Terraine. London: Paladin.

Fysh, Peter. 1996. "Gaullism and the New World Order," pp. 181–192, in Tony Chafer and Brian Jenkins, eds., *France: From the Cold War to the New World Order.* New York: St. Martin's.

Gaddy, David W. 1975. "Gray Cloaks and Daggers." *Civil War Times,* vol. 4, pp. 20–27.

Galbraith, John K. 1958. *The Affluent Society.* Boston: Houghton Mifflin.

Gallagher, Gary W. 1998. "I Have to Make the Best of What I Have: Robert E. Lee at Spotsylvania," pp. 5–28, in Gary W. Gallagher, ed., *The Spotsylvania Campaign.* Chapel Hill, NC: University of North Carolina Press.

———. 1999a. "Confederate Corps Leadership on the First Day at Gettysburg: Hill and Ewell in a Difficult Debut," pp. 25–43, in Gary W. Gallagher, ed., *Three Days at Gettysburg: Essays on Confederate and Union Leadership.* Kent, OH: Kent State University Press.

———. 1999b. "'If the Enemy Is There, We Must Attack Him': R. E. Lee and the Second Day at Gettysburg," pp. 109–129, in Gary W. Gallagher, ed., *Three Days at Gettysburg: Essays on Confederate and Union Leadership.* Kent, OH: Kent State University Press.

Gallois, Pierre. 1961. *The Balance of Terror: Strategy for the Nuclear Age.* Translated by Richard Howard. Boston: Houghton Mifflin.

Geary, James W. 1991. *We Need Men: The Union Draft in the Civil War.* DeKalb, IL: Northern Illinois University Press.

Gentile, Gian P. 2000. "Shaping the Past Battlefield, 'For the Future': The United States Strategic Bombing Survey's Evaluation of the American Air War against Japan." *Journal of Military History,* vol. 64 (October), pp. 1085–1112.

Gillingham, John. 1984. "Richard I and the Science of War in the Middle Ages," pp. 78–91, in John Gillingham and J. C. Holt, eds., *War and Government in the Middle Ages: Essays in Honour of J. O. Prestwich.* Woodbridge, Suffolk, UK: Boydell Press.

———. 1999. "An Age of Expansion, c. 1020–1204," pp. 59–88, in Maurice Keen, ed., *Medieval Warfare: A History.* Oxford: Oxford University Press.

Giustozzi, Antonio. 2007. "The Privatizing of War and Security in Afghanistan: Future or Dead End?" *Economics of Peace and Security Journal,* vol. 2, no. 1, pp. 30–34.

Goldin, Claudia. 1995. "Cliometrics and the Nobel." *Journal of Economic Perspectives,* vol. 9, no. 2 (Spring), pp. 191–208.

Gordon, Philip H. 1993. *A Certain Idea of France: French Security Policy and the Gaullist Legacy.* Princeton, NJ: Princeton University Press.

Gravett, Richard. 1990. *Medieval Siege Warfare.* London: Osprey.

Green, Louis. 1986. *Castruccio Castracani: A Study on the Origins and Character of a Fourteenth-Century Italian Despotism.* Oxford: Clarendon Press.

Greene, A. Wilson. 2000. *Breaking the Backbone of the Rebellion: The Final Battles of the Petersburg Campaign.* Mason City, IA: Savas.

Greenhous, Brereton, Stephen J. Harris, William C. Johnston, and William G. P. Rawling. 1994. *The Crucible of War, 1939–1945: The Official History of the Royal Canadian Air Force,* vol. 3. Toronto: University of Toronto Press.

Greif, Avner. 2000. "The Fundamental Problem of Exchange: A Research Agenda in Historical Institutional Analysis." *European Review of Economic History,* vol. 4, no. 3, pp. 251–284.

———. 2006. "The Birth of Impersonal Exchange: The Community Responsibility System and Impartial Justice." *Journal of Economic Perspectives,* vol. 20, no. 2, pp. 221–236.

Guback, Thomas H. 1959. "General Sherman's War on the Press." *Journalism Quarterly,* vol. 36, no. 2, pp. 171–176.

Haftendorn, Helga. 1996. *NATO and the Nuclear Revolution: A Crisis of Credibility, 1966–1967.* Oxford: Clarendon Press.

Haidt, Jonathan. 2007. "The New Synthesis in Moral Psychology." *Science,* vol. 316 (18 May), pp. 998–1002.

Halperin, Morton H. 1966 [1963]. *Limited War in the Nuclear Age.* New York: John Wiley and Sons.

Harari, Yuval Noah. 2000. "Strategy and Supply in Fourteenth-Century Western European Invasion Campaigns." *Journal of Military History,* vol. 64 (April), pp. 297–333.

Harrison, Mark, ed. 1998. *The Economics of World War II: Six Great Powers in International Comparison.* Cambridge: Cambridge University Press.

Harriss, G. L. 1975. *King, Parliament, and Public Finance in Medieval England to 1369.* London: Clarendon Press.

Hecht, Gabrielle. 1996. "Rebels and Pioneers: Technocratic Ideologies and Social Identities in the French Nuclear Workplace, 1955–69." *Social Studies of Science,* vol. 26 (August), pp. 483–530.

———. 1998. *The Radiance of France: Nuclear Power and National Identity after World War II.* Cambridge, MA: Massachusetts Institute of Technology Press.

Heilbroner, Robert L. 1999 [1953]. *The Worldly Philosophers.* 7th ed. New York: Touchstone.

Helmbold, Robert L. 1971. *Decision in Battle: Breakpoint Hypotheses and Engagement Termination Data.* Santa Monica, CA: RAND.

Henderson, William D. 1987. *The Road to Bristoe Station: Campaigning with Lee and Meade, August 1–October 20, 1863.* Lynchburg, VA: H. E. Howard.

Henneman, John Bell, Jr. 1999. "France in the Middle Ages," pp. 101–122, in Richard Bonney, ed., *The Rise of the Fiscal State in Europe, c. 1200–1815.* Oxford: Oxford University Press.

Hennessy, John. 1993. *Return to Bull Run: The Campaign and Battle of Second Manassas.* New York: Simon and Schuster.

Hewitt, Kenneth. 1983. "Place Annihilation: Area Bombing and the Fate of Urban Places." *Annals of the Association of American Geographers,* vol. 73, no. 2 (June), pp. 257–284.

Heyne, Paul, Peter Boettke, and David Prychitko. 2003. *The Economic Way of Thinking.* 10th ed. Upper Saddle River, NJ: Prentice Hall.

Hitch, Charles J. 1966a. "Prospect and Retrospect," pp. 106–117, in Samuel A. Tucker, ed., *A Modern Design for Defense Decision: A McNamara-Hitch-Enthoven Anthology.* Washington, DC: Industrial College of the Armed Forces.

———. 1966b. "Cost Effectiveness," pp. 121–132, in Samuel A. Tucker, ed., *A Modern Design for Defense Decision: A McNamara-Hitch-Enthoven Anthology.* Washington, DC: Industrial College of the Armed Forces.

——— and Roland N. McKean. 1967. *The Economics of Defense in the Nuclear Age.* Cambridge, MA: Harvard University Press.

Hocquet, Jean-Claude. 1999. "Venice," pp. 381–415, in Richard Bonney, ed., *The Rise of the Fiscal State in Europe, c. 1200–1815.* Oxford: Oxford University Press.

Holmquist, Richard C. 1969. "A Political and Strategic Evaluation of the French 'Force de Frappe.'" M.A. thesis, George Washington University.

Hooper, Nicholas, and Matthew Bennett. 1996. *The Cambridge Atlas of Warfare: The Middle Ages, 786–1487.* Cambridge: Cambridge University Press.

Horn, John. 1993. *The Petersburg Campaign: June 1864–April 1865.* Conshocken, PA: Combined Books.

Housley, Norman. 1982. "The Mercenary Companies, the Papacy, and the Crusades, 1356–1378." *Traditio* [New York], vol. 38, pp. 253–280. Reprinted as chapter 15 in Norman Housley, *Crusading and Warfare in Medieval and Renaissance Europe* (Burlington, VT: Ashgate, 2001).

———. 1999. "European Warfare, c. 1200–1320," pp. 113–135, in Maurice Keen, ed., *Medieval Warfare: A History.* Oxford: Oxford University Press.

Howorth, Jolyon. 1996. "France and European Security 1944–94: Re-reading the Gaullist 'Consensus,'" pp. 17–38, in Tony Chafer and Brian Jenkins, eds., *France: From the Cold War to the New World Order.* New York: St. Martin's.

——— and Patricia Chilton. 1984. "Introduction: Defence, Dissent, and French Political Culture," pp. 1–23, in J. Howorth and P. Chilton, eds., *Defence and Dissent in Contemporary France.* New York: St. Martin's.

Ifestos, Panayotis. 1988. *Nuclear Strategy and European Security Dilemmas: Towards an Autonomous European Defence System?* Aldershot, UK: Avebury.

Ilardi, Vincent. 1959. "The Italian League, Francesco Sforza, and Charles VII (1454–1461)." *Studies in the Renaissance,* vol. 6, pp. 129–166.

Isenman, Eberhard. 1999. "The Holy Roman Empire in the Middle Ages," pp. 243–280, in Richard Bonney, ed., *The Rise of the Fiscal State in Europe, c. 1200–1815.* Oxford: Oxford University Press.

Jacobs, W. A. 1986. "Strategic Bombing and American National Strategy, 1941–1943." *Military Affairs,* vol. 50, no. 3 (July), pp. 133–139.

Jeffreys, Steven. 1973. *A Medieval Siege.* Hove, UK: Wayland.

Johnston II, Angus J. 1955. "Disloyalty on Confederate Railroads in Virginia." *Virginia Magazine of History and Biography,* vol. 63 (October), pp. 410–426.

Jones, Richard L. C. 1999. "Fortifications and Sieges in Western Europe, c. 800–1450," pp. 163–185, in Maurice Keen, ed., *Medieval Warfare: A History.* Oxford: Oxford University Press.

Jones, Wilbur D., Jr. 1966. "Who Lost the Lost Orders? Stonewall Jackson, His Courier, and Special Orders No. 191." *Civil War Regiments,* vol. 5, no. 3, pp. 1–26.

Kamen, Henry. 1968. "The Economic and Social Consequences of the Thirty Years' War." *Past and Present,* vol. 39 (April), pp. 44–61.

Katz, Michael L., and Harvey S. Rosen. 1991. *Microeconomics.* Homewood, IL: Irwin.

Kaufman, Richard F., ed. 2003. *The Full Costs of Ballistic Missile Defense.* Economists Allied for Arms Reduction (ECAAR) and Center for Arms Control and Non-Proliferation (CACNP). Pearl River, NY and Washington, DC: ECAAR/CACNP.

Keegan, John. 1976. *The Face of Battle.* New York: Viking.

——. 1987. *The Mask of Command.* Harmondsworth, UK: Penguin.

——. 1994 [1993]. *A History of Warfare.* New York: Vintage Books.

——. 1999. *The First World War.* New York: Knopf.

——. 2003. *Intelligence in War: Knowledge of the Enemy from Napoleon to Al-Qaeda.* London: Hutchinson.

Kennedy, Paul. 1987. *The Rise and Fall of the Great Powers: Economic Change and Military Conflict from 1500 to 2000.* New York: Random House.

Keuper, Richard W. 1994. "The Welsh Wars," pp. 142–176, in Larry Neal, ed., *War Finance,* vol. 1, *From Antiquity to Artillery.* Aldershot, UK, and Brookfield, VT: Elgar.

Kissinger, Henry A. 1969. *Nuclear Weapons and Foreign Policy.* New York: Norton.

Koch, H. W. 1991. "The Strategic Air Offensive against Germany: The Early Phase, May–September 1940." *Historical Journal,* vol. 34, no. 1 (March), pp. 117–141.

Kohl, Wilfrid L. 1971. *French Nuclear Diplomacy.* Princeton, NJ: Princeton University Press.

Kolodziej, Edward A. 1967. "French Strategy Emergent: General André Beaufre: A Critique." *World Politics,* vol. 19 (April), pp. 417–442.

——. 1971. "Revolt and Revisionism in the Gaullist Global Vision: An Analysis of French Strategic Policy." *Journal of Politics,* vol. 33 (May), pp. 448–477.

——. 1974. *French International Policy under de Gaulle and Pompidou.* Ithaca, NY: Cornell University Press.

Kuhn, Thomas S. 1962. *The Structure of Scientific Revolutions.* Chicago: University of Chicago Press.

Ladero Quesada, Miguel Angel. 1999. "Castile in the Middle Ages," pp. 177–199, in Richard Bonney, ed., *The Rise of the Fiscal State in Europe, c. 1200–1815.* Oxford: Oxford University Press.

Laffin, John. 1995 [1966]. *High Command: The Genius of Generalship from Antiquity to Alamein.* New York: Barnes and Noble.

Lane, Steven G. 1999. "Rural Populations and the Experience of Warfare in Medieval Lombardy: The Case of Pavia," pp. 127–134, in Donald J. Kagay and L. J. Andrew Villalon, eds., *The Circle of War in the Middle Ages: Essays on Medieval Military and Naval History.* Woodbridge, Suffolk, UK: Boydell Press.

Larkin, Bruce D. 1996. *Nuclear Designs: Great Britain, France, and China in the Global Governance of Nuclear Arms*. New Brunswick, NJ: Transaction.

Lauts, Jan, and Irmlind Luise Herzner. 2001. *Federico de Montefeltro, Herzog von Urbino: Kriegsherr, Friedensfürst und Förderer der Künste*. München: Deutscher Kunstverlag.

Lazear, Edward. 1999. "Economic Imperialism." NBER Working Paper #7300. Cambridge, MA: National Bureau of Economic Research (NBER).

Lee, Dwight R. 1988. "Free Riding and Paid Riding in the Fight against Terrorism." *American Economic Review*, vol. 78, no. 2, pp. 22–26.

Leisch, Juanita. 1994. *An Introduction to Civil War Civilians*. Gettysburg: Thomas Publications.

Leonard, Elizabeth D. 1999. *All the Daring of the Soldier: Women of the Civil War Armies*. New York: W. W. Norton.

Levine, Alan J. 1992. *The Strategic Bombing of Germany, 1940–1945*. Westport, CT: Praeger.

———. 1967. *Strategy*. 2nd rev. ed. New York: Praeger.

Liddell Hart, B. H. 1976 [1934]. *History of the First World War*. London: Pan Books.

Llussa, Fernanda, and Jose Tavares. 2007. "The Economics of Terrorism: A Synopsis." *Economics of Peace and Security Journal*, vol. 2, no. 1, pp. 62–70.

Long, E. B., ed. 1952. *Personal Memoirs of U. S. Grant*. Cleveland and New York: World Publishing Company.

Luvaas, Jay. 1990. "The Role of Intelligence in the Chancellorsville Campaign, April–May, 1863." *Intelligence and National Security*, vol. 5, no. 2, pp. 99–115.

———, ed. 1966. *Frederick the Great on the Art of War*. New York: Free Press.

Lynn, John A. 1999. *The Wars of Louis XIV, 1667–1714*. New York: Addison Wesley Longman.

Lynn, Jonathan, and Antony Jay, eds. 1985 [1981]. *The Complete Yes Minister: The Diaries of a Cabinet Minister by The Right Hon. James Hacker MP*. London: British Broadcasting Corporation.

Machiavelli, Niccolò. 1980. *The Prince*. Based on revised translation by Luigi Ricci, 1935. Introduction by Christian Gauss. New York: Mentor Edition, New American Library.

Mahan, Dennis Hart. 1853. *An Elementary Treatise on Advanced-guard, Out-post, and Detachment Service of Troops, and the Manner of Posting and Handling Them in Presence of an Enemy*. New York: J. Wiley.

Mallett, Michael. 1968. "Pisa and Florence in the Fifteenth Century: Aspects of the Period of the First Florentine Domination," pp. 403–441, in Nicolai Rubeinstein, ed., *Florentine Studies: Politics and Society in Renaissance Florence*. London: Faber and Faber.

———. 1974. *Mercenaries and Their Masters: Warfare in Renaissance Italy*. Totowa, NJ: Rowman and Littlefield.

———. 1999. "Mercenaries," pp. 209–229, in Maurice Keen, ed., *Medieval Warfare: A History*. Oxford, UK: Oxford University Press.

———. 2003. "Condottieri and Captains in Renaissance Italy," pp. 67–88, in D. J. B. Trim, ed., *The Chivalric Ethos and the Development of Military Professionalism*. Leiden: Brill.

——— and J. R. Hale. 1984. *The Military Organization of a Renaissance State: Venice c. 1400 to 1617*. Cambridge: Cambridge University Press.

Mangus, Michael Stuart. 1994. "'The Debatable Land': Soldiers and Civilians in Civil War Virginia." M.A. thesis, Ohio State University.

Markle, Donald E. 2000 [1994]. *Spies and Spymasters of the Civil War*. New York: Hippocrene Books.

Marshall, Alfred. 1961 [1890, 1920]. *Principles of Economics*. 9th (variorum) edition with annotation by C. W. Guillebaud. 2 vols. London: Macmillan. (The 1890 edition is the first, the 1920 the eighth; the 9th [variorum] edition is an annotated edition of Marshall's 8th.)

Marten, James Alan. 2003. *Civil War America: Voices from the Home Front.* Santa Barbara, CA: ABC-CLIO.

Martin, Lawrence. 1987. "European Perspectives on Strategic Defense: Then and Now," pp. 37–50, in Fred S. Hoffman, Albert Wohlstetter, and David S. Yost, eds., *Swords and Shields: NATO, the USSR, and New Choices for Long-Range Offense and Defense.* Lexington, MA: Lexington Books.

Martin, Michel L. 1981. *Warriors to Managers: The French Military Establishment since 1945.* Chapel Hill, NC: University of North Carolina Press.

Marvin, Laurence W. 2001. "War in the South: A First Look at Siege Warfare in the Albigensian Crusade, 1209–1218." *War in History,* vol. 8 (November), pp. 373–395.

Matter, William D. 1998. "The Federal High Command at Spotsylvania," pp. 29–60, in Gary W. Gallagher, ed., *The Spotsylvania Campaign.* Chapel Hill, NC: University of North Carolina Press.

Mayr, Ernst. 1997. *This Is Biology.* Cambridge, MA: Belknap Press.

Mazlish, Bruce. 2003. "Empiricism and History." *Historically Speaking,* vol. 4 (February), pp. 12–14.

McDevitt, Theresa. 2003. "African American Women and Espionage in the Civil War." *Social Education,* vol. 67 (no. 5), pp. 254–260.

McDonald, JoAnna. 2000. *"We Shall Meet Again": The First Battle of Manassas (Bull Run), July 18–21, 1861.* Athens, NY: Oxford University Press, 2000 (also Shippensburg, PA: White Mane, 1999).

McGlynn, Sean. 1994. "The Myths of Medieval Warfare." *History Today,* vol. 44 (January), pp. 28–34.

McGuire, Martin C., and Mancur Olson. 1996. "The Economics of Autocracy and Majority Rule: The Invisible Hand and the Use of Force." *Journal of Economic Literature,* vol. 34, no. 1 (March), pp. 72–96.

McNeill, William H. 1982. *The Pursuit of Power: Technology, Armed Force, and Society since A.D. 1000.* Chicago: University of Chicago Press.

McWhiney, Grady. 1998. *Battle in the Wilderness: Grant Meets Lee.* Abilene, TX: McWhiney Foundation Press.

Menard, Orville D. 1967. *The Army and the Fifth Republic.* Lincoln, NE: University of Nebraska Press.

Mierzejewski, Alfred C. 1988. *The Collapse of the German War Economy, 1944–1945: Allied Air Power and the German National Railway.* Chapel Hill, NC: University of North Carolina Press.

Milward, Alan S. 1965. *The German Economy at War.* London: Athlone Press.

———. 1977. *War, Economy and Society, 1939–1945.* Berkeley, CA: University of California Press.

Moch, Jules. 1963. *Non à la force de frappe.* Paris: Robert Laffont.

Molho, Anthony. 1968. "The Florentine Oligarchy and the Balìe of the Late Trecento." *Speculum,* vol. 43, no. 1 (January), pp. 23–51.

———. 1995. "The State and Public Finance: A Hypothesis Based on the History of Late Medieval Florence." *Journal of Modern History,* vol. 67/Supplement (December), pp. 97–135.

Montgomery, Bernard L. 1968. *A History of Warfare.* Cleveland: World.

Morgan, Prentice G . 1959–60. "The Forward Observer." *Military Affairs,* vol. 23, no. 4 (Winter), pp. 209–212.

Morillo, Stephen. 1999. "The 'Age of Cavalry' Revisited," pp. 45–58, in Donald J. Kagay and L. J. Andrew Villalon, eds., *The Circle of War in the Middle Ages: Essays on Medieval Military and Naval History.* Woodbridge, Suffolk, and Rochester, NY: Boydell and Brewer.

Morris, Marc. 2003. *Castle: A History of the Buildings That Shaped Medieval Britain.* London: Macmillan.

Morse, Edward L. 1973. *Foreign Policy and Interdependence in Gaullist France.* Princeton, NJ: Princeton University Press.

Murdock, Eugene C. 1980 [1971]. *One Million Men: The Civil War Draft in the North.* Westport, CT: Greenwood Press.

Murray, Williamson, and Allan R. Millett. 2000. *A War to Be Won: Fighting the Second World War.* Cambridge, MA: Belknap Press.

Neillands, Robin. 2003 [1994]. *Wellington and Napoleon: Clash of Arms, 1807–1815.* Barnsley, UK: Pen and Sword.

Neufeldt, Victoria. 1997. *Webster's New World College Dictionary,* 3rd ed. New York: Macmillan.

Nicolle, David. 1983. *Italian Medieval Armies, 1300–1500.* London: Osprey.

———. 1999. "Medieval Warfare: The Unfriendly Interface." *Journal of Military History,* vol. 63 (July), pp. 579–599.

Niedenthal, Paula. 2007. "Embodying Emotion." *Science,* vol. 316 (18 May), pp. 1002–5.

Nolan. Alan T. 1999. "R. E. Lee and July 1 at Gettysburg," pp. 3–24, in Gary W. Gallagher, ed., *Three Days at Gettysburg: Essays on Confederate and Union Leadership.* Kent, OH: Kent State University Press.

Norris, Robert S., and William M. Arkin. 1997. "Global Nuclear Stockpiles, 1945–1997." *Bulletin of the Atomic Scientists* 53 (November/December).

North, Douglass. 1990. *Institutions, Institutional Change, and Economic Performance.* New York: Cambridge University Press.

Novick, Peter. 1988. *That Noble Dream: The 'Objectivity Question' and the American Historical Profession.* Cambridge: Cambridge University Press.

Nussio, Ricky J. 1996. "A New *Force de Frappe:* Changing French Nuclear Policy." MA thesis, Troy State University at Fort Bragg.

Offer, Avner. 1995. "Going to War in 1914: A Matter of Honor?" *Politics and Society,* vol. 23 (June), pp. 213–241.

Olson, Mancur. 1982. *The Rise and Decline of Nations: Economic Growth, Stagflation, and Social Rigidities.* New Haven: Yale University Press.

———. 1993. "Dictatorship, Democracy, and Development." *American Political Science Review,* vol. 87, no. 3 (September), pp. 567–576.

——— and Richard Zeckhauser. 1966. "An Economic Theory of Alliances." *Review of Economics and Statistics,* vol. 48, no. 3, pp. 266–279.

Ormrod, W. M. 1999a. "Finance and Trade under Richard II," pp. 155–186, in Anthony Goodman and James Gillespie, eds., *Richard II: The Art of Kingship.* Oxford: Clarendon Press.

———. 1999b. "England in the Middle Ages," pp. 19–52, in Richard Bonney, ed., *The Rise of the Fiscal State in Europe, c. 1200–1815.* Oxford: Oxford University Press.

Overy, Richard J. 1994. *War and Economy in the Third Reich.* Oxford: Oxford University Press. Reprinted by Clarendon Press, Oxford, 2002.

Paget, Julian. 1990. *Wellington's Peninsular War: Battles and Battlefields*. London: Leo Cooper.

Pape, Robert A. 1996. *Bombing to Win: Airpower and Coercion in War.* Ithaca, NY: Cornell University Press.

Paret, Peter. 1992. "The History of War and the New Military History," pp. 209–226, in Peter Paret, *Understanding War: Essays on Clausewitz and the History of Military Power.* Princeton, NJ: Princeton University Press.

Parker, Geoffrey. 1976. "The 'Military Revolution,' 1560–1660—a Myth?" *Journal of Modern History,* vol. 48 (June), pp. 195–214.

Partner, Peter. 1999. "The Papacy and the Papal States," pp. 359–380, in Richard Bonney, ed., *The Rise of the Fiscal State in Europe, c. 1200–1815*. Oxford: Oxford University Press.

Pepper, Simon, and Nicholas Adams. 1986. *Firearms and Fortifications: Military Architecture and Siege Warfare in Sixteenth-Century Siena*. Chicago: University of Chicago Press.

Phisterer, Frederick. 1996 [1883]. *Campaigns of the Civil War.* Supplementary Volume. *Statistical Record of the Armies of the United States*. Carlisle, PA: John Kallmann Publishers.

Pois, Robert, and Philip Langer. 2004. *Command Failure in War: Psychology and Leadership*. Bloomington, IN: Indiana University Press.

Posner, Richard, and Francesco Parisi, eds. 1997. *Law and Economics*. 3 vols. International Library of Critical Writings in Economics. Cheltenham, UK: Elgar Reference Collection.

Postan, M. M. 1964. "The Costs of the Hundred Years' War." *Past and Present,* vol. 27 (April), pp. 34–53.

Poutvaara, P., and A. Wagener. 2007. "Conscription: Economic Costs and Political Allure." *Economics of Peace and Security Journal,* vol. 2, no. 1, pp. 6–15.

Prestwich, Michael. 1972. *War, Politics and Finance under Edward I*. Totowa, NJ: Rowman and Littlefield.

———. 1996a. *Armies and Warfare in the Middle Ages: The English Experience*. New Haven, CT: Yale University Press.

———. 1996b. "Money and Mercenaries in English Medieval Armies," pp. 129–150, in Alfred Haverkamp and Hanna Vollrath, eds., *England and Germany in the High Middle Ages*. Oxford: Oxford University Press.

Radnitzky, Gerard, and Peter Bernholz, eds. 1987. *Economic Imperialism: The Economic Approach Applied Outside the Field of Economics*. New York: Paragon House Publishers.

Ramsay, James H. 1925. *A History of the Revenues of the Kings of England 1066–1399*. 2 vols. Oxford: Clarendon Press.

Randall, James G. 1918. "The Newspaper Problem in Its Bearing upon Military Secrecy during the Civil War." *American Historical Review,* vol. 23 (January), pp. 303–323.

Reardon, Carol. 1999. "From Antietam to the Argonne: The Maryland Campaign's Lessons for Future Leaders of the American Expeditionary Force," pp. 289–312, in Gary W. Gallagher, ed., *The Antietam Campaign*. Chapel Hill, NC: University of North Carolina Press.

Redlich, Fritz. 1964, 1965. *The German Military Enterpriser and His Work Force: A Study in European Economic and Social History.* Vierteljahreszeitschrift für Sozial- und Wirtschaftsgeschichte. 2 vols. Beiheft 47 (1964) and Beiheft 48 (1965). Wiesbaden: Steiner Verlag.

Regnault, Jean-Marc. 2003. "France's Search for Nuclear Test Sites, 1957–1963." *Journal of Military History,* vol. 67 (October), pp. 1223–1248.

Rhodes, Richard. 1988 [1986]. *The Making of the Atomic Bomb*. New York: Touchstone.

———. 1995. *Dark Sun: The Making of the Hydrogen Bomb*. New York: Simon and Schuster.

Ricotti, Ercole. 1844. *Storia delle compagnie di ventura in Italia.* 4 vols. Turin.

Roberts, Andrew. 2001. *Napoleon and Wellington.* London: Weidenfeld and Nicolson.

Robinson, June. 1986. "The United States Balloon Corps in Action in Northern Virginia during the Civil War." *Arlington Historical Magazine,* vol. 8, no. 2, pp. 5–17.

Rogers, R. 1997 [1992]. *Latin Siege Warfare in the Twelfth Century.* Oxford: Clarendon Press.

Roskolenko, Harry, ed., 1974. *Great Battles and Their Great Generals.* Chicago: Playboy Press.

Rotte, Ralph, and Christoph M. Schmidt. 2003. "On the Production of Victory: Empirical Determinants of Battlefield Success in Modern War." *Defence and Peace Economics,* vol. 14, no. 3 (June), pp. 175–192.

Rynning, Sten. 2002. *Changing Military Doctrine: Presidents and Military Power in Fifth Republic France, 1958–2000.* Westport, CT: Praeger.

Sabine, David B. 1973. "Pinkerton's 'Operative': Timothy Webster." *Civil War Times Illustrated,* vol. 12, no. 5, pp. 32–38.

Samuelson, Paul A. 1947. *Foundations of Economic Analysis.* Cambridge, MA: Harvard University Press.

———. 1954. "The Pure Theory of Public Expenditure." *Review of Economics and Statistics,* vol. 36, pp. 387–389.

———. 1955. "A Diagrammatic Exposition of a Theory of Public Expenditure." *Review of Economics and Statistics,* vol. 37, pp. 350–356.

Sandler, Todd. 2001. *Economic Concepts for the Social Sciences.* Cambridge: Cambridge University Press.

——— and Walter Enders. 2004. "An Economic Perspective on Transnational Terrorism." *European Journal of Political Economy,* vol. 20, pp. 301–316.

——— and Keith Hartley. 1995. *The Economics of Defense.* Cambridge: Cambridge University Press.

———. 1999. *The Political Economy of NATO.* Cambridge: Cambridge University Press.

Sauers, Richard A. 1999. "'Rarely Has More Skill, Vigor or Wisdom Been Shown': George B. Meade on July 3 at Gettysburg," pp. 231–244, in Gary W. Gallagher, ed., *Three Days at Gettysburg: Essays on Confederate and Union Leadership.* Kent, OH: Kent State University Press.

Schaffer, Ronald. 1980. "American Military Ethics in World War II: The Bombing of German Civilians." *Journal of American History,* vol. 67, no. 2 (September), pp. 318–334.

Scheinman, Lawrence. 1965. *Atomic Energy Policy in France under the Fourth Republic.* Princeton, NJ: Princeton University Press.

Schelling, Thomas. 1960. *The Strategy of Conflict.* Cambridge, MA: Harvard University Press.

———. 1966. *Arms and Influence.* New Haven, CT: Yale University Press.

———. 1978. *Micromotives and Macrobehavior.* New York: W. W. Norton.

Scott, Robert N., ed. 1880. *The War of the Rebellion: A Compilation of the Official Records of the Union and Confederate Armies.* United States War Department. Washington, DC: Government Printing Office. [CD-ROM version. Zionsville, IN: Guild Press of Indiana, 1997–2000.]

Sears, Stephen W. 1992. *To the Gates of Richmond: The Peninsula Campaign.* New York: Ticknor and Fields.

Selzer, Stephan. 2001. *Deutsche Söldner im Italien des Trecento.* Tübingen: Max Niemeyer Verlag.

Shannon, Fred Albert. 1965. *The Organization and Administration of the Union Army, 1861–1865.* Glouchester, MA: Peter Smith.

Shearer, D. 1998. *Private Armies and Military Intervention.* Adelphi Paper 316. International Institute for Strategic Studies. Oxford: Oxford University Press.

Showalter, Dennis E. 1993. "Caste, Skill, and Training: The Evolution of Cohesion in European Armies from the Middle Ages to the Sixteenth Century." *Journal of Military History,* vol. 57, no. 3 (July), pp. 407–430.

Simon, Curtis J., and John T. Warner. 2007. "Managing the All-Volunteer Force in a Time of War." *Economics of Peace and Security Journal,* vol. 2, no. 1, pp. 20–29.

Simon, Herbert A. 1997. *Models of Bounded Rationality,* vol. 3. Cambridge, MA: MIT Press. Vol. 1 was published in 1982; vol. 2 in 1984; both also from MIT Press.

Singer, Peter W. 2003. *Corporate Warriors: The Rise of the Privatized Military Industry.* Ithaca, NY: Cornell University Press.

Smith, Adam. 1976. [1776]. *An Inquiry into the Nature and Causes of the Wealth of Nations.* Edited by Edwin Cannan. Chicago: University of Chicago Press.

Smith, Melden E. 1977. "The Strategic Bombing Debate: The Second World War and Vietnam." *Journal of Contemporary History,* vol. 12, no. 1 (January), pp. 175–191.

Steiner, George A., ed. 1942. *Economic Problems of War.* New York: John Wiley and Sons.

Stigler, George, and Gary Becker. 1977. "De Gustibus Non Est Disputandem." *American Economic Review,* vol. 67, no. 2 (March), pp. 76–90.

Stith, Shawn. 2004. "Foundation for Victory: Operations and Intelligence Harmoniously Combine in Jackson's Shenandoah Campaign." MA thesis, Naval Postgraduate School.

Stockholm International Peace Research Institute (SIPRI). Various years. *Yearbook.* Oxford: Oxford University Press.

Stonier, Tom. 1990. *Information and the Internal Structure of the Universe: An Exploration into Information Physics.* New York: Springer-Verlag.

Stuart, Meriwether. 1963. "Samuel Ruth and General R. E. Lee: Disloyalty and the Line of Supply to Fredericksburg, 1862–1863." *Virginia Magazine of History and Biography,* vol. 71 (January), pp. 35–109.

———. 1981. "Of Spies and Borrowed Name: The Identity of Union Operatives in Richmond Known as 'The Phillipses' Discovered." *Virginia Magazine of History and Biography,* vol. 89, no. 3, pp. 308–327.

Sutherland, Daniel E. 1998. *Fredericksburg and Chancellorsville: The Dare Mark Campaign.* Lincoln, NE: University of Nebraska Press.

Temin, Peter. 2006. "The Economy of the Early Roman Empire." *Journal of Economic Perspectives,* vol. 20, no. 1, pp. 133–151.

Temple-Leader, John, and Guiseppe Marcotti. 1889. *Sir John Hawkwood (D'Acuto): Story of a Condottiere.* Translated from the Italian by Leader Scott. London: T. Fisher Unwin.

Terraine, John. 1985. *The Right of the Line: The Royal Air Force in the European War 1939–1945.* London: Hodder and Stoughton.

Theleri, Marc. 1997. *Initiation à la force de frappe française: 1945–2010.* Paris: Éditions Stock.

Thompson, Willie. 2004. *Postmodernism and History.* New York: Palgrave Macmillan.

Thomson, Janice E. 2002. *Mercenaries, Pirates, and Sovereigns: State-Building and Extraterritorial Violence in Early Modern Europe.* Princeton, NJ: Princeton University Press.

Thunholm, Peter. 2005. "Planning under Time Pressure: An Attempt Toward a Prescriptive Model of Military Tactical Decision Making," pp. 43–56, in Henry Montgomery,

Raanan Lipshitz, and Berndt Brehmer, eds., *How Professionals Make Decisions*. Mahwah, NJ: Lawrence Erlbaum.

Tidwell, William A. 1991. "Confederate Expenditures for the Secret Service." *Civil War History*, vol. 37, no. 3, pp. 219–231.

Tilly, Charles. 1990. *Coercion, Capital, and European States, AD 990–1990*. Cambridge, MA: Blackwell.

Trease, Geoffrey. 1971. *The Condottieri: Soldiers of Fortune*. New York: Holt, Rinehart, and Winston.

Trexler, Richard C. 1967. "Rome on the Eve of the Great Schism." *Speculum*, vol. 42, no. 3 (July), pp. 489–509.

Truby, David J. 1971. "War in the Clouds: Balloons in the Civil War." *Mankind*, vol. 2, no. 11, pp. 64–71.

Trudeau, Noah Andre. 1989. *Bloody Roads South: The Wilderness to Cold Harbor, May–June 1864*. Boston: Little, Brown.

Tuchman, Barbara W. 1962. *The Guns of August*. New York: Macmillan.

———. 1981. *Practicing History: Selected Essays*. New York: Knopf.

Uffindel, Andrew. 2003. *Great Generals of the Napoleonic Wars and Their Battles, 1805–1815*. Staplehurst, Kent, UK: Spellmount.

United States Army. 2001. "Army Field Manual FM 3-0, Military Operations." Washington, DC: Department of the Army.

United States Strategic Bombing Survey (USSBS). 30 September 1945. *Over-all Report (European War)*. Washington, DC: USSBS.

———. 31 October 1945. *The Effects of Strategic Bombing on the German War Economy*. Washington, DC: USSBS.

———. January 1947. *Aircraft Division Industry Report*. 2nd ed. Washington, DC: USSBS.

———. February 1947. *Statistical Appendix to Over-all Report (European War)*. Washington, DC: USSBS.

———. May 1947. *The Effects of Strategic Bombing on German Morale*, vol. 1. Washington, DC: USSBS.

Van Creveld, Martin. 2004 [1977]. *Supplying War: Logistics from Wallenstein to Patton*. Cambridge: Cambridge University Press.

Van der Vat, Dan. 2001. *Standard of Power: The Royal Navy in the Twentieth Century*. London: Pimlico.

Verbruggen, J. F. 1997 [1954]. *The Art of Warfare in Western Europe during the Middle Ages: From the Eighth Century to 1340*. Woodbridge, Suffolk, UK, and Rochester, NY: Boydell and Brewer.

Vermeij, Geerat. 2004. *Nature: An Economic History*. Princeton, NJ: Princeton University Press.

Villalon, L. J. Andrew. 2003. "'Seeking Castles in Spain': Sir Hugh Calveley and the Free Companies' Intervention in Iberian Warfare (1366–1369)," pp. 305–328, in Donald J. Kagay and L. J. Andrew Villalon, eds., *Crusaders, Condottieri, and Cannon: Medieval Warfare in Societies around the Mediterrean*. Leiden, Netherlands: Brill.

Volckart, Oliver. 2004. "The Economics of Feuding in Late Medieval Germany." *Explorations in Economic History*, vol. 41, no. 3, pp. 282–300.

Von Clausewitz, Carl. 1908. *On War*. London: Kegan Paul.

Von Neumann, John, and Oskar Morgenstern. 1944. *Theory of Games and Economic Behavior*. Princeton, NJ: Princeton University Press.

Waites, Neville. 1984. "Defence Policy: The Historical Context," pp. 27–45, in J. Howorth and P. Chilton, eds., *Defence and Dissent in Contemporary France*. New York: St. Martin's.

Waley, Daniel. 1968. "The Army of the Florentine Republic from the Twelfth to the Fourteenth Century," pp. 70–108, in Nicolai Rubinstein, ed., *Florentine Studies: Politics and Society in Renaissance Florence*. London: Faber and Faber.

———. 1975. *Condotte and Condottieri in the Thirteenth Century*. Italian Lecture. London: British Academy.

———. 1988. *The Italian City-Republics*. 3rd ed. London: Longman.

Walter, Jakob. 1993 [1991]. *The Diary of a Napoleonic Foot Soldier*. Edited by Marc Raeff. New York: Penguin.

Warner, John T., and Beth J. Asch. 1995. "The Economics of Military Manpower," pp. 347–397, in Keith Hartley and Todd Sandler, eds., *Handbook of Defense Economics*, vol. 1. Amsterdam: Elsevier.

Warner, Philip. 1968. *Sieges in the Middle Ages*. London: G. Bell and Sons.

Wasson, James N. 1998. *Innovator or Imitator: Napoleon's Operational Concepts and the Legacies of Bourcet and Guibert*. Ft. Leavenworth, KS: Command and General Staff College.

Webber, Carolyn, and Aaron Wildavsky. 1986. *A History of Taxation and Expenditure in the Western World*. New York: Simon and Schuster.

Webster, Sir Charles, and Noble Frankland. 1961. *The Strategic Air Offensive against Germany, 1939–1945*. 5 vols. London: Her Majesty's Stationary Office (HMSO).

Weigley, Russell F. 2004 [1991]. *The Age of Battles: The Quest for Decisive Warfare from Breitenfeld to Waterloo*. Bloomington, IN: Indiana University Press.

Weinert, Richard P. 1965. "Federal Spies in Richmond." *Civil War Times Illustrated*, vol. 3, no. 10, pp. 28–34.

Weir, William. 1993. *Fatal Victories*. Hamden, CT: Archon.

Werrell, Kenneth P. 1986. "The Strategic Bombing of Germany in World War II: Costs and Accomplishments." *Journal of American History*, vol. 73, no. 3 (December), pp. 702–713.

Westcott, Jan. 1962. *Condottiere*. New York: Random House.

Westermann, Edward B. 2001. *Flak: German Anti-aircraft Defenses, 1914–1945*. Lawrence, KS: University Press of Kansas.

White, Lynn. 1967 [1962]. *Medieval Technology and Social Change*. London: Oxford University Press.

Williamson, Oliver E. 1985. *The Economic Institutions of Capitalism*. New York: Free Press.

———. 1999. "Public and Private Bureaucracies: A Transaction Cost Economics Perspective." *Journal of Law, Economics, and Organization*, vol. 15, no. 1, pp. 306–342.

Windrow, Martin, and Francis K. Mason. 1991 [1975]. *A Concise Dictionary of Military Biography*. New York: John Wiley.

Wintrobe, Ronald. 1998. *The Political Economy of Dictatorship*. Cambridge, UK: Cambridge University Press, 1998.

Wise, Terence. 1976. *Medieval Warfare*. New York: Hastings House.

Wohlstetter, Albert. 1959. "The Delicate Balance of Terror." *Foreign Affairs*, vol. 37 (January), pp. 211–234.

———. 1987. "The Political and Military Aims of Offense and Defense Innovation," pp. 3–36, in Fred S. Hoffman, Albert Wohlstetter, and David S. Yost, eds., *Swords and Shields:*

NATO, the USSR, and New Choices for Long-Range Offense and Defense. Lexington, MA: Lexington Books.

—— et al. 1976. *Moving Toward Life in a Nuclear Armed Crowd?* Los Angeles, CA: Pan Heuristics.

Wolfe, Thomas W. 1965. "Soviet Commentary on the French 'Force de Frappe.'" Memorandum prepared for the Assistant Secretary of Defense for International Security Affairs. Santa Monica, CA: RAND.

Wulf, Herbert. 2005. *Internationalizing and Privatizing War and Peace.* New York: Palgrave Macmillan.

Yildirim, J., and B. Erdinc. 2007. "Conscription in Turkey." *Economics of Peace and Security Journal,* vol. 2, no. 1, pp. 16–19.

Yost, David S. 1986. "French Nuclear Targeting," pp. 127–56, in Desmond Ball and Jeffrey Richardson, eds., *Strategic Nuclear Targeting.* Ithaca, NY: Cornell University Press.

——. 1987. "Strategic Defense in Soviet Doctrine and Force Posture," pp. 123–157, in Fred S. Hoffman, Albert Wohlstetter, and David S. Yost, eds., *Swords and Shields: NATO, the USSR, and New Choices for Long-Range Offense and Defense.* Lexington, MA: Lexington Books.

Zelizer, Viviana. 2005. *The Purchase of Intimacy.* Princeton, NJ: Princeton University Press.

Zoppo, Ciro. 1964. "France as a Nuclear Power," pp. 113–156, in R. N. Rosecrance, ed., *The Dispersion of Nuclear Weapons: Strategy and Politics.* New York and London: Columbia University Press.

옮긴이 채인택 1988년 중앙일보에 입사해 국제부, 문화부, 과학기술부 등에서 기자로 일했다. 피플위크앤 부문 에디터와 국제부장을 지내며 현재 논설위원을 맡고 있다. 부산대학교 약학대학을 마치고 서울대학교 보건대학원에서 석사 학위를 받았다. 영국 런던대학교University of London의 IOE Institute of Education에서 '미디어와 문화연구media&cultural studies'를 공부했다. 옮긴 책으로 《조르주 뒤비의 지도로 보는 세계사》《그들이 세상을 바꾸기 전》 등이 있다.

성, 전쟁 그리고 핵폭탄

첫판 1쇄 펴낸날 2013년 4월 25일

지은이 | 유르겐 브라우어, 후버트 판 투일
옮긴이 | 채인택
펴낸이 | 지평님
기획 · 마케팅 | 김재균
기획 · 편집 | 홍보람
본문 조판 | 성인기획 (070)8747-9616
필름 출력 | 스크린출력센터(02)322-4467
종이 공급 | 화인페이퍼(031)955-0135
인쇄 | 중앙P&L(031)904-3600
제본 | 다인바인텍(031)955-3735

펴낸곳 | 황소자리 출판사
출판등록 | 2003년 7월 4일 제2003-123호
주소 | 서울시 종로구 통인동 135-2 2층(110-043)
대표전화 | (02)720-7542 팩시밀리 (02)723-5467
E-mail : candide1968@hanmail.net

ⓒ 황소자리, 2013

ISBN 978-89-91508-99-6 03900

* 잘못된 책은 구입처에서 바꾸어드립니다.